BULLETIN DE
L'INSTITUT FRANÇAIS
D'ARCHÉOLOGIE ORIENTALE

BULLETIN DE L'INSTITUT FRANÇAIS D'ARCHÉOLOGIE ORIENTALE

TOME 104/1

LE CAIRE - 2004

IF 927A (*BIFAO* 104/1) ISBN 2-7247-0380-4 (édition complète)
ISSN 0255-0962 ISBN 2-7247-0387-1

Sommaire

Sommaire

Aufrère Sydney H.
    Imhotep et Djoser dans la région de la cataracte. De Memphis à Éléphantine 1

Beaux Nathalie
    La pintade, le soleil et l'éternité. À propos du signe (G 21) 21

Calament Florence
    Varia Coptica Thebaica 39

Colin Frédéric
    Un temple en activité sous Domitien au Kôm al-Cheikh Aḥmad (Baḥariya)
    d'après une dédicace grecque récemment découverte 103

Coulon Laurent, Defernez Catherine
    La chapelle d'Osiris Ounnefer Neb-Djefaou à Karnak.
    Rapport préliminaire des fouilles et travaux 2000-2004 135

Donnat Sylvie
    Le Dialogue d'un homme avec son *ba*
    à la lumière de la formule 38 des Textes des Sarcophages 191

el-Enany Khaled
    Le « dieu » nubien Sésostris III 207

Gaber Hanane
    L'orientation des défunts dans les « caveaux - sarcophages » à Deir al-Médîna 215

Gabolde Marc
    Tenttepihou, une dame d'Atfih, épouse morganatique du futur Thoutmosis IV 229

Guermeur Ivan
    Le groupe familial de Pachéryentaisouy. Caire JE 36576 245

Koenig Yvan
    Le papyrus de Moutemheb 291

Labrique Françoise
    Le catalogue divin de ʿAyn al-Mouftella :
    jeux de miroir autour de « celui qui est dans ce temple » 327

Sommaire

Lenzo Marchese Giuseppina
Les colophons dans la littérature égyptienne 359

Mathieu Bernard
Une formation de noms d'animaux (ABCC) en égyptien ancien 377

Mauric-Barberio Florence
Reconstitution du décor de la tombe de Ramsès III (partie inférieure) d'après les manuscrits de Robert Hay 389

Meurice Cédric, Tristant Yann
Jean Clédat et le site de Béda : données nouvelles sur une découverte protodynastique dans le Sinaï septentrional 457

Migahid Abd-el-Gawad
Zwei spätdemotische Zahlungsquittungen aus der Zeit des Domitian 477

Revez Jean
Une stèle commémorant la construction par l'empereur Auguste du mur d'enceinte du temple de Montou-Rê à Médamoud 495

Rizzo Jérôme
Une mesure d'hygiène relative à quelques statues-cubes déposées dans le temple d'Amon à Karnak 511

Servajean Frédéric
Le tissage de l'Œil d'Horus et les trois registres de l'offrande. À propos de la formule 608 des Textes des Sarcophages 523

Thiers Christophe
Fragments de théologies thébaines. La bibliothèque du temple de Tôd 553

Zaki Gihane
Formules et commentaires sur la valeur sacrée du scarabée 573

Mathieu Bernard
Travaux de l'Institut français d'archéologie orientale en 2003-2004 585

English summaries 763

Imhotep et Djoser dans la région de la cataracte
De Memphis à Éléphantine

Sydney H. AUFRÈRE

LA STÈLE de la Famine [1] est un des rares documents [2] postérieurs à la IIIe dynastie faisant état d'un véritable récit mettant en scène deux personnages historiques, Djoser et Imhotep, et un dieu, Khnoum [3]. Même si, pour ces hautes époques, les inscriptions historiques sont extrêmement rares, et si la composition littéraire en est sans doute, toutes proportions gardées, au stade des balbutiements, il est cependant irritant de constater que l'on sait peut-être plus de choses sur la tradition évoquant Djoser par la stèle de la Famine de Séhel, dont la conception remonte vraisemblablement au début de l'époque ptolémaïque [4], que par tout autre document contemporain de son règne [5]. Et encore plus irritant de noter qu'aucun historien grec ne le mentionne, ni Hérodote ni Diodore de Sicile, alors que non seulement son monument marque le centre historique de Saqqâra mais aussi parce qu'il était un souverain vénéré des Égyptiens venant lui rendre un hommage sur le plateau même dominant

1 Mes remerciements vont à Christophe Thiers pour sa lecture amicale de ce texte et pour la bibliographie récente sur l'époque ptolémaïque qu'il m'a fait connaître et que nous ne possédions pas, alors, à Montpellier.

2 P. BARGUET, *La stèle de la Famine à Séhel*, *BiEtud* 24, Le Caire, 1953, p. 33. Voir aussi : H. GOEDICKE, *Comments on the « Famine Stela »*, *VarAeg suppl.* 5, 1994 ; T. EIDE, T. HÄGG, R.H. PIERCE, L. TÖRÖK (éd.), *Fontes Historiae Nubiorum. Textual Sources for the History of the Middle Nile Region between the Eigth Century B.C. and the Sixth Century B.C.* II. *From the Mid-Fifth to the First Century B.C.*, Bergen, 1996, p. 607, nº 135 (trad. anglaise des col. 23-32) ; D. WILDUNG, *Die Rolle Ägyptischer Könige im Bewusstsein ihrer Nachwelt I*, *MÄS* 17, Berlin, 1969, p. 85-91, doc. XVI, 150. On verra également Y. HAIYING, « The Famine Stela », dans Chr.J. Eyre (éd.), *Proceedings of the Seventh International Congress of Egyptologyts*, *OLA* 82, Louvain, 1998, p. 515-521, pour qui il s'agit d'un document antérieur à l'époque ptolémaïque. Concernant les événements historiques, voir W. HUSS, *Ägypten im hellenistischen Zeit 332-30 v. Chr.*, Munich, 2001 ; G. HÖLBL, *Geschichte der Ptolemäerreiches*, Darmstadt, 1994 ; M. CHAUVEAU, *L'Égypte au temps de Cléopâtre*, Paris, 1997.

3 E. OTTO, *LÄ* I, 1975, col. 950-954, *s. v.* Chnum ; S. BICKEL, « L'iconographie du dieu Khnoum », *BIFAO* 91, 1991, p. 55-67.

4 Voir la communication de J.-Cl. GRENIER dans A. Gasse, V. Rondot (éd.), Actes du colloque international *Autour de Séhel. Inscriptions rupestres de l'époque pharaonique en Haute-Égypte et en Nubie, université Paul-Valéry 31 mai - 1er juin 2002, OrMonsp* 13, Montpellier, à paraître. Sur certains problèmes concernant la titulature de Djoser dans la stèle de la Famine, voir S.H. AUFRÈRE, « La titulature de Djoser dans la stèle de la Famine. La redécouverte du vrai nom du constructeur de la pyramide à degrés », dans A. Gasse, V. Rondot (éd.), *OrMonsp* 13, p. 45-57.

5 Rares documents dans le sud de l'Égypte, à Beit Khallaf (P. KAPLONY, *LÄ* I, 1975, col. 686, *s. v.* Beit Challaf) juste à 20 kilomètres au nord d'Abydos, où le roi semble avoir fait établir un cénotaphe ; deux blocs à Gebelein qui lui sont attribués, conservés à Turin (J. VANDIER, *Manuel* I/2, p. 952).

la ville de Memphis [6]. Il y a donc de quoi s'étonner qu'une telle composition isolée reproduise à l'époque ptolémaïque une tradition vieille de près de 2500 ans. En voici les premières colonnes sur la base d'une traduction revue d'après P. Barguet [7] :

L'an 18 de l'Horus ***Netjerykhet****, le roi de Haute et de Basse-Égypte* Netjerykhet, *celui des Deux Dames,* Netjerykhet, *l'Horus d'Or, Djoser. Au prince, gouverneur, régent des domaines méridionaux, le chef des Setiou à Éléphantine, Mesir (ḫt ḥꜣt pʿ(t) ḥqꜣ ḥwwt-rsj, jmj-r Stjw m ꜣbw Mʿsjr), on lui transmit (jn~tw n=f) (le message suivant):*

« Cette ordonnance royale est destinée à porter à ta connaissance le fait que je suis affligé sur mon grand trône (wḏt pn r rdj rḫ=k wn=j ḥr gm r st(=j) wrt), les courtisans (ceux qui sont au palais) étant tristes (jmjw-ʿḥ wn m snmm), et mon cœur étant saisi d'une très vive affliction (jb=j m ḏw wr ʿꜣ), étant donné qu'Hâpy n'est pas venu à temps pendant une durée de sept années (ḫft tm jw Ḥʿpj m rk m ʿḥʿw rnpwt 7), le grain étant en petite quantité (ktj npj), la végétation étant desséchée (wšr šnj-tꜣ). Toute leur nourriture étant restreinte (ḥwʿ ḫt nb wnm=sn), et chaque individu étant privé de son revenu (ḥnp~n s nb m ḥtr=f), on se traîne au point de ne plus pouvoir marcher (jqḥ=sn r tm šm). L'enfant gémit (ḥj m jꜣkb), l'adolescent est dans le besoin (ḥwn m sbjn); les vieillards, leur cœur est défaillant (jꜣw jb=sn m ʿgj) (= ꜣqj), leurs articulations ploient (qrf mnstj=w), gisant à terre (ḫfd(=w) r tꜣ), mains recroquevillées (ʿꜣwj m-ḫnw=w). L'aristocratie étant abattue (snw m ꜣq), les temples sont fermés (gsw-prw ḫtm) et les sanctuaires remplis de poussière (snw ḥr ḫmw).

« Chaque être (vivant) étant dans l'hébétude (wnw nb m gm), je me disposai (j'inclinai mon cœur) à me tourner vers le passé (ꜣw=j jb=j ʿn r-ḥꜣt), et j'interrogeai un homme du personnel de l'ibis, à savoir le prêtre-lecteur en chef ***Imhotep, fils de Ptah-au-sud-de-son-mur*** *(nḏ=j wn-jm jst Hb ḫrj-ḥb ḥrj-tp Jj-m-ḥtp sꜣPtḥ-rsj-jnb=f): "D'où naît Hâpy ? (sb ms n Ḥʿpj) Quelle y est la ville du Sinueux ? (mʿ njwt Ḥ(n)kstj jm) Quel dieu y siège de telle façon qu'il puisse me porter secours ? (ptr=tw nṯr wn m ḥtp=f ḫnm=f n=j)."*

« Il se leva, (en disant) (ʿḥʿ=f): "Je me rends au Château-du-Filet (sšm=j n-ḫnt Ḥwt-jbtj); concentré sur le but de maintenir le cœur de chacun à agir (sꜣq r mn jb n s nb r jr=sn), j'accéderai au Château de Vie (bs=j r ḥwt-ʿnḫ) et je déroulerai les archives (pḏ=j bꜣw-Rʿ) [8]*, de façon à être guidé vers elles (sšm-ʿ=j r=sn)."*

« Sur ce, voilà qu'il se mit en route, et me rapportant cela aussitôt, me faisant connaître la nature des flots de Hâpy (šꜣs pw jr~n=f ʿn=f sw r=j ḥr-ʿ srḫ=f wj m ḥꜣjt Ḥʿpj) [...] et de toutes choses dont ils sont pourvus (ḫt nb ḥnn=sn jm), il me dévoila le miracle caché (qfꜣ=f n=j r bjꜣ jmn), – les ancêtres ayant fait route vers eux (jw tpjw-ʿ jṯ mtn r=sn) –, dont l'équivalent n'existe pas du temps d'un roi depuis les origines (nn sn-nw=sn m nswt ḏr ḏrw).

6 Sur ces graffiti de la XVIIIe dynastie, nommant le roi Djoser : C.M. FIRTH, J.E. QUIBELL, J.-Ph. LAUER, *The Step Pyramid* I, Le Caire, 1935, p. 78-83 ; pl. 83.

7 P. BARGUET, *op. cit.*, p. 14-19.

8 Sur ce terme, qui désigne les archives, voir S. SCHOTT, *Bücher und Bibliotheken im Alten Ägypten*, Wiesbaden, 1990, p. 68-70, nº 121.

« Il me déclara (dm=f n=j) : "Il y a là une ville au milieu des flots qu'entoure Hâpy (jw njwt jm ḥrj-jb n nww pḫr Ḥʿpj), répondant au nom d'Éléphantine (ȝbw pw rn=f) ; c'est le commencement du commencement (ḥȝt ḥȝt pw), le Nome du commencement (sis) du côté de Ouaouat (spȝt ḥȝt pw r Wȝwȝt). Tertre de la terre, surélévation de la voûte céleste, c'est **le siège de Rê** *(lorsqu'il vient) pour propulser la vie auprès de chacun (ṯs n tȝ kȝj gbtj, ṯs pw n Rʿ m ḥsb=f r ḥw ʿnḫ r-gs ḥr-nb). 'Douceur de vivre', nom de sa demeure (nḏm-ʿnḫ rn jwnt=f) et 'double gouffre', nom de l'eau (qr.tj rn mw), ce sont là les deux mamelles qui dispensent toute chose (mnḏ.tj jm jmḫt ḫt nb), c'est le château du repos lorsqu'Hâpy y rajeunit à son heure (ḥwt nmm pw m Ḥʿpj rnp=f jm=s r nw[=f]) [...]. Il alimente le courant (ḥnk=f mrt), il coïte en bondissant comme un mâle saillant une femelle (nk=f m sʿȝb mj pȝj kȝr ḥmt), il recommence à être un jeune mâle au cœur ardent (wḥm=f r pȝj wdj mr jb=f), il se hâte (ayant atteint) 28 coudées et se presse jusqu'à Balamoun (ayant atteint) 7 coudées (ḥp=f mḥ 28, sjn=f r Smȝ-Bḥdt r mḥ 7). »*

Il se trouve que seul le Fragment 11 (version de l'Africain) de l'épitomè de Manéthôn, dont l'œuvre fut élaborée sous le règne de Ptolémée II Philadelphe, livre, au sujet de Tosorthros et d'Imouthès, noms grécisés de Djoser et d'Imhotep, un court passage qui ne représente, sous sa forme conservée, qu'un extrait de la notice que le Sébennyte a consacrée à Djoser-Tosorthros :

β′ Τόσορθρος, ἔτη κθ′, <ἐφ' οὗ 'Ιμούθης>. οὗτος 'Ασκληπιὸς <παρὰ τοις> Αἰγυπτίοις κατὰ τὴν ἰατρικὴν νενόμισται, καὶ τὴν διὰ ξεστῶν λίθων οἰκοδομίαν εὕρατο ἀλλὰ καὶ γραφῆς ἐπεμελήθη.

*2. Tosorthros – <qui régna> vingt-neuf années – <est celui> sous le règne duquel <vécut Imouthès> (restitution conjecturale de Sethe). Celui-ci, selon les Égyptiens, a été considéré (*νομίζειν*) comme Asklépios en raison de son habileté médicale ; il découvrit aussi l'art de construire au moyen de pierres polies, et se consacra également à l'écriture* [9].

On reste dubitatif à l'égard de la proposition de D.B. Redford, partagée par Y. Haiying [10], selon laquelle le commentaire de Manéthôn serait inspiré par une glose reconstituée du Canon royal de Turin, car tout le discours du Sebennyte, dont nous n'avons que des extraits, ne peut avoir été rédigé qu'à l'aide, sinon d'un document comparable au Canon, du moins de la tradition et bien d'autres textes dont la Stèle de la Famine se fait l'écho. Le passage de Manéthôn montre en effet qu'il a eu, pour sa part, accès à des sources exactes qui, pour trois indications, se vérifient (en tenant compte, bien entendu, de la restitution très hautement probable de Sethe du nom d'Imouthès – 'Ιμούθης) [11]. Ainsi, si l'on résume l'apport de Manéthôn, les Grecs savaient du temps de Philadelphe :

1. Qu'Imouthès a été considéré comme Asklépios (Esculape) à l'époque tardive, du fait qu'il passait selon la tradition égyptienne pour un médecin réputé ;

9 Commenté dans D. WILDUNG, *Imhotep und Amenhotep*, *MÄS* 36, 1977, § 56 ; W.G. WADDELL, *Manetho*, Londres, 1940, p. 40-45 ; G.R.S. MEAD, *Thrice Greastest Hermes*, Londres, 1964, I, p. 325 ; S.H. AUFRÈRE, *Manéthôn de Sebennytos*, à paraître, § 136-141, 145-147.

10 *Loc. cit.*

11 Cf. *LD* IV, pl. 28 ; WILDUNG, *op. cit.*, § 102.

2. Qu'il était à l'origine de l'art de construire en pierre de taille [12];

3. Qu'il se serait consacré à l'écriture [13]. Cela, alors que seul un document contemporain de Djoser, une base de statue découverte dans le secteur des propylées, conservée au Musée égyptien du Caire [14], permet de voir en lui un personnage historique [15] et non mythique.

La stèle de la Famine présente un texte que l'on qualifiera, pour l'instant, de « pseudo »-historique, dont apparemment rien, dans le passé d'Éléphantine, ne vient confirmer l'authenticité du discours. Pour l'instant, l'archéologie ne fournit qu'une seule empreinte de sceau-cyclindre appliquée sur un bouchon de jarre tronconique à Éléphantine au nom de Netjerykhet, émanant de l'administration d'un magasin [16]. Si ce dernier figure avec d'autres inscriptions contemporaines de Peribsen et de Khâba [17], cela est naturellement bien peu pour reconstituer l'histoire des relations entre Éléphantine et Memphis, car ce monument est simplement un élément de conditionnement d'un produit de consommation courante. Il convient donc de vérifier quelques aspects du texte en question en reconsidérant les liens associant les personnages mis en scène : Khnoum, Djoser et Imhotep. En effet, il se trouve que des découvertes de blocs, échelonnées dans le temps, faites à Éléphantine et à Assouan ont, il y a quelques années, mis en évidence l'existence d'un culte d'Imhotep sur l'île [18], de telle sorte que son rôle dans la stèle de la Famine n'y apparaît plus désormais comme isolé. La présence d'Imhotep à Éléphantine et dans la région de la cataracte forme un petit dossier. Prenant prétexte de ce dernier, on a voulu poser plusieurs interrogations. Pourquoi Imhotep à Éléphantine ? Peut-on tenter de mieux connaître le processus en vertu duquel s'est instauré un culte éléphantin d'Imhotep, qui révèle à Djoser l'origine du Nil et les merveilles minérales de la région d'Assouan et du Dodécaschène ? Ce culte repose-t-il sur un arrière-plan historique, sur des événements qui auraient facilité l'introduction de ce personnage memphite auprès du panthéon d'Éléphantine ?

Si on prend la stèle de la Famine comme un texte tissant une toile de fond historiographique, on note que celle-ci brosse du personnage memphite un portrait standard bien attesté à l'époque ptolémaïque. Ses titres – il est prêtre lecteur en chef (*ẖrj-ḥb ḥrj-tp*) [19], Fils de Ptah

12 J.-Ph. LAUER, « À propos de l'invention de la pierre de taille par Imhotep pour la demeure d'éternité », dans *Mélanges Gamal Mokhtar* II, *BiEtud* 97, Le Caire, 1985, p. 61-67. Il passe en effet pour *wp jnr*, « inaugurateur de la pierre » (D. WILDUNG, *Imhotep und Amenhotep*, p. 89 ; G. JÉQUIER, *Deux pyramides du Moyen Empire*, Le Caire, 1933, p. 14).

13 S.H. AUFRÈRE, « Maladie et guérison dans les religions de l'Égypte ancienne. Au sujet du passage de Diodore Livre I, § LXXXII », dans J.-M. Marconot (éd.), *Représentations des maladies et de la guérison dans la Bible et ses traditions. Actes du colloque 1er et 2 décembre 2000, Recherche Biblique Interdisciplinaire, Université de Montpellier III*, Montpellier, 2002, p. 87-106. Il n'existe dans les textes égyptiens qu'un texte conjuguant l'activité médicale et d'écrivain d'Imhotep. Il se trouve à la chapelle de Deir al-Bahari : « Voilà le dieu auguste en tant que médecin vénérable, celui qui déchiffre les écrits, aux doigts habiles » (*wnn nṯr šps m wr swnw mdw drf jqr m ḏb'w=f*) (E. LASKOWSKA-KUSZTAL, *Le sanctuaire ptolémaïque de Deir el-Bahari*, *Deir el-Bahari* III, Varsovie, 1984, no 63). Sinon, il passe pour scribe royal (*sš nswt*) (D. WILDUNG, *Imhotep und Amenhotep*, *MÄS* 36, 1977, § 127), « scribe de Haute et de Basse-Égypte » (*ibid.*, § 128). Voir encore la stèle de Téos, où il est dit qu'« il restaure ce qui a été trouvé détruit dans les écrits divins » (*ibid.*, § 28). On verra également le P. Oxyrhynchos 1381 (*ibid.*, § 60 ; *id.*, *Egyptian Saints. Deification in Pharaonic Egypt*, New York, 1977, p. 75-76).

14 C.M. FIRTH, « Preliminary Report on the Excavations at Saqqara (1925-1926) », *ASAE* 26, 1926, p. 99-100, pl. I [a, b] ; B. GUNN, « Inscriptions from the Step Pyramid Site », *ibid.*, p. 177-196, fig. 1-10 ; C.M. FIRTH, J.-E. QUIBELL, J.-Ph. LAUER, *The Step Pyramid* II, Le Caire, 1935, pl. 58. Commentaire dans D. WILDUNG, *Imhotep und Amenhotep*, § 1.

15 Le reste des documents attribués à Imhotep ne comportent pas son nom : *ibid.*, § 2-3. Son nom ne réapparaît que dans un graffito du mur d'enceinte de la pyramide de Sekhemkhet (*ibid.*, § 4).

16 W. KAISER *et al.*, *MDAIK* 43, 1987, p. 108, 3 et p. 109, fig. 13 c.

17 *Ibid.*, p. 107-108, et p. 109, fig. 13, a-b.

18 E. LASKOWSKA-KUSZTAL, « Imhotep d'Éléphantine », dans S. Schoske (éd.), *Akten des Vierten Internationale ägyptologischen Kongresses, München 1985* III. *Linguistik, Philologie, Religion*, *SAK* 3, Hambourg, 1988, p. 281-287.

19 Il porte à plusieurs reprises le même titre à l'Asklepion de Philae (*LD* IV, pl. 18 ;

au-sud-de-son-Mur [20] –, correspondent à des stéréotypes que l'on retrouve d'une part, tant à Philae (Ptolémée V - ép. romaine) [21], qu'en Nubie [22], et, d'autre part, pour la Haute-Égypte, au petit temple de Deir al-Bahari (reconstruit sous Ptolémée Évergète II) [23], et, plus au sud, à Edfou (Ptolémée VI Philométor - Ptolémée XI) [24], et à Esna (Domitien) [25] et, au nord de la région thébaine, à Dendara (époque romaine [26]). La stèle, qui n'est pas à proprement parler un monument religieux, laisse de côté les autres qualités du personnage, notamment sa relation à la médecine, à l'écriture et à l'architecture, en dépit du fait qu'il y soit question d'activités de carrière, lesquelles peuvent notamment être éclairées, quoique partiellement, par l'exploitation faite du granit pour la tombe de Djoser. Le portrait d'Imhotep est avant tout littéraire, et met plutôt en avant son image de savant memphite.

Cependant, d'autres détails dans les premières colonnes de la stèle sont intéressants. Car en dehors des constantes présentées plus haut, il « paraît » lié au vocable « ibis », un détail qui ne figure pas ailleurs. On le présente en effet comme un homme appartenant au « personnel de l'I/ibis » (*jst hb*). Le terme « I/ibis » (*hb*) suscite plusieurs réflexions. Celui-ci pourrait faire allusion à l'Ibis, c'est-à-dire au XVe nome de Basse-Égypte, Tell al-Baqlieh, dans le Delta [27]. Une origine du XVe nome attribuée à Imhotep ne serait pas totalement aberrante, car le prêtre Hor, celui des archives de Saqqâra-Nord, contemporain du règne de Philométor [28], et attaché au culte et à l'embaumement des ibis sacrés, était lui aussi originaire de cette région [29]. De plus, Imhotep, en relation avec Amenhotep fils de Hapou, a de grandes chances d'avoir été représenté à l'arrière du grand naos de Baqlieh dédié à Thot sous Apriès et conservé au Musée égyptien du Caire [30]. Mais, auprès du mot *hb*, , on ne voit aucun signe à caractère géographique qui indiquerait que nous ayons peut-être affaire à un toponyme. De telle sorte qu'il faut peut-être en venir à la piste animale, car la relation d'Imhotep avec les ibis sacrés de Saqqâra-Nord est, quant à elle, démontrée et constitue une véritable caractéristique

D WILDUNG, *Imhotep und Amenhotep*, § 101-102) ainsi que dans son sanctuaire de Deir al-Bahari (E. LASKOWSKA-KUSZTAL, *Le sanctuaire ptolémaïque*, n°s 29, 64. Sur ce titre, *ibid.*, n° 23, n. d et p. 97-98. Pour E. Laskowska-Kusztal (*op. cit.*, p. 281-287, et spécialement p. 286), la *ḥwt-ʿn* était attachée à un sanatorium. Concernant le titre *ḫrj-ḥb ḥrj-tp*, « prêtre lecteur en chef », voir D. JONES, *An Index of Ancient Egyptian Titles, Epithets and Phrases of the Old Kingdom*, *BAR-IS* 866 (II), 200, p. 784, n° 2860 ; cf. p. 781, n° 2848.

20 Sur son épithète de Fils de Ptah-au-sud-de-son-mur, voir E. LASKOWSKA-KUSZTAL, *op. cit.*, n°s 6, 23, 49.

21 D. WILDUNG, *op. cit.*, § 101-121.

22 *Ibid.*, § 122-129.

23 E. LASKOWSKA-KUSZTAL, *op. cit.*, n° 62, et p. 64-69. On retrouve les mêmes épithètes et la même épouse d'Imhotep, Rénépet-néféret (*rnpt nfrt*), protégeant la mère de celui-ci, dont le nom a disparu, mais dont la tête est couverte d'une coiffure en forme de perruque de vautour (LD IV, pl. 18) ; E. LASKOWSKA-KUSZTAL, *Le sanctuaire ptolémaïque*, n° 53 (= WILDUNG, *op. cit.*, § 147.5), qui en fait une épouse fictive d'Imhotep. Cependant, à Philae, elle porte les plumes d'Isis-Sôthis ; et elle joue, de ce fait, un rôle analogue à celui de la Lointaine, car Imhotep est lié à la crue du Nil. On la retrouve également au temple de Deir al-Médîna (D. WILDUNG, *op. cit.*, § 146.1).

24 *Ibid.*, p. 141-148, § 96-99.

25 *Ibid.*, p. 141, § 95.

26 *Ibid.*, p. 136-140, § 93-94.

27 P. MONTET, *Géographie de l'Égypte ancienne. Première partie*, Paris, 1957, p. 137-142 ; A.-P. ZIVIE, *Hermopolis et le nome de l'Ibis. Recherches sur la province du dieu Thot en Basse Égypte* I, *BiEtud* 66/1, Le Caire, 1975.

28 J.D. RAY, *The Archive of Hor*, Londres, 1976, p. 120.

29 Il est originaire de Pi-Thot dans le nome de Sebennytos (*ibid.*, p. 11 [Text 1, 1]; cf. p. 77 [Text 19, r° 1) ; p. 83 [Text 21, r° 2] ; p. 92 [Text 24B, 1] ; p. 94 [Text 26, r° 2] ; 99 [Text 27, 2] ; p. 100 [Text 27, 9] ; p. 117-124, « The Career of Hor » ; p. 136-144 « The Administration of Ibis-Cult ». Voir aussi H. BIRKENFELD, « Das Ibistapheion unter der Nekropolis von NordSakkara », *Armant* 9, 1972, p. 28-39). Des liens entre Hermopolis de Basse-Égypte et Hermopolis de Haute-Égypte ne sont pas exclus, d'après un papyrus de Mendès (PSI III, 233, 12) : A.P. ZIVIE, *op. cit.*, p. 255, doc. 110.

30 A.P. ZIVIE, *op. cit.*, p. 104-112, doc. 26 ; et particulièrement p. 110. Le nom d'Imhotep comme celui d'Amenhotep fils de Hapou ne sont pas mentionnés mais comme l'un est représenté comme un « personnage assis écrivant » et l'autre comme un « personnage momiforme écrivant », il n'y a pas de doute que nous ayons affaire à ces deux intercesseurs divinisés.

memphite du personnage [30 bis]. D'ailleurs, étant médecin, il se rapproche de Thot, autre thérapeuthe lui-même, inventeur du *pharmakon* [31], et considéré, en tant que Tat, dans les écrits hermétiques, comme le père d'Asklépios [32]. Dans ces conditions, le « personnel de l'ibis » (*jst hb*), faisant écho à une réalité contemporaine, peut faire allusion à ceux qui ont reçu pour mission de s'occuper du soin et de l'embaumement des ibis sacrés inhumés dans deux galeries à Saqqâra-Nord, zone non loin de laquelle devait se trouver la tombe-grotte d'Imhotep [33]. Ces personnels des ibis sont bien attestés [34] : ils reçoivent le titre de *sḏmw-ʿš*, « serviteurs ». D'ailleurs, plusieurs papyrus dont les propriétaires interpellent le savant proviennent de Saqqâra-Nord. L'un d'entre eux provient des galeries d'ibis [35]. Et les archives du célèbre voyant et reclus, Hor, soulignent que « Thot connaît celui qui formule une parole bienveillante pour l'ibis depuis Éléphantine jusqu'aux chapelles de Sema-Behedet (= Balamoun) [36] » une formulation qui, à deux reprises, figure à proximité d'une mention d'« Imhotep-fils-de-Ptah [37] ». Cette phrase au sujet de l'ibis n'est pas sans rappeler le passage de la Stèle de la Famine, soulignant : « il (le Nil) se hâte (ayant atteint) 28 coudées [à Éléphantine] [38] et se presse jusqu'à Balamoun (ayant atteint) 7 coudées. » Ce rapport n'est sans doute pas fortuit, car la section Éléphantine-Balamoun correspond au trajet théorique de la crue et on devine un lien entre Thot, l'ibis et Imhotep. Quoiqu'on ne saurait sous-évaluer *a priori* l'important culte de l'ibis à Hermopolis de Haute-Égypte et l'existence de son *ibiotapheïon* [39], et bien que D. Wildung ne signale aucune trace du culte d'Imhotep à Hermopolis [40], le savant memphite est cependant mentionné dans l'Ibiotaphéïon de Baharia, à

30 bis J'ai donné un prolongement à cette idée dans « *Threskiornis aethiopicus* et autres ibis. Croyances autour d'un mouvement migratoire dans l'ancienne Égypte », dans M. Mazoyer (éd.), *L'oiseau entre ciel et terre*. Deuxièmes journées universitaires de Hérisson. Colloque international organisé par les Cahiers KUBABA (univ. de Paris I – Panthéon Sorbonne) et la ville de Hérisson, 17-20 juin 2004, à paraître.

31 S.H. AUFRÈRE, « L'origine égyptienne de la connaissance des vertus des plantes magiques d'après la tradition classique et celle des papyrus magiques », *ERUV* 2, *OrMonsp* 11, 2001, p. 487-492 ; *id.*, « Le rituel de cueillette des herbes médicinales du magicien égyptien traditionnel d'après le Papyrus magique de Paris », *op. cit.*, p. 331-362, et spécialement p. 333-341.

32 On renverra naturellement à R.P. FESTUGIÈRE, *La révélation d'Hermès trismégiste* I. *L'astrologie et les sciences occultes*, Paris, 1950 ; G. FOWDEN, *Hermès l'Égyptien*, Paris, 2000.

33 Imhotep, comme le montre le P. dém. Louvre 2412, l. 4 (D. WILDUNG, *op. cit.*, § 23), possédait un temple, construit à proximité de sa tombe (*ibid.*, § 24) à l'instar d'Amenhotep fils de Hapou à Thèbes-Ouest. Il avait ses propres prêtres et ses scribes (*ibid.*, § 27, 39, 43). Il possède d'ailleurs un clergé à Thèbes (*ibid.*, § 137), ses embaumeurs (taricheutes) (*ibid.*, § 41) ; et cet ensemble constituait un village (*dmj*) (*ibid.*, § 34). Il est tentant de croire que ce clergé spécialisé dans le culte d'Imhotep à Memphis n'ait pas essaimé en Égypte : un papyrus démotique de Saqqâra-Nord relate un rêve qui s'est produit dans un temple d'Imhotep à Héliopolis (*ibid.*, § 83 ; cf. § 81-82). Et le P. Oxyrhynchos 1381 établit lui-même un lien entre Memphis et Oxyrhynchos, d'autant plus que le seul document évoquant les fêtes d'Imhotep établissant les principaux moments de sa vie – la base de statue BM 512 – est memphite (D. WILDUNG, *op. cit.*, § 47, pl. XIV-XV ; G. VITTMANN, « Bemerkungen zum Festkalender des Imhotep (Statuenbasis BM 512) », dans *Studien zu Sprache und Religion* II. *Zu Ehren von Wolfhart Westendorf überreicht von seinem Freunden und Schülern*, Göttingen, 1984, p. 947-961. Sur l'incubation : D. FRANKFURTER, *Religion in Roman Egypt. Assimilation and Resistance*, Princeton, 1998, p. 158-159). Sur la tombe d'Imhotep, voir D.J. THOMPSON, *Memphis under the Ptolemies*, Princeton, 1988, p. 24-25. Concernant la naissance du culte d'Imouthès-Asclépios (*ibid.*, p. 209-211). Quoique les prêtres de Saïs auxquels Hérodote (II, 28) a eu recours connaissaient les deux montagnes desquelles, entre Syène et Éléphantine – Crôphi et Môphi –, naissait le Nil, alors que la stèle de la Famine (ligne 14), rappelant le nom d'un des deux gouffres d'Éléphantine , *grf*, constitue le seul écho égyptien aux dires d'Hérodote (P. BARGUET, *op. cit.*, p. 22, et n. 14).

34 D. KESSLER, *Die heiligen Tiere und der König*, *ÄAT* 16, 1989, p. 116-117.

35 D. WILDUNG, *op. cit.*, p. 124-125, § 81-83. Une stèle trouvée à Saqqâra-Nord, dans le cintre de laquelle on voit un ibis embaumé, comporte une dédicace à son intention (D. WILDUNG, *Imhotep und Amenhotep*, § 42 et pl. X).

36 Cette expression est plusieurs fois mentionnée pour faire allusion à l'Égypte dans son entier (cf. J.D. RAY, *The Archive of Hor*, p. 65 [Text17, 13]).

37 J.D. RAY, *op. cit.*, p. 62 (Text16, 6-7) ; cf. p. 65 (Text 17a, 8) ; p. 70 (Text18, v° 2).

38 Ajouté par moi.

39 A. EL-HALIM NUR ED-DIN, D. KESSLER, « Das Priesterhaus am Ibiotapheïon », *MDAIK* 52, 1996, p. 263-293 ; D. KESSLER, *Die heiligen Tiere und der König*, *ÄAT* 16, 1989, p. 207-211.

40 On notera cependant l'existence d'un élément indirect : un nomarque du Lièvre, dans une tombe de Sheikh-Saïd, Tétiânkh, porte comme *rn nfr : Jm-ḥtp*. Voir N. DE GARIS DAVIES, *Rock Tombs of Sheikh Saïd*, *ASEM* 10, Londres, 1901, p. 31. Le personnage exerce la fonction de *ḥqꜣ-ḥwt*, *ẖrj-tp nswt pr-ʿꜣ*.

Qaret al-Farargi, où il est signalé comme « Imhotep vénérable, fils de Ptah [41] ». Or, les cultes des oasis, se situant dans le prolongement de celui des villes de la vallée du Nil [42], on peut suspecter l'existence d'un culte d'Imhotep à Hermopolis dont il n'y aurait plus de trace. En outre, s'il ne faut pas également négliger l'éventuelle possibilité d'un enterrement des ibis à Éléphantine [43], le culte des ibis le plus important d'Égypte est incontestablement celui de Saqqâra-Nord où l'on estime le nombre d'animaux enterrés à près de 10 000 par an [44]. Le sanctuaire des ibis, à savoir le temple qui se trouve à l'entrée du souterrain méridional des ibis [45], enfermé dans une enceinte nommée, d'après une plaque en bois gravée de signes démotiques, *tꜣ sbt(t) n Ḏḥwtj nb Ḫmnw*, « l'enceinte de Thot seigneur d'Hermopolis [46] », est connu comme étant un Hermaïon (*Pr-Ḏḥwtj*) [47]. En outre, Thot, avec Isis, est le dieu le plus mentionné dans les archives de Hor [48]. Le nom de « Thot deux fois grand, seigneur d'Hermopolis » est également signalé dans ces mêmes archives [49].

Le bâtiment des archives de l'Hermaïon en outre est connu à Saqqâra-Nord sous le nom de *ʿḫjt n šʿt* [50], « la Demeure des archives », faisant pendant à un bâtiment semblable d'Hermopolis. En effet, si le dispositif de Saqqâra-Nord présentait d'étranges similitudes avec l'Hermaïon (*Pr-Ḏḥwtj*) de Touna al-Gebel [51], il n'en reste pas moins que le monument construit à l'intention de l'enterrement des ibis d'Hermopolis, accueillant des aménagements destinés à l'embaumement des animaux, ibis comme hamadryas, abritait des archives (*pr-šʿt*) et un scriptorium (*ʿwj n sḫ*) [52], tandis que les objets permettant de dater ces bâtiments, en général des bronzes, se situent entre les règnes de Ptolémée III (1 bronze), Ptolémée IV (1 bronze), Ptolémée VI (cinq bronzes) [53]. Par conséquent, ce monument, qui rappelle les structures identiques de Saqqâra-Nord et dont l'activité est contemporaine de l'aménagement de la chapelle d'Imhotep à Éléphantine, apparaîtrait bien comme un candidat potentiel de l'endroit où Imhotep aurait consulté des archives si son culte y était attesté.

Mais, ce nonobstant, il n'en demeure pas moins qu'il existe un culte hermopolite de Thot délocalisé à Saqqâra-Nord, regroupant l'ensemble des cultes des animaux sacrés, et que cette caractéristique l'emporte vraisemblablement dans le texte de la stèle de la Famine composé à l'époque ptolémaïque, alors que les cultes de l'ibis sont bien mieux attestés à cette époque à Saqqâra-Nord qu'à Hermopolis Magna. Ainsi l'expression *jst hb* dans le contexte de la stèle de Séhel porte davantage à croire qu'Imhotep passait, de par la proximité du temple où il recevait un culte, pour être attaché au soin porté aux ibis sacrés enterrés à Saqqâra-Nord, une relation entre Imhotep et les

41 A. FAKHRY, *The Egyptian Deserts* II. *Baharia Oasis*, Le Caire, 1950, p. 30.

42 S.H. AUFRÈRE, « Convergences religieuses, commerce méditerranéen et piste des oasis du Nord à la Basse Époque (= Autour de l'Univers minéral XIII) », *OrMonsp* 12, Montpellier, 2001, p. 11-33, et principalement p. 31-32.

43 E. LASKOWSKA-KUSZTAL, *Die Dekorfragmente der ptolemäisch-römischen Tempel von Elephantine*, *Elephantine* 15, *ArchVer* 73, Mayence, 1996, p. 87, pl. 42, cat. 110, où il est question, dans une partie du temple de Satis décorée sous Évergète II, de Thot « en son nom d'ibis ».

44 J.D. RAY, *op. cit.*, p. 138.

45 *Ibid.*, p. 152-153.

46 *Ibid.*, p. 151.

47 *Ibid.*, p. 149. L'existence de ce toponyme memphite est corroborée par un papyrus : J. BARNS, *JEA* 34, 1948, p. 35-40, et particulièrement, sur le toponyme, p. 35 et 37. Voir en outre, sur cet Hermaïon : D. KESSLER, *op. cit.*, p. 113-114.

48 Voir J.D. RAY, *op. cit.*, p. 175 et 177.

49 *Ibid.*, p. 98 (Text 28, 12).

50 D. KESSLER, *Die heiligen Tiere und der König*, *ÄAT* 16, 1989, p. 116.

51 *Id.*, *LÄ* VI, 1986, col. 797-804, *s. v.* Touna el-Gebel.

52 ABD EL-HALIM NUR ED-DIN, D. KESSLER, *op. cit.*, p. 287.

53 *Ibid.*, p. 285.

ibis n'étant pas consignée avant l'époque ptolémaïque. On voit donc que le personnage d'Imhotep de la stèle de la Famine est plutôt construit à partir de considérations memphites et peut-être hermopolitaines, mais que la réalité du culte d'Imhotep reste, quant à elle, essentiellement memphite. Memphis regroupe en effet un ensemble de nécropoles d'animaux associés à des divinités de la vallée du Nil, qui équivaut à un microcosme et qui, dès lors, est susceptible d'expliquer le don d'ubiquité d'Imhotep dans la stèle de la Famine, passant de la cour de Djoser à une Hermopolis fictive, comme on le verra plus loin, représentée à Saqqâra-Nord.

Dans la suite du texte de la stèle de la Famine, on notera que l'acte consistant à compulser les livres afin d'y dénicher l'information revêt l'aspect d'une démarche scientifique. Le vocable *bꜣw-Rꜥ* [54], qui désigne les documents dans lesquels le lecteur en chef puise son information, est très fréquemment attesté dans les textes d'époque tardive [55]. Ce sont les livres sacrés (le *hiera biblos*) que se transmettent les prêtres de génération en génération. C'est encore l'image du savant memphite qui domine dans ce *topos*, car toutes les connaissances dont Imhotep fait état devraient émaner, logiquement, de la bibliothèque de la capitale : Memphis. Cependant, Imhotep se rend à la bibliothèque (*ḥwt-ꜥnḫ*) du Château-du-Filet [56], un nom d'Hermopolis [57] et revient sur le champ (*ḥr-ꜥ*) vers son souverain pour lui décrire Éléphantine et les deux gouffres d'où émane la crue ainsi que les ressources minières régionales. La présence d'Hermopolis dans la consultation des archives est intéressante, car la stèle de la Famine fait état par deux fois de ce toponyme [58]. En dehors de la première attestation, associée aux archives dans lesquelles Imhotep trouvera de précieux renseignements, c'est également à cette ville que fait allusion Djoser (col. 25) dans son décret, telle une des patries de Khnoum, comme récipiendaire d'une part de l'offrande royale [59]. La recherche de documents à Hermopolis n'est pas surprenante, car la formule 137 B du Livre des Morts passait pour avoir été découverte par Djedefhor dans le temple de Ounout, dame d'Ounou. Une autre étude a démontré que la région des XVe et XVIe nomes, et plus particulièrement le nome de l'Oryx, où Khnoum est vénéré, est à l'origine de la production de l'albâtre-calcite en provenance d'Hatnoub, qui se trouve dans les souterrains de la pyramide de Djoser [60] et que, de ce fait, Imhotep, responsable de la production des vases en pierre dure, avait de très sérieuses

54 *Wb* I, 414, 1.

55 Cf. S. SCHOTT, *op. cit.*, p. 68-70, n° 121. Il s'agit d'un synonyme des *bꜣw-nṯrw* (*ibid.*, p. 68, n° 120) ou des *bꜣw-Tm* (*ibid.*, p. 68, n° 119), termes équivalents pour désigner les archives sacrées, celles qui consignent des faits mythiques et « historiques » depuis les origines des dieux. Et d'une manière générale, elles correspondent au *mḏꜣt-nṯr* « le livre sacré » (*ibid.*, p. 109, n° 217), que les Grecs ont traduit à leur tour sous l'appellation de *hiera biblos* (S.H. AUFRÈRE, dans J.-M. Marconot [éd.], *op. cit.*, p. 95-98).

56 P. BARGUET, *op. cit.*, p. 17 (col. 5).

57 Imhotep apparaît également comme fils de Thot, dépositaire de la science et de la sagesse ; cf. E. LASKOWSKA-KUSZTAL, *op. cit.*, n° 23, n. g. En outre, une tradition associe Imhotep à la bibliothèque du temple d'Edfou (cf. *infra*, n. 71). Thot d'Hermopolis est bien présent dans le sanctuaire sur la porte d'Alexandre IV à Éléphantine : S. BICKEL, dans H. Jenni, *Die Dekoration des Chnumtempels auf Elephantine durch Nektanebos II*, *Elephantine* 17, *ArchVer* 90, Mayence, 1998, 138, fig. 21.

58 En outre, le texte qui clôt l'hymne au Nil de Ramsès II, gravé au début de son règne au Gebel al-Silsila, s'achève ainsi : « Alors Sa Majesté dit : "C'est Hâpy qui fait vivre le Double-Pays : mets et aliments n'existent qu'après qu'il a jailli. Certes, tous les hommes vivent sous sa garde : on n'est riche qu'après qu'il l'a ordonné. Je connais ce qui est dans le bureau des archives, ce qui se trouve dans le bureau des livres : (c'est que) Hâpy sort des deux gouffres pour pourvoir aux pains d'offrandes des dieux, et (que), quand l'eau sainte est dans la région de Silsileh, assurément, sa place magnifique que voici, on y double pour lui les offrandes. » (A. BARUCQ, Fr. DAUMAS, *Hymnes et prières de l'Égypte ancienne*, *LAPO* 10, Paris, 1980, p. 157-159). Ce texte fait écho à la stèle de la Famine et à la consignation, dans les archives, de ce fait, qui apparaît comme un *topos*.

59 P. BARGUET, *op. cit.*, p. 29 (col. 25).

60 S.H. AUFRÈRE, « À propos des inscriptions des vases provenant des galeries de la pyramide à degrés : l'origine de l'albâtre à la Ire dynastie », *BIFAO* 103, 2003, p. 1-15.

raisons d'être associé à Hermopolis qui, traditionnellement, veillait sur la production de l'albâtre. On peut invoquer, comme on l'a vu plus haut, la possibilité d'une Hermopolis fictive, qu'indique la présence d'un Hermaïon à Saqqâra-Nord.

Ce texte démontrerait ainsi plusieurs choses :

1. L'historicité potentielle d'un lien entre Imhotep et la région des XVe et XVIe nomes, fondé sur une base économique, l'exploitation des carrières d'albâtre-calcite d'Hatnoub, car Imhotep passe pour être à l'origine de la taille de la pierre ;

2. Le caractère géocentrique de l'information de la stèle de la Famine, car, Imhotep ayant descendu (fictivement ou non) le Nil, la bibliothèque d'Hermopolis – ou celle de l'Hermaïon de Saqqâra-Nord – devient ainsi une source de connaissances scientifiques sur la cataracte et sa région, accréditant ainsi la suprématie de la vieille culture des sacerdotes de la ville ;

3. Un lien étroit entre Memphis et Hermopolis qui se concrétise à l'époque ptolémaïque en vertu du culte des ibis à Saqqâra-Nord ;

4. Une concession au merveilleux en raison du don d'ubiquité potentiel du magicien (col. 5), qu'il a en vertu de sa relation avec Thot, et que l'on retrouve au conte de Setna II, texte dont l'origine memphite est patente, dans la lutte à laquelle se livrent deux magiciens respectivement éthiopien et égyptien, en transportant spontanément de Memphis en Nubie leurs serviteurs respectifs [61] ;

5. En outre, on observera que le passage en question est une attestation dans un texte égyptien d'une recherche pseudo-scientifique des sources du Nil, sur la base d'une consultation livresque, qui n'est pas sans rappeler la stèle de l'an 6 de Taharqa qui atteste, pour la première fois, une relation entre la crue du Nil et les pluies tombant sur le plateau éthiopien [62] ;

et, pour terminer,

6. Qu'il induit un lien entre Hermopolis et Éléphantine sur la base d'un culte dédié à Khnoum.

Le portrait dressé d'Imhotep est ainsi composite. Il s'agit d'une figure memphite, hermopolite et éléphantine. *Memphite*, celle du constructeur, attachée à la grande aventure du règne de Djoser : l'inventeur de la pierre de taille où s'exercent ses talents d'architecte. *Hermopolite*, car le lettré et l'inventeur de l'écriture, en tant que fils de Thot, détenteur du savoir universel, appartient à Hermopolis. *Éléphantine*, car il y est vénéré comme intercesseur de la crue auprès de la force divine locale.

On ne saurait manquer de souligner les liens directs qui existent entre Memphis et Éléphantine. On a évoqué avec raison le fait que Khnoum a joué un rôle très important à Memphis même à l'Ancien Empire, car un grand nombre de personnages de la cour portent des noms formés avec celui d'un Khnoum, dont la nature n'est jamais précisée [63]. Mais par ailleurs, dans la région d'Éléphantine proprement dite, des fonctionnaires font apparaître qu'ils ont eux-mêmes exercé à la cour de Memphis : Khouenkhnoum, contemporain de Pépy II et inhumé dans les tombes rupestres d'Assouan, fut à la fois intendant des scribes des équipages et inspecteur des prophètes de la pyramide de Neferkarê [64].

61 G. MASPERO, *Les contes populaires de l'Égypte ancienne*[3], Paris, 1905, p. 144-145, 148, 150. On trouvera une bibliographie dans M. DEPAUW, *PapBrux* 28, 1997, p. 87.

62 Vl. VIKENTIEV, *La haute crue du Nil et l'averse de l'an 6 du roi Taharqa*, *RecTrav Fac. des Lettres* IV, Le Caire, 1930, p. 48-49, 52 (Vikentiev ne partage pas cette idée). On trouvera le même texte dans la stèle de Taharqa découverte à Kawa.

63 *Ibid.*, p. 34.

64 PM V, 240.

Mekhou, sous le même règne, est chancelier du roi de Basse-Égypte [65]. Khounès a exercé les mêmes fonctions [66], à la VIe dynastie, ainsi que Sen [67]. Pépinakht, répondant au beau nom de Héqaïb, a aussi des fonctions identiques à Memphis [68]. On connaît également les relations étroites existant entre certains organisateurs d'expéditions comme Hirkhouf [69] et les souverains Pépy Ier et Pépy II, des liens qui se perpétuent à la XIIe dynastie avec Sarenpout [70]. Il est vrai d'une part que cela est peu et que, d'autre part, ce qui est valable pour la VIe et la XIIe dynastie ne l'est peut-être pas pour le règne de Djoser. Cependant la tradition des liens entre la cour et les curiosités de Nubie conduit à spéculer sur la possibilité que les notables et le clergé d'Éléphantine jouaient déjà un rôle important dès la IIIe dynastie.

Les blocs de l'édifice de Philopator construit à Éléphantine [71] proposent un portrait complémentaire d'Imhotep. Il est vrai que l'approche éléphantine d'Imhotep met l'accent sur un problème religieux, du fait que le « fils de Ptah-au-sud-de-son-mur » est mentionné à plusieurs reprises, à Éléphantine, en relation avec Ptah-Tatenen, Tatenen-Khnoum et Rê-Atoum, pour résumer des éléments respectivement memphite, memphito-éléphantin et héliopolite, une relation entre Ptah-Tatenen et Khnoum étant déjà fortement suggérée par l'inscription de Sésostris Ier du temple de Satis [72]. Cela est d'abord le cas à trois reprises dans les textes malheureusement lacunaires de l'édifice de Philopator :

1. [...] nb=s Jm-ḥtp r-gs ṯpḥt-ʿnḫ pwj nḏ ꜣbw ptḥ jt=f Ptḥ Tꜣtnn jm=s m pr wḥm mw-ʿnḫ m [...]

« [...] son seigneur, ***Imhotep*** *est auprès de cette caverne-de-vie, qui protège Éléphantine ;* ***son père Ptah-Tatenen*** *qui est en elle produit la sortie nouvelle de la crue au [début de l'année]* [73]. »

2. [...] Jj-m-ḥtp, šms~n=f jt=f Tꜣtnn Ḫnmw m Rʿ m wṯst=f, Tm sk m ṯst=f

« ***Imhotep****, il a suivi* ***son père Tatenen-Khnoum en tant que Rê*** *sur son support, Atoum certes dans sa Butte* [74]. »

3. [...] sn(b) ḫꜣj, dj nhn m st jh/ꜣh m Tḥnw jt=k Tꜣtnn Ḫnmw ḥr [...]

« [...] qui guérit la maladie, qui met de la joie à la place de la tristesse en Libye, ***ton père Tatenen-Khnoum*** *sur [...]* [75]. »

Imhotep fait ainsi figure d'intercesseur à Éléphantine auprès des dieux de la cataracte pour qu'ils déclenchent la crue du Nil [76], mais on note la présence, dans le texte 2, d'Atoum qui semble renvoyer à la source du Nil du Nord qui émane fictivement de la source de Kher-âha, à Babylone. De même il représente le guérisseur, qui correspond au portrait traditionnel que l'on dresse de lui. Cependant, le

65 PM V, 231.
66 PM V, 235.
67 PM V, 240.
68 PM V, 237.
69 PM V, 237.
70 PM V, 233.
71 Quoiqu'une tradition associe Imhotep à la bibliothèque du temple d'Edfou et à l'organisation du temple (V. WESSETSKY, « Die Bücherliste des tempel von Edfu und Imhotep », *GöttMisz* 83, 1984, p. 85-89 ; D. WILDUNG, *Imhotep und Amenhotep*, pl. XXIV, § 97-98), pour E. Laskowka-Kusztal (*op. cit.*, p. 286-287), ce « château de vie » serait un sanatorium.
72 W. HELCK, « Die Weihinschift Sesostris'I. am Satet-Tempel von Elephantine », *MDAIK* 34, 1978, p. 69-78, et spécialement p. 74. Sur la déesse : D. VALBELLE, *Satis et Anoukis*, Mayence, 1981.
73 E. LASKOWSKA-KUSZTAL, « Imhotep d'Éléphantine », dans S. Schoske (éd.), *op. cit.*, p. 283 ; *id.*, *Die Dekorfragmente der ptolemäisch-römischen Tempel von Elephantine*, *Elephantine* 15, *ArchVer* 73, 1996, p. 16-17 ; p. 51, cat. 68 (fils de Tatenen-Khnoum) ; p. 52, cat. 76.
74 E. LASKOWSKA-KUSZTAL, « Imhotep d'Éléphantine », p. 282 ; *id.*, *Die Dekorfragmente...*, p. 16-17 ; p. 51, cat. 69. *Id.*, « Imhotep d'Éléphantine », p. 282 ; *id.*, *Die Dekorfragmente...*, p. 16-17 ; p. 51, cat. 68.
75 *Ibid.*, p. 52, cat. 76 (fils de Tatenen-Khnoum). Le nom de Tatenen apparaît encore sur le même monument : *ibid.*, pl. 13, cat. 63.
76 E. LASKOWKA-KUSZTAL, « Imhotep d'Éléphantine », p. 284.

syncrétisme entre Tatenen et Khnoum, souligné par le rapprochement des deux noms conjoints, est apparemment tardif [77]. Il n'est, pour l'instant, attesté que par sept exemples essentiellement tirés de la documentation de la région de la cataracte : le premier serait contemporain de la stèle de la Famine même, conçue au début de l'époque ptolémaïque [78], lorsque dans son rêve, Khnoum apparaît au roi Djoser [79] : « Je suis **Khnoum..., Hapy, Tatenen, père des dieux, Chou le grand...** » (col. 18 et 20) ; trois autres de l'époque ptolémaïque contemporains de Philopator (cf. *supra*), en liaison étroite avec Imhotep, qui proviennent du monument d'Éléphantine, et encore deux autres dans la chapelle d'Imhotep à Philae construite sous Épiphane, où l'on évoque « **Imhotep** vénérable, fils de **Ptah**, image précieuse de **Khnoum** qui réside à Éléphantine » (*Jj-m-ḥtp wr sꜣ Ptḥ, sḫm šps Ḫnmw ḥrj-jb ꜣb*) [80] et « **Imhotep** fils de **Ptah** (et fils) de **Khnoum** qui réside à Éléphantine » (*Jj-m-ḥtp wr sꜣPth Ḫnmw ḥrj-jb ꜣbw*) [81]. Enfin deux de l'époque romaine : « **Khnoum-Tatenen** père des dieux » (règne d'Auguste) ; « **Khnoum** le grand, seigneur d'Assouan, **Ptah-Tatenen**, père des dieux » (époque romaine) [82]. Le syncrétisme ainsi évoqué est confirmé sur les parois du monument d'Éléphantine où l'on aperçoit les silhouettes de Khnoum [83] et de Ptah [84]. Ce syncrétisme toutefois n'est attesté qu'à Éléphantine et apparemment fondé sur le truchement de Tatenen. On note qu'il s'est établi un parallélisme entre :

Jj-m-ḥtp	*sꜣ Ptḥ*	*sꜣ Tꜣtnn*
Jj-m-ḥtp	*sꜣ Ptḥ*	*sꜣ Ḫnmw*

La première séquence est attestée d'assez nombreuses fois à Philae [85], alors que l'épithète « fils de Ptah », en soi, est davantage son appellation memphite aussi loin qu'on remonte, c'est-à-dire jusqu'à la XIXe dynastie [86]. La filiation d'Imhotep à Tatenen est soulignée par une stèle du Bucheum [87], mais apparemment il n'apparaît jamais comme « fils de Tatenen » à Memphis même, ce qui est significatif du fait que Tatenen représente le truchement idéal entre Khnoum d'Éléphantine et Ptah de Memphis, manipulant, l'un et l'autre, le tour de potier tel que cela est exprimé dans le grand hymne universaliste dédié à Khnoum d'Esna à l'époque romaine [88].

Le rapprochement entre ces deux divinités est fondé sur plusieurs convergences. Tout d'abord le fait que Khnoum et Tatenen sont des dieux plasmateurs [89] : ils façonnent les enfants sur le tour de potier ; ce sont des dieux artisans ; ils produisent la crue du Nil, apparemment l'un pour la

77 Cf. M. SANDMAN HOLMBERG, *The God Ptah*, Lund, 1946, p. 187-188.

78 Si l'on suit l'interprétation de J.-Cl. Grenier, cf. *supra*, n. 4.

79 P. BARGUET, *op. cit.*, p. 26-27.

80 D. WILDUNG, *op. cit.*, § 107.

81 *Ibid.*, § 104.

82 S. BICKEL, dans H. Jenni, *Die Dekoration des Chnumtempels auf Elephantine durch Nektanebos II*, *Elephantine* 17, *ArchVer* 90, Mayence, 1998, p. 152, fig. 28 ; S. SAUNERON, *BÄBA* 6, 1960, p. 37, no 3.

83 E. LASKOWKA-KUSZTAL, *Die Dekorfragmente...*, pl. 13, cat. 59.

84 *Ibid.*, pl. 12, cat. 57. On voit en effet un dieu dont les pieds sont joints, sur un socle, une représentation qui ne peut guère faire allusion qu'à Ptah. On voit sans doute une autre représentation similaire, cette fois avec le sceptre : *ibid.*, p. 13, cat. 63. L'expression *mrj Ptḥ* figure également dans une partie du même bâtiment décoré sous le règne d'Évergète II (*ibid.*, pl. 17, cat. 93).

85 D. WILDUNG, *op. cit.*, § 106, 108, 110, 116, 117, 126.

86 *Ibid.*, § 7-55.

87 *Ibid.*, § 138.

88 Voir H. SCHLÖGL, *LÄ* VI, 1986, col. 238-240, *s. v.* Tatenen ; *id.*, *Der Gott Tatenen. Nach Texten und Bildern des Neuen Reiches*, *OBO* 29, Fribourg, Göttingen, 1980. Voir surtout l'hymne d'Esna : J. ASSMANN, *Ägyptische Hymnen und Gebete*, Fribourg, Göttingen, p. 362-364, no 145 ; S. SAUNERON, *Les fêtes religieuses d'Esna aux derniers siècles du paganisme*, *Esna* 5, Le Caire, 1962, p. 87-88, 103, 106. Sur la fête de la création du monde, *ibid.*, p. 145.

89 Fr. DAUMAS, *Les mammisis des temples égyptiens*, Paris, 1958, p. 413-414 ; A. BARUCQ, Fr. DAUMAS, *Hymnes et prières de l'Égypte ancienne*, *LAPO* 10, Paris, 1980, p. 385.

Haute-Égypte, l'autre pour la Basse-Égypte [90]. Du fait que ces deux divinités partagent des fonctions similaires, et ce depuis leurs origines respectives, il était naturel de voir des convergences entre ces deux personnages, de sorte qu'Imhotep, associé à Ptah(-Tatenen) de Memphis, pouvait naturellement être attaché à Khnoum d'Éléphantine devenant une version éléphantine de Tatenen. Et du fait qu'il est fils de dieux plasmateurs du Sud et du Nord, il finira, comme on le verra, par être considéré comme un intermédiaire aux yeux de ceux qui désiraient avoir des héritiers. Mais c'est sans doute la convergence de plusieurs facteurs qui a facilité le rapprochement entre Imhotep et ces deux forces divines.

Un premier facteur tout d'abord l'a prédisposé à entretenir cette relation privilégiée, puisqu'il semblerait qu'Imhotep eût déjà, par sa naissance, partie liée avec les béliers divins. En effet, les textes du temple de Deir al-Bahari rappellent que si Imhotep est bien né à Memphis le 16 du troisième mois de la saison *šmw* (mois d'*épiphi*) [91], sa mère, Kheredouânkh, quant à elle, est originaire de Mendès [92]. Le texte qui accompagne la silhouette de la mère d'Imhotep sur le monument d'Épiphane à Philae en fait un personnage à la fois aimé du dieu bélier de Mendès et de Ptah : « Kheredouânkh, aimée de la mère divine, la maîtresse parfaite, aimée de Ba seigneur de Mendès et de Ptah seigneur d'Ânkhtaouy [93] ». Auprès d'elle, Renepet-neferet (la Bonne-Année), fille de Ptah [94], joue vraisemblablement le même rôle à Memphis que Sôthis (= Satet) à Éléphantine et Philae [95]. Et que, n'ayant aucun lien, de par sa naissance, avec Éléphantine, sa mère passe, sur le torse de Philotas, pour « fille du Bélier (*Bꜣ*) de Mendès [96] », ce qui équivaut vraisemblablement à un lien d'analogie avec Khnoum [97]. La convergence, à Philae, de Mendès et de Memphis dont il sera question plus bas n'est pas sans raison, car il existait à Saqqâra-Nord, d'après les inscriptions de l'Iseum, un lieu d'enterrement des béliers sacrés, consacrés à Ba de Mendès [98] qui n'a pas été probablement sans faciliter le rapprochement entre celui-ci et la divinité locale. Ba de Mendès passait pour un bélier copulateur dont certains textes exaltent la nature génésique [99], une activité qui est également celle de Khnoum à Éléphantine, en relation étroite avec l'inondation [100]. Ba de Mendès n'est pas oublié à Éléphantine, où l'on mentionne des divinités béliers présentant des

90 Les deux dieux, en tant qu'orfèvres et créateurs de l'humanité (ainsi que Sokar considéré comme architecte), sont mentionnés dans un même contexte dans l'inscription du sarcophage d'Ânkhnesneferibrê (col. 218-220) : (Rê à fait en sorte qu') « on fabrique pour toi des (re)vêtements d'or émanant de *l'artisanat de Ptah*, au visage parfait, qui fait vivre les pays de ses [bienfaits], (et qu')on fabrique pour toi des statues d'or émanant de *l'artisanat de Khnoum* qui *façonne l'humanité*, sans [qu'on en connaisse le nombre], (et qu')on te fasse une tombe à l'intention de ton *ka* émanant de l'art de Sokar, (qui agit) selon sa règle, qui fait vivre tous les êtres humains. » Sur l'activité de l'orfèvrerie et le traitement de l'or à Éléphantine, voir S.H. AUFRÈRE, « La titulature de Djoser dans la stèle de la Famine. La redécouverte du vrai nom du constructeur de la pyramide à degrés », dans A. Gasse, V. Rondot (éd.), *OrMonsp* 13, p. 45-57.

91 Cf. Statue de Padioubastet BM 512 : D. WILDUNG, *op. cit.*, § 47.

92 *Ibid.*, nº 51, et n. a ; D. WILDUNG, *op. cit.*, p. 129-130, § 86 ; *passim*. Et le nom Imhotep est attesté dans le nome de Mendès : H. DE MEULENAERE, dans E.S. Hall, B. von Bothmer (éd.), *Mendes* II, Warminster, 1976, p. 182. Le dossier de Kheredouânkh a été présenté par H. DE MEULENAERE, « La mère d'Imouthès », *ChronEg* 41/81, 1966, p. 40-46. Le bronze qui la représente (Louvre E 11556) (É. DRIOTON, « Une statuette de la mère d'Imouthès », dans *Studies Presented to F. Ll. Griffith*, Londres, 1932, p. 291-296), très rare et sans doute provenant de Saqqâra, montre que la mère d'Imouthès – et donc le culte de son fils – est déjà parfaitement attestée à l'époque saïte.

93 D. WILDUNG, *op. cit.*, § 105 (p. 159).

94 *Ibid.*, p. 105 (p. 159).

95 Sôthis figure, en effet, dans le cintre de la stèle de la Famine.

96 *Ibid.*, § 129.

97 *Ibid.*, § 105 : « aimée du Bélier-seigneur de Djedet et de Ptah seigneur d'Ânkhtaouy » ; § 123 ; § 124 ; § 126 ; § 128.

98 *Ibid.*, § 26.

99 Ph. Derchain (« Mendès et les femmes », *Enchoria* 25, 1999, p. 20-21) a reproduit l'ensemble des passages de l'Antiquité relatifs aux ébats du bélier de Mendès. Ajouter G. MICHAILIDÈS, « Moule illustrant un texte d'Hérodote au sujet du bouc de Mendès », *BIFAO* 63, 1965, p. 139-160.

100 S. SAUNERON, *Les fêtes religieuses d'Esna aux derniers siècles du paganisme*, *Esna* 5, Le Caire, 1962, p. 89.

affinités avec le dieu local, Khnoum ; il est représenté en même temps que Hatméhyt, et le texte qui l'accompagne évoque la convergence entre les qualités de copulateurs attribuées à Ba de Mendès et à Khnoum d'Éléphantine : « [Ba de Mendès] à l'avant des villes, qui s'unit aux vierges, seigneur de l'oliban, qui répand le parfum [...] » (*Bꜣ nb Ḏd m-ḥꜣt njwwt nk rnnwt, nb ꜥntj bs stj*) [101]. Il était également vénéré dans l'île de Sehel [102].

La relation entre la mère d'Imhotep et le bélier de Mendès n'est pas sans raison. L'union mystique entre une femme et le bélier de Mendès pouvait exprimer, selon un texte d'Edfou [103], le processus créateur de la fécondation et de la croissance du fœtus, c'est-à-dire le fait que l'enfant vienne à terme [104]. On connaît, par ailleurs, l'existence de la relation traditionnelle dès l'Ancien Empire, d'une forme universaliste de Khnoum protectrice de l'enfance royale, agissant en compagnie de Nekhbet, la nourrice divine [105]. De sorte qu'Imhotep, dont la mère était originaire de Mendès, apparaissait naturellement du côté du Delta, comme petit-fils de Ba, de la même façon qu'il était considéré comme fils de Khnoum-Tatenen à Éléphantine à l'époque tardive. Ainsi, que la naissance de la mère d'Imhotep fût associée à Ba de Mendès mit bien en exergue le fait que l'existence du savant memphite n'était pas sans rapport avec la grande famille des béliers divins et qu'il trouva donc facilement, de ce fait, sa place auprès du bélier plasmateur d'Éléphantine, ne serait-ce qu'en raison d'une relation entre Imhotep et le Khnoum d'Hermopolis. Ajoutons un autre lien entre Mendès et Éléphantine, plus conjectural celui-là. Khnoum, comme dieu de la naissance, est également devenu seigneur du destin [106], et l'oracle du Potier, rédigé en grec à la fin du IIIe siècle av. notre ère, dans les papyrus d'Oxyrhynchos [107], rappelait indirectement un lien tangible entre deux béliers divins, deux animaux à caractère oraculaire : le Potier (= Khnoum) et l'agneau de Bocchoris (version du bélier de Mendès). La relation entre Éléphantine et Mendès, sur la base de leurs divinités principales, et entre Imhotep à Éléphantine et sa mère à Mendès, montre ainsi l'existence d'un *continuum* dans l'effet de la crue du Nil, initiée par Khnoum, fécondant entre la première cataracte et la branche Mendésienne (XVe nome), où elle est prolongée par Ba de Mendès, de la même façon que la stèle de la Famine dessine un lien entre Éléphantine et Balamoun (XVIIe nome), à savoir la branche Phatmétique de Strabon [108]. Et l'on ne peut manquer de croire que toutes les divinités criomorphes vénérées à Éléphantine apparaissent comme les moteurs

101 E. LASKOWKA-KUSZTAL, *Die Dekorfragmente...*, p. 136-137, pl. 83, cat. 4.

102 H. DE MEULENAERE, dans E.S. Hall, B. von Bothmer (éd.), *Mendes* II, Warminster, 1976, p. 179.

103 *Edfou* 5, 302, 7-303, 5.

104 H. DE MEULENAERE, *op. cit.*, p. 95-103.

105 L. BORCHARDT, *Das Grabdenkmal des Königs Saꜣhu-re'* I. *Die Wandbilder*, *ADOG* 7, Osnabrück, 1981, pl. 18 ; G. JÉQUIER, *Le monument funéraire de Pépi II* II. *Le temple*, *Fouilles à Saqqarah*, Le Caire, 1938, pl. 32-33.

106 Cf. oracle du potier et agneau de Bocchoris. Voir E. OTTO, *LÄ* I, 1975, col. 950-954, *s. v.* Chnum, plus particulièrement col. 953.

107 P. Oxy. 2332 ; E. LOBEL, C.H. ROBERTS, *The Oxyrhynchus Papyri* XXII, Londres, 1954, p. 89-99, qui permet d'accéder à la bibliographie relative à d'autres versions. Mais voir également R.P. FESTUGIÈRE, *La révélation d'Hermès Trismégiste* I. *L'astrologie et les sciences occultes*, Paris, 1950, p. 313 ; L. KOENEN, *ZPE* 2, 1968, p. 178-209 ; *id.*, « Bemerkungen zum Text der Töpferorakels und zu dem Akaziensymbol », *ZPE* 13, 1974, p. 313-319 ; *id.*, *ASP* 7, 1970, p. 249-254 ; M. DEPAUW, *PapBrux* 28, 1997, p. 98-99 (bibliographie) ; W. HUSS, dans *Alessandria e il mondo ellenistico e romano*, Rome, 1995, p. 75-82 ; D.J. THOMPSON, *BSAA* 46, 2000, p. 73-79 ; W. HUSS, *Der makedonische König und die Ägyptischern Priester*, Stuttgart, 1994, p. 165-178 ; bibliographie dans W. PEREMANS, *ChronEg* 60/119-120, 1985, p. 252, n. 3.

108 Prince Omar TOUSSOUN, *Mémoire sur les anciennes branches du Nil. Époque ancienne*, *MIE* 4, Le Caire, 1922, pl. IV.

de la crue, depuis Khnoum d'Éléphantine, Khnoum d'Esna, Amon de Karnak, les Khnoum de Moyenne-Égypte, Hérychef à Héracléopolis, jusqu'à Ba de Mendès, du fait que les béliers sont liés au jaillissement de l'eau [109].

Le caractère explicite de ces relations ne se concrétise pas avant l'époque ptolémaïque, puisque les documents attestant d'un syncrétisme entre Tatenen et Khnoum se situent dans un contexte où figure justement Imhotep, utilisé comme truchement à ce rapprochement. La première attestation faisant apparaître le premier rapprochement dans la région d'Éléphantine correspond au texte rédigé à la fin de la stèle de la Famine. Puis ce rapprochement s'affirme dans la chapelle d'Imhotep construite sous le règne de Ptolémée IV Philopator [110]. On considérera, en outre, que le culte d'Imhotep dans la région thébaine, contrairement à celui d'Amenhotep fils de Hapou, n'est pas attesté avant le règne de Ptolémée V Épiphane [111], et le petit temple d'Amenhotep fils de Hapou et d'Imhotep, le lieu de culte le plus important de Haute-Égypte accompagnant le sanatorium de Deir al-Bahari, date, quant à lui, de Ptolémée Évergète II [112]. Au nord, à Dendara, son culte ne se concrétise pas avant l'époque romaine [113]. Au sud, à Philae, il n'existe pas avant Épiphane et se prolonge jusqu'à l'époque romaine [114], tandis qu'il se propage en Nubie à partir de l'époque romaine [115] ; à Edfou il est attesté entre les règnes de Ptolémée VI Philométor et de Ptolémée XI [116], tandis qu'à Esna, le seul exemple date du règne de Domitien [117].

La conclusion est simple. Si le culte d'Imhotep se propage en Haute-Égypte, d'abord et modestement, au début de la dynastie ptolémaïque, puis sous celui de Philopator, puis, de façon plus prononcée, sous celui d'Épiphane, c'est que se sont produits des événements ayant concouru à un rapprochement entre les clergés de la région de la Cataracte et de Memphis. Ptah passait, selon la tradition memphite, pour le père divin du roi régnant. Il se trouve que Ptolémée V Épiphane est le premier à se faire couronner officiellement à Memphis, scellant une communauté de destin entre la dynastie lagide et la capitale traditionnelle ; il est le premier Ptolémée du nom à être paré de l'épithète ἠγαπημένος ὑπὸ τοῦ Φθᾶ, « aimé de Ptah », il est vrai, sur des stèles rédigées à Memphis [118].

C'est sans doute pour des raisons liées à la postérité de la dynastie lagide que s'est concrétisé un lien entre celle-ci et le panthéon de la région de la cataracte, une rivalité apparaissant entre les clergés de Philae et d'Éléphantine causée par des enjeux économiques – l'exploitation du Dodékaschène –, à partir du règne de Philadelphe qui reconstruit le sanctuaire du temple de la déesse Isis à Philae [119]. Et Imhotep, intercesseur humain de la crue, est apparemment âprement disputé entre Philae et Éléphantine. Ptolémée V Épiphane vient en effet pour deux raisons à Philae, à la fin des troubles en Haute-Égypte, au cours de la 21e année de son règne, c'est-à-dire

109 Voir M. GABOLDE, « L'inondation sous les pieds d'Amon », *BIFAO* 95, 1995, p. 235-258 ; M. GAMAL EL-DIN MOKHTAR, *Ihnâsya el-Medina (Herakleopolis Magna). Its Importance and its Role in Pharaonic History*, *BiEtud* 40, Le Caire, 1983, p. 165-167.

110 E. LASKOWSKA-KUSZTAL, « Imhotep d'Éléphantine », p. 281-287.

111 D. WILDUNG, *op. cit.*, § 142-156.

112 Cf. E. LASKOWSKA-KUSZTAL, *Le sanctuaire ptolémaïque de Deir el-Bahari*, p. 64-69.

113 D. WILDUNG, *op. cit.*, p. 136-140, § 93-94.

114 *Ibid.*, § 101-121.

115 *Ibid.*, § 122-129.

116 *Ibid.*, p. 141-148, § 96-99.

117 *Ibid.*, p. 141, § 95.

118 A. BERNAND, *La prose sur pierre dans l'Égypte hellénistique et romaine* I. *Textes et traductions*, Paris, 1992, p. 44-45, 46-47, 52-53, 54-55, 56-57.

119 Sur l'opposition entre les clergés de Philae et d'Éléphantine, on renverra à J.-Cl. Grenier, cf. *supra*, note 4.

en 185/184 av. J.-C.[120] : « L'année suivante, rappelle Bouché-Leclercq, le roi, avec la reine Cléopâtre et le fils (Philométor) dont la naissance venait d'assurer, après sept ans de mariage, l'avenir de la dynastie, faisaient ses dévotions à Philae, au temple d'Asclépios, dédié par lui au dieu médecin qui pouvait avoir bien aidé par sa grâce à l'heureux événement. Il fit graver sur ses murs deux décrets, l'un instituant une fête commémorative (?) de la soumission de punition des rebelles[121] ; l'autre en l'honneur de la reine Cléopâtre[122]. » Le clergé de Philae fit sans doute construire à la suite de l'heureux événement, et sans doute sur ordre d'Épiphane, l'Asklépion de Philae[123]. La corniche de ce temple d'Imhotep[124] est en effet surmontée d'une inscription en grec : βασιλεὺς Πτολεμαῖος καὶ βασίλισσα Κλεοπάτρα θεοὶ Ἐπιφανεῖς καὶ Πτολεμαῖος ὁ υἱὸς Ἀσκληπιῳ, « Le roi Ptolémée et la reine Cléopâtre, dieux épiphanes, et Ptolémée leur fils (ont dédié ce monument) à Asklépios. » Cette naissance est considérée comme à l'origine d'un pèlerinage au temple d'Isis ; et la construction du temple périptère d'Hathor, en tant que mère divine, aurait fait suite à la naissance des deux enfants de Cléopâtre[125].

Or, le rôle d'Imhotep dans la conception des enfants n'est plus à démontrer[126]. Un texte gravé sous le règne de Claude à Dendara assure qu'Imhotep accorde un enfant à celui qui le prie[127]. Au plan littéraire, le Roman de Setna II (P. Brit. Mus. 604)[128] en fournit une autre attestation, lorsque Mehitouaskhrit demande à Imhotep de lui accorder la grâce de devenir prégnante : « Tourne ta face vers moi, mon seigneur Imhotep, fils de Ptah ; c'est toi qui accomplis les miracles, et qui es bienfaisant dans tous tes actes ; c'est toi qui donneras un fils à celui qui n'en a pas. Entends ma plainte et rends-moi enceinte d'un enfant mâle[129]. » Passant la nuit dans le temple, le remède lui est prescrit, et elle ne tardera pas à tomber enceinte de Satni, mettant au monde Senosiris. Ajoutons un dernier exemple, tiré de la stèle BM 147, datant du règne de Cléopâtre VII : Pachérynyptah (Ψενπτάϊς) (Preisigke 488), grand-prêtre de Memphis qui intronisa Ptolémée Aulète, obtint un enfant d'Imhotep fils de Ptah, après 43 années de stérilité, enfant auquel on donna immédiatement le nom d'Imhotep et que l'on surnomma Petoubastis[130], le troisième du nom. Sa mère elle-même se nomme Taimouthis (*Tꜣ-Ij-m-ḥtp*)[131], et, comme s'il

120 Voir E. BEVAN, *Histoire des Lagides, 323-30 av. J.-C.*, Paris, 1934, p. 309 ; W. CLARYSSE, « The Ptolemies visiting the Egyptian Chora », *StudHell* 36, 2000, p. 29-53.

121 T. EIDE, T. HÄGG, R.H. PIERCE, L. TÖRÖK (éd.), *op. cit.*, p. 600-607, n° 134 = *Urk.* II, 217-230. Voir aussi le P. Berlin 15527 (187 av. J.-C.) (*ibid.*, p. 506-600, n. 133).

122 BOUCHÉ-LECLERCQ, *Histoire des Lagides* I, Paris, 1903 (rééd. 1963), p. 395 et n. 3.

123 Cf. D. WILDUNG, *The Egyptian Saints*, 1977, p. 70, 71 ; *id.*, *Imhotep und Amenhotep*, § 101.

124 *LD* IV, 18 ; *GLR* IV, 283, XXVIII ; D. WILDUNG, *Imhotep und Amenhotep*, § 102.

125 A. BOUCHÉ-LECLERCQ, *op. cit.*, p. 395, et n. 4.

126 Voir l'intéressant chapitre de D. KESSLER, *Die heiligen Tiere und der König*, *ÄAT* 16, 1989, p. 130.

127 D. WILDUNG, *op. cit.*, § 94b.

128 M. DEPAUW, *PapBrux* 28, 1997, p. 87 (avec bibliographie).

129 D. WILDUNG, *op. cit.*, § 54. Sur cette opération qui renvoit au mécanisme de l'incubation, voir la seconde référence, *supra*, note 29, et spécialement les p. 342-343. Pour l'incubation, cf. *supra*, n. 30. La traduction du texte est extraite de G. MASPERO, *Les contes populaires de l'Égypte ancienne*, 3e éd., p. 132. Voir également S.H. AUFRÈRE, *ERUV* 2, *OrMonsp* 11, 2001, p. 343-344 ; D.J. THOMPSON, *Memphis under the Ptolemies*, Princeton, 1988, p. 260.

130 E. BEVAN, *Histoire des Lagides, 323-30 av. J.-C.*, Paris, 1934, p. 384-385 ; D.J. THOMPSON, *Memphis under the Ptolemies*, Princeton, 1988, p. 209 ; M. LICHTHEIM, *Ancient Egyptian Literature* III. *The Late Period*, Berkeley, Los Angeles, Londres, 1980, p. 59-65 ; E.A.E. REYMOND, *From the Records of the Priestly Family from Memphis*, I, *ÄgAbh* 38, Wiesbaden, 1981, p. 165-177, et spécialement p. 176. Voir sur cette famille : M.E. BRECCIA, *ASAE* 8, 1908, p. 65-67 ; H.S.K. BAKRY, « A Family of High-Priests of Alexandria and Memphis », *MDAIK* 28, 1972, p. 75-77. Pachéryenptah est mort en l'an 11 de Cléopâtre (= 42-41 av. J.-C.). Celle-ci avait la main sur le temple de Ptah d'Alexandrie, lié au temple de Ptah à Memphis (*ibid.*, p. 77).

131 Sur le dossier de Taïmouthis : E.A.E. REYMOND, *op. cit.*, p. 165-194.

s'agissait d'un signe, cette naissance intervient le 15 *épiphi*, à la 8e heure du jour, lors de la fête d'Imhotep [132]. Ainsi, intercesseur auprès du dieu bélier copulateur et plasmateur, détenteur du *pharmakon*, connaissant, de par sa spécificité memphite, les remèdes à la stérilité, Imhotep apparaît donc comme celui qui vient en aide aux couples en difficulté.

Ainsi, qu'Épiphane et Cléopâtre aient commandité la construction d'un temple à Asklépios n'est pas étonnant puisqu'Imhotep, devenu éléphantin sous les règnes précédents, apparaît naturellement comme l'intercesseur idéal auprès de Khnoum, le dieu plasmateur de la cataracte, sans oublier qu'il était traditionnellement un protecteur de l'enfance royale dès l'Ancien Empire; mais il apparaît également désormais comme un intercesseur auprès de l'Isis de Philae, la chapelle de Philopator étant située juste à l'avant du pylône de la déesse à l'extrémité de la colonnade Nord. Or, dans les textes magiques, et dans le cadre de l'emploi des plantes curatrices, Isis magicienne n'est autre que la fille de Thot (*PGM* IV, 94-105). Il faut cependant revenir à Saqqâra-Nord pour obtenir le reste de l'information sur la naissance du successeur de Ptolémée V Épiphane: Philométor. En effet, Philométor a lui-même eu recours aux services du reclus Hor. La grande réputation qu'il avait acquise lui valut en effet les visites du souverain [133]. À l'occasion de l'une de ces visites, le voyant rappelle à Philométor, qui n'avait que trois ans à la mort de son père, la date de sa naissance: le 12 *thot*, lors de la fête de Thot. Le rappel de cette date anniversaire n'est pas anodin. Elle tisse un lien entre le souverain, l'Hermaion de Saqqâra-Nord et le voyant. En effet, selon Hor, Isis est à l'origine de la naissance du jeune roi: « Elle a fait en sorte que tu naisses le 12 *thot*, la grande fête de Thot [134], son (= Isis) père [135]. » Et c'est encore à l'aide de Hor, qui obtient des instructions d'un prêtre d'Imhotep d'Héliopolis [136], que recourt Philométor au moment même où il attend la naissance d'un descendant [137]. Le songe de Hor lui prédit non seulement que sa lignée se prolongera mais encore que la reine porte un héritier mâle [138], Ptolémée Eupator (?), en 168 [139]. On notera au passage que l'existence d'un prêtre d'Imhotep à Héliopolis n'est pas, *a priori*, surprenante, lorsqu'on sait que Djoser y avait fait établir un temple à l'occasion de sa fête *sed* [140], de sorte que la présence d'Imhotep peut théoriquement apparaître comme un prolongement, à l'époque lagide, d'une très ancienne tradition. Et l'on apprend, dans les mêmes archives du voyant memphite, qu'« Isis a préparé un remède pour la reine [141] ». Le contexte est lacunaire, mais rien n'interdit de penser que le médicament confectionné n'ait pas eu pour but de faciliter la conception [142], ce qui établirait un parallèle au Roman de Setna II (P. Brit. Mus. 604) dans lequel le rédacteur fait apparaître semblable méthode.

132 *Ibid.*, p. 176.

133 J.D. RAY, *The Archive of Hor*, p. 120.

134 Les calendriers indiquent cependant que la fête de Thot se déroule le 19 du mois de *thot*.

135 *Ibid.*, p. 25 (Text 2, 12). Il est question ailleurs du 12 *thot*; cf. p. 37 (Text 7, 12); p. 41 (Text 8, r° 8). Cf. p. 124.

136 *Ibid.*, p. 11 (Text 1, 3-4).

137 *Ibid.*, p. 121.

138 *Ibid.*, p. 12 (Text 1, 15-18); cf. p. 121.

139 *Ibid.*, p. 125.

140 A.M. DONADONI-ROVERI, *La civilisation des Égyptiens. Les croyances religieuses*, Turin, 1988, p. 48, fig. 48; J. VANDIER, *Manuel* I/2, p. 951, fig. 625; p. 953, fig. 626; p. 955, fig. 627; p. 953-955.

141 J.D. RAY, *op. cit.*, p. 98 (Text 28, 15-16); cf. p. 134. Or, Isis, fille de Thot, est habilitée à confectionner des remèdes; cf. S.H. AUFRÈRE, « L'origine égyptienne de la connaissance des vertus des plantes magiques d'après la tradition classique et celle des papyrus magiques », *ERUV 2, OrMonsp* 11, Montpellier, 2001, p. 487-492.

142 On se souvient également de Ladicé qui, selon Hérodote (II, 181), alors que son mari Amasis était incapable de remplir ses fonctions d'époux, adressa un vœu à la déesse Aphrodite pour qu'elle pallie l'impuissance du roi, déesse en qui on peut légitimement voir, par *interpretatio*, Isis-Hathor.

Il serait, bien entendu, tentant de penser que Philopator et Épiphane ont vraisemblablement recouru aux mêmes services des voyants et des prêtres d'Imhotep de façon que leur vînt un héritier, ce qui expliquerait l'engouement si soudain pour la construction de chapelles érigées, à cette époque, en faveur d'Imhotep-Asklépios, et principalement à Éléphantine et à Philae.

Si la voyance de Hor procède de Thot et si, apparemment, Imhotep, parangon du savant et du magicien, également associé à Thot d'Hermopolis, lui permet de prédire la venue d'un héritier royal, il semble qu'un processus plus complexe mettait en œuvre une relation entre Ptah et Khnoum par l'intermédiaire de leur rejeton commun, Imhotep. Apparemment, celui-ci est capable d'intercéder auprès de ces deux divinités, d'une part auprès de Ptah, celui qui a constitué les dieux d'après la Pierre de Chabaka, d'autre part auprès de Khnoum qui façonne l'être humain et libère la crue à l'ordre de Ptah. L'oracle du Potier rapporte que Chnoubis, en qui il faut voir la forme grécisée de Khnoum d'Éléphantine [143], et Agathodaïmon, respectivement dieux des deux villes les plus éloignées l'une de l'autre, Éléphantine et Alexandrie, convergent vers Memphis [144]; il contribue ainsi à étoffer encore ce lien, et ce d'autant plus que Strabon (Livre I, 48) rappelle qu'il existe en Égypte deux nilomètres, l'un à Éléphantine, l'autre à Memphis. Naturellement, Khnoum et Ptah en sont les deux dieux tutélaires. Ces deux divinités sont d'ailleurs opposées, dans un des papyrus de Tebtynis, respectivement comme intendants de la porte méridionale et de la porte septentrionale: « Quant à l'intendant de la porte méridionale (c'est) Khnoum seigneur de la Cataracte; quant à l'intendant de la porte septentrionale, on dit que (c'est) Ptah auguste... [145]. »

On ajoutera que les premières colonnes de la stèle de la Famine relèvent d'un genre littéraire, celui de la lettre ou de la pseudo-lettre, le premier étant déjà attesté dans la tombe d'Hirkhouf, le second étant un procédé couramment employé à l'époque ptolémaïque pour justifier *a posteriori* certains événements [146]. La date, l'an 18, et les personnages secondaires, comme Mesir, servent à accentuer la crédibilité du document, même s'il est difficile d'exclure, a priori, un personnage réel. La date de l'an 18 de Djoser, alors que Tosorthros a régné 29 années (Manéthôn, Fragment

143 Il s'agit bien de Khnoum et non de Kematef (le Κνήφ dont parle Plutarque, *De Iside et Osiride*, 22; cf. J.G. GRIFFITH, *Plutarch's De Iside et Osiride*, Cambridge, 1970, p. 374). Strabon (Livre XVII, 48) signale Éléphantine comme siège du culte de Chnouphis: « La ville qui est sur cette île possède un temple de Cnouphis et un nilomètre comme Memphis. » En effet, les inscriptions grecques du site d'Éléphantine donnent toujours la leçon Chnoubis; cf. STRABON, *Le Voyage en Égypte. Un regard romain*, Paris, 1997, p. 180, n. 458; H. MAEHLER, « Griechische Inschriften aus Elephantine », *MDAIK* 26, 1970, p. 169-172; E. OTTO, *LÄ* I, 1975, col. 950-954, *s. v.* Chnum, et spécialement col. 950, confirmé par l'araméen : *mwnj* ou *bwnj*. Pour le passage de Khnoum > Kematef > décan Kenemet, voir A. DELATTE, Ph. DERCHAIN, *Intailles magiques gréco-romaine*, Paris, p. 54-57. Sur le décan Kenemet, voir plus particulièrement Ch. SAMBIN, « Une porte de fête-*sed* de Ptolémée remployée dans le temple de Montou à Médamoud », *BIFAO* 95, 1995, p. 383-457, et spécialement p. 422-425.

144 « Et la ville près de la mer (= Alexandrie) sera un lieu où les pêcheurs sècheront leurs filets, car Agathodaimon (dieu d'Alexandrie) et Knéphis (Khnoum d'Éléphantine) seront partis pour Memphis, si bien que les passants diront: "Cette ville était une nourrice universelle et des hommes de toute race s'étaient établis dans son sein"... »

145 J. OSING, *Hieratische Papyri aus Tebtynis* (*The Carlsberg Papyri* 2), *CNIP* 17, Copenhague, 1998, p. 172-173. Sur l'équivalence de Ptah et de Khnoum, au nord et au sud, voir G.R.S. MEAD, *Thrice Greastest Hermes* I, Londres, 1964, p. 333.

146 Il n'y a qu'à considérer la pseudo-lettre de Nephotès (= *Nfr-ḥtp*) (W. SPIEGELBERG, *ZÄS* 62, 1927, p. 35-37) à Psammétique (*PGM* IV, 154-222; cf. *Manuel de magie égyptienne. Le Papyrus magique de Paris*, Paris, 1995, p. 17-19), la lettre du pseudo-Aristée (EUSÈBE, *Prep. ev.* VII, 2; JOSÈPHE, *Contra Ap.* II, 46), le pseudo-échange entre Ouaphrès et Salomon reproduit chez Eusèbe de Césarée (*Prep. ev.* IX, 30, 31 et 32), la lettre du pseudo-Manéthôn à Ptolémée Philadelphe, voire les pseudo-courriers échangés entre Cambyse/Nabuchodonosor et Apriès dans le Roman de Cambyse (L. JANSEN, *The Coptic Story of Cambyses' Invasion of Egypt*, Oslo, 1950).

11, version de l'Africain), n'aurait vraisemblablement pas plus d'historicité que l'an 16, la nuit du 21-22 *pharmouti* de l'histoire d'un roi Nectonabo (cf. *infra*). La stèle de la Famine ferait donc écho à des sources d'inspiration memphites et elle offrirait des réminiscences de certains modèles littéraires. En effet, si on admet que le texte de la lettre de Djoser a été rédigé à Memphis, la réflexion sur des faits remontant à son règne pouvait théoriquement :

1. S'inspirer des textes élaborés par le clergé de la capitale, habilité à archiver faits et gestes royaux ;

2. S'inspirer du légendaire des souverains et des personnages les plus célèbres rédigé dans la région de Memphis, à savoir les romans et les contes ; *a fortiori* quand les personnages-clés de la stèle de la Famine figurent parmi les plus importants que Memphis ait eus ;

3. Disposer à Memphis d'un vivier littéraire, dû à une culture érudite locale axée sur la mise en scène traditionnelle des grands ancêtres royaux et de magiciens, faisant écho au Papyrus Westcar [147] et aux sagesses memphites.

On notera en outre que le mode incubatoire exposé dans la vision de Djoser de la stèle de la Famine (col. 18-22) offre un parallèle chez Manéthôn (Fragment 54), avec la vision du roi Aménôphis ayant exprimé l'idée de « voir les dieux » ('Αμένωφις ἐπεθύμησε τοὺς θεοὺς ἰδεῖν) [148]. Et il est promis à ce dernier, par l'intermédiaire d'Aménôphis fils de Paapis (Amenhotep fils de Hapou), qu'il ne pourrait voir les dieux qu'à condition de se débarrasser de 80 000 lépreux et impurs [149]. Là, l'auteur de la stèle de la Famine et Manéthôn se rejoignent dans la fiction. L'intervention d'Aménôphis fils de Paapis chez Manéthôn, qui constitue une distorsion de la réalité et repose sur les qualités de voyant d'un personnage bien connu, est de même nature que celle d'Imhotep, son *alter ego*, dans la stèle de la Famine, car, bien que le texte ne le dise pas, c'est sans doute Imhotep qui provoquerait le rêve du roi comme le veut le genre littéraire traditionnel. La tendance au merveilleux et à la tradition locale qui l'emporte et le mode incubatoire décrit dans la stèle rappelle des pratiques similaires de l'époque tardive attestées dans les papyrus du Sérapeum [150], mais entrant dans d'autres compositions, comme dans l'histoire du Songe de Nectonabo qui fait partie de ce lot [151]. L'interprétation des songes est une des grandes spécialités des clergés de Saqqâra-Nord. Le songe de Nectonabo, qui fait allusion à un événement se produisant à Memphis, expose au roi un problème à résoudre à Sebennytos. Le dieu Onouris lui apparaît en rêve tout comme Khnoum à Djoser. Et tandis que Nectonabo ordonne

147 On se reportera au prodige qui se produisit sous le règne du roi Djoser, dont le texte a malheureusement disparu (cf. G. LEFEBVRE, *Romans et contes égyptiens d'époque pharaonique*, Paris, 1982, p. 73-74).

148 Litt. « Aménôphis désira *voir* les dieux. » Le roi Aménôphis, paradigme du roi égyptien, fait son apparition dans l'Oracle du potier (E. BEVAN, *Histoire des Lagides, 323-30 av. J.-C.*, Paris, 1934, p. 272). Sur les oracles : D. FRANKFURTER, *Religion in Roman Egypt. Assimilation and Resistance,* Princeton, 1998, chap. 4 : Mutations of the Egyptian Oracle (p. 145-197).

149 Sur cette tradition, voir J. YOYOTTE, *Bull. Société E. Renan*, NS 11, 1962, p. 133-143 ; voir aussi, en dernier lieu, Chr. THIERS, *BIFAO* 95, 1995, p. 509-510 (avec bibliographie) ; S.H. AUFRÈRE, *Manéthôn de Sebennytos*, § 439-440, 467. Il est manifeste que tant Amenhotep fils de Hapou dans ce contexte qu'Imhotep dans la stèle de la Famine sont des éléments rapportés.

150 U. WILCKEN, *Urkunden* I, Lief. 3, p. 348-374.

151 *Ibid.*, Nr. 81, p. 369-374 ; G. MASPERO, *Les contes populaires de l'Égypte ancienne*, Le Caire, Paris, 1988, p. 219-222 ; S.H. AUFRÈRE, *op. cit.*, § 714 ; W. HUSS, *Der makedonische König und die Ägyptischern Priester*, Stuttgart, 1994, p. 133-137.

à l'architecte Petesis de procéder à la décoration du temple d'Onouris à Sebennytos, Djoser établit, finalement, un décret en faveur de Khnoum. De plus, le mode de l'incubation, s'il est bien attesté en Égypte, est cependant très bien représenté à Memphis, notamment en relation avec Imhotep. On invoquera ainsi le P. Oxyrhynchos 1381 [152], rédigé au IIe siècle de notre ère, duquel il se dégage un esprit assez identique à celui de la stèle de la Famine [153]. La présence du Nectanebos, dont il est question dans ce document, nous ramène encore au Sérapéum de Memphis, centre de création littéraire, où s'est formée, entre Grecs et Égyptiens, une grande partie de ces romans populaires [154], en grec ou en démotique. En outre, rédigé sous le règne de Ptolémée II Philadelphe, le Roman de Setna I dont l'histoire est construite autour de la possession d'un livre magique appartenant à Thot, est incontestablement memphite ; de même origine, le Roman de Setna II relate, comme on l'a vu, les aventures de Satni-Chaemoïs et met lui-même en évidence l'action d'Imhotep guérisseur au moyen du procédé de l'incubation [155]. On voit qu'il est difficile d'échapper, pour l'inspiration littéraire, à la sphère intellectuelle de la capitale traditionnelle.

Il semble, en définitive, que les éléments que nous avons réunis plaident, en ce qui concerne le culte d'Imhotep à Éléphantine, pour la convergence d'intérêts memphites, hermopolites et éléphantins, vraisemblablement pour des raisons tenant à des liens interrégionaux qu'entretenaient ces clergés. Le culte d'Imhotep, intercesseur populaire, concrétise, à une période où les pseudo-originaux font recette chez les Grecs, le besoin de recourir à des sources d'inspiration littéraire d'origine memphite, sans doute réactivées à l'occasion des rencontres de prêtres et de leurs échanges érudits lors des synodes [156].

Le recours à Imhotep dans la stèle de la Famine n'est pas fortuit. Derrière Djoser, grand souverain memphite déjà bien connu des Grecs instruits par Manéthôn, il représente une autorité morale, en tant qu'Asklépios, à l'égard du pouvoir lagide – qui a promu son culte dans la région de Thèbes et d'Éléphantine –, mais également un gage donné au clergé de Memphis, notamment à l'époque où Asklépios-Imhotep, en intercédant auprès du dieu plasmateur d'Éléphantine, a répondu favorablement au désir d'héritier de la part d'Épiphane et de Cléopâtre, et du grand-prêtre de Memphis, Pachéryenptah, de la même façon qu'il est intervenu auprès des dieux de la cataracte pour obtenir une crue bienfaisante et ainsi éviter la famine [157], préservant le pays pendant les années difficiles où la Haute-Égypte était soumise au brigandage et aux soulèvements auxquels participaient les Méroïtes.

152 B. GRENFELL, A. HUNT (éd.), *The Oxyrynchus Papyris* XI, 1915, p. 221-224 ; D. WILDUNG, *Imhotep und Amenhotep*, § 60 ; *id.*, *Egyptian Saints*..., p. 75-76.

153 Sous le règne d'un roi Nectanébos, un prêtre, Nechautis, trouve un vieux papyrus égyptien dans le temple abandonné d'Asklépios ; le roi le charge d'en livrer le contenu. Celui-ci relate l'apparition d'Imhotep à un dévôt, mais le prêtre ne peut en achever la lecture au vu des difficultés qu'il rencontre. Puis la mère de Nechautis, malade, recourt elle-même aux soins d'Imhotep et en vient à être guérie grâce aux remèdes prescrits en pratiquant l'incubation. Nechautis, souffrant à son tour, est guéri et adresse un hymne à Imhotep.

154 S.H. AUFRÈRE, « Le dernier Nectanébo et la tradition hellénistique de la magie égyptienne », *La Magie* I. *Actes du colloque international de Montpellier 25-27 mars 1999*, Montpellier, 2000, p. 95-118.

155 Cf. *supra*, n. 128.

156 On se rappelle de ceux organisés à Memphis, sous le règne de Ptolémée IV Philopator (nov. 217) ainsi que sous le règne de Ptolémée V Épiphane (27 mars 196), dont une copie figurait à Éléphantine.

157 *Ibid.*, § 94, b. À partir de Ptolémée IV Philopator et de Ptolémée V Épiphane, on fait appel aux savants, Imhotep et Amenhotep fils de Hapou ; c'est désormais vers eux que se tourne la population grecque et égyptienne pour la guérison de ses maux dans les *sanatoria* (*Ibid.*, § 94, b, 95, 96, 104, 118, 132, 139, 151.2).

Le clergé de Memphis, dont les penseurs étaient proches de la cour lagide, et principalement sous le règne d'Épiphane, qui avait accepté de se plier à la tradition autochtone, pouvait se sentir flatté d'une telle marque de déférence mettant en lumière la convergence de Ptah et de Khnoum, de sorte qu'Éléphantine apparaissait comme un relais religieux de Memphis sur la première cataracte [158], à moins que le clergé de Khnoum ne l'eût lui-même suscitée, établissant une passerelle religieuse et économique. En liant naturellement l'action de la stèle de la Famine à des personnages légendaires de Memphis, dont la célébrité avait gagné des horizons plus lointains que les rivages de l'Égypte, on admettait l'existence d'un lien implicite ancien entre Ptah et la crue du Nil, auquel font allusion les hymnes au dieu memphite. Pourtant, la présence d'Imhotep dans le sud m'apparaît comme une concession des Lagides à Memphis qui voyaient là une façon de se rattacher à un passé traditionnel égyptien, induisant, au plan religieux, une forme de reconnaissance, de sujétion des clergés méridionaux dépendant de l'autorité morale memphite avec laquelle ils ont fini, *nolens volens*, par composer.

158 On peut invoquer le fait que, sous Ptolémée Aulète, le grand prêtre de Memphis percevait des revenus de l'ensemble des clergés de l'Égypte (E. BEVAN, *Histoire des Lagides, 323-30 av. J.-C.*, p. 387), sans compter qu'une seule famille a tenu la charge de grand-prêtre de Ptah pendant toute la dynastie lagide, ce qui implique un lien étroit avec le pouvoir (cf. *ibid.*, p. 219).

La pintade, le soleil et l'éternité
À propos du signe  (G 21)

Nathalie BEAUX

Je suis la Pintade !
Je suis Rê qui est sorti de l'Océan primordial, en ce mien nom de Khépri !
Le dieu est mon ba *!*

C'est moi qui ai créé Hou-Le Verbe ! (...)
Je suis Hou-le Verbe qui ne disparaîtra pas en ce mien nom de ba *;*
Celui que j'invoque est le Taureau, et celle que je domine de ma voix est l'Ennéade,
En ce mien nom de Neh-Éternel Invocateur.

(...)
Je suis le Maître de la Lumière !
(...)
Je suis haut sur mon perchoir, à cet endroit de l'Océan primordial,
Et ceux qui font le mal ne s'attaqueront pas à moi !

Je suis [l'Aîné des dieux primordiaux] (...)
C'est moi qui ai créé les ténèbres,
qui ai établi mon trône aux limites de la voûte céleste (...)

*L'oiseau-*ba *est mon* ba,
L'uraeus, mon corps,
L'Éternité, Maîtresse des ans, ma manifestation,
L'Infini, ma vie !

Je suis Celui qui est haut (...)
Je suis le ba *qui a créé l'Océan primordial (...)*

Mon nid ne sera pas vu, (lorsque) mon œuf se fendra.
C'est moi, le Maître des Hauteurs!
Et j'ai fait mon nid aux limites de la voûte céleste!

Dans ce chapitre 307 des Textes des Sarcophages [1], il est question de l'oiseau *neh*, la pintade:

Je suis la Pintade! Je suis Rê qui est sorti de l'Océan primordial, en ce mien nom de Khépri!

Tout le texte va nouer finement des liens entre l'oiseau et l'astre solaire à son lever. Pourquoi un tel parallèle?

Avant d'étudier le comportement de la pintade qui pourrait nous fournir les clés du symbolisme de ce volatile, revenons au signe même qui le représente.

1. *Identification du signe (G 21): quelle pintade?*

Le signe a été identifié par L. Keimer comme une pintade, *Numida meleagris* (L.) [2], identification reprise et confirmée par N.M. Davies [3], et par S.M. Goodman et P.F. Houlihan [4].

Il existe en effet une représentation de la chapelle Blanche de Sésostris Ier à Karnak qui, par sa forme générale, ses protubérances sur la tête et sous la gorge, et surtout par les nombreuses petites encoches parsemant le corps de l'oiseau rappelle la pintade [fig. 1] [5]. Ces petites taches blanches, si caractéristiques, sur le manteau gris, sont pourtant rarement représentées dans l'art égyptien [6]. Ce sont surtout les protubérances sur la tête et sous la gorge qui sont restées, traditionnellement, les traits distinctifs de l'oiseau.

À quoi correspondent ces protubérances [fig. 2] [7]?

– sur la tête, la pintade a un «casque», de forme variable selon les sous-espèces. Ce casque correspond à la protubérance figurée au sommet de la tête de l'oiseau;

– à la base du bec se dresse une «touffe de poils raides», de longueur variable selon l'âge, le sexe et les sous-espèces, touffe que les anciens Égyptiens représentent souvent par une autre protubérance généralement placée sur le front [8];

Je suis très reconnaissante à S. M. Goodman pour les commentaires qu'il a bien voulu me donner sur la partie ornithologique de cet article.

1 *CT* IV, 62-64. Deux versions: L1Li et BH4C.

2 L. KEIMER, «Sur l'identification de l'hiéroglyphe **nḥ**», *ASAE* 38, 1938, p. 253-263; *id.*, «Quelques nouvelles remarques au sujet de l'hiéroglyphe **nḥ**», *ASAE* 41, 1942, p. 325-332.

3 N.M. DAVIES, «Some Notes on the *Nḥ*-Bird», *JEA* 26, 1940, p. 79-81.

4 P.F. HOULIHAN, *The Birds of Ancient Egypt*, Warminster, 1986, p. 82-3.

5 Cf. L. KEIMER, *ASAE* 38, p. 254, fig. 25; Davies, *op. cit.*, pl. XIV, fig. 5; P. LACAU, H. CHEVRIER, *Une Chapelle de Sésostris Ier à Karnak*, Le Caire, 1969, pl. VIII, n° 24. Photographie publiée par Houlihan (*op. cit.*, p. 82, fig. 116).

6 Cf. DAVIES, *op. cit.*, pl. XV.

7 C.H. FRY, S. KEITH, E.K. URBAN, *The Birds of Africa* II, 1986, pl. 5, p. 8-11.

8 Keimer (*op. cit.*, p. 257-258) et Davies (*op. cit.*, p. 79) interprètent les deux protubérances jumelles sur la tête de nombreux hiéroglyphes de pintade comme une représentation du «casque» et de la «touffe de poils raides».

Fig. 1. Le hiéroglyphe de la pintade (G21).
Exemple gravé dans la chapelle blanche de Sésostris Ier à Karnak.
(P. Lacau, H. Chevrier, *Une chapelle de Sésostris Ier à Karnak*, Le Caire, 1969, pl. VIII, n° 24).

Fig. 2. Numida meleagris meleagris (L.)
(C.H. Fry, S. Keith, E.K. Urban, *The Birds of Africa* II, 1986, pl. 5).

Fig. 3. Exemples de signes figurant la pintade (G 21) et gravés dans la pyramide d'Ounas (relevés sur le monument même) :
a. « Casque » bien visible (paroi Sud du passage entre l'antichambre et la chambre funéraire, col. 3 ; paroi Est de l'antichambre, col. 30) ;
b. « Touffe de poils raides » bien visible (paroi Est de l'antichambre, col. 18 ; paroi Est de la chambre funéraire, col. 37) ;
c. « Caroncules » bien visibles (paroi Est de l'antichambre, col. 25 ; paroi Ouest de l'antichambre, col. 35) ;
d. Figuration des trois caractéristiques de la pintade : « Casque, caroncules et touffe de poils raides » (paroi Nord de l'antichambre, col. 33) ;
e. Gravure corrigée par la peinture (contour peint indiqué en pointillés) et indiquant les trois caractéristiques de la pintade : « Casque, caroncules et touffe de poils raides » (paroi Nord de l'antichambre, col. 6) ;
f. Représentation d'un pintadeau pour le signe G 21 (paroi Sud de la chambre funéraire, col. 29).

– enfin, la présence de « caroncules » qui pendent de chaque côté de la tête a été rendue par une protubérance qui, dans la tradition épigraphique égyptienne, est en général placée, comme pour l'oiseau-*ba* [9], sur le cou, bien plus bas qu'elle ne devrait l'être.

Cependant, un certain nombre de représentations renvoie une image fidèle de ces traits distinctifs... Et permet même d'identifier la sous-espèce dont il s'agit !

Lors d'une étude paléographique des textes de la pyramide d'Ounas, nous avons recueilli un grand nombre de signes figurant la pintade [fig. 3] [10]. À notre surprise, aucune ne représentait deux protubérances sur le crâne de l'oiseau. En revanche, chez quelques oiseaux, le « casque » était rendu, assez exactement, par une bosse plutôt arrondie [fig. 3a]. Les deux traits distinctifs sélectionnés comme les plus représentatifs de l'animal étaient les « caroncules » et la « touffe de poils raides ».

La « touffe de poils raides » est évoquée dans cinq cas par une sorte de petite bosse à la base du bec (au bon endroit), mais dans cinq autres exemples, elle est figurée, conformément à la réalité, dressée en un faisceau de taille plus ou moins longue [fig. 3b].

Les « caroncules » sont situées, dans quatre cas, de manière traditionnelle, en saillie par rapport au cou, plus bas qu'elles ne devraient l'être, mais dans environ une douzaine d'exemples, elles semblent pendre plutôt à l'arrière du bec, comme dans la réalité, et elles ont une forme pointue [fig. 3c].

Une étude systématique par paroi montre qu'en général, le scribe sélectionnait un ou deux des traits distinctifs et le rendait parfois de manière disproportionnée pour le mettre en valeur. Il est rare que les trois traits distinctifs soient mis en évidence, mais on en a un exemple très clair [fig. 3d]. Le graveur et le peintre n'avaient d'ailleurs pas toujours le même point de vue. Aussi, sur un signe de la paroi nord de l'antichambre [fig. 3e], peut-on observer que le graveur avait sélectionné comme trait distinctif la « caroncule » (placée trop bas), et en second lieu la « touffe de poils raides » (très petite), alors que le peintre avait corrigé en représentant le « casque », une grande « touffe de poils raides », et la « caroncule », ces trois éléments figurés au bon endroit.

Enfin, un exemple représente clairement un pintadeau (son emplacement dans le mot rend sa lecture certaine comme signe G 21) [11]. Il a un corps dont la forme rappelle celle d'un poussin du genre *coturnix* (le signe 𓅱 [G 43]), mais dont le cou est bien plus fin et le bec plus important [fig. 3f]. Cet exemple, rare, n'est d'ailleurs pas unique [12]. On n'y observe aucun des traits caractéristiques de la pintade adulte (« casque, caroncules, touffe de poils raides »), ce qui est conforme à la réalité pour le « casque » des pintades qui n'apparaît qu'après 35 jours [13].

9 Cf. KEIMER, *ASAE* 38, p. 258 : « Il s'agit dans les deux cas, Jabiru et Pintade, comme dans un grand nombre d'autres, d'une tendance à la schématisation ». Sur l'oiseau-*ba*, cf. son identification par L. KEIMER, « Quelques hiéroglyphes représentant des oiseaux », *ASAE* 30, 1930, p. 1-20 ; HOULIHAN, *op. cit.*, p. 23-25.

10 Comme les autres études paléographiques que nous avons entreprises à Gîza et à Saqqâra (sur des mastabas de l'Ancien Empire), cette étude a été faite sur le monument même. Les publications ne sont jamais suffisamment fiables pour permettre une étude rigoureuse sans relevé sur le monument même. Le travail dans la pyramide d'Ounas a été réalisé dans le cadre de la Mission archéologique française de Saqqâra que nous remercions ici pour toute l'aide qu'elle a bien voulu nous fournir. Nous sommes aussi très reconnaissants au Conseil suprême des antiquités d'avoir permis ce travail.

11 Il figure dans la chambre funéraire, paroi sud, col. 29, dans le mot *Nḥb-kꜣw*.

12 L. KEIMER, *ASAE* 41, p. 326-328 et fig. 63, en présente un autre exemple tiré d'un mastaba de Saqqâra. Mais il doutait de la qualité de la représentation, supposant la surface du bloc abîmée : « Il me paraît vraiment invrai semblable que nous ayons affaire à un jeune oiseau ». Cet exemple posséderait déjà un petit casque et figurerait un jeune oiseau de plus de 35 jours.

13 C.H. FRY, S. KEITH, E.K. URBAN, *op. cit.*, pl. 5, p. 10.

L'intérêt de ces représentations est plus grand qu'il n'y paraît au premier abord :

– elles indiquent que *les anciens Égyptiens connaissaient encore la pintade à l'époque d'Ounas*, puisqu'ils la représentent conformément à la réalité, jeune et adulte. L'opinion la plus répandue jusqu'ici était que la pintade avait probablement disparu très tôt d'Égypte, dès le début de la période dynastique [14]. Cette opinion était fondée sur le fait que la pintade n'est plus figurée que comme signe à partir de cette époque [15]. On peut objecter à cela qu'il existe d'autres signes d'oiseaux sauvages, comme 𓅓 (G 17) [16], la chouette/hibou, qui correspondent à des espèces encore présentes en Égypte de nos jours et qui sont pourtant très rarement représentées dans l'art égyptien pharaonique,

– elles permettent aussi de proposer une *identification de la sous-espèce concernée*. Les trois caractéristiques soulignées dans les exemples étudiés plus haut permettent de sélectionner deux sous-espèces : *Numida m. meleagris* (L.) [17] [fig. 2] et *Numida m. somaliensis* Neumann [18] [fig. 4]. La pintade est aujourd'hui, à l'état sauvage, totalement absente d'Égypte. On ne sait pas exactement à quelle époque elle en a disparu. Ces deux sous-espèces sont celles dont la distribution est, à l'heure actuelle, la plus proche de l'Égypte [19]. Mais la forme plutôt arrondie du « casque », la « touffe de poils raides » de taille conséquente en saillie à la base du bec, et la présence de « caroncules » pointues évoquent plutôt *Numida m. somaliensis*.

Cette sous-espèce présente une « touffe de poils raides » qui peut atteindre 24 mm de long (contre 6 mm chez *Numida m. meleagris*) et ses « caroncules » sont plutôt pointues (alors qu'elles sont arrondies chez *Numida m. meleagris*).

Numida m. somaliensis est actuellement présente dans les parties arides du Nord-Est de l'Éthiopie et de la Somalie.

Tout indique donc que les anciens Égyptiens connaissaient très bien la pintade, probablement *Numida m. somaliensis,* et pouvaient encore l'observer dans la nature à l'époque dynastique. Comme elle n'était apparemment pas domestiquée, et qu'elle n'appartient pas au répertoire d'animaux figurés traditionnellement sur les bas-reliefs des tombes privées, il est difficile de dire quand elle a disparu et si elle a vraiment disparu à l'époque pharaonique.

Elle est d'ailleurs figurée au Nouvel Empire, non comme signe d'écriture, mais comme pintade à part entière, dans le « cabinet de curiosités » de Thoutmosis III du temple d'Amon, à Karnak [20] [fig. 5]. Cette représentation de pintade rend le « casque » et les « caroncules », exactement comme il convient. La « touffe de poils raides » était probablement peinte. Sa présence dans cet ensemble de spécimens rares indique soit que la pintade avait alors disparu d'Égypte et était devenue exotique, soit, et c'est le plus probable, qu'il s'agit d'une autre sous-espèce, étrangère

14 Cf. KEIMER, *ASAE* 38, p. 261, n. 1 ; DAVIES, *op. cit.*, p. 80 ; HOULIHAN, *op. cit.*, p. 83.

15 À l'exception de l'exemple du « jardin botanique » de Thoutmosis III qui offre un ensemble unique de spécimens rares et qui ne contredit donc pas cette assertion (voir plus loin la discussion de cette représentation).

16 G 17 correspond à plusieurs espèces : *Tyto alba, Bubo bubo et Asio otus* (HOULIHAN, *op. cit.,* p. 108-111).

17 C.H. FRY, S. KEITH, E.H. URBAN, *op. cit.*, pl. 5, p. 8-9. Cette pintade est maintenant présente de l'est du Tchad à l'Éthiopie, au sud du 17e parallèle nord.

18 *Ibid.*, pl. 5, p. 9.

19 La pintade répandue au nord-ouest du Maroc (et autrefois plus largement répandue vers l'est), *Numida m. sabyi*, ne présente pas de « touffe de poils raides » (*ibid.*, pl. 5, p. 9) et ne peut donc être retenue.

20 N. BEAUX, *Le cabinet de curiosités de Thoutmosis III*, *OLA* 36, Louvain, 1990, p. 256-258.

Fig. 4. *Numida meleagris somaliensis* Neumann (C.H. Fry, S. Keith, E.K. Urban, *The Birds of Africa* II, 1986, pl. 5).

Fig. 5. *Numida meleagris* (L.) figurée dans le cabinet de curiosités de Thoutmosis III à Karnak (N. Beaux, *Le cabinet de curiosités de Thoutmosis III*, *OLA* 36, 1990, p. 257, fig. 1).

celle-là, comme *Numida m. meleagris* (L.) dont les caroncules sont bleues, arrondies et la touffe de poils assez courte, ou encore *Numida m. reichenowi* Ogilvie-Grant, maintenant présente au Kenya et au centre de la Tanzanie, et dont les caroncules sont rouges et le casque bien plus long [21].

Les anciens Égyptiens étaient fins observateurs de la nature. S'ils représentaient la pintade avec les caractéristiques qui sont les siennes, « casque, caroncules et touffe de poils raides », c'est qu'ils avaient eu tout le loisir d'étudier son anatomie et son comportement.

2. *Le comportement de la pintade*

La pintade [22] est un volatile répandu dans les savanes humides et boisées car il lui faut absolument de l'eau, de l'ombre et surtout des arbres sur lesquels elle puisse se percher.

Aux premières lueurs de l'aube, elle pousse des cris stridents, descend de son perchoir, commence à chercher sa nourriture de-ci de-là et part en file indienne vers un point d'eau. Elle est active au petit matin et en fin d'après-midi. Aux heures chaudes, elle reste à l'ombre. En fin d'après-midi, tout en cherchant sa nourriture, elle revient vers l'arbre sur lequel elle a l'habitude de se percher pour la nuit.

Quand il y a un danger, les pintades poussent des cris d'alarme stridents et s'enfuient pour se cacher dans les buissons les plus proches où elles restent immobiles et silencieuses, invisibles. Parfois, selon le prédateur, elles s'envolent et vont se percher dans un arbre pour lui échapper. C'est un oiseau farouche, méfiant et pour cette raison, difficile à approcher.

Les pintades font leur nid bien à l'abri des regards, dans les hautes herbes, ou sous un buisson, là où la végétation est dense. Elles creusent un peu la terre et garnissent la petite cavité d'herbes et de plumes. Le nid est petit : 25 à 30 cm de large, 8 cm de profondeur. L'incubation peut durer de 24 à 27 jours. La femelle couve en silence mais quitte aussi le nid. C'est une mauvaise couveuse, si bien que, dans les élevages de pintades, on fait souvent couver les oeufs de pintade par une poule ou une dinde, pour garantir un meilleur succès.

En conclusion, c'est un oiseau qui passe la nuit en hauteur, perché sur un arbre, dont il descend aux premières lueurs du jour, qu'il salue de cris stridents. Son nid est bien caché à terre, dans de hautes herbes ou sous un gros buisson. On comprend donc les trois caractéristiques évoquées par les anciens Égyptiens dans le texte que nous avons lu.

LE RAPPORT AVEC LE SOLEIL LEVANT

La pintade est un peu l'équivalent du coq dans la culture occidentale : elle annonce le lever du jour par ses cris stridents, cris bien caractéristiques puisqu'ils sont comparés aux récriminations du paysan dans *La satire des métiers* [23].

21 C.H. FRY, S. KEITH, E.K. URBAN, *op. cit.*, p. 9.

22 *Ibid.*, pl. 5, p. 8-11. Je remercie Mme Coquelin pour les renseignements qu'elle a bien voulu me transmettre sur le comportement des pintades.

23 *ʿḥwty ḥr ḥbt r nḥḥ* (*Satire des métiers,* XIIIa). Cf. M. LICHTHEIM, *Ancient Egyptian Literature* I, Londres, 1973, p. 187 : « The farmer wails more than the guinea fowl, his voice louder than a raven's ». Cf. aussi G. BURKARD, *Textkritische Untersuchungen zu Ägyptischen Weisheitslehren des alten und mittleren Reiches, ÄgAbh* 34, Wiesbaden, 1977, p. 54-55. Il y a sûrement un jeu sur *nḥḥ*, éternité et *nḥ,* pintade, que l'on pourrait rendre ainsi : « Le fermier se plaint éternellement, plus que la pintade, et sa voix est plus forte que celle du corbeau. »

Nḥḥj=j m kꜣ hwtj=j m psḏt
m rn=j pw n Nḥ
Celui que j'invoque est le Taureau, et celle que je domine de ma voix est l'Ennéade,
En ce mien nom de Neh-Éternel Invocateur [24].

Le cri de la pintade (*nḥ*) qui précède le lever du soleil est décrit comme l'invocation récurrente (*nḥḥj*) par le dieu Neh, « Éternel Invocateur » (*Nḥ*), adressée à Rê, « taureau de l'Ennéade » [25].

Elle s'active dès les premières lueurs. Elle est pour cette raison liée à la naissance de la lumière.

Jnk nḥ, jnk Rʿ pr(w) m Nww, m rn=j pw Ḫpr (...)
Je suis la Pintade ! Je suis Rê qui est sorti de l'Océan primordial, en ce mien nom de Khépri [26] *!*

Jnk nb sšp (...)
Je suis le Maître de la Lumière (...) [27].

UN OISEAU DES HAUTEURS

La pintade se perche *en hauteur* dans les arbres, surtout la nuit, ou, le jour, aux heures chaudes, ou encore quand elle veut échapper à un prédateur.

(...) qꜣ=kw ḥr jꜣ(t), ḥr swt jptn Nww, n ḫm(w) w(j) jr(r)ww jsft
(...) Je suis haut sur mon perchoir, à cet endroit de l'Océan primordial,
Et ceux qui font le mal ne s'attaqueront pas à moi [28] *!*

Jnk qꜣ(=w) (...)
Je suis Celui qui est haut (...) [29].

Jnk pw, nb qꜣw
C'est moi, le Maître des Hauteurs [30] *!*

UN NID IMPOSSIBLE À TROUVER

N mꜣꜣ sšy(=j), sd=tw swḥt(=j)
Mon nid ne sera pas vu, (lorsque) mon oeuf se fendra [31].

Jr-n(=j) sšy(=j) m ḏrw ḥrt
Et j'ai fait mon nid aux limites de la voûte céleste [32] *!*

Sur ces trois caractéristiques est bâti un réseau métaphorique que nous allons maintenant explorer.

24 *CT* IV, 62l.
25 Cf. P. BARGUET, *Le Livre des Morts des anciens Égyptiens*, *LAPO* 1, Paris, 1967, p. 222, n. 9.
26 *CT* IV, 62a-e.
27 *CT* IV, 62o.
28 *CT* IV, 63b-c.
29 *CT* IV, 63m.
30 *CT* IV, 63s.
31 *CT* IV, 63q-r.
32 *CT* IV, 63t.

3. *Le symbolisme de la pintade*

Il s'est développé à partir de trois points : le cri de la pintade, son lien avec le soleil qui va apparaître et sa nature d'oiseau.

LE CRI DE LA PINTADE ET LE VERBE : LES DIEUX NEH ET HOU

Jnk Ḥw jwty sk=f m rn=j pw n bꜣ
Nḥḥj=j m kꜣ hwtj=j m psḏt m rn=j pw n Nḥ

Je suis Hou-le Verbe qui ne disparaîtra pas en ce mien nom de ba,
Celui que j'invoque est le Taureau, et celle que je domine de ma voix est l'Ennéade,
En ce mien nom de Neh-Éternel Invocateur [33].

Telle la pintade-*neh* dont le cri précède l'apparition du soleil, le dieu Neh, par la voix, invite celui qu'il invoque chaque jour, le Taureau-Rê, à se manifester (*ḫpr*) en son nom de Khépri.

Neh est « l'Invocateur », du verbe *nḥj*, « invoquer », qui est ici utilisé au participe imperfectif passif, *nḥḥj*, forme qui évoque, bien sûr, *nḥḥ*, « l'Éternité », d'où notre traduction, « Éternel Invocateur ». Il est aussi « l'Autorité », comme en témoigne le verbe *hwt* qui signifie « couvrir par la voix, dominer de la voix » et donc « crier ». C'est cette « Autorité » qui établit Rê, par la voix, comme Taureau de l'Ennéade [34].

Par sa constance dans cette invocation renouvelée quotidiennement aussi bien que par son autorité, il assure le devenir (*ḫpr*) éternel de Rê. Il est ainsi semblable à Hou, le Verbe, litt. « Annonce » [35], dont le nom vient du verbe *ḥww*, « annoncer ». Hou est le principe divin du Verbe créateur [36]. Il se réfère au moment magique où le créateur, Atoum, fait apparaître (*ḫpr*) la création par la puissance du Verbe : dans l'expression « Il saisit Hou sur sa bouche » (*jṯ-n=f Ḥw tp r(ꜣ)=f*) [37], c'est l'articulation même qui est signifiée, celle de la bouche qui émet avec puissance et précision le son [38], celle du Verbe qui expulse la création et lui donne vie. Et c'est à cet acte créateur originel qu'est implicitement comparé le cri de la pintade chaque matin, « invocation » dont la constance, la force et l'aspect répétitif assure la venue de Celui qui est invoqué. Pour Hou et Neh, l'énonciation engendre l'apparition (*ḫpr*), à la différence que l'acte de Hou est fondateur et que celui de Neh y fait référence implicitement, rééditant éternellement en quelque sorte cette création originelle [39].

33 *CT* IV, 62l. R.O. Faulkner traduit *Nḥ* par « the guinea-fowl god » (*The Ancient Egyptian Coffin Texts* I, Warminster, 1973, p. 226) et P. Barguet par « Éternel » (*Les Textes des sarcophages égyptiens du Moyen-Empire*, *LAPO* 12, Paris, 1986, p. 548).

34 Un autre texte des sarcophages (ch. 326) illustre bien le sens du verbe *hwt* : les deux Ennéades de Rê font cercle autour de lui et « entendent la voix de Rê » (*sḏm=sn hrw Rʿ*) qui « couvre de sa voix » (*hwt=f*) « le puissant grondement » (*ḫr hmhmt wrt*) évoqué au début du texte (*CT* IV, 160b).

35 P. Barguet, (*op. cit.*, p. 707) traduit Hou par « le Verbe créateur » ; J. Allen, (*Genesis in Egypt, YES* 2, 1988, p. 38) traduit par « Annunciation » ; R. Van der Molen (*A Hieroglyphic Dictionary of Egyptian Coffin Texts*, *ProblÄg* 15, 2000, p. 314) traduit par « Authoritative Utterance ».

36 H. ALTENMÜLLER, *LÄ* III, 1980, col. 65-68, *s. v.* Hu ; J. ALLEN, *op. cit.*, p. 38 et ch. IV, p. 59.

37 *CT* III, 384c.

38 L'articulation précise se fait grâce aux lèvres : dans un autre texte, Hou incarne justement « les lèvres » du créateur (cf. P. Leiden I, 350 5, 16 ; et J. ALLEN, *op. cit.*, p. 61).

39 On retrouve la même expression *jṯt Ḥw*, « saisir Hou », et l'association à *nḥḥ* dans les textes des pyramides (*Pyr.* § 307a [ch. 257]).

Neh est ainsi le miroir de Hou, reflétant à l'infini sa création ; Neh est Verbe et Éternité conjugués (*nḥj/nḥḥ*), et c'est pourquoi il est écrit : « Je suis Hou-*Le Verbe qui ne disparaîtra pas*... En ce mien nom de *Neh-Éternel Invocateur* ». De Hou à Neh, la phrase monte en puissance et instaure un rythme éternel de création, par le Verbe, par le « cri originel » de la pintade.

SYMBOLE DU SOLEIL QUI VA APPARAÎTRE – NEH ET NEHEH – SYMBOLE D'ÉTERNITÉ

Je suis la Pintade ! Je suis Rē qui est sorti de l'Océan primordial, en ce mien nom de Khépri !

L'association de Khépri à la pintade trouve un écho dans le chapitre 848 des Textes des Sarcophages :

Jn Ḫpr mꜣ(w) ṯw rd(w) rḫ ṯw nḥw

C'est Khépri qui t'a vu et qui a fait en sorte que les pintades te connaissent [40].

Le lien de la pintade avec le soleil est bien défini par l'évocation de Khépri : nous sommes à la naissance de la lumière, aux limites spatiales du ciel encore étoilé, à l'horizon oriental, et nous savons déjà avec certitude que le soleil va naître à nouveau. La pintade est témoin de ce renouveau solaire quotidien, elle en *devient* donc l'un des artisans. On en trouve l'évocation dès les Textes des Pyramides.

Le roi, lorsqu'il se rend à l'horizon, « *jr ꜣḫt* », pour renaître, revivre comme le soleil, doit en effet connaître le nom de Celui qui fait revivre le soleil chaque jour et qui le fera lui-même revivre. Son nom est Neh, le dieu pintade :

Jw W. rḫ sw rḫ rn=f Nḥ rn=f Nḥ nb rnpt rn=f
(...) sʿnḫ(w) Rʿ rʿ nb, jqd=f W., sʿnḫ=f W. rʿ nb

Ounas le connaît et connaît son nom : Neh est son nom, Neh, le Maître de l'Année est son nom (...) (lui qui) fait vivre Rê chaque jour, il façonnera Ounas, il fera vivre Ounas chaque jour [41] *!*

La pintade, témoin du renouveau solaire quotidien, maintenant artisan de ce renouveau, détient les clés du temps : le temps marqué par le cycle du soleil, donc l'année. L'épithète « Maître de l'Année », présent dès les Textes des Pyramides pour qualifier Neh se trouve encore dans *La litanie de Rê* [42].

Revenons aux Textes des Sarcophages [43], au texte dont il a été question au début. Il est important car il cite :

40 *CT* VII, 53a.
41 *Pyr.* 449a-c.
42 E. HORNUNG, *Das Buch der Anbetung des Re im Westen (Sonnenlitanei)* I, *AegHelv* 2, 1975, p. 204 ; *id.*, *Das Buch der Anbetung des Re im Westen (Sonnenlitanei)* II, *AegHelv* 3, 1976, p. 87.
43 *CT* IV, 63l.

– la pintade, *nḥ* (sans déterminatif mais accompagnée d'un trait vertical indiquant qu'il s'agit bien là de l'oiseau représenté par le signe) [44];
– la divinité, *Nḥ* (avec déterminatif divin, le signe [R 8]) [45];
– le concept d'éternité, *nḥḥ* (sans déterminatif) [46];

... et même le verbe *nḥ* [47], jouant de la profusion sémantique générée par un même noyau phonétique *nḥ*. Mais n'y a-t-il pas plus qu'une homophonie ? La place de l'épithète dans ce texte est significative : elle ne se trouve pas derrière la mention du dieu Neh, comme on pourrait s'y attendre. Elle se trouve, en fait, accompagner le concept d'Éternité, *nḥḥ*, sous la forme *nb rnpwt*, « Maître des Années ».

C'est que la pintade, détenant les clés du temps marqué par le rythme du soleil, détient aussi celles de l'éternité. L'écriture de ces mots avec le signe (G 21) n'est pas fortuite : Elle crée une parenté sémantique, au-delà de l'homophonie. Le glissement de l'épithète de Neh, le dieu, à Neheh, « l'Éternité », en est le témoin.

Le concept de *nḥḥ*, que l'on traduit par « Éternité » [48], est depuis les Textes des Pyramides mis en rapport avec une durée cyclique sans fin, à l'image du cycle quotidien du soleil. C'est d'ailleurs le signe du soleil (N 5) qui détermine cette « durée » *ʿḥʿw* et plus tard le mot même de *nḥḥ* :

ʿḥʿw py n W. nḥḥ, ḏr=f py ḏt

La durée (de vie) d'Ounas est l'Éternité (cyclique), sa limite, l'Infini [49].

Paradoxalement, l'Éternité et l'Infini sont définis par des termes indiquant une quantification : la « durée (de vie) », la « limite ». Le premier terme est clairement temporel, il est déterminé par le signe du soleil, alors que le deuxième peut évoquer une référence spatiale, ce qui est confirmé par le déterminatif de *ḏt*, le signe d'une étendue terrestre (N 17). En fait, chez Ounas, le déterminatif de *ḏt* est le signe d'une étendue d'eau (N 35) (litt. une surface d'eau striée de petites vagues). Il est remplacé plus tard chez Téti par le signe d'une étendue terrestre (N 17), généralement employé avec *ḏt*. Le choix de ce déterminatif chez Ounas est important : il oppose la durée éternelle circulaire du cycle solaire (*nḥḥ*) à l'infini horizontal qu'est celui d'une étendue terrestre ou plus encore d'une étendue d'eau. Mais il est aussi la source de développements futurs liant :
– *nḥḥ* avec le soleil, la lumière, la transparence, le mouvement, au total un principe masculin et sur le plan théologique Rê et Chou ;
– *ḏt* avec l'étendue, l'opacité, la nuit, au total un principe féminin et sur le plan théologique Tefnout.

44 *CT* IV, 62b. Dans la version de ce texte que l'on retrouve dans le Livre des Morts au ch. 153, la phrase « Je suis la Pintade ! Je suis Rê (...) » est reprise et ajoute d'ailleurs le déterminatif de l'oiseau (G 39) derrière le signe (G 21) de la pintade (cf. E.A.W. BUDGE, *The Book of the Dead*, Londres, 1898, p. 397).
45 *CT* IV, 62l.
46 *CT* IV, 63l.
47 *CT* IV, 62l.
48 Sur les concepts d'éternité et de pérennité, cf. J. ASSMANN, *Zeit und Ewigkeit im alten Ägypten*, Heildelberg, 1975 ; E. HORNUNG, *L'esprit du temps des pharaons*, Paris, 1996, ch. IV.
49 *Pyr.* 412a.

Revenons à notre pintade. Si les anciens Égyptiens cherchaient un animal pour symboliser chacune de ces notions, que choisiraient-ils ? Il suffit de voir la façon dont ils ont écrit les deux mots : l'un avec le signe de la pintade  (G 21), l'autre avec le signe du cobra  (I 10). Ce n'est pas uniquement pour des raisons phonétiques : la pintade est un oiseau, elle vole, et son comportement l'associe au soleil à son lever, nous l'avons vu. Le serpent est une créature froide, chthonienne par excellence, qui se meut horizontalement et qui chasse la nuit. L'aile vibrante de l'oiseau, la peau du reptile glissant sur la terre, deux univers symboliques que les textes nous peignent à travers diverses métaphores qui sont limpides lorsque l'on garde à l'esprit le symbole animal qui les caractérise.

a. L'opposition lumière/ténèbres, jour/nuit est perceptible dans les Textes des Sarcophages :

Jr nḥḥ hrw pw, jr ḏt grḥ pw

Quant à l'Éternité, c'est le jour ; quant à l'Infini, c'est la nuit [50].

Elle se poursuit dans l'association de *nḥḥ* à Chou et de *ḏt* à Tefnout :

N. bꜣ=f Šw (...) N. nḥḥ (...) snt=j pw Tfnt (...) ḏt pw Tfnt
N. (que je suis) est le ba *de Chou (...) N. (que je suis) est l'Éternité (nḥḥ) (...), ma sœur est Tefnout (...) et Tefnout est l'Infini (ḏt)* [51].

(...) Šw m nḥḥ, Tfnt m ḏt
(...) Chou est l'Éternité et Tefnout, l'Infini [52].

... et en leur représentation, dans le *Livre de la Vache du Ciel*, en deux piliers, séparant terre et ciel, sous la forme d'un dieu, *nḥḥ*, et d'une déesse, *ḏt* [53].

b. L'opposition air-envol/terre-ramper, manifesté /intangible se retrouve dans le texte que nous avons cité au début :

Bꜣ(=j) pw bꜣ
ḏt(=j) pw jʿrt
twt(=j) pw nḥḥ nb rnpwt
ʿnḫ(=j) pw ḏt

*L'oiseau-*ba *est mon* ba,
L'Uraeus, mon corps,
L'Éternité, Maîtresse des ans, ma manifestation,
L'Infini, ma vie [54] *!*

50 *CT* IV, 202a.
51 *CT* II, 21e, 22a, 22b (B1C).
52 *CT* II, 28d (B1C). P. Barguet traduit *ḏt* par « immensité » (*op. cit.*, p. 470).
53 A. PIANKOFF, *Les Chapelles de Tout-Ankh-Amon* II, *MIFAO* 72, Le Caire, 1951, pl. I.
54 *CT* IV, 63k-l.

Définition construite en chiasme :

– le *ba* et la manifestation (*twt*) sont évoqués par deux oiseaux, l'oiseau-*ba* (évocation directe) et la pintade-*neh* (évocation indirecte qui surgit avec le mot *nḥḥ*, « éternité »). Ce sont deux images de l'envol solaire, du cycle renouvelé éternellement, expressions manifestées du temps qui ne cesse de se dérouler.

– le corps et la vie sont évoqués par deux serpents, deux cobras, l'uraeus (image du cobra dressé, le capuchon déployé) et le cobra 𓆓 *ḏ* (signe phonétique dans le mot *ḏt*). Mais ce corps est celui du soleil brûlant et l'image du corps/serpent est récupérée en corps/uraeus, toujours serpent mais cobra dressé, dangereux, au capuchon rayonnant et à la morsure brûlante. À la faveur de l'homophonie de *ḏt*, « corps » et *ḏt*, « Infini », la nature même de l'astre incandescent se fond dans l'impalpable, dans l'intangible, dans ce qui ne peut être quantifié et qui est l'Infini. C'est d'ailleurs comme cela que l'interprète le Livre des Morts quand il reprend ce chapitre, liant directement *ḏt*, « corps » et *ḏt*, « Infini » :

ḏt⸗j ḏt
ḫprw⸗j nḥḥ, nb rnpwt, ḥqꜣ ḏt

L'Infini est mon corps,
L'Éternité, Maîtresse des Ans, Souveraine de l'Infini, est ma manifestation [55].

Ici le terme de *twt* est devenu *ḫprw*, reprenant le début du texte qui parlait de Rê « en son nom de Khépri » [56]. Nous sommes encore une fois au moment de la manifestation du soleil par ses premières lueurs, moment qui renouvelle le cycle éternel. Ici, le texte joue implicitement sur Neh, le dieu-pintade, et Neheh, l'Éternité, en donnant à Neheh l'épithète *nb rnpwt*, « Maître des Ans » qu'il double d'une nouvelle épithète, *ḥqꜣ ḏt*, « Souverain de l'Infini », tout en faisant écho à la notion d'Éternité (cyclique) (*nḥḥ*) par celle d'Infini (*ḏt*).

La pintade, témoin du soleil lorsqu'il va apparaître, signe et symbole d'éternité est aussi, par sa nature d'oiseau, un symbole.

L'OISEAU – SYMBOLE DES HAUTEURS ET DES LIMITES

Notre texte reprend en métaphore filée le thème de l'oiseau. Revenons sur deux notions plusieurs fois soulignées : le thème de la hauteur et celui de la position de l'oiseau aux limites de la voûte céleste.

a. La pintade – oiseau des hauteurs : le lien avec Horus

Le fait que la pintade affectionne les hauteurs permet une association plus large avec une forme d'Horus, symbole des hauteurs par excellence :

55 E.A.W. BUDGE, *op. cit.*, p. 185, l. 10.

56 Comparer avec le texte de la *Litanie de Rê* (E. HORNUNG, *op. cit.* I, p. 80, et *id.*, *op. cit.* II, p. 72) qui parle de la *twt* de Rê qui est le dieu *Nḥy*.

Jw W. rḫ sw rḫ rn=f Nḥ rn=f Nḥ nb rnpt rn=f
m ʿḥȝ-ʿ Ḥr ḥr(y) sḥdw-pt sʿnḫ(w) Rʿ rʿ nb

Ounas le connaît et connaît son nom : Neh est son nom, Neh, le Maître de l'Année est son nom, Celui au bras guerrier, l'Horus qui surplombe le ciel étoilé et qui fait vivre Rê chaque jour [57] *!*

Et par ce biais se développe l'image d'un dieu Neh-pintade redoutable [58], image que l'on retrouve dans la *Litanie de Rê* [59].

b. La pintade – oiseau des limites qui se situe aux origines

Oiseau des hauteurs, la pintade est aussi difficile à attraper, et son nid bien caché. De là naît l'idée que ses origines sont inconnues, ou cachées, d'autant plus qu'elle est mise en relation avec le soleil qui va apparaître mais qu'on ne voit pas encore. Elle est devenue ainsi un oiseau des « limites » et se situe « aux origines ».

Aux origines de la lumière et des ténèbres :

Jnk nb sšp (...) jnk qmȝ(w) kkw
Je suis le Maître de la Lumière (...) C'est moi qui ai créé les ténèbres [60].

Aux origines de la création :

Jnk [smsw pȝwtyw]... jnk bȝ qmȝw Nww.
Je suis [l'aîné des dieux primordiaux] (...) Je suis le ba *qui a créé l'Océan primordial* [61].

Jnk Nḥḥ jt n jt n Ḥḥw
Je suis l'Éternité, père du père d'un nombre infini [62].

Neheh, l'Éternité, engendre Heh, nombre infini, le second étant l'écho phonétique et sémantique du premier. Dans sa traduction de Neheh par « Eternal Recurrence », J. Allen rend encore plus sensible cet écho entre Neheh et Heh : « By extending the fixed pattern of existence into daily life, the principle of Eternal Recurrence produces infinite « copies » of the first creation » [63]. La pintade, témoin de l'approche du lever du soleil, en vient « à susciter son apparition », chaque matin, et se place ainsi symboliquement au premier matin, reconduisant éternellement la création du premier jour.

c. La pintade et l'oiseau-*ba*

La pintade se rapproche, symboliquement, de l'oiseau-*ba*, comme en témoigne le fait que l'un est parfois associé à l'autre dans un certain contexte.

57 *Pyr.* 449 a-b.
58 Cf. A.R. SCHULMAN, « The God *NHJ* », *JNES* 23, 1964, p. 275-279. Il considère *Nḥj* comme une divinité céleste.
59 E. HORNUNG, *op. cit.* I, p. 80 et *op. cit.* II, p. 72 et p. 120, n. 194.
60 *CT* IV, 62o ; 63e.
61 E.A.W. BUDGE, *op. cit.*, p. 184-185, l. 9 ; *CT* IV, 62o et 63p.
62 *CT* II, 22a ; Pour la traduction de *Ḥḥw* par « nombre infini », cf. J. ALLEN, *op. cit.*, p. 21 et 27.
63 *Ibid.*, p. 27.

Fig. 6. *Ephippiorhynchus senegalensis* (Shaw)
(L. H. Brown, K. Newman, E. K. Urban, *The Birds of Africa* I, Londres, 1982, pl. 1).

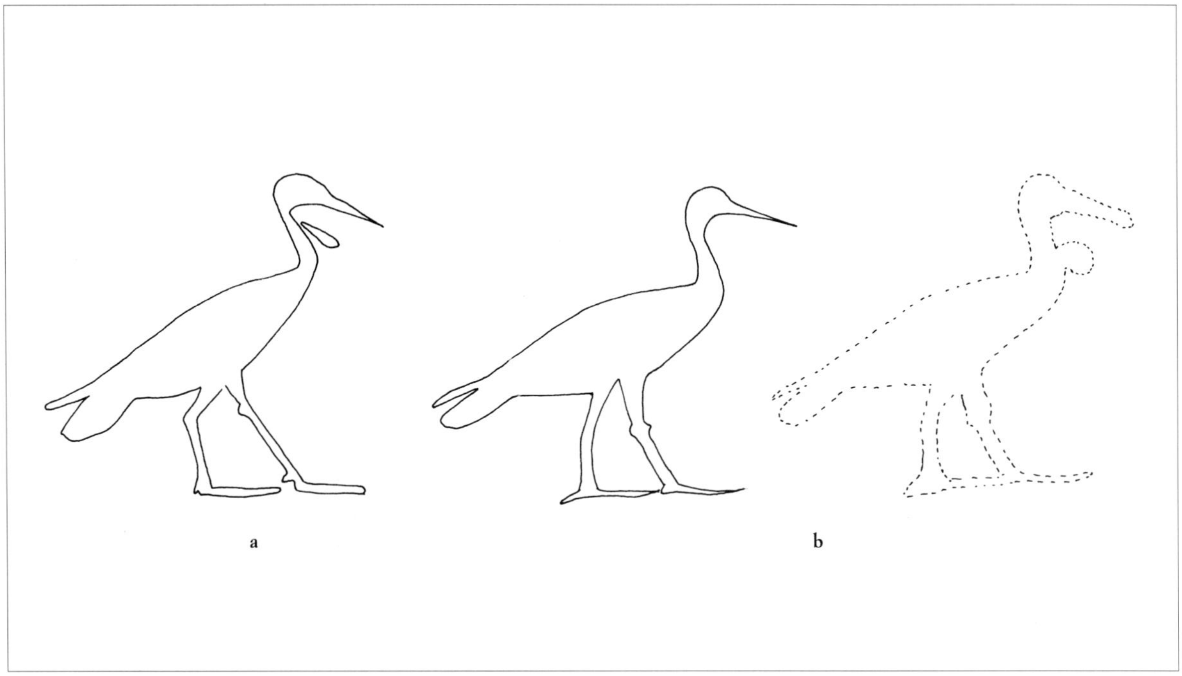

Fig. 7. Exemples de signes figurant *Ephippiorhynchus senegalensis* (Shaw) (G 29) et gravés dans la pyramide d'Ounas (relevés sur le monument même) : **a.** « Caroncules » placées sur le cou (paroi Est de la chambre funéraire, col. 36) ; **b.** Gravure corrigée par la peinture (contour peint indiqué en pointillés) et indiquant les « caroncules » (paroi Sud de l'antichambre, col. 21).

Rappelons que l'oiseau-*ba*, identifié comme *Ephippiorhynchus senegalensis* (Shaw) [64] [fig. 6], possède lui aussi des « caroncules » que les anciens Égyptiens considéraient comme un des traits caractéristiques de l'oiseau, puisqu'en général, ils les représentaient, quoique bien plus importantes qu'en réalité [fig. 7]. Placées à la base du bec, elles sont néanmoins figurées, le plus souvent, sur le cou, à une hauteur variable. En dehors de cette parenté « épigraphique » avec le signe de la pintade, il existe une parenté « symbolique » qui se situe à plusieurs niveaux.

C'est aussi un oiseau des hauteurs : Il aime à se reposer, perché sur un arbre. Son nid est visible de tous mais inaccessible, aménagé à la cime d'un arbre qui se trouve toujours près d'une étendue d'eau. Sa très grande taille le rend remarquable, sa capacité de voler puissamment, de se situer en hauteur mais aussi de vivre sur terre, au contact de l'eau où il se nourrit de poisson, en fait un symbole « à taille humaine », capable de lier air, terre et eau, la terre et l'eau vers lesquelles il descend pour se nourrir, l'air et les hauteurs où il séjourne et nidifie. C'est un parfait symbole de ce principe qu'est le *ba*, spirituel, mobile, mais aussi incarné, puisqu'il se nourrit sur terre, « pouvant circuler sans entraves dans les trois sphères du monde, le ciel, la terre et le monde d'en bas » [65].

Dans notre texte, la mention du *ba* revient trois fois à propos de Neh/Khépri :

Bꜣ(=j) pw nṯr
Le dieu est mon ba [66] *!*

Bꜣ(=j) pw bꜣ (...)
*L'oiseau-*ba *est mon* ba *(...)* [67]

Jnk bꜣ qmꜣw Nww (...)
Je suis le ba *qui a créé l'Océan primordial (...)* [68]

Le *ba* de Neh (?), de Rê-Khépri (?) est donc de nature divine, semblable à un oiseau-*ba*, à l'origine de l'Océan primordial. Comment comprendre cela ?

Au chapitre 85 du Livre des Morts, ce texte est interprété dans deux variantes :

Jnk bꜣ jnk Rꜥ pr(w) m Nww bꜣ=j pw nṯr (...) bꜣ=j pw nṯrw bꜣw n nḥḥ (...) bꜣ=j pw bꜣ (...) jnk bꜣ qmꜣ(w) Nww (...)

Je suis le ba *! Je suis Rê qui est sorti de l'Océan primordial ! Le dieu est mon* ba *! (...) Les* bas *des dieux, (ceux) de l'Éternité, sont mon* ba *(...) Le* ba *est mon* ba *(...) Je suis le* ba *qui a créé l'Océan primordial (...)* [69]

64 L. KEIMER, « Quelques hiéroglyphes représentant des oiseaux », *ASAE* 30, 1930, p. 1-20 ; Houlihan (*op. cit.*, p. 23-25). Pour une description de l'oiseau, cf. L.H. BROWN, K. NEWMAN, E.K. URBAN, *The Birds of Africa* I, Londres, 1982, p. 185-6, pl. 1.

65 E. HORNUNG, *L'esprit du temps des pharaons*, Paris, 1996, p. 193-197.

66 *CT* IV, 62e.

67 *CT* IV, 63k.

68 *CT* IV, 63p.

69 E.A.W. BUDGE, *op.cit.*, p. 184-185, l. 2, 9-10, 14-15.

Cette variante utilise le signe du bélier au lieu de celui de l'oiseau-*ba* tout au long du texte, mais les vignettes montrent trois oiseaux-*ba* et un bélier-*ba*. Au début du chapitre, l'identification se fait au *ba*, au lieu de la pintade-*neh*, mais on retrouve la référence indirecte à Neh dans une nouvelle phrase : « Les *bas* des dieux, (ceux) de l'Éternité-Neheh, sont mon *ba* (...) ». Le *ba* en question se place donc aux origines des dieux, il se prolonge et se transforme en leurs *bas*, dans une perspective de renouvellement éternel.

Jnk bꜣ n Rꜥ pr(w) m Nww bꜣ=j pw nṯr (...) bꜣ=j pw bꜣw nṯrw nḥḥ (...) bꜣ=j pw bꜣw nṯrw nḥḥ (...) bꜣ=j qmꜣ(w) Nww (...)

Je suis le ba *de Rê ! Je suis Rê qui est sorti de l'Océan primordial ! Le dieu est mon* ba *! (...) Les* bas *des dieux, (ceux de) l'Éternité-Neheh, sont mon* ba *(bis) (...) Je suis le* ba *qui a créé l'Océan primordial (...)* [70].

Cette variante n'utilise le signe du bélier qu'au début du texte. Elle reprend ensuite celui de l'oiseau-*ba*. Ici, le texte est plus explicite : il s'agit du *ba* de Rê qui se place aux origines des dieux, se prolonge et se transforme en leurs *bas*.

Le chapitre 78 des Textes des Sarcophages présente clairement l'Éternité-Neheh comme le *ba* de Chou qui porte lui aussi, comme Neh/Neheh, l'épithète « Maître des ans » [71] :

N. bꜣ=f Šw prr(w) ḥr ḏnḥw Šw jt nṯrw
N. Nḥḥ jt n jt n Ḥḥw

N. est le ba *de Chou, qui monte sur les ailes de Chou, père des dieux !*
(...) N. est l'Éternité, le père du père d'un nombre infini ! [72].

Dans les Textes des Sarcophages comme dans le Livre des Morts, nous revenons à l'émergence de la lumière, avant l'apparition du soleil. Moment marqué par le cri de la pintade et sa descente à terre, depuis l'arbre où elle passait la nuit. Moment où le soleil est perceptible par sa lumière sans toutefois être vraiment visible. Moment qui est encore celui de la Transformation (Khépri) qui est déjà, dans une certaine mesure, la Manifestation (Rê). Moment unique qui évoque l'origine et moment qui recrée le mouvement de l'astre solaire au firmament. Moment qui noue l'Éternité et la définit dans son essence. Théologiquement, le *ba* de Chou, père des dieux, est déjà leurs propres *bas*, de même que cette aube naissante est déjà l'Éternité de matins successifs. Comme l'oiseau-*ba*, comme la pintade, volent et descendent au matin de l'arbre, le *ba* de Chou, puis le *ba* de Rê, planent et s'incarnent, et par cette Transformation hissent le soleil hors de l'Océan primordial, dans une aube toujours renaissante, celle de l'Éternité.

70 É. NAVILLE, *Das Aegyptische Todtenbuch*, Berlin, 1886, pl. XCVII.
71 *CT* II, 39b.
72 *CT* II, 21e-22a. Pour la traduction de *bꜣ=f Šw* par « le *ba* de Chou », cf. R.O. FAULKNER, *op. cit.*, p. 82, n. 11 et P. BARGUET, *op. cit.*, p. 548.

Varia Coptica Thebaica

Florence CALAMENT

DEMEURÉ entièrement inédit à ce jour, le lot d'ostraca publié ici est le fruit du travail de deux missions d'étude à l'Institut français d'archéologie orientale du Caire, en 2002 et 2003 ; je dois remercier MM. Bernard Mathieu et Christian Velud, qui m'ont permis de venir au Caire dans ce cadre et confié ce matériel, conservé au service des archives scientifiques de l'Institut [1]. Les photographies, réalisées en 2001 et 2002, sont dues au talent qu'Alain Lecler, photographe de l'Ifao, a bien voulu mettre à mon service. Réuni sur différents critères externes (de matériau et de dialecte), cet ensemble de quarante-cinq pièces (en tenant compte d'un raccord que j'ai pu effectuer entre deux fragments), non homogène à bien des égards (notamment sous le rapport de l'écriture) et non documenté, apparaît comme d'origine vraisemblablement thébaine, sans provenance précise connue, sauf pour quelques rares cas isolés. En l'absence quasi complète de contexte archéologique, la datation, comprise de manière absolue entre les VIIe et VIIIe siècles, souffre de grandes incertitudes ; le critère paléographique lui-même est inutilisable, l'écriture étant difficilement datable car non professionnelle dans la plupart des cas. Elle est en tout cas très différente de la petite cursive, caractéristique des documents de Djêmé au VIIIe siècle. Les seuls critères objectifs qui peuvent être utilisés, avec prudence d'ailleurs car parfois dans un environnement très lacunaire, sont la mention de personnages historiques (ⲁⲃⲣⲁϩⲁⲙ) ou du moins situés dans le temps (ϩⲏⲗⲓⲁⲥ) [2].

Varia coptica thebaica, de Thèbes, en Égypte ; le mot est employé notamment par Pline l'Ancien, dans *Naturalis historia* 23,97, à propos du palmier dattier (*Phoenix dactylifera* L.) et de l'usage de ses dattes en pharmacopée (particulièrement dans le traitement de l'hémoptysie).

1 Mes remerciements vont également à Nadine Cherpion, qui dirige ce service, et à son assistant Gonzague Halflants, pour la qualité de leur accueil. Enfin, Anne Boud'hors, sur l'intervention de laquelle j'ai démarré cette étude, m'a fait l'amitié d'une relecture attentive et de suggestions dont je lui suis reconnaissante.

2 Voir *infra*, O. ThebIfao 1, 11, 12 et 13 : les indices feraient ici plutôt pencher en faveur de la première moitié du VIIe siècle.

Sur un plan linguistique, le dialecte copte est caractéristique de celui employé dans la région thébaine : on notera par exemple le vocalisme en ⲁ caractéristique de l'influence du dialecte akhmimique sur le parler thébain sahidique. On observe aussi plusieurs surlignes sur des finales de mots, qui sont plus inhabituelles : ⲥⲟⲛ̄, ϭⲁⲙⲟⲩⲗ̄, ⲉϩⲟⲩⲛ̄. La majorité des ostraca, soit quarante-deux au total, se compose d'éclats de calcaire tandis que trois seulement sont des tessons de poterie ; vingt-sept d'entre eux (dont un seulement en terre cuite) sont opisthographes, soit une proportion équivalente aux deux tiers environ. Pour la présente édition de textes coptes, j'ai adopté une numérotation (= O. ThebIfao) en adéquation avec la *Checklist of Editions of Greek, Latin, Demotic and Coptic Papyri, Ostraca and Tablets* [3].

Cette étude sur un matériel encore mal exploité et souvent peu valorisé s'inscrit à la fois au sein d'un projet personnel [4] et dans la cohérence d'un programme plus vaste de recherche, en collaboration avec Anne Boud'hors (Institut de recherche et d'histoire des textes, Cnrs, Paris) et Chantal Heurtel qui travaillent pour leur part sur les ostraca thébains du *topos* de Saint-Marc à Gournet Mourraï, issus des fouilles de l'Ifao dans les années 1970 [5], et ceux de la tombe TT 29 à Cheikh Abd al-Gourna, exhumés des récentes fouilles belges de l'université libre de Bruxelles [6], et Catherine Thirard (université Louis-Lumière, Lyon II), qui mène, avec Guy Lecuyot, un *survey* de prospection pour l'étude de l'occupation monastique dans la région thébaine.

Cette étude abordera d'abord les quelques ostraca dont la provenance a été reconnue (Deir al-Médîna et Gournet Mourraï ?), puis elle adoptera un classement thématique, dans la mesure du possible, par genre et selon la nature de leur sujet : les lettres et missives (contenant des nouvelles diverses, des demandes et des comptes), les exercices d'écriture (prières et textes bibliques essentiellement), et enfin les fragments indéterminés (textes non identifiés). La tonalité générale du contenu est monastique, au sens large : mis à part les usuels, les mots les plus utilisés sont ⲉⲓⲱⲧ « père » et ⲥⲟⲛ « frère » (ainsi que leurs composés, accompagnés des qualificatifs ⲙⲉⲣⲓⲧ « cher » ou ⲉⲗⲁⲭⲓⲥⲧⲟⲥ « très humble »), également ϫⲟⲉⲓⲥ « seigneur » et ⲛⲟⲩⲧⲉ « dieu » (plus rarement leurs équivalents grecs ⲕⲩⲣⲓⲟⲥ et ⲑⲉⲟⲥ), enfin les verbes ⲥⲙⲟⲩ « bénir » et ϣⲗⲏⲗ « prier » (cf. l'index, *infra*, en fin d'article). Synthèse et réflexions générales autour de ce lot d'ostraca, dans une perspective davantage historique et socio-économique, ont déjà été données par l'auteur lors d'une communication en participation à la XIe session du congrès de l'Association francophone de coptologie à l'université des sciences humaines Marc-Bloch de Strasbourg, le 13 juin 2003, sous le titre « Correspondance inédite entre moines dans la montagne thébaine » (actes à paraître dans

3 5e édition parue dans le supplément n° 9 du *Bulletin of the American Society of Papyrologists*, New York, 2001, périodiquement remise à jour dans la Duke Database (sur le site http ://scriptorium.lib.duke.edu/papyrus/texts/clist.html).

4 J'étudie en parallèle les collections d'ostraca coptes des musées du Louvre et d'Orléans, elles aussi inédites et présentant des relations évidentes avec la région thébaine ; l'apport de ces sources documentaires, complémentaires de l'archéologie par exemple, permet une meilleure connaissance des rapports existant entre les moines vivant dans la montagne thébaine vers les VIIe et VIIIe siècles et la population des villages alentour dont Djêmé.

5 Voir Ch. HEURTEL, « Le serment d'un chamelier : O. Gournet Mourraï 242 », *BIFAO* 103, 2003, p. 297-298.

6 Ces fouilles sont conduites par le professeur Roland Tefnin, directeur du séminaire d'art et d'archéologie de l'Égypte ancienne à l'ULB ; la Mission archéologique dans la nécropole thébaine (Mant) a effectué cinq campagnes de fouilles, entre 1999 et 2003, sur la pente orientale de la colline de Cheikh Abd al-Gourna.

Études coptes IX, *CBC* 14, Louvain) [7]; notons simplement que nous nous situons à une période charnière, entre la fin de l'Antiquité tardive et le début de l'époque islamique, et dans un contexte qui est vraisemblablement de type semi-anachorétique. Je ne livre donc ici que les transcriptions, traductions et commentaires de chaque ostracon, accompagnés de sa photographie (recto et le plus souvent verso ; se reporter aux figures en fin d'article) à l'échelle 1 (exception pour l'O. ThebIfao 40 réduit à l'échelle 3/4). Dans le descriptif, sont indiqués de manière systématique le numéro de séquestre et le numéro de cave quand ils existent [8], la provenance (précisée quand elle est connue, avec éventuellement une numérotation de fouille), les dimensions en centimètres (dans le sens de l'écriture puis dans le sens de la perpendiculaire), le matériau et l'état (complet ou lacunaire), le style d'écriture (avec recto et parfois verso), enfin le type de texte avec un intitulé s'il est identifiable.

1. Deir al-Médîna : O. ThebIfao 1 à 8

Sept des ostraca suivants ont une origine de fouille avérée : ils ont été retrouvés à proximité immédiate de l'église Saint-Isidore, installée dans le temple ptolémaïque d'Hathor à Deir al-Médîna [9]. Ce sont des marques de fouilles qui m'ont permis de les attribuer aux campagnes de Bernard Bruyère sur le terrain et de les situer chronologiquement : 1939 (intérieur de l'enceinte du temple) et 1946 (kôm au nord-est du temple). La lecture de son journal (*Fouilles de Deir el-Médineh, 9 janvier-25 mars 1939*, p. 1-11 et *10 janvier-21 mars 1946*, p. 1-11) permet de localiser un certain nombre de trouvailles, mais non de les identifier avec précision [10] ; quant au rapport (B. Bruyère, *Rapport sur les fouilles de Deir el Médineh (1935-1940), FIFAO* 20, Le Caire, 1948, p. 41), il fait mention, pour la campagne de 1939, de cinq secteurs de fouille.

Le huitième ostracon proviendrait de Gournet Mourraï.

7 Cette XIe Journée d'études coptes se tenait à l'occasion du vingtième anniversaire de l'Association francophone de coptologie. J'ai eu l'honneur de présenter à nouveau ces ostraca, tant du point de vue de la forme que du contenu, lors d'un séminaire de l'Ifao (« Les moines au quotidien dans la montagne thébaine ou les ostraca comme matière vivante »), le 12 octobre 2003.

8 Le numéro de séquestre (« SA » pour « Service des Antiquités ») a été attribué aux ostraca entre 1968 et 1970 par la commission d'inventaire égyptienne : voir P. GRANDET, *Catalogue des ostraca hiératiques non littéraires de Deir al-Médîna* VIII – N°s 706-830, *DFIFAO* 39, Le Caire, 2000, p. XIV (poursuivi avec le *DFIFAO* 41, 2003). Quant au numéro en « C », il a été attribué plus récemment encore, d'après le travail et la liste établie par Marie-Agnès Matelly-Lopez en 1995-1996 (« C » pour cave), et repris, dans l'inventaire informatisé des ostraca hiératiques, démotiques, grecs, coptes, arabes et figurés conservés dans les sous-sols de l'Institut français d'archéologie orientale, par Vanessa Ritter (vol. 4, juillet 2001, pour les documents présentés ici). Seize ostraca cependant ne portaient aucune numérotation (treize en calcaire et les trois sur poterie) ; tous ont maintenant trouvé une place définitive dans la « salle des ostraca » de l'Ifao et sont référencés dans la base de données photographique du service des archives (une centaine de fiches en tout).

9 Malheureusement, les ostraca coptes du site ne bénéficient pas d'une base de données équivalente à celle du Nederlands Instituut voor het Nabije Oosten, de l'université de Leyde (http ://www.leidenuniv.nl/nino/dmd/dmd.html). Voir aussi Ch. HEURTEL, *Les inscriptions coptes et grecques du temple d'Hathor à Deir al-Médîna*, *BEC* 16, Le Caire, 2004.

10 Pour l'année 1939, on trouve simplement, aux dates suivantes, sans plus de précision : les mardi et mercredi 10 et 11 janvier, « quelques fragments d'ostraca » ; le jeudi 19, « 3 ostraca copte et hiératiques » ; le dimanche 5 février, « ostraca coptes » ; le lundi 13, « ostraca copte et ramesside » ; le dimanche 19 mars, « ostraca coptes ». Les premiers semblent provenir de la « cachette de Baraize » aménagée et rebouchée en 1912, les autres des structures coptes dégagées autour de l'église, pavée de briques cuites, parmi lesquelles figurent un véritable cimetière avec plusieurs tombes voûtées, un « puits » de 55 m, les traces d'une écurie, des silos, fourneaux et fours à pain. Même chose pour l'année 1946 : le mardi 12 février, « menus fragments d'ostraca coptes » ; le vendredi 15, « ostraca coptes » ; le samedi 16, « quelques ostraca variés coptes » ; le mardi 19, « peu d'ostraca » ; les mercredi 20 et jeudi 28, « quelques ostraca hiératiques et coptes » ; le samedi 2 mars et les jours suivants, « fragments d'ostraca hiératiques, démotiques et coptes » ; le mercredi 13, « ostraca coptes » ; et le samedi 16, « 2 ostraca coptes »...

O. Theblfao 1

Photo : FDC_01_0441 — N° séquestre : 13887 ; C 2032 — Deir al-Médîna : fouilles B. Bruyère, 1939 (sigle)

5 × 4,5 cm

Calcaire ; très lacunaire

Écriture déliée (encre noire)

Nature du texte non identifiée

1]· · · [

2 ⲁⲃ]ⲣ̣ⲁϩⲁⲙ ⲡⲉ̣

3 ⲡ]ⲓⲥⲕⲟⲡⲟ̣[ⲥ

... Ab]raham l'é[v]êqu[e ...

N.B. : malgré son caractère extrêmement sibyllin, cet ostracon présente un intérêt majeur, d'abord par sa provenance assurée, ensuite puisqu'il mentionne de façon quasi certaine un personnage historique du début du VIIe siècle : l'évêque Abraham d'Hermonthis/Armant, haute figure qui devait exercer son autorité sur l'ensemble des moines peuplant « la sainte montagne de Djêmé [11] ».

O. Theblfao 2

Photos : FDC_01_0242, 0243 — N° séquestre = 13321 ; C 2122 — Deir al-Médîna : fouilles B. Bruyère, 1939 (sigles : et « 9.1.39 »)

18 × 10,5 cm

Calcaire avec veine de silex ; complet

Écriture très grossière, lettres de grande taille, (encre noire)

Nature du texte non identifiée

1 ⲥ̣ⲧⲉⲫⲁⲛⲟⲥ

2 ⲡⲁⲡⲛⲟϭ

3 ⲛ̄ⲃⲁⲗ

4 ⲛ̄ⲟⲩⲱⲧ

Stéphanos, celui du grand œil unique.

N.B. : La traduction littérale prend, là encore, un tour assez énigmatique : s'agit-il d'une prière d'exorcisme, à caractère magique, pour se préserver du mauvais œil, c'est-à-dire de l'envie (*al-ḥasad*) ? La précision apposée après le mot ⲥⲧⲉⲫⲁⲛⲟⲥ (qui n'est probablement pas un anthroponyme ici) désignerait plus probablement un luminaire appartenant à un sanctuaire ; il en existait de nombreux dans les monastères alentour, auxquels on prêtait une attention toute particulière puisqu'ils devaient rester perpétuellement allumés sur l'autel [12].

11 Le même, selon toute vraisemblance, est mentionné dans O. 291401 provenant de la tombe TT 29 à Cheikh Abd al-Gourna (dossier en cours d'étude par Anne Boud'hors et Chantal Heurtel, voir *supra*, n. 5). Sur les dates et les attestations du personnage, voir Fl. CALAMENT, « Correspondance inédite entre moines dans la montagne thébaine », communication lors de la XIe Journée d'études coptes à Strasbourg, les 12-14 juin 2003 (actes à paraître dans *Études coptes* IX, *CBC* 14, Louvain).

12 Le mot n'est pas répertorié dans H. FÖRSTER, *Wörterbuch der griechischen Wörter in den koptischen dokumentarischen Texten*, Berlin/New York, 2002 ; il ne s'agit cependant pas d'un hapax. Voir à ce sujet, Th. GÓRECKI, « What Kind of Lamp was the

O. TheblFao 3

Photos : FDC_01_0395, 0396 — N° séquestre : 13322 ; C 2002 — Deir al-Médîna : fouilles B. Bruyère, 1939 (sigle)

8 × 10 cm

Calcaire ; complet

Écriture très grossière, lettres de grande taille (encre noire)

Exercice avec sentence ?

1 ⳨ ⲥⲟⲟⲩⲛ ⲑ̣ⲉ̣	⳨ *Sache la manière dont Dieu a confondu (l'Adversaire) ;*
2 ⲡⲛⲟⲩⲧⲉ ⲗ	*ne sois pas entraîné, (sois) dans la paix. Amen.*
3 ϥϫ̣ϫ̣ⲱⲣⲉ	
4 ⲡ̣̄ⲡ̄ⲉⲣⲥⲕ	
5 ⲉⲃⲟⲗ	
6 ϩⲛ̄ ⲟ	
7 ⲩⲣⲏⲛⲏ	
8 ϩⲁ̣ⲙⲏⲛ̣	

1 ⲑⲉ est mis pour ⲧ-ϩⲉ.

3 Le verbe est transcrit de manière très malhabile ϫϫⲱⲣⲉ au lieu de ϫⲱⲱⲣⲉ (c'est sans doute le terme ϫⲁϫⲉ, au sens métaphorique, qui est sous-entendu ici).

4 On retrouve le même « bégaiement » dans ⲡ̄ⲡ̄ⲣ̄ⲥⲕ mis pour ⲙ̄ⲡ̄ⲣ̄ⲥⲕ (négatif de l'impératif de ⲥⲱⲕ + ⲉⲃⲟⲗ).

6-7 ⲟⲩ-ⲣⲏⲛⲏ est la contraction de ⲟⲩ-ⲉⲓⲣⲏⲛⲏ pour le grec εἰρήνη. (avec l'article indéfini devant, souvent employé avec des mots désignant une abstraction comme ici [13]).

O. TheblFao 4

Photos : FDC_01_0474, 0479, 0473, 0478 — N° séquestre = 13225 ; C 1877 — Deir al-Médîna : fouilles B. Bruyère, 1939 (sigles : et « 9.1.39 »)

8,5 × 7 cm

Calcaire ; lacunaire et en partie effacé, (à droite du recto)

Écriture assez régulière et exercée, (encre noire) ; opisthographe

Lettre de Jacob et (?) à un frère anonyme

ΣΤΕΦΑΝΟΣ Mentioned in an Ostracon of the Vth Century A.D. ? », *JJP* 31, 2001, p. 51-53. Voir aussi à propos du « service de la sainte lampe », A. PAPACONSTANTINOU, *Le culte des saints en Égypte des Byzantins aux Abbassides. L'apport des inscriptions et des papyrus grecs et coptes*, Paris, 2001, p. 363-364 et *id.*, « Notes sur les actes de donation d'enfant au monastère thébain de Saint-Phoibammon », *JJP* 32, 2002, particulièrement p. 101.

13 Cette forme est attestée dans une inscription funéraire, sur une stèle datée assez tardivement entre les VIIIe et Xe siècles : H. FÖRSTER, *Wörterbuch*, p. 232.

Recto

1 ⳨ ϣⲟⲣⲡ̄ ⲙ̣ⲛ ϯ[ϣⲓⲛⲉ ⲉ
2 ⲧⲉⲕⲙⲛ̄ⲧⲥⲟⲛ̣ · · · · [
3 ⲥⲙⲟⲩ ⲉⲣⲟ̣ⲕ · · · · [
4 ϫ̣ⲉ ⲙ̄ⲙⲁϩⲉⲕ̣ⲛ̣ · · ⲟ̣ⲁ̣[
5 ϩⲛ̄ϩⲧ ϩⲁϩⲟ ⲁ̣ⲕ · [
6 ⲡ̣ⲉⲥⲟ · · · · · · · · · ⲕⲁⲩ
7 ⲛⲅ̣ · · · · · · · · · · · · · · [
8 · · · · · · · · · · · · · · · ⲁ̣ⲁ̣[

Verso

9 ⲅⲁⲣ ⲉⲣϣⲁⲛⲁⲛⲟ̣
10 ⲕ̣ⲉ̣ ⲛϥⲃⲓⲧⲟⲩ ϣⲁⲛ̄
11] · · · · · · · ⲉⲣⲟⲕ ⲧⲁⲁⲥ̣
12] · ⲙⲙⲉⲣⲓⲧ ⲛ̄ⲥⲟⲛ
13]ⲥ̣ ϩⲓⲧⲛ̄ ⲓ̈ⲁⲕⲱⲃ ⲙⲛ̄
14]ⲣ̣ⲟ̣ⲥ̣ ⲡ̣ⲉ̣ⲓ̣ⲉⲗⲁⲭⲓⲥ̣ⲧ̣ⲟⲥ

⳨ *Tout d'abord, je [salue] ta fraternité [...] te bénisse [...] : puisses-tu [...] car si [...], qu'il les apporte jusqu'à [...] toi. À remettre [... au] bien-aimé frère [...] de la part de Jacob et de [Untel] ce très humble.*

4 S'agit-il d'un optatif à la deuxième personne du singulier ?
9 Après la conjonction ⲅⲁⲣ se trouve de manière logique un verbe au conditionnel.
13 Le nom du correspondant est ici perdu.

O. ThebIfao 5

Photos : FDC_01_0181, 0180 — N° séquestre = 75B (?) ; C 2088 — Deir al-Médîna : fouilles B. Bruyère, 1946 (sigle : N.E.T. 46)
4,5 × 6 cm
Calcaire ; très lacunaire
Écriture très irrégulière, lettres de taille moyenne (encre noire) ; opisthographe
Lettre de Victor à un correspondant anonyme

Recto

1 ⳨ ϣ[ⲟⲣⲡ̄
2 ⲙⲛ̄[
3 ⲡϩⲱⲃ ⲙ[
4 ⲟⲥ ⲛ̄ · · [
5 ⲧ̣ⲛ̄ⲣⲡ̣[
6 ϩⲁⲙ[
7 ϩ[

Verso

8]ⲟⲩϫ̣ⲁⲓ

---

9 ⲧⲁⲁⲥ ⲙ̄]ⲙ̣ⲉⲣⲓⲧ ⲛ̄
10]ⲧⲉ ⲡⲁ
11]ϩⲓⲧⲛ̄ ⲃⲓⲕ
12 ⲧⲱⲣ ⲡⲉⲗⲁ]ⲭ̣ⲥ ⲙ̄[

⳨ *En pre[mier lieu, ...] l'affaire [...] nous [...] Salut ! [À remettre au] bien-aimé [...] de la part de Vic[tor le très hum]ble [...*

8-9 Entre la formule de salutation finale et l'adresse, a été tiré une sorte de trait matérialisant une séparation.
10-11 Comme pour la lettre précédente, le nom du correspondant est perdu.

O. ThebIfao 6

Photo : FDC_01_0201 — N° séquestre : 65 (?) ; C 2090 — Deir al-Médîna : fouilles B. Bruyère, 1946 (sigle : NET 46)
8 × 5,5 cm
Calcaire ; lacunaire
Écriture très irrégulière, lettres de taille moyenne (encre noire)
Lettre pour l'échange de denrées entre moines

2 ϯϣ̣ⲓ̣ⲛⲉ ⲉⲛ̣ⲁ̣[ⲙⲉⲣ]ⲓ̣
3 ⲧ ⲛ̄ⲥⲟⲛ ϫⲉ ⲁⲩⲧⲁ̣ⲙⲟⲓ̈
4 ϫ̣ⲉ̣ ⲕϯⲓ̈ⲱⲧ ϩⲁ ⲗ̣ⲁⲱ
5 ⲧⲉⲛⲟⲩ ⲁ̣[ⲣⲓ ⲧⲁⲅⲁⲡ]ⲉ̣ ⲟ̣ⲩ̣ⲛ̣
6 ⲛ̄ⲅϯ ⲇⲉ[· · · · · · · · · ·] · ⲁϩ
7 ⲛⲁⲓ̈ ⲙ̄ⲡ̣[

Je (te) salue de la part de mes [bien-aim]és frères : ils m'ont informé que tu donnes de l'orge contre du tissu (?) ; maintenant, aie donc la bonté de donner [...] à moi [...

3 ⲧⲁⲙⲟ + ϫⲉ intervient souvent dans les lettres après de brèves salutations d'introduction pour en venir très vite au vif du sujet.

4 La graphie de ⲓ̈ⲱⲧ (pour ⲉⲓⲱⲧ) est assez courante dans plusieurs dialectes (sahidique, akhmimique, bohairique, fayoumique ; W.E. Crum, *A Coptic Dictionary*, Oxford, 2000², 87 ; abrégé *CD* par la suite), tandis que ⲗⲁⲱ (mis pour ⲗⲁⲁⲩ, ⲗⲁⲩ) n'est pas attesté (Crum, *CD* 145b-146a) ; sa signification exacte n'est pas très claire dans le vocabulaire textile : il s'agit peut-être d'un vêtement à franges ou encore d'un tissu bouclé par la trame, utilisé tant dans le domaine vestimentaire que pour l'ameublement (couverture, etc.) [14].

5 On doit sans hésitation restituer l'expression usuelle ⲁⲣⲓ ⲧ-ⲁⲅⲁⲡⲏ, ici semble-t-il avec un ⲉ final.

6 Il s'agit selon toute vraisemblance de la locution grecque ⲇⲉ ; pour la fin de la ligne on peut éventuellement proposer, précédé sans doute d'un chiffre, le mot ⲙⲟⲓⲁϩ (qui désigne une mesure de fourrage ou de grain ; Crum, *CD* 208a avec notamment l'exemple ⲟⲩⲙⲟⲓⲁϩ ⲛ̄ⲧⲱⲁϩ dans Ryl. 319 où ⲧⲱⲁϩ signifie la balle du grain ou de la paille hachée) [15].

O. ThebIfao 7

Photo : FDC_01_0410 — N° séquestre = 5618 ; C 2013 — Deir al-Médîna : fouilles B. Bruyère, 1946 (sigle : N.T. 46)
7,5 × 11 cm
Calcaire ; très lacunaire
Écriture assez grossière, presque entièrement effacée (encre noire)
Nature du texte non identifiée

14 A. BOUD'HORS, « Vêtements et textiles à usages divers : termes coptes », *Grafma* 1, 1997, p. 22 ; M. HASITZKA, « Bekleidung und Textilien auf unedierten koptischen Papyri der Papyrussammlung in Wien : Termini », *Grafma* 2, 1998, p. 30-31 ; A. BOUD'HORS, M. DURAND, « Les termes du textile en langue copte », dans *Égypte, la trame de l'Histoire. Textiles pharaoniques, coptes et islamiques – Catalogue d'exposition Rouen, musée départemental des antiquités de Seine-Maritime (18 octobre 2002-20 janvier 2003)*, Paris, 2002, p. 106.

15 Voir M.-O. STRASBACH, B. BARC, « Dictionnaire inversé du copte », *CBC* 2, Louvain, 1984, p. 175. Une autre hypothèse, moins convaincante cependant, est le terme ⲕⲁⲣⲁⲁϩ qui désigne un animal dont on use pour le transport (sauf un âne, peut-être un chameau ; cf. CRUM, CD 44a au pl.).

]ϩ̣[
] · ϩ̣ⲉ̣ϩⲁ[
]ⲉ̣ⲓ̣ ϫⲉⲕⲁ[ⲥ
] ⲡ · ⲟⲛ̣ · · · [
] · · · · · ·ⲕ̣ⲁ̣ⲑⲉ̣[
] · · · · · · · ⲟⲥⲙ̣[
] · ⲉ̣ⲓ̣ ⲁ̣ϥ̣ϫ̣ⲟⲟⲥ ⲙ̣[
] · · · · · · ⲕ̣ · ⲁ̣ⲁ̣[
] · · · · · · · · ⲛ̣ⲧ̣ⲟ̣[
] · · · · · · · · · · · · · [
] · · · · · · · · · · · · · [

N.B. : l'ensemble du texte est à peu près illisible, mis à part le mot ϫⲉⲕⲁⲥ (« afin que », conjonction qui introduit sans doute un futur 3 indiquant un souhait ou un ordre) que l'on peut restituer sans trop de peine à la ligne 3, et peut-être ⲁϥϫⲟⲟⲥ (« il a dit ») à la ligne 7.

O. TheбIfao 8

Photo : FDC_01_0197 — N° séquestre : 13326 ; C 2115 — Gournet Mourraï ?
6,5 × 6 cm — (numéro 32 au crayon et lettres capitales G et M [16])
Calcaire ; très lacunaire
Écriture régulière, assez anguleuse et penchée à droite (encre noire)
Fin d'acte avec au moins deux signatures

ⲁⲛⲟⲕ ⲙ]ⲁⲣⲕⲟⲥ
† ⲙ]ⲁⲣⲧⲉⲣⲟⲩ̣
ⲁⲛⲟ]ⲕ ⲡⲁⲩⲗⲟⲥ
† ⲙⲁ]ⲣ̣ⲧⲉⲣⲟⲩ̣

... Moi] Marc [je té]moigne ; [mo]i Paul, je t]émoigne...

1, 3 On peut sans peine restituer ou lire les anthroponymes ⲙⲁⲣⲕⲟⲥ et ⲡⲁⲩⲗⲟⲥ, qui sont extrêmement courants dans la région thébaine en général [17].

2, 4 C'est sans aucun doute le même verbe, ⲙⲁⲣⲧⲉⲣⲟⲩ, qui est employé à deux reprises ici, comme variante de †ⲟ ⲙ̄ⲙⲁⲣⲧⲩⲣⲟⲥ « je suis témoin » (du grec μάρτυρος ; cf. H. Förster, *Wörterbuch*, p. 503-504.), utilisé en alternance avec le copte ⲙⲛⲧⲣⲉ, il désigne celui qui appose sa signature à la fin d'un acte officiel (contrat, certificat, testament ou reconnaissance de dette par exemple).

16 Le numéro 32 manque justement dans la documentation de Gournet Mourraï traitée par Anne Boud'hors et Chantal Heurtel et conservée dans le magasin Carter. Il est très probable que cet ostracon fasse partie de la même série. Voir *supra*, n. 5.

17 Le second en particulier apparaît dans notre petit corpus à plus de trois reprises (voir, *infra*, l'index en fin d'article) ; voir aussi W.E. Crum, dans *The Monastery of Epiphanius at Thebes* II. *Coptic Ostraca and Papyri*, *MMAEE* 4, New York, 1926 ; E. Stefanski, M. Lichtheim, *Coptic Ostraca from Medinet Habu*, Chicago, 1952.

2. Lettres et missives : O. TheblFao 9 à 28

Déjà évoqué plus haut, le genre épistolaire est de loin le plus abondant (plus d'une vingtaine de textes en tout), répondant à un besoin naturel des moines d'échanger des nouvelles entre eux, parfois d'infime importance et sur un mode non protocolaire, ou à la nécessité de régler des affaires d'ordre pratique. Nous possédons ici une large gamme qui va du très bref message à la lettre plus développée, au langage codifié ; de manière quasi systématique, un symbole (de préférence un staurogramme ⳨ ou bien une croix ☩, †) est placé en en-tête (souvent aussi en finale). Trois lettres émanant d'un dénommé Élie sont à l'évidence rédigées par la même main [18]. Elles comportent de manière classique trois parties distinctes : salutations d'usage en préambule, objet de la lettre et salutation finale. C'est la formule consacrée ⲟⲩϫⲁⲓ (« sois sauf ! » ou « sois en bonne santé ! », que l'on traduit plus simplement « salut ! »), suivie la plupart du temps de ϩⲙ̄ ⲡϫⲟⲉⲓⲥ (« dans le Seigneur »), qui clôt habituellement le courrier, précédant l'adresse du destinataire et le nom de l'expéditeur : ⲧⲁⲁⲥ ⲛ̄[...] ϩⲓⲧⲛ̄ [...] (« à remettre à Untel de la part de Untel »). D'une manière générale, le contenu véritable, non explicite, demeure obscur à nos yeux : le propos lui-même et les mobiles sont souvent très lacunaires et donc confus. Pour une raison inconnue, plusieurs lettres sont restées inachevées : sans doute n'ont-elles jamais été acheminées jusqu'à leur destinataire, soit que l'auteur se soit ravisé, soit peut-être qu'il ait finalement vu son interlocuteur entre temps... D'autres nous restituent seulement un début de conversation, la suite étant perdue en raison d'une cassure.

O. TheblFao 9

Photo : NB_2002_1094 — Région thébaine (?)
9 × 4,5 cm
Calcaire ; complet (quelques lettres manquantes à droite)
Écriture grossière, non exercée, lettres de taille moyenne (encre noire)
Message (de la même main que O. TheblFao 29)

ⲁ̣ⲣⲓ̣ ⲧⲁⲅⲁⲡⲏ ϫ̣[ⲟ
ⲟⲩ ⲃⲁⲣ̣ⲑⲟⲗ̣ⲟⲙ[ⲁⲓ
ⲟⲥ ⲉⲡⲉϥ
ⲙⲁ

Aie la bonté d'envoyer Barthélémy chez lui.

2-3 On peut restituer ici sans hésitation ⲃⲁⲣⲑⲟⲗⲟⲙⲁⲓⲟⲥ (ou peut-être ⲃⲁⲣⲑⲟⲗⲟⲙⲉⲟⲥ qui est aussi attesté quoique nettement moins courant), anthroponyme issu du grec, via l'araméen [19].

18 Que j'ai pu reconnaître grâce à un style assez caractéristique et dont plusieurs autres pièces ont été publiées par W.E. CRUM, *Coptic Ostraca from the Collections of the Egypt Exploration Fund – The Cairo Museum and Others*, Londres, 1902. Identifié comme co-rédacteur du testament de Saint-Épiphane, ce personnage aurait été le supérieur du monastère et aurait probablement vécu peu après le fameux évêque Pisenthios de Coptos (569-632).

19 G. HEUSER, *Die Personennamen der Kopten I (Untersuchungen)*, Leipzig, 1929, p. 111 : en grec Βαρθολομαῖος ; trois formes proches se rencontrent par exemple à Baouît : J. CLÉDAT, *Le monastère et la nécropole de Baouit*, *MIFAO* 111, Le Caire, 1999, p. 401 (ⲃⲁⲣⲑⲟⲗⲉⲙⲉⲟⲥ, ⲃⲁⲣⲑⲁⲗⲟⲙⲉⲟⲥ et ⲃⲟⲣⲑⲟⲗⲟⲙⲉⲟⲥ).

O. TheblIfao 10

Photo : NB_2002_1093 — Région thébaine (?)

9,5 x 8 cm

Calcaire ; presque complet

Écriture déliée assez régulière, lettres d'assez grande taille (encre noire)

Message pour faire patienter un visiteur

1 ⳨ ⲁⲓ̈ⲃⲱⲕ
2 ⲉⲧⲡⲏⲅⲏ
3 ϯⲛⲏⲩ ⲧⲉⲛⲟⲩ̣ [⳨

⳨ *Je suis allé à la source, je reviens tout de suite ! [*⳨

2 On remarquera que c'est le mot grec πηγή, ης (ἡ) qui est ici employé pour la « source », la « fontaine », au lieu du copte ⲧ-ⲙⲟⲩⲙⲉ (Crum, *CD* 198b) ; toujours au pluriel (πηγαί) chez Homère comme généralement ailleurs, il désigne l'eau courante, les ondes (d'un fleuve, par exemple les eaux du Nil).

O. TheblIfao 11

Photos : NB_2002_1088, 1087 — Région thébaine (?)

6 x 10 cm

Calcaire ; lacunaire

Écriture assez régulière, de taille moyenne (encre noire) ; opisthographe

Lettre d'Élie à propos de Mathieu (de la même main que les deux suivantes)

Recto

1 ⳨ ϩⲏⲗⲓⲁⲥ ⲡⲓⲉⲗⲁ]ⲭ̅ⲥ̅ ⲉϥ
2 ⲥϩⲁⲓ ⲙ̅ⲡⲉϥⲙⲉⲣⲓ]ⲧ ⲛ̅ⲥⲟⲛ̅
3 ϣⲟⲣ]ⲡ̣̅ ⲙⲉⲛ ϯϣ
4 ⲓⲛⲉ ⲉⲣⲟⲕ ϫⲉ]ⲁ̣ⲕⲥϩⲁⲓ̈
5]ⲉ̣ⲙⲁⲑⲁⲓ̈ⲟⲥ
6 ⲁ]ⲡⲟⲕⲣⲓ̈ⲍⲁ
7 ⲣⲓⲟⲥ]ⲛ̅ϫⲉ ⲉⲡⲏ
8 ⲁ]ⲕ̣ⲉⲓ̈

Verso

9 ⲉⲧⲃⲉ[ⲁⲣⲓ
10 ⲧⲁⲅⲁ̣[ⲡⲏ
11 ⲉⲧⲃⲉⲡ̣[ⲁⲓ
12 ⲁⲥⲧⲏ[
13 ⳨ ⲟⲩϫ[ⲁⲓ ϩⲙ̅ⲡϫⲟⲉⲓⲥ
14 ⲧⲁⲁⲥ [ⲛ̅ ϩⲓⲧⲛ̅
15 ϩⲏⲗⲓⲁⲥ̣[ⲡⲓⲉⲗⲁ ⲭⲓⲥⲧⲟⲥ

[⳨ Élie le très hum]ble é[crit à son bien-aim]é frère [Untel, en premier] lieu je [te salue ;] tu as écrit [...] Mathieu [... se]crétai[re... tu] es allé à cause de [... ; aie] la bon[té de ...] pour cette rais[on ...]
⳨ *Sal[ut dans le Seigneur !]*
À remettre [à Untel de la part de] Élie [le très humble.]

N.B. Le nom de l'interlocuteur d'Élie est malheureusement perdu aux l. 3 et 14, de même que le véritable propos de la lettre.

4-5 Après les salutations d'usage, on en vient à l'essentiel après le ϫⲉ qui annonce le vif du sujet, où il est question d'un certain ⲙⲁⲑⲁⲓⲟⲥ.

6-7 Il faut sans doute restituer le mot ⲁⲡⲟⲕⲣⲓⲍⲁⲣⲓⲟⲥ, une forme très proche, mais non attestée par ailleurs, du grec ἀποκρισιάριος qui signifie le « secrétaire [20] » (à moins qu'il ne s'agisse de ὑποκρισία, rare lui aussi puisque dans ce cas c'est le mot ἀντίγραφον = « réponse à un écrit » qui est plutôt employé ; Förster, *Wörterbuch*, p. 61).

O. TheblFao 12

Photos : NB_2002_1083, 1084 — Région thébaine (?)

11,5 × 6 cm

Calcaire ; lacunaire

Écriture assez régulière, de taille moyenne (encre noire) ; opisthographe

Lettre d'Élie à Paul ? (de la même main que la précédente et la suivante)

Recto

1 ⳨ ϩⲏⲗⲓⲁⲥ ⲡⲓⲉⲗⲁⲭ[ϛ ⲉϥⲥϩⲁⲓ
2 ⲙ̅ⲡⲙⲉⲣⲓⲧ ⲛ̅ⲥⲟⲛ̅ ⲡⲁ̣[ⲩⲗⲟⲥ
3 ϣⲟⲣⲡ̅ ⲙⲉⲛ ϯϣⲓⲛ[ⲉ ⲉⲣⲟⲕ
4 ⲁⲣⲓ ⲧⲁⲅⲁⲡⲏ[

Verso

5]ⲧ̣ⲁ̣ ⲧⲉ̣ⲛⲟⲩ̣
6 ϩⲓ]ⲧⲟⲟⲧϥ̅ ⲙ̅ⲡⲁⲩⲗⲟⲥ
7]ⲙ̅ⲡⲉⲣⲱⲙⲉ
8] · ϫⲉ ⲛ̅ⲛⲉⲩ
9]ⲉ̣ⲃⲟⲗ ⳨ ⲟⲩ
10 ϫⲁⲓ̈

⳨ *Élie le très hum[ble écrit] au bien-aimé frère Pa[ul ?] tout d'abord je te sa[lue.] Aie la bonté de [...] maintenant [... par] l'intermédiaire de Paul [...] à Pérômé (?) [...] de peur qu'ils ne [...].* ⳨ *Salut !*

2 Il existe plusieurs possibilités de restitution pour le nom du destinataire de la lettre : ⲡⲁⲩⲗⲟⲥ (un second personnage du même nom serait alors cité plus loin, l. 6 comme intermédiaire), ⲡⲁϩⲁⲙ ou encore ⲡⲁⲙⲟⲩⲛ, qui sont tous des anthroponymes courants dans la région.

7 Il faut sans doute traduire ici ⲡⲉⲣⲱⲙⲉ comme un anthroponyme (non répertorié par G. Heuser, *Personennamen der Kopten*, *SEP* I.2, Leipzig, 1929) et non par le terme générique « l'homme ». Ce nom est d'ailleurs déjà attesté dans la région thébaine [21].

8-9 Après le ϫⲉ en milieu de ligne, on doit avoir un verbe au futur 3 négatif, à la troisième personne du pluriel.

20 Voir H.G. Liddell, R. Scott, *Greek-English Lexicon. With a Revised Supplement*, Oxford, 1996^{9}, p. 204, où le mot a été rajouté ; H. Förster, *Wörterbuch*, p. 81.

21 Ch. Heurtel, « Que fait Frange dans la cour de la tombe TT 29 ? », dans Chr. Cannuyer (éd.), *Études coptes VIII. Dixième journée d'études coptes à Lille 14-16 juin 2001 (in honorem Jean Doresse), CBC* 13, Louvain, 2003, p. 181 et p. 190.

O. TheblfaO 13

Photos : NB_2002_1085, 1086 Région thébaine (?)

11 × 7,5 cm

Calcaire ; complet

Écriture assez régulière, de taille moyenne (encre noire) ; opisthographe

Lettre d'Élie à Sabinos, pour l'achat d'un chameau (de la même main que les deux précédentes)

Recto

1 ⳨ ϩⲏⲗⲓⲁⲥ ⲡⲓⲉⲗⲁ̣
2 ⲭϛ ⲉϥⲥϩⲁï ⲙ̄ⲡⲉϥ̣
3 ⲙ̣ⲉⲣⲓⲧ ⲛ̄ⲥⲟⲛ ⲥⲁⲃ̣ⲓ̣
4 ⲛⲟⲥ· ⲉⲡⲉⲓⲇ̣ⲏ ⲁïϫⲟⲟⲩ
5 ⲁïⲙⲟⲩϣⲧ̄ ⲡϭⲁⲙⲟⲩⲗ
6 ⲧ]ⲉ̣ⲛⲟⲩ ⲕⲓⲧϥ̄ ⲛ̄ⲅ̄
7 ⲛⲧϥ̄ ⲉϩⲟⲩⲛ̄

Verso

8 ⲛⲁï ⲛ̄
9 ⲣⲁⲥⲧⲉ ⲡϣⲟⲣⲡ̄
10 ⲛ̄ϩⲟⲟⲩ ⲛ̄ⲟⲩⲱϣ
11 ⲛ]ⲧ̣ⲁⲡⲟⲗⲕ̄ⲕ ⲛ̄ⲥⲟⲩ
12 ⲛ]ⲧ̣ϥ̄ ⳨ ⲟⲩϫⲁï
13 ϩ̣ⲙ̄ⲡϫⲟⲉ̣ⲓⲥ

⳨ *Élie le très humble écrit à son bien-aimé frère Sabinos : voilà que j'ai envoyé (chercher et) j'ai examiné le chameau. [M]aintenant, prends-le (et) renvoie-le moi demain, le premier jour de pause [afin que] je te règle son prix.* ⳨ *Salut dans le Seigneur !*

3-4 L'ostracon est un peu noirci à cet endroit, mais on peut lire en toute certitude le nom de ⲥⲁⲃⲓⲛⲟⲥ.

4 La conjonction grecque ἐπειδή introduit ici le vif du sujet (là où le copte emploie souvent ϫⲉ à la même place ; voir, *supra*, O. Theblfao 11).

5 La mention d'une tractation autour d'un chameau se trouve aussi dans un autre ostracon de la main du même Élie : W.E. Crum, *Coptic Ostraca*, n° 227. On voit bien ici que c'est le monastère (par l'intermédiaire du susnommé) qui se rend propriétaire du chameau ; la location de l'animal se faisait généralement à l'année [22].

9-10 L'expression ⲡϣⲟⲣⲡ̄ ⲛ̄ϩⲟⲟⲩ ⲛ̄ⲟⲩⲱϣ est déjà connue par une dizaine d'exemples (Crum, *CD* 501a-502b) mais dans un contexte non suffisamment explicite pour en comprendre véritablement le sens [23].

11 C'est bien le verbe ⲡⲱⲗϭ qu'il faut reconnaître sous sa forme pronominale : ⲡⲟⲗϭ//, terminée ici par un ⲕ (au lieu d'un ϭ), doublé par la terminaison du pronom à la deuxième personne du singulier.

22 Ch. Heurtel, *BIFAO* 103, p. 303.

23 Voir Fl. Calament, dans *Études coptes* IX, *CBC* 14 (à paraître).

O. ThebIfao 14

Photos : NB_2002_1078, 1079 — Région thébaine (?)

13 × 9 cm

Calcaire ; lacunaire

Écriture régulière, de taille moyenne (les deux dernières lignes du verso et celle de la tranche sont d'une écriture différente, très grossière)

Lettre contenant les ordres pour un chamelier

Recto

1 ⳨ ⲁⲣⲓ ⲡⲛⲁ ⲛ̄]ⲅ̣ϣⲓⲛⲉ ⲛ̄[ⲥⲁ
2 ⲛ̄ⲛⲉϭⲁ]ⲙ̣ⲟⲩⲗ̄ ⲛⲅϣⲡ̄ⲧⲱⲣⲉ
3 ⲛ̄ⲧ]ϩ̣ⲏⲙⲉ· ⲛⲅⲟⲧⲡ̄ⲟⲩ ·
4]ⲛⲅⲛ̄ⲧⲟⲩ ⲉϩⲟⲩⲛ̄ ϫⲉ ⲙ̄
5]ⲛ̣ⲉ ⲉϫ̣ⲱⲕ ⲡⲙⲁ
6]ⲁⲙⲟⲩ ⲉϩⲟⲩⲛ̄ ⲛ̄ⲙ
7 ⲁⲩ· ⲧⲁⲗⲟ ⲛ̄ⲃⲁ·ⲟⲛ
8 ⲟⲩϫⲁⲓ̈ ⲧⲁⲥ ⲙ̄
9 ⲡⲁ[

Verso

10 † ⲛⲉⲩ̣ⲟⲧ̣ⲛ·

1]ⲕⲧ̣ⲡ̣ⲉ̣ⲓ̣[
2 ϣⲉ̣ . . ⲉ̣

Tranche

3 ⲓϭ . .

⳨ *Aie l'obligeance d'aller] chercher [les cha]meaux (et) assure-toi de la cargaison ; charge-les [...], amène-les car [...], rentre avec eux et charge aussi les branches de palmier. Salut !*
À remettre à Pa[... de la part de ...]. † [...]
[...]

2 On notera la surligne finale sur ϭⲁⲙⲟⲩⲗ̄ ; il s'agit, à dire vrai, d'un dromadaire (voir aussi l'ostracon précédent O. TheblIfao 13), chameau étant le terme générique [24]. On peut déduire l'emploi très probable d'un pluriel de ce qui suit. Le mot ϣⲡ̄ⲧⲱⲣⲉ pourrait avoir peut-être le sens de se porter garant ou caution pour la cargaison en question.

3 Le mot ϩⲏⲙⲉ peut désigner le fret, la cargaison (d'un navire) ou comme ici le bât d'un chameau (ou encore plus généralement les frais de transport). Le verbe ⲟⲧⲡ̄ a ici le sens de charger un fardeau quelconque (sur le dos des chameaux), c'est donc un équivalent du verbe ⲧⲁⲗⲟ que l'on trouve plus loin, à la ligne 7.

4,6 Une surligne finale à chaque fois sur ⲉϩⲟⲩⲛ̄.

24 Sur la présence de chameaux comme bêtes de somme pour le transport des denrées alimentaires et des produits destinés à la vente, voir W.E. CRUM, dans *The Monastery of Epiphanius at Thebes* I, *MMAEE* 3, 1926, p. 165 ; cf. aussi Ch. HEURTEL, *BIFAO* 103 p. 297-306.

7 C'est certainement le mot copte ⲂⲀ que l'on doit restituer ici, suivi d'un point en hauteur (?) (mis pour ⲂⲀⲒ en dialecte bohairique) et de la conjonction ⲞⲚ (« aussi, encore ») ; il y a manifestement collusion ici avec le mot grec βαΐον, qui désigne de même (au pluriel) les branches de palmier [25].

8 ⲦⲀⲤ est mis pour ⲦⲀⲀⲤ.

9 Il faut restituer à cet endroit un anthroponyme commençant par ⲠⲀ (Paulos, Pamoun, Paham, etc. ; cf. *supra*, O. TheblFao 12).

O. TheblFao 15

Photos : NB_2002_1099, 1100 — Région thébaine (?)

8 × 7,5 cm

Poterie (engobe bleu clair) ; lacunaire

Écriture déliée, de petite taille (encre noire) ; opisthographe

Lettre pour une transaction concernant de l'orge, à faire effectuer par Samuel

Recto

1]ⲘⲈⲢⲒⲦ Ⲛ̈ⲈⲒⲰⲦ ⲈⲦⲞⲨⲀ̣ⲀⲂ
2] · Ⲧ/ ϪⲈ ⲦⲀⲀⲤ̣ ϨⲀ Ⲛ̈ⲈⲒⲰⲦ̣
3]ⲠⲎ ⲚⲄ̄ϪⲒⲦⲞⲨ Ⲛ̣ⲔⲔⲀⲀⲨ
4]Ⲙ̣ⲀⲨ Ⲙ̈ⲘⲀ·Ⲩ· ⲀⲖⲖⲀ
5]ϨⲀ ⲘⲰⲨ̈ⲤⲎⲤ ⲚⲀⲨ ⲚⲒⲘ
6 Ϩ]Ⲱ̣Ⲃ· ⲀⲚ̣ . Ϩ̣ⲞⲖⲞⲔⲞⲦ/ ⲚⲀϤ
7 Ⲕ]Ⲩ̣Ⲣ̣ⲒⲀⲔⲎ̣ ϪⲈ ϪⲞ̣ⲞⲨ ⲦⲀⲖ^Ⲟ
8 Ⲕ]Ⲁ̣ⲦⲀ̣ Ⲑ̣Ⲉ ⲈⲚⲦⲀ̣ⲤⲀⲘⲞⲨ
9 ⲎⲖ]Ⲱ̣Ⲩ̣ Ⲙ̄ⲖⲀⲀⲨ ⲈⲚ̈ⲞⲨⲰ̣
10 Ϣ ⲤⲀⲘⲞ]ⲨⲎⲖ ⲦⲚ̄ⲚⲞⲞⲨϤ ⲚⲀⲒ
11]Ϫ̣ⲒⲦϤ Ⲛ̈ⲦⲞⲞⲦ· ⲞⲨⲆⲈ
12 Ⲁ]ⲨϪⲰ ⲘⲘⲞⲤ ϪⲈ
13]ⲞⲨ̣ ⲈⲒⲤ̣ ϨⲎⲎⲦⲈ ⲀⲒ̣Ⲃ̣Ⲓ[
14]ⲢⲀⲚ ⲀⲨϪⲈⲤⲈ · · [
15]ⲚⲄ̄ⲦⲚⲚ̣[ⲞⲨ

Verso (adresse ?)

1 ⳨ ⲞⲄ̣ · · · · ·Ⲟ̣Ⲉ̣[
2 · Ⲕ̣ · · · · · · · · [
3 · · Ⲁ̣ · · Ⲙ̣ⲠⲀ[

...] bien-aimé père saint [...] : donne-la (?) contre de l'orge [...] prends-les (et) mets-les [...] avec eux, mais [...] par l'intermédiaire de Moïse chaque heure (= à toute heure, toujours ?) [... affai]re (?) ... holokottinos à lui [... di]manche : envoie charger [... se]lon la manière dont Samu[el les a ...] nous vou[lons ... que Sam]uel me l'envoie [...] et non pas [...] ils ont dit : [...] voici que j'ai [...] ils sont devenus [...] que tu envoies [...

⳨ [...]

25 Le palmier dattier était très utilisé en effet pour la confection de cloisons, écrans ou toitures, ou encore pour des ouvrages de vannerie comme des paniers réalisés par les moines. Voir aussi *supra*, note préliminaire, avant n. 1.

1-2 On remarque ⲛ̈ mis pour pour ⲛ̄ (devant ⲉⲓⲱⲧ).

2 En début de ligne, c’est certainement la fin d’un mot abrégé mais qui ne peut être restitué.

3 ⲛⲕⲕⲁⲁⲩ est mis pour ⲛ̄ⲅⲕⲁⲁⲩ.

4 On a à nouveau ⲙ̈ pour ⲙ̄ (dans ⲙ̄ⲙⲁⲩ ; remarquer ici le ⲩ final entouré d’un point de chaque côté).

5 ⲙⲱⲩ̈ⲥⲏⲥ écrit avec un tréma sur le ⲩ.

8 ⲕⲁⲧⲁ ⲑⲉ pour ⲕⲁⲧⲁ ⲧ-ϩⲉ («à la manière»); le verbe manquant suivant est conjugué au relatif du parfait.

9-10 Nous avons encore une fois le mot ⲗⲁⲁⲩ (voir *supra*, O. ThebIfao 6); c’est certainement le verbe ⲟⲩⲱϣ qui doit être restitué ensuite.

11 ϫⲉⲥⲉ est peut-être mis pour ϫⲓⲥⲉ dont il serait alors une forme non attestée.

O. ThebIfao 16

Photos : FDC_01_0371, 0370 — N° séquestre = 13886 ; C 2021 — Région thébaine (?)

9 × 6,5 cm

Calcaire ; lacunaire (assez effacé en partie gauche du recto et droite du verso)

Écriture régulière, penchée à droite (encre noire) ; opisthographe

Lettre au sujet d’un livre

Recto

1 ⳨ ϯⲡⲣⲟⲥⲕ ⲙⲉⲛ ⲛ̄ⲟⲩⲉ̣
2 ⲣⲏⲧⲉ] ⲙ̄ⲡⲁⲙⲉⲣⲓⲧ ⲛ̄ⲉ̣ⲓ̣ⲱ̣[ⲧ
3] · ⲡ̣ⲉ̣ⲉ̣ⲛⲟⲭϛ · ϩ̣ⲁ̣ ·
4 ⲡⲥⲁϩ ⲡⲁⲩⲗⲟⲥ ⲛ̣ⲕ̣
5 · ⲁⲕ · ⲗ̣ⲉ̣ · [
6 . . .

Verso

7 ⲟⲗⲉ ⲛ̄ⲧⲟⲟⲧ ⲟⲛ ⲙ̣ⲡ[
8 ⲙ̄ⲙⲟⲛ ϯⲭⲣⲉⲱ[ⲥⲧⲉⲓ
9 ϫⲉ · ⲕ ⲧⲉⲕⲕⲉ̣ⲗⲉ̣ⲩ · · ·
10 ⲁ]ⲣ̣ⲓ ⲡⲛⲁ̂ ⲛ̄ⲅ · · · ⲣ̣ · · [
11 ⲡϣ]ⲁⲁⲣ ⲉⲡϫ̣ⲱ̣ⲱ̣ⲙ̣ⲉ̣· [
12]ⲛ̄ⲧⲁⲕ ⲟⲛ ⲙ̣ · · · · [
13] · ⲥ̣ⲣⲟⲟ̣ · · · · · [
14] · · · · · · · · ⲟ̣ⲥ̣[

⳨ *Je me prosterne assurément aux pi[eds] de mon bien-aimé père [...] par [...] le scribe Pau[los ? ...] je dois [...] ton ordre (?), aie l’obligeance de [... le] prix (?) pour le livre [...*

1 Abréviation du verbe grec προσκυνέω ; la formule de salutation classique (ϯⲡⲣⲟⲥⲕⲩⲛⲉⲓ ⲁⲩⲱ ϯⲁⲥⲡⲁⲍⲉ ⲙ̄ⲡϩⲩⲡⲟⲡⲟⲇⲓⲟⲛ ⲛ̄ⲛⲉⲕⲟⲩⲉⲣⲏⲧⲉ) est en quelque sorte raccourcie ici (voir ensuite *infra*, O. ThebIfao 21).

3 On trouve certainement l’abréviation d’un mot malheureusement illisible (avec ⲭϛ à la fin).

4 On ne doit probablement pas interpréter ⲡⲥⲁϩ ⲡⲁⲩⲗⲟⲥ comme l’apôtre du même nom (Crum, *CD* 383b : BMis 374 S = BSM 32B) mais bien comme un personnage contemporain. Suit un verbe commençant par ⲛⲕ (pour ⲛ̄ⲅ « afin que tu... »).

7 Le début de ligne est la fin d'un mot se terminant par ⲟⲗⲉ, difficile à restituer [26].

9 On peut avec assez de certitude restituer le mot grec κέλευσις (« ordre », « indication », « prescription », « instruction », « injonction », etc.) dont le sens exact est difficile à saisir dans le contexte lacunaire.

11 Une autre interprétation possible ici du mot ϣⲁⲁⲣ est celle de « peau », dans le sens de la couverture du livre en question.

O. TheblIfao 17

Photos : FDC_01_0254, 0255 — C 936 — Région thébaine (?)

13 × 12,5 cm

Calcaire ; complet (un peu effacé sur le bord droit du recto)

Écriture régulière, d'assez grande taille (encre noire) ; opisthographe

Lettre concernant l'envoi de pain pour l'eucharistie du lendemain (de la même main que la suivante)

Recto

1 ⳨ ⲛⲏⲥ̣ ⲛⲓⲛⲟ̣ⲉ̣ⲓ̣ⲧ̣
2 ⲛ̅ϩⲩⲅⲓⲁ ⲛ̅ⲥ̅ⲧ̣ⲟ̣ⲟϭⲟⲩ
3 ⲛ̅ϩⲉ̣ⲛ̅ⲟⲉⲓⲕ ⲛ̣ⲣⲁⲥⲧⲉ
4 ⲛ̅ϣⲱⲣ̅ⲡ̅ ⲛ̅ⲅ̅ϫ̣ⲟ̣ⲟⲩ
5 ⲥⲟⲩ ⲛⲁⲓ̈ ϫ̣ⲉ ⲉⲓⲛⲁ̣
6 ϫ̣ⲟⲟⲩⲥⲟⲩ ⲙ̣̅ⲡ̣̅
7 ϩⲱⲃ ⲛ̅ⲣ̣ⲁⲥⲧ̣ⲉ̣
8 ⲧ̣ⲟ̣ ϭ̣ⲟⲩ ⲙ̅ⲡ̣ⲣ̣ⲟ̣ⲥ̣
9 ⲫⲟ ⲣ̣ⲁ̣ · ·

Verso

10 ⲙⲁⲣⲟⲩⲉⲓ
11 ⲉϩⲟⲩⲛ̇ ⲛⲁⲓ̈
12 ⲛ̅ϣⲱⲣ̅ⲡ̅·ϫ̣ⲉ
13 ⲉⲓⲛⲁϫ̣ⲟⲟⲩⲥⲟⲩ
14 ⲛ̅ⲣⲁⲥⲧⲉ

⳨[...] ces farines à Hygia, qu'elle cuise des pains demain à l'aube (et) envoie-les moi : je les enverrai demain pour l'affaire (en question) ; cuis-les pour l'offrande ; qu'ils m'arrivent tôt pour que je les envoie demain.

1 Les trois premières lettres (ⲛⲏⲥ), quoique assez parfaitement lisibles, ne forment aucun mot compréhensible en introduction du texte ; on attend quelque chose comme « voici » ou « donne ».

2 L'anthroponyme féminin ϩⲩⲅⲓⲁ n'est pas répertorié par G. Heuser (*Personennamen*) ; il l'est par contre dans le *Namenbuch* de Friedrich Preisigke (Ὑγία) [27].

3-4 L'expression ⲡⲣⲁⲥⲧⲉ ⲛ̅ϣⲱⲣ̅ⲡ̅ signifie ici « demain, à la première heure ».

26 M.-O. Strasbach, B. Barc, CBC 2, p. 19.

27 F. Preisigke, *Namenbuch enthaltend alle griechischen, lateinischen, ägyptischen, hebräischen, arabischen, und sonstigen semitischen und nichtsemitischen Menschennamen, soweit sie in griechischen Urkunden (Papyri, Ostraka, Inschriften, Mumienschildern usw.) Ägyptens sich vorfinden*, Amsterdam, 1967², col. 451.

8-9 Le sens peut être celui de cuire les pains en question sous une forme particulière qui est celle des pains eucharistiques.

9 Le mot ⲡⲣⲟⲥⲫⲟⲣⲁ est rédigé avec un espace entre les deux dernières syllabes, à cause du relief de l'ostracon à cet endroit. Il s'agit très certainement du pain de l'offrande eucharistique [28]. À noter le ⲫ en « clef de sol », assez caractéristique.

N.B. : cette écriture est dans son ensemble assez particulière [29], avec des lettres très détachées et régulières (tant en hauteur qu'en largeur sur des lignes très droites) ; on remarque notamment les surlignes légèrement convexes et décalées sur les lettres isolées, les ⲡ « carrés », les ⲉ avec une barre médiane plus longue et les ϫ composés d'un X avec une barre inférieure horizontale qui déborde largement.

O. TheblFao 18

Photos : NB_2002_1074, 1075 — Région thébaine (?)

14,5 × 8,5 cm

Calcaire ; complet

Écriture régulière, d'assez grande taille (encre noire) ; opisthographe

Début de lettre (inachevée) avec compte pour acheter de l'ail (de la même main que la précédente)

Recto

1 ⳨ ϣⲟⲣⲡ̄ ⲙⲉⲛ ϯϣⲓⲛⲉ
2 ⲉⲣⲟⲕ· ⲉⲓⲥ ϥⲧⲟⲟⲩ
3 ⲛ̄ϣⲉ ⲛ̄ϩⲟⲙⲧ̄ ⲁϊⲧⲁⲩ
4 ⲥⲟⲩ ⲛ̄ϣϫⲏⲛ
5 ⲛⲁⲕ ⲙ̄ⲡ̄ⲣ

Verso

6 ϣ̣ⲓⲛⲉ ⲛ̄ⲥⲁ ⲟⲩⲟⲛ·
7 ϯ̣ⲛⲁϫⲟ

⳨ *En premier lieu je te salue. Voici quatre che de bronze, je te les ai rendus en ail ; ne réclame plus rien. J'enver[rai (?)...*

3 Le *che* est une monnaie d'appellation courante dans la région thébaine [30] ; on remarque ϩⲟⲙⲧ̄ mis pour ϩⲟⲙⲛ̄ⲧ et ⲧⲁⲩ mis pour ⲧⲁⲁⲩ.

4 La barre inférieure du ϫ déborde vers le ϣ précédent, créant à la ligne inférieure comme une surligne sur ⲛⲁⲕ.

28 Voir W.E. CRUM, *CD*, 254a : ⲟⲩⲟⲉⲓⲕ ⲙ̄ⲡⲣⲟⲥⲫⲟⲣⲁ (Ryl. 110).

29 On observe une grande parenté d'écriture avec celle de Marcos, scribe et « très humble prêtre du *topos* de Saint-Marc l'Évangéliste de la montagne de Djêmé » (Ép. 84) vers le début du VIIe siècle ; cf. Ch. HEURTEL, *BIFAO* 103, p. 305. La documentation identifiée de sa main comprend une vingtaine de pièces en tout, dispersées notamment entre le *topos* d'Épiphane (4 ostraca et 3 papyrus), celui de Saint-Marc à Gournet Mourraï (5 ostraca) et la tombe TT 29 à Cheikh Abd al-Gourna (6 ostraca dont 2 calcaires) ; le dossier est en cours d'étude par Anne Boud'hors et Chantal Heurtel.

30 Voir Fl. CALAMENT, « Règlements de comptes à Djêmé... d'après les ostraca coptes du Louvre », dans Chr. Cannuyer (éd.), *Études coptes* VIII, *CBC* 13, Louvain, 2003, p. 52-53.

6 Littéralement « ne réclame pas quelque chose ».

7 Le rédacteur avait sans doute l'intention d'écrire ϯⲛⲁϫⲟⲟⲩ (« j'enverrai ») avant de s'interrompre brusquement au milieu du verbe, alors que la place ne manquait nullement pour continuer.

O. TheblFao 19

Photo : NB_2002_1092 — Région thébaine (?)

9 × 6,5 cm

Calcaire ; complet

Écriture malhabile, de petite taille (encre noire)

Début de lettre (inachevée)

1	⳨ ϣⲟⲣⲡ̄ ⲙⲉⲛ ϯϣⲓⲛⲉ	⳨ *En premier lieu je te salue, ensuite je t'informe que …*
2	ⲉⲣ̣ⲟⲕ ⲙⲛⲛⲥⲱⲥ	
3	ϯⲇⲁⲙⲟ ⲙⲙ̣ⲟ̣ⲕ ϫⲉ	

2 On remarque qu'il n'y a aucune surligne sur ⲙⲛⲛⲥⲱⲥ.

3 Changement de dentale : ⲇⲁⲙⲟ mis pour ⲧⲁⲙⲟ (cf. *supra*, O. TheblFao 6) ; comme dans l'ostracon précédent, alors que la place existe pour continuer, la rédaction s'interrompt brusquement avant d'en arriver au vif du sujet.

O. TheblFao 20

Photos : NB_2002_1095 — Région thébaine (?)

10 × 6,5 cm

Poterie (côtelée, pâte rouge orangé) ; lacunaire

Écriture grossière, lettres de taille moyenne (encre noire)

Début de lettre, au chef d'une communauté ?

1	⳨̣ ⲡϫⲟⲉⲓⲥ ⲉϥⲁⲥ	⳨ *Le Seigneur te bé[nisse] ainsi que tous vos [gens …*
2	ⲙⲟⲩ] ⲉ̣ⲣⲟⲕ ⲙ̄ⲛ̄ⲛⲉⲧ︦ⲛ︦	
3	ⲣⲱⲙⲉ] ⲧⲏⲣⲟⲩ · [	

2 On passe ici de la deuxième personne du singulier avec ⲉⲣⲟⲕ à la deuxième personne du pluriel avec ⲛⲉⲧ︦ⲛ︦, ce qui est pratique courante.

3 Il faut sans doute restituer ⲣⲱⲙⲉ comme terme générique (au sens de famille ou, plus précisément dans notre contexte, de communauté) ; le copte emploie plus volontiers habituellement le terme ⲏⲓ (la « maisonnée ») ou celui de ⲗⲁⲟⲥ (le « peuple »). On peut aussi proposer le mot ⲥⲛⲏⲩ (pluriel de ⲥⲟⲛ « frère »).

O. TheblIfao 21

Photos : NB_2002_1091, 1089, 1090 Région thébaine (?)

8,5 x 5 cm

Calcaire ; lacunaire

Écriture assez régulière, de taille moyenne (encre noire) ; opisthographe

Lettre concernant un échange de courrier

Recto

1 ⲣⲉϥ]ϣⲙ̣̄ϣⲉ ⲙ̄ⲡⲛⲟⲩⲧ̣ⲉ

2] . ϯⲟⲩⲱϣⲧ̄ ⲙ̄ⲡϩⲩ

3 ⲡ/ ⲁⲣⲓ ⲧ]ⲁⲅⲁⲡⲏ ⲛⲅϯ ⲛⲓⲉⲡⲓⲥ

4 ⲧⲟⲗⲏ ⲙⲛ̄]ⲧⲕⲉⲟⲩⲉⲓ ⲉⲙ̄

5]ⲙ̣ⲉⲉⲧ

Verso

6 ⲁⲩⲱ ⲛ̄ⲧⲟ · [

7 ⲛⲓⲙ ·⳨ ⲟⲩϫ̣[ⲁⲓ

8 ⲡϩⲙ̄[ⲡϫⲟⲉⲓⲥ

Tranche

9 ⲙⲓⲥⲓⲟ̣ⲩ[

... ser]viteur de Dieu [...] j'adore la sem[elle ; aie] la bonté de donner ces let[tres avec] l'autre [...] et [...] chaque [...].·⳨ *Sa[lut dans le Sei]gneur ! [...]*

2-3 L'expression ϯⲟⲩⲱϣⲧ̄ ⲙ̄ⲡϩⲩⲡⲟⲡⲟⲇⲓⲟⲛ est incomplète [31] ; on trouve plus couramment : ϯⲁⲥⲡⲁⲍⲉ ⲙ̄ⲡϩⲩⲡⲟⲡⲟⲇⲓⲟⲛ ⲛ̄ⲛⲉⲕⲟⲩⲉⲣⲏⲧⲉ (« j'embrasse la semelle de tes pieds ») où le mot grec ὑποπόδιον désigne un petit escabeau, un marchepied, un tabouret. Il faut l'imaginer ici comme une abréviation (voir aussi *supra*, O. TheblIfao 16).

4 On doit selon toute vraisemblance restituer en début de ligne la fin du mot grec ἐπιστολή (« lettre »).

8 Il s'agit bien ici de la formule de salutation : le ⲡ devant ϩⲙ̄ⲡϫⲟⲉⲓⲥ doit être alors une erreur...

O. TheblIfao 22

Photos : FDC_01_0115, 0116 C 835 Région thébaine (?)

14,5 x 4,5 cm

Calcaire ; lacunaire (le verso est presque totalement effacé)

Écriture assez régulière (encre noire, rouge en partie droite du verso [32] et noire à gauche) ; opisthographe

Lettre avec échange de salutations

31 On la rencontre dans son intégralité par exemple dans W.E. CRUM, *Short Texts from Coptic Ostraca and Papyri*, Londres, 1921, n° 189. La signification du mot ⲟⲩⲱϣⲧ̄ est celle de saluer, adorer ou encore embrasser car cette formule de salutation est calquée sur la réalité où les moines joignaient le geste à la parole. Voir à ce sujet la communication de Chantal Heurtel lors de la XIe Journée d'études coptes à Strasbourg, 12-14 juin 2003, sur « Le baiser copte » (actes à paraître dans *Études coptes* IX, *CBC* 14, Louvain).

32 La présence d'encre rouge est aussi attestée par l'archéologie : dans son journal de fouilles, après le détail de la campagne de 1939, Bernard Bruyère mentionne, dans la « liste des trouvailles de M. Baraize au musée du Caire – 1912 », les N°s 43659 = esquisses sur calcaire et 43667 = pinceau à ocre rouge.

Recto (presque totalement effacé)

1] · · · · · · · · ⲡ̣ⲱⲟ̣ⲣⲡ̣ ⲙ̄ⲡ̣ⲭ̣ · · · [
2] · · ⲭ̣ⲉ̣ ⲉ̣ⲁⲟ̣ⲩⲱ̣ · · · ϩⲁ̣ⲓ̈ⲥ̣ⲟ̣ⲩⲛ̣ · [
3] · ⲁ̣ · · [
4] · · · · · · · · · · · · · · · · · · · ⲭ̣ · ⲓ̣̈ · ·[
5] · · · · · · · ⲱ̣ · · · · · · · · · · · · · · · [
6] · · · · · · · · · ⲉ̣ⲁ̣ⲁ̣ · · · · · · · · · · · · [
7] · · · · · · · ⲁⲛⲅ̄ⲟ̣ · ⲩ̣ · · · · · · · · · [

Verso

8 ⲡⲉ]ⲛⲉⲓⲱⲧ ⲛ̄ⲅ̄ⲁ̣ⲡⲟⲗⲁⲩⲉ ⲙⲡⲉϥ
9 ⲥⲙⲟ]ⲩ ⲧⲛ̄ϣⲓ̈ⲛⲉ ⲇⲉ ⲉⲡⲉⲕϣⲏⲣⲉ
10 ⲁⲃⲣⲁϩⲁⲙ ⲉⲙⲁⲧⲉ ⲟⲩⲭⲁⲓ̈ ϩⲙ̄ⲡⲭⲟⲉⲓⲥ
11 ⲛ̄ⲧⲟⲕ ϩⲱⲕ ⲡⲉ · ⲛⲥⲟⲛ ⲁⲛⲇⲣⲉⲁⲥ ⲁⲣⲓ
12 ⲡ]ⲛⲁ ⲙ̄ⲡⲣ̄ϭⲱ ⲛ̄ϣⲟⲩⲉⲓ ⲉⲛϩⲏⲧ
13] · · · · · · · · · · · · ⲱϩⲁⲛⲛ̣[

... no]tre père que tu jouisses de sa [bénédicti]on et nous saluons beaucoup ton fils Abraham. Salut dans le Seigneur ! Toi aussi, notre frère André, aie l'amabilité de ne pas rester sans aller au Nord [...]]ea[n ...

13 On peut sans peine restituer un anthroponyme à la fin du texte : ⲓⲱϩⲁⲛⲛⲏⲥ.

O. TheblIfao 23

Photos : FDC_01_0348, 0349 — N° séquestre = 13325 ; C 1983 — Région thébaine (?)

7 × 8,5 cm

Calcaire ; très lacunaire

Écriture cursive assez régulière (encre noire) ; opisthographe

Lettre avec salutation finale

Recto

1]ⲱ̣[
2]ⲙⲟⲟ[
3]ⲡⲉⲟⲩ · [
4]ⲉ̣ϣⲱⲡ̣[ⲉ
5]ⲡⲭⲱⲏ̣[
6]ⲛ̣ⲁ̣ⲩ[
7] · · ⲁ̣ⲓ̣̈ · [
8]ⲣ̣ · · [

Verso

9] · · [
10]ⲱ̣ⲧⲥ̣[
11]ⲥⲟⲛ̄ ⲟⲩⲭⲁ̣ⲓ̣
12 ϩⲙ̄]ⲡ̣ⲭⲟⲉⲓⲥ †
13 ⲁⲥ]ⲡ̣ⲁⲍ̣ⲉ ⲙ̣ⲙⲟⲧⲛ †

...] frère. Salut dans le Seigneur ! Je vous embrasse. †

4 On peut sans doute restituer ici la conjonction ⲉϣⲱⲡⲉ (du verbe ϣⲱⲡⲉ « devenir », « arriver », « survenir »).

11-12 La fin de la lettre se termine vraisemblablement sur le mot ⲥⲟⲛ (« frère ») qui est surligné en finale, suivi de la formule typique de salutation.

O. ThebIfao 24

Photo : FDC_01_0508, 0509 N° séquestre = 14011 ; C 2037 Région thébaine (?)

13 × 12 cm

Calcaire ; lacunaire avec une surface noircie (traces d'un incendie ?)

Écriture assez régulière et cursive (encre noire)

Lettre avec salutation finale

1] . . ⲁ̣ . [
2 ⲧⲟ̣ⲧ̣ · ϥ · · [
3 ϫ̣ⲟ · ⲛ̅ · · [
4 ⲧⲁ ⲉ̣ϣⲟⲡ̣ⲉ̣[
5 ⲕϣⲁⲛ̣ · ϫ̣ⲓ̣ⲛ̣ · · [
6 ⲱⲧⲙⲉ̣ⲩ̣ⲟ̣ⲣⲛ · [
7 ⲡ̣ⲟ̣ⲟ̣ⲁ̣ⲟ̣ϥ̣ · · · [
8 ⲟ̣ϥϩⲱⲣ̣ϣⲛ̅ⲧⲁ̣ · [
9 ⲛ̅ϣⲁϫⲉ ⲛ̅ · [
10]·⳨ ⲟ̣ⲩ̣ϫⲁ̣ⲓ̣[
11] † [

...] les paroles de [...] ⳨ Salut ! †

4 On reconnaît vraisemblablement la conjonction ⲉϣⲱⲡⲉ, notée ici ⲉϣⲟⲡⲉ.

O. ThebIfao 25

Photo : FDC_01_0354 N° séquestre = 13324 ; C 1979, (plus un numéro 268 au crayon) Région thébaine (?)

8,5 × 7 cm

Calcaire ; presque complet

Écriture assez régulière (encre noire)

Compte (mémorandum)

1 ⳨ ⲡⲗ]ⲟⲅⲟⲥ ⲛ̇ⲛ̅
2] · ⲛ̅ⲧⲁⲓ̈ϫⲓ
3 ⲧⲟⲩ] ⲉϫⲱⲓ̈ ⲛ̅ⲧⲟ
4 ⲟⲧ]ϥ̣̅ ⲙ̅ⲡⲥⲟ̣ⲛ
5 ⲡⲉⲧⲣⲟⲥ̣ ⲛ̣ⲉ
6 ϣⲉ ϩⲙ̅ⲛⲉ̣
7 ⲧⲉ̣ ⲛ̣ϩⲡⲟⲧ

⳨ Le com]pte des [...] que j'ai reçus [...] du frère Petros, les cent quatre-vingt-cinq brasses (?) ...

6-7 Nous avons ici affaire à un chiffre avec ϩⲙ̄ⲛⲉ mis pour ϩⲙⲉⲛⲉ (« quatre-vingts ») et ⲧⲉ forme construite de ϯⲟⲩ (« cinq »).

7 Quel est ici le sens de ϩⲡⲟⲧ (« brasse »), c'est-à-dire une unité de mesure correspondant à l'envergure des bras (longueur des deux bras étendus, de l'extrémité d'une main à l'autre), connue en grec par le terme ὄργυια [33] ? Malheureusement le terme qui aurait pu nous éclairer manque à la ligne 2.

O. ThebIfao 26

Photos : FDC_01_0198, 0199, 0200, 0193 et NB_2002_1101, 1102, 1103 — Région thébaine (?)
N° séquestre : 50 (?) et 13320 ; C 2089 + C 2118
7,5 × 8 cm et 5,5 × 4,5 cm
Calcaire ; lacunaire (en deux éclats jointifs)
Écriture assez grossière (encre noire)
Lettre ?

1	]ⲟⲩⲱⲛ̣[	*...] bénis-nous [...*
2	]ϣⲁⲣⲉ ⲡ̣ⲣ̣̄[	
3	]ϩ̣ⲉ˙ⲁⲩⲱ ⲡⲧⲉ̣ⲁⲏ̣ · [	
4	] · ⲩ̣ⲱⲟⲩⲡⲉ ⲡϩⲏⲩ[	
5	] · · · · · · ϥ̣	
6	] · ⲉ̣ⲣⲕ̣ⲱⲕ · [	
7	]ⲡ̣ⲉ · [...]ⲏ̣ⲥ̣ⲁⲩⲛⲉ ·[	
8	] · ⲉ̣ⲩⲛⲟϥ.ⲧⲁⲟ · [	
9	.ⲥ]ⲙⲟⲩ ⲉⲣⲟⲛ̣[	
10	]ⲉ̣ⲓ̣ⲕⲁ · · [	

2 ϣⲁⲣⲉ indique un verbe au présent de l'habitude et ne se traduit pas toujours.

9 On reconnaît simplement ici l'expression ⲥⲙⲟⲩ ⲉⲣⲟⲛ, qui doit se trouver vers la fin de la lettre.

N.B. : un examen attentif des écritures m'a permis d'établir un raccord entre ces deux fragments (C 2118 et C 2089), deux éclats jointifs isolés l'un de l'autre et composant une pièce malgré tout très lacunaire.

33 Une occurrence par exemple dans les Actes des Apôtres (27, 28) où il s'agit d'une mesure de profondeur de l'eau. Le terme grec désigne plutôt une mesure de longueur (de quatre coudées ou six pieds) ou encore d'arpentage (de neuf palmes et demie). D'après un renseignement communiqué par Anne Boud'hors, un ostracon de la tombe TT 29 à Cheikh Abd al-Gourna (O. 29467) utilise la formule ⲡⲙⲏⲧ ⲛ̄ϩⲡⲟⲧ ⲛ̄ⲭⲁⲣⲧⲏⲥ (« ces dix brasses de papyrus »). Le véritable sens de l'unité de longueur ici nous échappe certainement : presque deux mètres multipliés par dix semblent faire en effet un chiffre énorme !

O. ThebIfao 27

Photos : FDC_01_0444, 0445 N° séquestre = 13888 (?) ; C 2015 Région thébaine (?)
2,5 × 6,5 cm
Calcaire ; très lacunaire
Écriture cursive et régulière (encre noire) ; opisthographe
Lettre ?

Recto

1 ⳨̣ ⲡⲁ[
2 ⲁⲩϣ̣[
3 ⲥⲧ[
4 ϩⲁ[
5 ϯⲁ[
6 ⲉⲧⲧ̣[
7 ⲣⲏⲧ[
8 ⲡⲓ̣̈[

Verso

9]ⲣⲟⲥ
10]ⲕⲁ
11]· ⲟⲩⲥ
12]ⲉ̣ⲥ

O. ThebIfao 28

Photos : NB_2002_1077, 1076 Région thébaine (?)
13 × 8,5 cm
Calcaire ; lacunaire
Écriture malhabile, assez grossière (encre noire) ; opisthographe
Lettre et mémorandum (inachevés)

Recto

1 ⳨ ⲥⲡⲟⲩⲇⲁⲥⲉ ⲛ̄ⲅϣⲓⲛⲉ
2 ⲛ̄:ⲥⲁ ⲟⲩⲣ̄ⲙ̣̄ⲡⲓϣⲓⲛⲁⲉⲓ̣
3 ⲉⲩϣⲃⲏⲣ ⲛⲧⲁⲕ ⲡⲉ
4 ⲛ̄ϥϫⲟⲟⲥ ⲛ̄ⲕⲩⲣⲓ
5 ⲕⲟⲥ ⲛ̄ⲙ̄ϫⲱⲗ̣
6 ϫⲉ ⲓ̣ⲟ̣ⲩⲱϣ̣ · [
7 ·]ⲟ̣ⲓ̣ⲉ̣[·

Verso

8 ⲛⲧⲁⲧⲁⲟⲩ . [
9 † ⲙⲡ̣ⲣⲧⲓ

1 ⲛⲁⲓ̈ ⲛⲉ ⲛⲣ̣ⲁⲛ ⲛⲉⲡⲓⲥ̣ⲕ
2 ⲛⲧⲁⲩϩⲩⲡⲟⲅⲣⲁⲫⲏ
3 ϩⲁ ⲧ̣ⲕⲁⲑⲉⲣ̣ⲉⲥⲓⲥ ^{ⲛ}ⲛⲉ̣[ⲥ
4 ⲧⲟⲣⲓⲟⲥ

⳨ *Hâte-toi d'(aller) chercher un homme de Pechinaï, qui soit un compagnon à toi, qu'il dise à Kurikos et à Djôl (?) : je veux [...]. † Ne donne pas [...*

2 Le toponyme de ⲡⲓϣⲓⲛⲁⲉⲓ se lit très clairement à la fin de la ligne ; il s'agit vraisemblablement d'une localité relativement voisine, dont le nom est par ailleurs amplement attesté dans la région thébaine [34].

34 Voir à ce sujet, Fl. CALAMENT, CBC 13, p. 50, à propos de l'ostracon du Louvre AF 12258.

5 La fin de ligne est incertaine, quoique sans difficulté de lecture ; on a sans doute ⲛ̄ⲙ̄ inversé, mis pour ⲙ̄ⲛ̄ (il peut s'agir d'un archaïsme du sahidique : Crum, *CD*, 169b), puis un second anthroponyme, ϫⲱⲗ (variante de ϭⲱⲗ ?), non attesté dans Heuser, *Personennamen* [35]. On peut voir peut-être une confusion ici du rédacteur avec le mot ⲉⲙϫⲱⲗ (ou ⲙ̄ϫⲱⲗ) (« l'oignon »).

9 On trouve la forme ⲧⲓ pour le verbe ϯ, classique en dialecte thébain.

Voici les noms des évêques qui ont signé pour l'excommunication de Nestorius...

1 ⲉⲡⲓⲥⲕ est l'abréviation usuelle du grec ἐπίσκοπος.

3 ⲧⲕⲁⲑⲉⲣⲉⲥⲓⲥ est mis pour ⲧ-ⲕⲁⲑⲁⲓⲣⲉⲥⲓⲥ, qui désigne la dégradation d'un ecclésiastique.

3. Exercices d'écriture : O. TheblIfao 29 à 40

Les douze pièces suivantes sont le plus souvent des textes pieux, prières ou extraits bibliques, destinés à l'édification des moines et copiés (d'une écriture appliquée quelquefois particulièrement soignée) ou rédigés sous la dictée (d'une écriture plus hésitante). Un « ancien » délivre ainsi son enseignement de sagesse à l'intention et à l'usage d'un plus jeune. Il peut aussi s'agir d'exercices libres, où l'auteur se présente à l'occasion : « (c'est) moi, Untel... », en se recommandant à la prière de ses frères, « priez (pour moi) ». Comme dans le cas des lettres, on note des exercices interrompus. Quelques-uns sont manifestement des palimpsestes, ou bien sont rédigés sur plusieurs faces avec des lettres de différentes tailles, disposées parfois de manière aléatoire en séquence ou dans l'espace. Là encore, on remarque très souvent la présence de différents modèles de croix (☩, †, ⳩) ou du staurogramme ⳨, au départ de l'exercice ou bien encadrant une formule particulière.

O. TheblIfao 29

Photos : NB_2002_1081, 1082, 1080 — Région thébaine (?)

10,5 × 8 cm

Calcaire ; lacunaire

Écriture grossière, non exercée, lettres de taille moyenne (encre noire) ; opisthographe

Exercice ? (de la même main que O. TheblIfao 9)

35 Un apa ϭⲱⲗ est mentionné à Saqqâra dans une longue litanie de martyrs : J.E. Quibell, H. Thompson, *The Monastery of Apa Jeremias, Excavations at Saqqara (1908-9, 1909-10)*, Le Caire, 1912, n° 203 p. 59-61 ; fondateur d'un monastère, il est fêté le 29 de ⲙ̄ϣⲓⲣ.

Recto

⳨ ⲟⲩⲟϫ̣ⲏⲙ̣ ⲡⲓⲁ[
ⲧ̣ⲏⲉ̣ ⲡⲉⲧⲁⲓ̣[
ϣⲱ̣ⲡⲉ
ⲣⲟⲙ̣ϥ̣ⲉ̣ⲉ̣ⲧ̣[
ϫ̣ⲟ̣ · · ⲛ · [
ⲧⲉ̣ ⲙⲙ̣ⲁ̣ⲩ ⲛ̣ⲟⲩⲕ[

Verso

·]⳨̣ⲁ̣ⲱ̣ⲏ̣[

]ⲏⲇ̣ⲟⲝⲁ ⲕⲩⲣⲓⲟⲩ
]ⲱⲙ̣ⲁⲓ̣ ⲱ̣ⲛⲁ ⲕⲟⲓ̣ⲛⲟⲓ̣
] · ⲓⲏⲁⲓⲧⲱ//
] · ⲣⲉ ⲡⲉⲩⲙⲛⲟⲩ
] · ⲣⲉ ⲡⲓⲇ̣ⲟ̣ⲝⲁ
]ⲁ̣ⲓ̣ⲟ̣ⲥ̣ ⲕⲁⲓ ⲧϣ̣ⲓ̣ · [

⳨ [...]
...] la doctrine du Seigneur [...] cette doctrine [...

N.B. : le verso est rédigé en grec, après une première ligne intraduisible, sous laquelle a été tiré un trait.

O. TheblIfao 30

Photos : NB_2002_1096, 1097, 1098 — Région thébaine (?)
10 × 9 cm
Poterie (pâte rouge orangé, côtelée à l'intérieur) ; lacunaire
Écriture grossière avec lettres d'assez grande taille (encre noire)
Conseils monastiques ?

ϩ]ⲁ̣ⲙⲏⲛ[
] . ϩⲓⲣⲟⲩϩⲉ ⲙ̣[ⲙⲏⲛⲉ
] · ⲟⲩ ⲛⲅϣⲧⲏ · [
] · ⲥ̣ ϩⲓⲣⲟⲩϩⲉ ⲙⲙⲏⲛⲉ
ⲣ̣ⲣ̣ⲕⲱ ϩⲧⲏⲕ ⲉⲡⲥⲟⲟⲩ
ϩ̣ⲥ̣ ⲉ̣ⲣⲁ̣ⲧⲕ ϣⲁⲛⲧⲉϥ
ⲉ]ⲃ̣ⲟⲗ ϩⲓⲣⲟⲩϩⲉ ⲙ̇ⲙⲏⲛⲉ
]ϫ̣ⲉ̣ ⲟⲩϫⲁⲓ ϩ̣ⲙ̣ⲡ̣ϫ̣ⲟⲉⲓ̣[ⲥ

... A]men. [...] au soir de chaque j[our ...] au soir de chaque jour. ⲣ̣ ⲣ̣ *Place ta confiance dans (?), tiens-toi debout jusqu'à ce qu'il (?) [...] le soir de chaque jour [...] ; salut dans le Seigneur !*

2,4,7 On trouve, à trois reprises, la même expression ϩⲓⲣⲟⲩϩⲉ ⲙⲙⲏⲛⲉ (« le soir de chaque jour »), qui fait fortement penser aux *Apophthegmata Patrum*, sentences des Pères du désert ou recommandations destinées aux moines.

3 On a un verbe, indéterminé, au conjonctif et à la deuxième personne du singulier ⲛ̄ⲅ̄.

5-6 ⲕⲱ ϩⲏⲧ + ⲉ signifie « compter sur », « avoir confiance en », « se fier à » ; à propos de l'expression ⲕⲱ ⲛϩⲏⲧ, W.E. Crum (*CD* 715b) donne comme exemple ⲉⲩⲕⲱ ⲛϩⲧⲏⲩ ⲉⲥⲩⲛⲁⲅⲉ (Ms. Pierpont Morgan Library 1838, où ⲥⲩⲛⲁⲅⲉ vient du grec συνάγω ; cf. Förster, *Wörterbuch*, p. 772-774), d'où l'on peut émettre l'hypothèse du dernier mot se terminant à la ligne suivante :

ⲥⲟⲟⲩϩⲥ (l'article ⲡ a été mis à la place de ⲧ ici, dans une possible confusion avec ⲡ-ⲥⲱⲟⲩϩ qui existe aussi et a le même sens). C'est l'équivalent du grec ἐκκλησία, c'est-à-dire « rassemblement » et « assemblée » d'où communauté religieuse ou congrégation. Une autre possibilité est de lire, en fin de ligne, le mot ⲥⲟⲟⲩ (« six »), ce qui ne fait pas beaucoup sens avec ce qui précède, et à la ligne suivante, ⲁϩⲉⲣⲁⲧⲕ. Là encore, la traduction n'est pas satisfaisante.

O. ThebIfao 31

Photos : NB_2002_1070, 1069 — Région thébaine (?)

18,5 × 14 cm

Calcaire ; lacunaire

Belle écriture régulière, lettres d'assez grande taille (recto/verso) et écriture grossière et malhabile (en haut du recto) ; encre noire ; opisthographe

Exercice avec prières (recto) et versets du psaume 118 (117), 20-21 (verso)

Recto

1 ⳨ ⲉⲓⲥ ⲑⲉⲟⲥ ⳁ

2 ϩ̣ⲛ̣ ϯⲣ̣ⲓⲛ̣ⲏ̣

----

1 ϣⲗ̣ⲏ̣ⲗ ⲉϫⲱⲓ̈ ⲛ̄ · [

2 ⲙⲙⲉⲣⲁⲧⲉ ⲙ̄ [

3 ⲡⲗⲟⲅⲟⲥ ⲁⲙ · [

Verso

1 ⲧⲁⲓ ⲧ]ⲉ̣ ⲧⲡⲩⲗⲏ ⲙ̄ⲡϫⲟⲉⲓⲥ

2 ⲛ̄ⲇⲓⲕ]ⲁⲓⲟⲥ ⲛⲉⲧⲛⲏⲩ ⲉϩⲟⲩⲛ

3 ⲛ̄ϩⲏ]ⲧⲥ̄· ϯⲛⲁⲟⲩⲱⲛ̄ϩ ⲛⲁⲕ

4 ⲉⲃⲟ]ⲗ̣ ⲡϫⲟⲉⲓⲥ

Recto texte 1

⳨ Un seul Dieu ⳁ̄ Dans la paix.

1-2 Les deux premières lignes sont rédigées d'une écriture très hésitante et grossière, sans rapport avec le reste du texte ; ϯⲣⲓⲛⲏ est mis pour ⲧ-ⲉⲓⲣⲏⲛⲏ.

Recto texte 2

Priez pour moi [...] les bien-aimés [...] la parole [...

Verso

C'est ici la porte du Seigneur ; les justes peuvent y passer. Je te rendrai grâce, Seigneur...

3-4 Le début du verset 21 est resté inachevé, en cours de rédaction ; il devait se terminer par ϫⲉ ⲁⲕⲥⲟⲧⲙ̄ ⲉⲣⲟⲓ (« car tu m'a exaucé »).

N.B. : Les deux phrases ci-dessus sont rédigées de la même main et ont peut-être un lien entre elles (la première introduirait la seconde, empruntée aux psaumes).

O. ThebIfao 32

Photos : NB_2002_1073, 1071, 1072 — Région thébaine (?)

14,5 × 18,5 cm

Calcaire ; lacunaire (plusieurs éclats manquants)

Écriture grossière, non exercée avec lettres d'assez grande taille (encre noire) ; opisthographe

Exercices : formule trinitaire, II Samuel, 1-2 (recto) et Psaume 89 (88), 20-22 (verso)

Recto

1]ⲡⲓⲱⲧ ⲡϣⲏⲣⲉ̣ [ⲡⲉⲡ̅ⲛ̅ⲁ̅
2 ⲉⲧⲟⲩ]ⲁⲁⲃ ϩⲁⲙⲏⲛ ⲉ̣[
3]ⲃⲟⲏⲑⲓⲁ ϩⲁⲙ[ⲏⲛ ⲡⲓⲱⲧ
4 ⲡϣⲏⲣⲉ ⲡⲉⲡ̣[ⲛ̅ⲁ̅ ⲉⲧⲟⲩ
5 ⲁⲁⲃ ϩⲁⲙⲏⲛ ⲁⲥϣ[ⲱⲡⲉ ⲙⲛ̅
6 ⲛⲥⲁ ⲧⲣⲉ ⲥⲁⲟⲩⲗ ⲙ[ⲟⲩ ⲇ̅ⲁ̅ⲇ̅
7 ⲁϥⲕⲟⲧϥ ⲉϥϩ̣ⲓⲟⲩⲉ ⲛ̣[ⲥⲁ ⲡⲁⲙⲁ
8 ⲗ̣ⲏ̣ⲕ ⲁⲩⲱ ⲇⲁⲩⲓⲇ ⲁϥϩ̣ⲙ[ⲟⲟⲥ
9 ϩⲛ̣ ⲥ̣ⲉ̣ⲕ̣ⲉ̣ⲗⲁ̣ⲕ ⲛϩⲟ̣ⲟⲩ ⲥⲛⲁ[ⲩ
10 ϩⲙ ⲡ̣ⲙⲉϩϣⲟⲙⲧ ⲇⲉ ⲛϩⲟⲟ̣[ⲩ
11]ϩⲙ̣ⲡ̣ⲉϥϣⲁϫⲉ ⲧⲁ̣ϣ[
12]· · · · · ⲟⲛⲉ̣ⲑ ·[

Verso

1 ⲁⲓ̈ϫⲓⲥⲉ ⲛ̅]ⲟⲩⲥⲱ̅ⲧ̅ⲡ̅ ⲉⲃⲟⲗ
2 ϩⲙ̅ ⲡⲁⲗⲁⲟ]ⲥ ⲁⲓ̈ϭⲓⲛⲉ ⲛⲇⲁⲩⲉⲓⲇ
3 ⲡⲁϩⲙ̅ϩⲁⲗ ⲁⲓ̈]ⲧⲱϩ̅ⲥ̅ ⲙⲙⲟϥ ⲙⲡⲁ̣ⲛⲉϩ
4 ⲉⲧⲟⲩⲁⲁⲃ]ⲧ̣ⲁ̣ϭ̣ⲓ̣ϫ ⲧ̣ⲉ̣ⲧⲛ̣ⲁ̣ϯⲧ̣ⲟⲧϥ
5 ⲁⲩⲱ ⲛⲁϭⲃ]ⲟⲓ ⲛⲁϯϭ̣ⲟⲙ ⲛ̣ⲁ̣ϥ ⲡϫ[ⲁϫⲉ

Recto

Le Père, le Fils, [l'Esprit Sa]int, Amen. [...] Viens en aide, A[men. Le Père,] le Fils, l'Es[prit Sa]int. Amen. [A]près que Saül fut m[ort, David était revenu de battre les Amalécites, et David demeurait depuis deux jours à Ciqlag. Le troisième jour, [...]. [...] dans son discours [...

1 ⲓⲱⲧ est ici la forme contractée du mot ⲉⲓⲱⲧ, aussi attestée dans plusieurs dialectes (dont le sahidique et le fayoumique) ; en fin de ligne, doit se trouver ⲡⲉ-ⲡ̅ⲛ̅ⲁ̅, abréviation du mot grec πνεῦμα, qu'il faut restituer aussi à la ligne 4. La formule trinitaire est ainsi répétée deux fois.

5 En milieu de ligne est introduit le passage emprunté à Samuel, commençant par ⲁⲥϣⲱⲡⲉ...

7-8 Il faut restituer ici le nom des Amalécites [36], ⲡ-ⲁⲙⲁⲗⲏⲕ.

9 ⲥⲉⲕⲉⲗⲁⲕ mis pour Ciqlag [37].

36 Ces tribus sémitiques, nomadisant dans le sud du Néguev et adversaires des Hébreux, furent définitivement vaincues par David.

37 Cité méridionale du royaume de Juda, appartenant à la tribu de Siméon, elle est mentionnée à plusieurs reprises par la Bible : dans Josué (15 : 31 et 19 : 5), Samuel (I 27 : 6, 30 : 1, 30 : 14 et 30 : 26 et II 1 : 1 et 4 : 10), Chroniques (4 : 30, 12 : 1 et 12 : 21) et Néhémie (11 : 28) ; le nom peut être orthographié aussi Tsiklag ou Çiqlag. L. Dieu, « Le texte copte-sahidique des Livres de Samuel », *Muséon* 59, 1946, p. 445-452 : il renvoie au texte complet des deux Livres de Samuel dans un codex de la Pierpont Morgan Library (M 567), provenant du monastère Saint-Michel de Hamouli au Fayoum ; voir aussi J. Drescher, « The Coptic (Sahidic) Version of Kingdoms I, II (Samuel I, II) », *CSCO* 313-314, Louvain, 1970, p. 98.

10 ϣⲟⲙⲧ est mis ici pour ϣⲟⲙⲛ̅ⲧ, avec ⲙⲉϩ devant qui indique un nombre ordinal (« le troisième ») dans notre cas (Crum, *CD* 208).

11-12 Les deux dernières lignes appartiennent manifestement à un autre texte, qui n'a pu être identifié, et le passage précédent s'arrête assez brusquement en cours de récit.

Verso

[J'ai élevé] un élu du [milieu de mon peupl]e ; J'ai trouvé David, [mon serviteur ; je l'ai] oint de mon huile [sainte] ; ma main le soutiendra [et mon] bras le rendra fort ; l'ennemi...

4-5 ⲧⲉⲧⲛⲁ†ⲧⲟⲧϥ est mis pour ⲧⲉⲧⲛⲁ†ⲧⲟⲟⲧϥ de manière classique et ⲡϫⲁϫⲉ pour ⲙ̅ⲡϫⲁϫⲉ : en effet, le psaume se poursuit par « ne pourra le tromper », c'est-à-dire par une forme négative. Encore une fois, le texte s'interrompt brutalement au milieu d'un verset.

O. ThebIfao 33

Photos : FDC_01_0376, 0377 — C 2058 — Région thébaine (?)

9,5 x 6 cm

Calcaire ; lacunaire et très effacé (surtout au recto)

Écriture assez grossière (encre noire) ; opisthographe

Palimpseste avec prière ?

Recto

]· ⲉⲡⲁⲗⲗⲱ̣ⲫⲩ̣ⲗⲟ̣ⲥ̣ ⲁⲓⲧⲙ̣ · [
]ⲟ̣ⲟⲩ ⲙ̅ⲡⲁⲉⲓⲱⲧ:ⲁⲓⲃ̣ⲓ̣ ⲛ̅ⲧ[
]ⲱ̣ⲧ:ⲁϊⲃⲓ̣ ⲛ̅ⲟⲩⲛⲟϭ ⲛ̅ⲉ̣ϭ̣ⲉ̣[
]ⲥ̣ⲟⲟⲩⲛ̅ ⲡⲓ̣ⲉ̣ⲱ̣ⲧ·ⲁⲩϫⲓⲥⲉ ⲛ̅ⲧ̣[
]ⲟⲣ̣ⲡ̣ⲕ̣ϣ̣ ⲧⲏⲣⲥ · ⲡⲁⲗ̣ⲁⲟⲥ̣[
]ⲟ̣ⲟⲩⲛϥ̣ · ϣⲗ̣ⲏⲗ̣ ⲉⲃ̣ⲟ̣ⲗ

Verso

]ⲉⲓϭ̣ⲟ̣ⲃ̣ · · · · ·[
] · ⲟ̣ⲛⲟⲥ · ⲟ̣ⲩ̣ · · · [
]ⲧ · · · · · · · · · · · · · [
]· ⲉ̣ⲓ̣ⲱ̣ⲧ̣ ⲁϥ̣ · · · · · · [
] · ⲥⲟⲟⲩ ⲛ̅ⲅ̣ · · · · · [
] · · · ⲉ̣ⲓ̣ · · · · · · · · · [
]†̣ · ⲉ̣ⲓ̣ⲕ̣ⲁ̣ · · · · · · · · · [
] · · ⲟ̣ⲧ̣ⲃ̣ⲛ̣ⲉ̣ⲥ̣ⲱ̣ⲩ̣ ⲙ̅ⲡ̣[
]ⲙ̅ⲡⲁⲉⲓⲱⲧ · · [
] · · · · · · ⲉⲓ · · [

...] l'étranger (?) [...] de mon père. J'ai porté [...] j'ai porté un grand [...] connaissent (?) le père ; ils ont élevé toute la [...] mon peuple [...] prie (?) [...] de mon père [...

1 Le mot ἀλλόφυλος n'est pas certain ici ; il est aussi absent du dictionnaire de H. Förster (*Wörterbuch*).

O. ThebIfao 34

photos : FDC_01_0096, 0097, 0375 C 913 Région thébaine (?)
10 x 5,5 cm
Calcaire ; complet ?
Écriture assez régulière, de grande taille ; encre noire ; opisthographe
Exercice avec prière au dos

Recto		*Verso*	
1	⳨̣ ⲛⲁⲓⲕⲓⲟⲥ	1	ⲥⲙⲟⲩ ⲉⲣⲟⲛ
2	ⲁ̣ⲉ̣ ⲗ̣ⲏⲗ ⲙⲡϫ̣	2	ⲡ̣ · ⲩ̣ⲧⲉ
3	ⲟⲉⲓⲥ ⲣⲉ ⲡⲉⲥ	3	ⲥ̣ⲙ̣ⲟ̣ⲩ̣ ⲉ̣ⲣⲟⲛ
4	ⲙⲟⲩ̣ ⲡⲣⲉⲡⲓⲛⲉϫ̣		

Recto

⳨ *Et les justes prient le Seigneur que la bénédiction [...*

1 On a sans doute ⲁⲓⲕⲓⲟⲥ mis pour le grec δίκαιος.
2-3 Certaines lettres sont apparemment manquantes : ⟨ϣ⟩ⲗⲏⲗ ⲙⲡϫⲟⲉⲓⲥ ⟨ⲉ⟩ⲣⲉ ⲡⲥⲙⲟⲩ etc.
4 Le dernier mot est impossible à rétablir.

Verso

Bénis-nous, Dieu, Bénis-nous...

2-3 C'est certainement ⲡⲛⲩⲧⲉ (mis pour ⲡⲛⲟⲩⲧⲉ) qu'il faut restituer ici, même si le ⲛ n'est pas lisible ; de même la suite se devine seulement par comparaison avec la première ligne mais les lettres ne sont pas formées : cette formule ⲥⲙⲟⲩ ⲉⲣⲟⲛ clôt souvent un texte (cf. *supra*, O. TheblIfao 26).

N.B. : on remarque la forme très particulière des ⲉ avec la barre médiane plus longue et au bout une petite barre transversale.

O. ThebIfao 35

Photos : FDC_01_0480, 0481 — C 1864 — Région thébaine (?)

8,5 × 6,5 cm

Calcaire ; très lacunaire et effacé

Écriture très grossière, lettres de grande taille (encre noire) ; opisthographe

Exercice avec prière ?

Recto

1 ⳨ ⲡⲡ̣ⲛ̣ⲟ̣ⲩ · [
2 ⳨ · · · · ϣ̣[
3] · · · · · · · [

Verso

1] · · · · · [
2] · · · · ϣ̣[
3] · · · · ⲕ̣[

Recto

⳨ *Dieu (?) [*... ⳨ ...

1 Le texte commence éventuellement par ⲡⲛⲟⲩⲧⲉ rédigé de manière très maladroite, la suite est illisible, de même que le verso.

O. ThebIfao 36

Photos : FDC_01_0417, 0418, 0416, 0415 — N° séquestre = 13319 ; C 2000 — Région thébaine (?)

8,2 × 1,8 cm

Calcaire (bloc irrégulier) ; lacunaire ?

Écriture assez régulière (encre noire) ; opisthographe

Exercices ?

Face 1

1 † ϣⲟⲟⲡ ⲇⲉ ⲁⲛⲟⲕ ϫⲓⲛ
2 ϩⲧⲟⲟⲩⲉ ϣⲁⲣ̣ⲟⲩϩⲉ̣

Face 2

1 ~~ⲕⲟⲟⲩⲓ̈ ⲛ̄ⲕⲟⲩⲓ̣̈~~
2 ⲛ̣̄ⲕⲟⲩⲓ̈ ⲛ̄ⲕⲟⲩⲓ̣

Face 3 (illisible)

1 · · · · · · · · · · · · ·

† *Et je suis, moi, du matin jusqu'au soir*
Petit (d'entre ou parmi) les petits, les petits, les petits...

1-2 (face 2) La première ligne de cette face a été barrée ; le mot ⲕⲟⲩⲓ (équivalent de ϣⲏⲙ ; Crum, *CD* 563) est répété quatre fois, avec une variante au début (ⲕⲟⲟⲩⲓ qui est plutôt une faute d'ailleurs) puis précédé ensuite de ⲛ̄.

O. TheblFao 37

Photos : FDC_01_0113, 0114 — N° séquestre = 13323 ; C 2153 — Région thébaine (?)
15 x 7,5 cm — Calcaire ; lacunaire
Écriture irrégulière (encre noire et lavis rouge dans la partie supérieure et à l'arrière)
Palimpseste avec exercice d'écriture

☩ ⲣ̣ · · · · · · · · · · · · · · · · · · ⲉ[
ϣⲛ̣ · · · · · · · · · · · · · · · · · · · [
ⲙⲛ̄ ⲁ̣ⲛ · · ⲟ · · · · · · · · ϥ · · · [
☩ ⲗⲁⲛⲟⲕ ⲭⲁⲛ · · · · [
ⲡⲁⲩⲗⲟⲥ ⲡⲣⲉ̣ⲓϣ̣[
☩ⲗⲗⲗ̣ϣⲗⲏⲗ ⲉ̣ · · ⲗ̣
]ϣ̣ⲧ · [. . . . .]ⲗ[
]...[

...] ☩ [...] ☩ Moi [...] Paul [...] ☩ priez [...

N.B. : quelques mots seulement sont encore lisibles car deux textes au moins sont superposés ; la partie supérieure a été partiellement effacée.

O. TheblFao 38

Photos : FDC_01_0256, 0257, 0258 — N° séquestre = 13338 (?) ; C 2120 — Région thébaine (?)
15 x 10 cm — Calcaire ; complet ? (effacé surtout au verso)
Écriture assez grossière, plusieurs tailles de lettres (encre noire) ; opisthographe
Palimpseste avec exercice d'écriture

Recto

† ⲗ̣ ⲁⲛⲟⲕ ⲙ̣ⲏ̣ · ·
ϣⲗ
ϣ ϣ
ϥ ϥ

...] † [...] Moi Mè[...

1 L'anthroponyme en bout de ligne est peut-être celui de ⲙⲏⲛⲁ(ⲥ), très courant mais non lisible car la finale est escamotée ; c'est sans doute le rédacteur lui-même qui n'est pas habitué à signer de son propre nom.

2 Le rédacteur a sans doute tenté d'écrire ensuite ϣⲗⲏⲗ (« priez »), souvent suivi de ⲉϫⲱⲓ « pour moi », sur ce type de document comme sur des graffiti (cf. *supra*, O. TheblFao 31) ; à noter que l'abréviation courante du mot « prière » dans les manuscrits se note ϣⲗ̄.

3-4 Les lettres ϣ et ϥ, qui se suivent dans l'alphabet, sont superposées deux à deux, et de tailles différentes.

Verso

Traces de ϣ, ϫ et d'autres lettres ? Pas de véritables lignes.

O. ThebIfao 39

Photo : FDC_01_0244 N° séquestre = 13240 ; C 2123 (numéro 273 au crayon) Région thébaine (?)
18 × 12 cm
Calcaire ; complet
Écriture très grossière, lettres de grande taille (encre noire)
Exercice d'écriture

ⲁ̣ϥⲅ · ⲅⲥ̣ⲟⲩⲩⲟ̣
ⲏ̣ⲥ̣ⲟ̣ⲕ̣ⲟ̣ⲏ̣
ⲁ̣ⲅϥ̣ⲅⲁϥϣⲉ̄

N.B. : plusieurs lettres (notamment ⲁ, ⲅ et ϥ dans des ordres différents) sont disposées sur trois lignes, de manière arbitraire.

O. ThebIfao 40

Photos : FDC_01_0238 (0237) N° séquestre = 13316 ; C 2119 Région thébaine (?)
30 × 17,5 cm
Calcaire nummulitique ; complet ?
Écriture très grossière, lettres de grande taille (encre noire)
Exercice d'écriture avec verset de l'Évangile selon Matthieu

. . ⲕ . . . ⲱⲧ
. . ⲱ . . . . ⲫ̣ⲫ̣[
. . . . ⲙⲙⲙ
. . . .
. . . . .ⲥ̣ⲁⲃ̣ⲁⲕⲧ̣[ⲁⲛⲓ
ⲡ̣ⲁ̣ⲛⲟⲩⲧ̣ⲉ̣ ⲡⲁⲛⲟⲩⲧⲉ
ⲁ̣ⲕ̣ⲕⲁⲁ̣ⲧ˙ⲛⲥⲱⲕ .
. . . . . .ⲙⲙ . . . ⲙ . . . . .
. . . . ⲙ . . . ⲙ . . . .

N.B. : au milieu d'une succession de lettres « griffonnées » (ⲱ, ⲙ, ⲁ, ⲕ, etc.) sur neuf lignes plus ou moins effacées (surtout en partie gauche), on reconnaît, aux lignes 5 à 7, semble-t-il un verset de l'Évangile de Matthieu, au moment de la mort de Jésus : « Éli. Éli, lema sabachtani ? », c'est-à-dire « Mon Dieu, mon Dieu, pourquoi m'as-tu abandonné ? » Les débuts de lignes sont effacés, en particulier : ⲉⲧⲉ ⲡⲁⲓ ⲡⲉ (« c'est-à-dire ») et ⲉⲧⲃⲉⲟⲩ (« pourquoi »).

4. Fragments indéterminés : O. TheblFao 41 à 45

Les cinq pièces suivantes sont beaucoup trop lacunaires pour pouvoir juger de la teneur du texte qui n'a pu être identifié. Vu l'état général, le sens recto/verso (quand il existe) est d'ailleurs donné arbitrairement ici.

O. TheblFao 41

Photos : FDC_01_0239, 0240, 0241 N° séquestre = 5889 (?) ; C 2121 Région thébaine (?)
14 × 21,5 cm
Calcaire ; lacunaire ?
Écriture très grossière (encre noire au recto et rouge au verso) ; opisthographe
Texte indéterminé

Recto
1]ⲟ̣[
2]ⲣⲟⲟ[
3] · ⲙ̣ⲁ̣[
4] · ⲉⲛ̣ · [
5]ⲏ · ⲩ · [

Verso
(presque entièrement effacé)

O. TheblFao 42

Photos : FDC_01_0226, 0225 N° séquestre = 13692 ; C 2152 Région thébaine (?)
8 × 9 cm
Calcaire ; lacunaire
Écriture très grossière, lettres de grande taille (encre noire) ; opisthographe
Texte indéterminé

Recto
1]ⲛ̣ⲑⲁⲗⲗ̣ⲓ̣ · [

Verso
1]ⲃ[

O. TheblFao 43

Photos : FDC_01_0159, 0158 N° séquestre = 75C (?) ; C 2091 Région thébaine (?)
4,5 × 2,5 cm
Calcaire ; très lacunaire
Écriture assez irrégulière (encre noire) ; opisthographe
Texte indéterminé

Recto
1]ⲉ̣ⲓ̣ⲥⲉ̣ⲡ̣[
2]ⲛ̣ⲁⲩ · [

Verso
1]ⲟ̣ⲥ̣ · ⲡ̣ⲉⲕⲉ̣[
2] · ⲁ̣ⲛ̣ⲧⲉ[
3] · [

O. TheblIfao 44

Photo : FCD_01_0209 N° séquestre = 13674 ; C 2069 (numéro 995 ? au crayon) Région thébaine (?)

6 x 9 cm

Calcaire ; très lacunaire

Écriture assez lâche et grossière (encre noire) ; opisthographe ?

Texte indéterminé

Recto

1] · ⲕⲁⲓ̣[
2]ⲩ̣ⲛⲏ · [
3]ⲟⲩⲱϩⲙ̣̄[
4] · · ϩⲟⲟ[
5] · ⲱⲥ̣[
6] · · [

Verso

(il ne reste que des traces)

N.B. : on lit vraisemblablement le verbe ⲟⲩⲱϩⲙ̄ (« répéter », « répondre ») à la ligne 3.

O. TheblIfao 45

Photos : FDC_01_0163, 0164 N° séquestre = 75A (?) ; C 2092 (numéro 46) Région thébaine (?)

3 x 5,5 cm

Calcaire ; très lacunaire

Écriture assez grossière (encre noire)

Texte indéterminé

1]ⲡⲛⲟ[ⲩⲧⲉ
2] · ⲉⲧⲡ[

3] · ⲛⲁ[

N.B. : on peut éventuellement restituer le mot ⲡ-ⲛⲟⲩⲧⲉ (« Dieu ») sur la ligne 1.

Indices

Entre parenthèses figurent les références à l'ouvrage de G. Heuser pour les anthroponymes (*PN*), au dictionnaire de W.E. Crum pour le copte (*CD*) et à celui de H. Förster (*WG*) pour le grec ; sont aussi indiqués les numéros des ostraca correspondants (**x** pour O. ThebIfao **x**).

ANTHROPONYMES

ⲁⲃⲣⲁϩⲁⲙ = (*PN* 13, 106, 110, 124) : **1**, **22**

ⲁⲛⲇⲣⲉⲁⲥ = (*PN* 77) : **22**

ⲃⲁⲣⲑⲟⲗⲟⲙⲁⲓⲟⲥ = (*PN* 111) : **9**

ⲃⲓⲕⲧⲱⲣ = (*PN* 9, 12, 13, 100) : **5**

ⲇⲁⲩⲉⲓⲇ (ⲇⲁⲩⲓⲇ, ⲇ̄ⲁ̄ⲇ̄) (biblique) = (*PN* 12, 106, 123) : **32** (sous les 3 formes)

ⲓ̈ⲁⲕⲱⲃ = (*PN* 12, 107, 108) : **4**

ⲓⲱϩⲁⲛⲛⲏⲥ = (*PN* 108, 110, 119, 123) : **22**

ⲕⲩⲣⲓⲕⲟⲥ = (*PN* 81) : **28**

ⲙⲁⲑⲁⲓⲟⲥ = (*PN* 108, 110) : **11**

ⲙⲁⲣⲕⲟⲥ = (*PN* 100) : **8**

ⲙⲏⲛⲁ(ⲥ) ? = (*PN* 8, 12, 14, 44, 123) : **38**

ⲙⲱⲩ̈ⲥⲏⲥ = (*PN* 109) : **15**

ⲛⲉⲥⲧⲟⲣⲓⲟⲥ = (*PN* 82) : **28**

ⲡⲁⲙⲟⲩⲛ ? = (*PN* 15, 47) : **12**, **14**

ⲡⲁⲩⲗⲟⲥ = (*PN* 10, 103, 123) : **8**, **12** (2 fois ?), **14** (?), **16**, **37**

ⲡⲁϩⲁⲙ ? = (*PN* 9, 13, 17, 32, 44, 125) : **12**, **14**

ⲡⲉⲣⲱⲙⲉ ? : **12**

ⲡⲉⲧⲣⲟⲥ = (*PN* 83, 121) : **25**

ⲥⲁⲃⲓⲛⲟⲥ = (*PN* 103) : **13**

ⲥⲁⲙⲟⲩⲏⲗ = (*PN* 9, 107, 109) : **15** (2 fois)

ⲥⲁⲟⲩⲗ (biblique) = (*PN* 107) : **32**

ϩⲏⲗⲓⲁⲥ = (*PN* 108) : **11** (2 fois), **12** et **13**

ϩⲩⲅⲓⲁ = **17**

ϫⲱⲗ ? = **28**

Noms défectifs

]ⲣⲟⲥ : **4**

]ⲥ : **4**

]ⲧⲉ : **5**

TOPONYMES ET NOMS ETHNIQUES

ⲁⲙⲁⲗⲏⲕ (biblique) : **32**

ⲡⲓϣⲓⲛⲁⲉⲓ : **28**

ⲥⲉⲕⲉⲗⲁⲕ (biblique) : **32**

MOTS COPTES

ⲁⲛⲟⲕ = (*CD* 11b) : **8** (2 fois), **36**, **37**, **38**

ⲁⲩⲱ = (*CD* 19b-20) : **21**, **26**, **27**, **32** (2 fois)

ⲃⲁ = (*CD* 27b-28a) : **14**

ⲃⲱⲕ [+ ⲉ] = (*CD* 29b) : **10**

ⲃⲁⲗ = (*CD* 31b) : **2**

ⲉⲧⲃⲉ [ⲉⲧⲃⲉⲡⲁⲓ] = (*CD* 61) : **11** (les 2 formes)

ⲉⲓ [+ ⲉϩⲟⲩⲛ ; ⲁⲙⲟⲩ à l'impératif] = (*CD* 7b, 70a-72) : **11**, **14**, **17**, **22**

ⲉⲓⲛⲉ, ⲛ̄ⲧ// [+ ⲉϩⲟⲩⲛ] = (*CD* 80a) = **13**, **14**

ⲉⲓⲣⲉ [ⲁⲣⲓ à l'impératif] = (*CD* 83) : **6**, **9**, **11**, **12**, **14**, **16**, **21**, **22**

ⲉⲓⲥ [+ ϩⲏⲏⲧⲉ] = (*CD* 85) : **15**, **18**, **31**

ⲉⲓⲱⲧ = (*CD* 86b-87a) : **15**, **16**, **22**, **32** (2 fois), **33** (4 fois ?)

ⲉⲓⲱⲧ [ⲓⲱⲧ] = (*CD* 87) : **6**, **15**

ⲕⲉ = (*CD* 90b-91) : **21**

ⲕⲟⲩⲓ = (*CD* 92b-93a) : **36** (4 fois)

ⲕⲱ, ⲕⲁⲁ// [+ ⲉ + ϩⲏⲧ] = (*CD* 94b-96a) : **15**, **30**, **40**

ⲕⲱⲧⲉ, ⲕⲟⲧ// = (*CD* 124) : **32**

ⲗⲁⲁⲩ, ⲗⲟⲟⲩ = (*CD* 145b-146a ; 147b) : **6** (?), **15**

ⲙⲁ = (*CD* 153) : **9**

ⲙⲉⲣⲓⲧ [pl. ⲙⲉⲣⲁⲧⲉ] = (*CD* 156b) : **4**, **5**, **6**, **11**, **12**, **13**, **15**, **16**, **31**

ⲙⲟⲩ = (*CD* 159) : **32**

ⲙⲏⲛⲉ [ⲙ̄ⲙⲏⲛⲉ] = (*CD* 172a) : **30** (3 fois)

ⲙⲛ̄ = (*CD* 169b-170) : **4**, **5**, **14**, **15**, **17**, **20**, **21**, **28** (?)

ⲙⲁⲧⲉ [ⲉⲙⲁⲧⲉ] = (*CD* 190) : **22**

ⲙⲟⲩϣⲧ̄ = (*CD* 206b) : **13**

ⲙⲟⲓⲁϩ = (*CD* 208a) : **6** (?)

ⲛⲁ = (*CD* 217a) : **14**, **16**, **22**

ⲛⲟⲩ, ⲛⲏⲩ [+ ⲉϩⲟⲩⲛ] = (*CD* 219b-221a) : **10**, **31**

ⲛⲓⲙ = (*CD* 225b-226a) : **15**, **21**

ⲛⲟⲩⲧ [ⲛⲟⲉⲓⲧ] = (*CD* 229b) : **17**

ⲛⲟⲩⲧⲉ = (*CD* 230b) : **3**, **21**, **34** (?), **35** (?), **40** (2 fois), **45** (?)

ⲛⲁⲩ [+ ⲛⲓⲙ] = (*CD* 235a) : **15**

ⲛⲉϩ = (*CD* 240b) : **32**

ⲛⲟϭ = (*CD* 250a) : **2**, **33**

ⲟⲉⲓⲕ = (*CD* 254) : **17**

ⲟⲛ = (*CD* 255b) : **14**, **16** (2 fois)

ⲡⲱⲗϭ, ⲡⲟⲗϭ// = (*CD* 261b-262a) : **13**

ⲣⲱⲙⲉ [ⲣⲙ̄] = (*CD* 294b-295) : **20** (?), **28**

ⲣⲁⲛ = (*CD* 297b-298a) : **28**

ⲣⲁⲥⲧⲉ [ⲛ̄ⲣⲁⲥⲧⲉ] = (*CD* 302a) : **13**, **17** (3 fois)

ⲣⲟⲩϩⲉ (*CD* 310b) : **30** (3 fois), **36**

ⲥⲁ [ⲙⲛ̄ⲛⲥⲁ + ⲧⲣⲉ, ⲙ̄ⲛ̄ⲛ̄ⲥⲱⲥ] = (*CD* 314b-315a) : **19**, **32**

ⲥⲱⲕ [+ ⲉⲃⲟⲗ, ⲡ-ⲥⲱⲕ] = (*CD* 327b-328a) : **3**, **40**

ⲥⲙⲟⲩ [+ ⲉ, ⲡ-ⲥⲙⲟⲩ] = (*CD* 335-336a) : **4**, **20**, **22**, **26**, **34** (3 fois ?)

ⲥⲟⲛ [pl. ⲥⲛⲏⲩ, ⲙⲛ̄ⲧⲥⲟⲛ] = (*CD* 342b-343a) : **4** (sous les deux formes), **6**, **11**, **12**, **13**, **20** (?), **22**, **23**, **25**

ⲥⲛⲁⲩ = (*CD* 346b) : **32**

ⲥⲱⲧⲡ̄ = (*CD* 365b) : **32**

ⲥⲟⲩⲉⲛ, ⲥⲟⲩⲛⲧ// = (*CD* 369b) : **13**

ⲥⲟⲟⲩⲛ = (*CD* 369b-370) : **3**, **33**

ⲥⲱⲟⲩϩ [ⲧ-ⲥⲟⲟⲩϩⲥ̄] = (*CD* 373b-374a) : **30** (?)

ⲥϩⲁⲓ [ⲡ-ⲥⲁϩ] = (*CD* 381b-384a) : **11** (2 fois), **12**, **13**, **16**

ϯ, ⲧⲁ(ⲁ)// = (*CD* 392) : **4**, **5**, **6** (2 fois), **11**, **14**, **15**, **18**, **21**, **28**, **32** (2 fois)

ϯⲟⲩ [fém. ϯⲉ] = (*CD* 440b) : **25**

ⲧⲱⲕ, ⲧⲟϭ// = (*CD* 404) : **17**

ⲧⲁⲗⲟ = (*CD* 408-409) : **14**, **15**

ⲧⲁⲙⲟ = (*CD* 413b-414a) : **6**, **19**

ⲧⲛ̄ⲛⲟⲟⲩ = (*CD* 419b) : **15** (2 fois)

ⲧⲏⲣ// = (*CD* 424a) : **20**, **33**

ⲧⲱⲣⲉ, ⲧⲟⲟⲧ// [ϣ(ⲉ)ⲡ-ⲧⲱⲣⲉ + ⲛ̄, ϩⲓⲧⲛ̄] = (*CD* 425-429) : **4**, **5**, **11**, **14**, **32**

ⲧⲱϩⲥ̄ = (*CD* 461b) : **32**

ⲟⲩ [ⲉⲧⲃⲉⲟⲩ] = (*CD* 468) : **40**

ⲟⲩⲁ [ⲟⲩⲉⲓ au féminin] = (*CD* 469a) : **21**

ⲟⲩⲟⲛ = (*CD* 482a) : **18**

ⲟⲩⲛⲟⲩ [ⲧⲉⲛⲟⲩ] = (*CD* 485a) = **6**, **10**, **12**, **13**

ⲟⲩⲱⲛϩ̄ [+ ⲉⲃⲟⲗ] = (*CD* 486b-487a) : **31**

ⲟⲩⲟⲡ, ⲟⲩⲁⲁⲃ = (*CD* 487b-488a) : **15**, **32** (3 fois)

ⲟⲩⲉⲣⲏⲧⲉ = (*CD* 491a) : **16**

ⲟⲩⲱⲧ = (*CD* 494a) : **2**

ⲟⲩⲱϣ = (*CD* 500-501a) : **15** (?), **28**

ⲟⲩⲱϣ = (*CD* 501b-502a) : **13**

ⲟⲩⲱϣⲧ̄ = (*CD* 504) : **21**

ⲟⲩⲱϩⲙ̄ = (*CD* 509-510a) : **44**

ⲟⲩϫⲁⲓ = (*CD* 511b-512a) : **5**, **11**, **12**, **13**, **14**, **21**, **22**, **23**, **24**, **30**

ⲱⲧⲡ, ⲟⲧⲡ̄// = (*CD* 532) : **14**

ⲱϩⲉ [ⲁϩⲉⲣⲁⲧ//] = (*CD* 537b) : **30**

ϣⲁ = (*CD* 541b-542) : **4**, **36**

ϣⲉ = (*CD* 546b-547a) : **25**

ϣⲉ = (*CD* 547a) : **18**

ϣⲃⲏⲣ = (*CD* 553a) : **28**

ϣⲗⲏⲗ = (*CD* 559a) : **31**, **33**, **37**, **38** (?)

ϣⲙⲟⲩⲛ [ϩⲙⲉⲛⲉ] = (*CD* 566b) : **25**

ϣⲟⲙⲛ̄ⲧ [ⲙⲉϩ-] = (*CD* 567a) : **32**

ϣⲙ̄ϣⲉ [ⲣⲉϥ-ϣⲙ̄ϣⲉ] = (*CD* 568a) : **21**

ϣⲓⲛⲉ [+ ⲉ ; + ⲛ̄ⲥⲁ] = (*CD* 569) : **4**, **6**, **11**, **12**, **14**, **18** (sous les deux formes), **19**, **22**, **28**
ϣⲁⲛⲧⲉ = (*CD* 573a) : **30**
ϣⲱⲡⲉ, ϣⲟⲟⲡ [ⲉϣⲱⲡⲉ] (*CD* 577-580) : **23** (?), **24** (?), **29**, **32**, **36**
ϣⲁⲁⲣ = (*CD* 582b-583a) : **16**
ϣⲏⲣⲉ = (*CD* 584) : **22**, **32** (2 fois)
ϣⲱⲣⲡ, ϣⲟⲣⲡ̄ = (*CD* 587) : **4**, **5**, **11**, **12**, **13**, **17** (2 fois), **18**, **19**
ϣⲟⲩ = (*CD* 601a) : **22**
ϣⲁϫⲉ = (*CD* 613b-614a) : **24**, **32**
ϣϫⲏⲛ = (*CD* 615b) : **18**
ϥⲓ, ϥⲓⲧ// [ⲃⲓ, ⲃⲓⲧ//] = (*CD* 620) : **4**, **13**, **15**, **33** (2 fois)
ϥⲧⲟⲟⲩ = (*CD* 625) : **18**
ϩⲁ = (*CD* 632-634) : **6**, **15** (2 fois), **16**, **28**
ϩⲉ = (*CD* 638b-639a) : **3**, **15**, **17** (?)
ϩⲏ, ϩⲏⲧ// = (*CD* 640b) : **31**
ϩⲓ = (*CD* 643b-645) : **12**, **30** (3 fois)
ϩⲱⲱ//, ϩⲱ// = (*CD* 651b) : **22**
ϩⲱⲃ = (*CD* 653) : **5**, **15**, **17**
ϩⲁⲗ [ϩⲙ̄ϩⲁⲗ] = (*CD* 665a) : **32**
ϩⲏⲙⲉ : (*CD* 675) : **14**
ϩⲟⲙⲛ̄ⲧ = (*CD* 678) : **18**
ϩⲙⲟⲟⲥ [+ ⲛ̄] = (*CD* 680a) : **32**
ϩⲛ̄ [ϩⲙ̄] = (*CD* 683) : **3**, **11**, **13**, **21**, **22**, **23**, **25**, **31**, **32** (4 fois)
ϩⲡⲟⲧ = (*CD* 696b) : **25**
ϩⲏⲧ, ϩⲧⲏ// [ⲛ̄ϩⲏⲧ] (*CD* 714-717) : **22**, **30**
ϩⲏⲧ = (*CD* 717b-718a) : **22**
ϩⲧⲟⲟⲩⲉ = (*CD* 727b) : **36**
ϩⲟⲟⲩ = (*CD* 730) : **13**, **32** (2 fois)
ϩⲓⲟⲩⲉ [+ ⲛ̄ⲥⲁ] = (*CD* 733a) : **32**
ϫⲉ = (*CD* 746b-747a) : **4**, **6** (2 fois), **11**, **12**, **14**, **15** (3 fois), **16**, **17** (2 fois), **19**, **28**, **30**
ϫⲓ, ϫⲓⲧ// [+ ⲉ] = (*CD* 747b-748) : **15**, **25**
ϫⲱ, ϫⲟⲟ// = (*CD* 754-756a) : **7**, **15**, **28**
ϫⲱ [ⲉϫⲛ̄, ⲉϫⲱ//] = (*CD* 757a) : **14**, **25**, **31**
ϫⲉⲕⲁⲥ = (*CD* 764) : **7**
ϫⲱⲱⲙⲉ = (*CD* 770b-771) : **16**
ϫⲓⲛ = (*CD* 772b-773) : **36**
ϫⲱⲱⲣⲉ = (*CD* 782) : **3**
ϫⲟⲉⲓⲥ = (*CD* 787b) : **11**, **13**, **20**, **21** (?), **22**, **23**, **30**, **31** (2 fois), **34**
ϫⲓⲥⲉ [+ ⲉⲃⲟⲗ] = (*CD* 788b-789a) : **15** (?), **32**, **33**
ϫⲟⲟⲩ [+ ⲉ] = (*CD* 793) : **9**, **13**, **15**, **17** (3 fois), **18** (?)
ϫⲁϫⲉ = (*CD* 799b) : **32**
ϭⲱ = (*CD* 803-804a) : **22**
ϭⲃⲟⲓ = (*CD* 805a) : **32**
ϭⲟⲙ = (*CD* 816) : **32**
ϭⲁⲙⲟⲩⲗ = (*CD* 818b) : **13**, **14**
ϭⲓⲛⲉ = (*CD* 820) : **32**
ϭⲓϫ = (*CD* 839b-840a) : **32**

MOTS GRECS

ἀγάπη (ἡ) = (*WG* 3-5) : **6**, **9**, **11**, **12**, **21**
ἀλλά = (*WG* 32) : **15**
ἀλλόφυλος : **33** (?)
ἀμήν (*WG* 38) : **3**, **30**, **32** (3 fois)
ἀποκρῐσιάριος (ὁ) = (*WG* 81) : **11**
ἀπολαύω = (*WG* 84) : **22**
ἀσπάζομαι = (*WG* 116-117) : **22**
βοήθεια (ἡ) = (*WG* 138) : **32**
γάρ = (*WG* 145) : **4**
δέ = (*WG* 161) : **6** (?), **22**, **32**, **34** (?), **36**
δίκαιος = (*WG* 192-195) : **31**, **34** (?)
δόξᾰ (ἡ) = (*WG* 208) : **29** (2 fois)
εἰρήνη (ἡ) = (*WG* 231-232) : **3**, **31**
ἐλάχιστος : (*WG* 242-247) : **4**, **5**, **11** (2 fois), **12**, **13**
ἐπειδή = (*WG* 275-276) : **13**
ἐπίσκοπος (ὁ) = (*WG* 283-285) : **1**, **28**
ἐπιστολή (ἡ) = (*WG* 286-287) : **21**
θεός (ὁ) = (*WG* 331) : **31**
καθαίρεσις (ἡ) = (*WG* 358) : **28**
κατά = (*WG* 384-385) : **15**
κέλευσις (ἡ) = (*WG* 402-403) : **16** (?)
κυριακή (ἡ) = (*WG* 451-452) : **15**

κύριος (ὁ) = (*WG* 453-454) : **29**
λαός (ὁ) = (*WG* 464) : **32**, **33**
λόγος (ὁ) = (*WG* 477-481) : **25**, **31**
μαρτυρέω = (*WG* 500-502) : **8** (2 fois)
μέν = (*WG* 512) : **4**, **5** (?), **11**, **12**, **16**, **18**, **19**
ὁλοκόττινος (ὁ) = (*WG* 569-574) : **15**
οὐδέ = (*WG* 594) : **15**
ὄυν = (*WG* 595-596) : **6**
πηγή (ἡ) = (*WG* 642) : **10**
πνεῦμα (τό) = (*WG* 657-658) : **32** (2 fois)
προσκυνέω = (*WG* 690-692) : **16**
προσφορά (ἡ) = (*WG* 695-696) : **17**
πύλη (ἡ) = (*WG* 707) : **31**
σπουδάζω = (*WG* 744-745) : **28**
στέφανος (ὁ) : **2**
ὑπογραφή (ἡ) = (*WG* 835) : **28**
ὑποπόδιον (τό) = (*WG* 841) : **21**
χρεωστεῖν = (*WG* 881-883) : **16**

O. ThebIfao 1

O. ThebIfao 3

O. ThebIfao 2

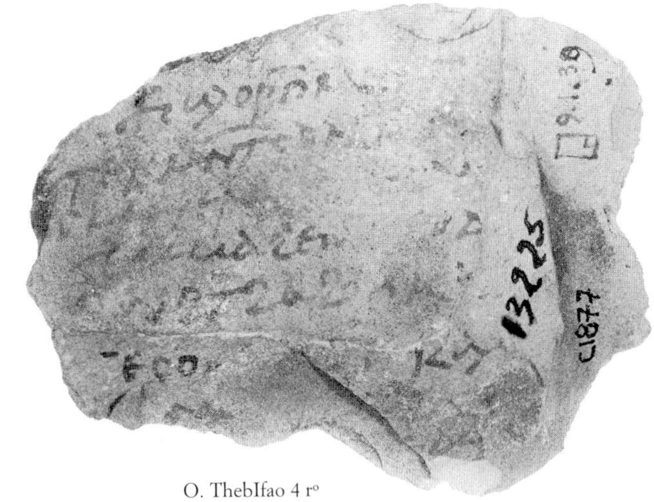

O. ThebIfao 4 r°

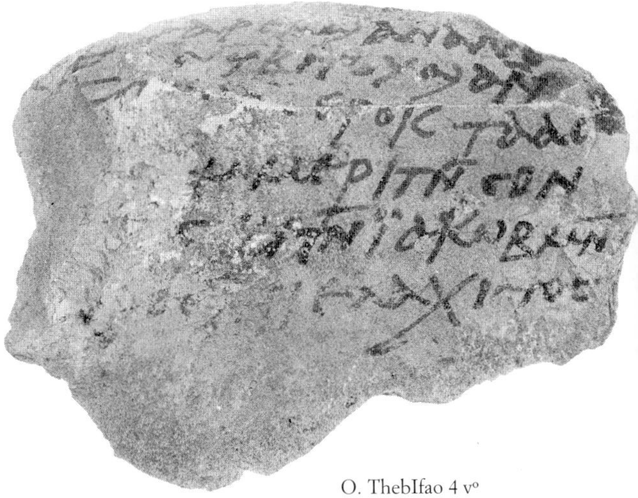

O. ThebIfao 4 v°

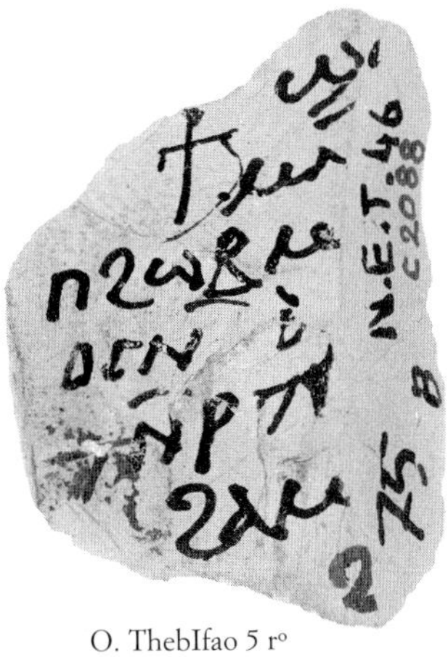

O. ThebIfao 5 r°

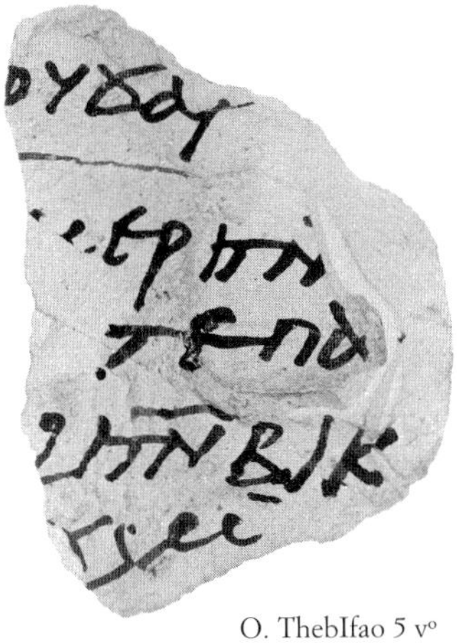

O. ThebIfao 5 v°

O. ThebIfao 6

O. ThebIfao 7

O. ThebIfao 8

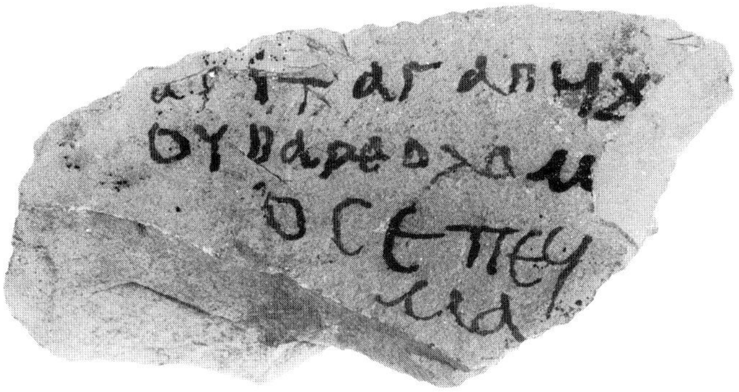

O. ThebIfao 9

O. ThebIfao 10

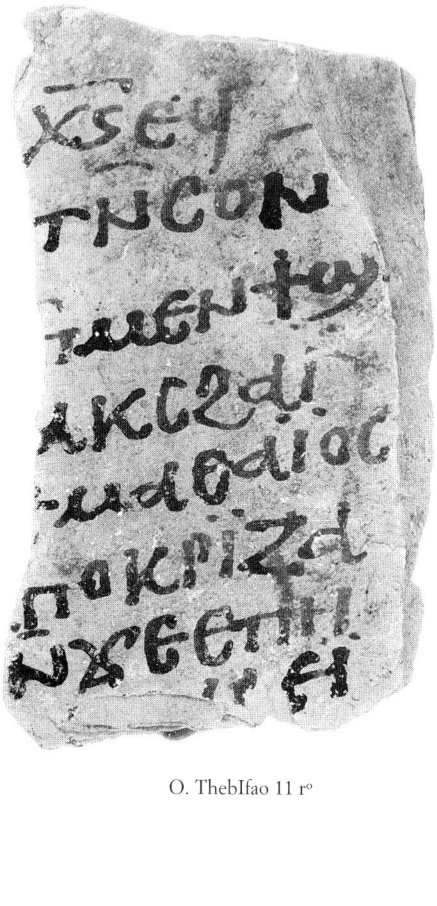

O. ThebIfao 11 r°

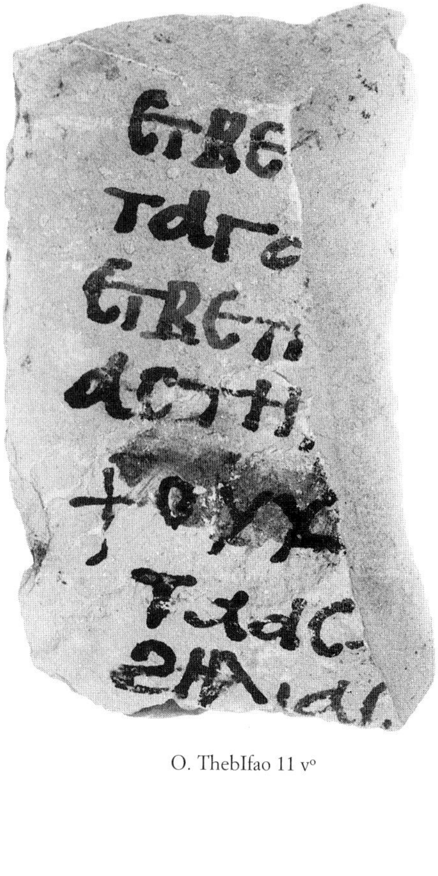

O. ThebIfao 11 v°

O. ThebIfao 12 r°

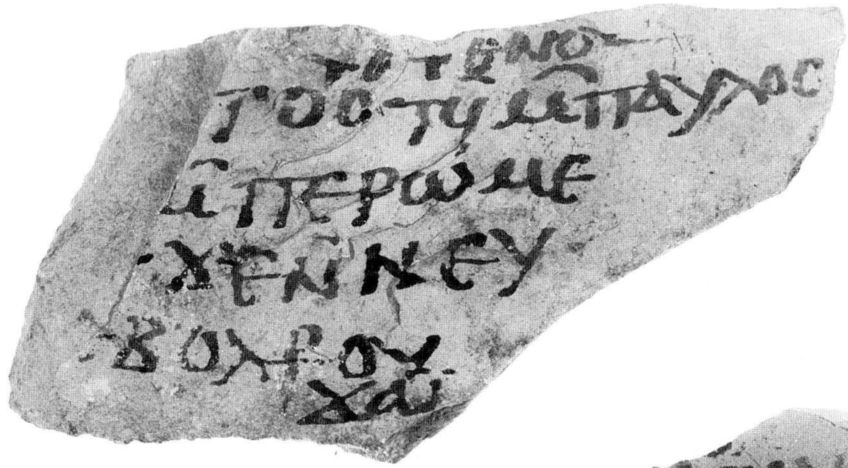

O. ThebIfao 12 v°

O. ThebIfao 13 r°

O. ThebIfao 13 v°

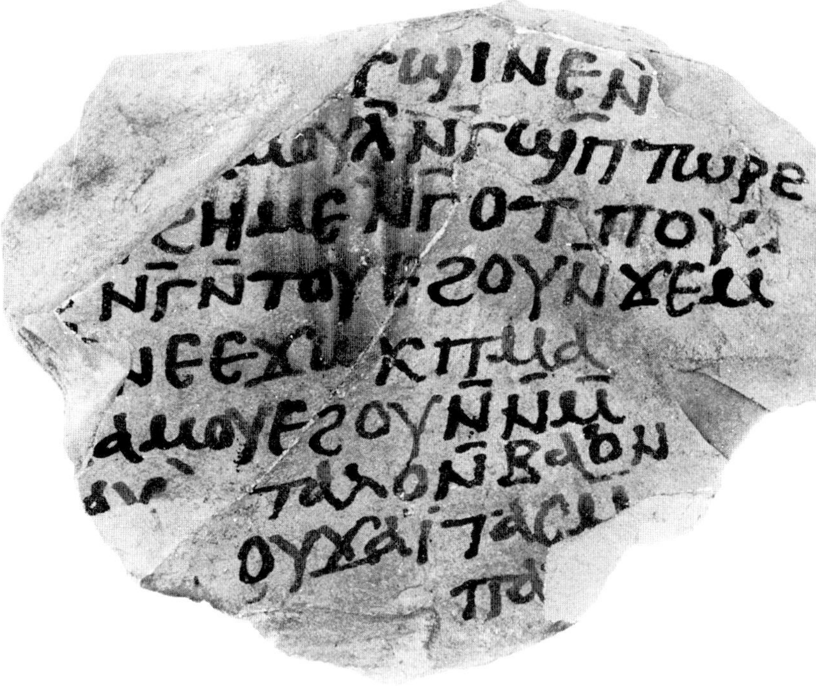

O. ThebIfao 14 r°

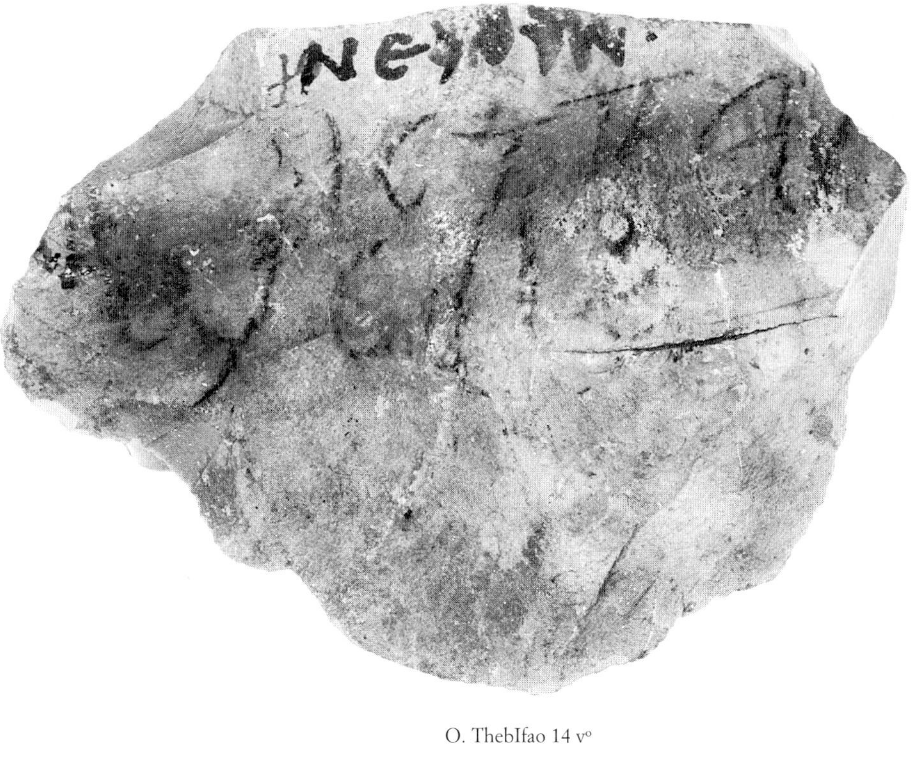

O. ThebIfao 14 v°

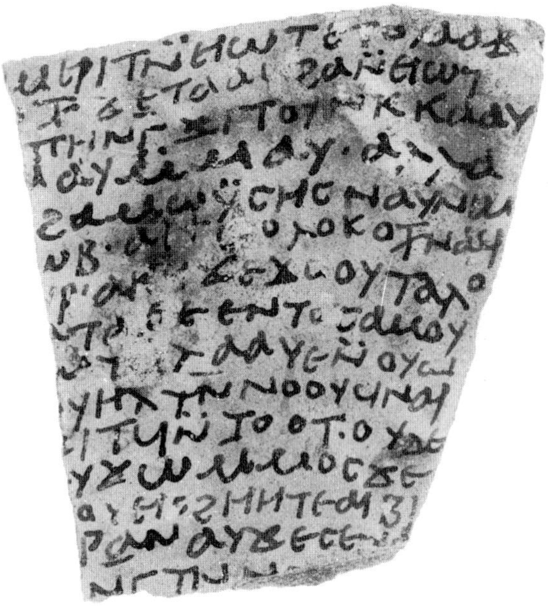

O. ThebIfao 15 r°

O. ThebIfao 15 v°

O. ThebIfao 16 r°

O. ThebIfao 16 v°

O. ThebIfao 17 r°

☧ ⲛϩⲉⲛⲓⲛⲉ̣
ⲛⲉⲩⲛⲁⲛⲉ̣ ⲁ ⲟⲩ
ⲛ ϣⲡⲁⲉⲓⲕ ⲡⲣⲁ ⲧⲉ
ⲕⲩⲱⲣⲡ ⲛⲅⲭ ⲟⲩ
ⲥⲟⲩ ⲛⲇ ⲭⲉ ⲉⲛⲁ
ⲭⲟⲟⲩ ⲥⲟⲩ . .
ⲥⲱⲃ ⲛⲁ .
ⲧⲣⲁ ⲥⲟⲩ . ⲁ .
ϥⲟ .

O. ThebIfao 17 v°

ⲛⲁⲣⲟⲩⲉⲓ
ⲉⲥⲟⲩⲛⲇ
ⲛⲅⲱⲣⲡ ⲭⲉ
ⲉⲛⲁⲭⲟⲟⲩ ⲥⲟⲩ
ⲛⲣⲁⲥⲧⲉ

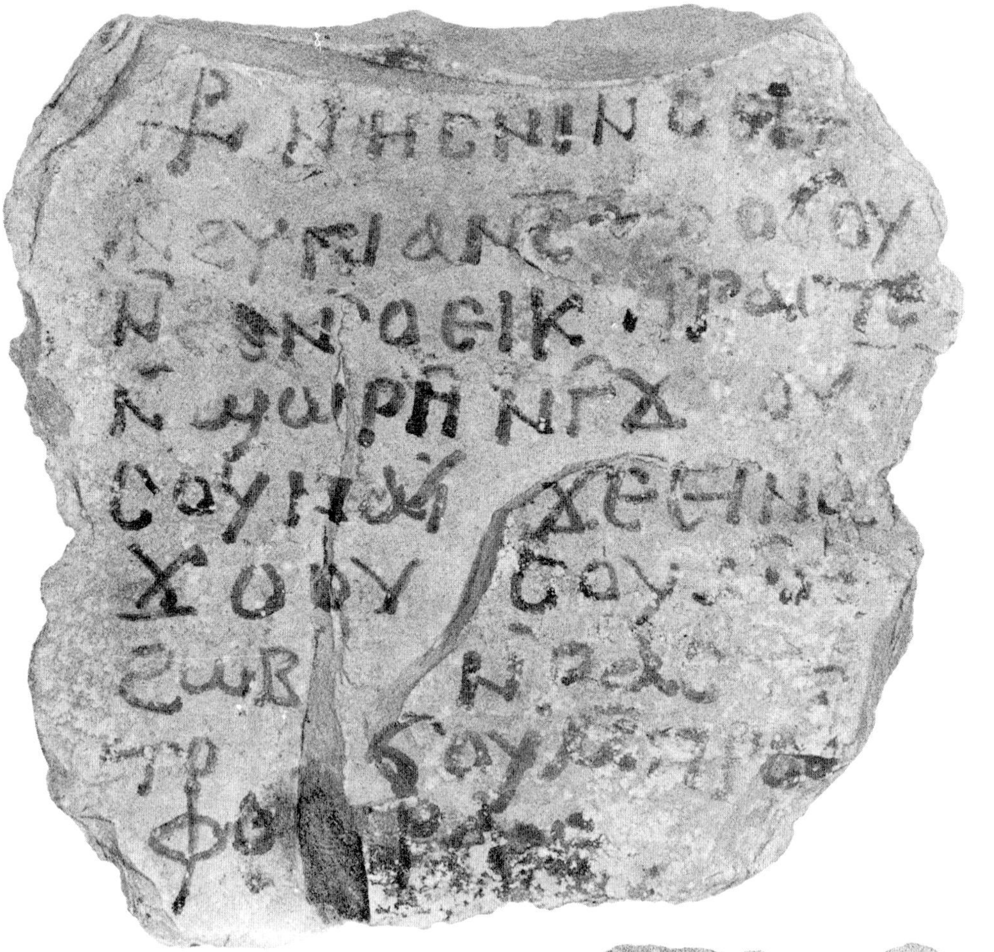

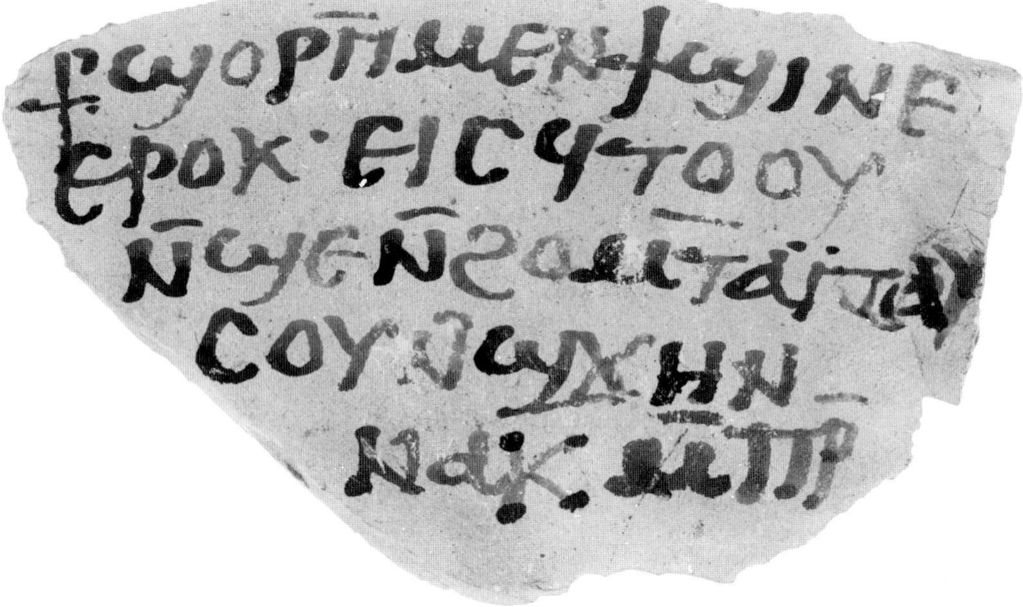

O. ThebIfao 18 r°

O. ThebIfao 18 v°

O. ThebIfao 19

O. ThebIfao 20

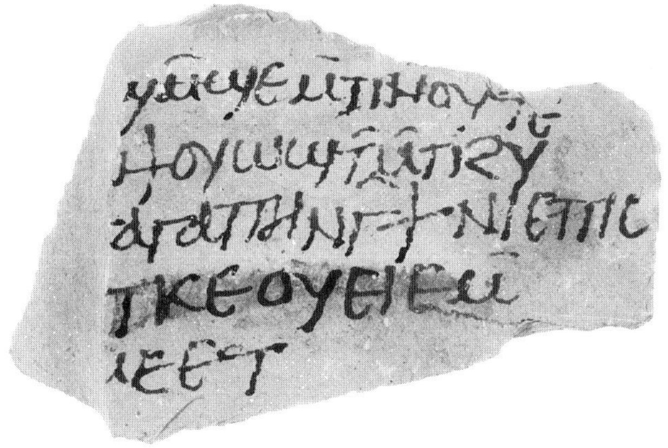

O. ThebIfao 21 r°

O. ThebIfao 21 v°

O. ThebIfao 22 r°

O. ThebIfao 22 v°

O. ThebIfao 23 r°

O. ThebIfao 23 v°

O. ThebIfao 24

O. ThebIfao 25

O. ThebIfao 26

O. ThebIfao 27 r°

O. ThebIfao 27 v°

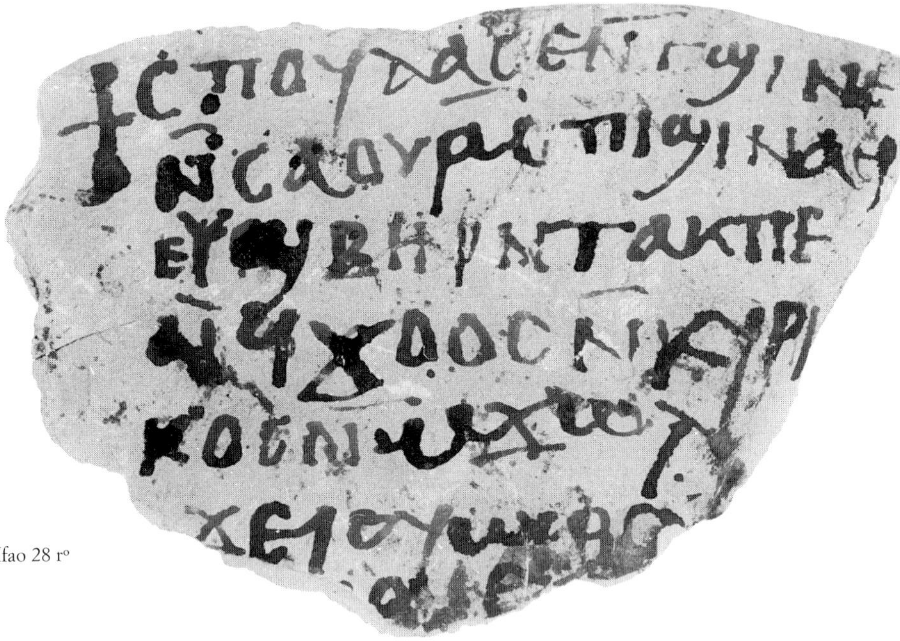

O. ThebIfao 28 r°

O. ThebIfao 28 v°

O. ThebIfao 29 r°

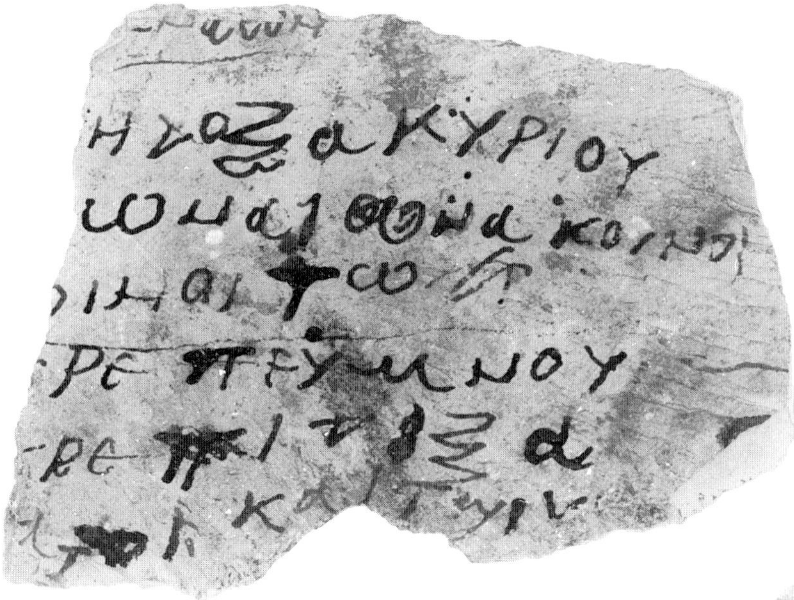

O. ThebIfao 29 v°

O. ThebIfao 30

O. ThebIfao 31 r°

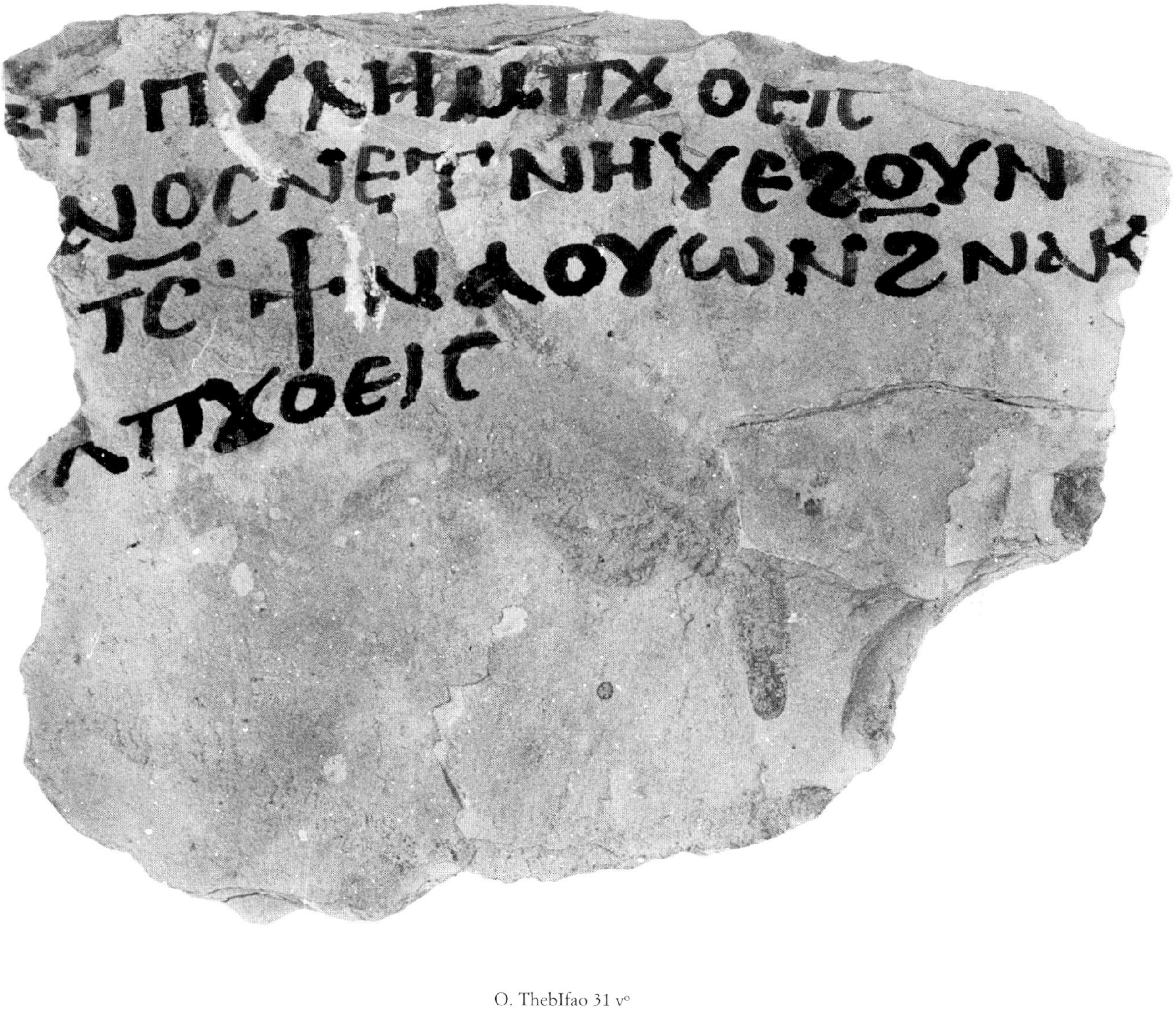

O. ThebIfao 31 v°

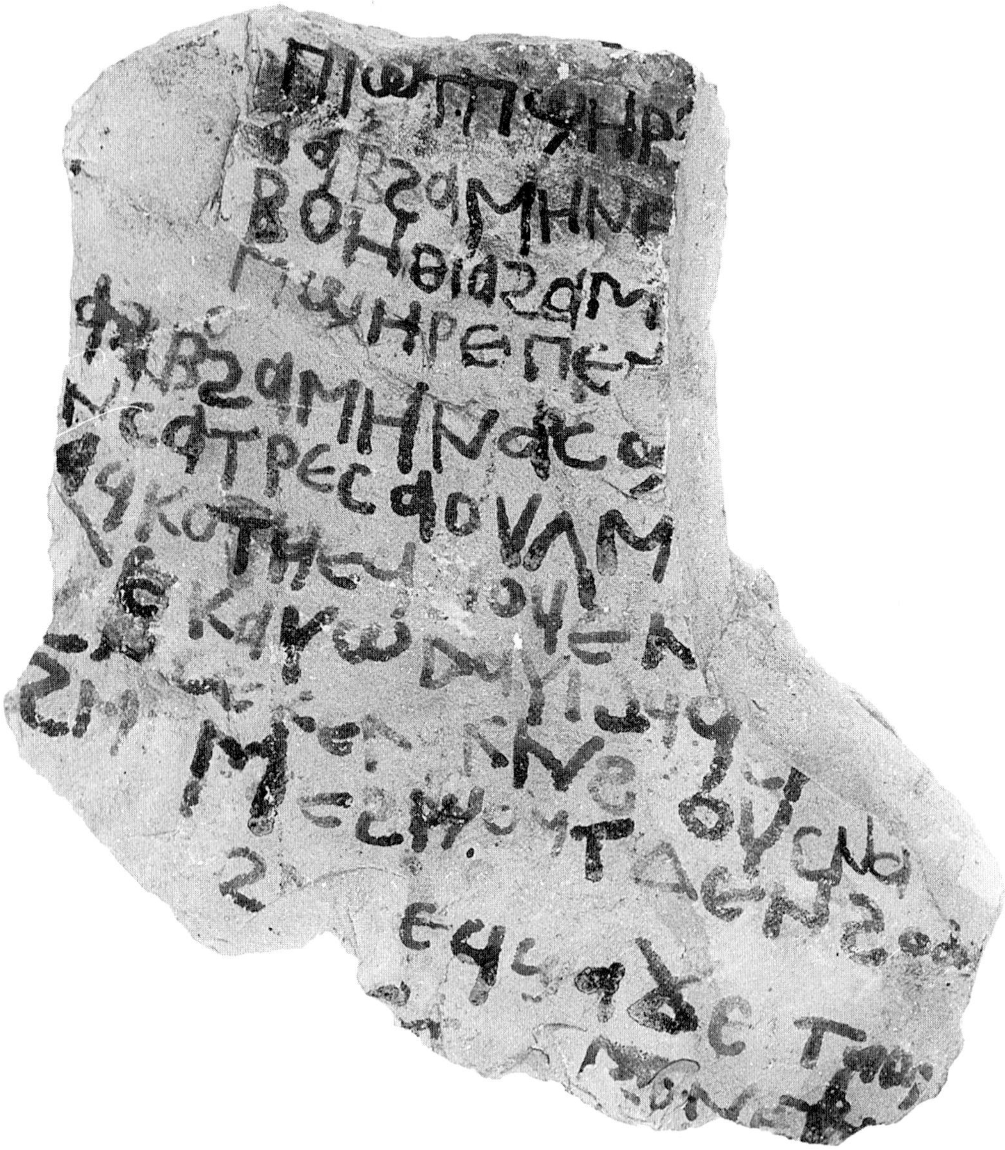

O. ThebIfao 32 r°

O. ThebIfao 32 v°

O. ThebIfao 33 r°

O. ThebIfao 33 v°

O. ThebIfao 34 r°

O. ThebIfao 34 v°

O. ThebIfao 35 r°

O. ThebIfao 35 v°

O. ThebIfao 36 (face 1)

O. ThebIfao 36 (face 2)

O. ThebIfao 36 (face 3)

O. ThebIfao 36 (face 4)

O. ThebIfao 37

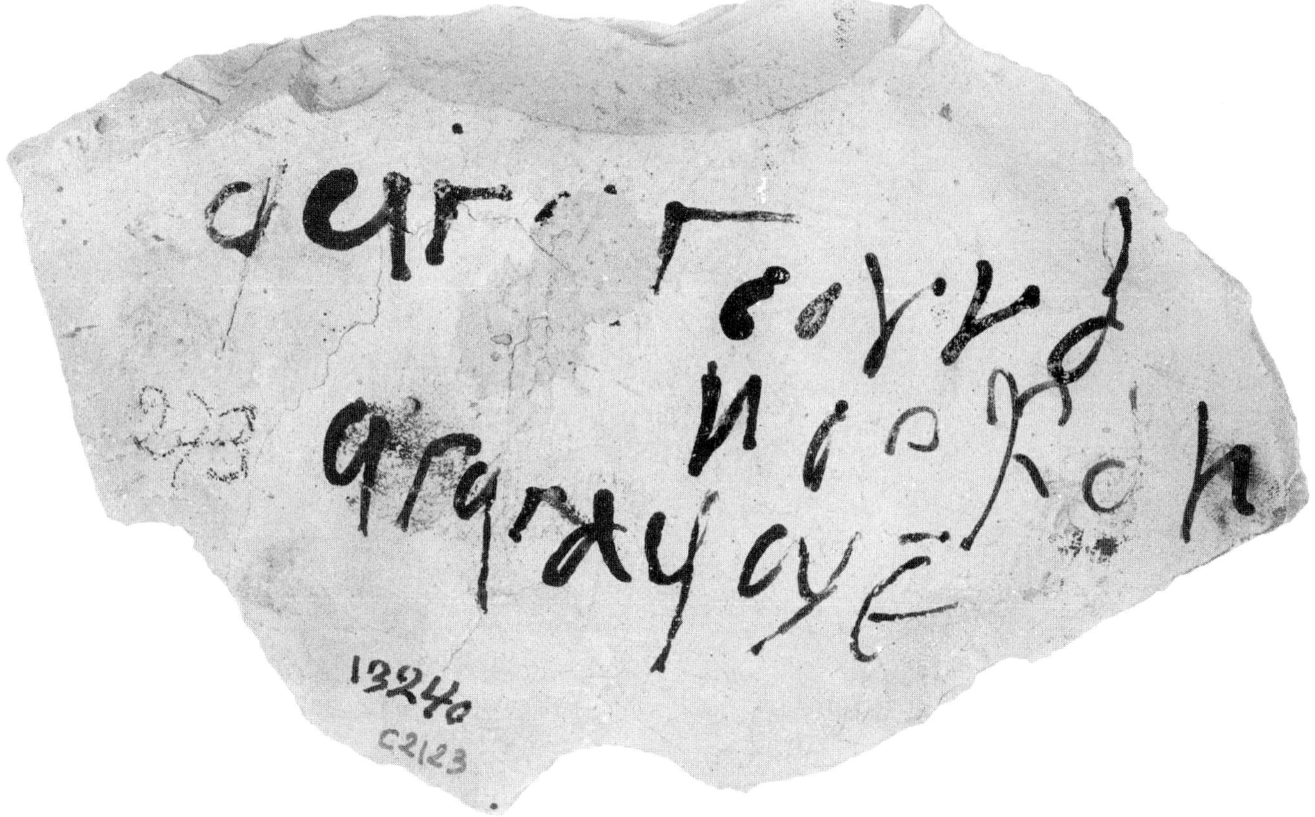

O. ThebIfao 39

O. ThebIfao 38 r°

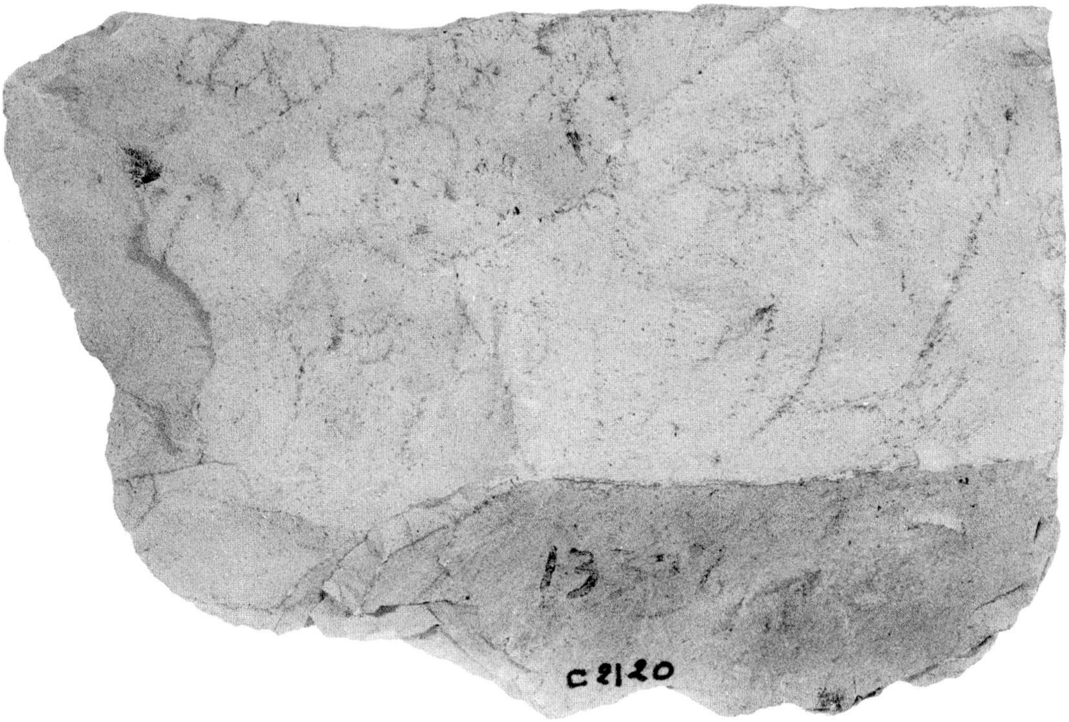

O. ThebIfao 38 v°

O. ThebIfao 40

éch. : 3/4

O. ThebIfao 41 r°

O. ThebIfao 41 v°

O. ThebIfao 42 r°

O. ThebIfao 42 v°

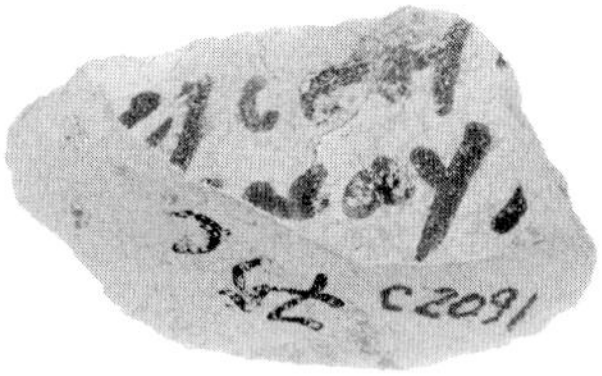

O. ThebIfao 43 r°

O. ThebIfao 43 v°

O. ThebIfao 44

O. ThebIfao 45

Un temple en activité sous Domitien au Kôm al-Cheikh Aḥmad (Baḥariya)

d'après une dédicace grecque récemment découverte

Frédéric COLIN

LE KÔM AL-CHEIKH AḤMAD (N 28°21'44,3", E 028°57'19,0" GPS), près de Mantaget Cheikh Aḥmad, est situé dans la plaine à l'est du massif rocheux formé par le Gebel Mandicha et le Gebel al-Maʿsara [1] [fig. 1]. Le site, que traverse un canal d'irrigation récemment creusé, est environné par une palmeraie et par des champs irrigués. D'une manière générale, le terrain très humide et les sols salinisés sont peu propices à la conservation des vestiges, particulièrement menacés par le développement local de l'agriculture. Les structures visibles, fouillées voici plus d'une décennie, sont difficilement interprétables dans l'état présent. Lors d'une prospection menée en 2002 [2], nous avons observé des blocs de construction en pierre et notamment un chapiteau de colonne renversé sur le sol. À quelques mètres de là, près du canal, se trouve un *radîm* de céramiques, sur lequel S. Marchand a procédé à un examen préliminaire [3] de la céramique visible sur le site – l'ensemble étudié n'est pas à proprement parler un assemblage archéologique en place, mais un groupement artificiel de tessons consécutif à des opérations de fouille [4]. À côté d'une abondante vaisselle culinaire (marmites et plats de cuisson), présente sur d'autres sites prospectés à Baḥariya et datée du Haut Empire romain, de nombreuses amphores ont été observées. On dénombre divers types de conteneurs importés (Dressel 2/4, amphores rhodiennes) du Ier siècle de notre ère, ainsi que des amphores égyptiennes en pâte alluviale brune de la vallée du Nil, dont la production pourrait remonter au IIe siècle de notre ère ; enfin, des amphores dont la forme est apparentée à des conteneurs trouvés à Tebtynis dans des contextes du IIe siècle ont peut-être été fabriquées localement, selon une hypothèse qu'il conviendra de vérifier.

1 Voir Fr. COLIN, D. LAISNEY, S. MARCHAND, « Qaret el-Toub : un fort romain et une nécropole pharaonique. Prospection archéologique dans l'oasis de Bahariya 1999 », *BIFAO* 100, 2000, fig. 2.

2 Nous avions déjà brièvement parcouru ce site lors de la prospection de 1999, *ibid.*, p. 156.

3 Voir B. MATHIEU, « Travaux de l'Institut français d'archéologie orientale en 2001-2002 », *BIFAO* 102, 2002, p. 496-497. Un examen plus approfondi et des prélèvements d'échantillons sont prévus pour une prochaine campagne.

4 Nous nous trouvions dans la même situation que lors de notre prospection de 1999 sur la nécropole de Qaret el-Toub, cf. Fr. COLIN, D. LAISNEY, S. MARCHAND, *op. cit.*, p. 167, n. 81.

Au cours d'une fouille menée au Kôm al-Cheikh Aḥmad en 1992, l'inspecteur Khaled Salaḥ [5] (CSA) a découvert un bloc de grès portant une inscription grecque sur une de ses faces. Étant donné l'importance de ce document pour identifier la nature du *kôm*, ou du moins d'une partie du site, il a semblé utile de lui consacrer une publication développée.

La pierre est aujourd'hui conservée dans le magasin principal (*raïs*) de l'inspectorat de Bawīṭī ; le nombre 98 est écrit en noir dans un demi-cadre en forme de L, sur la face de joint droite. Il s'agit d'un gros bloc équarri à tête dressée, dont les six faces d'origine paraissent conservées. La face de parement [fig. 3] est la seule qui ait été soigneusement taillée et égalisée avec une gradine, dont les incisions obliques font près d'un centimètre de longueur. Les arêtes supérieure (L. 48 cm) [6] et surtout inférieure (très mal conservée, L. 45,5 cm) présentent des épaufrures, peut-être causées par un outil au moment du démontage du monument dont le bloc provient (par des mouvements de levier avec un instrument introduit entre les assises ?). L'épiderme du parement présente une cassure (12 × 8 cm) près de l'angle supérieur droit. La queue du bloc est légèrement démaigrie, ses pans ne sont pas parfaitement plats. La face de joint droite [fig. 4] comporte une cassure visible dans sa partie inférieure gauche ; la face de joint gauche [fig. 5] paraît avoir été plus fermement dégauchie près de l'arête supérieure, peut-être pour faciliter l'encastrement avec le bloc contigu situé à gauche ; on observe le même phénomène, pour la même arête, sur le lit d'attente [fig. 6]. Les arêtes verticales gauche (37,5 cm, rectiligne et perpendiculaire aux arêtes horizontales) et droite (38,5 cm, formant un angle droit avec l'arête supérieure, puis s'infléchissant vers la gauche) de la face de parement sont asymétriques. La cassure de son angle supérieur droit affecte également le lit d'attente, dont la surface est relativement irrégulière. Le lit de pose [fig. 7] présente aussi une cassure. La face arrière est très irrégulière, l'épaisseur maximale du bloc est de 26,5 cm. En conclusion, le bloc sur lequel l'inscription a été incisée provient d'un appareil de revêtement de grand gabarit (> 35 cm) [7], sans que l'on puisse se prononcer sur l'aspect général de la maçonnerie.

Texte de cinq lignes, incisé en creux au moyen d'un outil pointu mince ; les lettres sont gravées rapidement dans le grès tendre au moyen de courbes et de traits qui se traversent et se recoupent parfois. D'après la paléographie, le lapicide est différent du graveur d'une dédicace impériale consacrée dans le temple de Qasr al-Qadîm (Baḥariya) quatre à sept ans plus tôt [8] : *sigma* droit à trois angles (Qasr : droit à deux angles), *ô méga* lunaire arrondi (Qasr : angulaire), *alpha* à barre brisée (Qasr : à barre droite). Hauteur des lettres irrégulière, de 3,5 à 7 cm, en moyenne plus grandes et moins serrées à la ligne 1 qu'aux lignes suivantes, probablement pour mettre en évidence la titulature impériale. Une marge, de 2,5 à 4,5 cm, sépare la première ligne du sommet du bloc. L'interligne est sensiblement plus étroit (entre les lignes 1 et 2 : de 0,2 à 2,6 cm). Le nom de Domitien a été effacé à la ligne 4 par un piquetage et un raclage horizontal assez superficiel et

5 Je remercie chaleureusement le découvreur de m'avoir signalé ce monument, ainsi que le Conseil suprême des antiquités, et en particulier son secrétaire général, Zahy Hawass, de m'avoir permis à deux reprises (2002 et 2004) de l'étudier.

6 Les dimensions ont été mesurées en 2002 par Monica Caselles-Barriac.

7 Selon la classification de J.-M. PÉROUSE DE MONCLOS, *Architecture, méthode et vocabulaire*, Paris, 1972 (2000), p. 107, col. 53.

8 A. FAKHRY, *Baḥria Oasis*, II, *The Egyptian Deserts*, Le Caire, 1950, pl. XLIX, A.

relativement peu efficace, de même, peut-être, que l'épithète de victoire dont la haste de la première lettre est visible à la fin de la ligne 1. La ligne 5 s'interrompt avant la limite du bloc, il ne manque aucune ligne, ni au-dessus ni au-dessous du bloc.

[Ὑπὲρ Αὐτοκράτορος Καίσαρος ⟦Δομιτιανοῦ⟧] Σεβαστοῦ ⟦Γ̣[ερμανικοῦ]⟧
[----------------------------ἐπὶ Μάρκου ? Ἰουνίου Ῥ]ούφου ἐπάρχου [Αἰγύπτου]
dédicant(s) --] τοῦ καὶ Ἀλθαιέω[ς]
[--------------- année Αὐτοκράτορος Καίσαρος ⟦[Δ]ο̣μ̣ιτια̣νοῦ⟧ Σεβ[αστοῦ ⟦Γερμα-]
[νικοῦ]⟧ mois, jour--------------------------------- ἐπ' ἀ]γαθ(ῷ̣) *vacat*

1 Le segment conservé de l'épithète de victoire n'est pas suffisamment long pour s'assurer qu'elle a été arasée ; la haste du γ, avant la lacune, est bien visible, mais cela ne prouve rien, car à la l. 4, le piquetage a relativement peu affecté la dernière lettre du nom, qui est clairement lisible même sans éclairage artificiel. De petits éclats, juste avant la haste, invitent à restituer une *rasura* du surnom de victoire, conformément à une pratique bien attestée par ailleurs [9].

4 Le nom a été effacé par piquetage de la surface assez tendre du grès, mais il est très distinctement lisible sous une lumière rasante, et la lecture des lettres pointées est certaine.

Date : d'après la titulature impériale, le *cognomen* du préfet d'Égypte et l'absence de martelage de son nom, très probablement 94/96 (voir commentaire l. 2).

Commentaire

1 Il est impossible de s'assurer de la longueur des deux premières lignes [fig. 8a-c], car la formule initiale désignant l'empereur comme bénéficiaire de la dédicace connaît, à côté de la variante de base ὑπέρ + la titulature impériale au génitif, des variantes longues plus développées : ὑπὲρ τῆς + titulature + εἰρήνης καὶ ὁμονοίας (n° 8 du tableau, *infra*) ; ὑπὲρ (τῆς) + titulature + τύχης (nos 16, 18, 19, 20) ; ὑπὲρ σωτηρίας καὶ αἰωνίου νίκης + titulature (n° 21) ; ὑπὲρ σωτηρίας καὶ αἰωνίου νείκης + titulature + καὶ τῆς τῶν ὑπὸ αὐτοῦ ἐπιταγέντων ἔργων ἐπιτυχίας (n° 22) ; ὑπὲρ τῆς εἰς αἰῶνα διαμονῆς + titulature (n° 24) ; ὑπέρ + titulature + αἰωνίου διαμονῆς (n° 27) ; ὑπὲρ σωτηρίας καὶ διαμονῆς + titulature (n° 28) ; ὑπὲρ σωτηρίας + titulature (n° 29) ; ὑπὲρ αἰωνίου νείκης καὶ διαμονῆς + titulature (n° 30) ; ὑπὲρ διαμονῆς καὶ αἰωνίου νίκης + titulature (n° 31) ; ἐπὶ τοῖς εὐτυχεστάτοις καιροῖς + titulature au génitif (n° 32). L'usage de ces formules évolue cependant au cours du temps : une formule longue apparaît dans une seule occurrence (n° 8) sur seize exemples au Ier siècle (6,25 %), et c'est seulement au IIe siècle, qu'elle se généralise (nos 16, 18, 19, 20, 21, 22, 24, 27, 28, 29, 30, 31, 32) pour atteindre désormais 76,5 % des occurrences (13 occurrences sur 17 au IIe siècle/début IIIe siècle). La grande rareté des variantes longues avant le règne de Trajan invite à restituer à titre d'hypothèse la formule de base ὑπέρ + titulature à la ligne 1. Dans ces conditions, étant

9 A. Martin, *La titulature épigraphique de Domitien*, *BKP* 181, Frankfort-sur-le-Main, 1987, p. 199.

donné la volonté claire du lapicide de mettre en évidence la titulature impériale initiale en traçant des lettres plus grandes et espacées, il est vraisemblable qu'il soulignait également la mise en « page » (en pierre...) en développant le nom de l'empereur dans toute sa longueur à la première ligne, sans descendre à la ligne suivante [fig. 8a]. En l'absence d'autre fragment de la dédicace, on ne saurait cependant exclure un autre découpage.

1-2 Une proportion importante de dédicaces, 17 occurrences sur 32 (soit 53,1 %) [10], associe l'ensemble de la *domus* impériale à l'empereur (ou aux empereurs) bénéficiaire(s), immédiatement après la titulature ; on rencontre plusieurs formules équivalentes : καὶ τοῦ οἴκου αὐτῶν (nos 4, 6, 31) ; καὶ τοῦ παντὸς αὐτοῦ οἴκου (nos 10, 12, 13, 17 ?) ; καὶ τοῦ παντὸς οἴκου αὐτῶν (no 11) ; καὶ τοῦ παντὸς οἴκου (nos 16, 21) ; καὶ τοῦ σύνπαντος (var. σύμπαντος) αὐτοῦ οἴκου (nos 18, 19, 22, 24, 28) ; καὶ τοῦ σύνπαντος οἴκου αὐτοῦ (no 26) ; καὶ τοῦ σύμπαντος αὐτῶν οἴκου (no 27 ?). En 94/96, l'inscription du Kôm al-Cheikh Aḥmad se situe dans la période de plus grande fréquence de ces formules, qui apparaissent 10 fois sur 13 (77 %) entre 61 et 118 de notre ère. La probabilité de la mention de la *domus* de Domitien est donc importante, mais, dans cette hypothèse, on ne peut déterminer comment la formule se répartissait entre les lignes 1 et 2 [fig. 8a-b] ; les deux textes de son règne (nos 12, 13) attestent la forme καὶ τοῦ παντὸς αὐτοῦ οἴκου, supposant par exemple la restitution suivante :

[Ὑπὲρ Αὐτοκράτορος Καίσαρος [Δομιτιανοῦ]] Σ̣εβαστοῦ [Γ̣[ερμανικοῦ]]
[καὶ τοῦ παντὸς αὐτοῦ οἴκου --- ἐπὶ Μάρκου ? Ἰουνίου Ῥ̣]ούφου ἐπάρχου [Αἰγύπτου]

2 Selon la présence ou l'absence de mention de la *domus* impériale, et selon que cette formule commençait à la fin de la ligne 1 ou au début de la ligne 2, la longueur de l'espace disponible avant le nom du préfet permet, ou non, de loger un ou plusieurs autre(s) syntagme(s) : divinités dédicataires et/ou monument dédicacé et verbe de la dédicace. On notera cependant qu'en raison de la taille et de l'espacement différents des lettres de la première et de la seconde ligne, même si le *praenomen* du préfet était écrit en toutes lettres, et même si l'évocation de la *domus* commençait au début de la ligne 2, la formule ne serait pas suffisamment longue pour occuper à elle seule toute la place disponible [voir l'hypothèse de restitution (a), fig. 8]. Dans cette hypothèse, l'espace libre correspondrait donc vraisemblablement à un syntagme supplémentaire, par exemple le nom et les épithètes de la ou des divinité(s) dédicataire(s) (voir le commentaire final, *infra*) :

[Ὑπὲρ Αὐτοκράτορος Καίσαρος [Δομιτιανοῦ]] Σ̣εβαστοῦ [Γ̣[ερμανικοῦ]]
[καὶ τοῦ παντὸς αὐτοῦ οἴκου divinité dédicataire ἐπὶ Μάρκου ? Ἰουνίου Ῥ̣]ούφου ἐπάρχου
[Αἰγύπτου]

ou

[Ὑπὲρ Αὐτοκράτορος Καίσαρος [Δομιτιανοῦ]] Σ̣εβαστοῦ [Γ̣[ερμανικοῦ]]
[καὶ τοῦ παντὸς αὐτοῦ οἴκου divinité dédicataire ἐπὶ Ἰουνίου Ῥ̣]ούφου ἐπάρχου [Αἰγύπτου]

10 Je soustrais du compte le no 25, trop lacunaire.

Sous Domitien, le *cognomen* Rufus est porté par deux préfets d'Égypte, M. Mettius Rufus (89-91/92) et M. Iunius Rufus (94-98) [11], et aucun argument strictement philologique ne permet d'identifier l'un ou l'autre de ces deux personnages. On observera cependant qu'au contraire de M. Iunius Rufus, M. Mettius Rufus subit une disgrâce et une *damnatio memoriae* sous le règne de Domitien [12], et que notre inscription ne porte aucune trace d'une telle condamnation. Certes, J. Van der Leest a cherché à montrer que certaines mentions épigraphiques du nom de deux préfets victimes de *damnatio*, Mettius Rufus sous Domitien et, une quinzaine d'années plus tard, Vibius Maximus (103-107), échappèrent à la *rasura* officielle (dans la proportion de trois épargnées sur un total de sept pour le premier, de deux sur quatre pour le second) [13]. Mais, à y regarder de plus près, on s'aperçoit que les inscriptions citées par l'auteur pour avoir échappé au martelage n'ont pas la même valeur que celles qui en furent affectées. En ce qui concerne Mettius Rufus, en effet, *SB* VIII 10044 doit avoir été gravé longtemps après la condamnation du préfet, à une époque où Domitien – l'autorité responsable de la disgrâce – ne régnait plus et avait lui-même subi une *damnatio memoriae* [14]. *I. Memnon* 11 n'est pas une dédicace officielle en prose, mais une épigramme due au poète Péôn, au nom d'un certain Mettius que l'on a voulu identifier au préfet en fonction sous Domitien ; même si l'identification était exacte – mais elle a été rejetée [15] –, le titre officiel du préfet (ἔπαρχος Αἰγύπτου ou ἡγεμών) n'apparaît cependant pas dans l'inscription. On soulignera surtout qu'aucun des personnages mentionnés sur le colosse de Memnon et connus pour avoir encouru ailleurs une *damnatio memoriae* ne subit une offense épigraphique sur ce monument sacré [16], pas même l'empereur Domitien. Enfin, *I. Pan* 16, non seulement est une épigramme privée qui ne devait pas attirer l'attention des exécuteurs de la *damnatio*, mais encore se situe dans une carrière à l'écart de lieux d'habitation ou d'un siège officiel, échappant ainsi facilement au contrôle des autorités [17]. De même, pour Vibius Maximus, *I. Memnon* 15 fait également partie des *graffiti* du colosse de Memnon que la *damnatio* semble avoir systématiquement épargnés. Seul entre donc en compte *SB* V 8272 (= *I. Delta*, p. 240 = *SEG* XXXVIII 1675), trouvé à proximité du Sérapeum à Canope. Sur cette dédicace privée, apparemment brisée (mais les éditeurs ne l'ont pas décrite précisément), seul est mentionné le *cognomen* Maximus et son titre, ce qui a pu provoquer des confusions d'identification dans l'Antiquité comme de nos jours [18], car il avait déjà été porté par deux autres préfets au Iᵉʳ siècle (M. Magius Maximus et L. Laberius Maximus). En revanche, face à ces inscriptions mineures dans lesquelles les deux préfets en disgrâce échappèrent à la *damnatio*

11 P. BURETH, « Le préfet d'Égypte (30 av. J.-C.-297 apr. J.-C.) : état présent de la documentation en 1973 », *ANRW* II, 10.1, 1988, p. 480, et de G. BASTIANINI, « Il prefetto d'Egitto (30 a.C.-297 d.C.) : Addenda (1973-1985) », ANRW II, 10.1, 1988, p. 507.

12 J. VAN DER LEEST, « The Prefect of Egypt on an Inscription from Luxor (AE 1952, 159) », *ZPE* 59, 1985, p. 144.

13 *Loc. cit.*

14 P.M. FRASER, B. NICHOLAS, « The Funerary Garden of Mousa », *JRS* 48, 1958, p. 124 ; 128.

15 Voir d'autres hypothèses, suggérées déjà par É. Bernand, dans *I. Métriques*, p. 468, et voir désormais H. CUVIGNY (éd.), *La route de Myos Hormos. L'armée romaine dans le désert Oriental d'Égypte*, *FIFAO* 48/2, Le Caire, 2003, p. 273-274.

16 Cf. J. VAN DER LEEST, *op. cit.*, p. 144, n. 27 : « It is interesting to note that none of the names of prefects were erased from the statue of Memnon. Perhaps inscriptions on it were regarded with some special reverence, as even Domitian's name, when used in inscriptions there, was spared removal. »

17 Cf. aussi G. WAGNER, « Inscriptions grecques du dromos de Karnak (II) », *BIFAO* 71, 1972, p. 168 : « Quant à l'inscription des carrières de Gebel Toukh, où le martelage n'a pas eu lieu, il ne peut s'agir là que d'un oubli dû à l'isolement du site. »

18 Voir *I. Delta*, p. 240, et la bibliographie citée, où le Maximus de *SB* V 8272, était identifié à M. Magius Maximus. Comparer avec P. BURETH, *op. cit.*, p. 482, et G. BASTIANINI, *op. cit.*, p. 507.

pour diverses raisons, d'autres grands *tituli* officiels furent soigneusement martelés, comme le fameux tarif de Koptos (γνώμων) [19] ou le tarif fiscal de Karnak (γνώμων τελωνικὸς τοῦ νομοῦ) [20], auxquels était nécessairement assurée une grande publicité, ou encore les dédicaces de temples fréquentés (voir le numéro 16 [21] du tableau ci-dessous) [22], qui étaient affichées à la vue de tous les fidèles. Dans ces conditions, même si un « oubli » au Kôm al-Cheikh Aḥmad est théoriquement possible, il est néanmoins peu vraisemblable, car la dédicace devait être bien en vue dans un lieu de culte public. L'éloignement de la vallée n'a pas non plus dû jouer, car un des martelages du nom du préfet Mettius Rufus, sur une dédicace religieuse, provient précisément de Baḥariya [23]. Cette inscription devait être affichée à l'origine dans le grand temple consacré à Héraclès (*interpretatio* de Khonsou) et à Ammon, dont les structures, remontant au plus tard à l'époque saïte, se trouvent enfouies sous le village de Qasr al-Qadîm. La face inscrite en fut martelée à deux reprises, d'abord lorsque Mettius Rufus encourut le courroux de Domitien, puis lorsque l'empereur lui-même subit la *damnatio* du Sénat ; sur la photographie publiée par A. Fakhry [24], l'aspect des deux effacements successifs s'oppose clairement : ils ne sont pas de la même main (ou du même outil), le premier paraît produit par un martelage assez profond et irrégulier, le second, plus homogène, fait songer au piquetage – contemporain – observé sur le bloc du Kôm al-Cheikh Aḥmad. Les palmeraies du nord de Baḥariya ne sont séparées que par de faibles distances, et jadis comme aujourd'hui les contacts entre les habitants des différents villages étaient permanents. Si les exécuteurs de la *damnatio memoriae* du préfet déchu s'en prirent à son nom dans le temple de Qasr al-Qadîm, il est peu vraisemblable qu'ils l'aient épargné dans celui du Kôm al-Cheikh Aḥmad, situé à une distance à vol d'oiseau de 9,51 km (GPS). Ils n'oublièrent en tout cas pas, sur ce dernier site, d'effacer le nom de Domitien au lendemain de son assassinat... En l'absence de *rasura* du nom du préfet, l'identification de celui-ci avec M. Iunius Rufus est la plus vraisemblable.

Il est impossible de savoir si les *tria nomina* du préfet étaient écrits au complet ou si le *praenomen* était omis. Celui-ci est absent de plusieurs parallèles du *corpus*, à des dates proches de notre inscription (n°s 14, 15, 16), mais il apparaît encore régulièrement dans les années suivantes (n°s 17, 18, 19, 20). S'il était mentionné, il pouvait être abrégé (M.) ou écrit en toutes lettres (Μάρκου).

3 La mention d'un adjectif de tribu et d'un démotique alexandrins ([---] τ̣οῦ καὶ Ἀλθαιέω[ς]), termes de dénomination définissant l'identité d'un personnage, se référait ici à un (des) dédicant(s) ou à un de ses (de leurs) familiers. Le dème Althaieus ayant été associé à toutes les tribus attestées [25], il est impossible de restituer la tribu à laquelle appartenait notre personnage.

19 *I. Prose* 67, 1-2.

20 G. WAGNER, *op. cit.*, p. 162 ; 164.

21 Le numéro 17 de notre tableau est également cité par J. VAN DER LEEST, *op. cit.*, p. 144, n. 25, comme exemple de *damnatio* de Vibius Maximus, mais les conditions de copie de cette inscription disparue depuis longtemps empêchent de s'assurer du nom du préfet (Servius Sulpicius Similis, selon *I. Portes* 79) et de la date de la dédicace.

22 *Non vidi CIL* III 13580.

23 G. WAGNER, « Inscriptions grecques des oasis de Dakhleh et Baharieh découvertes par le Dr Ahmed Fakhry », *BIFAO* 73, 1973, p. 190.

24 A. FAKHRY, *Baḥria Oasis*, II, pl. XLIX, A.

25 D. DELIA, *Alexandrian Citizenship during the Roman Principate, American Classical Studies* 23, Atlanta, 1991, p. 69-70 ; 136-141.

A priori au moins quatre hypothèses peuvent expliquer l'usage du génitif (plutôt que le nominatif du dédicant). Le citoyen d'Alexandrie pourrait n'être qu'un acteur secondaire, associé grâce à la préposition μετά + génitif, à un dédicant principal lui-même nommé au nominatif (cf. par exemple la formule : nom de dédicant + μετὰ τῶν ἰδίων ἀνέθηκεν, « Il a consacré avec ses proches [26] », où les personnes associées sont anonymes). On s'étonnerait cependant, dans ces conditions, que l'identité complète (tribu, dème) de ce personnage ait été développée, alors qu'il occupait seulement une position secondaire et normalement très effacée, voire anonyme à côté du dédicant réel. On peut se demander, également, si l'Alexandrin, au lieu du dédicant, n'était pas un second bénéficiaire, après l'empereur, de la formule propitiatoire ὑπέρ + génitif. Les exemples de ce procédé sont stéréotypés et, en Égypte, se rapportent à une personne privée masculine souhaitant associer sa famille proche à la dédicace par la formule ὑπὲρ αὑτοῦ καὶ τῆς γυναικὸς καὶ τῶν τέκνων (n°s 9, 23, 26) et variantes (association de son frère [27], de ses amis [28]), où le nom de l'épouse – nécessairement au génitif – peut être précisé (n° 26). Il n'est pas impossible que la formule ait été exprimée au féminin ὑπὲρ αὑτῆς καί ... pour une femme dédicante, qui aurait associé son époux ou son fils majeur (étant donné son statut de citoyen) au bénéfice du geste pieux [29] – on songe par exemple à cette Petrônia Magna, riche citoyenne romaine qui, sous Domitien (n° 13 et commentaire, *infra*), dédia à Aphrodite (Hathor) la construction à Kôm Ombo d'un *hiéron* en association avec ses enfants anonymes (ceux-ci sont cependant co-dédicants et leur nom est exprimé au nominatif). Cependant, dans le même esprit, une troisième hypothèse, supposant une formule plus courte, expliquerait la mention de la dénomination complète du personnage masculin, tribu et dème y compris. Si le dédicant bienfaiteur du sanctuaire était une femme – une *astè* alexandrine ne pouvant se réclamer, par nature, d'aucune tribu ni d'aucun dème –, elle se définissait peut-être comme la γυνή de son mari (au génitif) ou la θυγάτηρ de son père (au génitif), dont le titre éventuel et le statut alexandrin étaient soigneusement mentionnés [30]. Enfin, la dernière hypothèse est peut-être la plus simple : si la dédicace adoptait une tournure verbale passive, dont le sujet grammatical (nominatif) était la construction dédiée à la divinité, le sujet logique (le dédicant) était introduit par la préposition ὑπό ou διά commandant le génitif (cf. les n°s 31, 14). Selon le cas de figure, le dédicant principal serait donc un Alexandrin ou la fille [31], l'épouse ou la mère d'un citoyen de la capitale provinciale.

3-4 La date de la dédicace doit remonter à l'an 13, 14, 15 ou 16 (voir commentaire l. 2). Selon que l'année était abrégée (L) ou écrite en toutes lettres (ἔτους) et que les adjectifs numéraux ordinaux relatifs à l'année et au mois étaient développés ou exprimés au moyen de chiffres (pour l'année, [---καιδεκάτου] [32] ou [ι.]), la place qu'ils occupaient était plus ou moins longue ; il

26 *I. Delta* I, p. 253.
27 *I. KoKo* 150, 3.
28 *SB* III 6837.
29 Une recherche lexicale assistée par ordinateur dans le *corpus* des inscriptions grecques d'Égypte ne permet pas de trouver un équivalent féminin ὑπὲρ αὑτης καί..., mais il en existe en revanche hors d'Égypte (une dédicante féminine associant ses enfants au bénéfice du geste, parfois nommés individuellement).
30 Voir par exemple, sous Domitien, *PSI* VII 777, 4-9, où la tribu et le dème alexandrins du mari et du frère (le *kyrios*) d'une femme sont mentionnés, tandis qu'elle-même est dite ἀστή.
31 On notera qu'un dédicant fils majeur d'un Alexandrin (contrairement à une fille) n'aurait pas indiqué le statut de son père, car il aurait été citoyen lui-même.
32 Cf. F.T. GIGNAC, *A Grammar of the Greek Papyri of the Roman and Byzantine Periods*, II, Milan, 1981, p. 202, § 2.

est vraisemblable qu'ils remplissaient la fin de la ligne 3 (si elle n'était pas déjà occupée par la fin de la mention du ou des dédicants) et le début de la ligne 4, ainsi que l'espace précédant ἐπ' ἀ]γαθ(ῷ) au début de la ligne 5. En outre, la mention du mois suivait immédiatement la titulature impériale ou en était séparée par le mot μηνός ou μηνί [33].

4 L'inscription entre dans la catégorie des monuments qui, élevés vers la fin du règne, risquaient le plus d'encourir les martelages du nom de Domitien au moment de la condamnation du Sénat, car leur construction récente était encore dans toutes les mémoires [34].

4-5 Il n'est pas possible de savoir si l'épithète de victoire était écrite entièrement à la fin de la ligne 4, ni, dans le cas contraire, à quel endroit se faisait la coupure. La répartition proposée ici tient compte de la longueur de la première ligne dans l'hypothèse de restitution de la fig. 8a.

L'inscription prend place dans un ensemble de dédicaces de monuments élevés pour (ὑπέρ + génitif) l'empereur et éventuellement sa *domus* et datées par le nom du préfet en fonction et par une année impériale. L'ampleur des lacunes invite à réunir un nombre suffisant de parallèles étroits [35] pour situer ce document dans une série et en restituer la signification pour l'histoire du site fouillé au Kôm al-Cheikh Aḥmad. Le tableau suivant rassemble des inscriptions commençant par ὑπέρ + la titulature impériale au génitif (et variantes) et datées à la fois par le nom du préfet (et parfois d'autres dignitaires) et par une année impériale (en excluant les dédicaces qui ne mentionnent pas le préfet, le second critère limite le *corpus* au cas particulier auquel ressortit notre fragment). Un des objectifs étant de reconstituer la structure de l'inscription, une colonne présente l'ordre dans lequel apparaissent les différents syntagmes au moyen des abréviations suivantes : tych = formule Ἀγαθῇ τύχῃ ; t = ὑπέρ + la titulature impériale au génitif [36] ; pr = mention du préfet (ἐπί + génitif ou datif) et éventuellement d'autres dignitaires ; div = divinité(s) dédicatair(e)s ; déd = dédicant(s) ; m = monument dédicacé ; bén = second groupe de bénéficiaires privés (après l'empereur) (ὑπὲρ αὑτοῦ καὶ τῆς γυναικὸς καὶ τῶν τέκνων) ; hon = personne honorée (accusatif) dans une dédicace honorifique ; a = année régnale et mois sans répétition de la titulature impériale ; a+ = année régnale et mois avec répétition de la titulature impériale complète ou abrégée ; b = formule ἐπ' ἀγαθῷ ; eu = formule εὐσεβείας χάριν ou κατ' εὐσεβείαν ou εὐχῆς καὶ εὐσεβείας χάριν ; assoc = mention d'un ou de plusieurs responsables d'une association religieuse ; lap = nom du lapicide ; [lac] = lacune contenant peut-être un syntagme important [37].

33 Exemples avec μηνός ou μηνί au premier siècle : nos numéros 6 (à Baḥariya) et 13.

34 Voir à ce sujet les observations statistiques d'A. MARTIN, *La titulature épigraphique de Domitien*, p. 201-202.

35 Les listes des préfets d'Égypte de P. BURETH, *op. cit.*, p. 472-502, et de G. BASTIANINI, *op. cit.*, p. 503-517, fournissent un point de départ commode. Le *corpus* rassemblé ici recouvre en partie l'ensemble de textes étudiés par É. BERNAND, « Épigraphie grecque et architecture égyptienne à l'époque impériale », dans H. Walter (éd.), *Hommages à Lucien Lerat*, 1, Paris, 1984, p. 73-89. Ce savant examine uniquement les inscriptions gravées sur des éléments d'architecture, et ne tient donc pas compte de tous les documents comprenant la combinaison de formules présente sur le bloc du Kôm al-Cheikh Aḥmad.

36 Je ne retiens par exemple pas *I. Porte* 12, car, au lieu de la formule propitiatoire pour l'empereur, elle commence par sa titulature au datif (dédicace à l'empereur), construction qui s'éloigne du formulaire de notre inscription.

37 *I. Porte* 31, trop lacunaire pour être informative, n'a pas été retenue ; notons seulement ses dimensions (46 × 18 cm) et le fait que ce bloc irrégulier pourrait provenir du parement d'un monument.

Nº	Date [38]	Provenance et support [39]	Ordre	Monument dédicacé	Dédicant(s)	Divinités dédicataire(s)	Remarques
[40]	2 *a.C.*/ 3 *p.C.*	Provenance inconnue. 7 lignes sur une stèle cintrée de calcaire dont la partie supérieure comporte une scène d'offrande royale à 3 divinités probablement dans un sanctuaire ; H. 37 cm, l. 26 cm, ép. 6,5 cm	t, pr, déd, a	La stèle inscrite elle-même	Locaux, privés, collectifs mais nommés : des pastophores	Sous-entendues les 3 divinités	
[41]	1	Dendara, sur le listel de la corniche du propylône d'Isis de l'enceinte du temple, 3 lignes. L'inscription se répartit sur 5 blocs différents formant la partie supérieure de la corniche. Champ épigraphique : L. 9,95 m, H. 0,52 m [42]	t, pr, déd, m, div, a+	*Propylon*	Locaux, collectifs et anonymes : les habitants de la métropole et du nome	Isis *théa mégista* et les dieux *synnaoi*	Épistratège et stratège cités après le préfet
is [43]	3	Fayoum, 11 lignes inscrites sur une stèle cintrée de calcaire dont la partie supérieure comporte une scène d'offrande à 2 divinités probablement dans un sanctuaire ; l'officiant est également suivi de 2 autres divinités. Dimensions : 55 × 33 × 10 cm	t, pr, déd, hon, m, a+	Une statue de la personne honorée et une stèle	Locaux, collectifs et anonymes : l'association des boulangers et des pâtissiers de l'Arsinoïte	Sous-entendues les 4 divinités	
[44]	3/11	Medinet Madi, temple d'Hermouthis, 5 lignes sur une stèle de calcaire cintrée	t, pr	La stèle inscrite elle-même	Monument inachevé ?	Pas mentionné	
[45]	23	Athribis de Haute-Égypte (près de Sohag), 3 lignes inscrites sur une architrave d'un temple [46]	t, div, pr, [lac], déd, a+	Le monument dédicacé était peut-être nommé dans la lacune ?	Local et individuel, mais probablement dans le cadre de ses fonctions dans l'association religieuse : le président (*prostatès*) de Triphis	Triphis *théa mégista*	

38 Sauf mention contraire, les dates sont de notre ère.
39 Les dimensions du support ne sont pas mentionnées si l'éditeur ne les précise pas.
40 *I. Louvre* 27.
41 *I. Portes* 25, cf. É. BERNAND, dans H. Walter (éd.), *Hommages à Lucien Lerat*, 1, p. 74, n. 3.
42 Mesures de cette inscription réputée détruite (S. CAUVILLE, *Dendara. La porte d'Isis*, Le Caire, 1999, p. XI) estimées sur la photographie publiée par *ibid.*, pl. 2, avec les déformations que cela suppose.
43 *I. Fayoum* III 212.
44 *I. Fayoum* III 166.
45 *SB* V 8317, cf. É. BERNAND, *op. cit.*, p. 74, n. 4.
46 M. LETRONNE, *Recueil des inscriptions grecques et latines de l'Égypte*, Paris, 1842, p. 229 (remarquer la traduction littérale de « *in templi epistylio* » (*CIG* III 4711) dans *SB* V 8317 (« auf Tempelepistyl »).

N°	Date	Provenance et support	Ordre	Monument dédicacé	Dédicant(s)	Divinités dédicataire(s)	Remarques
5 [47]	23	Dendara, 13 lignes sur une stèle en grès cintrée dont la partie supérieure comporte une scène d'offrande royale à 4 divinités ; H. 67,5 cm, l. 40 cm	t, pr, m, a+	*ta teicha tou hiérou* d'Aphrodite et d'Isis *théai mégistai*	Pas mentionné (tournure passive)	Sous-entendues les 4 divinités représentées dans le cintre, Hathor et Isis (la dédicace est datée du jour épagomène de sa naissance) accompagnées de leurs parèdres	Épistratège et stratèg cités après le préfet
6 [48]	28	Al-Qasr (Baḥariya), 10 lignes sur un gros bloc de parement ou un socle de statue ?	t, pr ? [49], déd, div, a+	Consécration d'un monument non mentionné (une statue, l'inscription elle-même ?)	Pas mentionné	Héraclès Kallinikos et Ammon, *théoi synnaoi*	
7 [50]	31/37	Dendara, sur le listel de la corniche du pronaos	t, pr, déd, m, div, a+	Un *pronaon* (*sic*)	Locaux, collectifs et anonymes : les habitants de la métropole et du nome	Aphrodite, *théa mégista*, et les dieux *synnaoi*	Épistratège et stratèg cités après le préfet
8 [51]	42	Dendara, sur le parement de la paroi extérieure est du grand temple, 5 lignes inscrites au milieu de la décoration, dans le cadre représentant le socle sur lequel sont posés les trônes de Khonsou Neferhotep et de Geb. Le texte se répartit sur 5 blocs du parement appartenant à 2 assises différentes	t, m, pr, a+	*tous prokeimenous théous*, c'est-à-dire les reliefs gravés sur la paroi du temple	Pas mentionné (absence de verbe de dédicace)	– Pas mentionné	Épistratège et stratèg cités après le préfet
9 [52]	59	Philadelphie, stèle de calcaire de 70 × 42 cm, d'après la photographie la pierre pourrait avoir été intégrée au parement d'un monument, mais la description de l'éditeur ne permet pas de s'en assurer	t, déd, m, div, bén, pr, a+, b, b	Restauration d'un autel (*bômos*) et de toutes ses dépendances	Individuel et privé : un citoyen romain	Némésis, *kyria mégista*	Le dédicant appelle l faveurs de la divinité « pour lui-même, sa femme et ses enfants

47 *I. Portes* 27.

48 G. Wagner, *BIFAO* 73, 1973, p. 183.

49 Le personnage mentionné dans la formule de datation, P. Flavius Verus, n'est pas pourvu de son titre, et sa qualité de préfet est très incertaine, car sa préfecture s'intercalerait dans celle de C. Galerius, en fonction de 16 à 31 (néanmoins ce cas ne serait pas unique) ; P. Flavius Verus pourrait avoir exercé une autre fonction, comme celle d'épistratège, supérieur hiérarchique du dédicant, cf. *ibid.*, p. 184-186 ; on notera néanmoins que la formule ἐπὶ τοῦ δεῖνος, sans aucun titre, pour désigner un préfet est aussi attestée à Philae sous Auguste (cf. G. Bastianini, « ΕΠΑΡΧΟΣ ΑΙΓΥΠΤΟΥ nel formulario dei documenti da Augusto a Diocleziano », dans *ANRW* II, 10.1, 1988, p. 593). En tout état de cause, je mentionne ce document ici car, quelle que soit l'hypothèse, il est structurellement semblable aux autres textes de la série.

50 *I. Portes* 28, cf. É. Bernand, *op. cit.*, p. 74, n. 5.

51 *I. Portes* 30, cf. É. Bernand, *op. cit.*, p. 75, n. 7.

52 *I. Fayoum* I 99.

N°	Date	Provenance et support	Ordre	Monument dédicacé	Dédicant(s)	Divinités dédicataire(s)	Remarques
10 [53]	61 ou peu avant	Karanis, sur le linteau en calcaire de la porte principale du temple de Pnéphérôs et Pétésouchos, 5 lignes. L. du champ épigraphique env. 1,28 m ; L. du linteau env. 1,8 m [54]	t, div, pr, a+	Pas mentionné dans le texte : un renouvellement de la consécration du temple ?	Pas mentionné (absence de verbe de dédicace)	Pnéphérôs et Pétésouchos, *théoi mégistoi*	
11 [55]	73 [56]	Karanis, stèle cintrée de calcaire (non décorée), 42 × 53 cm, 13 lignes	t, pr, m, [lac], a+	Pas de monument ? Commémoration (de la fête) de la fondation (*kathidrysis*) [57] du *hiéron* de Pnéphérôs et Pétésouchos et des *synnaoi théoi mégaloi mégaloi*	Pas mentionné	Sous-entendus Pnéphérôs et Pétésouchos et les *synnaoi théoi mégaloi mégaloi* (le datif remplaçant, en une anacoluthe, le génitif attendu témoigne de ce sous-entendu dans l'esprit du lapicide)	
12 [58]	85/88	Medinet Madi, temple d'Hermouthis, stèle de calcaire cintrée, non décorée, 11 lignes	t, [lac], pr, déd, b, eu, [lac]	Perdu dans la lacune	Privé et individuel	Perdu dans la lacune ou pas mentionné	
13 [59]	88	Sur le listel de la corniche de la porte d'une chapelle d'Hathor à Kôm Ombo, 3 lignes. L'inscription se répartit sur 3 blocs différents formant la corniche [60]	t, div, déd, m, pr, a+	un *hiéron*	Privée et individuelle : une citoyenne romaine et ses enfants	Aphrodite *théa mégista*	Stratège cité après le préfet

53 *I. Fayoum* I 85 = *SEG* XX 650 = *SEG* XXVI 1754 = *SEG* XL 1544 ; cf. É. BERNAND, dans H. Walter (éd.), *Hommages à Lucien Lerat*, 1, p. 75, n. 8.

54 Dimensions estimées d'après le plan réduit d'A.E.R. BOAK, *Karanis. The Temples, Coin Hoards, Botanical and Zoological Reports Seasons 1924-31*, *University of Michigan Studies* 30, Ann Arbor, 1933, pl. X, avec les déformations que cela suppose.

55 *I. Fayoum* I 86 = *SEG* XX 651 = *SEG* XXVI 1755.

56 Corriger 72 en 73 dans *I. Fayoum* I 86 (p. 179).

57 Voir la note de V.B. SCHUMAN, « A Greek Inscription from Karanis », *ChronEg* 37, 1962, p. 164, n. 3, et *I. Fayoum* I 86, p. 180, n. 115, et les références citées ; il pourrait s'agir d'une fête régulière lors de laquelle se pratiquait un rituel de fondation du sanctuaire, fête dont l'accomplissement l'an 5 de Vespasien serait commémorée par la stèle (il n'y a rien d'étonnant, dans la mentalité et dans les pratiques égyptiennes, à commémorer dans la pierre ce genre de festivité [contrairement à V.B. Schuman : « It would not seem logical to erect a stele to commemorate such an event » (p. 164)], ni à intégrer cette commémoration dans le cadre d'une manifestation de piété et de loyauté à l'empereur). Une autre hypothèse consisterait à supposer que *kathidrysis* se rapporte ici à une restauration du sanctuaire (cf. *I. Fayoum* I 86, p. 179).

58 *I. Fayoum* III 167.

59 *I. Th. Sy.* 193, cf. É. BERNAND, dans H. Walter (éd.), *Hommages à Lucien Lerat*, 1, p. 76, n. 11.

60 Photographies *I. Th. Sy.* pl. 76 et 77, 2.

N°	Date	Provenance et support	Ordre	Monument dédicacé	Dédicant(s)	Divinités dédicataire(s)	Remarques
14 [61]	93	Stèle rectangulaire non décorée de calcaire, 18 lignes, H. 40 cm, l. 25 cm	t, m, pr, assoc, b, a	Réfection d'un local (*topos*) appartenant à l'association (*politeuma*) d'Harthôtès, le grand bienheureux (*mégas makaritos*), (et) de la très grande déesse (*théa mégista*) Isis Sachypsis	Local et individuel, mais probablement dans le cadre de ses fonctions dans l'association religieuse : le président (*prostatès*), nommé au génitif au moyen d'une tournure passive (ἀνοικοδομήθη + sujet grammatical + διά + sujet logique)	Sous-entendue Isis Sachypsis	
15 [62]	98/100	Ptolémaïs Hermiou, stèle de granit noir surmontée d'un fronton décoré dans la tradition grecque, 23 lignes H. 62 cm ; l. 73 cm	t, div, m, déd, pr	un *naos* et un *téménos*	Collectif et public : la cité	Asclépios et Hygie	La dédicace, seule de notre série à ne pas êtr datée par une année d règne, est suivie d'un péan de 23 vers
16 [63]	103	Koptos, stèle rectangulaire de calcaire allongée horizontalement, 8 lignes, H. 20 cm, l. 56 cm	t, m, pr, déd, a+	un *xoanon* d'Isis au foyer dans un *naos*, ainsi que tout ce qui l'entoure	Individuel, privé : un rhéteur	Sous-entendue Isis	Épistratège et stratège cités après le préfet
17 [64]	109	Panopolis, architrave en calcaire d'une porte dont la face extérieure comportait l'inscription grecque, la face intérieure était décorée d'un uraeus, et la face inférieure (le plafond), représentait un zodiaque. 7 lignes de longueurs irrégulières. D'après des voyageurs (le monument a disparu), L. plus de 18 pieds (env. 5,85 m), l. 8 pieds (env. 2,6 m), ép. 3 pieds (0,97 m)	t, div, déd, pr, a+	Pas mentionné dans le texte : sans doute la porte elle-même ou le sanctuaire auquel elle donnait accès	Local et individuel, mais probablement dans le cadre de ses fonctions dans l'association religieuse : le [présid]ent (*[prostat]ès*) de Triphis et de Pan, un citoyen romain d'origine grecque, ancien tribun	Sous-entendus Triphis et Pan	L'inscription précise qu le dédicant a commenc l'opération, sans doute dans le cadre de sa fonction (temporaire ?) de président, mais que les travaux se terminèrent une autre année (lorsqu'il n'était sans doute plus en fonction)
18 [65]	113	Mons Porphyrites, linteau en granit de la porte d'un petit sanctuaire, L. 2,60 m, H. et ép. 0,30 m, 4 lignes. Champ épigraphique : L. 1,67 m, H. 0,175 m	t, div, m, pr, déd, a+	Un *hiéron*	Individuel : un citoyen romain, décurion de l'*ala* des Voconces, en fonction dans la carrière	Isis *théa mégista*	

61 *I. Fayoum* II 121.
62 *I. Métriques* 176.
63 *I. Portes* 70.
64 *I. Pan* 79, cf. É. BERNAND, *op. cit.*, p. 76, n. 13.
65 *I. Pan* 20, cf. É. BERNAND, *op. cit.*, p. 77, n. 14.

Nº	Date	Provenance et support	Ordre	Monument dédicacé	Dédicant(s)	Divinités dédicataire(s)	Remarques
19 [66]	113/117	Gebel Silsila, *graffito* rupestre, 10 lignes	t, pr, m, div, [lac], déd, [lac]	Un proscynème	Individuel, militaire : un centurion	Isis	
20 [67]	116	Kysis (Douch), sur le monolithe de la deuxième assise du linteau du pylône du temple, 5 lignes. L. du bloc env. 2,75 m ; H. 0,60 m. Champ épigraphique : très approx. L. 2 m, H. 0,30 m [68]	t, pr, div, déd, m, eu, a+	Un *pylône*	Locaux, collectifs et anonymes : les habitants de Kysis	Sarapis et Isis, *théoi mégistoi*	
21 [69]	117/119	Mons Porphyrites, architrave faite de 3 blocs de granit, L. totale 5,70 m, l. 0,125 m, H. 0,187 m, 3 lignes	t, div, m, déd, pr	Un *naos* et ce qui l'entoure	Individuel : un esclave impérial, adjudicateur des carrières	Zeus Hélios *mégas* Sarapis et les dieux *synnaoi*	Procurateur des carrières et un centurion (préposé aux travaux de la carrière) cités après le préfet ; pas d'année impériale (le monument étant resté inachevé [70])
22 [71]	118	Mons Claudianus, architrave en granit constituée d'un bloc monolithique, L. 2,30 m, H. 0,225 m, l. 0,15 m, 7 lignes	t, div, m, déd, pr, a+	Un *naos* et tout ce qui l'entoure	Même personnage que nº 21	Zeus Hélios *mégas* Sarapis et les dieux *synnaoi*	Procurateur des carrières et un centurion préposé aux travaux de la carrière cités après le préfet
2 *bis* [72]	126	Sarapieion de Louqsor, linteau de la porte, dimensions : 2,84 × 0,47 m Champ épigraphique : 2 × 0,26 m, 6 lignes	t, div, déd, m, eu, pr, déd, m, a+	Un *hiéron* et des statuettes [le *zôdion* principal (?) et les autres *zôdia*]	Individuel : un citoyen romain, ancien décurion, probablement dans le cadre de ses fonctions de *néôkoros* de Sarapis	Zeus Hélios Mégas Sarapis	

66 *I. Th. Sy.* 164.

67 W. HELCK, « Die Inschrift am Pylon des Tempels von Dusch (*OGIS* 677) », *ChronEg* 42, 1967, p. 212 = *SEG* XXIV, 1215, cf. É. BERNAND, *op. cit.*, p. 77, n. 15.

68 Je remercie vivement Fr. Laroche-Traunecker, à qui je dois ces informations. Pour une photographie, voir M. REDDÉ *et alii*, *Douch III. Kysis. Fouilles de l'IFAO à Douch Oasis de Kharga (1985-1990)*, *DFIFAO* 42, Le Caire, 2004, p. 23, fig. 21.

69 *I. Pan* 21, cf. É. BERNAND, dans H. Walter (éd.), *Hommages à Lucien Lerat*, 1, p. 77, n. 16.

70 J.-M. CARRIÉ, dans V.A. Maxfield, D.P.S. Peacock, *et alii*, *Mons Claudianus 1987-1993. Survey and Excavation*, II, 1, *FIFAO* 43, Le Caire, 2001, p. 143, n. 12.

71 *I. Pan* 42 ; cf. J.-M. CARRIÉ, *op. cit.*, p. 142-146 ; É. BERNAND, *op. cit.*, p. 77, n. 17.

72 J.-C. GOLVIN, S. 'ABD EL-HAMID, G. WAGNER, Fr. DUNAND, « Le petit Sarapieion romain de Louqsor », *BIFAO* 81, 1981, p. 130 ; cf. É. BERNAND, *op. cit.*, p. 78, n. 18.

N°	Date	Provenance et support	Ordre	Monument dédicacé	Dédicant(s)	Divinités dédicataire(s)	Remarques
23 [73]	127	Théadelphie, « Linteau (ou base) en calcaire, scié en deux parties, dans le sens de la longueur, dès l'antiquité. Premier fragment : 0,5 m × 0,205 m ; deuxième fragment 0,17 × 0,205 m. L'épaisseur de chaque bloc n'est plus que de 0,21 m, mais la pierre a été également sciée en ce sens. » 8 lignes	t, pr, div, déd, bén, b, a+	Pas mentionné	Individuel, privé : un pérégrin de nom grec et de patronyme égyptien	Les Dioscures *sôtères épiphaneis théoi*	Le dédicant appelle les faveurs de la divinité « pour lui-même, sa femme et ses enfants »
24 [74]	140	Qasr 'Ayn al-Zayan (Kharga), linteau monolithique de la porte du sanctuaire [75] ; L. de la pierre env. 2,52 m. Champ épigraphique, L. env. 1,34 m[76]. 8 lignes	tych, div, t, m, pr, a+	Réfection du *pronaon* (*sic*) et de l'enclos sacré (*sèkos*) du *hiéron*	Pas mentionné (tournure passive)	Aménèbis, *théos mégistos* de Tchonémyris	Épistratège et stratège cités après le préfet
25 [77]	142/159	Hermopolis, bloc de parement d'un monument, 3 + x lignes	t, pr, [lac], a+, [lac]	Perdu dans les lacunes	Perdu dans les lacunes	Perdu dans les lacunes	
26 [78]	156	Fayoum, linteau monolithique, L. 1,60 m, l. 0,22 m, 6 lignes	t, pr, div, déd, m, bén, b, a, lap	Réfection du *hiéron*	Individuel, privé : un citoyen romain vétéran de la IIIe légion Cyrénaïque	Ammon *théos mégas*	Le dédicant appelle les faveurs de la divinité « pour lui-même, sa femme Gaia Valeria et ses enfants »
27 [79]	176/179	Hermoupolis, piédestal de colonne ou de statue fait de plusieurs blocs de calcaire. l. du piédestal env. 2,6 m, H. env. 3,9 m 9 + x lignes	tych, t, pr, [lac]	Peut-être mentionné dans la lacune	Peut-être mentionné dans la lacune	Peut-être mentionné dans la lacune	Épistratège et sans doute stratège cités après le préfet

73 *I. Fayoum* II 123 ; cf. É. BERNAND, dans H. Walter (éd.), *Hommages à Lucien Lerat*, 1, p. 78, n. 19.

74 *SB* V, 8443 ; cf. É. BERNAND, *op. cit.*, p. 79, n. 21.

75 Pour une photographie, voir D. ARNOLD, *Temples of the Last Pharaohs*, New York-Oxford, 1999, p. 270, fig. 236.

76 Estimation d'après R. NAUMANN, « Bauwerke der Oase Khargeh », *MDAIK* 8, 1939, p. 9, fig. 4.

77 *I. Hermoupolis* 13.

78 *I. Fayoum* II 124 ; cf. É. BERNAND, dans H. Walter (éd.), *Hommages à Lucien Lerat*, 1, p. 79, n. 22.

79 *I. Hermoupolis* 12.

80 *OGIS* II, 708 = E. BRECCIA, *Iscrizioni greche e latine*, Le Caire, 1911 (*CGAlex* 1-568), n° 78 (p. 56-57).

N°	Date	Provenance et support	Ordre	Monument dédicacé	Dédicant(s)	Divinités dédicataire(s)	Remarques
28 [80]	181	Xoïs, colonne en calcaire (De Ricci) ou en marbre (Breccia) ayant servi de base à une statue. Sommet cassé, H. conservée 0,84 m Champ épigr. : l. 0,36 m	t, déd, m, pr, a	Une statue de Sarapis *polieus*	Individuel, mais probablement dans le cadre de ses fonctions : citoyen d'Alexandrie (*Sosikosmios ho kai Althaieus*), gymnasiarque de la ville de Xoïs	Sous-entendu Sarapis *polieus*	Épistratège et stratège cités après le préfet
29 [81]	194	Alexandrie, 12 lignes probablement sur un objet votif	t, [édition du texte incertaine], pr, a	Un objet votif ?	Édition du texte incertaine	Pas mentionné	Après le nom de l'empereur, la formule votive ὑπέρ + génitif s'applique aussi à un vœu de bonne navigation (εὔπλοια)
30 [82]	199/200	Gîza, blocs de parement de la face antérieure d'une estrade [83], 11 lignes	t, m, pr, a	Restauration d'un pavement (*strôma*) lié aux aménagements cultuels situés en avant des pattes du sphinx de Gîza	Pas mentionné (tournure passive)	Pas mentionné	Épistratège et stratège cités après le préfet
31 [84]	210	Entre Qouft et Qoûs, tablette de marbre	t, pr, m, déd, b, assoc, a	Une statue de Tithoès	Local et individuel, mais probablement dans le cadre de ses fonctions dans l'association religieuse : le grand prêtre de Tithoès et d'Ammon, nommé au génitif au moyen d'une tournure passive (ἀν[ετέθη] + sujet grammatical + ὑπό + sujet logique)	Sous-entendu Tithoès	Épistratège cité après le préfet
32 [85]	219	Inconnue, Koptos ? Plaque de calcaire de 58 (H.) × 47 (l.) cm.	t, a, pr, déd, m, b	Réfection d'un jardin peut-être lié à un *naos*	Citoyen romain (comme tous les habitants libres de l'Empire), *beneficiarius*	Pas mentionné	La formule initiale est inhabituelle, mais je retiens le texte pour sa proximité du reste de la série : [ἐπ]ὶ τοῖς εὐτυχεστάτοις καιρ[οῖς] τοῦ + titulature impériale au génitif. *Épitropos orous Bérénikès* cité après le préfet

81 *I. Alexandrie* 84.

82 *SB* V, 8561 ; cf. É. BERNAND, « Pèlerinage au grand sphinx de Gizeh », *ZPE* 51, 1983, p. 186.

83 Voir H. VYSE, *Appendix to Operations Carried on at the Pyramids of Gizeh in 1837*, III, Londres, 1842, p. 112-113 ; A.-J. LETRONNE, *Atlas*, Paris, 1848, pl. XXXIX, 2-4 ; cf. É. BERNAND, *Inscriptions grecques d'Égypte et de Nubie : répertoire bibliographique des IGRR*, Paris, 1983, p. 32.

84 *I. Portes* 82.

85 *I. Portes* 86, cf. 87.

Le premier point commun entre ces documents est qu'ils s'intègrent toujours dans un contexte cultuel en consacrant une offrande à une divinité, en commémorant une de ses fêtes ou en dédiant la construction d'un aménagement nécessaire à son culte ou aux réunions de ses fidèles [86]... En outre, la démonstration publique de générosité envers le divin s'accompagne d'un témoignage de loyalisme envers l'empereur et sa *domus*, sur lequel la formule propitiatoire initiale (t) appelle le bénéfice du geste pieux. La position liminaire occupée par cette dernière (t) dans 94,1 % des cas – elle n'est devancée qu'à deux reprises, et chaque fois pour invoquer la Bonne Fortune (n°s 24, 27) – montre sans ambiguïté que l'acte d'allégeance était au centre des préoccupations du dédicant : individuel ou collectif, identifié ou anonyme, celui-ci souhaite honorer la divinité « pour l'empereur » ou, comme la formule finira par le préciser avec le temps, « pour la Fortune de l'empereur », « pour la paix et la concorde de l'empereur », « pour la permanence éternelle de l'empereur », « pour la sauvegarde et la victoire éternelle de l'empereur », « pour les très heureux succès de l'empereur », voire « pour le succès des travaux ordonnés par lui »... (voir commentaire l. 1, *supra*).

Le *corpus* peut être subdivisé en différentes catégories selon plusieurs critères typologiques, identité du ou des dédicants, objet de la dédicace, divinité dédicataire, structure et ordre des syntagmes et enfin support matériel du document. Ce dernier aspect est généralement négligé par les éditeurs, mais, en raison de l'ampleur des lacunes de notre texte, les indices qu'il fournit sur l'objet de la dédicace méritent d'être examinés d'emblée. On distingue deux grands ensembles d'effectif à peu près équivalent, selon que l'inscription est gravée sur un support mobilier ou immeuble. Les stèles, décorées ou non, dans le style égyptien ou dans la tradition classique, constituent le support polyvalent par excellence ; relativement mobiles et adaptables à l'évolution de l'espace (intégration dans un aménagement préexistant ou mises au rebut lorsque le texte n'est plus d'actualité), elles sont affichées en toute autonomie ou associées à une structure à laquelle elles se rapportent ; la nature des objets dédicacés est hétérogène : constituant parfois en elles-mêmes des objets d'art, comme lorsqu'elles sont décorées de scènes égyptiennes (n°s 1, 5, *2bis*), elles peuvent à ce titre être dédicacées pour leur propre valeur (n°s 1, 3) ; régulièrement, elles consacrent la construction ou la réfection d'un bâtiment, d'un monument ou d'un aménagement liés à un temple, le mur d'enceinte (*ta teicha*) d'un sanctuaire (n° 5), un *naos* et un *témenos* (n° 15), un autel (*bômos*) et ses dépendances (n° 9), le local (*topos*) d'une association religieuse (n° 14), un jardin sans doute rattaché à un sanctuaire (n° 32). Dans un cas, ce n'est vraisemblablement pas la construction proprement dite, mais la fête du rituel de fondation d'un sanctuaire (*hiéron*) qui est commémorée (n° 11). L'objet offert peut aussi être une statue de culte, tel un *xoanon* et son *naos* probablement portable (n° 16) ; pour cette catégorie d'offrande, on rencontre aussi d'autres types de supports mobiles ou semi-mobiles spécifiquement adaptés à la présentation de l'œuvre consacrée, tablette accrochable à un socle (n° 31), piédestal (n° 27 ?), colonnette (n° 28). Enfin, un objet votif dont la nature n'a pas été décrite par les éditeurs a été offert dans quelque sanctuaire à l'occasion d'un vœu propitiatoire (pour une « bonne navigation », n° 29).

86 Le n° *2bis* se situe un peu en marge du dossier, car il ne s'agit pas à proprement parler d'une dédicace à une divinité, mais d'une inscription honorifique ; néanmoins, la stèle offerte au président d'une association professionnelle, dont la décoration comprend une scène d'offrandes à des dieux égyptiens, était vraisemblablement consacrée dans un lieu de culte.

Dans l'ensemble des supports immeubles, on évoquera d'abord le cas particulier d'un *graffito* rupestre consacrant un proscynème (n° 19) : incisé sur la paroi d'une grotte, il fixait définitivement dans le roc l'instant fugace d'un geste de révérence face à la divinité (Isis) – mais l'acte ne dut pas coûter bien cher au soldat qui l'exécuta. Le reste du *corpus*, constitué de plusieurs catégories de blocs de construction, nous intéresse plus particulièrement, car l'inscription du Kôm al-Cheikh Aḥmad y ressortit. Au contraire des textes inscrits sur supports mobiliers, qui consacrent des offrandes et commémorent des gestes pieux de natures diverses, les dédicaces gravées sur un support immobilier se rapportent de façon plus homogène et spécifique à des édifications ou réfections de monuments ou d'aménagements bâtis. Les inscriptions sur architraves, linteaux et corniches, qui surplombent les spectateurs au point stratégique où la porte draine la circulation entre deux espaces, consacrent en effet un portail (*pylôn*, *propylon*) (n° 20), un pronaos (*pronaon*) et l'enclos sacré d'un sanctuaire [n°s 24, 7 (*pronaon* seul)], un *naos* (n°s 21, 22) ou encore un sanctuaire (*hiéron*) [n°s 13, 18, 22*bis* (ainsi qu'une statuette), 26], autant de constructions significatives pour le développement architectural d'un temple. Certaines dédicaces (n°s 10, 23) ne précisent pas leur objet, et l'on peut supposer qu'elles se rapportent implicitement au monument sur lequel elles sont apposées [87]. Les inscriptions gravées sur des blocs de parement sans rapport avec la superstructure d'une porte sont rares, mais elles consacrent également une contribution à l'aménagement ou à la décoration d'un ensemble architectural sacré : une dédicace grecque inscrite au sein d'une scène égyptienne représentée sur une paroi du temple de Dendara (n° 8), formulant le vœu que la sculpture des figures divines voisines du texte soit propice à « la paix et la concorde de l'empereur », a par conséquent pour objet le bas-relief dans lequel elle s'intègre. Enfin, une inscription gravée sur les blocs de parement de la façade d'une estrade commémore la restauration d'un pavement lié à l'aménagement des abords du sphinx de Gîza (n° 30), lieu de pèlerinage où l'on continuait de vénérer Harmachis à l'époque romaine [88].

Sans nouvel indice issu de la fouille, il paraît difficile de déterminer à quel type de monument appartenait le bloc de parement du Kôm al-Cheikh Aḥmad. Réparti sur seulement cinq lignes, le champ épigraphique aurait occupé, selon l'hypothèse de reconstitution courte [fig. 8a], une surface d'environ 3,08 m × 0,35 m ; cette disposition tout en longueur, que d'autres restitutions pourraient encore accentuer davantage, serait bien adaptée à la superstructure d'une porte. Les éditeurs précisent rarement les dimensions du champ épigraphique, mais d'après les cinq exemples pour lesquels on dispose d'une mesure ou d'une estimation approximative, les dédicaces se répartissent en deux groupes selon la longueur maximale des lignes et la nature du support, corniche ou linteau. L'inscription numéro 2 de Dendara (3 lignes), la seule de sa catégorie, se développe sur près de 9,95 m. Cette longueur record est fonction des grandes dimensions du temple et de

87 Cf. déjà É. BERNAND, dans H. Walter (éd.), *Hommages à Lucien Lerat*, 1, p. 83 : « L'existence même du monument suffisait à désigner l'édifice qui était dédié, sans qu'il soit besoin de le définir autrement ».

88 *Id.*, *ZPE* 51, p. 185-189.

la position du texte sur le listel de la corniche, dont le cadre, proportionnellement étroit et long, couronnait toute la façade de l'édifice. La longueur des autres dédicaces, toutes gravées sur un linteau, s'échelonne entre 1,28 et 2 m environ :

n°	champ épigraphique	support	lieu
10	L. 1,28 m (5 lignes)	linteau	Karanis
24	L. 1,34 m (8 lignes)	linteau	Qasr al-Zayan
18	L. 1,67 m (4 lignes)	linteau	Porphyrites
20	L. 2 m (5 lignes)	linteau	Douch
22*bis*	L. 2 m (6 lignes)	linteau	Louqsor

Ces dimensions sont adaptées à la taille nettement plus modeste de ces sanctuaires et à la position du texte sur le linteau, offrant un champ longitudinal mais limité en proportion de la largeur de la porte. La longueur supposée de l'inscription du Kôm al-Cheikh Aḥmad (3,08 m, 5 lignes, cf. fig. 8a) la placerait dans une catégorie intermédiaire entre les textes de linteaux et de corniches, conclusion compatible avec les caractéristiques matérielles du support : il ne s'agit ni d'un long monolithe, ni d'un bloc sculpté et mouluré. On ne saurait exclure, cependant, que le texte ait été gravé sur la superstructure d'une porte. Une première hypothèse consisterait à supposer que la face de joint gauche du bloc était contiguë à la face de joint droite d'un linteau, dont le texte dépasserait du cadre de part et d'autre de l'axe vertical. Cependant, étant donné l'emplacement trop central des syntagmes lisibles sur la pierre par rapport à l'ensemble du champ épigraphique [fig. 8a], il faudrait alors imaginer une embrasure très étroite pour obtenir un effet de symétrie, et la longueur de l'inscription serait totalement disproportionnée en regard de la largeur de la porte – à moins de s'en tenir à une hypothèse de restitution très longue de la formule liminaire du texte [fig. 8c]. Il est en revanche plus vraisemblable que l'assise dans laquelle s'insérait notre bloc inscrit reposât elle-même sur un linteau, comme, par exemple, au temple de Qasr al-Zayan (n° 24), où une rangée de blocs s'intercale entre le monolithe posé sur les jambages de la porte et le boudin de la corniche couronnant le monument [89]. Le dessin présenté à la fig. 9 ne prétend en aucune manière reconstituer l'aspect supposé de la porte monumentale qu'aurait surmontée l'inscription – si tant est qu'elle fût gravée au-dessus d'une porte : sa configuration, ses dimensions exactes et l'agencement de l'appareil sont évidemment inconnus, et le style égyptien de l'édifice n'est aucunement démontré, même s'il est vraisemblable en raison de sa situation « au plus profond [90] » de la *chôra* égyptienne. En s'inspirant de modèles issus de la même époque et du même milieu géographique, le schéma proposé vise en revanche à montrer comment une assise de blocs de parement semblables au nôtre pourrait s'être intégrée dans la superstructure d'un portail. Celui-ci est décalqué dans ses grandes lignes sur une porte du temple de Douch décorée sous Hadrien, dont M. Reddé est enclin à dater la construction du règne de Domitien [91], mais l'appareil situé au-dessus de l'ouverture a

89 Voir D. ARNOLD, *Temples of the Last Pharaohs*, p. 270, fig. 236.

90 Voir *infra*, la note 102.

91 M. REDDÉ *et alii*, *Douch III*, p. 168 ; 174 ; plan h. t. 3.

été modifié pour permettre l'insertion d'une assise porteuse de l'inscription ; en outre, l'épaisseur du linteau a été légèrement augmentée pour compenser la fragilisation induite par la substitution d'un monolithe unique (cf. Qasr al-Zayan) à un linteau réparti sur deux assises (cf. Douch) [92]. En définitive, la question de la nature du monument dont provient le bloc reste ouverte, mais dans tous les cas de figure, les parallèles de dédicaces gravées sur un support immeuble permettent de supposer que cet édifice faisait partie d'un ensemble sacré – un temple –, dont la dédicace consacrait un aménagement bâti.

La structure syntaxique du document répond au schéma suivant :
t, [lac], pr, [lac], déd, [lac], a+, b.

Un tableau permettra de comparer l'agencement des formules dans l'ensemble des textes parallèles ; les inscriptions gravées sur des pierres de construction sont évoquées en caractères italiques, celles dont les syntagmes t, pr, déd et a+ sont énoncés dans le même ordre qu'au Kôm al-Cheikh Aḥmad sont soulignées en gras ; dans la liste chronologique, notre dédicace est affectée du numéro 00.

nº	Ordre des syntagmes
1	t, pr, déd, a
2	***t, pr, déd, m, div, a+***
2*bis*	t, pr, déd, hon, m, a+
3	t, pr
4	***t, div, pr, [lac], déd, a+***
5	*t, pr, m, a+*
6	t, pr ?, déd, div, a+
7	***t, pr, déd, m, div, a+***
8	*t, m, pr, a+*
9	*t, déd, m, div, bén, pr, a+, b, b*
10	*t, div, pr, a+*
11	t, pr, m, [lac], a+
12	t, [lac], pr, déd, b, eu, [lac]
13	*t, div, déd, m, pr, a+*
14	*t, m, pr, assoc, b, a*
00	***t, [lac], pr, [lac], déd, [lac], a+, b***
15	*t, div, m, déd, pr*
16	t, m, pr, déd, a+
17	*t, div, déd, pr, a+*
18	***t, div, m, pr, déd, a+***
19	t, pr, m, div, [lac], déd, [lac]
20	***t, pr, div, déd, m, eu, a+***
21	*t, div, m, déd, pr*
22	*t, div, m, déd, pr, a+*
22*bis*	*t, div, déd, m, eu, pr, déd, m, a+*
23	***t, pr, div, déd, bén, b, a+***
24	*tych, div, t, m, pr, a+*
25	t, pr, [lac], a+, [lac]
26	*t, pr, div, déd, m, bén, b, [a], lap*
27	tych, t, pr, [lac]
28	t, déd, m, pr, a
29	t, [édition du texte incertaine], pr, a
30	*t, m, pr, a*
31	t, pr, m, déd, b, assoc, a
32	t, a, pr, déd, m, b

92 La légère modification ainsi induite du rapport entre la largeur de la façade et sa hauteur (depuis le seuil) a pour effet de rapprocher la proportion (0,62) de la moyenne établie par Fr. LAROCHE-TRAUNECKER, dans S. Sauneron, *La porte ptolémaïque de l'enceinte de Mout à Karnak*, *MIFAO* 107, Le Caire, 1983, p. 17 (0,61).

D'un point de vue synchronique, la structure des inscriptions du *corpus* est irrégulière et l'ordre des syntagmes varie avec une certaine souplesse. Les schémas respectant le même ordre syntaxique que notre texte (t, [lac], pr, [lac], déd, [lac], a+, b, où [lac] peut ou non contenir un syntagme intercalaire) sont les suivants :

2	1 *p.C.*	***t, pr, déd, m, div, a+***	corniche
4	23 *p.C.*	***t, div, pr, [lac], déd, a+***, où il faut peut-être restituer : *t, div, pr, [m], déd, a+*	architrave
7	31/37 *p.C.*	***t, pr, déd, m, div, a+***	corniche
18	113 *p.C.*	***t, div, m, pr, déd, a+***	linteau
20	116 *p.C.*	***t, pr, div, déd, m, eu, a+***	linteau
23	127 *p.C.*	***t, pr, div, déd, bén, b, a+***	linteau ?

Même s'il peut s'agir d'une coïncidence et si le *corpus* réuni n'épuise pas nécessairement la totalité des agencements possibles, on constate que les différentes structures potentiellement parallèles à notre dédicace sont toutes attestées sur des blocs de construction appartenant en l'occurrence à des superstructures de portes [93]. En toute rigueur, on peut s'en tenir à cette énumération de combinaisons attestées et envisageables pour notre inscription dans l'attente de la découverte éventuelle d'un nouveau fragment. Cependant, il n'est pas sans intérêt d'observer que l'ordre de rédaction des différents syntagmes subit plusieurs évolutions chronologiques. De 2 *a.C.*/3 *p. C.* (nº 1) à 31/37 *p.C.* (nº 7), à une exception près (nº 4), la mention du préfet d'Égypte, premier personnage de la Province après l'empereur, suit immédiatement la titulature impériale liminaire (7 fois sur 8) ; ensuite cette priorité est rompue, car de 42 *p.C.* (nº 8) à 113 *p.C.* (nº 18), période au sein de laquelle se situe la dédicace du Kôm al-Cheikh Aḥmad, ce syntagme tend à être relégué plus loin dans le texte (8 fois sur 9) ; enfin, à partir de 113/117 (nº 19), les deux tendances se font concurrence (« pr » suit immédiatement « t » 7 fois sur 14). En outre, l'ordre relatif de « div » et de « déd » connaît aussi une évolution telle qu'on peut penser qu'à partir d'une date comprise entre 59 et 88 *p.C.* la diplomatique des dédicaces religieuses tend à accorder au nom des divinités dédicataires une préséance honorifique sur celui des dédicants ; en effet, de 1 *p.C.* (nº 2) à 59 *p.C.* (nº 9), « déd » précède « div » 3 fois sur 4, tandis que l'inverse se produit systématiquement à partir de 88 *p.C.* (11 fois sur 11).

Il est évidemment possible que l'inscription du Kôm al-Cheikh Aḥmad ne confirmât pas ces régularités, car on a vu qu'elles souffrent des exceptions. Mais si l'on combine les deux observations diachroniques, et si l'on se rappelle que la mention probable de la *domus* impériale ne suffirait vraisemblablement pas à occuper tout l'espace de la lacune séparant la titulature de l'empereur du nom du préfet (voir *supra*, commentaire à la l. 2), on peut considérer comme une hypothèse de restitution à envisager en priorité la structure t, [div], pr, [m], déd, a+, b ou t, [div], pr, déd, [m], a+, b – proche ou à l'identique des numéros 4 (23 *p.C.*) et 18 (113 *p.C.*).

93 On notera cependant que la nature du nº 23, scié en deux parties, est incertaine.

Il serait parfaitement illusoire de conjecturer sur l'identité de la divinité qui devait être nommée dans la lacune. La plupart du temps, les dédicataires sont des dieux égyptiens, Isis, Ammon, Triphis, Aménèbis, Tithoès, Aphrodite (Hathor), Héraclès (Khonsou), Pan (Min), dont le nom est transcrit phonétiquement ou habillé d'une *interpretatio Graeca*, mais on rencontre aussi des figures de statut mixte, comme Sarapis, d'origine égyptienne mais potentiellement hellénisé [94], et dans une minorité de cas des divinités proprement grecques, tels Némésis, Asclépios, Hygie, Zeus Hélios ou les Dioscures – quoique ces derniers puissent aussi cacher un couple jumeau indigène [95]. À Baḥariya même, des dieux égyptiens ont été nommés en grec par des dédicants (ou des lapicides) hellénophones ou bilingues sur plusieurs sites : Ammon, dans le sanctuaire dit d'Alexandre [96], et son *synnaos* Khonsou, qui partage avec lui les sanctuaires de Qasr al-Qadîm et du château d'eau de Bawīṭī, où son nom est tantôt transcrit *Chônsis*, tantôt interprété en Héraclès [97]. On peut évoquer aussi, dans des papyrus, le toponyme local Aphrodision essentiellement attesté au IIe siècle, à partir d'Hadrien, se référant probablement à un temple d'Hathor suffisamment important pour avoir légué son nom grec au village qui l'abritait [98] ; mais on ne dispose d'aucun indice topographique sérieux pour le localiser, et il serait gratuit, dans ces conditions, de vouloir l'identifier au Kôm al-Cheikh Aḥmad.

Le *corpus* atteste diverses catégories de dédicants : individuels ou collectifs, anonymes ou identifiés, agissant à titre privé ou dans le cadre de leurs fonctions... Pour cerner la personnalité des donateurs et évaluer le contexte dans lequel leur geste s'inscrit, il est utile d'opposer, d'une part, les « locaux », habitants permanents du voisinage ou membres du personnel sacerdotal, et, d'autre part, les « étrangers » en mission temporaire ou en déplacement dans la Province. Au premier ensemble appartiennent les dédicants collectifs s'identifiant comme « les habitants de la métropole et du nome » (nos 2, 7), « la *polis* » (no 15), « les habitants de Kysis » (no 20). Quoiqu'on ignore dans quel cadre institutionnel précis ces groupes avaient pris la décision de financer la construction de monuments importants, force nous est de constater qu'ils souhaitaient se faire reconnaître comme une communauté fidèle à la maison impériale et active dans l'entretien du culte public. Quelques offrandes d'un niveau plus modeste sont vraisemblablement les actes de pérégrins soucieux de se distinguer dans leur société (nos 12, 16, 23). Enfin, le personnel sacerdotal local et les membres d'associations religieuses, naturellement actifs dans la fabrique des temples, souhaitèrent parfois célébrer leurs opérations édilitaires et cultuelles, accomplies dans la tradition égyptienne, en les

94 Sur l'exemple du no 20 (Douch), voir Fr. DUNAND, « Syncrétisme ou coexistence : image du religieux dans l'Égypte tardive », dans *Les syncrétismes religieux dans le monde méditerranéen antique. Actes du colloque en l'honneur de Fr. Cumont à l'occasion du cinquantième anniversaire de sa mort. Rome, 25-27 septembre 1997*, Bruxelles-Rome, 1999, p. 105-112.

95 J. QUAEGEBEUR, « Cultes égyptiens et grecs en Égypte hellénistique », dans E. Van't Dack, P. Van Dessel, W. Van Gucht (éd.), *Egypt and the Hellenistic World. Proceedings of the International Colloquium Leuven 24-26 May 1982*, *StudHell* 27, Louvain, 1983, p. 312-316.

96 Fr. COLIN, « Un ex-voto de pèlerinage auprès d'Ammon dans le temple dit « d'Alexandre », à Bahariya (désert Libyque) », *BIFAO* 97, 1997, p. 91-96.

97 Contrairement à ce que j'écrivais dans *ibid.*, p 92, n. 6, suivi par O. KAPER, « Temple Building in the Egyptian Deserts during the Roman Period », dans O. Kaper (éd.), *Life on the Fringe. Living in the Southern Egyptian Deserts during the Roman and Early-Byzantine Periods*, Leyde, 1998, p. 147, je ne pense plus que les inscriptions découvertes aux abords de la mosquée de Qasr al-Qadîm proviennent à l'origine du sanctuaire situé près du château d'eau de Bawīṭī. En effet, le culte du « couple » Ammon et Khonsou est attesté aussi bien dans le grand temple saïte (Qasr al-Qadîm) que dans le petit sanctuaire d'époque hellénistique et romaine (château d'eau), et il est plus simple de supposer que les inscriptions trouvées dans le vieux Qasr furent consacrées dès l'origine non loin de là.

98 G. WAGNER, *Les Oasis d'Égypte à l'époque grecque, romaine et byzantine d'après les documents grecs*, *BiEtud* 100, Le Caire, 1987, p. 199-200 ; 343.

consacrant au moyen d'une inscription grecque conforme au cadre institutionnel romain (n°s 1, 4, 14, 17, *22bis*, 31); on peut supposer que les quelques dédicaces anonymes (n°s 10, 11, 24, 30) furent aussi l'œuvre de cette catégorie de dédicants [99]. Par rapport à l'ensemble des auteurs de dédicaces personnellement identifiés, l'importance numérique des citoyennes et citoyens romains est frappante : sept sur dix-sept avant 212 [100] (n°s 9, 13, 17, 18, 19, *22bis*, 26), soit une proportion nettement supérieure à leur poids démographique ; trois d'entre eux se définissent clairement comme des militaires en fonction (n°s 18, 19, 32, cf. 26), et peuvent être rangés à ce titre dans la seconde catégorie de dédicants, celle des « étrangers » intraprovinciaux en mission temporaire, probablement présents sur le site dans le cadre de leur métier ; il en va autant d'un esclave impérial adjudicataire des carrières (n°s 21, 22), que ses activités professionnelles menèrent aussi bien au Mons Porphyrites qu'au Claudianus, où, « pour la sauvegarde et la victoire éternelle » de son patron, il voulut édifier respectivement deux *naos* au même dieu olympien d'Égypte, Zeus Hélios *mégas* Sarapis – il ne s'agissait nécessairement pas, dans ce cas de figure, d'un témoignage de piété envers la très ancienne divinité d'un terroir local, mais d'une initiative récente de « missionnaires » qui avaient affaire ponctuellement dans ces contrées désertes et peu peuplées. Enfin, le seul citoyen alexandrin du dossier (*Sosikosmios ho kai Althaieus*, n° 28) accomplit aussi son geste pieux dans le cadre des fonctions qu'il exerçait ; en effet, citoyen de la capitale résidant dans la métropole Xoïte, il avait endossé, sans doute volontairement [101], la charge locale de gymnasiarque, la plus prestigieuse et la plus coûteuse des magistratures municipales [102]. Sa volonté de distinction sociale par une attitude de générosité dispendieuse s'exprime d'ailleurs sans légèreté dans les tournures de la dédicace consacrant, sur un socle en forme de colonnette, la statue de Sarapis *polieus* qu'il fit vraisemblablement dresser dans le gymnase : « ayant offert pour cela, non seulement ce que l'on donne d'habitude, mais encore (tout) le reste de la dépense engagée par la suite, par souci de se distinguer » (l. 12-14).

Cela nous renvoie au dédicant ou à la dédicante alexandrin(e) de l'inscription du Kôm al-Cheikh Aḥmad. En finançant la construction d'un monument au profit d'un temple local, ce généreux donateur, soucieux de témoigner sa piété et son attachement à la *domus* impériale, manifestait publiquement la distance sociale qui le séparait du commun des Oasiens. Nous ne saurons peut-être jamais quelle tâche appelait sa famille aisée dans une contrée si reculée et éloignée des métropoles plus urbanisées de la vallée et du Delta – car aux yeux d'un citadin contemporain, les habitants des Oasis vivaient bien « au plus profond de l'Égypte » (ἐν τῷ βαθυτάτῳ τῆς Αἰγύπτου) [103]. Exactement vers la même époque, Flavius Josèphe accusait en effet Apion, auteur d'*Aigyptiaka* sous Tibère, de s'être indûment arrogé le statut d'Alexandrin alors que « né dans une Oasis d'Égypte », il était, « pourrait-on dire, le premier de tous les Égyptiens [104] ». Ce disant, Josèphe feignait d'ignorer que le droit de cité ne découle pas du lieu de naissance, pour mieux retourner contre son adversaire littéraire une de ses allégations – celui-ci avait prétendu que le peuple juif avait

99 De préférence aux « habitants de la région », auxquels songe É. BERNAND, dans H. Walter (éd.), *Hommages à Lucien Lerat*, 1, p. 83.

100 Le n° 32 doit être retiré du compte, puisqu'il est ultérieur à cette date, à laquelle tous les habitants libres de l'Empire deviennent nécessairement citoyens romains ; son prénom et son gentilice, M. Aurelius, montrent du reste qu'il est un citoyen « récent ».

101 D. DELIA, *Alexandrian Citizenship*, p. 32.

102 *Ibid.*, p. 106-107.

103 JOSÈPHE, *Contre Apion*, II, 41.

104 *Ibid.*, II, 29.

des origines égyptiennes. En réalité, l'anecdote révèle vraisemblablement le séjour oasien d'une famille d'Alexandrins, qu'une activité déterminée avait conduite loin de la capitale. De même, à Baḥariya, un certain Héracleidès, fils d'Héracleidès, du dème Eusebeios [105], consacra sous Tibère un monument au bénéfice de l'empereur (ὑπέρ + génitif) dans le grand sanctuaire d'Héraclès Kallinikos (Khonsou) et d'Ammon (nº 6), dont les ruines se situent sous le village d'Al-Qasr, à l'emplacement probable de l'antique Psôbthis, métropole romaine de la Petite Oasis. Mais dans le cas de cet autre Alexandrin, on sait ce qui l'amenait au fin fond de la *chôra*, puisqu'il y exerçait la haute fonction de stratège [106]. On évoquera aussi une inscription remployée comme banquette dans une ruelle du village d'Al-Zabou, que Fakhry définit comme « a part of a large lintel ». G. Wagner écrivait à propos de ce monument : « Nous avons pu examiner la pierre *in situ* et nous y avons reconnu une dédicace à l'empereur et à la Bonne Fortune ainsi que les anthroponymes Petronianus et Alexandros ; la paléographie et l'*iota* adscrit la datent de la haute époque romaine. Dans le village, nous avons repéré un grand fût de colonne et un beau chapiteau ptolémaïque qui constituent apparemment les derniers vestiges d'un temple [107]. » Il transcrivait ainsi la partie gauche du document, seule conservée :

ΥΠ[ΕΡΑΥΤΟΚΡΑΤΟΡΟΣΚΑΙΣΑΡΟΣ
ΚΑΙΤ.[(à la place du point, il notait une haste verticale et une barre horizontale médiane)
ΠΕΤΡ[Ω]ΝΙΑΙ.[
ΑΛΕΞΑΝΔΡΟΣ[
ΑΓΑΘΗΙΤΥΧΗ[Ι

On reconnaît en réalité, dans ce texte de cinq lignes vraisemblablement gravé sur un bloc de construction (un linteau ?), le même schéma que pour les inscriptions réunies dans notre *corpus* : à la première ligne, la titulature de l'empereur bénéficiaire des vœux de la dédicace ; à la deuxième, peut-être le début de la mention de la *domus* impériale – hypothèse à contrôler sur l'original [108] – ; ensuite, de la ligne 3 à la ligne 4, un long syntagme qui pouvait contenir le nom du ou des dédicants, puis, à la ligne 5, une formule en appelant à l'Agathè Tychè ; cette dernière, d'après des parallèles (nºs 24, tych, div, t, m, pr, a + ; 27, tych, t, pr, [lac]), n'était vraisemblablement pas, – non plus que l'empereur –, la destinataire de l'offrande (*contra* Wagner « dédicace à l'empereur et à la Bonne Fortune »), mais on l'invoquait seulement à titre propitiatoire ; le nom de la divinité dédicataire, s'il était réellement formulé, doit avoir disparu dans les lacunes.

Il est exclu que ce gros fragment constitue la partie gauche de l'inscription du Kôm al-Cheikh Aḥmad, malgré la proximité des deux sites [env. 2 km à vol d'oiseau (GPS)], le nombre de lignes identique et la structure du texte éventuellement compatible (la présence de l'épithète de victoire au début de notre ligne 5, plutôt qu'à la fin de la ligne 4, est hypothétique) : le bloc est en calcaire, non en

105 À cette époque et jusque vers le milieu du siècle, le démotique seul (sans le nom de la *phylè*) suffisait à identifier un citoyen d'Alexandrie ; cf. D. DELIA, *op. cit.*, p. 22.

106 G. BASTIANINI, J. WHITEHORN, *Strategi and Royal Scribes of Roman Egypt*, *Pap.Flor.* 15, Florence, 1987, p. 83.

107 G. WAGNER, *Les Oasis d'Égypte*, p. 205.

108 J'ai encore pu voir le bloc en place en 1998, mais il a depuis lors été entreposé à l'inspectorat de Bawîṭi.

grès, et, d'après la planche publiée par Fakhry [109], la paléographie en est clairement différente (*alpha* à barre droite majoritaire, barre médiane du *e psilon* attachée à la haste, *sigma* droit à deux angles, *ô méga* angulaire). En revanche, la forme des lettres est très proche de celles d'une dédicace impériale provenant de Baḥariya, déjà évoquée plus haut [110] (*alpha* à barre droite, *e psilon* à barre attachée à la haste, *sigma* droit à deux angles, *ô méga* angulaire très caractéristique, *o mikron* de grande dimension) ; cette dernière inscription fut érigée par l'empereur Domitien, l'an 9 de son règne (89/90 *p.C.*). Or si la lecture Πετρ[ω]νιαν̣[ός] proposée par G. Wagner pour la ligne 3 peut être exacte, il est aussi possible de couper les mots autrement : au lieu du *cognomen* Πετρωνιανός, sensiblement plus rare que le gentilice Πετρώνιος, rien n'empêche de supposer plutôt le gentilice féminin Πετρωνία [111], suivi d'une trace ascendante et d'une lacune. Dans cette hypothèse, on ne manquerait pas de remarquer que moins de deux ans plus tôt que la dédicace de Domitien (88 *p.C.*), à Kôm Ombo (n° 13), une riche citoyenne romaine du nom de Petrônia Magna, souhaitant concourir à la prospérité de l'empereur (ὑπέρ + génitif), offrit un sanctuaire (*hiéron*) à Aphrodite (Hathor), déesse la plus grande, en associant à ce geste de libéralité ses propres enfants restés anonymes (καὶ τὰ ταύτης τέκνα)... Cependant, en l'absence d'autres indices suggérant la présence de cette grande dame à Baḥariya, ces rapprochements – même date (très) approximative, même gentilice, même acte d'évergétisme dans le domaine religieux, même structure épigraphique de la dédicace – ne traduisent sans doute rien de plus que de banales coïncidences et ce n'est qu'avec la plus grande circonspection que l'on serait tenté d'aller plus loin en restituant :

Ὑπ[ὲρ Αὐτοκράτορος Καίσαρος [Δομιτιανοῦ] Σεβαστοῦ [Γερμανικοῦ]]
καὶ το̣[ῦ παντὸς αὐτοῦ οἴκου --]
Πετρωνία Μ̣[άγνα καὶ τὰ ταύτης τέκνα ὁ/ἡ δεῖνα καὶ ὁ/ἡ δεῖνα (*vel similis*) καὶ]
Ἀλέξανδρος [---]
Ἀγαθῆι τύχη[ι --]

2 Forme de la lettre suivant le *tau* à vérifier sur l'original.

3-4 À la différence de sa précédente dédicace, Petrônia Magna aurait nommé individuellement ses enfants, dont au moins un aurait un *cognomen* d'origine grecque ; d'autres hypothèses et d'autres combinaisons sont évidemment possibles pour expliquer la mention de cet Alexandros.

4 Il conviendrait de vérifier la lecture de G. Wagner pour s'assurer que la dernière lettre est bien un *sigma*, et non un *u psilon* (génitif).

Quoi qu'il en soit, la dédicace, le fût et le chapiteau de colonne d'Al-Zabou attestent la présence d'un temple à proximité et l'évergétisme démonstratif d'un(e) possible citoyen(ne) romain(e). Les blocs proviennent vraisemblablement dès l'origine des environs du village, mais on ne saurait exclure que les habitants les aient récupérés sur un site voisin, entre autres exemples au Kôm al-Cheikh Aḥmad, distant d'environ 2 km à vol d'oiseau (GPS).

109 A. FAKHRY, *Baḥria Oasis*, II, p. 81, fig. 66.
110 *Ibid.*, II, pl. XLIX, A.
111 Pour ces noms, voir, *s.v.*, PREISIGKE, *Namenbuch*, col. 321 ; FORABOSCHI, *Onomasticon*, p. 256.

Ici se termine l'étude proprement épigraphique du monument. Mais les conclusions auxquelles nous sommes arrivés invitent à réexaminer les travaux effectués par Ahmed Fakhry lors de ses prospections à l'est du massif formé par les Gebel Mandicha et Maʿsara. D'une façon générale, il n'est pas toujours aisé d'identifier dans la topographie actuelle les sites sur lesquels le savant pratiqua des fouilles, parfois très ponctuelles et décrites de façon laconique. Une des difficultés provient du fait que les plans de situation schématiques (angles et distances séparant les sites et les sources) publiés dans *Baḥria Oasis* I et II furent réalisés par Aly Effendi Abdullah [112], que Fakhry n'accompagnait vraisemblablement pas dans tous ses cheminements, circonstances peu propices à l'homogénéité entre les plans et le commentaire : il est étrange, par exemple, que le savant semble ignorer l'existence du fort de Qaret el-Toub, alors que le toponyme apparaît sur le plan publié à la fig. 10.2 de son ouvrage. Certains sites réputés disparus sous les sables ressuscitent subitement lorsqu'on s'adresse à un nouvel informateur [113], tandis que d'autres, réellement ensablés, ne peuvent plus être recherchés que grâce aux souvenirs d'un « ancien » jadis engagé comme ouvrier par Ahmed Fakhry [114]. La toponymie mouvante, dans un environnement aride à cultures irriguées, pose également des problèmes, surtout lorsqu'un « étranger » à l'Oasis se renseigne sur un nom en interrogeant au hasard les passants. Enfin, quelques coquilles d'impression et de probables confusions dans les notes et documents établis sur place par le savant achèvent de compliquer la tâche du lecteur. Ainsi, la photographie publiée à la planche L, b, n'a manifestement rien à voir avec le site de Qasr ʿAllam qu'elle est censée illustrer, et l'on n'oserait même pas affirmer qu'elle provienne de Baḥariya... Dans d'autres cas, une erreur se reproduit à la fois dans l'illustration et dans le commentaire : les noms proches de deux toponymes, Qaret Faruj et Qaret al-Fararji, non seulement ont été intervertis sur un plan de situation p. 26, fig. 9, mais la confusion entre le « poulet » et le « vendeur de poulet » se maintient encore dans tout le chapitre « The Ibis-Burial at Ḳaret el-Faragi », qui traite en réalité d'un hypogée creusé sur le site de Qaret Faruj.

C'est avec ce contexte à l'esprit qu'il convient de se pencher sur le chapitre de *Baḥria Oasis* II consacré aux environs du Kôm al-Cheikh Aḥmad. Tel quel, ce toponyme n'apparaît nulle part dans l'ouvrage. Il est à peu près certain, en revanche, que le site est positionné sur le plan schématique publié à la p. 103, fig. 91, sous le nom de « Kôm Gebrîn » [fig. 2]. En effet, la nécropole de ʿAyn Maghrabiya, bien identifiée dans la topographie actuelle, y fournit un point de repère fiable ; si l'on suppose que le nord, omis sur le plan, se situe vers le haut de la page [115], le cap à suivre pour rejoindre le Kôm Gebrîn depuis ʿAyn Maghrabiya serait approximativement de 296° nord/ouest et la distance à parcourir à vol d'oiseau, d'un peu moins de 825 m, car la source de ʿAyn al-Balad, légèrement décalée vers le nord du trajet, est séparée des deux sites de respectivement 420 et 405 m d'après les cotes indiquées sur le schéma. Or les points enregistrés au GPS au Kôm al-Cheikh Aḥmad et à Qaret Maghrabiya (près de la source homonyme) supposent un angle et une distance très proches : 301° nord/ouest et 710 m. Cette conclusion n'est pas sans importance

112 A. FAKHRY, *Baḥria Oasis*, II, p. VI.

113 Fr. COLIN, D. LAISNEY, S. MARCHAND, *BIFAO* 100, p. 153, n. 28.

114 Voir mon rapport de mission, publié dans B. MATHIEU, à la fin de la présente revue.

115 Cette hypothèse est confirmée par la position relative d'Al-Zabou et de ʿAyn Maghrabiya.

pour l'interprétation de notre inscription, car A. Fakhry découvrit au « Kôm Gebrîn » (selon sa nomenclature) un imposant linteau anépigraphe en grès et deux chapelles, dont l'une possédait des murs construits en pierre et l'autre, des murs en briques crues et des montants de pierre :

« *Since my first visit to Baḥria, I came across an ancient site called by some people Kom Gebrin and by others Kom Abdel-Karîm. Here stood one day a stone temple in the midst of a small village whose cemetery is at the site known as Ḳaret Maghrabieh, where several rock tombs can be seen. I excavated this site in November 1946, and found that the large stone which marked this site was the lintel of a stone chapel which was composed of two chambers and opened north. Behind the stone building, and at a distance of 39 metres stood another chapel whose walls are of mud-brick and only the two jambs of the doorway are built of stone. The height of the existing walls was not more than sixty centimetres and the result of the excavations was not very satisfactory. No remains of any inscribed stones were found, only fragments of vase and a few badly preserved ostraca and some beads are all that was revealed from the work ; the date can be Ptolemaic* [116]. »

Cette description est accompagnée du plan partiel des deux bâtiments, dont sont notamment représentées deux portes dont l'embrasure est proche de deux mètres (p. 105, fig. 94). On se demandera dès lors naturellement si la construction que dédicaçait l'inscription du Kôm al-Cheikh Aḥmad n'appartenait pas à l'ensemble cultuel fouillé par A. Fakhry ; des deux photographies du « Kom Abdel-Karîm » alias « Gebrîn » publiées par l'auteur, l'une est peu lisible (p. 105, fig. 93), mais l'autre (pl. LV, a) montre à l'avant-plan une zone de sédiments sableux sur lesquels gît le linteau, en bordure d'une palmeraie assez clairsemée visible à l'arrière-plan ; ce paysage est compatible avec ce que l'on peut voir aujourd'hui au Kôm al-Cheikh Aḥmad. En outre, la proximité de ce site et de Qaret Maghrabiya (0,71 km GPS) expliquerait l'interprétation de Fakhry, qui y voyait un village et son cimetière.

La question est cependant plus délicate, car les toponymes Kôm 'Abd al-Karîm et Kôm Gebrîn sont encore réellement connus aujourd'hui [117], mais ils seraient situés dans une zone proche du village moderne de Qabala et des hypogées anciens de Sîgam, situés à respectivement 0,95 km (GPS) et 1,54 km (GPS) vers le sud (155° et 185°) de Qaret Maghrabiya, c'est-à-dire dans une direction presque opposée au Kôm al-Cheikh Aḥmad... et à la position indiquée sur le plan schématique de Fakhry (p. 103, fig. 91). Si la localisation admise par les informateurs actuels est exacte, deux faits paraissent établis : le Kôm positionné sur le plan (p. 103, fig. 91) [notre fig. 2] est en réalité le site dont provient notre dédicace grecque ; d'autre part, *Baḥria Oasis* II, p. 103-104, comporte une erreur de toponymie. Mais jusqu'où la confusion porte-t-elle ? Si l'erreur affecte seulement le plan, où « Gebrîn » se serait substitué à « al-Cheikh Aḥmad », les toponymes Kôm 'Abd al-Karîm et Kôm Gebrîn mentionnés dans le commentaire seraient exacts ; dans cette hypothèse, le site fouillé par Fakhry ne serait pas le Kôm al-Cheikh Aḥmad. Mais on comprend mal, dans ces conditions,

116 A. FAKHRY, *Baḥria Oasis*, II, p. 103-105.

117 D'après une conversation téléphonique du 23/06/2004 avec M. 'Ayadi (CSA, inspectorat de Bawîṭi), que je remercie d'avoir interrogé à ce propos un habitant de Mandicha.

pourquoi le savant illustra son texte au moyen de la fig. 91, qui localise par rapport aux sources principales le Kôm situé au *nord/ouest* de Maghrabiya. Si, en revanche, l'inversion de toponymes porte de façon cohérente à la fois sur l'illustration et sur le commentaire, comme dans le chapitre consacré à la nécropole des ibis (Fararji > Faruj), il convient de restituer partout le nom du Kôm al-Cheikh Aḥmad, et d'identifier les chapelles découvertes par Fakhry au temple bénéficiaire de la générosité de notre évergète alexandrin. De nouvelles observations sur le terrain devraient permettre de trancher cette question.

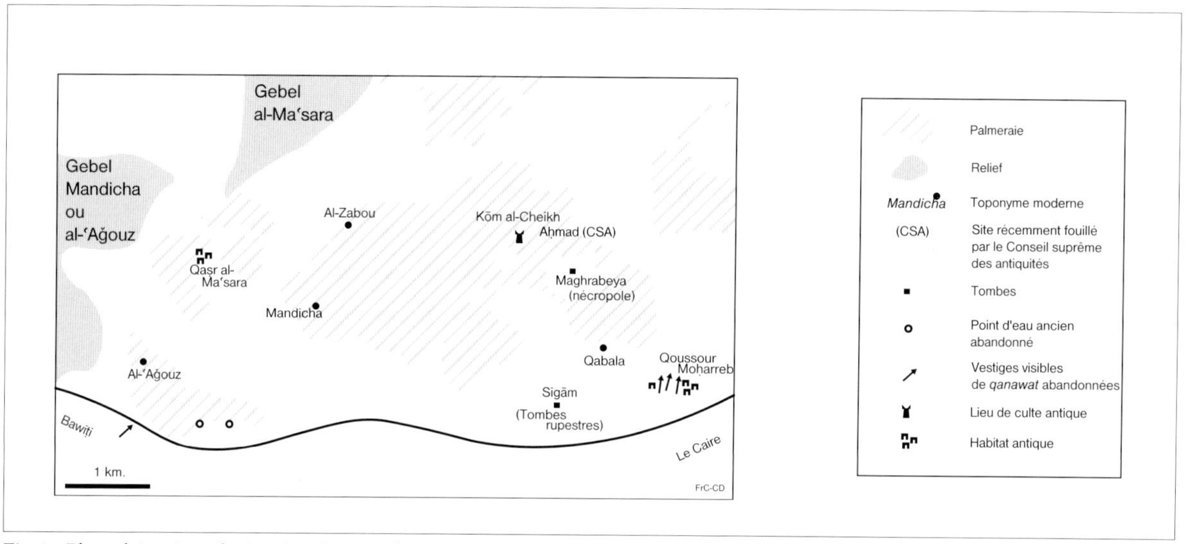

Fig. 1. Plan schématique de situation des sites des environs du Kôm al-Cheikh Aḥmad mentionnés dans le texte. Les coordonnées des sites ont été prises au GPS.

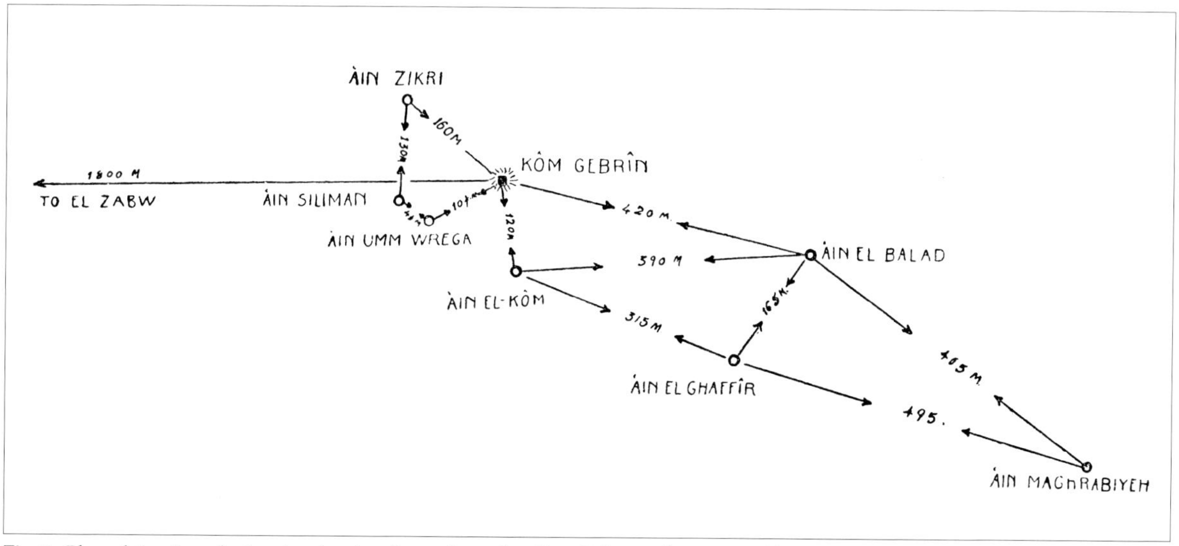

Fig. 2. Plan schématique de situation des sites des environs du « Kôm Gebrîn » d'après A. Fakhry, *Baḥria Oasis*, II, *The Egyptian Deserts*, Le Caire, 1950, p. 103, fig. 91.

Fig. 3. Face de parement du bloc inscrit. Cliché Fr. Colin, 2004.

. 4. Face de joint droite du bloc inscrit. Cliché Fr. Colin, 2004.

Fig. 5. Face de joint gauche du bloc inscrit. Cliché Fr. Colin, 2004.

. 6. Lit d'attente du bloc inscrit. Cliché Fr. Colin, 2004.

Fig. 7. Lit de pose du bloc inscrit. Cliché Fr. Colin, 2004.

a.
ΥΠΕΡΑΥΤΟΚΡΑΤΟΡΟΣΚΑΙΣΑΡΟΣΔΟΜΙΤΙΑΝΟΥΣΕΒΑΣΤΟΥΓΕΡΜΑΝΙΚΟΥ
ΚΑΙΤΟΥΠΑΝΤΟΣΑΥΤΟΥΟΙΚΟΥ
ΕΠΙΜΑΡΚΟΥΙΟΥΝΙΟΥΡΟΥΦΟΥΕΠΑΡΧΟΥΑΙΓΥΠΤΟΥ
ΤΟΥΚΑΙΑΛΘΑΙΕΩΣ
ΑΥΤΟΚΡΑΤΟΡΟΣΚΑΙΣΑΡΟΣ
ΠΙ ΥΣΕΒΑΣΤΟΥΓΕΡΜΑ
ΝΙΚΟΥ
ΕΠΑΓΑ
b.
ΥΠΕΡΑΥΤΟΚΡΑΤΟΡΟΣΚΑΙΣΑΡΟΣΔΟΜΙΤΙΑΝΟΥΣΕΒΑΣΤΟΥΓΕΡΜΑΝΙΚΟΥΚΑΙΤΟΥ
ΠΑΝΤΟΣΑΥΤΟΥΟΙΚΟΥ
ΕΠΙΜΑΡΚΟΥΙΟΥΝΙΟΥΡΟΥΦΟΥΕΠΑΡΧΟΥΑΙΓΥΠΤΟΥ
ΤΟΥΚΑΙΑΛΘΑΙΕΩΣ
ΑΥΤΟΚΡΑΤΟΡΟΣΚΑΙΣΑΡΟΣ
ΠΙ ΥΣΕΒΑΣΤΟΥΓΕΡΜΑΝΙΚΟΥ
ΕΠΑΓΑ
c.
ΥΠΕΡΣΩΤΗΡΙΑΣΚΑΙΑΙΩΝΙΟΥΝΙΚΗΣΤΟΥΚΥΡΙΟΥΗΜΩΝΑΥΤΟΚΡΑΤΟΡΟΣΚΑΙΣΑΡΟΣΔΟΜΙΤΙΑΝΟΥΣΕΒΑΣΤΟΥΓΕΡΜΑΝΙΚΟΥ
ΚΑΙΤΟΥΠΑΝΤΟΣΑΥΤΟΥΟΙΚΟΥ
ΕΠΙΜΑΡΚΟΥΙΟΥΝΙΟΥΡΟΥΦΟΥΕΠΑΡΧΟΥΑΙΓΥΠΤΟΥ
ΤΟΥΚΑΙΑΛΘΑΙΕΩΣ
ΑΥΤΟΚΡΑΤΟΡΟΣΚΑΙΣΑΡΟΣ
ΠΙ ΥΣΕΒΑΣΤΟΥΓΕΡΜΑ
ΝΙΚΟΥ
ΕΠΑΓΑ
0
1 m
1 : 20 FrC

Fig. 8. Trois hypothèses de reconstitution (non exhaustives) en fonction de la longueur des formules et de la découpe des mots.
Dimensions du champ épigraphique : a. 3,08 × 0,36 m ; b. 3,32 × 0,36 m ; c. 5,06 × 0,36 m.

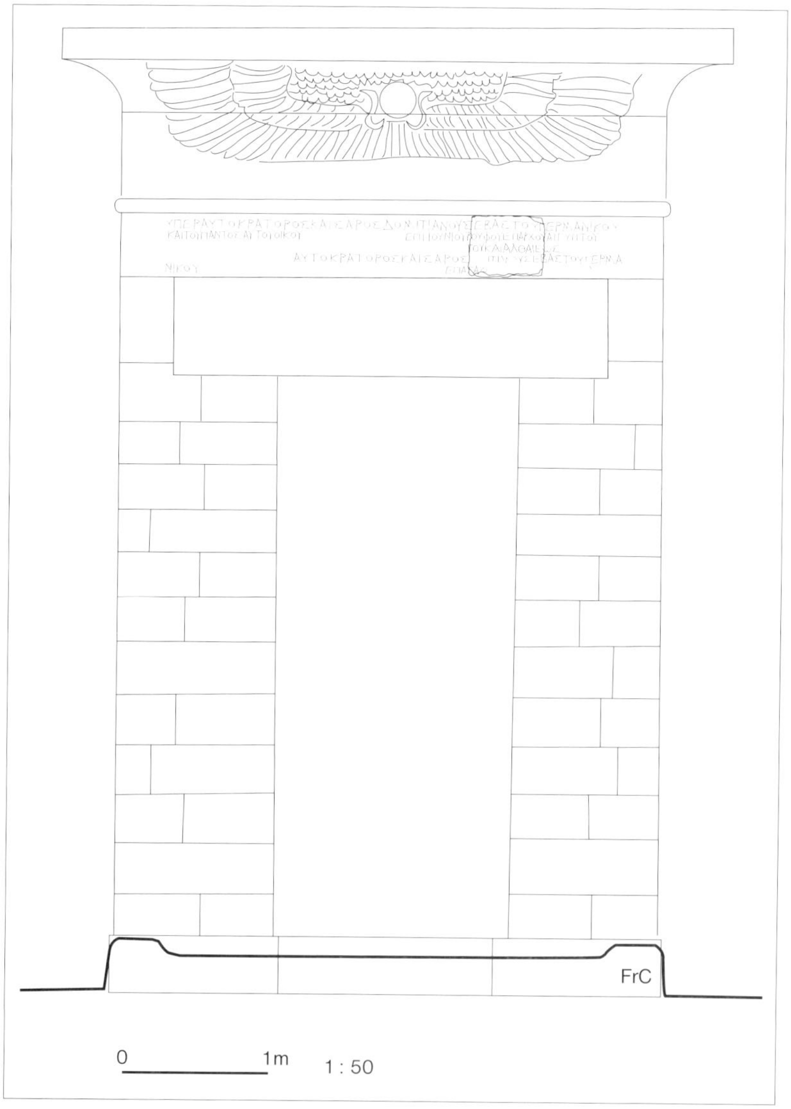

Fig. 9. Reconstitution très hypothétique d'une position possible du bloc inscrit dans la maçonnerie d'une porte, d'après un dessin d'A. Lemaire, dans M. Reddé *et alii*, *Douch III. Kysis. Fouilles de l'Ifao à Douch, Oasis de Kharga (1985-1990)*, *DFIFAO* 42, Le Caire, 2004, plan h. t. 4.

Fig. 10. Détail de l'angle inférieur gauche du bloc inscrit, *damnatio memoriae* de Domitien. Cliché Fr. Colin, 2004.

La chapelle d'Osiris Ounnefer Neb-Djefaou à Karnak

Rapport préliminaire des fouilles et travaux 2000-2004

Laurent COULON, Catherine DEFERNEZ

SITUÉE en périphérie du grand temple d'Amon de Karnak, la chapelle d'Osiris Ounnefer Neb-Djefaou, érigée à la XXVIe dynastie sous le pontificat de la divine adoratrice Ankhnesnéferibrê, n'a fait l'objet, depuis son dégagement au XIXe siècle, d'aucune publication d'ensemble de ses inscriptions ni étude archéologique. Dans le cadre d'un projet consacré au développement du culte osirien à Karnak, elle est fouillée et étudiée depuis 2000 par une mission épigraphique et archéologique bénéficiant du soutien du Cfeetk et de l'Ifao [1]. Nous nous proposons ici d'exposer les premiers résultats des quatre campagnes effectuées entre 2000 et 2004 [2]. L'accent est mis ici sur l'aspect archéologique de la mission : l'étude des décors de la chapelle dépassant largement le cadre de cet article [3], elle ne sera que ponctuellement évoquée pour remettre en contexte certains blocs épigraphiés, découverts lors des fouilles. L'histoire récente du monument a entraîné la perte d'une grande partie des structures en brique de différentes époques qui l'entouraient et c'est à travers les faibles vestiges en place qu'il s'agit de percevoir la configuration originelle de l'édifice et son évolution. C'est cette problématique qui a présidé à la fouille, dont les premières conclusions sont exposées ici, après une présentation générale du site. Par ailleurs, à la bordure ouest de la chapelle, et très probablement en connexion avec elle, un bâtiment en briques crues relativement imposant a été partiellement dégagé ; il fait l'objet ici de la troisième partie de ce rapport.

1 Nous remercions N. Grimal et F. Larché, directeurs du Cfeetk, et B. Mathieu, directeur de l'Ifao, pour l'aide qu'ils ont apportée à ce projet.

2 La mission était composée de L. Coulon, égyptologue, chef de chantier, C. Defernez, archéologue-céramologue, P. Zignani, architecte, avec la collaboration de : A. Masson, M. Millet (2000), L. Vallières (2001), archéologues ; P. Rieth, topographe, (2000-2001) ; L. Baqué (2003-2004), V. Chaigneau (2000-2001), É. Laroze (2004), architectes ; S. Donnat, I. Régen (2004), E. Rickal (2000-2001), égyptologues ; P. Maritaux (2000-2003), A. Asperti, E. Blanc, A. Oboussier, M. Nicolas, C. Sagouis (2004), restauratrices ; A. Chéné (2000-2004), G. Bancel (2001-2002), Ph. Groscaux (2000), G. Polin (2003-2004), photographes ; R. Migalla, dessinateur. Le CSA était représenté par la direction égyptienne du Cfeetk, MM. Holeil Ghaly, Ibrahim Soleiman et Hamdi Ahmad Abd al-Galil. Les relevés architecturaux, ainsi que certains relevés de fouille, ont été réalisés par P. Zignani. L. Coulon et C. Defernez ont assuré la numérisation et la composition des plans.

3 Pour un premier aperçu des éléments du décor, voir L. COULON, « Un aspect du culte osirien à Thèbes à l'époque saïte. La chapelle d'Osiris Ounnefer "maître des aliments" », *Égypte. Afrique & Orient* 28, février 2003, p. 47-60.

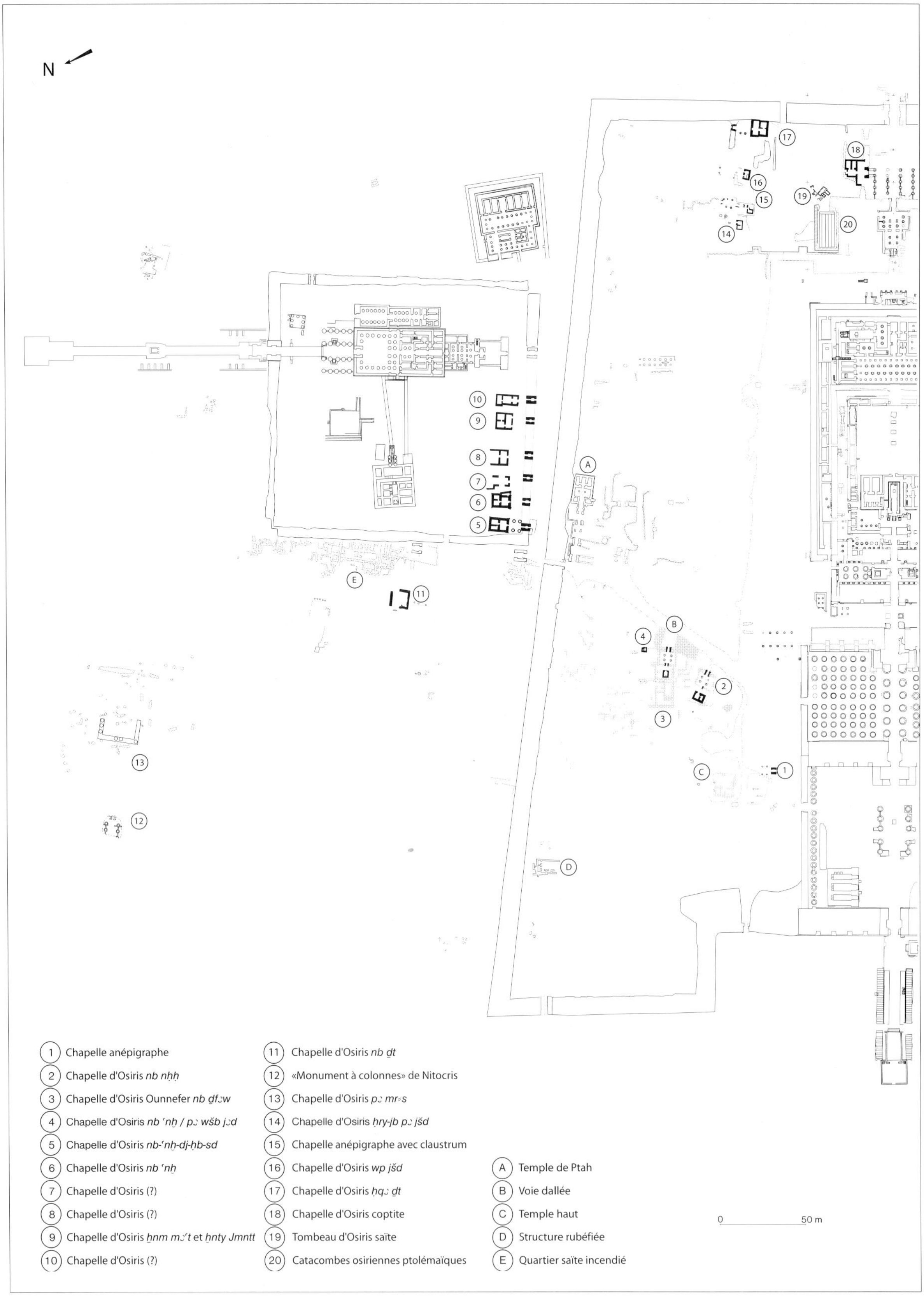

Fig. 1. Plan : Les édifices osiriens dans le secteur nord de Karnak.

I. Présentation du site

A. *Les chapelles osiriennes du secteur nord de Karnak*

La chapelle d'Osiris Ounnefer Neb-djefaou s'insère dans un réseau d'édifices dédiés au culte d'Osiris qui se sont multipliés aux abords du temple d'Amon de Karnak à partir de la Troisième Période intermédiaire. Si on se limite à la partie nord du temenos d'Amon ainsi qu'au domaine de Montou et à ses alentours [fig. 1] [4], quatre groupes peuvent être commodément distingués, ce qui n'implique pas que ces ensembles soient isolés les uns des autres. Cette liste exclut les chapelles démantelées dont les éléments ont été découverts réemployés, mais qui ne sont pas localisables précisément.

Les chapelles situées entre la grande salle hypostyle et le temple de Ptah

1. Chapelle anépigraphe typologiquement très proche des chapelles osiriennes d'Ankhnesnéferibrê [5].
   Date inconnue.
2. Chapelle d'Osiris maître de l'éternité (*nb nḥḥ*) [6].
   XXVIe dyn. - Ankhnesnéferibrê/Amasis-Psammétique III.
3. Chapelle d'Osiris Ounnefer maître des aliments (*nb ḏfꜣw*).
   XXVIe dyn. - Ankhnesnéferibrê/Amasis.
4. Chapelle d'Osiris maître de la vie/celui qui sauve le malheureux (*nb ʿnḫ/pꜣ wšb jꜣd*) [7].
   XXVe dyn. - Chépénoupet II/Taharqa.

Les chapelles situées dans l'enceinte du domaine de Montou

5. Chapelle d'Osiris neb-ânkh-di-hebsed [8].
   XXVIe dyn. - Nitocris.
6. Chapelle d'Osiris maître de la vie (*nb ʿnḫ*) [9].
   XXVe dyn. - Aménirdis.
7. Chapelle d'Osiris (?) [10].
   Date inconnue.
8. Chapelle d'Osiris (?) [11].
   Date inconnue. Présence d'un remploi au nom de Néphéritès (XXIXe dyn.).

4 Ce plan d'ensemble a été réalisé à partir des documents suivants : Plan général de Karnak (J.-Fr. CARLOTTI, *L'Akh-menou de Thoutmosis III à Karnak. Étude architecturale*, Paris, 2001, pl. I) ; plan de Karnak-Nord au XIXe s. par A. Mariette (*Karnak. Étude topographique et archéologique*, Leipzig, 1875, pl. 1) ; en 1949 par Cl. Robichon (L.A. CHRISTOPHE, *Karnak-Nord* III, *FIFAO* 23, Le Caire, 1951, pl. L) ; plan de Karnak-Nord réalisé par P. Deleuze vers 1990 (utilisé avec l'aimable autorisation de L. Gabolde et V. Rondot) ; plan de la zone nord-est de Karnak en 1993 par Fr. Leclère (L. COULON, Fr. LECLÈRE, S. MARCHAND, « "Catacombes" osiriennes de Ptolémée IV à Karnak », *CahKarn* 10, 1995, pl. I.) ; différents plans topographiques IGN et Cfeetk, dont la numérisation a été réalisée par P. Rieth.

5 P. BARGUET, *Le temple d'Amon-Rê à Karnak. Essai d'exégèse*, *RAPH* 21, Le Caire, 1962, p. 14, n. 3 et plan 1 (« chapelle éthiopienne »).

6 PM II^2, 192-193.

7 PM II^2, 194-195.

8 PM II^2, 13-14 (Chapel a).

9 PM II^2, 14-15 (Chapel b).

10 PM II^2, 15 (Chapel c).

11 PM II^2, 15 (Chapel d).

9. Chapelle d'Osiris *ḫnm-mꜣʿt* et *ḫnty-Jmntt* [12].
   XXIIe dyn. Karomama/Osorkon II-Takélot II.
10. Chapelle d'Osiris (?) [13].
   XXVe dyn. - Taharqa.

Les chapelles situées à l'ouest du domaine de Montou et à proximité du village de Malgatta

11. Chapelle d'Osiris maître de l'éternité-*ḏt* (*nb ḏt*) [14].
   XXVe dyn. - Amenirdis Ier - Chépénoupet II/Taharqa.
12. « Monument à colonnes de Nitocris [15] ».
   XXVIe dyn. - Nitocris.
13. Chapelle d'Osiris *Pꜣ-mr-s* « Celui qu'elle (= Isis) aime ».
   XXVIe dyn. - Ankhnesnéferibrê/Psammétique III.

Les chapelles du secteur nord-est du temple d'Amon

14. Chapelle d'Osiris-au-cœur-de-l'arbre-*jshed* (*ḥrj-jb pꜣ-jšd*) [16].
   XXVe dyn. - Chépénoupet II.
15. Chapelle anépigraphe avec *claustrum*.
   XXIe dyn. (?).
16. Chapelle d'Osiris qui inaugure l'arbre-*jshed* (*wp-jšd*).
   XXIIe-XXIIIe dyn. - IVe s. av. J.-C.
17. Chapelle d'Osiris souverain de l'éternité-*ḏt* (*ḥqꜣ ḏt*) [17].
   XXII-XXIIIe dyn. - XXVe dyn.
18. Chapelle d'Osiris coptite [18].
   XXVe dyn. - Ier s. av. J.-C. - Ier s. apr. J.-C.

Ces chapelles s'organisent à l'évidence autour d'axes ou de points centraux : le cas le plus clair est celui du secteur nord-est où les édifices rayonnent autour de la nécropole osirienne de la Grande Place, abritant les sépultures des figurines du dieu enterrées rituellement au mois de Khoïak. Dans l'enceinte de Karnak-Nord, les chapelles s'alignent le long d'un axe de circulation est-ouest, s'ouvrant sur un couloir séparant la partie méridionale du domaine de Montou de l'enceinte nord du temenos d'Amon [19]. Pour ce qui est des chapelles à l'ouest du domaine de Montou, leur relation ne peut être déterminée mais un lien avec l'accès au Nil est probablement à envisager. Quant à l'ensemble situé au nord de la salle hypostyle [fig. 2], les chapelles semblent s'organiser autour

12 PM II^2, 15 (Chapel e).

13 PM II^2, 15 (Chapel f).

14 PM II^2, 17-19 ; M. DEWACHTER, « À propos de quelques édifices méconnus de Karnak-Nord », *CdE* LIV/107, 1979, p. 17-22.

15 Pour ce monument et le suivant, voir PM II^2, 19-20 ; M. DEWACHTER, *op. cit.*, p. 12-15 ; voir aussi L. COULON, *Égypte. Afrique & Orient* 28, 2003, p. 48 et n. 12, p. 58.

16 Pour cette chapelle et les deux suivantes, souvent confondues, voir PM II^2, 202-204.

17 PM II^2, 204-206 ; D.B. REDFORD, « An Interim Report on the Second Season of Work at the Temple of Osiris, Ruler of Eternity, Karnak », *JEA* 59, 1973, p. 16-30 ; N. IMBERT, « La restauration de la chapelle d'Osiris *Heqa-Djet* », *CahKarn* 11, 2003, p. 469-486.

18 PM II^2, 207.

19 L.A. CHRISTOPHE, *Karnak-Nord* III, *FIFAO* 23, Le Caire, 1951, p. 9-13.

d'un axe de circulation sud-nord en direction du temple de Ptah ou de Karnak-nord, matérialisé dans son dernier état par une voie dallée. Sur le plan théologique, des relations peuvent être mises en évidence entre certains des édifices, notamment la chapelle d'Osiris Ounnefer Neb-djefaou et la chapelle d'Osiris maître de vie/celui qui sauve le malheureux dont les programmes décoratifs révèlent un lien étroit avec les rites abydéniens [20]. Mais une des clés pour la compréhension du fonctionnement de ces chapelles réside très probablement dans la vaste « butte » à laquelle elles s'adossent, butte qui occupe en l'état actuel la zone délimitée par l'enceinte de Nectanébo au nord, la voie de Ptah à l'est, l'espace en bordure de la grande salle hypostyle au sud et l'actuel Musée de Plein Air à l'ouest, secteur très largement inexploré. L'une des hypothèses qui s'est imposée au cours de nos travaux est en effet que ces chapelles pouvaient se trouver en relation avec des bâtiments se trouvant derrière elles et les surplombant de plus de trois mètres.

B. *La zone nord-ouest de Karnak*

De prime abord, cette zone nord-ouest de Karnak présente un aspect tout à fait chaotique. Elle a de fait été perturbée par plusieurs interventions au XIXe siècle et au début du XXe siècle. Les *sebbakhins* ont largement exploité le secteur, et cela d'ailleurs dans certains cas à l'initiative des archéologues chargés du site, satisfaits d'opérer des dégagements sans devoir les financer. C'est ainsi que G. Legrain a pu faire procéder au dégagement de la partie nord-ouest de l'enceinte d'Amon [21] comme du temple de Ptah [22]. Par ailleurs, la zone nord-ouest fut exploitée pour fournir la terre nécessaire à l'édification de rampes destinées au remontage de la grande salle hypostyle à la suite de la catastrophe de 1899 [23]. Le budget alloué à cette restauration permit indirectement de procéder à des dégagements [24] : c'est ainsi que le déblaiement du temple de Ptah est achevé [25] et que différents édifices ou objets sont découverts : la chapelle d'Osiris maître de vie/celui qui sauve le malheureux (*nb ʿnḫ/pꜣ wšb jꜣd*) ; la chapelle anépigraphe immédiatement au nord de la salle hypostyle [26] ; enfin, plusieurs stèles et statues, dont le célèbre groupe de Sennefer et Senetnay (Caire CG 42126) [27], probablement disposé au sein d'une structure en briques crues plus tardive [28].

20 L. COULON, *Égypte. Afrique & Orient* 28, 2003, p. 57.

21 « Pour obtenir ce résultat, il a fallu exproprier un hameau de dix-neuf maisons, juché à l'angle Nord-Ouest du mur d'enceinte, sur une butte appelée le Moulgattah. Nous y avons réussi, moyennant une somme de 38 L.E. Le terrain a ensuite été livré aux chercheurs de sébakh, et, en moins de six mois, l'énorme butte a été emportée sac à sac sur le dos des chameaux et des ânes. À l'activité déployée dans la prise, tant par les paysans de Karnak que par les étrangers qui en trafiquent, on peut prévoir que quatre ou cinq années suffiront à débarrasser Karnak de tout ce qu'il contient encore de cet engrais. » (G. LEGRAIN, « Rapport sur les travaux exécutés à Karnak pendant l'hiver de 1900-1901 », *ASAE* 2, 1901, p. 170).

22 G. LEGRAIN, « Le temple de Ptah Rîs-Anbou-F dans Thèbes », *ASAE* 3, 1902, p. 45.

23 G. LEGRAIN, *ASAE* 5, 1904, p. 269 : « Selon la règle du Service, la terre destinée au remblai fut prise dans un endroit inexploré de Karnak, au nord de la salle hypostyle. » Sur ces travaux, voir aussi M. AZIM, G. RÉVEILLAC, *Karnak dans l'objectif de Georges Legrain*, Paris, 2004, p. 149-178.

24 « (...) cette masse de terre était prise dans les parties du temple à déblayer, de sorte que le travail était donc à double fin : le terrassement tenait lieu en même temps de fouille. » (P. LACAU, « Georges Legrain (1865-1917) », *ASAE* 19, 1920, p. 111).

25 G. LEGRAIN, *ASAE* 3, 1902, p. 45.

26 *Id.*, *ASAE* 5, 1904, p. 269.

27 Trouvé en décembre 1903 ; cf. *id.*, *Statues et Statuettes de rois et de particuliers* I, *CGC*, Le Caire, 1906, p. 78 : « Le déblaiement a montré depuis qu'un monument en briques crues existait en cet endroit. Nous n'avons pu encore en déterminer un plan certain. »

28 M. EATON-KRAUSS, « The Fate of Sennefer and Senetnay at Karnak Temple and in the Valley of the Kings », *JEA* 85, 1999, p. 113-129 ; *id.*, « Correction », *GöttMisz* 180, 2001, p. 5 ; M. AZIM, G. RÉVEILLAC, *op. cit.*, I, p. 331 (K1). Que le groupe statuaire de Pacherientaisouy (K5 = Caire JE 36576) puisse provenir d'un secteur proche paraît plus improbable (*ibid.*, p. 331-332). Les inscriptions ne laissent en tout cas supposer aucun rapport avec le culte osirien (voir dernièrement I. GUERMEUR, dans ce *BIFAO* 104).

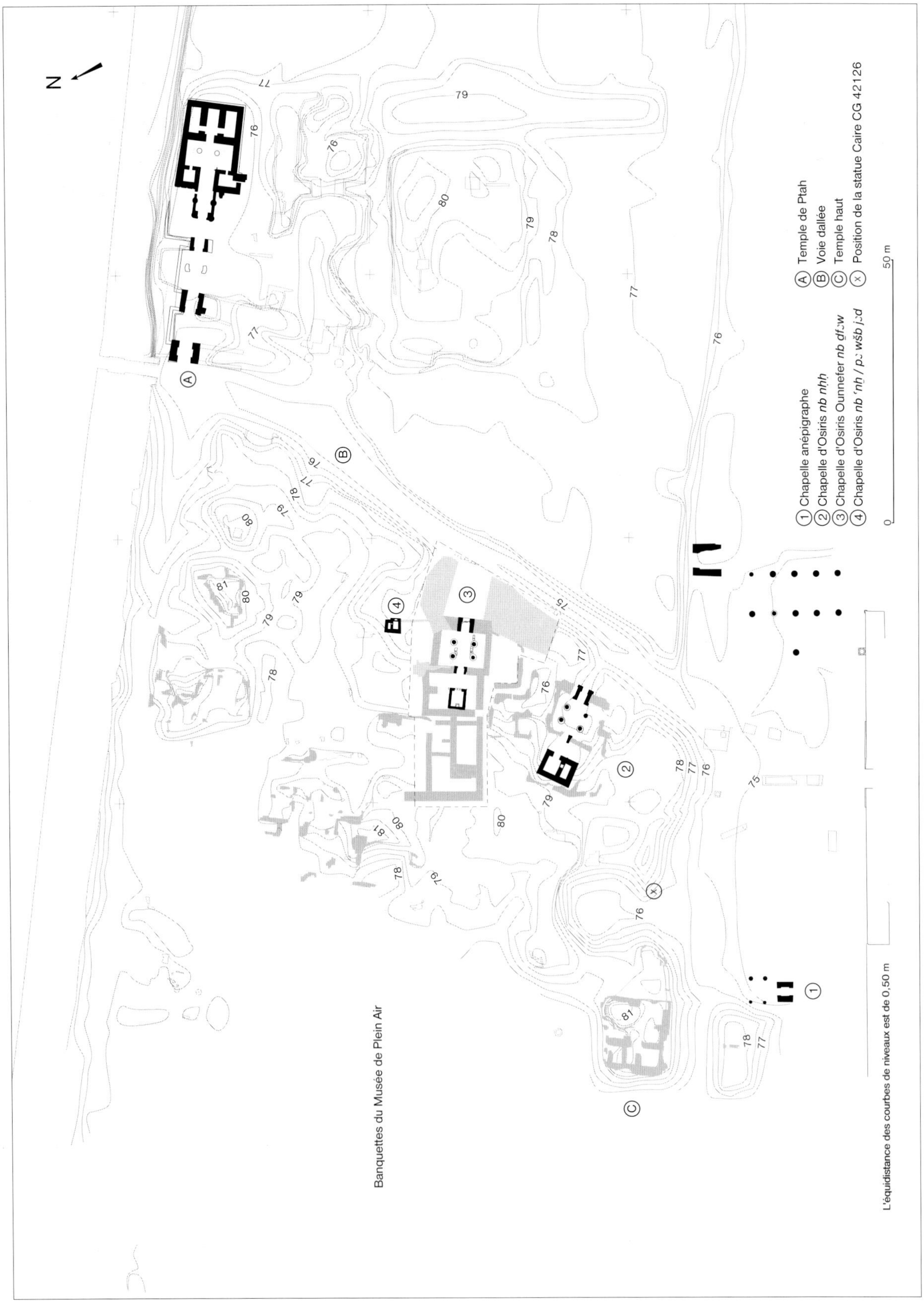

Fig. 2. Les chapelles osiriennes de la « voie de Ptah » et leur contexte topographique.

Cette dernière découverte peut être très précisément localisée, grâce aux indications de Legrain (cf. fig. 2, X), dans un secteur où s'ouvre actuellement une large dépression, probablement consécutive à l'extraction de terre.

Dans les années 1880, le secteur nord-ouest du temple avait été aussi le lieu d'une « chasse aux ostraca » : G. Maspero donne un récit pittoresque de la manière dont opérait la vingtaine d'ouvriers engagés par ses soins pour récolter un maximum de ces objets, travaux encouragés par les découvertes récentes des *sebbakhins* [29]. Une zone située au sud de la partie nord de la grande enceinte et quelques dizaines de mètres à l'ouest du temple de Ptah fournit des ostraca « au nombre de plus de quatre cents fragments, la plupart grecs et démotiques, quelques-uns coptes » qui furent envoyés au Musée du Caire. Des structures en briques crues associées aux dépôts d'ostraca furent identifiées par Maspero comme des maisons. En l'absence d'une étude systématique de ces ostraca comme de relevés archéologiques, il est difficile d'en dire plus. Il faut également prendre en compte le fait que certains ostraca pouvaient être réemployés comme matériau de renfort dans les murs en briques [30], ce qui rendrait assez problématique leur utilisation pour dater des niveaux d'occupation.

En dehors d'une prospection de surface réalisée par la céramologue C. Grataloup, il n'y a pas eu d'évaluation archéologique systématique de cette zone : on peut de manière très générale affirmer que la partie orientale livre des témoignages nombreux d'habitat et d'activité artisanale de la Basse Époque jusqu'au moins la période copto-byzantine [31], tandis que les zones immédiatement voisines du Ier pylône ou de la partie nord de l'enceinte, qui ont été partiellement fouillées, ont livré quelques aperçus de niveaux d'occupation tardifs, gréco-romains, copto-byzantins ou islamiques [32]. On notera que parmi les blocs épars jonchant le secteur de la chapelle d'Osiris Ounnefer Neb-djefaou en 1999, de nombreux éléments témoignant d'une occupation tardive étaient présents, notamment des meules et des moulins réemployant des éléments anciens en granite. Pour ce qui est des niveaux d'occupation datant de la Basse Époque, ils ont été mis en évidence grâce aux fouilles réalisées sur des structures de briques crues rubéfiées du Musée de Plein Air [33] : selon l'hypothèse la plus probable, il s'agirait de bâtiments de stockage contemporains de l'époque saïte ou légèrement postérieurs [34]. La zone au nord de l'enceinte d'Amon et à l'ouest de celle de Montou a livré des vestiges contemporains. Des fouilles archéologiques menées par Cl. Robichon de 1945 à 1949 ont ainsi mis au jour un quartier de Basse Époque ravagé par un incendie et non réoccupé

29 G. Maspero cité par U. WILCKEN, *Griechische Ostraka aus Ägypten und Nubien* I, Berlin, 1899, p. 25-26.

30 *Ibid.*, p. 27.

31 Cf. C. GRATALOUP, *La céramique tardive (ptolémaïque, romaine et copte) du temple d'Amon-Rê à Karnak*, doctorat IIIe cycle, université de Lyon II, 1989, p. 78-82. Voir particulièrement p. 80 : « Entre cette zone [*i.e.* le mur nord du Portique Bubastide] et les chapelles saïtes, seule une prospection nous a permis de vérifier que des kôms encore importants existent avec des fragments de murs en brique à des niveaux différents et associés à des céramiques de la période ptolémaïque à la période copte. »

32 Pour la fouille de sauvetage réalisée dans l'angle formé par le mur nord du portique des Bubastides et le Ier pylône, voir J. LAUFFRAY, R. SA'AD, S. SAUNERON, « Rapport sur les travaux de Karnak. Activités du "Centre Franco-Égyptien des temples de Karnak" (Campagne des travaux 1969-1970) », *Kêmi* 21, 1971, p. 67-71 : « Il semble que de l'époque copte jusqu'au moyen-âge islamique l'occupation ait été continue. » (p. 69). Voir aussi les traces d'occupation chrétienne relevées par P. ANUS, R. SA'AD, « Fouille aux abords de l'enceinte occidentale à Karnak », *Kêmi* 19, 1969, p. 230, fig. 5.

33 P. BÉOUT, M. GABOLDE, C. GRATALOUP, O. JAUBERT, « Fouilles dans le secteur nord-ouest du temple d'Amon-Rê », *CahKarn* 9, 1993, p. 161-204 ; F. LECLÈRE, S. MARCHAND, « Données complémentaires sur les structures de briques crues rubéfiées du Musée de Plein Air de Karnak », *CahKarn* 10, 1995, p. 349-380.

34 *Ibid.*, p. 356-357.

par la suite [35]. Ce sont des édifices cultuels en briques crues qui caractérisent ce quartier, tout au moins dans sa partie fouillée située au nord de la porte de Thoutmosis Ier [36].

De fait, les traces de l'incendie sur des structures probablement en partie saïtes, en tout cas antérieures à la construction de la grande enceinte de la XXXe dynastie, étaient « nettement visibles dans tout le secteur qui borde le mur ouest de l'enceinte de Montou et dans l'angle intérieur nord-ouest de l'enceinte d'Amon [37] ». Les deux secteurs de part et d'autre de la grande enceinte sont donc à envisager de manière unitaire pour l'époque saïte. Ils témoigneraient, selon L.A. Christophe, du gigantesque incendie consécutif au passage des troupes de Cambyse à Thèbes en 525 av. J.-C. [38], interprétation qui reste néanmoins hypothétique [39].

Plus à l'ouest, sous le village moderne de Malgatta, les témoignages papyrologiques, parmi lesquels l'archive de Téos et de Thabis, récemment publiée, permettent d'attester l'existence d'un quartier d'habitation ptolémaïque dénommé le « quartier de la maison de la Vache [40] ». On notera que ces textes renvoient également dans cette zone ou à proximité à un toponyme dont la lecture probable est *pꜣ rḫn n dwꜣ-nṯr* « le harem de la divine adoratrice », montrant l'importance que conservaient dans ce secteur les chapelles de l'époque kouchito-saïte [41].

Enfin, parmi les structures en briques crues qui émergent à la surface de la zone nord-ouest du temenos d'Amon, un édifice se distingue par son état de conservation supérieur : il s'agit d'un bâtiment en brique crue de plan rectangulaire présentant une série de cellules intérieures, et qui s'apparente à un « temple haut [42] ». La date et la fonction de cette structure ne sont pas encore établies. Un sondage réalisé à la base occidentale a montré l'existence de colonnes en pierre issues d'un édifice non identifiable entre les contreforts du soubassement du bâtiment, sans qu'il soit possible d'en tirer davantage argument [43].

c. *Bilan des interventions antérieures dans la zone de la chapelle*

Pour ce qui concerne la chapelle d'Osiris Ounnefer Neb-djefaou elle-même, l'état dans lequel elle se trouvait avant intervention était largement imputable aux dégagements réalisés dans la deuxième moitié du XIXe s. Les interventions sur le site connues sont les suivantes [44] :

– 1844-1845 : K. Lepsius. L'expédition du savant prussien copie une grande partie des scènes visibles (l'arrière de l'édifice est encore enfoui) et prélève un bloc comportant la scène du 4e registre du montant droit de l'avant-porte, bloc qui se trouve actuellement à Berlin (inv. 2112) [45] ;

35 L.A. CHRISTOPHE, *Karnak-Nord* III, *FIFAO* 23, Le Caire, 1951, p. 51-91.

36 *Ibid.*, p. 83-91.

37 *Ibid.*, p. 52.

38 *Ibid.*, p. 51-59.

39 Cf. G. BURKARD, « Literarische Tradition und historische Realität. Die persische Eroberung Ägyptens am Beispiel Elephantine », *ZÄS* 121, 1994, p. 94, n. 11. Sur la conquête de Cambyse, voir dernièrement J. VON BECKERATH, « Nochmals die Eroberung Ägyptens durch Kambyses », *ZÄS* 129, 2002, p. 1-5.

40 M. DEPAUW, *The Archive of Teos and Thabis from Early Ptolemaic Thebes. P. Brux. dem. inv. E. 8252-8256*, *MRE* 8, Turnhout, 2000, p. 18-28.

41 *Ibid.*, p. 21 et n. 78.

42 Cl. TRAUNECKER, « Les "temples hauts" de Basse Époque : Un aspect du fonctionnement économique des temples », *RdE* 38, 1987, p. 155-156 et p. 162, fig. 4c.

43 Th. ZIMMER, « Quelques trouvailles effectuées lors de l'aménagement du Musée de Plein Air de Karnak », *CahKarn* 8, 1982-1985, p. 382-383.

44 Voir aussi L. COULON, *Égypte. Afrique & Orient* 28, février 2003, p. 50-51 (où les différents relevés épigraphiques réalisés sont plus longuement évoqués).

45 Photographie dans H. SCHÄFER, *Die aethiopische Königsinschrift des Berliner Museums*, Leipzig, 1901, p. V. Sur les blocs prélevés par Lepsius, voir J.-C. DÉGARDIN, « À propos des objets rapportés par Lepsius », *RdE* 32, 1980, p. 136-138 (liste dans laquelle notre bloc n'est pas mentionné) ; et le cas présenté par L. GALLET, « À propos d'un bas-relief ptolémaïque : le bloc Berlin Inv. 2116 », *BIFAO* 101, 2001, p. 183-196.

– 1846-1847 : A.C. Harris. Selon le compte rendu qu'en donne S. Birch, le collectionneur anglais fait déblayer la partie arrière de la chapelle, alors « couverte par un monceau de décombres » et découvre le naos et le linteau de sa façade [46] ;

– 1859 : A. Mariette. L'égyptologue français note « l'état de bouleversement » dans lequel se trouve la chapelle d'Osiris Ounnefer Neb-djefaou et évoque le fait qu'il « a fait déblayer en 1859 » les deux chapelles d'Ankhnesnéferibrê [47]. Les fouilles ont mis en évidence dans certains secteurs les traces de ce nettoyage destiné à libérer la zone centrale du monument et d'un regroupement des blocs et tambours de colonnes aux bordures du site. Pour ce qui est des blocs issus manifestement de la chapelle elle-même, ils se trouvaient en majorité dans la zone sud du monument, limitée au sud par un mur de briques crues. De nombreux tambours de colonnes étaient « stockés » au nord du naos [fig. 4] ;

– 1900 : G. Legrain. À l'occasion des travaux de restauration de la grande salle hypostyle de Karnak, d'importants prélèvements de terre destinée aux rampes sont effectués dans le secteur et amènent notamment à la découverte de la chapelle voisine d'Osiris *nb ʿnḫ/pꜣ wšb jꜣd* [48] ;

– 1911 : G. Legrain. Selon le rapport rédigé par G. Maspero, celui-ci « a déblayé la voie dallée qui menait obliquement de la salle hypostyle au temple de Ptah thébain, et il a restauré les chapelles de la XXVIe dynastie qui s'échelonnaient à l'est le long de cette voie [49] » ;

– 1973 : P. de Boysson. Dans le cadre du Cfeetk, alors sous la direction de J. Lauffray et S. Sauneron, un relevé d'état des lieux de la chapelle est confié « à titre d'exercice » à P. de Boysson [50]. Un plan de masse et une coupe, accompagnés d'un commentaire architectural succinct, ont été publiés [51]. Les relevés conservés aux archives du Cfeetk (planex et nég. n°15645) comportent aussi le plan en triangulation et un détail du plan du naos. Pour effectuer ces relevés, un dégagement du dallage a été nécessaire, ce qui a amené l'évacuation des blocs qui s'y trouvaient et un nettoyage de surface. L'inventaire succinct des objets découverts lors de ce nettoyage est conservé dans un dossier du Cfeetk. On note parmi ceux-ci divers objets en faïence, en bronze et un fragment de granite noir portant un texte « mentionnant Amon [52] » ;

– 1996 : relevé topographique au 1/200 de l'ensemble de la zone nord-ouest réalisé par Olivier Perraguin et Véronique Planet (boursiers Cfeetk) [53], servant de base à la mise à jour du plan de Karnak par J.-Fr. Carlotti (architecte, Cfeetk).

46 S. BIRCH, « Lettre à M. Letronne sur la famille des Psammetichus dans la vingt-sixième dynastie », *RevArch* IVe année, 1848, p. 627.

47 A. MARIETTE, *Karnak. Étude topographique et archéologique*, Leipzig, 1875, p. 75. Notons que dans le manuscrit d'une première version de cet ouvrage conservé à la Bibliothèque nationale (Cabinet des manuscrits occidentaux), Mariette écrivait : « je les ai fait déblayer *à fond* » (Archives Mariette IV NAF. 20175, feuillet 381).

48 G. LEGRAIN, *Le temple et les chapelles d'Osiris à Karnak, III. La chapelle d'Osiris maître de la vie*, *RecTrav* 24, 1902, p. 208-214. Voir *supra*, § I.B. Nous remercions M. Azim pour les précieux renseignements et documents qu'ils nous a fournis concernant les travaux réalisés par G. Legrain dans ce secteur.

49 G. MASPERO, *Gouvernement égyptien – Rapport du Service des Antiquités pour l'année 1911*, Le Caire, 1912, p. 19 ; cité par M. AZIM, G. RÉVEILLAC, *Karnak dans l'objectif de Georges Legrain*, Paris, 2004, I, p. 346.

50 J. LAUFFRAY, « Les travaux du Centre franco-égyptien d'étude des temples de Karnak, de 1972 à 1977 », *Karnak* VI, 1980, p. 58, § 27.

51 *Ibid.*, p. 60 et fig. 23.

52 Nous n'avons malheureusement pas pu retrouver jusqu'à présent le lieu de conservation de ces objets.

53 Nous avons utilisé ce relevé comme base du plan topographique des chapelles de la « voie de Ptah » [fig. 2].

Fig. 3. La chapelle d'Osiris Ounnefer Neb-djefaou avant fouilles, vue de l'est (1999). ©Ph. Groscaux/Cfeetk.

Fig. 4. La chapelle d'Osiris Ounnefer Neb-djefaou avant fouilles, vue du nord-ouest (1999). ©Ph. Groscaux/Cfeetk.

II. La fouille de la chapelle et de ses abords orientaux

Le site a d'abord fait l'objet d'un relevé photographique préliminaire [fig. 3-5] et d'un inventaire des différents éléments (blocs, tambours de colonnes, meules, etc.) jonchant le secteur. Pour chaque élément ou groupe d'éléments, une fiche d'inventaire a été remplie, associée à une photo. Les données et clichés ont été enregistrés dans une base de données 4D. Les objets et les blocs épars ont été ensuite rangés sur une banquette provisoire en briques cuites aménagée au nord de la zone, à l'arrière de la chapelle d'Osiris *pꜣ-wšb-jꜣd*, puis, maintenant, sur des banquettes aménagées en face de la chapelle, de l'autre côté de la voie de Ptah. La fouille de l'édifice saïte n'a pu véritablement commencer qu'après un long travail de nettoyage et de rangement du site.

A. *Le parvis et la « voie de Ptah »*

La chapelle s'ouvre sur un axe de circulation qui relie la grande salle hypostyle de Karnak au temple de Ptah, voie dallée qui fut dégagée en 1911 par G. Legrain (voir *supra*) mais dont nous ne possédons malheureusement aucun tracé ni cliché [54]. Elle se trouve maintenant entièrement recouverte de terre, et nous n'en avons dégagé qu'une très faible portion devant l'entrée de la chapelle, révélant des dalles bien appareillées et de dimensions imposantes. L'un des objectifs de la fouille était de mettre en évidence la relation chronologique de l'édifice avec cette voie, question qui n'a pas reçu de réponse définitive du fait de la masse des déblais recouvrant cette zone et des multiples phases de réaménagement qu'elle a subies.

1. L'ACCÈS À LA CHAPELLE

L'accès à l'avant-porte de la chapelle se présentait avant notre intervention sous l'aspect d'un petit chemin de terre s'ouvrant entre deux talus [fig. 3]. Après dégagement d'une couche de surface est apparue une rampe en pente, large de 3,30 m, dallée en pierres de grandes dimensions, disposées de manière régulière. De telles rampes sont visibles dans d'autres édifices osiriens de Karnak, comme la « seconde chapelle d'Ankhnesnéferibrê », immédiatement au sud, ou la chapelle de Nitocris à Karnak-Nord, dans le domaine de Montou [55].

Le dégagement du parvis [fig. 6-8] a laissé apparaître sous une couche de remblai un prolongement de cette rampe d'un aspect tout à fait différent. Les blocs qui la composent sont de beaucoup plus petites dimensions, de matières hétérogènes (grès, granite), et leur forme, comme leur disposition, est très irrégulière. La longueur totale de la rampe atteint ainsi 8 m, mais elle ne rejoint pas la voie dallée du « chemin de Ptah » ; à l'inverse, elle semble se prolonger vers le

54 Selon certains témoignages que nous avons recueillis, elle a été dégagée à nouveau un été il y a quelques années par le service des Antiquités, pendant une durée très brève.

55 Cf. L.A. CHRISTOPHE, *Karnak-Nord III*, *FIFAO* 23, 1951, p. 29, pl. XXXVII et XXXIX.

Fig. 5.
Le secteur sud-est de la chapelle avant fouilles (1999).
©Ph. Groscaux/Cfeetk.

Fig. 6. Vue générale de la chapelle en 2004. ©G. Polin/Cfeetk.

nord et vers le sud sous les aménagements postérieurs et pourrait donc constituer une voie de circulation correspondant à une première phase d'utilisation de la chapelle (probablement entre la XXVIe dynastie et le début de l'époque ptolémaïque). Le niveau de remblai recouvrant immédiatement le dallage irrégulier (US 5066) a livré un ostracon démotique d'époque ptolémaïque [56]. Au nord de la rampe, une base de colonne posée sur un lit de briques, apparemment en place, pourrait sous toutes réserves appartenir à un dispositif de dais à l'entrée de la chapelle. La fouille de la partie sud, en symétrique, permettra d'évaluer la validité de cette hypothèse. Au nord de la rampe également et au pied du massif de briques crues (US 5049) formant la limite nord du parvis dans son état actuel, les niveaux dégagés se sont révélés être fortement perturbés, ce dont témoignait le caractère hétérogène de la céramique (US 5025 : Basse Époque jusqu'à l'époque romaine tardive, avec notamment un ostracon démotique) et la présence, presque posé sur le niveau de briques à la base de la colonne, d'un bloc inscrit (inv. ON 5) provenant du corridor de la chapelle et copié encore en place par l'expédition de Lepsius [57]. Il apparaît donc que cette zone a été dégagée lors des fouilles antérieures. La couche US 5025 a livré également plusieurs blocs inscrits, dont un fragment d'abaque (ON 71), portant sur une face l'inscription *Nbt-ḥwt nḏ(t) nṯrw* [...], « Nephthys qui protège les dieux [58] » et sur l'autre *mry ꜣst] wrt mwt-nṯr* « aimé d'Isis la grande mère divine ».

2. LES MURS SECONDAIRES BORDANT LA « VOIE DE PTAH »

L'espace qui s'ouvre devant la chapelle est délimité au nord par l'angle formé par deux murs de briques de natures bien distinctes, l'un appartenant à la construction originale de la chapelle, l'autre bien postérieur. Le massif de briques crues orienté est-ouest (US 5049) est en effet fondé à un niveau bien supérieur (z = 75,90 m) à celui du mur qui constitue la façade de la chapelle saïte et dont il vient recouvrir l'angle nord-est. Des pierres ont été utilisées pour renforcer l'angle entre les deux murs, l'usage de telles pierres formant assise entre un mur ancien et le nouveau mur qui s'appuie sur celui-ci étant constant dans les réaménagements de la chapelle (voir *infra,* § II.B.2). Sous ce mur, un prélèvement de céramique du niveau sur lequel il est fondé (US 5050) indique la présence de matériel de la fin de la Basse Époque ou du début de l'époque ptolémaïque. Ce massif est de dimensions imposantes, la partie supérieure (non fouillée) culminant à 77,50 m, soit une hauteur maximale préservée de près de 2,60 m pour une largeur d'un peu plus de 5 m (sa face nord n'a pas été non plus fouillée). Le massif est perpendiculaire à la voie dallée menant au temple de Ptah et marque une limite franche entre le parvis de la chapelle saïte et l'aire de la chapelle éthiopienne dédiée à Osiris *Nb-ʿnḫ/pꜣ-wšb-jꜣd*. Un autre massif de briques très imposant se dresse de l'autre côté de l'accès actuel à cette chapelle, le long de la « voie de Ptah », mais l'enfouissement des vestiges empêche d'en tirer de plus amples conclusions.

56 Inv. 5066.001. Une première transcription réalisée par D. Devauchelle sur photographie permet d'affirmer qu'il s'agit d'une liste de personnes (titulaires d'une charge (?)) classées chronologiquement par année.

57 Bloc inv. ON 5 A, B et C. Cf. *LD* III, 273e ; le bloc, retrouvé en trois parties fortement arénisées, était encore en bon état de conservation sur un cliché de P. Barguet pris dans les années 1950 (fiche CFEETK 42361 = nég. 54026).

58 Pour cette épithète, voir Chr. LEITZ (éd.), *LÄGG* IV, 587a.

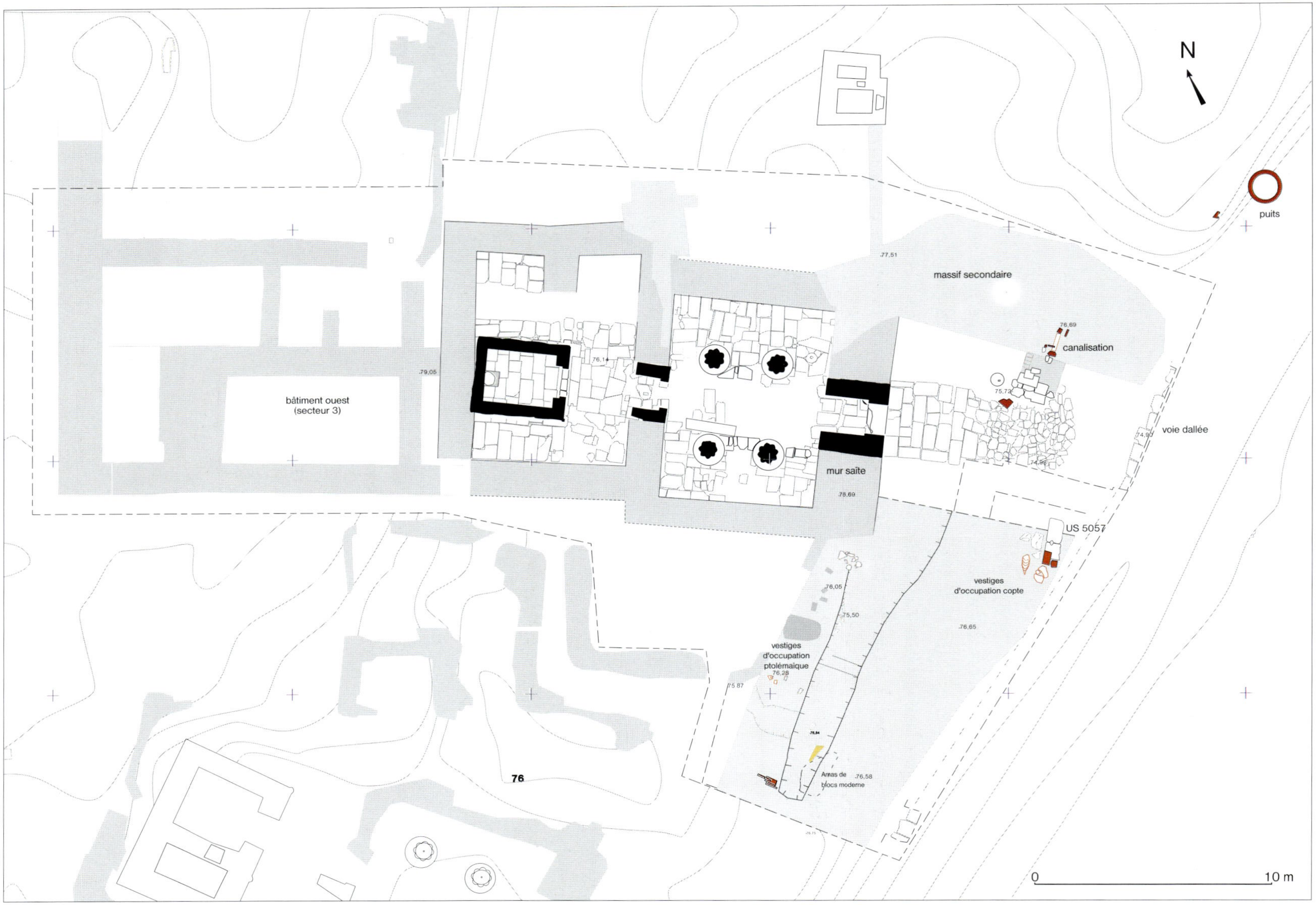

Fig. 7. Plan général de la fouille de la chapelle d'Osiris Ounnefer Neb-djefaou.

Dans la partie sud du parvis de la chapelle, la fouille s'est attachée principalement à retirer les couches de déblais modernes recouvrant les vestiges anciens. La configuration de ceux-ci a été fortement perturbée par les dégagements du XIXe siècle et c'est très probablement à ces opérations qu'il faut attribuer la présence d'une tranchée de plus de 13 m de long, dans laquelle se trouvaient amassés, à l'extrémité sud, des blocs de grès de tailles très diverses. Parmi ces blocs, plusieurs présentent des faces dressées et l'un d'entre eux est inscrit (ON 70) : il appartient à la scène du corridor de la chapelle et, comme le bloc ON 5 cité précédemment, a été copié en place par l'expédition de Lepsius. Le « rangement » de ces blocs est donc bien postérieur au milieu du XIXe siècle. Cette tranchée a été comblée par une couche de remblais relativement meubles (US 5059) recouvrant une couche plus compacte (US 5026/5079) mêlant tessons et fragments de grès et dans laquelle est pris l'amas de blocs évoqué plus haut. Sous ces couches, on trouve un niveau de briques qui présente une continuité apparente avec les deux massifs que perce la « tranchée » à l'est et à l'ouest. Le sable de fondation affleurant au fond de la « tranchée » est au même niveau que celui visible au pied de la face est, en bordure de la voie de Ptah. Dans l'état actuel de la fouille, il semble bien qu'il s'agisse d'un même massif de briques crues bordant la « voie de Ptah » et venant s'appuyer (?) sur les murs de la chapelle saïte, mais l'analyse détaillée de cet ensemble n'a pu encore être menée.

De part et d'autre de la « tranchée », les niveaux préservés immédiatement sous les déblais modernes sont néanmoins de nature différente. À l'ouest, sur le bord de la voie de Ptah, le massif possède une hauteur de 1,80 m par rapport au dallage de la voie, et présente sur le sommet des vestiges sporadiques d'occupation copte, marqués par une abondante céramique, malheureusement sans contexte cohérent. À l'extrémité nord du massif a été ainsi dégagée une structure en pierre composée d'une plaque brisée en deux parties, percée en son centre d'un trou d'encastrement (US 5057), associée à de la céramique copte, dont plusieurs éléments complets (US 5058). Ces niveaux d'occupation copte ont manifestement été en grande partie détruits dans le dégagement de la chapelle. La partie est du massif, moins élevée (z = 76,10 en moyenne), présente sur son sommet des niveaux d'occupation ptolémaïque, comme l'atteste la céramique retrouvée (US 5083) et plusieurs pièces de monnaies en bronze. Peu de structures ont survécu aux fouilles anciennes. On note la présence dans la partie sud du massif d'une structure en briques cuites formant un petit muret accolé au mur de briques crues (US 5027). Une couche cendreuse incluant des briques noircies recouvre une bonne partie du massif ouest.

Dans l'état actuel des recherches, les différentes phases d'aménagement du parvis de la chapelle et de la zone bordant le temple de Ptah restent difficiles à établir dans une chronologie précise. La date de la construction de la « voie de Ptah » dans son dernier état est un point crucial qui reste à établir. Il est possible qu'elle ait coïncidé avec la construction des imposants massifs de briques crues qui la bordent, qui auraient ainsi redéfini les espaces entourant les chapelles osiriennes présentes dans ce secteur. Elle pourrait être contemporaine des dernières phases de construction du temple de Ptah (entre Ptolémée III et la fin de l'époque ptolémaïque). Une datation ptolémaïque pour les massifs secondaires entourant la chapelle semble de fait s'imposer au vu des premières analyses stratigraphiques. L'étude du matériel et la poursuite de la fouille permettront d'affiner cette datation.

3. UN DISPOSITIF DE CANALISATION TARDIF

Au nord du parvis, sur et contre le massif de briques crues (US 5049) perpendiculaire à la « voie de Ptah » a été aménagée une structure que la présence d'un élément de canalisation autorise à qualifier d'« hydraulique » sans que sa fonction puisse être véritablement établie.

Deux parties se distinguent :

– un aménagement en « escalier » construit à partir de pierres de tailles très diverses et composé de cinq « marches ». Parmi les pierres utilisées, des blocs de grandes dimensions sont des remplois provenant de la chapelle saïte [59]. Le plus important est un élément de linteau, disposé face inscrite contre terre et brisé en deux parties (ON 83+99). L'une des moitiés a été retrouvée retournée probablement à l'époque moderne mais encore à son emplacement d'origine au sein de « l'escalier ». Un autre bloc inscrit appartient probablement lui aussi à un linteau (ON 98). Sur les côtés laissés visibles, des cupules sont présentes en grande quantité sur les deux premières « marches », montrant que le niveau de fonctionnement de l'« escalier » se trouvait très probablement sous la première marche. Ces marches s'appuient sur un remblai compact, contenu sur les côtés par la présence de pierres ou en certains points par des rangées de briques alignées. Il est notable que plusieurs blocs sont également disposés en « escalier » de l'autre côté du massif de briques, en symétrique par rapport à la canalisation. Deux « marches » en sont préservées ;

– la canalisation elle-même, posée sur la partie supérieure du massif, qui dans sa partie orientale pourrait avoir été en partie arasée, étant donné le décalage de hauteur avec la partie occidentale. Le tuyau de céramique mesure 80 cm pour un diamètre de 18 cm. Il est calé dans un ensemble de briques cuites dont quelques éléments subsistent. Une petite pierre est venue obturer l'extrémité sud du conduit.

Dans l'état de conservation très partiel du dispositif, son usage reste énigmatique. S'il y a adduction d'eau, elle pourrait se réaliser en provenance d'un puits en briques cuites visible à quelques mètres au nord, en bordure de la « voie de Ptah », ce type de puits se rencontrant d'ailleurs fréquemment dans l'ensemble de la zone nord-ouest du temenos d'Amon [60]. Ce secteur n'a pas été fouillé mais un départ de canalisation orienté sud-ouest est observable dans la face est du massif de briques crues bordant la voie. Les dégagements opérés par G. Legrain à l'entrée de la chapelle éthiopienne ont pu détruire le lien entre les deux ensembles.

B. *La chapelle*

1. STRUCTURE DE L'ÉDIFICE

L'un des objectifs majeurs de la fouille était de restituer autant que possible l'état initial de la chapelle en en reconstituant les élévations, s'agissant aussi bien des éléments en pierre que des murs en briques. En ce qui concerne ces derniers, leur destruction s'avère souvent presque totale

59 Voir *infra*, § II.B.1 et fig. 10-11.

60 F. LECLÈRE, S. MARCHAND, *CahKarn* 10, 1995, p. 350, n. 4 (avec réf.).

Fig. 8. Vue générale du parvis de la chapelle (2002).©G. Bancel/Cfeetk.

Fig. 9. Linteau ON 3 (1999). ©Ph. Groscaux/Cfeetk.

et leurs vestiges sont fréquemment arasés sous le niveau du dallage. L'élévation des murs entourant le naos n'est ainsi préservée que sur une très petite section « coincée » entre la paroi arrière du naos et le massif se trouvant à l'ouest de la chapelle [fig. 15]. Elle donne la mesure des destructions causées très probablement par le « dégagement » opéré au XIXe siècle sur l'ordre d'A.C. Harris. Cette partie du mur est de toute évidence contemporaine de la construction de la chapelle, tout comme le sont les deux sections de murs entourant l'avant-porte de la chapelle. Ces murs ont en commun d'être construits à l'aide de briques crues particulièrement grumeleuses, de couleur très noire, liées par des joints épais. Le reste des murs entourant la chapelle ne peut être défini qu'à l'aide des arases, ce qui rend leur tracé parfois incertain, notamment quand il s'agit de distinguer ce qui est l'arase d'un mur et ce qui est le soubassement en briques d'un dallage. La restitution que nous proposons des murs délimitant la chapelle n'est donc que provisoire et un examen des structures en fondation devrait permettre de préciser certaines données encore hypothétiques.

Dans sa structure, la chapelle d'Osiris Ounnefer Neb-djefaou présente de nombreuses caractéristiques communes avec les édifices osiriens du Ier millénaire avant J.-C. La rampe y donnant accès a déjà été évoquée. L'avant-porte en pierre sur laquelle s'appuient les deux massifs en brique constituant la façade de l'édifice se retrouve par exemple dans les chapelles de l'enceinte du domaine de Montou ou dans la seconde chapelle d'Ankhnesnéferibrê. Dans son état actuel, elle comporte ses deux montants conservés jusqu'au niveau du 3e registre. La structure de la décoration montre une bipartition entre Amasis (représenté sur le montant sud suivi du *ka* royal) et Ankhnesnéferibrê (représentée sur le montant nord suivie du grand intendant Sheshonq). Cette structure se résume ainsi :

	Montant gauche (sud)	**Montant droit (nord)**
4e reg.	Détruit. Un seul fragment de cette scène a pour l'instant pu être retrouvé (bloc épars inv. ON 1. Face A. Il montre l'arrière d'une divinité masculine suivie par une divinité féminine tenant un sceptre et une croix-*ânkh*.	Bloc Berlin 2112 Ankhnesnéferibrê suivie de Sheshonq reçoit un sistre des mains d'[Amon-Rê] suivi de [Khonsou]
3e reg.	Amasis suivi du *ka* royal reçoit les pavillons de fête-*sed* de Khonsou-dans-Thèbes-Neferhotep suivi par Hathor.	Ankhnesnéferibrê, suivie de Sheshonq [61], reçoit la vie de Montou-Rê, suivi par Rattaouy [62].
2e reg.	Amasis offre les godets de vin à Amon-Rê Kamoutef suivi par Maât fille de Rê. Un graffito représentant Amon-Rê ithyphallique a été gravé entre le roi et la divinité.	Ankhnesnéferibrê, suivie de Sheshonq, offre Maât à Ptah dans son naos, suivi par Sekhmet.
1er reg.	Motif du *sema-taouy* encadré par deux colonnes de texte prononcé par chacun des dieux-Nils. Les cartouches sont au nom de Horus *wp-š't-tꜣwy* [63] et probablement d'Osiris Ounnefer juste de voix [64].	Motif symétrique à celui du montant gauche.

61 Pour une possible mise en parallèle des fonctions du grand intendant avec celles du *ka* royal, voir P. BARGUET, « Un aspect religieux du grand-majordome de la divine adoratrice », *BSFE* 20, 1956, p. 7-9.

62 Les noms des divinités sont donnés par *LD* III, 273f.

63 Pour ce nom d'Horus d'Osiris-roi, voir H. DE MEULENAERE, *Kêmi* 19, 1969, p. 10, n. 7 ; J. YOYOTTE, *BIFAO* 77, 1977, p. 146 ; P.K. KOEMOTH, *GöttMisz* 143, 1994, p. 89-96.

64 Cp. la titulature d'Osiris dans *Dendara* X, 46, 8 et dans les catacombes osiriennes de Ptolémée IV.

Le linteau surmontant cette première porte était jusqu'à présent totalement inconnu. Grâce à des réemplois retrouvés dans la structure « en escalier » sous la canalisation tardive, il est possible d'en restituer un aperçu. Il est en effet très probable que les blocs ON 83+99 [fig. 10] appartiennent à ce linteau, par leurs dimensions et la nature de leur décoration. Trois cartouches ornent la partie centrale de ce fragment, ôtant tout doute sur l'attribution des blocs à la chapelle : au centre, celui d'Osiris Ounnefer Neb-[djefaou], à gauche, celui d'Amasis [65], à droite celui d'Ankhnesnéferibrê. Les représentations d'Ouadjyt et de Nekhbet encadrent ces cartouches, tandis que sur la moitié droite du bloc subsiste la partie supérieure d'une scène montrant Amon et Amonet face à Ankhnesnéferibrê (dont la présence est assurée par le pronom féminin dans le discours d'Amon). Une scène symétrique devait être représentée à gauche, et l'on devine la partie supérieure d'une couronne blanche qui devait coiffer une déesse, probablement Mout. La place et l'orientation des cartouches royaux, de même que celle d'Ankhnesnéferibrê, d'une part, celles de Ouadjyt et Nekhbet d'autre part, coïncident bien avec la bipartition observée sur les montants : Amasis au sud et la divine adoratrice au nord. Par ailleurs, la taille du bloc permet une restitution du linteau complet convenant à la taille de la porte. On comparera ce linteau avec celui retrouvé par Harris et provenant du naos. La structure en est relativement semblable si l'on excepte le fait qu'un seul cartouche orne le centre du décor, celui d'Osiris Ounnefer Neb djefaou. L'autre bloc inscrit [fig. 11] extrait également de l'« escalier » du parvis, qui représente la partie inférieure d'Ankhnesnéferibrê, suivie de Sheshonq et agitant les sistres devant Amon, n'appartient pas au linteau de la façade de la première porte. Malgré la similitude de style et de module, il impliquerait d'une part qu'Ankhnesnéferibrê soit représentée deux fois, sur les scènes symétriques entourant les cartouches, alors qu'on attend Amasis, et, d'autre part, que la largeur du linteau excède largement celle de l'avant-porte (3,12 m).

L'embrasure de la première porte ainsi que le corridor auquel elle donne accès sont décorés. Parmi les décors présents, la scène du registre supérieur du mur gauche, copiée par Lepsius [66] mais largement endommagée depuis, peut être reconstituée partiellement à l'aide des blocs épars provenant du parvis et de l'empilement de blocs retrouvé dans la tranchée au sud-est de la chapelle. Elle représente Amon « celui aux bons desseins [67] », suivi de Mout et de Khonsou face à Ankhnesnéferibrê et Sheshonq. Les montants intérieurs du corridor présentent des scènes d'embrassades qui, là aussi, ne peuvent être reconstituées que partiellement grâce aux blocs épars, alors qu'elles ont été copiées dans un état de conservation relativement bon par Lepsius [68].

Ce corridor trouve un parallèle très proche dans la seconde chapelle d'Ankhnesnéferibrê, au sud de celle-ci, où une scène impliquant la triade thébaine est située d'ailleurs presque exactement au même endroit.

65 Le nom d'Amasis est gravé en surcharge sur d'autres hiéroglyphes. Le roseau du mot *nsw* est discernable.

66 *LD* III, 273e.

67 D'après la copie de Lepsius, non vérifiable en l'état actuel de conservation, Amon porte l'épithète *pꜣ nfr srḫ*, à rapprocher probablement de l'épithète *pꜣ nfr sḫr* (*LÄGG* IV, 220c), attestée sur des monuments de la divine adoratrice Nitocris ou de son clergé. Voir linteau Caire JE 29251bis = L.A. Christophe, « Trois monuments inédits mentionnant le grand majordome de Nitocris, Padihorresnet », *BIFAO* 55, 1955, p. 74 et p. 75, n. (f) ; voir aussi J. Leclant, *Recherches sur les monuments thébains*, *BdE* 36, Le Caire, 1965, p. 366 ; statue de *Pꜣ-dj-Ḥr*, chambellan de la divine adoratrice (PM VIII, 801-755-480 = *Catalogue Sotheby's New York, Wednesday, June 20, 1990. The Breitbart Collection of Ancient Glass, Egyptian, Western, Asiatic and Classical Antiquities*, n°15).

68 *LD* III, 274a-b.

Fig. 10. Fragments de linteau réemployés dans la structure tardive du parvis (bloc ON 83+99). ©G. Polin/Cfeetk.

Fig. 11. Fragment de linteau réemployé dans la structure tardive du parvis (bloc ON 98). ©G. Polin/Cfeetk.

Le corridor débouche sur la salle la plus large de la chapelle, rythmée par quatre colonnes dont une seule a pu être remontée, très probablement par G. Legrain en 1911. La présence d'un espace à 4 colonnes disposées en carré est un trait récurrent dans les chapelles osiriennes de l'époque kouchito-saïte [69]. Les trois premières chapelles de l'ensemble situé entre la grande salle hypostyle et le temple de Ptah présentent notamment cette structure. La chapelle d'Ankhnesnéferibrê dédiée à Osiris *nb nḥḥ*, immédiatement au sud, montre la présence probable d'une porte dans l'angle sud-est de cet espace et il est possible qu'une telle ouverture existât dans la chapelle d'Osiris Ounnefer Neb-djefaou, marquée par une porte en pierre (voir *infra*).

L'accès au naos se fait ensuite par une porte dont l'état de conservation est très médiocre, et qui a subi une restauration qui n'a pas respecté le décor initial. Un registre de décoration est préservé, montrant Horus et Thot effectuant les rites de purification. Le naos lui-même constitue la partie la plus originale de la chapelle [70]. Le décor de sa façade peut être complété par deux blocs épars sur le montant gauche (sud) : il se distingue par l'association de dieux gardiens protecteurs du fétiche abydénien [71] et des motifs caractéristiques des portes « jubilaires ». L'intérieur du naos est lui presque entièrement détruit à l'exception de quelques lambeaux de reliefs qui permettent néanmoins de reconnaître sur la paroi du fond, dans l'axe, la représentation du fétiche abydénien. La présence de deux pièces dallées latérales entourant le naos a pu être clairement mise en évidence. Celle du côté sud est rectangulaire et mesure 3,70 m × 1,80 m. Au nord, deux ensembles de dalles sont disjoints, probablement suite à la disparition d'une partie du dallage. Un élément de montant de porte en pierre est visible au pied de l'angle nord-est du naos, l'accès à la pièce nord se faisant donc par cette ouverture. Les murs extérieurs du naos ne sont pas dressés. Les pièces latérales étaient donc des espaces dont les parois étaient pour les trois quarts des murs de briques avec une porte d'accès en pierre. Une structure comparable peut s'observer dans le mammisi de Nectanébo à Dendéra. Dans le premier état datable de la XXXe dynastie, le sanctuaire est composé de trois pièces, le sanctuaire central et deux pièces latérales, ouvrant chacune sur une pièce d'entrée. L'ensemble est entouré d'un mur de briques crues. Les deux pièces latérales ont donc chacune un mur en pierre, deux murs en briques et une porte en pierre formant la quatrième paroi [72]. En cela, cette chapelle se distingue de la plupart des autres constructions osiriennes des divines adoratrices, dont la partie centrale se compose généralement d'un sanctuaire à deux ou trois pièces communiquant les unes avec les autres.

La première porte de l'édifice, en pierre, permet, on l'a vu, un accès au sanctuaire à travers un mur de briques formant la façade de l'édifice. Mais l'inventaire des blocs épars a permis de déterminer l'existence de plusieurs autres portes en pierre annexes devant s'insérer dans les murs de brique crue. L'une d'entre elles a pu être partiellement restituée à partir de blocs épars (inv ON 16, 17 et 19) et d'un fragment de linteau conservé au Cheikh Labib, probablement découvert par Legrain (voir *supra*) et portant le cartouche d'Osiris Ounnefer Neb-djefaou [fig. 12].

69 D.B. REDFORD, « An Interim Report on the Second Season of Work at the Temple of Osiris, Ruler of Eternity, Karnak », *JEA* 59, 1973, p. 19 et n. 2.

70 Pour un aperçu des éléments de ce décor, voir L. COULON, *Égypte. Afrique & Orient* 28, 2003, p.53-57.

71 Voir L. COULON, « Les dieux-gardiens du fétiche abydénien », à paraître.

72 F. DAUMAS, « La structure du mammisi de Nectanébo à Dendara », *BIFAO* 50, 1951, p. 135-136 et pl. I; *id.*, *Les mammisis de Dendara*, Le Caire, 1959, p. XIV-XVI, pl. I.

Cette porte est exactement du même type que celle qui s'ouvrait dans l'enceinte de la chapelle éthiopienne d'Osiris *ḥry-jb pꜣ jšd*, dans le secteur nord-est de Karnak, et dont la base a été retrouvée en place [73]. Au centre du linteau se trouvent trois cartouches [74], celui d'Osiris Neb-djefaou au milieu, d'Ankhnesnéferibrê à gauche et un cartouche arasé à droite, suivi de l'épithète *mꜣʿt -ḫrw* « justifiée [75] ». De part et d'autre de cette partie centrale, se développait la titulature du grand intendant Sheshonq (A). D'autres éléments de montants de porte au nom du même individu (blocs inv. ON 13, 14 et 18) ont été retrouvés parmi les blocs épars ou en réemploi (cf. *supra*). Ces blocs appartiennent à au moins deux portes différentes mais sont exactement du même module (l. = 0,16 m). Le nom de Sheshonq est déterminé par le hiéroglyphe du dignitaire debout tenant un bâton. L'un des blocs (ON 13) porte le cartouche d'Ankhnesnéferibrê. Il est possible que ces éléments proviennent des portes ouvrant sur les pièces latérales de la chapelle.

Un linteau (ON 3) d'une largeur (l = 1,26 m) convenant à une porte de dimensions modestes a été découvert en octobre 1999, lors de l'inventaire préliminaire des blocs épars [fig. 9], à la sortie du vestibule de la porte monumentale, côté nord, face contre terre. Sa décoration est composée dans sa partie centrale du cartouche d'Osiris Ounnefer Neb-djefaou entouré par les cartouches d'Ankhnesnéferibrê et de Psammétique (II) [76], et de part et d'autre de représentations d'offrandes de toutes sortes, détaillant les provisions-*ḏfꜣw* du dieu.

Par ailleurs, un ensemble conséquent de fragments de jambages de porte ou de linteaux a pu être regroupé :

– bloc ON 4 : fragment de linteau avec couronne à deux plumes (surmontant un cartouche) ;

– bloc ON 15 : fragment avec tore portant l'inscription *[...] r-[p]ʿt ḥꜣty-ʿ mr-pr[...]* ;

– bloc ON 20 : fragment de linteau (?) portant l'inscription *[...] mwt=s ḥmt-nṯr [...]*) ;

– bloc ON 58 : élément de jambage de porte (partie inférieure d'un montant), avec inscription donnant le nom de Sheshonq ;

– bloc de linteau conservé au Cheikh Labib (sans nº d'inv.) : cartouche d'Ankhnesnéferibrê et inscription : *[r-]pʿ(t) ḥꜣty-ʿ mr-pr wr*.

À ces blocs conservés sur le site, il faut ajouter un fragment de jambage conservé au British Museum et portant la titulature d'Ankhnesnéferibrê (Londres BM 907) [77].

73 Cf. J. LECLANT, *op. cit.*, fig. 15, p. 44.

74 Disposition qui se retrouve aussi sur le linteau d'Ankhnesnéferibrê trouvé par M. Pillet à Malgata au nord de Karnak (*ASAE* 25, 1925, p. 21 ; pour les problèmes d'attribution de ce linteau, voir M. DEWACHTER, *CdE* LIV/107, 1979, p. 12-15) ; ou sur celui appartenant probablement à l'avant-porte de la chapelle d'Osiris Ounnefer Neb-djefaou (blocs ON 83 + 99, cf. *infra*).

75 Il s'agit probablement malgré le féminin du cartouche de Psammétique II (voir note suivante). Il est difficile d'arguer à partir de cet exemple d'une *damnatio memoriae* de Psammétique II. Sur ce phénomène à l'époque saïte, voir dernièrement R.B. GOZZOLI, « The Statue BM EA 37891 and the Erasure of Necho II's Names », *JEA* 86, 2000, p. 67-80.

76 Le féminin appliqué à l'épithète *mꜣʿt ḫrw* « justifiée » qui suit le nom de Psammétique relève d'une erreur bien attestée dans ce type d'inscription. Cp. E. GRAEFE, *Untersuchungen zur Verwaltung und Geschichte der Gottesgemahlin des Amun vom Beginn des Neuen Reiches bis zur Spätzeit*, *ÄgAbh* 37, Wiesbaden, 1981, I, pl. 15* (P 35, B).

77 PM II², p. 194. Ancienne collection Rustafjaell. Ce bloc ne peut être relié à aucun élément présent sur place et pourrait aussi bien provenir d'un autre édifice d'Ankhnesnéferibrê à Karnak.

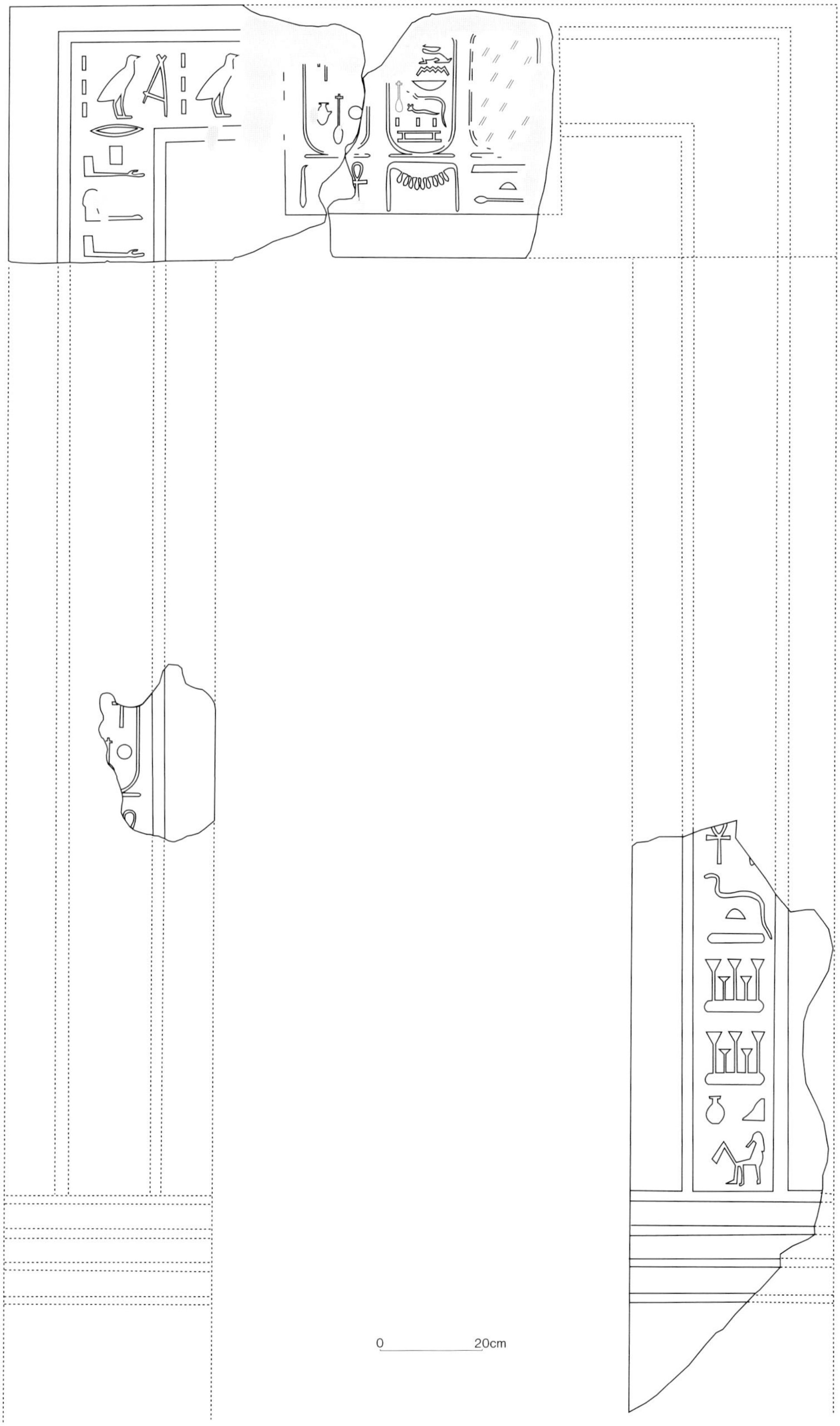

Fig. 12. Porte dans l'enceinte de la chapelle d'Osiris Ounnefer Neb-djefaou.
Schéma de restitution (blocs ON 16, 17, 19 + Cheikh Labib 92CL580), L. Coulon / R. Migalla.

Le fait que la plupart des fragments conservés fassent référence au grand intendant Sheshonq n'est pas surprenant dans la mesure où celui-ci est également omniprésent dans la décoration de la chapelle. Ce type de portes inscrites est déjà bien attesté au Nouvel Empire, aussi bien dans un contexte d'habitat que d'édifices inclus au sein de temples : les cartouches royaux au centre du linteau sont encadrés par des inscriptions au nom d'un fonctionnaire, parfois lui-même représenté en position d'orant [78].

2. MURS SECONDAIRES ENTOURANT LA CHAPELLE

Une partie des vestiges des murs en brique entourant la chapelle est à interpréter comme appartenant à des constructions secondaires s'appuyant souvent sur la base arasée des murs d'origine. Cela est particulièrement visible dans l'angle nord-ouest de la salle hypostyle : sur les premières assises d'un mur de briques arasé a été disposée une rangée de blocs de pierre sur lesquels s'appuie un mur qui reprend le tracé du précédent [fig. 13]. Parmi les blocs utilisés, un réemploi est nettement visible, face inscrite vers l'extérieur [fig. 14] : il présente la partie supérieure d'un cartouche d'Osiris surmonté des deux plumes, motif habituel sur les linteaux des chapelles osiriennes et attesté plusieurs fois dans la chapelle elle-même. Le même procédé de réfection des murs est observable sur la face ouest du mur nord-sud s'appuyant contre le montant nord de l'avant-porte de la chapelle. Un renfort en pierre était également visible sur la face est du même mur, à l'interface avec le mur est-ouest bordant la partie nord du parvis de la chapelle. La présence de blocs de réemploi disposés entre les colonnes de la salle hypostyle est également notable : ils ont pu constituer la base de murs en brique crue.

Dans l'attente de la poursuite de la fouille sur des portions offrant une vision claire des relations stratigraphiques et des échantillons céramiques cohérents, on se contentera de poser le problème de la date de ces différentes réfections qui, dans l'appréhension très partielle que l'on peut en avoir, semblent respecter l'espace initial de la chapelle. Plusieurs éléments sont à prendre en compte. D'une part, quand G. Legrain met au jour, à proximité immédiate de la chapelle d'Osiris Ounnefer Neb-djefaou, la chapelle éthiopienne dédiée à Osiris *Nb-ʿnḫ/pꜣ wšb jꜣd*, il observe que la corniche de cet édifice a été restaurée grâce à un bloc emprunté à la chapelle voisine, car elle porte le nom du grand intendant Sheshonq [79]. Par ailleurs, un des éléments du dallage de la salle hypostyle, à sa limite sud, s'est avéré être un bloc provenant d'un montant de porte inscrite (inv. ON 18), comportant le déterminatif d'un dignitaire en tout point identique à celui qui détermine le nom de Sheshonq sur des fragments de montants semblables. Il faut donc admettre que ces deux chapelles osiriennes ont fait l'objet d'une restauration postérieure au moins à la disparition de Sheshonq (A), et probablement bien postérieure. Les portes s'ouvrant dans les murs de briques pourraient donc avoir été démantelées au moment de la reconstruction de ces derniers. La poursuite de la fouille permettra de préciser s'il faut attribuer à la même époque les murs préservés au sud, délimitant un couloir coudé entre les deux chapelles d'Ankhnesnéferibrê.

78 Voir dernièrement la synthèse de J. BUDKA, *Der König an der Haustür. Die Rolle der ägyptischen Herrschers an dekorierten Türgewänden von Beamten im Neuen Reich*, BeitrÄg 19, Vienne, 2001.

79 G. LEGRAIN, *RecTrav* 24, 1902, p. 209. Ce bloc est noté comme disparu par J. LECLANT, *op. cit.*, p. 26.

Fig. 13. Vue du massif secondaire à l'angle nord-ouest de la salle aux 4 colonnes (2000).©Ph. Groscaux/Cfeetk.

Fig. 14. Réemploi à la base du massif secondaire à l'angle nord-ouest de la salle aux 4 colonnes (2000). ©Ph. Groscaux/Cfeetk.

Fig. 15. Vue générale de la chapelle depuis le sud-ouest (2000). Cl. L. Coulon.

III. Le bâtiment à l'ouest de la chapelle [80]

C'est au cours de la campagne d'automne 2001 que les premières investigations ont été menées à l'arrière de la chapelle saïte [81], dans la zone surplombant l'édifice immédiatement à l'ouest (secteur 3 sur le plan général). La fouille amorcée sur le site à l'automne 2000 avait permis de mettre en évidence, outre le mur arrière de la chapelle, et en particulier les éléments d'un mur épais (enceinte ?) plus ancien, un linteau au nom de la divine adoratrice Nitocris ; ce bloc affleurait directement à la surface du massif sur lequel s'appuie l'édifice. La présence de cet élément saïte à proximité du naos de la chapelle, la différence d'altitude, notable, entre cette structure et les vestiges de la butte – près de 3 m –, incitèrent la poursuite des travaux dans un secteur encore largement inexploré de Karnak. L'objectif de cette fouille était, en outre, de situer la chapelle dans son cadre contextuel, de suivre l'évolution de ce site, enfin d'établir, autant que faire se peut, une liaison stratigraphique entre la chapelle et les structures avoisinantes.

A. *Description des vestiges*

[fig. 16-17]

Les résultats obtenus à l'issue des trois dernières campagnes de fouilles effectuées sur le site se sont avérés très positifs, puisque les travaux entrepris dans le secteur 3 ont révélé l'existence d'un bâtiment en briques crues, aux murs imposants, orientés selon l'axe des murs est-ouest entourant la chapelle. À ce jour, seule la partie sud a été mise en évidence ; la superficie dégagée couvre approximativement 122,88 m^2 (9,60 × 12,80 m).

Fortement érodé par le vent à l'ouest, marqué par un pendage à l'est, le terrain occulte les limites précises du bâtiment mis au jour. L'enlèvement du substrat de surface (5005) atteste, pour l'instant, de la présence de trois murs (5015, 5017 et 5093) [82], orientés est-ouest, d'une épaisseur équivalente au mètre. Fortement arasés, ces murs contre lesquels s'appuient des murs plus minces (murs de refend) dont l'épaisseur varie de 50 à 72 cm, encadrent plusieurs unités.

Ainsi, dans la partie sud, le mur 5015 dessine avec les murs 5017, 5018 et le massif 5073 un espace rectangulaire de 5,80 m × 3 m (soit une superficie de 17,4 m^2) : il s'agit de la pièce 1. Dans la partie nord, le mur 5093 délimite avec le mur 5017, qui se situe dans l'axe du naos de la chapelle, et le mur 5092, qui est dans l'alignement de 5018, une travée longue de 10 m et large de 2,80 m. Deux murs d'une épaisseur égale à 60 cm, 5019 et 5072, divisent cet espace en trois unités d'une longueur inégale : la pièce 2 couvre un espace de 2,08 × 2,80 m ; la pièce 3, la plus étroite, mesure 1,48 m en longueur ; enfin, la pièce 4 occupe un espace rectangulaire de 5,28 × 2,80 m.

À l'est, le mur 5018 et son pendant au nord, 5092, forment vraisemblablement la limite ouest de deux autres petites pièces, ainsi que semble le démontrer la présence de vases contre la paroi est du mur 5018 [83]. La fouille amorcée à l'est de la zone dégagée suggère que les murs 5015 et 5017 étaient adossés au mur massif de briques crues contre lequel s'appuie le naos de la chapelle.

80 La fouille et l'interprétation de ce secteur ont été effectuées par C. Defernez.

81 Sous la responsabilité de L. Vallières, boursier-archéologue Cfeetk.

82 Il s'agit vraisemblablement de murs porteurs (cf. *infra*).

83 Non illustrées ici, des coupelles-encensoirs bordaient le parement est du mur 5018.

À l'ouest, comme nous l'avons précisé, la limite du bâtiment n'a pu être clairement définie, en raison de l'arasement très prononcé des murs et de l'induration des substrats de surface qui caractérisent le secteur. Lors de la dernière campagne, cependant, les investigations conduites dans cette zone ont permis de circonscrire plus précisément l'espace qu'occupe l'édifice. Outre le dégagement d'un massif constitué de plusieurs assises de briques crues (5073/5071), au nord de la pièce 1, dont la fonction reste imprécise, la fouille a révélé plusieurs lambeaux de murs de briques fondues indiquant la présence d'un mur large pouvant éventuellement correspondre au mur de façade de l'édifice. Partiellement entaillé dans son angle sud-ouest par une cavité profonde, à l'époque romaine tardive ou copte, le mur 5096, hypothétiquement restitué sur le plan, semble se poursuivre au nord où il apparaît sous forme de lambeaux bien conservés sur plusieurs assises de hauteur. L'extension du bâtiment au nord paraît confirmée non seulement par la présence de ce mur imposant mais aussi par l'existence du mur 5093, limité sur son flanc nord par un niveau de circulation (ou rue) introduisant, semble-t-il, vers d'autres pièces composant l'édifice. Il est à préciser qu'à son extrémité ouest, le mur 5093 présente un appareillage qui laisse supposer que ce mur faisait corps avec le mur 5096, tout comme vraisemblablement le mur 5015.

Conservés seulement sur deux ou trois assises [84], les murs ainsi dégagés montrent une construction soignée, utilisant des briques assez larges et épaisses : le module de briques employé est le suivant : 32 × 16 × 10/12 cm ; ce module est équivalent d'un mur à l'autre. Au contraire, selon l'épaisseur des murs, différents types de maçonnerie apparaissent. Ainsi, les murs les plus épais, 5015 et 5017, délimitant la pièce 1, alternent une assise composée de carreaux encadrant deux boutisses avec une assise de trois boutisses [85] ; l'appareillage du mur nord, 5093, est, semble-t-il, plus irrégulier : son arase laisse apparaître une assise de deux boutisses et une assise formée d'une boutisse et d'un carreau encadrant une brique disposée en épi [86] ; un blocage interne est souvent visible. En ce qui concerne les murs minces ou murs de refend, orientés nord-sud, 5072 et 5019, délimitant les espaces P2, P3 et P4, leur construction est simple : une assise constituée d'une boutisse adossée à un carreau [87]. La limite est du bâtiment, matérialisée pour l'instant par les murs 5018 et 5092, montre une assise de deux boutisses aboutées alternant avec une assise de carreaux insérant une boutisse [88].

Outre ces différents schémas d'assises, il est à souligner la présence de certaines particularités constructives dans l'appareillage des murs. Ainsi qu'en témoigne en effet l'arase du mur 5017, des chaînages de bois étaient utilisés pour renforcer les murs [89]. Placées de manière longitudinale entre

84 L'arase de certains murs culmine en effet, en altitude relative, à 79,05/79,06 m, soit à une altitude équivalente à celle du premier sol atteint (entre 79,06 et 79,14 pour la pièce 1 ; entre 79,01 et 79,11 pour la pièce 2).

85 Cet appareil est comparable au type A15 dans la typologie établie par A.J. SPENCER, *Brick Architecture in Ancient Egypt*, Warminster, 1979, pl. 7.

86 Cet appareil dénote des similitudes avec le type A17 défini par A.J. Spencer (*ibid.*, pl. 8). Comme le précise à juste titre l'auteur, l'utilisation de briques en épi est rare dans les constructions d'époque pharaonique ; le type A17 est surtout fréquent dans l'architecture ptolémaïque et romaine (cf. *ibid.*, p. 137).

87 Ce type d'appareil est à rapprocher des types A2, A4 et A12 dans la classification élaborée par A.J. Spencer (*ibid.*, pl. 1-2, 6).

88 Correspondant au type A3 dans la typologie de Spencer, cet appareil est le plus fréquemment employé aux époques dynastiques, principalement dans la construction de murs massifs (cf. *ibid.*, p. 136).

89 Selon la définition de M. Sauvage (*La brique et sa mise en œuvre en Mésopotamie des origines à l'époque achéménide*, Paris, 1998, p. 54-55, 163), le chaînage (à ne pas confondre avec l'armature) était destiné à renforcer la cohésion d'un mur appareillé. Contrairement à la Mésopotamie où les chaînages de bois et de roseaux se répandent surtout à partir de la période néo-babylonienne (*ibid.*, p. 55, 150), l'usage du bois pour les chaînages est une particularité technique bien connue en Égypte dès les débuts de la civilisation (cf. A.J. SPENCER, les assises de briques crues, ces planches de bois étaient encore partiellement bien conservées lors du dégagement de la surface du mur ; certaines ont, semble-t-il, été réemployées comme orthostates, lors de l'ultime phase d'occupation du bâtiment [90]. Dans la pièce 1, ces poutres alternaient avec des morceaux de grès à la base des murs 5017 et 5018 [fig. 17]. Au nord, contre la paroi du mur 5093, des blocs de grès faisant office d'orthostates ont également été mis au jour, indiquant, de fait, le prolongement de la structure au-delà de cette limite [91].

Dans la zone actuellement dégagée, aucune trace ostensible de porte, ou simplement d'accès, n'a été repérée. Quelques indices, comme nous le verrons ci-après, permettent toutefois d'énoncer quelques propositions.

B. *Les différentes étapes d'occupation du bâtiment*

Les données stratigraphiques dont nous disposons témoignent de deux phases d'occupation associées au bâtiment en briques crues : la phase 1, la plus ancienne attestée à ce jour, a été principalement identifiée dans la pièce 1 ; tandis que la phase 2, qui correspond à l'ultime occupation de l'édifice avant son abandon et sa démolition, a pu être déterminée dans la plupart des pièces dégagées.

1. ÉTAT 1 [fig. 16]

Comme il a été précisé, le niveau le plus ancien atteint lors de la fouille a été mis au jour dans la pièce 1 qui correspond, semble-t-il, de par ses dimensions, à la pièce principale de la structure dégagée. Constitué d'une terre argilo-sablonneuse brune, mêlée à des nodules de calcaire et de nombreux charbons de bois, un sol épais (5069/5070) a été mis en évidence sur la presque totalité de la surface de cette unité. Manifestement, il s'agit d'un espace propre voué à des activités domestiques ou culinaires réduites. Les aménagements associés à cette phase d'occupation se limitent, en effet, principalement à un foyer domestique d'un diamètre équivalent à 45 cm (5091). Outre ce foyer qui occupait le centre de la pièce, un bloc de grès de grande taille, dont la fonction reste imprécise, a été découvert à proximité du mur sud 5015.

op. cit, p. 70-77, 83-93, 104-106, 130-133) : au Moyen Empire, les chaînages de bois sont systématiquement employés dans la construction des murs des forteresses nubiennes ; leur fréquence est attestée à la Basse Époque, dans les constructions de grande envergure (enceintes, bâtiments religieux et administratifs), notamment à Karnak (*ibid.*, p. 73-74, 79) ; dès l'époque ptolémaïque, l'utilisation de poutres de bois dans l'appareillage des murs (épaisseur et angles) se répand dans l'architecture domestique, notamment dans la région du Fayoum où les sites de Medinet Maadi, de Karanis et de Dîme ont fourni plusieurs exemples (*ibid.*, p. 78, 90 pour ce qui concerne l'architecture religieuse, p. 99-100). Comme le précise A.J. Spencer (*ibid.*, p. 131) : « Probably the most peculiar use of wood in Egyptian buildings is its employment in the structure of brick walls as a means of reinforcement... this technique is most common in well-built walls of considerable thickness, but it can occur in house walls » (voir également *ibid.*, p. 132, sur les modalités de cette technique).

90 Cf. *infra*, § III.B.2.

91 En l'absence de parallèles, la seule hypothèse, valide, que l'on soit à même d'avancer pour expliquer la présence de grès et de bois à la base de ces murs est que leur rôle était de protéger la structure de la sape due à l'action de l'eau. Le fait que le bâtiment soit érigé sur l'un des points les plus élevés du site élimine la théorie selon laquelle ces plinthes ou orthostates (ou autres solutions de protection) ont été mises en place pour préserver les murs des remontées d'humidité. Sur ce point, voir les remarques intéressantes faites par M. Sauvage à propos des habitats en Mésopotamie (M. SAUVAGE, *op. cit*, p. 56-57).

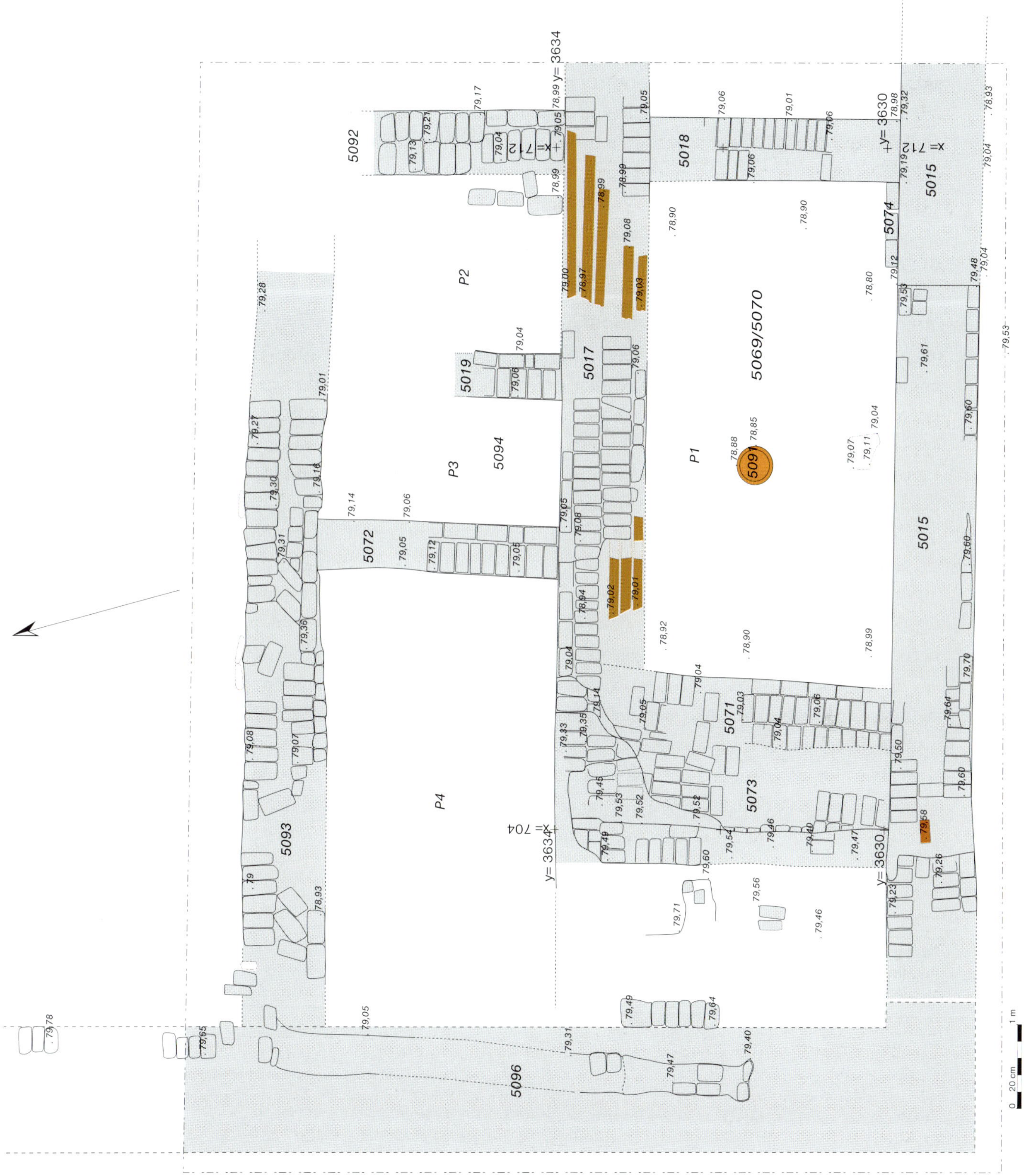

Fig. 16. Plan du bâtiment du secteur 3. Phase 1.

À l'instar des autres pièces, on remarque l'absence de seuil ou de passage de porte. L'évolution interne de chaque unité et des unités entre elles reste très hypothétique. Néanmoins, quelques données nous incitent à penser que cette pièce était dotée de plusieurs accès. Tout d'abord, la présence d'un amas de briques fondues et, surtout, un vague alignement de trois briques (5074) à la base du mur 5015, dans l'angle sud-est de la pièce, dénotent l'existence d'une marche à cet endroit, qui facilitait sans doute le passage vers une porte (5095), permettant peut-être une circulation vers la chapelle, ce qui pourrait alors expliquer l'arasement très prononcé du mur à son extrémité est.

Au nord, il est fort probable que la pièce communiquait avec la pièce 4, ainsi que semble le suggérer la présence de blocs de grès à proximité du mur 5017 [fig. 17] ; l'un de ces blocs, découvert contre le parement nord du mur, pourrait avoir servi de crapaudine ou de seuil d'une porte. En ce qui concerne les autres pièces, les données sont quasi inexistantes. En tout état de cause, à l'ouest, les accès semblent limités par l'existence d'un énorme massif en briques crues. Le massif 5073, englobant sans doute le mur 5071, dont l'orientation diffère de celle du mur est 5018, ne facilitait guère une circulation vers l'extérieur mais pouvait éventuellement introduire à un étage. Fortement arasé dans sa partie supérieure, ce massif laisse apparaître plusieurs niveaux d'assises de briques crues qui semblent correspondre aux vestiges d'un escalier. La qualité médiocre de l'appareillage des murs, de même que sa situation dans l'angle sud-est de la pièce, concourent à suggérer qu'un escalier occupait cet espace. Ainsi que le démontrent plusieurs exemples d'architecture [92], les massifs d'escaliers sont souvent aménagés dans les angles des pièces. L'épaisseur des murs 5015, 5017 et 5093 tend à valider cette hypothèse. Quoi qu'il en soit, la fouille de l'espace situé entre le massif 5073 et le mur de façade 5096, encore incomplète, contribuera vraisemblablement à déterminer la fonction précise de ce mur imposant qui paraît avoir été construit d'un seul tenant.

Confinée à un espace réduit, la première étape d'occupation ainsi identifiée dans le secteur 3 demeure encore très obscure, tant du point de vue architectural que du point de vue chronologique, comme nous le verrons ci-après. Il est intéressant de signaler, toutefois, qu'un petit sondage pratiqué dans l'angle sud-ouest de la pièce 3 a révélé, sous une épaisse couche de remplissage de terre argileuse brune (5056), la présence d'un sol dallé de briques (5094) qui devrait être contemporain du sol 5069 ; ces niveaux présentent en effet une altitude relative commune [93]. Nonobstant,

92 Plusieurs exemples sont attestés à Karnak, dans la zone du lac sacré notamment : cf. P. ANUS, R. SA'AD, « Habitations de prêtres dans le temple d'Amon de Karnak », *Kêmi* 21, 1971, fig. 2 (maison I), fig. 5-6 ; J. LAUFFRAY, *La chapelle d'Achôris à Karnak* I. *Les fouilles, l'architecture, le mobilier et l'anastylose*, Paris, 1995, p. 73 ; *id.*, « Maisons et ostraca ptolémaïques à l'est du lac sacré », *CahKarn* 10, 1995, p. 317, fig. 12, p. 319, fig. 15, p. 323, fig. 18, p. 333, fig. 30 ; voir également les remarques faites par l'auteur en ce qui concerne la construction des escaliers à l'époque ptolémaïque (escaliers souvent monumentaux, dans une cage avec volées tournant autour d'un noyau plein rectangulaire) ; les fouilles effectuées à l'ouest de la porte de Ptah, au nord de l'enceinte d'Amon, ont mis au jour des constructions avec massif d'escalier bien conservé (cf. L.A. CHRISTOPHE, *Karnak-Nord* III *(1945-1949)*, Le Caire, 1951, p. 51-59, pl. IV). Le site de Medinet Habou en possède également quelques attestations (cf. U. HÖLSCHER, *Excavations at Medinet Habu* V. *Post-Ramessid Remains*, Chicago, 1954, p. 6, fig. 4, p. 7, fig. 5 [escalier avec cour dans habitats datables des XXIIe-XXIVe dynasties], p. 14, fig. 19, p. 15, fig. 20 [habitats attribués à la XXVe-XXVIe dynastie]), de même celui d'Éléphantine (cf. W. KAISER *et al.*, « Stadt und Tempel von Elephantine 17./18. Grabungsbericht », *MDAIK* 46, 1990, p. 216, fig. 8, p. 219, fig. 9, également fig. 10 ; *id.*, « Stadt und Tempel von Elephantine 19./20. Grabungsbericht », *MDAIK* 49, 1993, p. 178, fig. 16, 180, fig. 17).

93 Soit 78,90/78,92 m pour l'US 5069 et 78,87/78,90/ 78,94 pour l'US 5094.

l'absence d'une stratigraphie développée dans la zone étudiée ne nous permet pas, pour l'instant, de savoir si le niveau 5069, de même que vraisemblablement le niveau 5094, correspondent à la phase primitive du bâtiment.

À ce jour, le mobilier associé à la phase 1 se limite à quelques fragments infimes de céramiques. Affleurant à la surface du sol 5069, ces tessons s'inscrivent globalement dans le cadre chronologique large de la Basse Époque ; il s'agit principalement de panses ornées d'un réseau de stries côtelées qui peuvent appartenir indifféremment au répertoire de la céramique de l'époque saïte ou à celui de l'époque perse.

Les données chronologiques relatives à la phase 1 sont essentiellement fournies par le matériel céramique issu des niveaux de remblais qui recouvraient les sols des pièces dégagées, en l'occurrence les sols 5069 et 5094 des pièces 1 et 3. Correspondant probablement à l'abandon et à la démolition de ces structures, ainsi que le laisse supposer la présence de nombreux fragments de briques crues et de briques pulvérulentes grises, les couches 5061 (pièce 1) et 5056 (pièce 3) ont livré, outre de menus objets [94], des ensembles céramiques importants dont la datation couvre manifestement la phase finale de la XXVIe dynastie et la XXVIIe dynastie. Compte tenu de la pérennité de certaines formes de l'époque saïte pendant toute la durée de l'époque perse, une datation fine des vases recueillis reste délicate mais, comme nous le verrons ci-après, il ressort de la documentation que certains éléments paraissent bien cantonnés aux Ve et IVe siècles av. J.-C. Cette proposition chronologique semble, en outre, confortée par la datation du matériel provenant des niveaux d'occupation ultérieurs ; à la différence du matériel de la phase 1, trouvé sous forme très fragmentaire, le mobilier extrait des couches associées à l'ultime utilisation du bâtiment (phase 2) comprend plusieurs lots de vases intacts.

2. ÉTAT 2

[fig. 17]

Ainsi qu'en témoignent les lots de vases trouvés in situ dans les angles des pièces 1 et 2, une nouvelle séquence d'occupation succède à la démolition qui caractérise l'étape finale de la phase 1. Le dégagement du sol actuel, c'est-à-dire du substrat de surface 5005, a permis de mettre en évidence les vestiges d'une ultime phase d'occupation du bâtiment dans la moitié est de la pièce 1 ainsi que dans la moitié sud de la pièce 2. À la différence du niveau antérieur (5069), le sol identifié ici n'est pas constitué d'une couche épaisse d'argile lissée mais de simples surfaces d'argile : ainsi, la dernière utilisation de la pièce 1 correspond à la surface de la couche de démolition que forme le niveau 5061 ; de nombreux fragments de briques crues émergeaient à la surface du sol très ténu 5046/5010 ; dans la pièce 2, encore incomplètement fouillée, le sol 5047 repose vraisemblablement sur un épais remblai, ainsi que le suggère la présence de briques crues rubéfiées et de morceaux de grès.

94 Le niveau de démolition 5061 a livré les pièces suivantes : une amulette en fritte émaillée de couleur verte représentant une statuette assise brisée (n° 5061.001) ; des plumes d'Amon en alliage cuivreux (n° 5061.002) ; un disque de pierre (n° 5061.003) ; une perle (n° 5061.004) ; une figurine de tête de coq (n° 5061.005) ainsi qu'un élément en alliage cuivreux, de forme allongée et courbée (n° 5061.006). Une perle en cornaline (n° 5056.003) ainsi que des objets en alliage cuivreux (n°s 5056.001 et 5056.002), non identifiables, ont été découverts dans la couche de remplissage 5056.

Attesté uniquement par des lambeaux de sols, l'ultime niveau d'occupation du bâtiment culmine à la même altitude que celle qu'atteint aujourd'hui l'arasement des murs dégagés [95] ; manifestement, les murs 5018, 5017, 5092 et 5019 ont été pillés jusqu'à leur base. Clairement délimités par des planches de bois qui ont peut-être servi, au préalable, à « consolider ou stabiliser » les assises de briques crues, ces sols, et plus particulièrement le sol 5046, étaient, en outre, limités par des blocs de grès de petite taille qui faisaient office d'orthostates [96]. C'est précisément à ce niveau, dans l'angle nord-est de la pièce 1, que le linteau (ON 75) inscrit au nom de la divine adoratrice Nitocris a été mis au jour. Compte tenu de sa situation et de son épaisseur, ce fragment a sans doute été utilisé comme banquette. Outre ces blocs, le niveau 5046 a livré d'autres éléments en matériaux divers, et notamment des éléments architecturaux : blocs de grès (ON 86-87), fragments de calcaire (dont ON 94), bases de colonnette (ON 81 et ON 92) ainsi qu'une meule en granite (ON 93). Affleurant à la surface du sol, ces pièces paraissent davantage appartenir à la phase suivante qui marque l'abandon définitif de la structure dégagée.

Mis à part le réemploi de blocs et de poutres ayant servi à protéger la base des murs, les aménagements associés à cette phase sont très limités. Aucun foyer ou four domestique n'a été repéré jusqu'à présent alors que, comme nous le verrons plus loin [97], la majorité de la documentation céramique issue principalement de la pièce 2 se compose de moules à pain ou de *dokkas*, autrement dit de céramiques purement domestiques ou de tradition artisanale. Un alignement de quatre briques dans l'angle sud-est de la pièce 2 laisse supposer l'existence d'un aménagement à cet endroit, une banquette ou un espace de rangement, mais il n'est pas improbable que ces briques proviennent d'une démolition antérieure des murs avoisinants 5017 et 5092.

Quoi qu'il en soit, la carence de certains faits archéologiques pour la phase concernée peut s'expliquer en partie par le fait que les niveaux 5046/5010/5047 ne sont attestés que dans la partie est du bâtiment. En effet, dans la moitié ouest de la pièce 1, ce niveau de sol ténu n'a pas été clairement identifié, en raison de la destruction importante qu'a connue l'ensemble de cette zone à cet endroit ; le sol 5069, en relation avec la phase 1, est apparu directement après l'enlèvement du remblai de la surface (5005) ; il est à préciser, cependant, qu'à certains endroits, des bribes de sols sur lesquels reposaient des supports de vases ou autres céramiques dénotaient l'existence de ce niveau. Au nord, au contraire, cette occupation a été repérée lors de la dernière campagne de fouilles.

En effet, après l'enlèvement du substrat de surface dans la partie nord de la pièce 3, une couche de terre argileuse brune très compacte comprenant des charbons de bois mêlés à des fragments de céramiques est apparue ; bien que de texture et de composition légèrement différentes de celles des sols 5046 et 5047, la couche 5086 atteint, en altitude relative, une côte comparable à celle des niveaux associés à la phase 2 [98]. Repérée à proximité et à l'emplacement du mur 5019, la couche 5086 paraît davantage correspondre à un niveau de circulation qu'à un sol, indiquant, de fait, peut-être un passage vers la pièce 2 ; elle n'a pas été identifiée dans la moitié sud de la pièce ; dans cet espace, en effet, seul le niveau sous-jacent constitué d'un épais remblai de terre brune (5056) a été dégagé [99].

95 Cf. *supra*, § III.A.

96 Cf. *supra*, § III.A.

97 Cf. *infra*, § III.C.3.

98 Soit entre 79,06 et 79,10 m.

99 Cf. *supra*, § III.B.1.

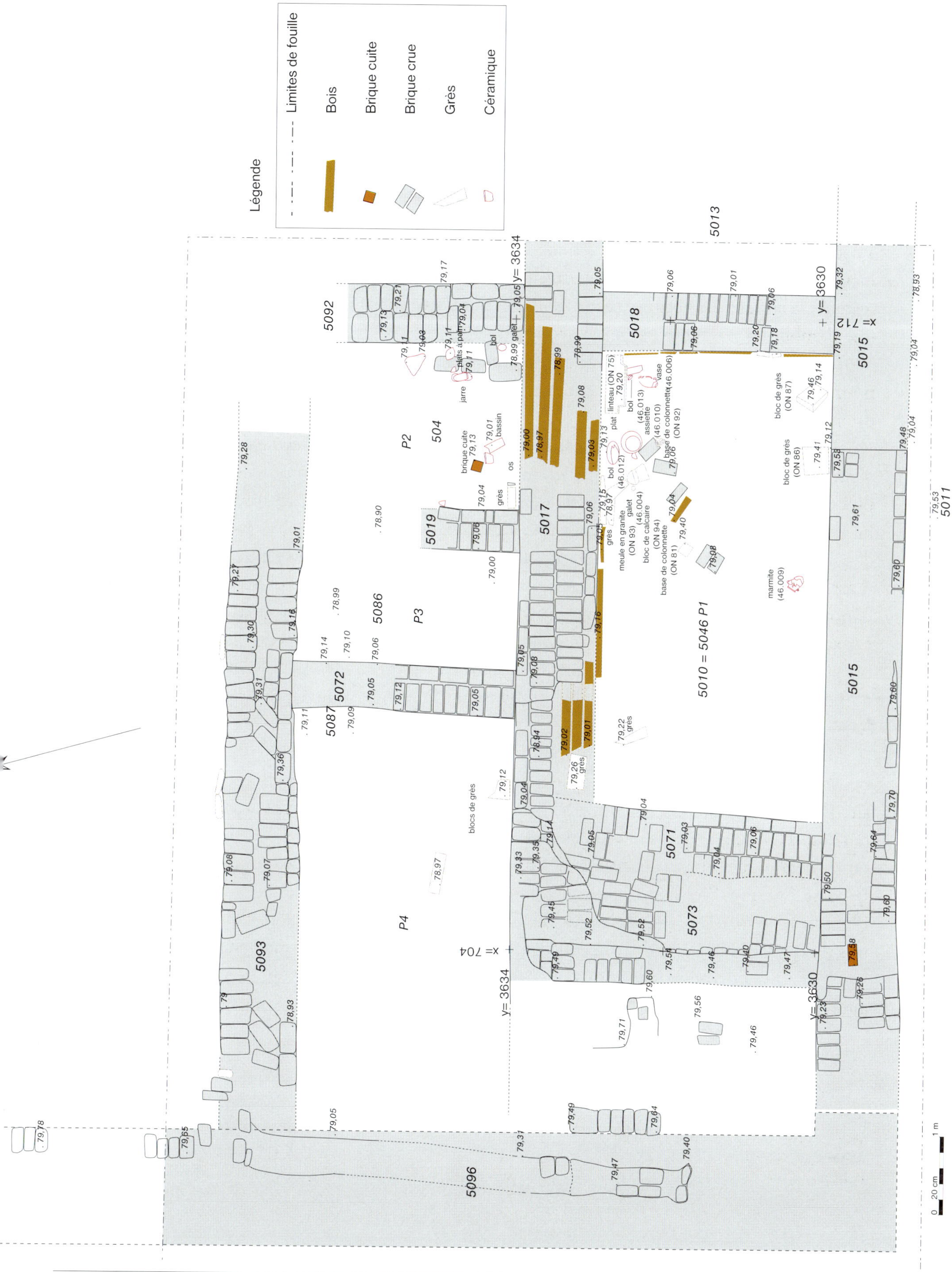

Fig. 17. Plan du bâtiment du secteur 3. Phase 2.

Tout comme pour la phase précédente, les données demeurent purement conjecturales en ce qui concerne l'évolution entre les unités. En l'occurrence, nous pouvons raisonnablement supposer que les pièces 2 et 3 communiquaient entre elles. En outre, il est fort probable qu'une porte aménagée dans le mur 5093 facilitait une circulation vers l'extérieur, au nord ; de même, un accès devait permettre une introduction vers la pièce 4. N'ayant pas encore fait l'objet d'un dégagement complet, l'espace rectangulaire que forme cette pièce ne comporte guère non plus d'accès visible. Pour l'instant, seul un niveau de terre limoneuse brune très dense (5087), de composition similaire à celle de la couche 5086 [100], a été mis au jour dans l'angle nord-est de la pièce. Attesté uniquement dans cet espace réduit, ce niveau indique peut-être une communication avec la pièce 3. Le reste de la surface est occupé par un épais niveau de remblai (5068) qui correspond, semble-t-il, à une démolition ; ce remplissage est vraisemblablement l'équivalent des niveaux 5056 (pièce 3) et 5061 (pièce 1). Comme nous l'avons déjà mentionné, dans cette pièce (P4), un autre indice qui pourrait laisser supposer un passage vers la pièce 1 est le fragment de grès mis en évidence près du mur orienté est-ouest, 5017.

Plus au nord, la fouille entamée lors de la dernière campagne a révélé l'existence de quelques orthostates le long du mur 5093 ; soigneusement placés contre le parement nord de ce mur, ces blocs de grès dénotent incontestablement l'existence d'un sol et, qui plus est, l'extension du bâtiment bien au-delà de la limite atteinte à ce jour.

Tel que le laisse transparaître le mobilier – de même que les sols formés de minces pellicules d'argile –, la phase 2 correspond, selon toute vraisemblance, à une occupation sporadique du bâtiment dans son état final. En témoignent notamment les quelques blocs de grès épars affleurant à la surface du sol 5046 issus d'une destruction partielle de l'édifice ou d'une structure avoisinante ; on peut raisonnablement supposer que certains de ces blocs, tels que le linteau en grès inscrit au nom de Nitocris, proviennent soit du bâtiment lui-même, soit d'une chapelle antérieure non localisée.

Outre le lapidaire qu'il renferme, le mobilier extrait des niveaux d'occupation ou d'utilisation liés stratigraphiquement à la phase 2 est digne d'intérêt pour la compréhension de l'évolution du site sur le plan chronologique. En effet, si la présence d'éléments architecturaux d'une occupation antérieure témoigne de l'abandon progressif du site au cours de la XXVIe dynastie, la documentation céramique fournit des ensembles cohérents qui nous situent plus précisément vers la fin de la Basse Époque. Bien que d'un faciès similaire à celui de l'époque saïte, le matériel exhumé des niveaux 5046/5010 et 5047, constitué de plusieurs lots de vases intacts, parfois trouvés empilés les uns dans les autres, appartient bel et bien, en l'état actuel de nos connaissances, à la phase terminale de la période perse ou, disons plus globalement, à la période préptolémaïque. Les données amassées, comme nous le verrons plus loin, plaident en faveur de cette datation.

100 Le niveau 5087 renferme également quelques fragments de charbons de bois. En altitude relative, il se situe entre 79,09 et 79,11 m.

Selon les contextes ou les pièces dégagés, la documentation céramique recueillie présente les éléments caractéristiques suivants :

– dans la pièce 1 (5046/5010), notamment dans l'angle nord-est, à proximité du linteau de Nitocris, on signalera la présence d'un ensemble de trois vases comprenant une grande coupe convexe à base annulaire [101], une assiette à carène [102] et un bol conique à fond plat saillant [103]. Près du mur 5018, un petit bol conique [104] ainsi qu'une jarre-marmite (ou vase de cuisson) [105] à anses, décorée de cercles concentriques peints en blanc, ont été ramassés. À proximité du mur épais 5015, a également été mis au jour un vase sphérique nanti de quatre petites anses [106]. Parmi les trouvailles non inventoriées, on mentionnera l'existence d'un couvercle de four trouvé sous forme fragmentaire contre le mur 5017, de supports de vases de petite taille, de quelques fragments de *sigas* et d'amphores syro-phéniciennes [107] ;

– dans la pièce 2 (5047), comme nous l'avons déjà précisé, la documentation trouvée renferme un nombre assez notable de vaisselles culinaires, telles que des plats ou moules à pain de forme circulaire ou oblongue et des bassines à parois très épaisses et lèvre en bandeau [fig. 17]. Outre ces céramiques à caractère domestique, le matériel comprend une petite jarre sans col, de forme ovoïde, un bol conique et, surtout, une base d'amphore égéenne ; vraisemblablement originaire de l'île de Chios, ainsi que semble l'indiquer la composition de l'argile, ce conteneur constitue l'un des principaux critères de datation pour la phase concernée [108].

3. ÉTAT 3 OU PHASE D'ABANDON DU BÂTIMENT

À la phase d'occupation sporadique que connaît l'édifice dans son dernier état succède, sans doute peu de temps après, une nouvelle phase d'abandon et de démolition. Marquée par une superposition de couches de remplissage de terre argilo-sablonneuse brune jusqu'au substrat de surface (5005), cette étape a été clairement mise en évidence sur l'ensemble du secteur : ainsi, dans la pièce 1, le niveau de sol 5046 est recouvert par un épais remblai de terre brune grisâtre (5014) ; au nord, dans les pièces 2 et 3, ce sont des niveaux de terre brune cendreuse mêlée à de nombreux fragments de briques crues, parfois rubéfiées – il s'agit respectivement des niveaux 5085 et 5080 – qui occultent les ultimes traces d'occupation de ces unités. Le mobilier extrait de ces déblais est relativement pauvre ; ses principaux composants sont des tessons de céramiques dont la datation couvre manifestement la Basse Époque. Il est intéressant de noter la présence de blocs de grès, dont un fragment de dalle, et de petits morceaux de granite rouge parmi les trouvailles issues de la couche 5080.

Ainsi que semble le démontrer le matériel provenant de la couche de surface (5005) qui recouvre ensuite la totalité du secteur 3, les témoignages des époques ptolémaïque, romaine et copte restent fort discrets ; tel que paraît l'indiquer le niveau actuel de certains murs, le terrain a semble-t-il souffert, au cours de ces périodes, d'une démolition et d'un arasement importants. Pour l'instant, seules des fosses attestent d'une occupation éphémère du site aux époques romaine

101 Cf. *infra,* fig. 20.16 (n° 5046.011).
102 Cf. *infra,* fig. 17, 20.17 (n° 5046.010).
103 Cf. *infra,* fig. 17, 20.18 (n° 5046.012).
104 Cf. fig. 17, n° 5046.013.
105 Cf. fig. 17, 24, n° 5046.006.
106 Cf. *infra,* fig. 17, n° 5046.009.
107 Cf. *infra,* fig. 20.19-21.
108 Cf. *infra,* § III.C.3.

tardive et copte. À l'ouest, comme nous l'avons déjà mentionné, l'angle que forme le mur massif 5015 avec le mur de façade 5096 a été entaillé par une excavation profonde dont les limites précises restent mal définies, en raison de l'induration marquée du substrat de surface à cet endroit ; le remplissage de cette fosse a livré une quantité notable de fragments de vases appartenant à l'époque romaine tardive et copte. Plus à l'est, une seconde cavité de dimensions plus réduites a partiellement entamé le massif de briques crues 5073 ; comblée de briques crues fondues, cette fosse n'a livré aucun matériel céramique.

Mises à part ces excavations pratiquées en bordure du site, la zone dégagée n'a livré aucune trace d'une occupation dense aux époques tardives. Aucune structure notable datant de ces périodes n'a été identifiée dans la partie sud du secteur ce qui surprend dans la mesure où ces époques sont assez bien représentées dans la zone périphérique. À la surface du pourtour du secteur 3 foisonnent, en effet, non seulement de nombreux tessons des époques romaine et copte mais aussi, semble-t-il, des structures bien préservées en élévation appartenant à ces périodes. Une vague reconnaissance du site permet d'induire ces remarques ; à notre connaissance, aucune fouille exhaustive n'a été pratiquée à cet endroit [109], c'est-à-dire, assez curieusement, sur l'un des points les plus élevés du site de Karnak ; à ce jour, les données archéologiques font cruellement défaut. On signalera, par ailleurs, qu'un sondage effectué au sud du mur 5015 n'a révélé aucun indice probant d'une occupation tardive [110].

En l'attente d'une plus ample moisson de données, on a tout lieu de penser que l'espace qu'occupait le bâtiment décrit a été plus ou moins préservé pour des raisons qui demeurent encore inconnues.

En tout état de cause, il est intéressant de noter que parmi les trouvailles faites en surface (5005) une figurine intacte en terre cuite d'époque romaine tardive a été mise au jour ; les parallèles connus autorisent une identification avec celle d'un Harpocrate. Le reste du mobilier, qui se compose en partie de tessons datables de la Basse Époque, a récemment fait l'objet d'une étude préliminaire [111].

C. *Analyse du matériel céramique*

Comme il est d'usage, préalablement à l'examen typologique et chronologique du matériel, une classification des principales argiles connues sur un site doit être menée. Certes, dans le cadre des travaux conduits antérieurement à Karnak, des systèmes de classification de la céramique caractéristique de la Basse Époque ont été mis en place [112]. Cependant, le mobilier spécifique de

109 Cf. *supra* § I.B.

110 Le remplissage supérieur (5011) se compose d'une couche épaisse de terre brune, assez compacte, contenant de nombreux tessons dont la datation s'échelonne entre la XXVIe dynastie et la fin de la période perse.

111 Cf. C. DEFERNEZ, « Karnak. La chapelle d'Osiris Ounnefer Neb-Djefaou », *BCE* 22, 2004, p. 35-47.

112 On se référera notamment aux corpus établis par H. Jacquet-Gordon à Karnak-Nord (H. JACQUET-GORDON, *From the Twenty-First Dynasty to the Ptolemaic Period in Upper Egypt* (à paraître), puis aux classifications mises en place par C. Grataloup et S. Marchand (C. GRATALOUP dans P. Béout *et al.*, « Fouilles dans le secteur Nord-Ouest du temple d'Amon-Rê », *CahKarn* 9, 1993, p. 161-204 ; S. MARCHAND, Fr. LECLÈRE, « Données complémentaires sur les structures de briques crues rubéfiées du musée de Plein Air de Karnak », *CahKarn* 10, 1995, p. 349-380).

cette période n'a quasiment pas (ou peu) fait l'objet d'une étude exhaustive. L'intérêt qu'on lui a accordé est faible comparativement à d'autres régions, et notamment celle du Delta [113]. Et cela pour la raison élémentaire que l'évolution des productions thébaines à l'intérieur du cadre large de la Basse Époque est peu sensible : aux deux extrémités de cette longue fourchette chronologique, on constate en effet la pérennité de nombreux produits dont l'introduction remonte parfois à la XXVᵉ dynastie. Il est vrai que les fabriques utilisées pour la confection des vases varient peu d'une période à l'autre ; elles se limitent principalement, comme nous le verrons ci-après, à des argiles calceo-ferrugineuses. Cependant, ainsi que le démontre la stratigraphie de sites récemment fouillés, tant à Karnak que dans les régions avoisinantes, il apparaît que certaines formes connaissent des modifications notables au fil des niveaux. En effet, si certaines catégories formelles perdurent tout au long des périodes saïte et perse, elles coexistent bien souvent avec un nouveau répertoire de formes que seule la documentation exogène permet de circonscrire.

1. PRÉSENTATION DES FABRIQUES [114]

Comme nous l'avons mentionné auparavant [115], la classification établie repose, d'une part, sur l'étude des ensembles céramiques provenant du secteur 3, d'autre part, sur l'examen de quelques lots de vases extraits de contextes associés à la chapelle ou à ses dépendances.

Ainsi, il est apparu, à l'issue de l'analyse d'un assemblage composé de 7374 tessons, que les pâtes à base de marnes prédominaient.

En effet, les produits les plus diffusés, comme il a été souligné, présentent les propriétés techniques des argiles calcaires que l'on connaît dans la région. À ce jour, quatre groupes importants ont été identifiés :

– le premier (pâte BE 1), amplement attesté [116], réunit des vases dont la pâte, aisément reconnaissable à sa teinte orangée/rouge clair (Munsell 2.5YR 6/8) [117], se caractérise par la finesse de sa texture et sa matrice sableuse ; les inclusions minérales sont rares et se limitent essentiellement à des micas dorés, des quartz sableux, des nodules de calcaire de l'ordre du $^{1}/_{10}$ de mm à 0,5 mm, répartis régulièrement, des particules rouges et noires de l'ordre du $^{1}/_{10}$ de mm au mm (des oxydes ferriques, selon toute apparence) ; de fines cavités ainsi que des particules blanches creuses (calcaire en décomposition) apparaissent occasionnellement. La surface de couleur blanchâtre ou beige (10YR 8/3 ou 10YR 6/3) ne témoigne pas de traitement particulier, excepté un lissage de la paroi externe.

113 Dans cette région, de même que dans le Sinaï septentrional, les découvertes récentes ont permis d'identifier plusieurs phases céramiques au sein de cette longue période.

114 Il est à préciser que les indications de couleur sont généralement suivies de la référence à la table colorimétrique (*Munsell Soil Color Charts*, Baltimore, 1990).

115 Cf. C. DEFERNEZ, *BCE* 22.

116 Ce groupe s'apparente à la pâte 2 dans la classification mise en place par C. GRATALOUP, *CahKarn* 9, 1993, p. 169. Il présente une composition similaire à la fabrique V dans le corpus de Karnak-Nord (cf. H. JACQUET-GORDON, *op. cit*, p. 3). Des affinités sont patentes avec la variante 2 du groupe *marl A4* attesté à Éléphantine (cf. D. ASTON, *Elephantine XIX. Pottery from the Late New Kingdom to the Early Ptolemaic Period*, *ArchVer* 95, Mayence, 1999, p. 4).

117 Ainsi qu'en témoignent certains exemples, sur un noyau orangé, la cuisson vient parfois colorer les parois d'une teinte brun clair (Munsell 5YR 6/4, 7.5YR 6/3 ou 5/3) ou grisâtre (10YR 5/3 ou 5/4).

À ce groupe appartiennent nombre de vaisselles fines de formes diverses et récipients de stockage à la paroi annelée.

– Peu répandu (pâte BE 2), le deuxième groupe se distingue par une pâte sableuse de couleur uniforme verdâtre/olive pâle (5Y 6/3). La texture moyennement fine laisse apparaître, en faible quantité, outre des quartz sableux de faible calibre (de l'ordre du $^1/_{10}$ de mm au mm), des inclusions blanches et rouges de petite taille ainsi que des nodules ferriques noirs, souvent visibles en surface ; on note la présence exceptionnelle de paillettes de micas et de particules ocre. Des stries de lissage apparaissent régulièrement sur la surface de couleur claire, habituellement jaune pâle (5Y 7/3).

Les formes associées à cette fabrique sont principalement des contenants ou vases ouverts de petites dimensions aux parois fines et côtelées.

– La troisième catégorie (pâte BE 3) est représentée par des céramiques à pâte claire, blanchâtre ou beige (proche de 2.5Y 7/2 et 2.5Y 7/4). Caractérisée par une extrême dureté et densité, cette argile, faiblement micacée, en dépit de la finesse de sa matrice, renferme des inclusions minérales de grande taille : parmi les principales, notons la présence de quartz et de nodules ferriques noirs et rouges (de 0,5 au mm, voire plus). Le plus souvent lissée, la surface, parfois ponctuée de fines cavités, offre une teinte identique à celle de la cassure.

– Enfin, le dernier groupe dans la catégorie des *marl clays* (pâte BE 8) se démarque par une argile sableuse, fine, compacte, dure, pauvre en inclusions ; sont visibles uniquement en cassure des particules de calcaire très fines, des micas, des grains de quartz sableux ainsi que des nodules noirs, en très faible quantité. La cassure montre systématiquement un large cœur grisâtre (10YR 6/2) cerné de franges rosées ou rouge clair (10R 6/6 ou 10R 6/8). La couleur de la paroi interne varie du beige orangé au brun clair (7.5YR 6/4), tandis que celle de la paroi externe est blanchâtre.

Il comprend des jarres de stockage de grandes dimensions à la lèvre en bandeau et à la panse annelée.

La documentation céramique recueillie à tous les niveaux témoigne de l'abondance des productions calcaires, mais sont aussi attestées en quantité notable des productions à base de limon du Nil. Utilisées pour la confection de récipients destinés à des fins domestiques, ces argiles présentent des affinités avec la fabrique *Nile C* dans le système de Vienne [118]. Nous distinguons trois groupes principaux :

– une pâte alluviale très grossière à dégraissant végétal important (pâte BE 4) ; de nombreuses cavités (négatifs des particules végétales) sont généralement nettement visibles en surface et en cassure. Outre des inclusions végétales, la texture renferme également des micas dorés et une faible quantité de particules de calcaire et de quartz sableux ; on note la présence exceptionnelle de gros grains de chamotte. Selon la température de la cuisson, la couleur de la cassure et de la

118 Cf. H.-A. NORDSTRÖM, J. BOURRIAU, « Ceramic Technology : Clays and Fabrics », dans D. Arnold, J. Bourriau (éd.), *An Introduction to Ancient Egyptian Pottery*, fasc. 2, *SDAIK* 17, Mayence, 1993, p. 173-174, pl. II. Ces équivalences concernent principalement les pâtes BE 4 et BE 5. Voir également D.A. ASTON, *op. cit.*, p. 3 (notre fabrique BE 4 correspond à la variante 2 du groupe *Nile C*, tandis que la fabrique BE 5 s'apparente à la variante 1).

surface varie du brun rougeâtre/brun orangé (2.5YR 5/4) au brun jaunâtre/chamois (2.5YR 6/8 ou 2.5YR 5/8) ; on observe régulièrement un cœur noir. Les traitements de surface sont rares mais certains exemples montrent des coulées d'un engobe crème.

Dans cette catégorie à laquelle on associe les récipients lourds d'usage domestique (bassines, plateaux à pain ou *dokka*, couvercles de four), nous distinguons une variante (pâte BE 4') qui se définit par une porosité extrême et une quantité importante de quartz sableux ; la couleur de la pâte se situe dans la gamme des bruns jaunâtres/bruns orangés ;

– une pâte de composition identique à la précédente (pâte BE 5) [119] mais qui se démarque par une forte densité, la présence d'inclusions minérales noires et une quantité plus importante de quartz sableux ; des nodules blancs ou jaunâtres (calcaire en décomposition) sont parfois attestés. La cassure est généralement zonée, avec un cœur brun orangé (10R 5/6) cerné de franges rouge clair (2.5YR 6/8 ou 2.5YR 6/6). Le ton de la surface est identique à celui de la pâte ;

– une pâte alluviale grossière (pâte BE 6), compacte, dont la cassure uniforme est rouge ou orangée (10R 6/6 ou 10R 5/8) ; la matrice est tapissée d'une multitude de poussières blanches d'origine végétale ; des quartz sableux, des inclusions de calcaire (de l'ordre de 0,5 au mm) ainsi que des paillettes de mica doré, inégalement répartis, y sont parfois mêlés.

Les éléments les plus importants appartenant à ce groupe sont, outre des jattes à la lèvre profilée en S, des supports de vases.

Il est à préciser que le traitement de surface des vases correspondant aux catégories alluviales consiste en un simple lissage de la paroi, plus rarement en l'application d'un engobe crème ou rouge. Parmi la documentation examinée, peu de céramiques montrent des stries de polissage.

Au nombre de huit, les fabriques ainsi brièvement décrites ne sont pas représentatives de l'ensemble du mobilier extrait des niveaux archéologiques étudiés. À cette liste, s'ajoutent des groupes supplémentaires qui ne sont attestés que par un nombre infime d'exemplaires.

Ainsi, dans la catégorie des pâtes mixtes qui se composent d'un mélange d'argile limoneux et marneux, on signalera la présence d'une argile grossière (pâte BE 7), dense, qui se distingue par une quantité notable de dégraissants de calcaire (de l'ordre de 1 à 3 mm) et des quartz sableux mêlés à de fines particules végétales blanches ; cette fabrique se démarque par une surface brune, revêtue d'un engobe blanc, et une couleur bipartite en cassure : une large frange interne brun rougeâtre (10R 4/3) et une frange externe noire (10R 3/1). Dans la catégorie des pâtes importées, il est à mentionner la pâte BE 9 dont la composition s'apparente fortement à celle de certaines pâtes des oasis (notamment de l'oasis de Kharga) [120] : d'une extrême dureté et densité, cette argile de couleur homogène rouge clair (10R 6/8 ou 2.5YR 6/8) montre une texture grossière, très serrée, comprenant une multitude d'inclusions minérales de taille et de forme variées (plaquettes rougeâtres, quartz, nodules noirs, calcaire et particules brillantes) ; de teinte grisâtre, la surface est vitrifiée.

119 Elle correspond également à la pâte 1 dans la classification établie par C. GRATALOUP *et al.*, *CahKarn* 9, 1993, p. 169.

120 Cf. S. MARCHAND, dans M. Wuttmann *et al.*, « Premier rapport préliminaire des travaux sur le site de 'Ayn Manawir (oasis de Kharga) », *BIFAO* 96, 1996, p. 415. Voir également D.A. ASTON, *op. cit*, p. 7.

Parmi la documentation figurent des tessons appartenant à des conteneurs importés du monde égéen ou syro-palestinien dont la fabrique fera l'objet d'une description précise au cours de l'exposé.

2. LE MOBILIER CÉRAMIQUE ASSOCIÉ À LA PHASE 1 [fig. 18-19]

Marqué par un indice élevé de fragmentation, le matériel correspondant à la première phase d'occupation détectée dans le bâtiment du secteur 3 se limite à celui qui est issu du niveau de remblai (5061) qui recouvrait le sol épais de limon atteint dans la pièce 1 ; comme nous l'avons indiqué plus haut, les trouvailles céramiques extraites du sol 5069 se résument à des fragments infimes de panses souvent ornées d'un réseau de stries plates ou côtelées qui peuvent appartenir indifféremment à des jarres de stockage ou à des vaisselles fines (coupes, coupelles, etc.) dont la datation précise reste délicate. En effet, si leur aspect général, leur fabrique et, surtout, leur traitement de surface sont autant d'indices qui autorisent une datation à la Basse Époque, l'absence d'élément formel spécifique de telle ou telle période à l'intérieur du cadre large de cette fourchette chronologique nous laisse dans l'expectative quant à une attribution précise de cette documentation, aussi maigre soit-elle. Cela d'autant plus que l'examen préliminaire du mobilier provenant du substrat supérieur, c'est-à-dire du niveau 5061, révèle à la fois, bien que dans des proportions inégales, des tessons d'époque saïte et des tessons d'époque perse.

Bien que composé majoritairement de panses, le matériel exhumé de la couche 5061 (environ 1610 unités) comporte un éventail de formes ouvertes et fermées dont les références externes sont parfois nombreuses dans les corpus des sites avoisinants. Notre propos, ici, n'est pas de les énumérer toutes (environ 70 types ont été identifiés) mais de mettre en avant les catégories les plus importantes selon les fabriques et, notamment, selon les périodes de leur production et/ou de leur diffusion.

Ainsi, dans la catégorie des pâtes alluviales, les groupes dont la fréquence est la plus importante sont les groupes BE 4 et BE 6. Comme dans tous les niveaux étudiés, les céramiques communes grossières, assignées à la fabrique *Nile C* du système de Vienne [121], sont les moules à pain ou les *dokka* à fond épais saillant [fig. 18.1] dont la littérature témoigne d'une productivité et d'une longévité importantes : forme déjà bien attestée dès la Troisième Période intermédiaire, le type illustré possède en effet des parallèles à Éléphantine ainsi qu'à Tell al-Balamoun, dans des contextes datables du milieu du VIIIe à la fin du Ve siècle av. J.-C. [122] ; selon le profil de la lèvre et la taille, nous distinguons certes plusieurs variantes mais aucune ne semble confinée à une période précise. Au contraire, les groupes suivants paraissent bien circonscrits à la période perse achéménide.

En effet, qu'ils soient façonnés dans une pâte BE 5 ou BE 6, les bols profonds ou jattes à la panse biconique ou hémisphérique comptent parmi les produits les plus répandus dans les niveaux datables des Ve et IVe siècles av. J.-C. [123] ; revêtu d'un engobe fugitif rouge clair, notre exemplaire

121 Cf. *supra*, n. 118.
122 D.A. ASTON, *op. cit.*, p. 203, pl. 62 : 1835-1836 (phase III : 750-600 av. J.-C.) ; A.J. SPENCER, *Excavations at Tell el-Balamun 1991-1994*, Londres, 1996, pl. 61, type A.1.32 (période tardive - fin du Ve siècle av. J.-C.).
123 Pour de plus amples informations sur ce type de récipient, voir C. DEFERNEZ, *La céramique d'époque perse à Tell el-Herr. Étude chrono-typologique et comparative*, *CRIPEL* Suppl. 5/1-2, Lille, 2003 [cité par la suite *CEP*], p. 62-76, 281-288, pl. VII-VIII, LXII.

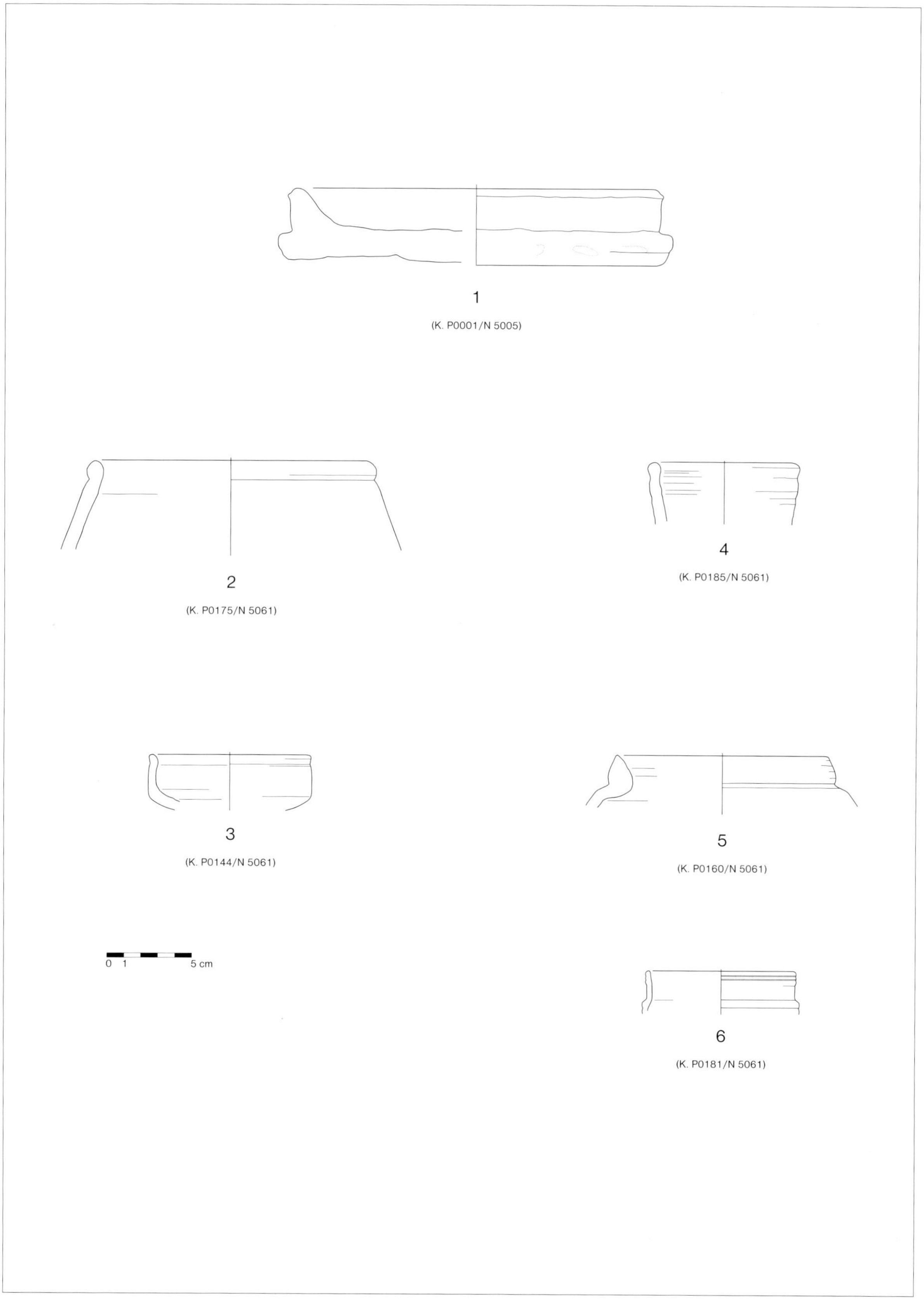

Fig. 18. Les productions en argile alluviale attribuables à la phase 1.

[fig. 18.2] s'apparente fortement aux spécimens connus à Éléphantine [124], à Gourna [125], à Bouto [126], à Saqqâra [127] ainsi qu'à Mendès [128], pour ne citer que quelques exemples, dont la datation ne devrait pas se situer en deçà de 550 av. J.-C. Dans la catégorie des vaisselles fines a été identifiée une autre forme bien attestée dans le répertoire formel du Ve siècle av. J.-C. : il s'agit d'une coupelle ou couvercle de petites dimensions, en pâte alluviale BE 5 et engobe rouge externe, marquée par une carène à la transition entre la panse et le fond plat [fig. 18.3]. La fréquence de ce type et, qui plus est, de son homologue de plus grande taille n'est plus guère à démontrer dans la région du Delta où de nombreux sites en ont livré plusieurs exemplaires [129] : Tell al-Herr [130], Tell al-Maskhouta [131], Tanis [132], Memphis [133] ; ailleurs, cette forme connaît quelques contreparties à Éléphantine [134], dans les niveaux associés à la phase V (550-400 av. J.-C.). Également attribuables à cette période sont les récipients fermés représentés ici par des cols hauts de jarre, au profil sinueux, bordés d'une lèvre épaisse, en bourrelet. Attesté dans une pâte mixte BE 7, notre spécimen [fig. 18.4] trouve des affinités avec certaines formes de jarres bien connues dans le corpus de la céramique d'époque perse [135] ; malgré la petitesse du tesson, des analogies sont patentes avec les jarres de forme cylindrique à haut col trouvées en maints endroits du Delta et de la région thébaine [136]. Il semble en aller de même d'une autre forme de jarre sans col dont la lèvre est formée d'un simple repli d'argile [fig. 18.5]. Ici, caractérisé par un épaulement très court, caréné, notre fragment offre des liens de parenté étroits avec certaines jarres à épaule carénée dont des attestations existent à l'époque saïte [137] mais également parmi la documentation récente, datée de l'époque perse, recueillie à Éléphantine et à 'Ayn-Manawir (Oasis de Kharga) [138]. Habituellement fabriqués dans une pâte marneuse (apparentée à la pâte BE 1), ces récipients au long corps piriforme ont aussi

124 Cf. B. VON PILGRIM, dans W. Kaiser *et al.*, « Stadt und Tempel von Elephantine 25./26./27. Grabungsbericht », *MDAIK* 55, 1999, p. 130, fig. 18 : 11-14. Ces exemplaires en limon du Nil proviennent d'une fosse-dépotoir. La datation proposée est la fin de la XXVIe-début de la XXVIIe dynastie.

125 W.M.Fl. PETRIE, J.H. WALKER, *Qurneh, BSAE-ERA* 15, Londres, pl. LIV, fig. 819-821 (magasins du temple de Séthi Ier - XXIIIe-XXVIe dynastie).

126 Cf. U. HARTUNG, P. FRENCH *et al.*, « Tell el-Fara'in – Buto », *MDAIK* 59, 2003, p. 223, fig. 7 : 3-4.

127 Cf. J.-P. LAUER, Z. ISKANDER, « Données nouvelles sur la momification dans l'Égypte ancienne », *ASAE* 53, 1955, p. 171, fig. 4-5 (période saïto-perse) ; J. BOURRIAU, D. ASTON, « The Pottery », dans G.T. Martin (éd.), *The Tomb-Chapels of Paser and Ra'ia at Saqqâra, ExcMem* 52, Londres, 1985, pl. 37, fig. 104 ; P. FRENCH, « Late Dynastic Pottery from the Berlin/Hannover Excavations at Saqqara, 1986 », *MDAIK* 44, 1988, p. 82, fig. 5 (Ve-IVe siècles av. J.-C.).

128 S.J. ALLEN, « The Pottery », dans K.L. Wilson (éd.), *Cities of the Delta* II. *Mendes. Preliminary Report on the 1979 and 1980 Seasons, ARCE Reports* 5, Malibu, 1982, pl. XVII, fig. 4-5 (niveau IIB- XXVIe-XXXe dynastie).

129 Sur cette catégorie de vases, C. DEFERNEZ, *CEP*, p. 85-89, p. 294-299.

130 Cf. *ibid.*, pl. XI, type 28 (Ve siècle), pl. LXIV, type 181 (fin Ve - début du IVe siècle av. J.-C.).

131 P. PAICE, « A Preliminary Analysis of some Elements of the Saite and Persian Period Pottery at Tell el-Maskhuta », *BES* 8, 1986/87, p. 107, fig. 8 : 12-13 (1re moitié du VIe siècle av. J.-C.).

132 Formes inédites provenant de la fosse située sous le temple de Khonsou (XXXe dynastie). Voir également, Ph. BRISSAUD, « Répertoire préliminaire de la poterie trouvée à Sân el-Hagar (1re partie) », *CCE* 1, 1987, pl. VII, fig. 50, 52 ; D. ROUSSEL, S. MARCHAND, « Tanis. La céramique d'un bâtiment de la XXXe dynastie », *BCE* 18, 1994, p. 16, pl. I, fig. 8 (XXXe dynastie).

133 Cf. H.G. FISCHER, « The Pottery », dans R. Anthes, *Mit Rahineh 1956*, Philadelphie, 1965, pl. 63, fig. 478 (période tardive).

134 D.A. ASTON, *op. cit.*, p. 225, pl. 69 : 1984 (bâtiment G).

135 Ce col de jarre s'apparente au type 53 de Tell al-Herr (cf. C. DEFERNEZ, *CEP*, p. 116-129, pl. XIX).

136 Pour les références, voir *ibid.*, p. 118-120. De nombreux exemplaires sont attestés à Saqqara, à Tell Daphnae, à Tell al-Maskhouta, à Mendès, également à Gourna, à Karnak et à Sanam, en Nubie.

137 Notamment à Karnak. Cf. C. GRATALOUP, *CahKarn* 9, 1993, p. 196, fig. 20 (type 35). Ce type correspond à la forme K. N. 279 sur le site de Karnak-nord (H. JACQUET-GORDON, *op. cit.*, fig. 17). Le site de Gourna en a livré quelques exemples (K. MYŚLIWIEC, *Keramik und Kleinfunde aus der Grabung im Tempel Sethos'I. in Gurna, ArchVer* 57, Mayence, 1987, p. 64, no 440, p. 65, no 493).

138 Cf. D.A. ASTON, *op. cit.*, p. 233, pl. 72 : 2040 (phase V : 550-400 av. J.-C.) ; M. WUTTMANN *et al.*, *BIFAO* 96, 1996, p. 423, groupe 10 : 42 (Ve- début du IVe siècle av. J.-C.).

été manufacturés dans une argile locale, de type alluvial (BE 6). Enfin, le dernier élément qui semble appartenir incontestablement à l'époque perse est un petit fragment de vase à col court, sous forme de bandeau, mis en valeur par un léger ressaut saillant à la transition avec la panse et par deux fines incisions sous la lèvre [fig. 18.6]. Forme quasi inexistante dans le répertoire saïte, cette céramique se démarque par une pâte alluviale proche de la BE 6 de couleur brun rougeâtre et, surtout, par un engobe rouge externe soigneusement poli. Son attribution au répertoire perse repose principalement sur ses particularités techniques. À ce jour, nous ne connaissons pas de parallèles exacts pour ce vase.

Exclusivement représenté par des céramiques à base de marnes (fabrique BE 1), le second ensemble identifié comprend une gamme de formes assez répandue dans les corpus d'époque saïte. Les produits les plus fréquents dans la catégorie des vases ouverts sont les grandes coupes profondes à carène et lèvre verticale, en bandeau [fig. 19.7]. Excepté à Éléphantine [139], cette série de coupes apparaît principalement dans des contextes d'époque saïte, voire d'une date légèrement antérieure : ainsi, notamment, à Karnak [140], à Gourna [141], à Medinet Habou [142] et à Nouri [143]. C'est l'impression que l'on retire également à l'examen des coupes apparentées à la figure 19.8-9, qui se distinguent par une légère carène et une lèvre évasée, épaissie. Des pièces comparables issues de couches saïtes sont connues à Karnak [144], à Éléphantine [145] ainsi qu'à Gourna [146] mais ces récipients possèdent aussi des pendants parmi la documentation bien datée de la Troisième Période intermédiaire, provenant des sites d'Hermopolis [147] et d'Héracléopolis [148]. Les bols convexes à la lèvre modelée et, vraisemblablement, à base plate [fig. 19.10-11] ont été repérés en nombre notable sur les sites mentionnés ci-dessus (Éléphantine [149], Gourna [150]) : sur le site d'Éléphantine, ce type de récipient est attesté dans les dépôts datables des VIe et Ve siècles av. J.-C. ; le site de Karnak-Nord en a livré quelques exemplaires [151].

À côté des vaisselles fines figure un nombre non négligeable de fragments appartenant, semble-t-il, à des récipients de stockage. Parmi notre assemblage, les principaux représentants sont les jarres sans col et lèvre en bandeau soit inclinée vers l'intérieur [fig. 19.12], soit inclinée

139 D.A. ASTON, *op. cit.*, p. 229, pl. 71 : 2028 (fin de la période saïte-période perse).

140 Cette forme correspond au type 32 dans la classification mise en place par C. Grataloup (*CahKarn* 9, 1993, p. 195, fig. 19), au type K. N. 43 dans le catalogue établi par H. Jacquet-Gordon (*op. cit.*, fig. 12).

141 K. MYŚLIWIEC, *op. cit.*, p. 69, n°s 597, 624 (période tardive).

142 U. HÖLSCHER, *op. cit.*, pl. 47, type W6 (XXVe dynastie). Il est à mentionner l'existence de spécimens comparables parmi la documentation du Ramesseum (cf. G. LECUYOT, « La céramique du Ramesseum. Étude préliminaire », *Memnonia* 4-5, 1993-1994, p. 108, fig. 3g).

143 D. DUNHAM, *The Royal Cemeteries of Kush* II. *Nuri*, Boston, 1955, p. 73, fig. 48, n° 17-3-512 (tombe Nu. 23 - 623-593 av. J.-C.).

144 Cf. C. GRATALOUP, *CahKarn* 9, 1993, p. 185, fig. 7 : 6-7 (pièces apparentées datées de la XXVIe dynastie).

145 D.A. ASTON, *op. cit.*, p. 183, pl. 54 : 1679, p. 205, pl. 63 : 1864 (phase III : 750-600 av. J.-C.). La base de la lèvre est marquée par une concavité. Selon l'auteur, ce type est peu répandu (cf. *ibid.*, p. 182).

146 K. MYŚLIWIEC, *op. cit.*, p. 72, n° 708 (période tardive).

147 Exemplaires comparables en pâte marneuse parmi la documentation issue du site W (A.J. SPENCER, *Excavations at El-Ashmunein* III. *The Town*, Londres, 1993, pl. 51, type A4.17-19).

148 Des pièces similaires sont connues à Héracléopolis (cf. M.-J. LOPEZ GRANDE, F. QUESADA SANZ, M. A. MOLINERO POLO, *Excavaciones En Ehnasya El Medina (Heracleopolis Magna)* II, Madrid, 1995, p. 193, pl. LIX : d-e (type IIIC.3) ; leur datation couvre la période allant de 730/700 à 650 av. J.-C. On mentionnera l'existence de formes complètes parmi le mobilier du Ramesseum (cf. G. LECUYOT, *op. cit.*, p. 108, fig. 3e-f - exemplaires provenant de la nécropole de la Troisième Période intermédiaire).

149 D.A. ASTON, *op. cit.*, p. 207, pl. 64 : 1893-1894 (fabrique *Nile C* ; ces exemplaires sont datés du VIe siècle av. J.-C.), p. 229, pl. 71 : 2027, p. 243, pl. 76 : 2110 (bâtiment G - phase V : 550-400 av. J.-C.). Voir également B. VON PILGRIM, *op. cit.*, p. 138, fig. 22 : 41-42.

150 K. MYŚLIWIEC, *op. cit.*, p. 71, n° 641, p. 72, n° 717 (période tardive).

151 Ce type correspond à la forme K. N. 472 (H. JACQUET-GORDON, *op. cit.*, fig. 13).

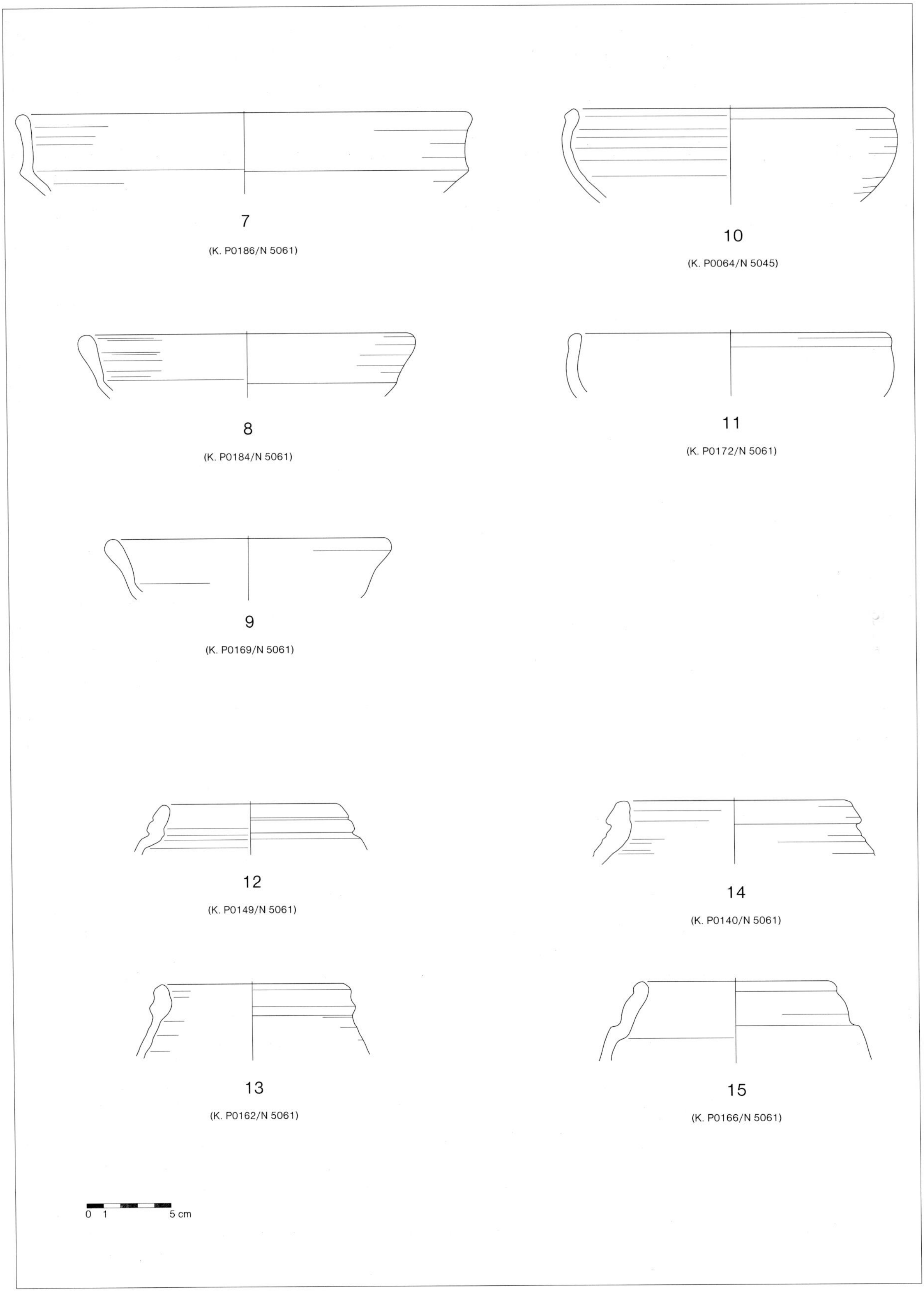

Fig. 19. Les productions en argile calcaire (pâte BE 1) attribuables à la phase 1.

verticalement [fig. 19.13]. La littérature céramologique témoigne de l'ampleur de ces types au cours de la XXVIe dynastie : des attestations en sont connues à Karnak [152], notamment à Karnak-Est [153], à Gourna [154] et à Éléphantine [155] où leur pérennité est encore assurée pendant la période perse ; quoique sans doute introduites à l'époque saïte, les jarres similaires à la fig. 19.13 [156] constituent encore, en effet, un produit courant au Ve siècle av. J.-C., ainsi que le démontre la documentation récente mise au jour à ʿAyn-Manawir [157] ; à cette époque, elles se démarquent par un renflement interne de la lèvre moins prononcé, soit par l'absence d'une gorge interne ou rainure d'encastrement pour couvercle. En revanche, sont datables du début de la XXVIe dynastie, voire antérieurement, les jarres sans col voisines de celles qui sont présentées sur la fig. 19.14 qui comportent, entre autres traits distinctifs, une lèvre courte, de profil triangulaire, bien marquée à la base [158] ; l'amorce de l'épaule suggère que l'ensemble de la paroi était couvert d'un réseau de stries. Connaissant des contreparties à Hermopolis [159], parmi les trouvailles faites sur le site W, clairement datées de la Troisième Période intermédiaire, le col de jarre illustré sur la fig. 19.15 ne peut être assigné à une période précise : à cet endroit, ces récipients possèdent, outre un méplat oblique à la transition avec le col rentrant, une panse ovoïde et un fond pointu. Son profil évoque aussi une série de jarres répandue à Éléphantine et à Gourna dans des niveaux attribuables au VIIe siècle av. J.-C. [160] ; le matériel provenant de la structure en briques rubéfiées à Karnak, daté de la XXVIe dynastie, a fourni une pièce comparable [161].

Ainsi, sous réserve d'une étude plus approfondie, l'état actuel de la documentation permet de situer la plupart des formes illustrées sur la figure 19 à la XXVIe dynastie. Des ensembles cohérents datables de cette période ont été mis au jour dans le secteur nord-ouest du temple d'Amon-Rê. Des rapprochements probants peuvent notamment être établis avec le mobilier provenant de la structure dite de briques rubéfiées [162] : la corrélation des données stratigraphiques et de l'étude comparative du matériel suggère une datation vers le milieu de l'époque saïte : fin du VIIe - début

152 La fig. 19.12 s'apparente au groupe 33 dans le corpus de C. Grataloup (*CahKarn* 9, 1993, p. 196, fig. 20), aux types K. N. 516 et K. N. 724 dans celui qu'a mis en place H. Jacquet-Gordon (*op. cit.*, fig. 16). Des spécimens comparables ont également été découverts dans le quartier des habitations de prêtres, au sud-est du lac sacré (cf. P. ANUS, R. SAʿAD, *op. cit.*, p. 234, fig. 19 : 244-61) ; les fouilles récentes menées dans ce secteur par le Cfeetk, sous la responsabilité d'A. Masson, en ont livré quelques exemplaires (formes inédites). Ainsi qu'en témoigne la documentation comparative, ces jarres possèdent une panse piriforme, cannelée, sur laquelle sont appliquées deux petites anses.

153 D.B. REDFORD, « Interim Report on the Excavations at East Karnak, 1977-78 », *JARCE* 18, 1981, p. 35, fig. 7a : 1-2 (type KJ 2, phases A-C).

154 K. MYŚLIWIEC, *op. cit.*, p. 60, n° 399, pl. XI : 1-2 ; p. 65, n° 465 (période tardive).

155 En ce qui concerne les parallèles à notre exemplaire [fig. 19.12], cf. D.A. ASTON, *op. cit.*, p. 229, pl. 71 : 2037, p. 239, pl. 75 : 2077 (phase V : 550-400 av. J.-C.) ; B. VON PILGRIM, *op. cit.*, p. 134, fig. 20 : 24 (exemplaire en limon du Nil). Pour ce qui concerne le second [fig. 19.13], cf. D.A. ASTON, *op. cit.*, p. 205, pl. 63 : 1865 ; p. 233, pl. 72 : 2041 ; p. 245, pl. 77 : 2130.

156 Également attestées à Nouri (cf. D. DUNHAM, *op. cit.*, p. 73, fig. 48, n° 17-3-493 - tombe Nu. 23, 623-593 av. J.-C. ; p. 128, fig. 95, n° 17-4-1223 et 17-4-1246 - tombe Nu. 28, 568-553 av. J.-C.).

157 M. WUTTMANN *et al.*, *op. cit.*, p. 423, groupe 10 : 40 (V^e^ - 1re moitié du IVe siècle av. J.-C.).

158 Des pièces similaires datées de la phase Aston III (750-600 av. J.-C.) figurent parmi la documentation mise au jour à Éléphantine (cf. D.A. ASTON, *op. cit.*, p. 187, pl. 56 : 1699). Il s'agit de grandes jarres de stockage à deux anses.

159 A.J. SPENCER, D.M. BAILEY, *Ashmunein (1985)*, *BMOP* n° 67, Londres, 1986, p. 60, fig. 8 : 1. Voir également A.J. SPENCER, *Ashmunein* III, 1993, pl. 63, type D1. 74, également pl. 60, type D1. 14-15.

160 Cf. D.A. ASTON, *op. cit.*, p. 189, pl. 57 : 1710 (liaison continue entre le col et l'épaule). En ce qui concerne les exemplaires de Gourna, cf. W.M.Fl. PETRIE, J.H. WALKER, *op. cit.*, pl. LI : 800 (datée de la XXIIe dynastie).

161 C. GRATALOUP, *CahKarn* 9, 1993, p. 196, fig. 20 : 113 (forme 33) ; H. JACQUET-GORDON, *op. cit.*, fig. 16, type K. N. 726.

162 En ce qui concerne la structure de briques rubéfiées, outre C. Grataloup (*CahKarn* 9, 1993, p. 161-204), voir également S. MARCHAND, Fr. LECLÈRE, *CahKarn* 9, 1995, p. 349-380.

du VIe siècle av. J.-C. Les investigations anciennes menées à Karnak-Nord [163] ont livré quelques pièces comparables à celles du secteur 3, mais la datation proposée par les fouilleurs reste très relative puisqu'elle s'étale entre la XXVIe dynastie et la période ptolémaïque. Certes, la pérennité de certaines familles, ainsi que semblent le démontrer les trouvailles faites sur d'autres sites, est assurée au moins jusqu'à la fin de la période pharaonique ; c'est le cas notamment des figures 18.1, 18.5 et 19.13. Toutefois, si la persistance de certains vases paraît bien acquise, une évolution notable sur le plan morphologique ou sur le plan technique permet généralement de les distinguer de leurs prototypes : les formes 1 [fig. 18] et 13 [fig. 19] ont, semble-t-il, connu des modifications morphologiques sensibles au niveau de la lèvre.

L'attribution de telle ou telle forme dans une chronologie absolue reste délicate, dans la mesure où, contrairement à la région du Delta où les importations foisonnent, nous ne disposons pas pour la période concernée dans la région thébaine d'une documentation exogène abondante susceptible de nous procurer des jalons chronologiques importants. Plusieurs études récentes relatives au mobilier des époques perses attesté dans la région du Delta nord-oriental [164] ont permis de déterminer plusieurs phases céramiques au sein de la Basse Époque, grâce notamment à une analyse fine des produits importés. Or, celles-ci ne peuvent s'étendre à d'autres régions, puisqu'il s'avère que pour la période étudiée les productions égyptiennes du Nord se démarquent nettement de celles du Sud. Pendant la Basse Époque, deux industries céramiques semblent s'être développées. Dans quelques cas rares, on dénote des similitudes avec le mobilier trouvé sur les sites de Tell al-Balamoun, Bouto ou Tell al-Herr ; mais ces comparaisons ne sont pas pertinentes du point de vue chronologique. Il faut tenir compte d'un décalage entre la période de fabrication d'un vase et celle de sa diffusion.

Nonobstant, lorsque l'on examine avec diligence la documentation fournie par les sites d'Éléphantine, ʿAyn-Manawir, Hermopolis, le temple de Medinet Habou, les nécropoles de Nouri et Sanam, en Nubie, il apparaît que certains récipients semblent avoir joui d'une productivité importante au cours de la XXVe dynastie, voire antérieurement : les formes 9, 14 et 15 [fig. 19] sont bien représentées dans les contextes attribuables à cette période. Alors que d'autres vases ont, semble-t-il, connu leur apogée pendant les époques perses : formes 2-6 [fig. 18].

3. LE MOBILIER CÉRAMIQUE ASSOCIÉ À LA PHASE 2 [fig. 20-24]

Comme il a été mentionné plus haut, la documentation examinée, associée à cette phase, provient principalement des ultimes niveaux d'occupation des pièces 1 et 2, soit respectivement des niveaux 5010/5046, 5047 et vraisemblablement 5014. L'étude a porté sur un assemblage composé d'environ 1435 unités dont 20 formes complètes.

163 H. JACQUET-GORDON, *op. cit.* Voir également les travaux effectués à Karnak-Est, D.B. REDFORD, « Preliminary Report of the First Season of Excavation in East Karnak, 1975-76 », *JARCE* 14, 1977, p. 9-32 ; *id.*, *JARCE* 18, 1981, p. 11-41.

164 P. FRENCH, « A Preliminary Study of Pottery in Lower Egypt in the Late Dynastic and Ptolemaic Periods », *CCE* 3, 1992, p. 83-93 ; voir C. DEFERNEZ, *CEP*.

L'examen de ce faible échantillonnage ne révèle pas, à proprement parler, de modifications profondes sur le plan technique par rapport aux niveaux précédemment décrits : les fabriques les plus répandues sont les pâtes BE 1, BE 4 et BE 5 ; bien que l'on note une part plus importante de tessons à engobe rouge, on constate une relative homogénéité dans le traitement des surfaces. Au contraire, l'étude dénote des variantes sur le plan typologique : le répertoire formel comprend des vases apparentés à ceux que nous venons de décrire mais il se compose aussi d'une nouvelle gamme de formes que l'étude comparative permet de situer dans la phase terminale de la Basse Époque.

C'est manifestement à cette période que l'on doit assigner l'ensemble exceptionnel de vases ramassés sur le sol ténu 5046 détecté dans la pièce 1. Ce lot qui apparaît homogène tant du point de vue morphologique que du point de vue technique comporte les pièces suivantes :

– une grande coupe ou plat à fond annulaire [fig. 20.16] en pâte calcaire orangée à cœur beige, BE 1. Caractérisée par une panse profonde terminée par une lèvre simple, légèrement ourlée, cette coupe possède dans sa moitié supérieure un réseau de stries très prononcées. La surface, lissée, offre une teinte identique à celle de la paroi (rouge clair : 2.5YR 6/6) ; des zones diffuses de couleur blanchâtre sont cependant visibles ;

– une assiette ou plat à carène [fig. 20.17 et fig. 23] qui se distingue par des parois épaisses profilées en S et une base aplatie ; marquée par une légère concavité, la face externe du fond expose des pans obliques de raclage. La fabrique est une argile alluviale chamois de texture moyennement grossière (pâte BE 5), comprenant une proportion assez élevée de quartz sableux. La surface externe a été soigneusement lissée, tandis que la surface interne montre des coulées d'un léger engobe beige rosé ;

– une coupelle ou couvercle de forme conique [fig. 20.18 et fig. 22], également en argile alluviale grossière (pâte BE 5), micacée, de couleur rouge orangé à brun rougeâtre (2.5YR 6/6 ou 2.5YR 6/8) ; des stries de lissage soigné apparaissent en surface. On remarquera que le fond épais, saillant, a été retaillé et que le bord, légèrement infléchi vers l'intérieur, se termine par un pan coupé ;

– une jarre-marmite [fig. 24] à la lèvre épaissie triangulaire sur laquelle sont appliquées deux petites anses en oreille ; la panse revêt une forme sphérico-ovoïde, l'épaule est faiblement carénée. La fabrique est une argile alluviale grossière à dégraissant végétal important (pâte BE 5), brun-rouge à cœur noir. La surface interne est de couleur rouge clair (10R 6/8 ou 2.5YR 6/8) tandis que la surface externe, bien que presque totalement noircie au feu, présente des traces d'un léger engobe crème (sous forme de bandes).

Parmi la documentation recueillie, non illustrée ici, figure également un vase atypique, de forme sphérique, qui comporte, entre autres traits distinctifs, quatre anses rudimentaires ; ces éléments de préhension sont appliqués juste sous la lèvre dont le diamètre à l'ouverture oscille entre 11,5 et 12 cm ; son profil se caractérise par un léger biseau à l'intérieur et une fine incision à l'extérieur. L'argile utilisée pour la confection de ce vase est de composition identique à celle du grand plat annulaire décrit plus haut (pâte BE 1) ; la surface de couleur orangée (2.5YR 6/6) laisse apparaître des stries de lissage.

En outre, dans la catégorie des récipients à usage domestique, fabriqués dans une pâte grossière BE 4, on signalera la présence de plusieurs fragments appartenant, semble-t-il, à un large couvercle de four.

À notre connaissance, en dehors du couvercle de four [165], les pièces céramiques mentionnées ci-dessus ne figurent pas dans les corpus traditionnellement attribués à l'époque saïte. Les quelques ensembles représentatifs de cette période attestés à Karnak – nous pensons notamment à celui découvert lors de la fouille de la structure de briques rubéfiées – ne renferment pas de formes comparables. En revanche, la documentation récente fournie par les sites d'Éléphantine et de 'Ayn-Manawir témoigne de la présence de pièces voisines dans des contextes datables de la fin de la période saïte au IVe siècle av. J.-C.

Il apparaît, en effet, à la lecture du vaste corpus mis en place par D.A. Aston, que le grand plat à base annulaire [fig. 20.16] est un produit fréquent durant la phase V qui s'étend entre 550 et 400 av. J.-C. [166] Ce type de récipient, dont on ne connaît pas de parallèles en dehors du site d'Éléphantine, est principalement attesté dans les contextes d'époque perse ; son évolution se poursuit semble-t-il jusqu'à la fin du IIIe siècle av. J.-C. mais à l'époque ptolémaïque, ces produits se démarquent sensiblement par leur décor composé de motifs géométriques peints en noir et des traits morphologiques distincts au niveau de la lèvre et de la base [167].

Autant que la documentation le laisse supposer, les plats ou assiettes à carène [fig. 20.17] se répandent à Éléphantine dans les niveaux d'occupation d'époque perse. Cette catégorie de vases est en effet assez bien représentée dans la phase Aston V [168] mais elle compte aussi parmi les productions les plus courantes aux époques perses dans plusieurs sites du Delta [169]. Selon une étude récente que nous avons menée sur le mobilier tardif dans le Delta nord-oriental [170], ces vaisselles, dont l'introduction remonte à l'époque saïte, se développent fortement à partir du Ve siècle av. J.-C. D'après cette analyse, l'exemplaire attesté à Karnak présente les caractéristiques morphologiques des modèles connus dans les couches datées de la fin du Ve-IVe siècles av. J.-C. [171]. C'est vraisemblablement dans cette fourchette chronologique que l'on doit situer les autres vases ramassés sur le sol 5046.

165 Ce récipient s'apparente étroitement à un couvercle trouvé à Éléphantine, dans les contextes associés à la phase III (milieu du VIIIe-VIIe siècle av. J.-C.). Cf. D.A. ASTON, *op. cit.*, p. 179, pl. 53 : 1633 ; voir les remarques de l'auteur, *ibid.*, p. 177. Des pièces comparables ont également été recueillies à Mendès (cf. S.J. ALLEN, *op. cit.*, pl. XX : 7) ainsi qu'à Tell al-Balamoun (cf. A.J. SPENCER, *Excavations at Tell el-Balamun 1991-1994*, Londres, 1996, p. 70 : type H2.5).

166 D.A. ASTON, *op. cit.*, p. 225, pl. 69 : 1989 ; p. 227, pl. 70 : 2003-2004 ; p. 239, pl. 75 : 2087. Ces exemplaires présentent une argile alluviale grossière *Nile C*, un engobe rouge ou crème en surface.

167 *Ibid.*, p. 289, pl. 94 : 2512-2514 ; p. 299, pl. 98 : 2571 ; p. 327, pl. 110 : 2912.

168 *Ibid.*, p. 217, pl. 66 : 1919 ; p. 225, pl. 69 : 1979-1980 (fabrique *Nile C*).

169 Le site de Tell al-Balamoun en offre plusieurs exemples (A.J. SPENCER, *op. cit.*, pl. 61, type A3. 5 [bâtiment fortifié, pièce 31 ; période tardive]). Il en est de même du site de Saqqâra (P. FRENCH, H. GHALY, « Pottery Chiefly of the Late Dynastic Period, from Excavations by the Egyptian Antiquities Organisation at Saqqara, 1987 », *CCE* 2, 1991, p. 116, fig. 72-73 ; la datation proposée est la première moitié du IVe siècle av. J.-C.). En ce qui concerne les autres parallèles connus, se référer à la note suivante.

170 C. DEFERNEZ, *CEP*, p. 76-85, p. 222-225, p. 294-304, pl. IX-X, XLIV, LXIV-LXV.

171 L'exemplaire issu de la couche 5046 s'apparente au type 179 de Tell al-Herr (*ibid.*, pl. LXIV).

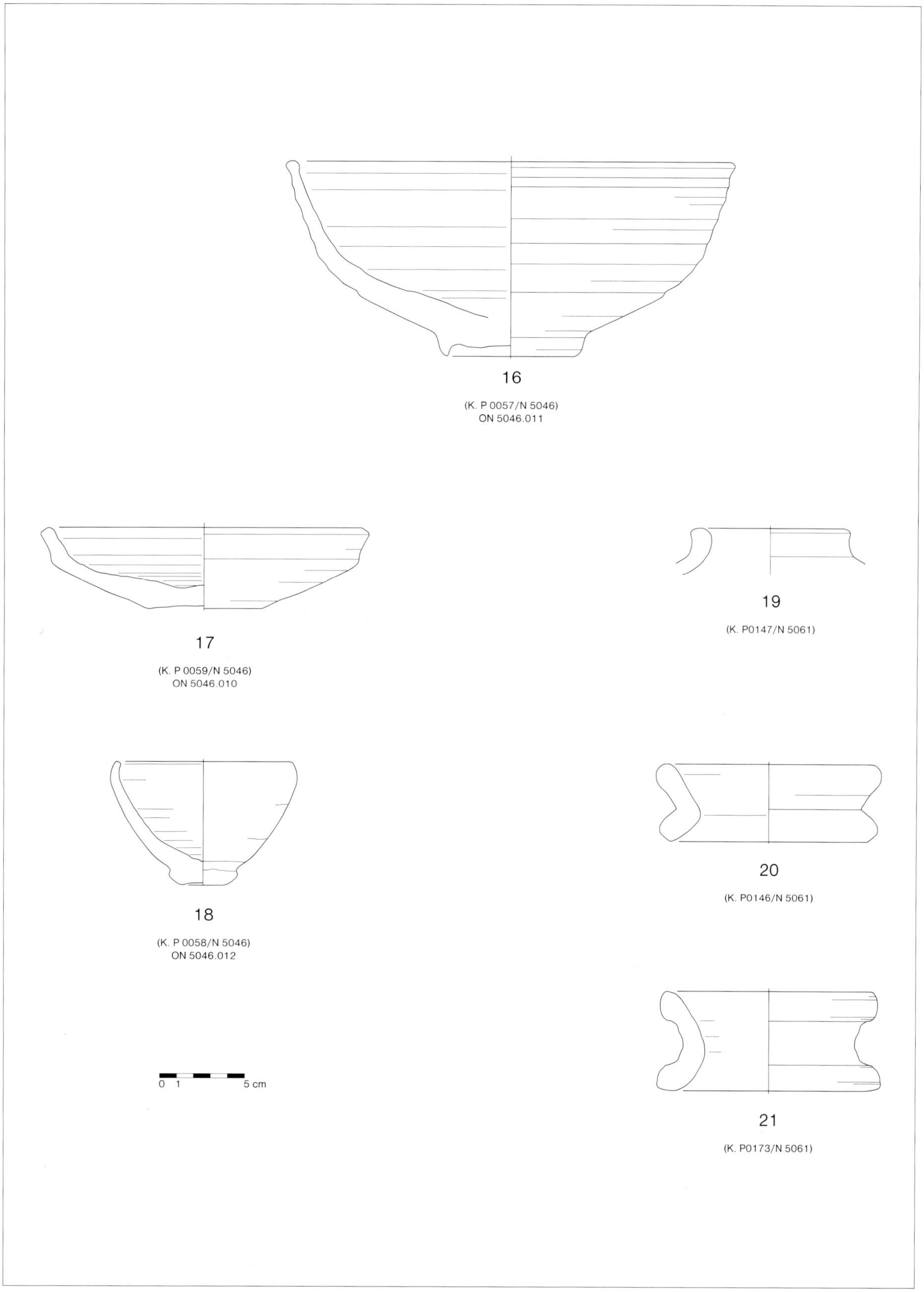

Fig. 20. Ensemble de vases associés à la phase 2.

En effet, les trouvailles faites à Éléphantine et à ʿAyn-Manawir placent l'apparition des jarres-marmites [fig. 24] dans le courant du Ve siècle av. J.-C. [172]; leur pérennité est assurée jusqu'au début de la période ptolémaïque [173] : les spécimens fabriqués dans une pâte alluviale puis décorés de bandes blanches figurent presque exclusivement dans les répertoires formels du IVe siècle av. J.-C. [174]. En ce qui concerne le vase sphérique à quatre anses, nous ne connaissons pas de parallèles précis [175]; cependant, ainsi que le laisse supposer la documentation extraite du site d'Éléphantine, ce groupe de vases semble avoir joui d'une production importante à partir du début de l'époque perse [176]. Certes, dans la classification mise en place par D.A. Aston, des pendants existent encore à l'époque ptolémaïque, dans les niveaux assignés au IIIe siècle av. J.-C. [177]; c'est à cette phase chronologique que l'on a attribué un exemplaire similaire mis au jour à Karnak, dans les habitations dégagées à proximité de la chapelle d'Achôris [178]. Or, il s'avère que les modèles récents se distinguent des modèles plus anciens par le profil plus complexe de la lèvre et leur fabrique, à base de limon du Nil.

Telle que le laisse supposer l'analyse comparative, le lot de vases extrait des derniers niveaux d'utilisation de la première pièce dégagée dans le secteur 3 est à dater de la période perse ou, plus vraisemblablement de la période post-perse (IVe siècle av. J.-C.). Quelques indices fournis par le reste du mobilier (environ 588 unités) issu du même contexte étayent cette proposition chronologique.

En effet, outre des vases complets, ont également été identifiés dans les couches 5046 et 5010 des fragments (panses, épaule carénée et bord) d'amphores syro-phéniciennes [fig. 20.19]. Connus sous l'appellation d'amphores *torpedos*, ces emballages commerciaux s'identifient aisément à leur pâte fine de couleur uniforme jaune rougeâtre, tapissée d'une multitude de fines inclusions minérales. Déjà amplement attesté dans les niveaux d'époque saïte, ce type de conteneur foisonne aussi dans tous les niveaux datables des Ve et IVe siècles av. J.-C. [179] : ainsi qu'en témoignent les nombreux spécimens découverts en maints endroits du Delta, c'est le conteneur par excellence de la période perse; la petitesse des fragments qui nous sont parvenus ne nous autorise pas une

172 Cf. D.A. ASTON, *op. cit.*, p. 245, pl. 77 : 2121; p. 251, pl. 78 : 2142 (bâtiment G, pièce G4). Exemplaires en *Nile C* attribués à la phase V (550-400 av. J.-C.). Parmi le mobilier inédit mis au jour sur le site de ʿAyn-Manawir figurent quelques formes apparentées; elles correspondent aux groupes 18 et 28; leur datation couvre les phases 1 et 2 (XXVIIe-XXXe dynasties).

173 D.A. ASTON, *op. cit.*, p. 303, pl. 100 : 2626; p. 307, pl. 101 : 2661; p. 327, pl. 110 : 2919; p. 351, pl. 120 : 3120.

174 *Ibid.*, p. 255, pl. 80 : 2215; p. 257, pl. 81 : 2220 (bâtiment M, fabrique *Nile C*). Ces spécimens sont datés de la phase VIa qui couvre le IVe siècle av. J.-C.

175 Il en est de même pour la coupelle-couvercle de forme conique [fig. 20.18]. Cette céramique présente des liens de parenté très étroits avec certaines formes attestées dans les dépôts de fondation de certaines tombes de Nouri; selon nous, il s'agit vraisemblablement d'une autre famille (cf. D. DUNHAM, *op. cit.*, p. 148, fig. 111 : 17-4-1163 [tombe 26, datation : 553-538 av. J.-C.]; p. 157, fig. 118 : 17-4-718 [tombe 14, datation : 533-513 av. J.-C.]).

176 En effet, cette forme est comparable à certaines pièces découvertes sur le site d'Éléphantine (cf. D.A. ASTON, *op. cit.*, p. 223, pl. 68 : 1962, 1969 (bol à quatre anses). La datation proposée pour ces récipients est la fin de la période saïte-période perse (550-400 av. J.-C.).

177 D.A. ASTON, *op. cit.*, p. 321, pl. 107 : 2801 (fabrique *Nile B2*).

178 J. LAUFFRAY, *La chapelle d'Achôris à Karnak* I. *Les fouilles, l'architecture, le mobilier et l'anastylose*, Paris, 1995, p. 101, fig. 50 : 73; p. 107, fig. 54 : 118; p. 149, pl. 17a (vases sphériques à quatre anses et base annulaire; la datation proposée est la période ptolémaïque).

179 Cf. C. DEFERNEZ, *CEP*, p. 367-387, pl. LXXXI-LXXXVI. Sur l'évolution de l'amphore *torpedo*, voir notamment l'article d'A. SAGONA, « Levantine Storage Jars of the 13th to 4th Century B. C. », *OpAth* 14, 1982, p. 80-85, fig. 2. Cette catégorie amphorique est bien attestée à Karnak, dans le secteur nord-ouest du temple – structure de briques rubéfiées (C. GRATALOUP, *CahKarn* 9, 1993, p. 174, 199, forme 49).

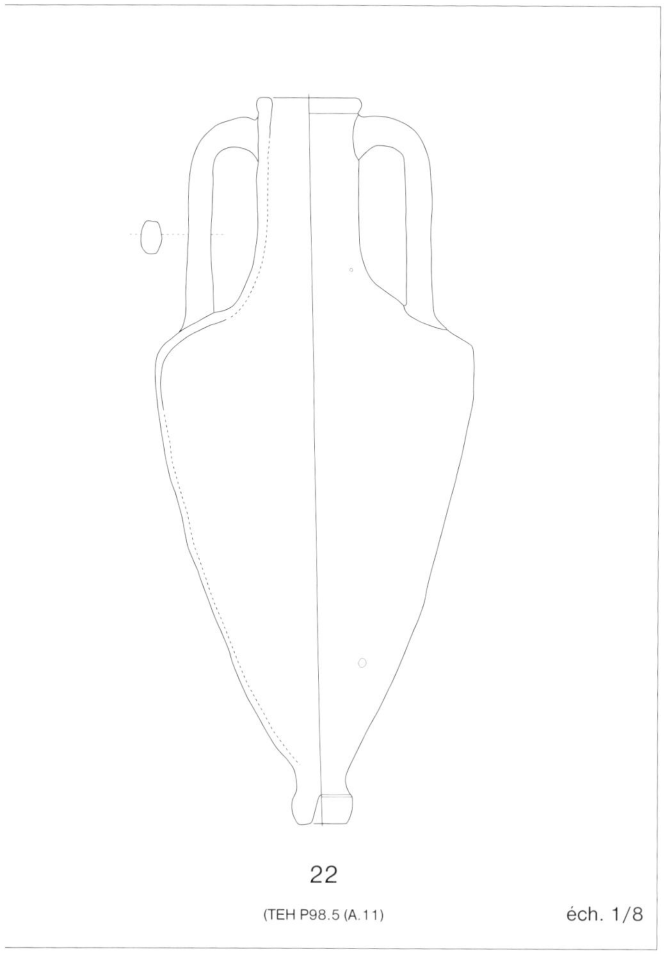

g. 21. Amphore d'origine chiote datable du dernier quart du Ve siècle av. J.C.

Fig. 22. Coupelle ou couvercle de forme conique en argile alluviale (phase 2). ©G. Bancel/Cfeetk.

g. 23. Assiette à carène en argile alluviale (phase 2). ©G. Bancel/Cfeetk.

Fig. 24. Jarre-marmite en argile alluviale (phase 2). ©G. Bancel/Cfeetk.

datation précise ; néanmoins, le profil du bord et de l'épaule (courte et fortement carénée) permet de plaider en faveur de la période perse [180]. Il semble que l'on puisse également étendre les mêmes remarques à un groupe de fragments appartenant à des gourdes ou des *sigas* dont la composition de la pâte (BE 9) laisse supposer une origine oasite : composée d'une argile rouge réfractaire comprenant des plaquettes de grande taille, cette fabrique s'apparente fortement à celle qui fut utilisée pour la confection des *sigas* attestés à 'Ayn-Manawir. En ce qui concerne cette catégorie de vases, l'état actuel de la documentation rend surtout compte de sa diffusion à partir de l'époque perse achéménide [181] ; rien n'interdit de supposer cependant que ce type de récipient apparaisse à une époque légèrement antérieure [182].

Parmi le mobilier fragmentaire recueilli et identifié sur le sol 5046 figurent également deux supports de vases de petites dimensions [fig. 20.20-21], en pâte alluviale chamois à cœur noir (pâte BE 5), dont le profil évoque indubitablement celui des supports de la période perse : les sites de Tell al-Herr [183], Saqqâra [184] et Éléphantine [185] en ont livré plusieurs exemplaires. On signalera, en outre, la présence d'un col de jarre en pâte alluviale et à engobe rouge, mis en valeur à la base par une arête saillante, dont la datation ne devrait pas se situer en deçà de 500 av. J.-C. [186]

En l'absence de données stratigraphiques plus complètes, il est encore prématuré de confirmer la datation perse ou post-perse des pièces que nous venons de décrire. Cependant, l'étude du deuxième ensemble de vases, mis au jour dans la pièce 2 du bâtiment dégagé (sol 5047), semble bien corroborer les datations énoncées. Les investigations récentes menées dans ce secteur ont livré un nouvel élément qui procure un jalon chronologique notable pour la phase concernée. Il s'agit d'une base appartenant à une amphore égéenne dont la composition de la pâte (argile rouge clair, fine, dense et micacée) autorise une attribution à l'île de Chios. Caractérisée par une panse biconique terminée par un bouton court, sous forme de sabot caréné, cette amphore correspond à un modèle bien connu [proche de la fig. 21.22] dont la datation s'échelonne entre le dernier quart du Ve siècle av. J.-C. et le milieu du IVe siècle av. J.-C. [187] *A priori*, c'est dans cet intervalle chronologique que se placent les autres céramiques recueillies sur le sol 5047.

180 Le bord illustré sur la fig. 20.19 doit être mis en relation avec une amphore proche des types 237a-b, datables du Ve siècle av. J.-C. (cf. C. DEFERNEZ, *CEP*, pl. LXXXII-LXXXIII). Les exemplaires saïtes se démarquent par une panse conique, une épaule assez large et une lèvre haute (cf. *supra*, n. 179).

181 S. MARCHAND, « Les *siga* des Oasis datées de la XXVIIe-XXIXe dynastie et de l'époque ptolémaïque ancienne trouvées à 'Ayn-Manâwîr (oasis de Kharga) et à Tebtynis (Fayoum) », *CCE* 6, 2000, p. 221-225 ; voir également M. WUTTMANN *et al.*, *BIFAO* 96, 1996, p. 426, groupe 14, fig. 50-54. Le site d'Éléphantine a livré quelques spécimens provenant de contextes dont la datation s'étale de la fin de la période saïte à la fin de la période perse achéménide – 550-400 av. J.-C. (D.A. ASTON, *op. cit.*, p. 239, pl. 75 : 2089-2090 ; p. 243, pl. 76 : 2091 (bâtiment G). Selon D.A. Aston, les *siga* comptent parmi les produits les plus fréquents aux Ve et IVe siècles av. J.-C. (*ibid.*, p. 240).

182 Cf. S. MARCHAND, *CCE* 6, 2000, p. 221.

183 Cf. C. DEFERNEZ, *CEP*, pl. LIII, types 144-145 (supports de grande taille).

184 Cf. P. FRENCH, H. GHALY, *op. cit.*, p. 123, fig. 110 ; J. BOURRIAU, D.A. ASTON, « The Pottery », dans G.T. Martin, *The Tomb-Chapels of Paser and Ra'ia at Saqqâra*, *ExcMem* 52, Londres, 1985, pl. 37 : 120. Les exemplaires mentionnés sont similaires à la forme 21 [fig. 20].

185 D.A. ASTON, *op. cit.*, p. 221, pl. 67 : 1955-1956, p. 223, pl. 68 : 1971 (exemplaire apparenté à celui illustré sur la fig. 20.21). Façonnés dans une pâte alluviale *Nile C*, ces spécimens datent de la phase Aston V (fin de la période saïte-période perse). Des parallèles à la fig. 20.20, attribués au IVe siècle av. J.-C., figurent parmi le mobilier (cf. *ibid.*, p. 253, pl. 79 : 2198-2202). Ce type de support perdure dans les niveaux datés de la fin du IIIe-IIe siècle av. J.-C. (cf. *ibid.*, p. 337, pl. 113 : 2997).

186 Exemplaire apparenté à certaines formes mises au jour à Tell al-Herr (cf. C. DEFERNEZ, *CEP*, pl. L, type 136 ; pl. LXX, type 201).

187 Sur ce type d'amphore, voir notamment : J. BOARDMAN, *Excavations in Chios 1952-1955. Greek Emporio*, Londres, 1967, p. 178-179 ; J. BOARDMAN, J.K. ANDERSON *et al.*, « Kofina Bridge-Chios », *ABSA* 49, 1954, p. 168-170 ; V. GRACE, « Stamped Amphora Handles found in 1931-1932 », *Hesperia* 3, 1934, p. 202, fig. 1 : 1 ; V. GRACE, *Amphoras and the Ancient Wine Trade*, *ASCSA*, *Excavations of the Athenian Agora, Picture Book* n° 6, Princeton, 1961, p. 19, fig. 43, p. 21, fig. 45. En ce qui concerne les spécimens trouvés en Égypte, voir C. DEFERNEZ, *CEP*, p. 269-274, p. 353-362.

En dépit de leur caractère domestique et artisanal, les pièces impliquées présentent le faciès propre au répertoire de la céramique de la fin de la Basse Époque. Ont été repérés notamment une bassine ainsi que plusieurs plaques ou moules à pain de forme oblongue, façonnés dans une pâte alluviale très grossière (pâte BE 4). Au nombre de 5, ces récipients possèdent des parallèles précis dans les niveaux du IVe siècle à Tell al-Herr : telle que semble l'indiquer la stratigraphie de ce site, la forme elliptique des moules à pain devient fréquente à partir du début du IVe siècle av. J.-C. [188]. Ainsi que le démontrent les trouvailles éparses faites sur l'ensemble de la surface déjà fouillée, les céramiques grossières à usage domestique constituent une part non négligeable de la documentation exhumée. Ainsi, l'ensemble céramique très fragmentaire provenant du remblai de terre compacte 5014 qui recouvrait le sol 5046 dans la pièce 1 comportait, outre des bords de *dokka* de profil identique à ceux qui sont illustrés sur la fig. 18.1, quatre plaques ou moules à pain oblongs fabriqués dans une pâte BE 4.

L'étude du matériel n'en est encore qu'à son stade préliminaire mais si les recherches futures viennent confirmer la datation proposée, nous aurions enfin une idée de l'industrie céramique des XXVIIe-XXXe dynasties dans la région thébaine. Dans cette zone géographique, la documentation céramique de cette époque reste très partielle ; elle est souvent occultée dans les corpus datés entre la XXVIe dynastie et la période ptolémaïque [189].

D. *Premiers éléments d'interprétation du bâtiment*

La faible superficie dégagée ne nous autorise pas à déterminer de manière précise la nature et la fonction de la structure analysée dans le secteur 3. En l'état actuel de la documentation, il serait bien hasardeux de vouloir interpréter cet édifice. Cependant, qu'elles soient internes ou externes, les données infimes dont nous disposons, induites de l'étude préliminaire tant des vestiges architecturaux que du mobilier céramique, permettent quelques constatations d'ordre général.

– Il s'avère, en premier lieu, que les structures partiellement dégagées appartiennent indubitablement à un bâtiment aux dimensions importantes – le prolongement du mur de façade (5096) au nord sur plusieurs mètres en témoigne – et murs épais, consolidés par des planches de bois, destinés sans doute à soutenir un ou plusieurs étages. Le massif de briques crues mis en évidence dans l'angle sud-ouest de l'édifice (5073), pour autant que les éléments de comparaison laissent en juger, doit être mis en étroite association avec une cage d'escalier à une ou deux volées. À supposer que ce mur massif corresponde réellement à un escalier, on peut raisonnablement présumer que l'accès à l'étage se faisait par la pièce accolée au nord du massif (*P4*), qui pourrait éventuellement être une cour. La lecture des plans de certaines structures d'habitats tardives mises au jour dans

188 La bassine présente des affinités avec le type 172 de Tell al-Herr (cf. *ibid.*, p. 278, pl. LX). En ce qui concerne les moules à pain, la documentation reste inédite.

189 Il est à préciser que des importations, notamment d'origine attique, nettement attribuables au Ve siècle av. J.-C., ont été trouvées sur le site du Trésor de Thoutmosis Ier. Cf. P. ROUILLARD, « Note préliminaire sur la céramique grecque, étrusque et campanienne de la fouille du Trésor de Thoutmosis Ier (Mission de l'IFAO, Karnak Nord) », *BCE* 10, 1985, p. 22-24.

le quartier des habitations de prêtres, au sud-est du lac sacré, ou sur le site du temple de Medinet Habou autorise de telles inférences [190] ; à ces endroits, la présence d'un escalier dénote en effet presque systématiquement l'existence d'une cour.

– Le secteur révèle deux étapes d'occupation successives. Bien qu'elle n'en soit encore qu'à son stade initial, l'étude de la documentation céramique met en avant les séquences chronologiques suivantes : une datation saïte-début de l'époque perse pour la phase 1 ; puis une datation perse-préhellénistique pour la phase 2.

– Après son abandon définitif que l'on peut raisonnablement situer à la fin de la Basse Époque, voire au tout début de l'époque hellénistique, le bâtiment étudié a semble-t-il connu un démantèlement général, tel que l'indique le niveau d'arasement des murs. Au cours des phases suivantes, c'est-à-dire aux époques romaine et copte, le secteur n'est guère occupé que de manière sporadique, ainsi que semblent l'indiquer les cavités profondes entaillées dans les angles des murs de l'édifice. Ce qui paraît surprenant, dans la mesure où les témoignages de ces périodes abondent à la périphérie de la zone concernée ; que ce soit en effet sur la butte ou en contrebas de la chapelle, les trouvailles céramiques assurent une occupation dense de ce secteur aux époques tardives.

Les deux édifices ont-ils fonctionné simultanément et doit-on mettre en corrélation l'abandon du secteur 3 avec celui de la chapelle avoisinante ?

En tout état de cause, les quelques rares attestations remontant à l'époque saïte laissent présager que l'édifice du secteur 3 fonctionna, à une étape de son existence, simultanément avec la chapelle. Peut-être est-il même antérieur à cette structure. Il n'est pas interdit de supposer que le linteau au nom de la divine adoratrice Nitocris, attribuable au début de la XXVIe dynastie, appartienne à l'occupation primitive du bâtiment. Les blocs épars en grès affleurant à la surface du sol le plus récent (5046/5010/5047), dont certains ont été réemployés comme orthostates ou plinthes à la base des murs, participent vraisemblablement de la dépose des éléments de portes (linteaux, piédroits, seuils) de la phase 1. À l'instar des habitats ou autres établissements à caractère officiel ou administratif, découverts à Karnak ou aux alentours, le bâtiment impliqué devait comporter dans ses murs des éléments de porterie en pierre. Ces éléments dénotent un établissement aux murs imposants et soigneusement construits, tout au moins au cours de l'une de ses premières étapes de construction.

Ainsi, pour ne mentionner que les exemples de la région thébaine, à Karnak, au sud-est du lac sacré, le quartier des habitations de prêtres mis au jour dans les années 1970 [191], faisant actuellement l'objet de nouvelles investigations [192], comporte un certain nombre de particularités constructives communes à celles du bâtiment du secteur 3, non seulement dans l'utilisation d'éléments de portes en grès mais aussi dans l'appareillage des murs, le module des briques et l'existence d'un escalier à noyau central. Cependant, l'agencement des espaces est très différent : les pièces revêtent des dimensions importantes, alors que notre bâtiment se compose, outre de grandes pièces, d'espaces

190 Cf. *supra*, n. 92.
191 P. ANUS, R. SA'AD, *op. cit.*, p. 217-238.
192 Sous la responsabilité d'A. Masson, boursière-archéologue Cfeetk.

réduits. Les travaux conduits à l'est de Karnak [193], sur le site du temple d'Akhénaton, apportent aussi quelques éléments de comparaison, notamment dans la technique employée dans la construction des murs des structures attribuées à la phase C (périodes saïte et perse) : module des briques, appareil des murs. Là encore, il s'agit d'habitats formés presque exclusivement de pièces de petites dimensions, bâtis sur des fondations profondes, qui évoquent les structures compartimentées en cellules rectangulaires bien connues à la Basse Époque [194].

Ces édifices élevés sur des buttes, aux fondations profondes, se composant partiellement d'espaces réduits, sont relativement bien attestés sur le site du temple de Karnak [195]. Certains offrent une documentation comparative tant sur le plan architectural que sur le plan de l'étude de la céramique. À titre d'exemple, on mentionnera la structure de briques rubéfiées dans le secteur nord-ouest du temple d'Amon-Rê [196], à laquelle nous avons fait maintes fois allusion, à propos du mobilier notamment. Ce bâtiment présente en effet des caractéristiques voisines de celles de notre édifice : murs de même appareil, module des briques, éléments porteurs en grès, chaînages de bois dans les murs [197]. En outre, on dénote des similitudes dans l'agencement des espaces ou les dimensions assez modestes des pièces interprétées comme des réduits. La construction se compose d'une pièce centrale avec un foyer rectangulaire en briques crues aménagé dans sa moitié sud, sur laquelle s'ouvrent plusieurs unités de petite taille. La carence des informations relatives à l'évolution interne des espaces entre eux, la fouille incomplète de certaines pièces d'autre part, limitent sérieusement toute comparaison pertinente. Néanmoins, l'étroitesse des pièces *P2*, *P3*, de même celles situées à l'est du secteur, tendrait des rapprochements avec ce type de bâtiment interprété, en dernier lieu, comme un endroit de stockage ou magasin (une grande quantité de grains de blé brûlés a en effet été trouvée lors de la fouille) [198] ; à l'exemple de cet établissement, il n'est pas improbable que des portes permettant une communication avec l'espace central étaient

193 D.B. REDFORD, *JARCE* 14, 1977, p. 9-32 (en particulier p. 12-16) ; *id.*, *JARCE* 18, 1981, p. 11-41 ; *id.*, « Interim Report on the 20th Campaign (17th Season) of the Excavations at East Karnak », *JSSEA* 18, 1988, p. 24-43 ; D.B. REDFORD, S. OREL, S. REDFORD, S. SHUBERT, « East Karnak Excavations, 1987-1989 », *JARCE* 28, 1991, en particulier p. 75-81, fig. 5, 7. Selon l'auteur, la plupart des structures de type cellulaire, attestées à Karnak-Est, ont été occupées par la « middle-class ».

194 Sur ce type de bâtiment, on se référera notamment aux études de A.J. SPENCER (« The Brick Foundations of Late-Period Peripteral Temples and their Mythological Origin », dans J. Ruffle *et al.*, *Glimpses of Ancient Egypt*, Warminster, 1979, p. 132-137 ; *id.*, *Brick Architecture in Ancient Egypt*, Warminster, 1979, p. 70-73, 79, 120-121) et de Cl. TRAUNECKER, « Les "Temples hauts" de Basse Époque : un aspect du fonctionnement économique des temples », *RdE* 38, 1987, p. 147-162.

195 *Ibid.*, p. 147-162. Une étude comparée des structures en briques crues, massives, attestées principalement à Karnak (édifice de Psammouthis notamment), révèle une nouvelle interprétation sur la nature et leur fonction. Appelés « temples hauts », ces édifices correspondraient, selon l'auteur, à des lieux de préparation et de consécration de l'offrande quotidienne, soit des « magasins grands et purs ». Manifestement, la fonction de ce type de bâtiment, également bien connu dans la région du Delta (cf. *supra*, n. 194), suscite quelques controverses : tours-magasins fortifiées, camp militaires fortifiés, temples, etc. Il est à préciser que des investigations géophysiques récentes menées sur le site de Bouto (cf. U. HARTUNG *et al.*, *op. cit.*, p. 211-219 [en particulier p. 215], fig. 5-6 ; T. HERBICH, U. HARTUNG, « Geophysical investigations at Buto (Tell el-Fara'in) », *EgArch* 24, 2004, p. 14-17) ont mis en évidence plusieurs exemples de structures massives, bâties sur des plates-formes cellulaires, de petites et grandes dimensions. Attribués à la Basse Époque, ces établissements paraissent, dans certains cas, correspondre à des habitations. Rien n'interdit de penser, en effet, que les particularités constructives de ces bâtiments (de type administratif, officiel ou religieux, dans un premier temps) spécifiques de la Basse Époque ont, à une époque ultérieure, été adaptées à des constructions plus modestes de type habitat.

196 Cf. P. BÉOUT *et al.*, *CahKarn* 9, 1993, p. 161-204 ; S. MARCHAND, F. LECLÈRE, *op. cit.*, p. 349-380.

197 Des négatifs de poutres de bois sont encore visibles dans la pièce annexe nord-est de l'édifice (cf. P. BÉOUT *et al.*, *op. cit.*, p. 176).

198 Cf. S. MARCHAND, F. LECLÈRE, *op. cit.*, p. 357. Les auteurs ne corroborent pas l'hypothèse émise par les précédents éditeurs (cf. P. BÉOUT *et al.*, *op. cit.*, p. 176-177), selon laquelle la structure de briques crues rubéfiées appartient peut-être à la série des « temples hauts ». Selon eux, il s'agit plus vraisemblablement de simples lieux de stockage ou de magasins.

ménagées dans le parement du mur 5017. Autre indice qui conforte une parenté avec ce type d'édifice est la présence d'un foyer circulaire central ; il est à souligner que la structure de briques rubéfiées occupe également, à l'instar de notre bâtiment, un espace surélevé par rapport au sol environnant [199].

L'absence de stratigraphie verticale ne nous invite pas à poursuivre plus amplement cette analyse comparative. Il serait intéressant de savoir si le bâtiment étudié ici fut édifié sur une butte artificielle, autrement dit si les fondations sont creusées profondément ou si le bâtiment repose sur une plate-forme cellulaire, à l'exemple des nombreuses structures de la XXVIe dynastie. Indubitablement, ces établissements comportent des particularités communes. Outre le site de Karnak, des liens de parenté sont manifestes avec des habitations datables de la XXVIe dynastie mises au jour sur le site de Medinet Habou [200], à l'intérieur de l'enceinte du temple de Ramsès III : on retrouve en effet un agencement comparable, dans la maison 3 notamment, soit une pièce centrale bordée d'une série de trois pièces de petites dimensions ; bien qu'incomplet, le plan de la structure analysée dans le secteur 3 offre un schéma similaire tout au moins dans sa moitié nord-est, trois cellules s'ouvrant sur une pièce centrale.

Bâtiment officiel, administratif, lieu de stockage ou magasin, la fonction du bâtiment étudié reste énigmatique. Le caractère domestique du mobilier céramique ramassé dans les derniers niveaux d'utilisation plaide en faveur de la dernière hypothèse que corrobore la dédicace de la chapelle située en contrebas (Ounnefer Neb-djefaou). Pour répondre de manière satisfaisante à ces interrogations, il faut attendre les données complémentaires que fourniront les investigations futures.

Conclusion

Les premières campagnes de fouille sur la chapelle d'Osiris Ounnefer Neb-djefaou ont permis d'évaluer la nature archéologique du secteur qu'elle occupe et des environs immédiats ; outre les avancées que le dégagement du bâtiment a permises pour la compréhension de la structure de l'édifice, l'étude des relations que celui-ci entretient avec, à l'est, la voie de Ptah, et, à l'ouest, la « butte » qui la surplombe et occupe une vaste part de la zone nord-ouest du temenos, a pu être amorcée. Parmi les perspectives qui s'ouvrent à cette recherche, l'une des plus remarquables concerne le lien qui unit la chapelle d'Osiris « maître des aliments » et le bâtiment en briques crues dont les premiers vestiges sont apparus immédiatement à l'ouest. Cette relation entre un lieu de culte, spécifiquement ici consacré à un dieu « nourricier », et des structures économiques ou administratives pourrait d'ailleurs aussi expliquer l'omniprésence du grand intendant de la Divine Adoratrice dans les inscriptions des portes de l'édifice et fournir une clé d'interprétation au développement des chapelles osiriennes à cette époque dans la périphérie de Karnak.

199 Selon S. Marchand et F. Leclère (*op. cit.*, p. 357), « le fait que le sol du magasin principal soit aujourd'hui plus haut que celui des alentours ne peut avoir aucune signification dans la mesure où le quartier dans lequel ils devaient s'insérer a été profondément perturbé (...). Il n'est pas interdit de supposer que le niveau contemporain des sols environnants était identique à celui des pièces du bâtiment central ».

200 Notamment les maisons 3 et 4 (cf. U. HÖLSCHER, *op. cit.*, p. 14-15, fig. 20). Des analogies peuvent également être notées avec le « palais » d'Apriès à Memphis (cf. W.M.Fl. PETRIE, *The Palace of Apries (Memphis II)*, *BSAE-ERA* 17, Londres, 1909, pl. I).

Le *Dialogue d'un homme avec son* ba à la lumière de la formule 38 des Textes des Sarcophages

Sylvie DONNAT

CONNU par une seule version sur papyrus, le *Dialogue d'un homme avec son* ba [1] occupe, en raison d'un propos en apparence subversif, une place singulière dans la littérature égyptologique. La perte de la section introductive [2] et l'identité inattendue d'un des deux protagonistes accentuent le caractère énigmatique d'une composition qui appartient pourtant à la littérature sapientiale [3]. Le texte met en scène la confrontation d'un homme et de son *ba* en présence d'un auditoire. L'homme se lamente sur la perte des valeurs et voit dans l'accomplissement des rites funéraires le dernier refuge de la solidarité, valeur fondatrice de la société largement ignorée, selon lui, de ses contemporains [4]. Il fait ainsi l'apologie de la mort, ou plutôt de son traitement traditionnel (l'enterrement et le culte), dépeint comme l'archétype d'une solidarité sociale nécessaire à tous les niveaux. Si l'homme est par ses paroles le digne représentant du sage égyptien [5], le *ba*, son interlocuteur, est, quant à lui, curieusement, le reflet de cette société en crise et récupère le discours de ceux qui sont la cause de son désespoir : il ne croit pas, affirme-t-il, à l'utilité des rites funéraires et développe, pour servir sa thèse, des thèmes que l'on retrouve dans les chants du harpiste du Nouvel Empire [6]. La confrontation se

Je tiens à remercier ici L. Coulon pour ses remarques et conseils qui ont permis d'améliorer de manière significative ce texte, ainsi qu'I. Régen pour sa relecture attentive et ses suggestions judicieuses.

1 P. Berlin 3024. À la bibliographie citée par B. MATHIEU, « Le dialogue d'un homme avec son âme », *Égypte. Afrique et Orient* 19, 2000, p. 36, on ajoutera K. LOHMANN, « Das Gespräch eines Mannes mit seinem Ba », *SAK* 25, 1998, p. 207-236 ; R.B. PARKINSON, *Poetry and Culture in Middle Kingdom Egypt. A Dark Side to Perfection*, Londres, New York, 2002, p. 72-73 et p. 216-226 (avec réf.) ; *id.*, « The Missing Beginning of "The Dialogue of a Man and His Ba" : P. Amherst III and the History of the "Berlin Library" », *ZÄS* 130, 2003, p. 120-133, pl. XXX-XXXI ; R.B. PARKINSON, P. USICK, « A Note on the "Berlin Library" and The British Museum » *GöttMisz* 197, 2003, p. 93-94 ; V.A. TOBIN, dans W.K. Simpson (éd.), *The Literature of Ancient Egypt. An Anthology of Stories, Instructions, Stelae, Autobiographies, and Poetry*, Le Caire, 2003, p. 178-187 ; G. BURKARD, H.J. THISSEN, *Einführung in die altägyptische Literaturgeschichte I. Altes und Mittleres Reich*, Münster, Hambourg, Londres, 2003, p. 148-154.

2 Voir R.B. PARKINSON, *ZÄS* 130, p. 120-133, pl. XXX-XXXI, pour l'identification de nouveaux fragments du début perdu du texte (P. Amherst III).

3 J. ASSMANN, « Cultural and Literary Texts », dans G. Moers (éd.), *Definitely : Egyptian Literature. Proceedings of the Symposion "Ancient Egyptian Literature : History and Forms", Los Angeles, March 24-26, 1995, LingAeg Stud. Mon.* 2, Göttingen, 1999, p. 9.

4 B. MATHIEU, *op. cit.*, p. 22.

5 *Ibid.*, p. 18 ; R.B. PARKINSON, *Poetry and Culture*, p. 216.

6 *Id.*, « Images of Death : Interpreting the "Dialogue between a Man and his *Ba*" », dans *Sesto Congresso Internazionale di Egittologia, Turin, 1st-8th September 1991, Abstracts Papers*, Turin, 1991, p. 318-319 ; *id.*, « The Dream and The Knot. Contextualizing Middle Kingdom Literature », dans G. Moers (éd.), *op. cit.*, p. 67-68.

termine néanmoins par la victoire des valeurs traditionnelles, le *ba* se ralliant subitement et contre toute attente au point de vue de l'homme.

Diverses interprétations de cette œuvre ont été proposées. Certaines mettent l'accent sur la portée philosophique d'un texte compris comme l'expression d'un monologue intérieur [7] traitant de la question du suicide [8] ou sur la coexistence, dans l'Égypte ancienne, de deux conceptions funéraires opposées [9]. D'autres considèrent le texte comme le témoignage de l'émergence d'une nouvelle croyance posthume, plus individuelle et centrée sur la figure du *ba* [10]. D'autres encore privilégient l'approche littéraire et trouvent dans l'esthétique la finalité première de la composition [11]. Aussi intéressantes que soient toutes ces lectures, elles ne permettent pas de comprendre pleinement un texte qui conserve toujours d'importantes parts d'ombre. Une avancée notable a cependant été faite par B. Mathieu. S'attachant à restituer le cadre narratif de l'œuvre [12], il propose de revenir sur l'hypothèse du débat intérieur et considère que la confrontation entre l'homme et son *ba*, même si elle rend compte d'un dialogue intérieur, est *fictivement* située dans l'au-delà, c'est-à-dire projetée, dans la fiction littéraire, après le décès de l'homme [13]. Cette lecture, brièvement envisagée par d'autres auteurs [14], a, en dépit des perspectives qu'elle ouvre, reçu de manière générale peu d'attention. Il est pourtant possible de corroborer et de prolonger cette interprétation en comparant l'œuvre avec le *spell* 38 des Textes des Sarcophages. À l'occasion d'une recherche portant sur les relations entre les vivants et les morts dans l'Égypte pharaonique à travers l'analyse de la documentation singulière que constituent les missives aux défunts [15], il est en effet apparu qu'une homologie pouvait être établie entre les situations respectivement décrites par le *Dialogue* et cette formule (TS [16] 38), qui traite des rapports du survivant à l'ancêtre dans un état d'esprit proche de celui des lettres aux morts, mais avec une mise en avant explicite de l'action du *ba* en ce contexte. Elle offre ainsi un éclairage intéressant sur cette entité complexe dont le rôle dans le *Dialogue* en tant qu'interlocuteur de l'homme est précisément reconnu comme un des éléments les plus problématiques de l'œuvre [17].

7 En dernier lieu, V.A. TOBIN, *op. cit.*, p. 178-179.

8 R.O. FAULKNER, « The Man who was Tired of Life », *JEA* 42, 1956, p. 21-40.

9 Pour un point sur la question, R.B. PARKINSON, *Poetry and Culture*, p. 216-217. Sur les différentes interprétations, voir aussi H. GOEDICKE, *The Report about the Dispute of a Man with his Ba*, Baltimore, Londres, 1970, p. 8-10.

10 J. ASSMANN, *Images et rites de la mort dans l'Égypte ancienne. L'apport des liturgies funéraires. Quatre séminaires à l'École pratique des hautes études, section des sciences religieuses, 17-31 mai 1999*, Paris, 2000, p. 35 ; cf. dernièrement, A. LOPRIENO, « Drei Leben nach dem Tod. Wieviele Seelen hatten die alten Ägypter ? », dans H. Guksch, E. Hofmann, M. Bommas (éd.), *Grab und Totenkult im Alten Ägypten*, Munich, 2003, p. 210-211 et p. 220.

11 O. RENAUD, *Le Dialogue du Désespéré avec son Âme. Une interprétation littéraire, CSEG* 1, Genève, 1991.

12 Voir la différenciation faite par J. ASSMANN, dans G. Moers (éd.), *op. cit.*, p. 3-4, entre textes religieux et textes littéraires, la compréhension des premiers passant par la reconstitution du contexte rituel, celle des seconds par celle du cadre narratif.

13 B. MATHIEU, *op. cit.*, p. 20-21. Pour des avis divergents, R.B. PARKINSON, *Poetry and Culture*, p. 219 (avec réf.).

14 C'est le cas de G. Fecht dans le cadre de son étude sur les *Admonitions*, comme le signalent J. ASSMANN, dans G. Moers (éd.), *op. cit.*, p. 4, n. 12, et R.B. PARKINSON, *op. cit.*, p. 205, mais aussi de M. Pieper (*Die ägyptische Literatur*, Wildpark-Postdam, 1927, p. 26-30) selon lequel le récit du débat, situé dans l'autre monde, serait adressé, par le mort, aux dieux ou aux défunts, avant sa comparution devant le tribunal. Cette hypothèse a été sévèrement condamnée par R. WEILL, « Le livre du "désespéré". Le sens. L'intention et la composition littéraire de l'ouvrage », *BIFAO* 45, 1947, p. 102-103.

15 Cette recherche a été menée dans le cadre d'un doctorat (« La peur du mort. Nature et structure des relations entre les vivants et les morts dans l'Égypte pharaonique ») réalisé sous la direction du Pr J.-Cl. Grenier et soutenu à l'université Paul-Valéry-Montpellier III en juillet 2003. Ce travail se prolonge aujourd'hui avec la préparation, en vue d'une publication, d'une étude sur les lettres aux morts. Sur cette documentation, voir les références citées *infra*, n. 73.

16 L'abréviation TS introduit le numéro d'une formule des Textes des Sarcophages.

17 Cette formule ne fait pas partie des textes retenus par W. BARTA, *Das Gespräch eines Mannes mit seinem Ba (Papyrus Berlin 3024), MÄS* 18, Berlin, 1969, p. 68-86, dans sa discussion sur la notion de *ba*.

1. Le cadre narratif

1.1. *L'homme et le* ba *devant le tribunal divin*

L'interprétation de B. Mathieu situant le *Dialogue* dans l'au-delà repose essentiellement sur trois arguments. Le premier tient à la nature de l'interlocuteur. L'homme ne s'adresse pas, comme on s'y attendrait dans le cadre de la mise en scène d'un dialogue intérieur, à son cœur-*jb* [18], mais à une instance mobile de la personnalité difficile à définir [19] : le *ba*. Or, « selon les textes traditionnels, l'émergence du *ba*, c'est-à-dire d'un être invisible doué de mobilité et séparé du corps, ne se produit qu'à l'instant du trépas [20] ». Le deuxième réside dans la présence d'un auditoire qui, si l'homme se projette effectivement, dans la fiction littéraire, après sa mort, est certainement le tribunal de l'au-delà [21]. Le début préservé du P. Berlin 3024 met en effet en avant la capacité à juger de cette assemblée (col. 1-3) ; et celle-ci est par la suite régulièrement prise à parti par l'homme, comme le prouve le recours occasionnel, pour parler du *ba*, au mode délocutif :

Mṯn bꜣ=j ḥr th=j
Voyez, mon ba *m'égare* [22].

Les dieux du tribunal divin sont en outre explicitement invoqués par l'homme :

Wḏꜥ wj Ḏḥwty ḥtp nṯr.w ḫsf Ḫnsw ḥr=j sš m mꜣꜥ.t sḏm Rꜥ mdw=j sg wjꜣ ḫsf Jsds ḥr=j m ꜥ.t ḏsr[.t]
Juge-moi Thot, que les dieux soient satisfaits ! Que Khonsou me protège, le scribe de la justice, que Rê entende mes paroles, le chef (?) [23] *de la barque, qu'Isdès me protège dans la pièce sacrée* [24].

Mais l'hypothèse selon laquelle le débat se situe, dans la fiction littéraire, devant le tribunal divin est remarquablement accréditée par le rôle particulier que semble tenir le *ba* lors du jugement posthume et que B. Mathieu a mis en évidence en confrontant le *Dialogue*, la vignette du Livre des

18 Sur le cœur comme interlocuteur dans les textes littéraires, H. BRUNNER, *LÄ* II, 1977, col. 1164, *s. v.* Herz ; R.B. PARKINSON, « Individual and Society in Middle Kingdom Literature », dans A. Loprieno (éd.), *Ancient Egyptian Literature, History and Forms, ProblÄg* 10, Leyde, New York, Cologne, 1996, p. 145-146.

19 Pour un point sur les questions qui se posent quant à la nature du *ba*, A. DE JONG, « The Function of the Ba in Ancient Egyptian Anthropology », dans *Sesto Congresso Internationale di Egittologia. Atti, Torino, 1-8 settembre 1991*, vol. 2, Turin, 1993, p. 237-242.

20 B. MATHIEU, *op. cit.*, p. 20. Les mentions du *ba* hors des textes funéraires confirment le lien entre émergence du *ba* et décès ; L.V. ŽABKAR, *A Study of the Ba Concept in Ancient Egyptian Texts, SAOC* 34, Chicago, 1968, p. 115-123. Comparer néanmoins avec J. ASSMANN, « A Dialogue between Self and Soul », dans A.I. Baumgarten, J. Assmann, G.G. Stroumsa, (éd.), *Self, Soul & Body in Religious Experience, SHR* 78, Leyde, Boston, Cologne, 1998, p. 385.

21 Voir R.B. PARKINSON, *Poetry and Culture*, p. 218-219, qui envisage les hypothèses de l'auditoire ou de la cour de justice. Comparer avec J. ASSMANN, *op. cit.*, p. 388-390, qui ne situe pas le *Dialogue* devant le tribunal divin, mais considère la référence à ce tribunal comme une menace du *ba* d'en référer à une instance supérieure.

22 Col. 10. Traduction B. MATHIEU, *op. cit.*, p. 23.

23 *Wb* IV, 320, 1 ; R.O. FAULKNER, *JEA* 42, p. 32, n. 21 ; V.A. TOBIN, « A Re-assessement of the Lebensmüde », *BiOr* 48/3-4, 1991, col. 346, n. 31 (*Wb* IV, 320, 3).

24 Col. 23-27. Traduction B. MATHIEU, *loc. cit.* Voir R. GRIESHAMMER, *Das Jenseitsgericht in den Sargentexten, AgÄbh* 20, Wiesbaden, 1970, p. 80-81 et n. 470, p. 80. Cf. la liste des divinités qui composent le tribunal dans le chapitre 18 du Livre des Morts, H. WILLEMS, « Anubis as a Judge », dans W. Clarysse, A. Schoors, H. Willems (éd.), *Egyptian Religion. The Last Thousand Years. Studies Dedicated to the Memory of Jan Quaegebeur*, vol. 1, *OLA* 84, Louvain, 1998, p. 728 (texte 6). Sur Khonsou dans les Textes des Sarcophages, B. ALTENMÜLLER, *Syncretismus in den Sargentexten, GOF* IV/7, Wiesbaden, 1975, p. 167-168 ; sur Isdès, *ibid.*, p. 241 et dernièrement, F.H. AZZA, « Der Gott Isdes », *ASAE* 75, 1999-2000, p. 11-15.

Morts d'Any illustrant la présence du *ba* lors de la pesée du cœur [25] et le chapitre 30B explicitant le rôle que l'entité devait y tenir :

Jw bꜣ=f ꜥḥꜥ(=w) m mtr r=f [26]

(Thot) : son ba *(du mort) est là comme témoin* contre *lui.*

Tout se passe donc comme si, lors de la psychostasie, le cœur-*jb* devait jouer le rôle de témoin à décharge du mort, et le *ba* de témoin à charge [27]. Cette idée est du reste corroborée par d'autres documents. Une inscription, provenant vraisemblablement de la tombe memphite du scribe du trésor Ptahnéfer [28], met ainsi le *ba* du mort en relation avec les plateaux de la balance :

Jr wn(n) ꜣḫ=tw ḥr jr(.t) mꜣꜥ.t jw bꜣ=j r jr.t jr(y)-mḫꜣ.t

Si c'est en pratiquant la maât *qu'on devient ꜣḫ, alors mon* ba *sera le préposé à la balance.*

Or, le préposé à la balance, le plus souvent assimilé à Anubis [29], n'est autre que l'entité face à laquelle, toujours selon le chapitre 30B du Livre des Morts, le cœur-*jb* ne doit pas se montrer défavorable au défunt [30]. L'idée d'un *ba* devant s'opposer, lors du jugement posthume, au défunt est aussi présente dans un passage ajouté, dans certains papyrus de la XXIe dynastie et dans la recension saïte, au chapitre 1 du Livre des Morts [31] :

Sꜥḥꜥ bꜣ=s r-ḫft-ḥr=s gm~n=tw wḏꜣ r(ꜣ)=s

Son ba *s'est dressé devant elle (la défunte)* [32], *et on a trouvé que sa bouche était saine* [33].

Ainsi, selon une tradition manifestement bien attestée au Nouvel Empire, le *ba* devait remplir le rôle apparemment indispensable de contradicteur devant le tribunal. Or, c'est justement cette fonction que, toujours selon B. Mathieu [34], le *ba* du *Dialogue* se refuse à assumer, arguant de l'inutilité des rites funéraires.

N mdw bꜣ=j ḥnꜥ=j jw gr.t wr ꜥbꜥ

Mon ba *ne m'a même pas contesté. C'est vraiment dur, exagérément* [35].

25 Sur la présence du *ba* dans la psychostasie, Chr. SEEBER, *Untersuchungen zur Darstellung des Totengerichts im Alten Ägypten, MÄS* 35, Munich, Berlin, 1976, p. 106-108. Sur ce passage du Livre des Morts d'Any, voir aussi, J.J. CLÈRE, « Un passage de la stèle du général Antef (Gyptothèque Ny Carlsberg, Copenhague) », *BIFAO* 30/2, 1931, p. 432.

26 *Wb* II,172,6. Interprétation différente chez R. ANTHES, « The Legal Aspect of the Instruction of Amenemhet », *JNES* 16, 1957, p. 178 et n. b.

27 B. MATHIEU, *op. cit.*, p. 21 : « Le *ba* serait censé *jouer le rôle* du contradicteur, tandis que le "cœur" (la conscience) doit ne pas témoigner contre son possesseur (...). »

28 H. GRAPOW, « Ägyptische Jenseitswünsche in Sprüchen ungewöhnlicher Fassung aus dem Neuen Reich », *ZÄS* 77, 1942, p. 65, 67 et p. 76-77 (texte D) ; J. JANÁK, « Journey to Resurrection. Chapter 105 of the Book of the Dead in the New Kingdom », *SAK* 31, 2003, p. 201.

29 *Loc. cit.*, qui renvoie à Chr. SEEBER, *op. cit.*, p. 154-157. Chr. LEITZ (éd.), *LÄGG* 1, *OLA* 110, Louvain, Paris, Dudley, MA, 2002, p. 395 [149].

30 H. GRAPOW, *op. cit.*, p. 76-77, n. b ; M. MALAISE, *Les scarabées de cœur dans l'Égypte ancienne avec un appendice sur les scarabées de cœur des Musées royaux d'Art et d'Histoire de Bruxelles, MRE* 4, Bruxelles, 1978, p. 20-21.

31 Cité par L.V. ŽABKAR, *A Study of the Ba Concept*, p. 147, qui ne tire pas les mêmes conclusions sur le rôle du *ba*. Sur ce texte, A.W. SHORTER, *Catalogue of Egyptian Religious Papyri in the British Museum. Copies of the Book pr(t)-m-hrw from the XVIIIth to the XXIInd Dynasty*, Londres, 1938, p. 19 et p. 33 ; T.G. ALLEN, *The Egyptian Book of the Dead Documents in the Oriental Institute Museum at the University of Chicago, OIP* 82, Chicago, 1960, p. 70 (S6).

32 Sur ce terme dans le contexte du jugement posthume, J. ZANDEE, *Death as an Enemy according to Ancient Egyptian Conceptions*, New York, 1977, p. 261 ; R. GRIESHAMMER, *Das Jenseitsgericht*, p. 33 (*ꜥḥꜥ ; sꜥḥꜥ*) ; *supra*, le passage tiré du chapitre 125 du Livre des Morts d'Any.

33 Sur l'expression *r(ꜣ) wḏꜣ*, D. MEEKS, *AnLex* 3, 79.0813.

34 B. MATHIEU, *op. cit.*, p. 22.

35 Col. 5-6. Traduction, *ibid.*, p. 23.

Le thème de la communication du défunt avec son *ba* est effectivement important dans la littérature funéraire et, dans le texte d'un sarcophage d'époque tardive où le mort exprime le désir que son *ba* rejoigne son corps pour converser avec lui [36], c'est cette même expression *mdw ḥnʿ* qui est employée et qui, en contexte juridique, revêt un sens adversatif bien connu [37].

1.2. *L'opposition mort/*ba *dans les textes funéraires*

L'idée d'une opposition, au moins transitoire, entre un défunt et son *ba* est une thématique bien présente dans la littérature funéraire. Si on suit l'interprétation de P.A. Piccione, on la retrouve notamment, au moins au Nouvel Empire, dans le motif du jeu-*senet* qui constitue un des processus d'acquisition du *ba* permettant au mort d'accéder à la justification, de communiquer avec le monde des vivants et de s'associer au destin de Rê dans sa barque [38]. Or, si les vivants sont parfois représentés jouant au *senet* contre le défunt dans un cadre rituel [39], l'adversaire que ce dernier doit en réalité affronter dans l'au-delà est autre. Il ne s'agit pas, comme il a été parfois avancé, du serpent Méhen qui est le patron du jeu, ni même des adversaires contre lesquels le défunt doit être justifié qui sont toujours désignés par le terme *ḫfty.w* et jamais par *sn.wj* (« partenaire »), mais, toujours selon P.A. Piccione, du *ba* lui-même :

(...) ḥtp bꜣ=f r-jmy.tw ḫꜣ.t=f ḥbʿ=f sn.t ḥnʿ=f

(...) que son ba *repose à l'intérieur de son corps, qu'il joue au* senet *avec lui* [40].

Cette interprétation est séduisante surtout en regard de la place prépondérante accordée, dans la littérature funéraire, au thème de la réconciliation – ou réunion – du défunt (plus particulièrement de la momie) à son *ba*. Il existe en effet un véritable conflit entre la mobilité du *ba*, mobilité nécessaire à la survie du mort, et l'impératif que le *ba* reste malgré tout lié au cadavre. Aussi, les textes funéraires s'attachent-ils tour à tour à favoriser la sortie du *ba* hors du tombeau et à s'assurer de son retour régulier [41]. Cette double nécessité s'exprime notamment dans les textes à travers les exhortations récurrentes invitant le *ba* à se rappeler (*sḫꜣ*) [42] du cadavre qui gît dans le caveau – thématique qui n'est peut-être pas sans relation avec celle de l'enseignement du *ba* [43] –,

36 L.V. ŽABKAR, *A Study of the Ba Concept*, p. 122.

37 D. MEEKS, *AnLex* 2, 78.1927.

38 P.A. PICCIONE, « The Gaming Episode in the *Tale of Setne Khamwas* as Religious Metaphor », dans D.P. Silverman (éd.), *For his Ka. Essays Offered in Memory of Klaus Baer, SAOC* 55, Chicago, 1994, p. 197-204 ; *id.*, *The Historical Development of the Game Senet and its Significance for Egyptian Religion, DissAb*, Ann Arbor, 2004 (1990). Sur le jeu-*senet*, voir encore, G. ROQUET, « L'esprit géométrique : le jeu et son empreinte culturelle dans l'Égypte dynastique et copte », *LOAPL* 1, 1988, p. 157-165.

39 *Infra*, n. 75.

40 W. WRESZINSKI, *Aegyptische Inschriften aus dem K.K. Hofmuseum in Wien*, Leipzig, 1906, (stèle d'Oupouaoutmès), p. 60-66, nº 102 ; P.A. PICCIONE, *op. cit.*, p. 301-302. Voir aussi la désignation du *ba* comme *sn* dans le *Dialogue*, *infra*.

41 L.V. ŽABKAR, *A Study of the Ba Concept*, p. 106-114 ; H.D. SCHNEIDER, « Bringing the *Ba* to the Body. A Glorification Spell for Padinekhtnebef », dans C. Berger, G. Clerc, N. Grimal (éd.), *Hommages à Jean Leclant* 4, *BiEtud* 106/4, Le Caire, 1994, p. 355-362 ; J. ASSMANN, *Mort et au-delà dans l'Égypte ancienne*, Monaco, 2003, p. 145-156 ; S. WIEBACH-KOEPKE, *Phänomenologie der Bewegungsabläufe im Jenseitskonzept der Unterweltbücher Amduat und Pfortenbuch und der liturgischen „Sonnenlitanei". Teil 1 : Untersuchungen*, *ÄAT* 55, Wiesbaden, 2003, p. 190-195. Sur le caractère mobile du *ba* dans les textes funéraires, voir encore H. BEINLICH, *Das Buch vom Ba*, *SAT* 4, Wiesbaden, 2000.

42 Par exemple, TS 44, *CT* I, 182f. Cité par L.V. ŽABKAR, *op. cit.*, p. 109.

43 Sur ce thème, G. FECHT, « Die Belehrung des Ba und der "Lebensmüde" », *MDAIK* 47, 1991, p. 113-126.

mais aussi précisément à travers le rôle de ce *ba* dans le jugement posthume et, si l'hypothèse de P.A. Piccione est exacte, dans le jeu-*senet*. Les situations agonistiques que ces deux motifs mettent en scène constituent en ce sens des métaphores particulièrement efficaces pour rendre compte des liens complexes qui unissent le mort à son *ba* et fournissent les cadres à un affrontement qui, parce que soumis à des règles strictes, rend possible la conciliation.

La nature conflictuelle des relations *ba*/défunt et la restitution du cadre narratif proposée par B. Mathieu invitent en conséquence à reconnaître dans la littérature funéraire, et en particulier dans la tradition relative au jugement posthume, la source d'inspiration du *Dialogue*. Si, pour le cœur, on trouve des prémices à son rôle dans la psychostasie dès les Textes des Sarcophages [44], à un moment [45] où le motif du jugement, attesté dans les Textes des Pyramides [46], devient justement le mode privilégié d'accès à l'au-delà [47], pour le *ba*, bien que les choses soient moins claires [48], certains textes suggèrent néanmoins, dès cette époque, sa présence lors du jugement posthume. L'invitation qui est faite au mort, dans le cadre de l'effacement de ses fautes (*dr jw, sjn ḫbn.t*), à reconnaître (*sjp*) son *ba* [49], ainsi que, comme on le verra, les descriptions des modes par lesquels le défunt peut acquérir ce principe mobile, semblent en effet corroborer l'idée d'une opposition transitoire entre les deux entités, au moins dès les Textes des Sarcophages.

2. Le *ba* et le fils héritier

2.1. *Identification* ba/*fils dans les textes funéraires*

La restitution du cadre narratif, certes hypothétique tant que le début du texte fera défaut [50], et l'identification de la source d'inspiration constituent une avancée décisive dans la compréhension du *Dialogue*. Pourtant, une zone d'ombre demeure : pourquoi le rédacteur du texte a-t-il précisément choisi, comme cadre référentiel, la relation complexe qui unit le mort à son *ba* alors qu'on se situe dans une thématique banale au sein de la littérature sapientiale : la nécessité du respect de la tradition et des rites ? Il est en effet *a priori* étonnant que l'homme, porteur des valeurs défendues par le discours officiel égyptien, essaie de convaincre une entité si abstraite, alors que

44 R. GRIESHAMMER, *Das Jenseitsgericht*, p. 51-55.

45 Sur la chronologie rédactionnelle des Textes des Sarcophages, P. VERNUS, « La position linguistique des Textes des Sarcophages », dans H. Willems (éd.), *The World of the Coffin Texts. Proceeding of the Symposium Held on the Occasion of the 100th Birthday of Adriaan De Buck. Leiden, December 17-19, 1992*, *EgUit* 9, Leyde, 1996, p. 170-172 ; B. MATHIEU, « La distinction entre Textes des Pyramides et Textes des Sarcophages est-elle légitime ? », dans S. Bickel, B. Mathieu (éd.), *D'un monde à l'autre. Textes des Pyramides et Textes des Sarcophages, BiEtud* 139, Le Caire, 2004, p. 253-254.

46 *Id.*, « L'huissier, le juge et le greffier. Une hypothèse sur la fonction du serdab dans les pyramides à textes », *Méditerranées* 13, 1997, p. 11-27.

47 R. GRIESHAMMER, *op. cit.*, p. 2 ; L. COULON, « Véracité et rhétorique dans les autobiographies égyptiennes », *BIFAO* 97, 1997, p. 127. Sur le changement de statut de la parole qui s'opère à la même époque et l'importance accrue alors accordée, dans les Textes des Sarcophages, au principe dialogique, *id.*, « Rhétorique et stratégie du discours dans les formules funéraires : les innovations des Textes des Sarcophages », dans S. Bickel, B. Mathieu (éd.), *D'un monde à l'autre. Textes des Pyramides et Textes des Sarcophages, BiEtud* 139, Le Caire, 2004, p. 119-142.

48 R. GRIESHAMMER, *op. cit.*, p. 65-66.

49 TS 44, *CT* I, 181c-e et 185a. Cf. R. GRIESHAMMER, *op. cit.*, p. 50 et p. 64.

50 Voir *supra*, n. 2.

son message s'adresse de façon évidente aux descendants potentiels, responsables de l'accomplissement des rites, que sont les vivants. À moins de considérer le texte comme une pure discussion d'ordre théologique, qui plus en effet qu'un fils héritier doit être convaincu de l'utilité des rites funéraires ?

Cette question trouve tout naturellement une réponse si on considère le lien étroit qui, dans une perspective totalement différente de la relation au *ka* [51], unit figure filiale et *ba* : si le *ba* est, de manière générale, l'agent qui permet au mort de communiquer avec l'au-delà et l'ici-bas, il lui sert plus spécifiquement de médiateur avec les vivants, au premier chef desquels le fils responsable de la perpétuation du culte [52]. Cette idée est illustrée par une vignette du Livre des Morts de Nebqed [53] qui montre simultanément le prêtre-*sem* accomplissant devant la tombe le rite de l'Ouverture de la Bouche et l'oiseau-*ba* apportant les offrandes au cadavre qui gît dans le caveau, seconde action apparaissant ainsi comme une conséquence de la première. La proximité entre le *ba* et le fils héritier est du reste si grande qu'elle donne parfois lieu à une véritable identification des deux figures. C'est notamment très explicitement le cas dans la formule 38 des Textes des Sarcophages qui appartient à une série (TS 38-41) [54] consacrée au long monologue qu'adresse un fils à son père décédé. Le vivant y expose ses craintes que le défunt ne cherche à le faire mourir prématurément [55] et lui rappelle en quoi sa présence sur terre est indispensable à sa survie dans l'au-delà. C'est lui, le fils, qui entretient le culte funéraire et perpétue la lignée sur terre. Ce groupe de textes, en particulier la formule 38 comme l'a montré A. De Jong, a pour thème central la reprise de communication entre le fils vivant et son père défunt [56]. Cette communication – vitale pour les deux parties [57] et rompue par le décès – ne peut être rétablie que par la *convocation rituelle* d'une instance de la personnalité humaine à *valeur dynamique* pouvant faire office de lien personnel entre le père et le fils : le *ba* [58]. Or, dans le *spell* 38, le fils se définit clairement comme une manifestation possible du *ba* de son père :

51 La littérature égyptologique insiste souvent sur le rôle du *ka* comme lien entre le père (mort) et le fils. Il s'agit cependant là d'un lien essentiellement familial qui ne rend pas compte du rapport *personnel* entre un père défunt et son fils évidemment important dans la religion funéraire. Voir *infra*, n. 58. Sur le *ka* comme « impersonal force », A.A. GORDON, « The Ka as an Animating Force », *JARCE* 23, 1996, p. 31-35.

52 J. ASSMANN, *Image et rites de la mort*, p. 92-106 ; *id.*, *Mort et au-delà dans l'Égypte ancienne*, p. 482-503.

53 L.V. ŽABKAR, *A Study of the Ba Concept*, pl. 5.

54 Cette série a été l'objet de nombreux commentaires. On citera dernièrement, A. DE JONG, « Coffin Text Spell 38 : The Case of the Father and the Son », *SAK* 21, 1995, p. 141-157 ; P. VERNUS, « La structure ternaire du système des déictiques dans les Textes des Sarcophages », *SEAP* 7, 1990, p. 27-45 ; H. WILLEMS, « The Social and Ritual Context of a Mortuary Liturgy », dans H. Willems (éd.), *Social Aspects of Funerary Culture in the Egyptian Old and Middle Kingdoms. Proceedings of the International Symposium held at Leiden University 6-7 June, 1996, OLA* 103, Louvain, 2001, p. 253-372.

55 A. DE BUCK, « The Fear of Premature Death in Ancient Egypt » dans *Pro Regno Pro Sanctuario. Een bundel studies en bijdragen van vrienden en vereerders bij de zestigste verjaardag van Prof Dr G. Van der Leeuw*, Nijkerk, 1950, p. 36-44.

56 A. DE JONG, *op. cit.*, p. 141-158 ; R.O. FAULKNER, « Spells 38-40 of the Coffin Texts », *JEA* 48, 1962, p. 36-44.

57 Sur l'importance de la communication avec les proches dans la renaissance du défunt, J. ASSMANN, *Images et rites de la mort*, p. 69.

58 A. DE JONG, *op. cit.*, p. 155, en mettant l'accent sur le rôle du *ba* comme lien *personnel* entre le fils et le père mort se démarque ici de J. ASSMANN, « L'image du père dans l'ancienne Égypte », dans H. Tellenbach (éd.), *L'image du père dans le mythe et dans l'histoire 1 : Égypte, Grèce, Ancien et Nouveau Testaments*, Paris, 1983, p. 60-63, qui désigne le *ka*, qui se transmet d'une génération à une autre, comme l'entité supra-individuelle qui permet la communication entre le père et le fils. Voir encore dernièrement A. LOPRIENO, dans H. Guksch, E. Hofmann, M. Bommas (éd.), *Grab und Totenkult im Alten Ägypten*, p. 200-225, qui met en relation *ka* et intégration sociale, par opposition au *ba*, représentant une position plus individuelle, et essentiellement associé à des prétentions d'ordre théologique.

J jt=j jm(y) Jmn.t ꜣḫ nṯr jr=k m Jmn.t m tꜣ pw ḏsr nty=k jm=f
Bꜣ=k n=k ꜣḫw=k ḥnʿ=k mr n=k bꜣ=k jm=j tp tꜣ
Ô mon père qui est dans l'Occident, sois donc un esprit et un dieu dans l'Occident,
dans ce pays sacré dans lequel tu es.
Tu as ton ba *et ton pouvoir-*akhou *est avec toi. Aime donc ton* ba *que je suis sur terre* [59] *!*

Contrairement à ce que pourrait faire croire la singularité apparente de la série à laquelle appartient cette formule, cette identification *ba*/fils n'est pas un motif exceptionnel dans la religion funéraire égyptienne. Certes, les formules 38-41 sont attestées uniquement sur des sarcophages de la XIIe dynastie provenant d'Al-Bercha. Elles présentent de surcroît un discours *a priori* inattendu au sein du corpus des Textes des Sarcophages, puisqu'il concerne essentiellement le bien-être du vivant et non directement celui du défunt et, en ce sens, ont pu être rapprochées des lettres aux morts [60]. Toutefois, il a été montré que ces formules n'étaient aucunement des pièces rapportées, étrangères au corpus des Textes des Sarcophages. La langue et la grammaire utilisées en sont la preuve [61], mais aussi le fait que les TS 38-41 forment, avec les TS 30-37, attestés sur des sarcophages du Moyen Empire provenant de plusieurs sites d'Égypte, un ensemble cohérent de textes à réciter lors de certaines fêtes [62]. Les TS 38-41 ne doivent donc pas être considérés comme des pièces importées d'un autre genre et intégrées artificiellement au corpus, mais ont au contraire une légitimité indéniable à l'intérieur même des Textes des Sarcophages. Comme l'a montré H. Willems, leur fonction est de rappeler, à l'issue de l'accomplissement du rite (dont rendent compte les TS 30-37), la nécessaire solidarité qui doit unir vivants et morts. La singularité des TS 38-41 n'est en outre que formelle puisque, en définitive, elles ne se distinguent du reste du corpus que par *l'absence quasi totale de référent mythologique* [63] : c'est un fils vivant qui parle à son père mort, et non pas Horus à Osiris, figures habituellement convoquées quand il s'agit de parler des relations père/fils. Les TS 38-41 donnent ainsi directement à voir une relation vécue entre un fils et son père, le temps des rites funéraires. Or, cette thématique est au cœur de nombreuses formules des Textes des Sarcophages, mais exprimée par le biais de figures divines ; et, à chaque fois, l'accent est mis, de la même manière, sur la notion de *ba* comme médium privilégié de communication entre le père et le fils. C'est par exemple le cas dans les formules de transformations en Chou (TS 75-83) [64], où le thème central est, comme dans les TS 38-41, les relations père/fils [65], mais cette fois traitées à travers les figures d'Atoum et de Chou, ou dans la formule 312 des Textes des Sarcophages qui met en scène un dialogue entre Horus et son père défunt Osiris [66]. Dans tous ces textes, c'est de surcroît l'action

59 TS 38, *CT* I, 162c-f. Sur les différentes traductions proposées et une défense de l'option choisie ici, A. DE JONG, *op. cit.*, p. 150-155. Voir encore H. WILLEMS, dans *id.* (éd.), *Social Aspects of Funerary Culture*, p. 328.

60 Sur les lettres aux morts, voir les références citées, *infra*, n. 73.

61 A. DE JONG, *op. cit.*, p. 147-148.

62 H. WILLEMS, *op. cit.*, p. 253-372.

63 *Ibid.*, p. 364, qui remarque la faible présence des référents mythologiques dans l'ensemble de la série TS 30-41.

64 *Id.*, *The Coffin of Heqata (Cairo JdE 36418). A Case Study of Egyptian Funerary Culture in the Early Middle Kingdom, OLA* 70, Louvain, 1996, p. 270-322 et p. 270-275 ; *id.*, « The Shu Spells in Practice », dans *id.* (éd.), *The World of the Coffin Texts. Proceeding of the Symposium Held on the Occasion of the 100th Birthday of Adriaan De Buck. Leiden, December 17-19, 1992, EgUit* 9, Leyde, 1996, p. 197-209.

65 *Id. The Coffin of Heqata*, p. 270-324.

66 *Id.*, dans *id.* (éd.), *Social Aspects of Funerary Culture*, p. 370-372.

rituelle du fils qui favorise l'émergence du *ba* grâce auquel la communication peut être établie [67]. Ce processus serait par ailleurs peut-être illustré par la scène originale de la stèle BM 1372 qui montre un personnage étendu au-dessus du mort qui repose sur le lit funéraire. Selon l'hypothèse de H. Willems, cette iconographie serait à interpréter à la lumière de la rubrique des TS 75-83 (TS 83, *CT* II, 46a-48a) qui prescrit de placer au cou du défunt une amulette en forme de protome de lion symbolisant le *ba* de Chou (*mk.t m bꜣ Šw*) dont doit justement être équipé le défunt [68]. L'image n'est pas sans faire écho aux scènes bien connues du Nouvel Empire qui montrent le dieu de l'embaumement, Anubis – dont les rapports avec Osiris, dans le cadre funéraire, sont, au moins à cette époque, interprétés sur le mode filial [69] – s'activant debout aux côtés du mort, alors que, au-dessus du lit funéraire, volette l'oiseau-*ba*. Tout comme la vignette du Livre des Morts de Nebqed évoquée précédemment suggérait un lien entre l'exécution du rite de l'Ouverture de la Bouche et la descente du *ba* chargé des offrandes vers le cadavre, la présence du *ba* aux côtés de la momie dans ces scènes est sans doute, là encore, à comprendre comme une conséquence directe des rites (de momification) pratiqués par le dieu.

De tout ce qui précède il ressort que l'association figure filiale/*ba* est loin d'être anecdotique dans la religion funéraire égyptienne. La possible assimilation entre le fils héritier et le *ba* du mort ne serait donc que le prolongement logique de ce lien. Clairement affirmée dans le TS 38, elle est aussi évoquée de façon plus implicite par d'autres textes [70] et ne contredit en rien la nature abstraite de l'entité, le fils n'étant qu'un des aspects possibles du *ba*, c'est-à-dire de la capacité pour une entité (mort ou divinité) à assumer des formes (*ḫpr*) [71]. À ce titre, il n'est pas étonnant que le *ba*, qui représente les différents moyens d'action du mort, puisse revêtir, sur terre, l'aspect très concret du descendant.

2.2. *Antagonisme père défunt/fils*

L'assimilation du *ba* au fils héritier trouve du reste un autre fondement dans la nature des relations que chacun d'entre eux entretient avec le mort. On a évoqué les rapports complexes qui unissent le *ba* au cadavre. Or, comme le *ba*, si le fils est un partenaire nécessaire de la résurrection du défunt, il est aussi, au moins momentanément, un rival. Meilleur allié du mort, en tant que principal garant de la perpétuation du culte funéraire et de la préservation de la lignée, il devient aussi mécaniquement son concurrent direct – et donc un être susceptible de nourrir de mauvaises

67 TP 356, *Pyr.* § 578c-579a, cité par L.V. ŽABKAR, *A Study of the Ba Concept*, p. 53.

68 H. WILLEMS, *The Coffin of Heqata*, p. 277-279 et p. 290-292 ; P. BARGUET, *Les textes des sarcophages égyptiens du Moyen Empire, LAPO* 12, Paris, 1986, p. 474.

69 J.-Cl. GRENIER, *Anubis alexandrin et romain, EPRO* 57, Leyde, 1977, p. 18-19 ; J. QUAEGEBEUR, « Anubis, fils d'Osiris, le vacher », *StudAeg* 3, 1977, p. 119-130. Pour des attestations anciennes du rôle de *sꜣ-mry≈f* rempli par Anubis, voir les textes cités par H. WILLEMS, « Anubis as a Judge », dans W. Clarysse, A. Schoors, H. Willems (éd.), *Egyptian Religion. The Last Thousand Years*, vol. 1, p. 735-737.

70 *Id.*, *The Coffin of Heqata*, p. 311-314 ; *id.*, dans *id.* (éd.), *Social Aspects of Funerary Culture*, p. 291.

71 *Id.*, *The Coffin of Heqata*, p. 113 ; J. ASSMANN, *Egyptian Solar Religion in the New Kingdom. Re, Amun and the Crisis of Polytheism*, Londres, 1995, p. 143 et n. 46. Comparer avec J. GEE, « *Bꜣ* Sending and Its Implications », dans Z. Hawass, L. Pinch Brock (éd.), *Egyptology at the Dawn of the Twenty-First Century, vol. 2. History, Religion*, Le Caire, 2003, p. 230-237, pour qui la notion de *ba* englobe celles de *nṯr*, de *ꜣḫ* et de *mwt*.

intentions –, puisque, accomplissant les rites funéraires, le fils se place dans la position de l'héritier, c'est-à-dire du remplaçant [72]. En mettant en scène une confrontation père/fils dans un cadre juridique, les TS 38-41 illustrent ainsi parfaitement toute l'ambiguïté de la relation filiale, qui n'est elle-même qu'un cas particulier de l'antagonisme présidant de manière générale aux relations vivants/morts dans l'Égypte ancienne [73]. Il est de surcroît intéressant de remarquer que, dans les textes funéraires, cet antagonisme peut être résolu selon les mêmes processus que l'antagonisme *ba*/mort, c'est-à-dire par des mises en scène du conflit à l'intérieur de cadres qui permettent la régulation : celui de la procédure judiciaire [74] qui soumet l'agressivité aux lois, usages et coutumes de la communauté, mais aussi celui du jeu – puisque les vivants sont, sur terre, les partenaires qu'affronte le mort au *senet* [75] –, mode d'action où l'affrontement, bien que recherché, est assujetti à des règles et, surtout, est théoriquement dépourvu des conséquences néfastes qui lui sont normalement attachées.

Au cœur d'un réseau de relations complexes qui unit le mort à l'au-delà mais surtout au monde des vivants et en particulier au fils héritier sans l'action duquel il ne peut espérer de survie, le *ba* résume ainsi à lui seul toute la distance qui doit séparer le mort de ses descendants [76], mais aussi le lien indéfectible qui les unit. Avec le *ba*, c'est tout le paradoxe des rapports du fils héritier à son père défunt qui trouve une expression, puisqu'à travers lui, le fils est assimilé au père, mais qu'il en est en même temps clairement dissocié [77].

Fils héritier ⇄ *BA* ⇄ père défunt

Par son truchement, les destins respectifs du mort et du fils héritier sont ainsi solidaires mais irrémédiablement distincts.

72 J. ASSMANN, dans H. Tellenbach (éd.), *op. cit.*, p. 46.

73 H. WILLEMS, dans *id.* (éd.), *Social Aspects of Funerary Culture*, p. 291 ; A.B. LLOYD, « Psychology and Society in the Ancient Egyptian Cult of the Dead », dans J.P. James *et al.*, *Religion and Philosophy in Ancient Egypt, YES* 3, New Haven, 1989, p. 117-134. L'importance de cet antagonisme dans les relations vivants/morts est particulièrement bien mise en lumière par le dossier des lettres aux morts. Sur ces documents, voir l'édition de base, A.H. GARDINER, K. SETHE, *Ancient Egyptian Letters to the Dead mainly from the Old and Middle Kingdoms*, Londres, 1928, et, dernièrement, H. WILLEMS, *op. cit.*, p. 344-355 et U. VERHOEVEN, « Funktion altägyptischer Briefe an die Tote », dans A. Wagner (éd.), *Bote und Brief. Sprachliche Systeme der Informationübermittlung im Spannungsfeld von Mündlichkeit und Schriftlichkeit*, Francfort, Berlin..., 2003, p. 31-51.

74 Dans le TS 40, le discours du fils évoque une véritable confession négative. Traduction, H. WILLEMS, *op. cit.*, p. 334. Dans les *Shu-spells* et dans le TS 312, le *ba* doit de façon analogue faire la preuve aux différents gardiens qu'il est habilité à s'approcher du père défunt ; *id., The Coffin of Heqata*, p. 314-322.

75 Voir TS 405, *CT* V, 209o-210e et certaines scènes funéraires : P.A. PICCIONE, *The Historical Development of the Game Senet*, p. 84, p. 57-58 et p. 62-68. Chez Mérérouka, c'est peut-être le fils qui est représenté jouant contre le défunt, mais la légende est malheureusement en lacune. *Ibid.*, p. 63, n. 129.

76 Dans la série TS 38-41, le fils vivant insiste constamment sur le fait qu'il est sur *cette terre-ci des vivants* (*m tꜣ pn n(y) ꜥnḫ.w*), alors que le père défunt est dans *cette terre-là séparée* (*tꜣ pw ḏsr*) ; P. VERNUS, *SEAP* 7, p. 27-30.

77 Dans la théologie du Nouvel Empire, le concept de *ba* est justement au centre de l'idée d'une unité entre le créateur et sa création, J. ASSMANN, *Egyptian Solar Religion*, p. 143-155. Cf. aussi le rôle du *ba* dans la « dual unity » de Rê et d'Osiris, *ibid.*, p. 62-63 ; J. VAN DIJK, « The Symbolism of the Memphite Djed-Pillar », *OMRO* 66, 1986, p. 7-17. Rê, en tant que *ba* d'Osiris, et Osiris seraient du reste parfois considérés comme fils et père. Voir H. WILLEMS, « The Embalmer Embalmed. Remarks on the Meaning of the Decoration of Some Middle Kingdom Coffins », dans J. Van Dijk (éd.), *Essays on Ancient Egypt in Honour of Herman te Velde*, Groningue, 1997, p. 361 et n. 66.

3. Le *Dialogue* et solidarité/antagonisme entre les vivants et les morts

Nature conflictuelle *ba*/mort, antagonisme fils héritier/père défunt et assimilation du *ba* au fils apparaissent donc comme des thèmes fondamentaux de la religion funéraire égyptienne. Explicitement évoquées dans la série des TS 38-41, ces problématiques sont aussi manifestement au cœur du *Dialogue*. Soucieux de convaincre un *ba* réticent de la validité des rites funéraires, l'homme ne manque pas en effet de rappeler à son interlocuteur le lien étroit qui l'unit au descendant qui doit perpétuer le culte :

Wꜣḥ-jb bꜣ=j sn=j r ḫpr.t jwꜥ=j drpty=fy ꜥḥꜥty=fy ḥr ḥꜣ.t hrw qrs
Patiente mon ba, *mon frère, jusqu'à la venue de mon héritier qui fera les offrandes et qui se tiendra à ma tombe le jour de l'enterrement* [78].

Les ponts qui existent entre les belles-lettres et les compositions magico-religieuses [79] ainsi que des indices internes à l'œuvre permettent par conséquent, sinon de voir une référence directe à la formule 38 affirmant l'identité du *ba* et du fils dans le *Dialogue*, du moins de considérer que les deux compositions puisent dans un même substrat de concepts relatifs aux rapports fils vivant/père défunt. Il est intéressant de remarquer ici que, de façon peut-être significative, une relation comparable existe probablement aussi entre le *Conte du pâtre et de la déesse*, présent sur le même papyrus (P. Berlin 3024), et une formule des Textes des Sarcophages (TS 836), évoquant tous deux un *ḥsy-mw*, « charme d'eau [80] ». Quoi qu'il en soit, pour ce qui concerne le cas spécifique du *Dialogue*, le lien avec le TS 38 paraît s'imposer. À la fin de l'œuvre (col. 150), le *ba*, reconnaissant finalement la validité des rites funéraires, ne demande-t-il pas à l'homme de l'aimer (*mr wj*), rappelant en cela le souhait identique exprimé par le fils dans le TS 38 « aime donc ton *ba* que je suis sur terre » (*mr n=k bꜣ=k jm=j tp tꜣ*) [81] ?

Mais c'est surtout l'étroite similitude des situations décrites respectivement par le *Dialogue* et les formules 38-41 qui est la preuve que les deux textes relèvent, bien qu'appartenant à des genres distincts, d'une problématique identique.

1. Tous deux mettent en scène un affrontement verbal transposé, dans un cas par la fiction littéraire et dans l'autre par le truchement du rite, devant le tribunal de l'au-delà dont les juges divins sont à chaque fois pris à parti.

2. Dans chacune des compositions, le protagoniste premier accuse le second de le mener à une mort certaine.

Mṯn bꜣ=j ḥr tḫ.t=j n sḏm~n=j n=f ḥr sṯꜣ r mwt n jjt<=j> n=f
Voyez, mon ba *m'égare, sans même que je l'entende, m'entraînant vers la mort avant que je l'aie rejointe* [82].

78 P. Berlin 3024, col. 52-54. O. RENAUD, *Le Dialogue du Désespéré*, p. 25 ; B. MATHIEU, *Égypte. Afrique et Orient* 19, p. 25.

79 Voir, J. YOYOTTE, « Compte rendu de A.H. Gardiner, *The Ramesseum Papyri* », *RdE* 11, 1957, p. 174-175 ; L. COULON, dans S. Bickel, B. Mathieu (éd.), *D'un monde à l'autre. Textes des Pyramides et Textes des Sarcophages*, n. 26-27. Cf. aussi les remarques de A. LOPRIENO, « Defining Egyptian Literature », dans A. Loprieno (éd.), *Ancient Egyptian Literature. History & Forms, ProblÄg* 10, Leyde, New York, Cologne, 1996, p. 47-49.

80 Voir en dernier lieu, R.B. PARKINSON, *Poetry and Culture*, p. 300 (avec réf.) et G. BURKARD, H.J. THISSEN, *Einführung*, p. 154-156.

81 TS 38, *CT* I, 162f.

82 Col. 10-12. Traduction B. MATHIEU, *op. cit.*, p. 23.

L'évocation, dans la suite du *Dialogue*, du *ba* de l'inerte (*nny*), du brûlé (*tꜣw*) et de celui de l'affamé (*ḥqr*) [83] semble indiquer que c'est de la seconde mort dont il est question.

Dans les TS 38-41, le fils reproche de manière similaire à son père de chercher à raccourcir son existence (*sꜥr.t ḥrw.w*) [84] sur la terre des vivants. Dans le TS 40 (*CT* I, 173i), il prend ainsi soin de rappeler à l'auditoire :

[Bw].t=j pw mwt r jꜣwt=j r sbt=j r jmꜣḫ
Mon [aversion] est de mourir avant la vieillesse, avant d'avoir atteint l'état de vénérable.

3. Dans les TS 38-41, comme dans le *Dialogue*, le personnage qui occupe la position de plaignant se pose en défenseur des rites funéraires et présente leur accomplissement comme seul garant de la survie des deux interlocuteurs. Dans le *Dialogue*, c'est l'homme qui défend les rites funéraires et rappelle à son *ba* les bénéfices qu'il tirera de leur observance ; dans les TS 38-41, c'est le fils qui rappelle à son père défunt en quoi sa présence sur terre est indispensable à sa survie.

4. La solidarité sollicitée, dans un cas par l'homme (mort) et dans l'autre par le fils vivant, est enfin invoquée dans les deux textes, par le même terme (*wꜣḥ-jb*) [85] :

Rd.t wꜣḥ-jb n jm(y) ẖr(y)-nṯr r s
Rendre patient celui qui est dans la nécropole envers un homme (TS 38, *CT* I, 157e).

Wꜣḥ-jb bꜣ=j sn=j
Patiente mon ba, *mon frère* (col. 51-52).

	TRIBUNAL DIVIN	
(P. Berlin 3024) *ba*	*wꜣḥ-jb !* ←	homme (mort)
(TS 38) fils (= *ba*)	*wꜣḥ-jb !* →	père défunt

La mise en parallèle du TS 38 et du *Dialogue* peut en conséquence se résumer par le tableau suivant :

	TS 38	*Dialogue*
Plaignant/ défenseur des rites funéraires	**Fils (qui s'identifie au *ba* du père défunt)**	**Homme (mort)**
Interlocuteur accusé de mener à la mort	**Père défunt**	***Ba* (associé à l'héritier)**
Cadre de la confrontation	**Le tribunal de l'au-delà**	

83 Col. 45 et col. 47. Voir J. ZANDEE, *Death as an Enemy*, p. 83-84, 68-70 et p. 142.

84 TS 38, *CT* I, 158d ; TS 39, *CT* I, 167c.

85 Sur ce terme, D. MEEKS, *AnLex* 3, 79.0591 ; G. POSENER, *L'enseignement loyaliste. Sagesse égyptienne du Moyen Empire*, Paris, 1976, p. 46 (§ 13, 3) ; P. VERNUS, « La formule "le souffle de la bouche" », *RdE* 28, 1976, p. 145 ; M. LICHTHEIM, *Moral Values in Ancient Egypt, OBO* 155, Fribourg, Göttingen, 1997, p. 77-82.

On constate ainsi que les relations respectivement mises en scène dans le *Dialogue* et dans la formule 38 des Textes des Sarcophages se répondent parfaitement en chiasme. Les deux textes apparaissent comme les deux pendants d'une même réalité : la défense des devoirs mutuels à accomplir par le vivant (assimilé dans les deux textes au *ba* du défunt) et par le mort. Il n'est en conséquence que très logique que les intérêts du mort soient défendus dans un texte littéraire, genre qui a au premier chef pour destinataires les vivants, alors que les intérêts du vivant sont exposés dans un texte rituellement destiné au mort. On remarquera à ce propos que si les compositions relevant de la liturgique funéraire sont prononcées, pour le mort, par les vivants, il arrive que les textes sapientiaux prennent, à l'inverse, la forme d'un discours adressé, depuis l'au-delà, à ceux qui sont sur terre, que ce discours soit effectivement placé dans la bouche d'un mort, comme dans le cas de l'*Enseignement d'Amenemhat* [86], ou qu'il provienne d'un sage qui, au crépuscule de sa vie, envisage son décès prochain (*Sagesse de Ptahhotep, Enseignement pour Mérykarê*) [87]. La probable projection dans le jugement posthume de l'homme du *Dialogue* qui, porteur des valeurs pharaoniques, est sans aucun doute un avatar du sage des enseignements, ne constituerait en ce sens qu'une variation d'une stratégie textuelle bien attestée dans la littérature sapientiale, sans doute à mettre en relation avec l'impératif moral de « se souvenir de l'Occident [88] ».

La place accordée au discours subversif du *ba* sur l'inutilité des rites funéraires, bien que prépondérante, serait elle-même à comprendre dans le cadre d'un processus de « contextualisation of the problematic [89] » globalement à l'œuvre dans la littérature du Moyen Empire. Par le biais de la fiction littéraire, les textes créent en effet un espace qui rend possible le dialogue entre les idéaux promus par le discours officiel et les inévitables doutes des hommes confrontés au quotidien [90]. Dans un ordre d'idée analogue, B. Mathieu parle, à propos de la *Complainte de Khâkhéperrêséneb* [91], de la capacité des Égyptiens à récupérer le discours déviant pour « désarmorcer un éventuel courant de pensée subversif ». Si, comme le rappelle R.B. Parkinson, il est toutefois réducteur de limiter la portée d'une œuvre littéraire à la seule élaboration d'un discours de type « propagandiste » et, si effectivement de la mise en parallèle du monologue du fils dans la formule 38 et du *Dialogue* qui traitent tous deux, via la médiation du *ba*, de la problématique des rapports vivants/morts, il semble ressortir qu'au mode performatif de la liturgie, la littérature substitue un mode plus délibératif, pour autant, on constate que l'issue du débat n'est pas totalement ouverte. D'une part, le subit et inattendu ralliement du *ba* au point de vue de l'homme tend à montrer que ce débat d'idées reste, dans une large mesure, factice. Le conflit n'est en effet pas résolu au terme d'une véritable confrontation d'arguments, mais « through performative "perfect speech" before an audience »,

86 R.B. PARKINSON, *Poetry and Culture*, p. 242.

87 *Ibid.*, p. 258 et p. 248-249.

88 B. MATHIEU, « Se souvenir de l'Occident (*sḫꜣ Jmnt.t*) : une expression de la piété religieuse au Moyen Empire », *RdE* 42, 1991, p. 262-263.

89 R.B. PARKINSON, dans *Sesto Congresso Internazionale di Egittologia*, p. 318-319, et en dernier lieu, *id., Poetry and Culture*, p. 86-107. Comparer avec B. MATHIEU, *Égypte. Afrique et Orient* 19, p. 19, qui place l'œuvre dans le cadre du processus de *textualisation* du principe de *maât* mis en évidence par J. Assmann

90 R.B. PARKINSON, dans G. Moers (éd.), *op. cit.*, p. 76-79 ; *id., Poetry and Culture*, p. 98-107.

91 B. MATHIEU, « La Complainte de Khâkhéperrê-seneb », *Égypte. Afrique et Orient* 2, 1996, p. 13-18.

caractéristique des compositions magico-funéraires [92] ; dans ce revirement, on soulignera du reste le rôle essentiel des poèmes de l'homme qui semblent constituer une véritable « incantation poétique [93] ». D'autre part, comme il a été souligné [94], dès l'ouverture du *Dialogue*, la présence du *ba* est le signe de la victoire finale du discours traditionnel, cette instance ne se manifestant, selon la religion funéraire, qu'à la faveur des rites accomplis par les vivants. Par ailleurs, opposant à l'homme un point de vue divergent sur la mort, que fait le *ba* sinon précisément répondre à l'impératif rituel de débattre (*mdw ḥnʿ*) avec lui.

Le choix du *ba* comme interlocuteur répond en conséquence à un parti pris, le porteur du discours « subversif » se trouvant, en raison des présupposés qui lui sont attachés, être justement l'agent par lequel ce discours est fatalement nié. Évidemment, il n'est pas question d'étiqueter le *Dialogue* comme simple « littérature de propagande ». Le problème ne se pose pas en ces termes, étant donné la place du lettré dans la société égyptienne [95]. Néanmoins, c'est bien à une véritable *neutralisation* d'une conception alternative de l'au-delà, conception naturelle mais en rupture avec la solidarité inter-générationnelle aux fondements de la société pharaonique, que procède le *Dialogue*. Grâce à la mise en scène du *ba*, et non pas directement du fils héritier explicitement évoqué dans le texte, le lecteur/auditeur peut observer le lien naturel (mais problématique) qui unit les vivants (futurs morts) aux morts (anciens vivants). Contrairement au *ka* qui lie père et fils dans une succession (hiérarchique) des générations, le *ba* – appelé *sn* par l'homme (col. 51-52 et col. 140) [96] – incarne l'unicité du destin de chaque génération, tout père ayant été fils, et tout fils étant appelé à son tour à devenir père (défunt) [97]. Loin d'un discours moralisateur qui placerait son destinataire soit dans la position du sage isolé, soit dans celle du fautif potentiel, c'est-à-dire de l'héritier toujours porté à négliger les ancêtres, tout se passe comme si le *Dialogue* entraînait par le truchement du *ba*, le lecteur/auditeur dans un processus d'identification complexe où il est tout à la fois le vivant, aux prises avec ses doutes, enclin à mener sa vie sans se soucier de la mort, mais aussi cet homme qui envisage son inéluctable décès.

92 R.B.. PARKINSON, *op. cit.*, p. 226. Sur la performativité des textes funéraires, Fr. SERVAJEAN, *Les formules des transformations du Livre des Morts à la lumière d'une théorie de la performativité, BiEtud* 137, 2e éd., Le Caire, 2004. Ce constat conforte la parenté de l'œuvre avec les compositions funéraires, en particulier les Textes des Sarcophages où le principe dialogique joue justement un rôle prépondérant. Voir *supra*, n. 47.

93 B. MATHIEU, *Égypte. Afrique et Orient* 19, p. 22. Voir l'analyse d'O. RENAUD, *Le Dialogue du desespéré*, p. 41-42, qui souligne la différence entre la prose des paraboles du *ba* et les poèmes de l'homme. Cf. aussi les remarques de L. COULON, dans S. Bickel, B. Mathieu (éd.), *D'un monde à l'autre. Textes des Pyramides et Textes des Sarcophages*, sur les liens entre « l'art du discours magique » et « la rhétorique "profane" ».

94 B. MATHIEU, *op. cit.*, p. 22.

95 Cf. les remarques de W.K. SIMPSON, « *Belles lettres* and Propaganda », dans A. Loprieno (éd.), *Ancient Egyptian Literature. History & Forms, ProblÄg* 10, Leyde, New York, Cologne, 1996, p. 443.

96 Cf. A. LOPRIENO, dans H. Guksch, E. Hofmann, M. Bommas (éd.), *Grab und Totenkult im Alten Ägypten*, p. 220.

97 Comparer avec l'interprétation faite par H. Willems des formules de transformation en (*ba* de) Chou des Textes des Sarcophages. Si la série est la transposition d'actes liturgiques accomplis par le fils sur terre (Chou) pour son père défunt (Atoum), « the ritual stage has been telescoped into the hereafter, where the deceased performed the rite for the god Atum ». H. WILLEMS, *The Coffin of Heqata*, p. 323-324. Voir encore, *id.*, dans J. Van Dijk (éd.), *Essays on Ancient Egypt in Honour of Herman te Velde*, p. 343-372.

Offrant une illustration supplémentaire des ponts qui existent entre compositions magico-religieuses et belles-lettres, la mise en parallèle du *Dialogue* et de la formule 38 permet ainsi d'envisager l'œuvre dans une nouvelle perspective. Elle invite à déplacer sa problématique du seul domaine du rapport abstrait de l'homme à la mort, vers celui, plus pragmatique, des relations vivants/défunts, thématique centrale dans la religion funéraire et la société égyptiennes, souvent exploitée par la littérature [98]. À travers le *ba* dans le *Dialogue*, entité par laquelle s'établit le lien dynamique entre l'ici et l'au-delà, le vivant et le mort, c'est en effet vraisemblablement la solidarité entre les générations, irréfutable malgré les inévitables conflits, qui est directement donnée à expérimenter.

98 Pour la littérature narrative, voir la remarque de G. POSENER, « Une nouvelle histoire de revenant (Recherches Littéraires VII) », *RdE* 12, 1960, p. 75 ; M. CHAUVEAU, « Les richesses inconnues de la littérature démotique », *BSFE* 156, 2003, p. 24-31. Pour la littérature sapientiale, voir *supra*, n. 86-87 et J.-F. QUACK, *Die Lehren des Ani. Ein neuägyptischer Weisheitstexte in seinem kulturellen Umfeld, OBO* 141, Fribourg, Göttingen, 1994, p. 114-115 et p. 182 (21,20-22,3), p. 94-95 et p. 159 (17,4-6).

Le « dieu » nubien Sésostris III

Khaled EL-ENANY

Cet article est le troisième d'une série sur la vénération posthume des pharaons du Moyen Empire [1] ; celui-ci s'intéresse plus particulièrement à Sésostris III. Ce souverain [2], comme on sait, a été l'objet d'un hommage *post mortem* important, notamment en Nubie où il fut considéré comme un véritable « dieu [3] ». On déclinera ainsi, sans prétendre à l'exhaustivité, les différents documents témoignant de cette vénération. Ces derniers sont regroupés par sites – classés dans un ordre géographique sud-nord – afin de mieux cerner les principaux lieux du culte posthume de Sésostris III en Nubie et d'en mesurer l'importance dans chacun d'eux.

1. Gebel Docha

Un relief de la XVIIIe dynastie montre Sésostris III faisant face à Thoutmosis III disparu. Au-dessus de Sésostris III est gravé son protocole : « le roi de Haute et de Basse-Égypte, Khâkaourê, fils de Rê, Senouséret, doué de vie [4]. »

Je remercie Mme Chr. Favard-Meeks pour avoir accepté de relire cet article.

1 Cf. Kh. EL-ENANY, « Le saint thébain Montouhotep-Nebhépetrê », *BIFAO* 103, 2003, p. 167-190 ; *id.*, « La vénération *post mortem* de Sésostris Ier », *Memnonia* 14, 2003, p. 129-138.

2 Sur le règne de Sésostris III, voir en particulier R.D. DELIA, *A Study of the Reign of Senwosret III*, *UMI* 41/2 (Ph.D. 1980), Ann Arbor, 2001 ; W.K. SIMPSON, *LÄ* V, 1984, col. 903-906, *s. v.* Sesostris III ; Cl. VANDERSLEYEN, *L'Égypte et la Vallée du Nil* II. *De la fin de l'Ancien Empire à la fin du Nouvel Empire*, Paris, 1995, p. 87-99 ; Th. SCHNEIDER, *Lexikon der Pharaonen. Die altägyptischen Könige von der Frühzeit bis zur Römerherrschaft*, Düsseldorf, Zürich, 1997, p. 267-269.

3 Sur le culte posthume de Sésostris III en Nubie, voir F.Ll. GRIFFITH, « Oxford Excavations in Nubia », *AAALiv* 8/3-4, 1921, p. 89 ; T. SÄVE-SÖDERBERGH, *Ägypten und Nubien. Ein Beitrag zur Geschichte altägyptischer Aussenpolitik*, Lund, 1941, p. 193, 196 et 202-203 ; L. HABACHI, *Features of the Deification of Ramesses II, ADAIK* 5, Glückstadt, 1969, p. 49 ; D. WILDUNG, *Die Rolle ägyptischer Könige im Bewußtsein ihrer Nachwelt. Posthume Quellen über die Könige der ersten vier Dynastien*, *MÄS* 17, Berlin, 1969, p. 87, n. 9 ; M. DEWACHTER, « Nubie – Notes diverses », *BIFAO* 70, 1971, p. 90, n. 2 ; H.S. SMITH, *The Fortress of Buhen* I. *The Inscriptions*, *ExcMem* 48, EES, Londres, 1976, p. 92 ; R.D. DELIA, *op. cit.*, p. 91, n. 1 ; W.K. SIMPSON, *op. cit.*, col. 905 ; Fr. HINTZE, W.F. REINEKE, *Felsinschriften aus dem sudanesischen Nubien, Publikation der Nubien-Expedition 1961-1963* 1, Berlin, 1989, p. 14-16 ; R.D. DELIA, « Khakaure Senwosret III. King & Man », *KMT* 6/2, 1995, p. 30 ; Cl. VANDERSLEYEN, *op. cit.*, p. 95 et n. 2-3 ; R.A. CAMINOS, *Semna-Kumma* I. *The Temple of Semna*, *ASEg* 37, Londres, 1998, p. 15, n. 5 et p. 80, n. 1.

4 *LD* III, pl. 59 (d) ; PM VII, 167 (1-2).

2. Koumma

Outre Khnoum, Sésostris III a fait l'objet de vénération dans le temple de la XVIIIe dynastie de Koumma, comme le montrent les documents suivants :

– Sésostris III donne la croix *ʿnḫ* à Thoutmosis III suivi de Khnoum de Koumma. Au-dessus de la tête de Sésostris III est gravé : « paroles dites par (*ḏd-mdw jn*) le dieu accompli (*nṯr-nfr*), Khâkaourê [5]. »

– Sur le linteau d'une porte, Thoutmosis III se dit : « [aimé] du dieu accompli, Khâkaourê [6]. »

– Amenhotep II consacre des offrandes à Sésostris III et à Anoukis [7], et, dans une autre scène, à Sésostris III seul [8].

– Amenhotep II offre deux vases *nw* à Khnoum et à Sésostris III [9].

– Sésostris III enlace Amenhotep II [10].

– Sésostris III est représenté devant une table d'offrandes (avec Dédoun au registre supérieur) [11].

Par ailleurs, Sésostris III est invoqué dans le proscynème *d-nsw-ḥtp* dans une dizaine d'inscriptions sur les rochers [12] et probablement sur une stèle [13]. Dans ces formules, le roi est toujours associé à Khnoum de Koumma et éventuellement à d'autres dieux. Enfin, une stèle datant de Ramsès II conserve le nom de couronnement de Sésostris III – Khâka(ou)rê –, probablement dans cette même formule invocatoire [14].

3. Semna

Un temple fut consacré à Dédoun et à Sésostris III par Thoutmosis III, et, ensuite, à la XXVe dynastie, par Taharqa, comme le prouvent de nombreuses inscriptions dédicatoires. Alors que plusieurs parmi celles de la XVIIIe dynastie sont en l'honneur de ces deux « dieux [15] », quelques-unes sont adressées exclusivement à Sésostris III [16]. Sur un autel de la XXVe dynastie, Taharqa dédie le temple à son père Sésostris III [17]. Par ailleurs, un grand nombre de reliefs montrent Sésostris III en tant que « dieu » du temple. Quelques exemples sont donnés à la suite :

5 *LD* III, pl. 57 (a) ; PM VII, 153 (12) ; D. DUNHAM, J.M.A. JANSSEN, *Second Cataract Forts* I. *Semna Kumma, Excavated by George Andrew Reisner*, Boston, 1960, pl. 58 ; R.A. CAMINOS, *Semna-Kumma* II. *The Temple of Kumma*, *ASEg* 38, Londres, 1998, pl. 40.

6 *LD* III, pl. 57 (a [à gauche]) ; DUNHAM, JANSSEN, *op. cit.*, pl. 57 ; CAMINOS, *op. cit.*, pl. 41.

7 PM VII, 154 (24-25) ; DUNHAM, JANSSEN, *op. cit.*, pl. 68 ; CAMINOS, *op. cit.*, pl. 46 (à gauche) et 47.

8 *LD* III, pl. 64 (b) ; PM VII, 153 (16-17) ; DUNHAM, JANSSEN, *op. cit.*, pl. 63 ; CAMINOS, *op. cit.*, pl. 29 et 33.

9 *LD* III, pl. 64 (b) ; PM VII, 153 (16-17) ; DUNHAM, JANSSEN, *op. cit.*, pl. 61-62 ; CAMINOS, *op. cit.*, pl. 29 (à gauche) et 34.

10 *LD* III, pl. 67 (a) ; PM VII, 154 (29) ; DUNHAM, JANSSEN, *op. cit.*, pl. 70 ; CAMINOS, *op. cit.*, pl. 64 (à gauche).

11 *LD* III, pl. 67 (b) ; PM VII, 154 (32) ; DUNHAM, JANSSEN, *op. cit.*, pl. 74 ; CAMINOS, *op. cit.*, pl. 58 (à gauche) et 59 (à droite).

12 DUNHAM, JANSSEN, *op. cit.*, p. 141 (12), 143 (19), 147 (52) et (53 ?), 150 (63), 156 (85), 160 (104), 166 (120) et 167 (123) ; Fr. HINTZE, W.F. REINEKE, *op. cit.*, p. 103 (384), 109-110 (400), 117 (420), 120 (429), 122 (435), 123 (440), 127 (453), 136 (479), 139-140 (485) et 140 (487). Le nom du roi est écrit plusieurs fois sans cartouche (*ibid.*, n°s 400, 479 et 485).

13 Une stèle (musée national de Khartoum, n° 2482) conserve la formule invocatoire *d-nsw-ḥtp* adressée à Khnoum de Koumma, au roi de Haute et de Basse-Égypte [Khâkaou]rê et à Meretseger, cf. DUNHAM, JANSSEN, *op. cit.*, p. 124-125, pl. 92 (D) ; R.D. DELIA, *A Study of the Reign of Senwosret III*, *UMI* 41/2, Ann Arbor, 2001, p. 13.

14 DUNHAM, JANSSEN, *op. cit.*, p. 124.

15 *LD* III, pl. 48 (a), 52 (b) et 54 (d) ; PM VII, 147 (6-7) ; DUNHAM, JANSSEN, *op. cit.*, pl. 15 (B) et 28 ; CAMINOS, *Semna-Kumma* I. *The Temple of Semna*, *ASEg* 37, Londres, 1998, pl. 20, 38, 45 (2) et 48.

16 *LD* III, pl. 47 (a), 49 (b) et 54 (c) ; DUNHAM, JANSSEN, *op. cit.*, pl. 19 ; CAMINOS, *op. cit.*, pl. 45 (1) et 55. Voir également *LD* III, pl. 56 (a) ; CAMINOS, *op. cit.*, p. 58, pl. 29.

17 PM VII, 149 ; DUNHAM, JANSSEN, *op. cit.*, pl. 37 (B). Rappelons que le nom de la forteresse de Semna (*Sḫm-Ḫʿ-kꜣ.w-Rʿ*) fut construit sur le nom de couronnement de Sésostris III.

– Thoutmosis III consacre des offrandes devant Sésostris III assis à l'intérieur d'un naos placé sur une barque. À la fin de la liste d'offrandes, on peut lire : « toutes bonnes choses pures pour le *ka* de Khâkaourê et Dédoun ». Près de la table d'offrandes, une formule invocatoire est adressée à Geb afin d'assurer un millier de toutes bonnes choses pures à Khâkaourê. Sur la même paroi, devant un prêtre *sm* est gravé : « faire le *d-nsw-ḥtp* pour le fils de Rê Senouséret [18] » ;

– Thoutmosis III est figuré debout devant un grand texte d'offrandes le séparant de Sésostris III ; ce dernier est représenté assis suivi de son *ka* debout surmonté par son nom d'Horus « *Nṯr-ḫpr.w* [19] » ;

– Sésostris III suit Dédoun qui donne la croix *ʿnḫ* à Thoutmosis III [20] ;

– Sésostris III donne le signe de vie *ʿnḫ* à Thoutmosis III. Au-dessus de Sésostris III est gravé : « paroles dites par le dieu accompli, seigneur de l'accomplissement des rites, Khâkaourê : je t'ai donné toute vie, toute stabilité et tout pouvoir auprès de moi [21] » ;

– Thoutmosis III se dit : « aimé du dieu accompli Khâkaourê [22]. »

Une stèle de la XVIIIe dynastie (Boston, Museum of Fine Arts, n° 25633) représente *Wsr-St.t* consacrant des offrandes variées à Khnoum, Sésostris III et Dédoun figurés debout sur un socle. Dans le texte occupant la partie inférieure de la stèle, la formule *d-nsw-ḥtp* est adressée à Khnoum de Koumma, Dédoun qui préside en Nubie et au *ka* du roi Khâkaourê [23].

Par ailleurs, Sésostris III est invoqué dans la formule *d-nsw-ḥtp* à plusieurs reprises :

– sur une stèle de la XVIIIe dynastie (musée national de Khartoum, n° 2648), ce proscynème est adressé à Dédoun qui préside en Nubie [...], Khâkaourê (sans cartouche), Sobek seigneur de Séménou et Khnoum seigneur de la cataracte [24] ;

– sur une statuette, la même formule invoque Horus de Béhédet, Khâkaourê et Dédoun qui préside en Nubie [25] ;

– une autre stèle de la XVIIIe dynastie conserve ce proscynème invoquant Amon-Rê seigneur des trônes du Double-Pays, Rê-Horakhty, Khnoum de Koumma, Satis la grande – maîtresse d'Éléphantine –, [Dédoun qui préside en Nubie] et le roi de Haute et de Basse-Égypte [Khâ]ka[ourê] [26] ;

– un fragment en granite découvert sous le temple de Taharqa conserve la formule *d-nsw-ḥtp* adressée à Dédoun qui préside [en Nubie] et au roi de Haute et de Basse-Égypte Khâkaourê (sans cartouche) – juste de voix [27] ;

– enfin, Sésostris III est invoqué dans le proscynème *d-nsw-ḥtp* dans trois inscriptions sur les rochers [28]. Dans la première, le roi de Haute et de Basse-Égypte Khâkaourê – juste de voix – est associé à Dédoun qui préside en Nubie et à Horus *ḥry-qnb.wt=f*.

18 *LD* III, pl. 48 (b) et 49 (a) ; PM VII, 147 (8-9) ; DUNHAM, JANSSEN, *op. cit.*, pl. 16-17 ; CAMINOS, *op. cit.*, pl. 57-60. Ce temple renferme d'autres scènes d'offrande devant la barque de Sésostris III : *LD* III, pl. 49 et 50 (b)-51 ; DUNHAM, JANSSEN, *op. cit.*, pl. 22-25 ; CAMINOS, *op. cit.*, pl. 49-52 et 55-56.

19 *LD* III, pl. 55 ; PM VII, 148 (23) ; DUNHAM, JANSSEN, *op. cit.*, pl. 30-31 ; CAMINOS, *op. cit.*, pl. 24-26. Pour une scène représentant Satis et probablement Sésostris III (dont seuls subsisteraient les noms d'Horus et de couronnement), voir *LD* III, pl. 53 ; DUNHAM, JANSSEN, *op. cit.*, pl. 27 ; CAMINOS, *op. cit.*, pl. 42.

20 *LD* III, pl. 47 (b) ; PM VII, 145 (1-2) ; DUNHAM, JANSSEN, *op. cit.*, pl. 13 ; CAMINOS, *op. cit.*, pl. 13 (1) et 14 (en haut à gauche).

21 *LD* III, pl. 54 (b) ; CAMINOS, *op. cit.*, pl. 47 (2).

22 *LD* III, pl. 54 (d) et 56 (b) ; CAMINOS, *op. cit.*, pl. 32 (3) et 47 (3).

23 PM VII, 145 ; DUNHAM, JANSSEN, *op. cit.*, p. 43-44, pl. 39 (C) ; R.J. LEPROHON, *Museum of Fine Arts, Boston. Department of Egyptian and Ancient Near Eastern Art, Loose-Leaf Catalogue of Egyptian Antiquities,* fasc. 3, *Stelae* II. *The New Kingdom to the Coptic Period, CAA*, Mayence, 1991, p. 164-165, fig. à la p. 166.

24 DUNHAM, JANSSEN, *op. cit.*, p. 60, pl. 91 (C).

25 *Ibid.*, p. 24, pl. 86 (A-B).

26 *Ibid.*, p. 26-27, pl. 86 (C).

27 *Ibid.*, p. 52.

28 Fr. HINTZE, W.F. REINEKE, *op. cit.*, p. 158-159 (525) et 162 (532-533). Ces deux auteurs (*ibid.*, p. 16) signalent que Sésostris III est invoqué dans un graffito à Askout avec Dédoun, Khnoum et d'autres dieux.

4. Ouronarti

Une chapelle fut dédiée à Sésostris III à Ouronarti. Les travaux, commencés à la XIIe dynastie, furent entrepris sous Amenhotep Ier et, ensuite, sous Thoutmosis III et Amenhotep II [29]. Plusieurs reliefs et monuments d'Ouronarti montrent Sésostris III comme le dieu de ce site :

– un roi consacre des offrandes à Sésostris III assis [30] ;

– Thoutmosis III consacre des offrandes devant la barque de Sésostris III [31] ;

– un roi debout enlace une statue assise de Sésostris III [32] ;

– un pharaon se dit : « aimé de Khâkaourê [33] » ;

– sur le pilier dorsal d'une statue de *Wsr-St.t*, vice-roi de Nubie sous Amenhotep II (musée national de Khartoum, n° 32), la formule *d-nsw-ḥtp* invoque Amon-Rê – roi des trônes du Double-Pays –, Khâkaourê – seigneur de *Sḫm* – et tous les dieux de Nubie [34].

5. Chelfak

Dans une inscription sur les rochers datant de l'an XVIII de Thoutmosis III, ce roi se dit « aimé du roi de Haute et de Basse-Égypte Khâkaourê [35] ».

6. Mirgissa

Une stèle du Nouvel Empire (musée du Louvre, E 25679 [IM 228]) montre Sésostris III (?), Montou hiéracocéphale et Hathor assis devant une table d'offrandes [36].

7. Bouhen

Sur une stèle de la fin de la Deuxième Période intermédiaire, découverte dans le temple du sud (musée national de Khartoum, n° 5320), *Sbk-m-ḥb* se dit : « héraut (*wḥm*) du dieu accompli, seigneur du Double-Pays, seigneur de l'accomplissement des rites, roi de Haute et de Basse-Égypte Khâkaourê, fils de Rê, Senouséret [37] ». Dans une autre stèle (musée national de Khartoum, n° 366), ce même personnage est figuré assis précédé du nom de couronnement Khâka(ou)rê [38]. Sur la stèle de son fils *Spd-Ḥr* (University Museum of Pennsylvania, E 10984), la formule *d-nsw-ḥtp* invoque Ptah-Sokaris-[Osiris]

29 Cf. Ch.C. VAN SICLEN III, *The Chapel of Sesostris III at Uronarti*, San Antonio, Texas, 1982.

30 *Ibid.*, p. 27-29 et fig. 12.

31 *Ibid.*, p. 29-31 et fig. 13. Cette scène se retrouve dans ce temple, *ibid.*, p. 32-33 et fig. 14.

32 *Ibid.*, p. 31-32 et fig. 13 (à droite).

33 *Ibid.*, p. 33 et fig. 14 (à droite).

34 M. DEWACHTER, « Une nouvelle statue du vice-roi de Nubie Ousersatet à Khartoum », *Archeologia* 72, 1974, p. 54-58 ; Ch.C. VAN SICLEN III, *op. cit.*, p. 37-38 et 47, p. 37, fig. 18.

35 Fr. HINTZE, W.F. REINEKE, *op. cit.*, p. 90 (365).

36 J. VERCOUTTER *et al.*, *Mirgissa* I, Paris, 1970, p. 187-188, pl. XXXIX (b). Cet auteur n'exclut pas la possibilité que ce roi soit Sésostris Ier.

37 PM VII, 138 ; H.S. SMITH, *The Fortress of Buhen* I, *ExcMem* 48, Londres, 1976, p. 47-48 ; J. LECLANT, « L'Égypte au Soudan. L'Ancien et le Moyen Empire », dans *Soudan. Royaumes sur le Nil*, Paris, 1997, p. 86 (94).

38 H.S. SMITH, *op. cit.*, p. 44-45 et 45, n. 2, pl. LXX (3).

– seigneur de Busiris, le grand dieu, seigneur d'Abydos –, Horus seigneur de Bouhen, le roi de Haute et de Basse-Égypte Khâkaouré – juste de voix – et les dieux qui se trouvent dans le pays de Ouaouat [39]. Enfin, un relief du temple du sud représente Sésostris III donnant la croix *ʿnḫ* à Thoutmosis III [40].

8. Faras

Sur un fragment d'une stèle remontant à la fin de la Deuxième Période intermédiaire – début de la XVIIIe dynastie (musée national de Khartoum, n° 4452), une formule d'offrandes invoque Sésostris III aimé de Montou, Hathor d'Ibchek et [Isis ?] [41].

9. Gebel al-Chams

Sur le registre supérieur d'une stèle datant de la fin de la XVIIIe dynastie, *Pꜣ-sr* est agenouillé en adoration devant Anubis, Sobek-Rê, Sésostris III et Anoukis. Au-dessus de la tête du roi, on peut lire : « le grand dieu, Khâka(ou)rê, seigneur de la Nubie [42]. »

10. Gebel-Agg

Un relief de la chapelle de Gebel-Agg datant de la XVIIIe dynastie représente Sésostris III assis entre Horus de Miâm et Rechep ; en face d'eux, quatre hommes et une femme font des libations et leur consacrent des offrandes. Le roi est précédé d'un grand lotus entourant la légende suivante : « le roi de Haute et de Basse-Égypte, Khâkaouré, le roi victorieux, qu'il puisse vivre à jamais. » À côté du tableau précédent, un relief représente un personnage levant les deux bras en adoration devant une colonne de hiéroglyphes : « fait par le serviteur *Nb-nṯr.w* pour son maître Khâkaouré (sans cartouche) [43]. »

11. Ibrim

Trois statues sont sculptées sur la paroi est de la niche de la chapelle de *Wsr-St.t*. Malgré l'absence de texte, elles représentent probablement Amenhotep II, au milieu, entouré de Satis à sa gauche et de Sésostris III à sa droite [44].

39 D. RANDALL-MACIVER, C.L. WOOLLEY, *Buhen, Eckley B. Coxe Junior Expedition to Nubia* 7, Philadelphie, 1911, p. 113 ; H.S. SMITH, *op. cit.*, p. 92, pl. LXXII (1).

40 PM VII, 135 (22 N) ; D. RANDALL-MACIVER, C.L. WOOLLEY, *op. cit.*, p. 41-42 (22 N), pl. 15 ; R.A. CAMINOS, *The New-Kingdom Temples of Buhen* II, *ASEg* 34, Londres, 1974, p. 77-78, pl. 91. Ce relief se retrouve probablement dans ce temple (*ibid.*, p. 6 et n. 2, pl. 9).

41 J. KARKOWSKI, « A Note on the "Hathor Rock" at Faras », *EtudTrav* 8, 1975, p. 118-119 ; *id.*, *The Pharaonic Inscriptions from Faras*, *Faras* V, Varsovie, 1981, p. 18 et 77-80, pl. III (1). D'après cet auteur (*ibid.*, p. 73), il existerait à Faras une chapelle consacrée à Hathor, Isis et Sésostris III remontant à la fin de la Deuxième Période intermédiaire - début de la XVIIIe dynastie.

42 J.-Fr. CHAMPOLLION, *Monuments de l'Égypte et de la Nubie* I (réduction photographique de l'édition originale), Genève, 1969, pl. I (3) ; *LD* III, pl. 114 (h) ; PM VII, 122 ; A.E.P. WEIGALL, *A Report on the Antiquities of Lower Nubia and their Condition in 1906-1907*, Oxford, 1907, p. 141-142. Ce dernier lit « *Ḫpr-kꜣ-Rʿ* » et identifie donc ce roi à Sésostris Ier.

43 PM VII, 94. A.E.P. WEIGALL, *op. cit.*, p. 125, pl. LXVI ; W.K. SIMPSON, *Heka-Nefer and the Dynastic Material from Toshka and Arminna*, *PPYE* 1, New Haven, Philadelphie, 1963, p. 36-41, p. 39, fig. 32 et p. 41, fig. 33.

44 PM VII, 92 ; R.A. CAMINOS, *The Shrines and Rock-Inscriptions of Ibrim*, *ASEg* 32, Londres, 1968, p. 73, pl. 33 ; M. DEWACHTER, *BIFAO* 70, 1971, p. 89-90. R.A. CAMINOS (*op. cit.*, p. 73) propose « Horus de Miâm (?) » au lieu de Sésostris III.

12. Al-Lessiya

Un relief du temple représente Thoutmosis III en adoration devant Sésostris III [45].

13. Amada

Dans une inscription, Thoutmosis IV se dit : « aimé de Khâkaourê, seigneur de *Sḫm* (?) [46]. »

Par ailleurs, il convient de souligner que plusieurs sites égyptiens renferment des monuments témoignant du culte de Sésostris III après sa mort. Un bloc provenant du temple de Thoutmosis III à Armant porte une représentation de ce souverain en adoration devant un roi Senouséret qui fut probablement Sésostris III [47]. À Thèbes, ce dernier ([Khâ]kaou[rê]) et l'épouse royale Mer(et)seger sont figurés sur un fragment de stèle datant de la Deuxième Période intermédiaire – début du Nouvel Empire (British Museum, EA 846 [330]) [48]. Une stèle provenant probablement de Coptos conserve une formule d'offrandes pour « le *ka* du dieu accompli, le fils de Rê, Khâkaourê [...], Sen[ousé]re[t] [49] ».

Il semble, enfin, que les monuments de Sésostris III aient fortement inspiré ses successeurs. Signalons, à titre d'exemple : dans le temple de Montou à Médamoud, Sobekhotep II (*Sḫm-Rʿ-ḫw-Tꜣ.wy*) copie les reliefs d'une porte de ce pharaon [50] ; à Séhel, Neferhotep Ier se rapproche de ses inscriptions en les imitant [51]. Par ailleurs, le nom « Sésostris » semble avoir survécu dans l'esprit des Égyptiens, les auteurs classiques l'ayant choisi pour désigner le « Pharaon » par excellence [52].

On peut ainsi mesurer l'importance du culte et de l'hommage rendus à Sésostris III par les générations ultérieures, qu'il s'agisse de rois ou de particuliers. La Nubie fut le siège principal de cette dévotion, sans doute en raison des activités importantes de ce pharaon dans cette région où il multiplia campagnes et constructions [53]. Il fut en effet considéré par ses successeurs comme le

45 *LD* III, pl. 45 (d) ; PM VII, 90 (6) ; Chr. DESROCHES-NOBLECOURT *et al.*, *Le spéos d'el-Lessiya* I, *CollSc.*, CEDAE, Le Caire, 1968, p. 12 (D 12), pl. XVIII ; H. EL-ACHIERY *et al.*, *Le speos d'el-Lessiya* II, *CollSc.*, CEDAE, Le Caire, 1968, pl. XXIII.

46 *LD* III, pl. 69 (g) ; H. GAUTHIER, *Le livre des rois d'Égypte* I, *MIFAO* 17, Le Caire, 1907, p. 311 (XL) ; *id.*, *Le temple d'Amada*, Le Caire, 1913, p. 154. Il convient peut-être de signaler des blocs de Thoutmosis III provenant de Dakké cités par M. Dewachter (*op. cit.*, p. 90, n. 2) qui portent *[Ḫʿ]-kꜣ-[.w-Rʿ] nb Sḫm*. Signalons aussi un bloc daté de la même époque représentant un dieu qui, d'après G. Roeder (*Der Tempel von Dakke*, *Les temples immergés de la Nubie*, SAE, Le Caire, 1930, p. 80 [§ 177]), fut peut-être Sésostris III ou Dédoun.

47 *GLR* I, p. 310, n. 2 ; PM V, 157.

48 *HTBM* IV, Londres, 1913, p. 8, pl. 23 (en bas) ; B. BRUYÈRE, *Meret Seger à Deir el Médineh*, *MIFAO* 58/2, Le Caire, 1930, p. 214-215, p. 213, fig. 110 ; PM I/2, 807 ; R.D. DELIA, *A Study of the Reign of Senwosret III*, *UMI* 41/2, Ann Arbor, 2001, p. 12-13.

49 H.O. LANGE, H. SCHÄFER, *Grab- und Denksteine des Mittleren Reichs* II, *CGC nos 20400-20780*, SAE, Berlin, 1908, p. 329 (20702). R.D. Delia (*op. cit.*, p. 157) date cette stèle de la Deuxième Période intermédiaire ou plus tard. En outre, Sésostris III est invoqué à la XIIe dynastie dans le proscynème *d-nsw-ḥtp* sur une stèle d'Abydos (PM V, 64 ; H. FRANKFORT, « The Cemeteries of Abydos : Work of the Season 1925-1926 », *JEA* 14, 1928, p. 240-241 [6], p. 240, fig. 2, pl. XX [1]) et dans la tombe de *Ḫnt-ḫty-m-sꜣ=f* à Dahchour (PM III, 896 ; J. DE MORGAN *et al.*, *Fouilles à Dahchour. Mars-juin 1894*, Vienne, 1895, p. 28, fig. 47).

50 D. WILDUNG, *L'âge d'or de l'Égypte. Le Moyen Empire*, Fribourg, 1984, p. 223 et fig. 195-196.

51 R.D. DELIA, « New Rock Inscriptions of Senwosret III, Neferhotep I, Penpata, and Others at the First Cataract », *BES* 11, 1991/1992, p. 6-7 et n. 11.

52 Sur le Sésostris légendaire, voir en particulier M. MALAISE, « Sésostris, Pharaon de légende et d'histoire », *ChronEg* 41/82, 1966, p. 244-272 ; R. HARI, « Sésostris et les historiens antiques », *BSEG* 5, 1981, p. 15-21 ; Cl. OBSOMER, *Les campagnes de Sésostris dans Hérodote. Essai d'interprétation du texte grec à la lumière des réalités égyptiennes*, Bruxelles, 1989.

53 Sur les activités de Sésostris III en Nubie, voir R.D. DELIA, *A Study of the Reign of Senwosret III*, *UMI* 41/2, Ann Arbor, 2001 p. 24-107. Sur ses forteresses nubiennes, *ibid.*, p. 90-98.

Conquérant par excellence de la Nubie. Il convient de rappeler que la Nubie fut souvent un terrain fertile pour l'instauration du culte des pharaons, vivants ou morts. Parmi les rois vénérés en Nubie durant leur vie, on peut citer Amenhotep III à Soleb [54], Toutânkhamon à Kaoua [55] et Ramsès II dans ses temples nubiens [56]. Le culte de la plupart de ces souverains s'éteignit rapidement après leur mort. En revanche, celui de Sésostris Ier à Bouhen – dont il érigea la forteresse – est encore présent durant la Deuxième Période intermédiaire [57].

La vénération d'un roi-ancêtre sur un site précis – souvent celui qui renferme sa sépulture, ses monuments ou celui qui témoigne de ses activités – est bien attestée à travers les différentes époques de l'histoire de l'Égypte, signalons à titre d'exemples : Snéfrou à Dahchour et à Sérabit al-Khadim, Ounas et Téti à Saqqâra, Montouhotep-Nebhépetrê et Sésostris Ier à Thèbes, Amenemhat III dans le Fayoum et Amenhotep Ier à Deir al-Médîna [58]. Cependant, la vénération *post mortem* de Sésostris III diffère de celle de ces rois. En effet, son culte, attesté dans plusieurs régions en Égypte, fut omniprésent dans un nombre élevé de sites nubiens, sur une large superficie, de Gebel Docha au Sud à Amada au Nord. De plus, on ne se contenta pas – comme on avait fait pour ses prédécesseurs – de le représenter sur les monuments ultérieurs, de lui consacrer des offrandes ou de l'invoquer dans les proscynèmes, etc. En Nubie, Sésostris III est considéré comme un véritable « dieu » : des temples et des chapelles lui sont consacrés, il est figuré donnant la vie aux pharaons du Nouvel Empire, ces derniers se disent « aimés de Sésostris III », et, enfin, le discours de ce roi-dieu est introduit par *ḏd-mdw jn* à l'instar des dieux. À ma connaissance, Sésostris III est le seul roi décédé à bénéficier de ces privilèges divins.

En résumé, Sésostris III dépassa le stade d'un roi vénéré pour devenir un « dieu nubien », honoré seul ou associé au panthéon local : Dédoun à Semna, Khnoum à Koumma, les déesses de la première cataracte, etc. Bien que la divinisation de Sésostris III soit attestée dans plusieurs sites nubiens, les principaux lieux de son culte semblent être Semna, Koumma et Ouronarti, où des sanctuaires furent construits en son honneur. Enfin, il est clair que le Nouvel Empire fut l'âge d'or de sa déification, en particulier durant la seconde moitié de la XVIIIe dynastie, sous les règnes de Thoutmosis III et d'Amenhotep II [59]. Cela ne doit pas surprendre, car le culte de Sésostris III en Nubie fut certainement en étroite relation avec la présence égyptienne dans cette région. Durant leurs conquêtes nubiennes, les rois de la XVIIIe dynastie – et principalement Thoutmosis III – honorèrent, avec une intensité accrue, le souvenir de leur parangon, en renforçant son culte, présent dans cette région probablement depuis la Deuxième Période intermédiaire [60], voire même de son vivant [61].

54 P. PAMMINGER, « Zur Göttlickheit Amenophis III. », *BSEG* 17, 1993, p. 83-92 ; S. BICKEL, « Le dieu Nebmaâtrê de Soleb », dans *Soleb* VI, *Actes du Colloque international sur le temple de Soleb, Le Caire, avril 1999,* sous presse (*non vidi*).

55 L. BELL, « Aspects of the Cult of the Deified Tutankhamun », dans *Mélanges Gamal Eddin Mokhtar, BiEtud* 97/1, Le Caire, 1985, p. 31-59, pl. I-II.

56 L. HABACHI, *Features of the Deification of Ramesses II, ADAIK* 5, Glückstadt, 1969, p. 1-16 ; A. DANERI DE RODRIGO, « Aspectos políticos de la deificacíon de Ramsés en Aksha (Nubia) », *REE* 2, 1991, p. 17-22.

57 H.S. SMITH, *The Fortress of Buhen* I. *ExcMem* 48, Londres, 1976, p. 91-92.

58 Pour un récapitulatif sur la vénération des rois-ancêtres et pour la bibliographie, voir Kh. EL-ENANY, *BIFAO* 103, 2003, p. 167-168.

59 La dernière attestation de vénération de Sésostris III en Nubie provient de Semna et remonte au règne du roi nubien Taharqa.

60 Le culte de Sésostris III est attesté à la Deuxième Période intermédiaire, au moins à Bouhen, voir *supra*.

61 Cf. D. WILDUNG, *Die Rolle ägyptischer Könige im Bewußtsein ihrer Nachwelt*, *MÄS* 17, Berlin, 1969, p. 87, n. 9.

L'orientation des défunts dans les « caveaux-sarcophages » à Deir al-Médîna

Hanane GABER

Si, en consultant les rapports de fouilles ou les quelques publications de tombes de Deir al-Médîna, les spécialistes de la peinture peuvent découvrir le monde divin représenté dans les caveaux, il leur est plus difficile de connaître la disposition du mobilier funéraire et, en particulier, celle du sarcophage au sein de cet espace richement orné. D'une part, les défunts ne furent pas souvent trouvés à leur emplacement originel [1] ; d'autre part, les archéologues ne signalèrent pas systématiquement la position des cercueils. Par exemple, la tombe de Sennedjem (TT 1), qui a été trouvée intacte [2], illustre par excellence l'absence de ces informations archéologiques [3].

Dans un récent ouvrage, J.-L. Podvin [4] s'est intéressé à la nature, la position et l'orientation du mobilier trouvé sur place dans les tombeaux, afin de déduire l'évolution de l'équipement funéraire à travers les époques. Puisque ce matériel n'est plus présent dans les caveaux ramessides de Deir al-Médîna, ceux-ci n'ont pas été traités dans cette dernière étude, à l'exception de la sépulture intacte de Sennedjem (TT 1) [5]. La majorité des cercueils ayant disparu, le décor qui caractérise ces chambres funéraires offre néanmoins la possibilité de reconstituer l'emplacement et l'orientation des morts. Les présentes pages – dont la finalité est de comprendre le rapport entre le « contenant » et le « contenu » des caveaux – tenteront de reconnaître, dans le décor des sépultures, des repères permettant de restituer l'orientation des défunts, tout en s'appuyant sur quelques

Je tiens à remercier Claude Traunecker pour m'avoir encouragée à rédiger cette étude. Je remercie Françoise Vande Rivière et Frédéric Colin pour leur relecture.

1 Comme, à titre d'exemple, dans le dernier caveau de Neferrenpet (TT 336), où les voleurs ont démembré les momies ; B. Bruyère, *Rapport sur les fouilles de Deir el Médineh (1924-1925)*, *FIFAO* 3, Le Caire, 1926, p. 111-112.

2 E. Toda, *Son Notém en Tebas. Sennedyem en Tebas*, Madrid, 1887, p. 21 ; *id.*, « La découverte de l'inventaire du tombeau de Sen-nezem », *ASAE* 20, 1920, p. 145-158 ; G. Maspero, *Études de mythologie et d'archéologie égyptiennes*, I, *BiEg* 1, Paris, 1893, p. 227, 229 ; G. Daressy, « La trouvaille de Sen-nezem. Objets séparés de l'ensemble », *ASAE* 28, 1928, p. 7-11.

3 J.-L. Podvin, « Le mobilier funéraire de la tombe de Sennedjem », *GöttMisz* 191, 2002, p. 78 ; *id.*, « Position du mobilier funéraire dans les tombes égyptiennes privées du Moyen Empire », *MDAIK* 56, 2000, p. 277.

4 *Id.*, *Composition, position et orientation du mobilier funéraire dans les tombes égyptiennes privées du Moyen Empire à la Basse Époque*, 2 vol., Paris, 2001.

5 *Ibid.*, p. 333-340.

indices archéologiques. Autrement dit, cette recherche, qui a en partie le même objectif que les travaux de J.-L. Podvin [6], ne se base pas seulement sur le contexte des fouilles et les trouvailles pour connaître la situation et l'orientation des défunts, mais aussi sur les indices iconographiques et textuels présents dans le programme décoratif des caveaux.

Reconstituer la situation des morts dans toutes les sépultures de Deir al-Médîna étant une tâche dont l'ampleur dépasse largement le cadre de cet article, il sera plutôt question ici de suggérer la position et l'orientation des défunts dans un ensemble cohérent de tombeaux, où le répertoire de certaines scènes et inscriptions rappelle celui des sarcophages.

Signalés auparavant à maintes reprises par B. Bruyère [7], les thèmes décoratifs de quelques tombes, inspirés des cercueils, seront dans un premier temps rappelés ici. Puisque les parois des chambres funéraires et des sarcophages comportent des scènes communes, il sera ensuite logique de se demander si la position et l'orientation respectives du défunt et du décor dans un caveau étaient comparables à celles que l'on observe pour un cercueil. Dans la seconde partie de cette étude, on s'efforcera donc de chercher un rapport entre l'agencement de ces éléments de la décoration des chambres funéraires et la position originale des défunts.

1. Les emprunts aux sarcophages

Quelques éléments du décor des tombes sont semblables à ceux présents sur les sarcophages, aussi bien sur le plan formel [8] que sémantique [9]. Afin de mieux cerner ces similitudes, un exemple de chaque scène décorant les cercueils et les caveaux est exposé ci-dessous ; dans la même perspective, les textes joints à ces représentations sont aussi confrontés. Pour ces textes (n°s 1-4 et Annexe), les parallèles proposés ne sont cependant pas systématiquement issus des mêmes documents, le choix s'étant porté sur les inscriptions les plus complètes et les plus pertinentes.

6 *Ibid.*, *passim* ; *id.*, *MDAIK* 56, 2000, p. 277-333.

7 B. Bruyère, *Tombes thébaines de Deir el Médineh à décoration monochrome*, *MIFAO* 86, Le Caire, 1952, p. 71, 25 ; B. Bruyère, Ch. Kuentz, *La tombe de Nakht-Min et la tombe d'Ari-Nefer*, *MIFAO* 54, Le Caire, 1926, p. 116 ; B. Bruyère, *Rapport sur les fouilles de Deir el Médineh (1934-1935). Deuxième partie : la nécropole de l'Est*, *FIFAO* 15, Le Caire, 1937, p. 43 ; *id.*, *FIFAO* 3, 1926, p. 172 ; voir aussi B. Lüscher, *Untersuchungen zu Totenbuch Spruch 151*, *SAT* 2, Wiesbaden, 1998, p. 48-51.

8 Les scènes séparées par des bandes de textes sont inspirées des sarcophages et des bandelettes de momies, B. Bruyère, *Tombes thébaines*, p. 71, 25 ; B. Bruyère, Ch. Kuentz, *op. cit.*, p. 116.

9 Comme les représentations de Thot, des quatre fils d'Horus, d'Isis et de Nephthys : B. Bruyère, *FIFAO* 15, 1937, p. 43 ; *id.*, *FIFAO* 3, 1926, p. 172 ; B. Lüscher, *loc. cit.*

10 Ces divinités sont représentées dans les tombes de Nebenmaât (TT 219), Ch. Maystre, *La tombe de Nebenmât (N° 219)*, *MIFAO* 71, Le Caire, 1936, pl. VIII ; Nakhtamon (TT 335), B. Bruyère, *FIFAO* 3, 1926, p. 113-178, p. 169, fig. 112 ; Neferabou (TT 5) A, J. Vandier, *La tombe de Nefer-Abou*, *MIFAO* 69, Le Caire, 1935, pl. VII, IX ; les quatre enfants d'Horus sont aussi représentés sur la paroi ouest du second caveau appartenant au même défunt, *ibid.*, pl. X-XI ; Paneb (TT 211), B. Bruyère, *Tombes thébaines*, pl. XVI, XVIII, XIX, XX ; Qaha (TT 360), *id.*, *Rapport sur les fouilles de Deir el Médineh (1930)*, *FIFAO* 8, Le Caire, 1931, pl. XXX ; Pached (TT 292), où les noms d'Anubis et de Hâpi sont les seuls qui subsistent encore, *id.*, *Rapport sur les fouilles de Deir el Médineh (1923-1924)*, *FIFAO* 2, Le Caire, 1925, p. 70, pl. XX.

1.1. *Les quatre enfants d'Horus sur la voûte* [10]

Sur la voûte de la chambre funéraire C de Nakhtamon (TT 335), la présence des quatre enfants d'Horus – copiés à partir du chapitre 151 du Livre des Morts [11] – rappelle leur situation sur les côtés externes [12] ou sur les couvercles [13] des sarcophages [fig. 1-2]. Les inscriptions jointes aux dieux sont également identiques dans les monuments de Deir al-Médîna, comme à titre d'exemple, celle qui accompagne la représentation de Qebehsenouf.

Texte 1

1	Caveau de Nebenmaât (TT 219) [14]	«Paroles à dire par **Qebehsenouf**: "Ô l'Osiris Nebenmaât, c'est pour être la protection de tes membres éternellement que je suis venu". »
2	Sarcophage d'Hatchepsout [15]	«Paroles à dire par Qebehsenouf: "Je suis Qebehsenouf. Je suis ton fils. C'est pour être ta protection, pour réunir, pour toi, tes os et pour rassembler, pour toi, tes membres que je suis venu". »
3	Chapitre 151, Pap. Mouthetepet [16]	«Paroles à dire par Qebehsenouf: "Je suis Qebehsenouf. C'est pour être la protection de Mouthetepet, pour réunir pour toi tes os et pour rassembler pour toi tes membres que je suis venu". »

1.2. *Isis et Nephthys sur les tympans* [17]

Dans le caveau de Nebenmaât (TT 219), l'emplacement d'Isis et de Nephthys, représentées ailées ou accroupies, sur les tympans rappelle la position et l'attitude identique des deux divinités sur les deux petits côtés du sarcophage, situés à proximité de la tête et des pieds du

11 Une thématique empruntée aux vignettes du chapitre 151 et comprenant Isis et Nephthys et les quatre enfants d'Horus a été développée dans quelques tombes de Deir al-Médîna, B. LÜSCHER, *op. cit.*, p. 50-51. Sur les sarcophages royaux, W.C. HAYES, *Royal Sarcophagi of the XVIII Dynasty*, Princeton, 1935, p. 93: «The whole vignette [du chapitre 151 comportant Isis, Nephthys et les quatre enfants d'Horus] is, in short, nothing more than a diagram (orthographic projection) of the exterior decoration of our sarcophagi (...)»; *ibid.*, p. 136; B. SCHMITZ, «Der anthropoide Sarkophag des Piay, Pelizaeus-Museum 1887. Materialen zu einem wenig bekannten Objekt», dans *Festschrift Arne Eggebrecht zum 65. Geburtstag am 12. März 2000*, *HÄB* 48, Hildesheim, 2002, p. 98-99, 104-105.

12 Les quatre enfants d'Horus apparaissent sur les flancs des sarcophages royaux datant de la XVIIIe dynastie, M. EATON-KRAUSS, *The Sarcophagus in the Tomb of Tutankhamun*, Oxford, 1993, pl. II-X, fig. 4; W.C. HAYES, *op. cit.*, pl. III-V, VII-XII, XV.

13 Les couvercles de quelques cercueils ramessides reproduisent les quatre divinités, S. IKRAM, A. DODSON, *The Mummy in Ancient Egypt. Equipping the Dead for Eternity*, Le Caire, 1998, p. 216, fig. 283-284.

14 Ch. MAYSTRE, *La tombe de Nebenmât*, pl. VIII.

15 W.C. HAYES, *op. cit.*, p. 200, texte n° 41 (D).

16 E.A.W. BUDGE, *The Book of the Dead. The Chapters of Coming Forth by Day, Text*, Londres, 1898, p. 385.

17 Isis et Nephthys décorent les tympans des tombes de Nebenmaât (TT 219), Ch. MAYSTRE, *op. cit.*, pl. V-VI; Khâbekhnet (TT 2), B. BRUYÈRE, *Tombes thébaines*, p. 22-56, pl. VII, XI; Nakhtamon (TT 335), *id.*, *FIFAO* 3, 1927, p. 113-178, p. 161, fig. 108, p. 155, fig. 103; Neferabou (TT 5) B, J. VANDIER, *La tombe de Nefer-Abou*, pl. XX, XXI; Neferhotep (TT 216), B. BRUYÈRE, *FIFAO* 2, 1925, pl. XI; chacune des deux déesses est accroupie entre deux chacals d'Anubis dans la tombe d'Inherkhâ (TT 299), *id.*, *Rapport sur les fouilles de Deir el Médineh (1927)*, *FIFAO* 5, Le Caire, 1928, p. 36, fig. 23.

mort [18]. En outre, les textes qui accompagnent les figures des deux déesses dans les tombeaux sont similaires à ceux attestés sur les sarcophages [fig. 1 et 3]. Sur ces deux types de monuments, la ressemblance entre les effigies des deux déesses et les légendes jointes à ces figures s'explique par leur source d'inspiration commune : le chapitre 151 du Livre des Morts [19].

Texte 2a

1	Caveau de Nebenmaât (TT 219) [20]	« Paroles à dire par **Isis** : "(Mes) bras sont autour de ta tête". »
2	Sarcophage d'Hatchepsout [21]	« Paroles à dire par Isis : "Ô Geb, tes bras sont autour de la tête de la reine Hatchepsout j.v.". »
3	Chapitre 151, Pap. Mouthetepet [22]	« Paroles à dire par Isis : "C'est pour ta protection que je suis venue, Osiris, au moyen du vent du nord, sorti d'Atoum". »

Texte 2b

1	Caveau C de Nakhtamon (TT 335) [23]	« Paroles à dire par **Nephthys**, la maîtresse du ciel, la souveraine des deux rives : "(Je) suis venue, (je) t'ai étreint éternellement". »
2	Sarcophage d'Hatchepsout [24]	« Paroles à dire par Nephthys : "(J')ai entouré la tête de (ma) sœur, la reine Hatchepsout j. v.". »
3	Chapitre 151, Pap. Mouthetepet [25]	« Paroles à dire par Nephthys : "J'ai entouré (mon) frère, Osiris Mouthetepet". »

1.3. *Les bandes verticales nord et sud de la voûte* [26]

Les quatre angles de la voûte Nebenmaât (TT 219) [27] comportent des bandes verticales de texte où le nord et le sud sont mentionnés. Ces mêmes paroles apparaissent sur les quatre angles des cercueils datés de la XVIIIe dynastie [28] ou des sarcophages ramessides [29].

18 W.C. HAYES, *op. cit.*, pl. XXII, XXIV-XXV, III-V, VII, X, XIII, XV.

19 Voir *supra*, n. 11.

20 Ch. MAYSTRE, *op. cit.*, pl. VI.

21 W.C. HAYES, *op. cit.*, p. 190, texte n° 22 (D).

22 E.A.W. BUDGE, *op. cit.*, p. 382.

23 B. BRUYÈRE, *FIFAO* 3, 1926, p. 155, fig. 103.

24 W.C. HAYES, *op. cit.*, p. 188, texte n° 15 (D).

25 E.A.W. BUDGE, *op. cit.*, p. 382.

26 Voici une liste des caveaux inscrits de ces textes : Khâbekhnet (TT 2), B. BRUYÈRE, *Tombes thébaines*, p. 41, pl. II-III ; Penboui et Kasa (TT 10), *ibid.*, p. 60, pl. XIV ; Paneb (TT 211), *ibid.*, p. 79, pl. XV, XXI ; Khaoui (TT 214), *ibid.*, p. 96, pl. XXVII ; Neferabou (TT 5) A et B, J. VANDIER, *La tombe de Nefer-Abou*, pl. VII, IX ; Nebenmaât (TT 219), Ch. MAYSTRE, *op. cit.*, pl. VIII-IX ; Nakhtamon (TT 335) C, B. BRUYÈRE, *FIFAO* 3, 1926, p. 155, fig. 103, p. 161, fig. 108, p. 163, fig. 109, p. 153, fig. 102, p. 156, fig. 104, p. 159, fig. 106 ; Inherkhâ (TT 299), *id.*, *FIFAO* 5, 1928, p. 34-35, fig. 22 ; une partie de cette inscription est encore visible sur la voûte du caveau de Neferrenpet (TT 336) A, photographie inédite de l'Ifao n° 74/809 ; Amenemouia (TT 356), *id.*, *Rapport sur les fouilles de Deir el Médineh (1928)*, *FIFAO* 6, Le Caire, 1929, p. 83-85, fig. 43-45 ; Qaha (TT 360), *id.*, *FIFAO* 8, 1931, pl. XXX.

27 Ch. MAYSTRE, *op. cit.*, pl. V-VI, VIII-IX.

28 Comme celui de Henout-oudjebou : L.M. BERMAN, « Cercueil de la chanteuse d'Amon, Henout-oudjebou », dans *Aménophis III, le Pharaon-Soleil* (Exposition, Galeries nationales du Grand Palais, Paris, 2 mars-31 mai 1993), Paris, 1993, p. 270-275.

29 B. BRUYÈRE, *FIFAO* 15, 1937, p. 43.

Texte 3

1	Caveau de Nebenmaât (TT 219) [30]	« Paroles à dire : C'est à moi [a] qu'appartient le **nord/sud**. J'en [b] suis satisfait. »
2	Le catafalque de Khonsou, le fils de Sennedjem (TT 1) [31]	« Paroles à dire : C'est à moi qu'appartient le nord/sud. J'en suis satisfait. »

a. Dans le passage *ḏd mdw jn (nj) (j)nk mḥt.t/rsj*, *ḏd mdw jn* est suivi par le nisbé *(nj)*, le pronom indépendant de la première personne comme prédicat, *(j)nk*, et un substantif sujet, *mḥt.t/rsj* [32].

b. J. Vandier a traduit ce passage par : « Paroles dites : "c'est à moi qu'appartient le Nord dans lequel tu te reposes" [33] », interprétant le pronom qui suit *ḥtp* par un suffixe, à la deuxième personne. Les versions plus anciennes de ce passage écrites sur les sarcophages de la XVIIIe dynastie permettent cependant d'identifier un pseudo-participe, *kw(j)*, derrière *ḥtp* [34].

1.4. *Thot tenant les étais du ciel sur la voûte* [35]

Sur les angles de la voûte du caveau de Paneb (TT 211), Thot tient les étais du ciel. Cette position est proche de celle où le dieu occupe les quatre coins des sarcophages de la XVIIIe dynastie et de l'époque ramesside. Les textes écrits à côté de ces figures divines sont extraits du chapitre 161 du Livre des Morts. Dans d'autres chambres funéraires, comme celle de Nakhtamon (TT 335) [36], bien que l'attitude du dieu (accroupi) soit différente, les inscriptions qui l'accompagnent sont les mêmes (texte 4). Parfois, le décorateur a copié le texte qui correspond au chapitre 161 du Livre des Morts à côté d'un autre dieu, Khentyimentet [37] ou Rê à tête d'ibis [38].

30 Ch. MAYSTRE, *op. cit.*, pl. VIII-IX.

31 A. BONGIOANNI, M.S. CROCE, L. ACCOMAZZO (éd.), *The Illustrated Guide to the Egyptian Museum in Cairo*, Le Caire, 2001, p. 440-441.

32 K. SETHE, « Das Pronomen 1. sing. n-nk und die Eingangsworte zum 17. Kapitel des Totenbuches », *ZÄS* 54, 1918, p. 48-49 ; Ph. DERCHAIN, « Perpetuum mobile », dans P. Naster, H. De Meulenaere, J. Quaegebeur, (éd.), *Miscellanea in honorem Josephi Vergote*, *OLP* 6/7, 1975/1976, p. 159 ; M. MALAISE, J. WINAND, *Grammaire raisonnée de l'égyptien classique*, *AegLeod* 6, Liège, p. 310, § 503. Corriger la traduction proposée dans H. GABER, « Différences thématiques dans la décoration des tombes thébaines polychromes et monochromes de Deir al-Médîna », *BIFAO* 202, 2002, p. 218-220.

33 J. VANDIER, *La tombe de Nefer-Abou*, p. 33-34.

34 W.C. HAYES, *Royal Sarcophagi*, p. 82, p. 175-176, texte n° 27, p. 192, texte n° 43, p. 200. Ces inscriptions apparaissent sur les deux sarcophages de Thoutmosis Ier et sur ceux d'Hatchepsout, de Thoutmosis III et d'Amenhotep II.

35 Cette représentation se trouve dans les tombes de Penboui et Kasa (TT 10), B. BRUYÈRE, *Tombes thébaines*, pl. XIV ; Paneb (TT 211), *ibid.*, pl. XV, XVII, XVIII, XXI ; un dieu à tête d'ibis est représenté sur la voûte de Khaoui (TT 214), *ibid.*, pl. XXVII ; Nakhtamon (TT 335), *id.*, *FIFAO* 3, 1926, p. 113-178, p. 169, fig. 112 ; Nebenmaât (TT 219), Ch. MAYSTRE, *La tombe de Nebenmât*, pl. VIII ; un dieu à tête d'ibis dont le nom est détruit se trouve sur la voûte de Pached (TT 292), B. BRUYÈRE, *FIFAO* 2, 1925, pl. XX, p. 70.

36 *Id.*, *FIFAO* 3, 1926, p. 169, fig. 112.

37 Nebenmaât (TT 219), Ch. MAYSTRE, *op. cit.*, pl. IX.

38 Khâbekhnet (TT 2), B. BRUYÈRE, *Tombes thébaines*, p. 66-87, pl. III.

Texte 4

1	Caveau de Nakhtamon (TT 335) [39]	« Paroles à dire : que vive Rê, que meure la tortue, que soit sain celui qui est dans le sarcophage. »
2	Le catafalque de Khonsou, le fils de Sennedjem (TT 1) [40]	« Paroles à dire : que vive Rê, que meure la tortue, que soit sain celui qui est dans le sarcophage. »
3	Chapitre 161, Pap. Neferoubenef [41]	Que vive Rê, que meure la tortue, que soit sain celui qui est dans le sarcophage. »

1.5. *Nout sur la voûte*

Sur la voûte du caveau de Neferhotep (TT 216) [42], Nout est représentée debout et ailée, de la même manière que sur les couvercles des sarcophages [fig. 4]. Malheureusement, l'état de cette tombe est détérioré et la majorité des textes a disparu. Cependant, la légende jointe à la figure de Nout sur les sarcophages de la XVIIIe dynastie [43] décrit parfaitement l'attitude de la déesse céleste ailée et « étendue [44] » (*pšš*) sur la voûte de Neferhotep (TT 216).

2. L'importance de ces emprunts pour reconstituer l'orientation des défunts

Dans quelques tombes, comme celle de Nebenmaât (TT 219), la disposition de ces thèmes peut fournir des indices sur l'orientation des cercueils [45] dans les caveaux, telle que l'avait conçue le décorateur. Comme la momie reposant à l'intérieur de son sarcophage, la tête du cercueil était sans doute placée près de Nephthys et les pieds du côté d'Isis, de sorte que les morts fussent orientés virtuellement selon un axe nord-sud, sous la voûte décorée – comme sous un couvercle de sarcophage – par les bandes de texte indiquant le nord et le sud, les quatre enfants d'Horus et Thot. De même, les morts devaient être allongés dans le même sens que la déesse céleste, lorsque celle-ci apparaît sur la voûte.

39 *Id.*, *FIFAO* 3, 1926, p. 153, fig. 102.

40 A. Bongioanni, M.S. Croce, L. Accomazzo (éd.), *op. cit.*, p. 440-441.

41 E.A.W. Budge, *The Book of the Dead*, p. 407.

42 B. Bruyère, *FIFAO* 2, 1925, pl. XI.

43 W.C. Hayes, *Royal Sarcophagi*, p. 185, texte 1.

44 *Ibid.*, p. 68, désigne cette représentation de la déesse céleste comme « the embracing goddess type ».

45 Des études récentes sont consacrées à l'emplacement et à l'orientation des défunts dans les tombes privées et royales, J.-L. Podvin, *MDAIK* 56, 2000, p. 277-333 ; *id.*, *Composition, position et orientation du mobilier funéraire*, Paris, 2001 ; R.H. Wilkinson, « Symbolic Orientation and Alignment in New Kingdom Royal Tombs », dans R.H. Wilkinson (éd.), *Valley of the Sun Kings. Papers from the University of Arizona*, Tuscon, 1995, p. 74-81. B. Bruyère (*FIFAO* 3, 1926, p. 27, fig. 18) a montré la situation des sarcophages construits dont les traces ont subsisté dans deux caveaux de Deir al-Médîna.

Bien qu'aucun cercueil n'ait été trouvé dans la situation proposée ci-dessus, trois constatations faites dans les tombes de Séthi Ier et Séthi II et dans des caveaux de Deir al-Médîna peuvent corroborer le lien fait entre la position de ces thèmes et l'orientation des morts. Le sarcophage de Séthi Ier a été trouvé dans sa chambre funéraire dont la partie supérieure des parois nord et sud comporte les représentations, respectivement, de Nephthys et d'Isis agenouillées et ailées [46]. La tête du pharaon reposait du côté de Nephthys et ses pieds étaient placés près d'Isis [47] [fig. 5]. La déesse céleste est représentée sur le plafond de la chambre funéraire de Séthi II [48], au-dessus du sarcophage du roi et d'une autre figure de Nout peinte à l'intérieur du couvercle [49]. Le roi, dont la momie a été découverte dans la cachette royale [50], était couché dans le même sens que le corps de la déesse dessinée deux fois, au-dessus de lui [fig. 6].

Dans quelques tombes de Deir al-Médîna, certains éléments décoratifs, cités plus haut, ne sont plus disposés de la même manière, mais en fonction d'une position des cercueils différente de celle proposée ci-dessus. Voici trois exemples de chambres funéraires où quelques thèmes empruntés aux sarcophages sont agencés différemment.

Dans le caveau A de Neferrenpet (TT 336), un cercueil reposait sur un mastaba élevé, contre la paroi nord ornée de la momie à laquelle Anubis consacre des soins. Sur les murs septentrional et occidental, Nephthys est représentée deux fois, près de la tête du défunt [51]. De même, Isis apparaît deux fois près des pieds du mort sur les parois nord et est. Outre les figures traditionnelles des deux déesses à gauche et à droite de la momie représentée, la duplication de l'effigie de ces divinités, sous forme de faucon, est étroitement liée à la protection et à l'orientation du mort couché sur le mastaba. La position des deux divinités par rapport au cercueil correspond parfaitement à la répartition traditionnelle [52] d'Isis et de Nephthys peintes sur les sarcophages [fig. 7].

46 K.R. WEEKS (éd.), *The Treasures of the Valley of the Kings*, Le Caire, 2001, p. 206-207. G. Andreu, Fl. Gombert (*Deir el-Médineh*, Paris, 2002, p. 66) ont déjà souligné la ressemblance de la situation des deux divinités dans cette sépulture royale et dans deux chambres funéraires à figures jaunes: Nakhtamon (TT 335) et Khâbekhnet (TT 2).

47 R.H. WILKINSON, «Symbolic Location and Alignment in New Kingdom Royal Tombs and their Decoration», *JARCE* 31, 1994, p. 82, table 2; le sarcophage, trouvé par Belzoni, a été orienté nord-ouest, sud-est, comme le montre le plan de la tombe, S. SHARPE, *The Alabaster Sarcophagus of Oimenepthah I., King of Egypt, now in Sir John Soane's Museum, Lincoln's Inn Fields*, Londres, 1864, p. 2, fig. 1.

48 C.N. REEVES, *The Complete Valley of the Kings*, Le Caire, 1996, p. 153.

49 S. IKRAM, A. DODSON, *The Mummy*, p. 263.

50 C.N. REEVES, *op. cit.*, p. 152.

51 Voici la description du fouilleur de la position des cercueils, B. BRUYÈRE, *Journal de fouilles*, 1925 (inédit), p. 22-23: «Le caveau 336 contient un certain nombre de cercueils. Jusqu'ici on en voit environ 7 qui sont empilés 2 par 2, tête à l'ouest»; «On dégage le mur de tête nord. Scène Anubis à la momie, sous laquelle il y a un mastaba de briques stuqué, peint sur sa face verticale. Sur le mastaba était un cercueil de bois épais, pas peint, contenant un corps (tête à l'ouest).»

52 À propos de l'emplacement des deux divinités à côté de la momie, J. BERGMAN, *LÄ* III, 1980, col. 190, 197, *s. v.* Isis; M. MÜNSTER, *Untersuchungen zur Göttin Isis vom Alten Reich bis zum Ende des Neuen Reiches, MÄS* 11, Berlin, 1968, p. 24, 148; *LÄGG* 1, 2002, p. 61, A, 1, m; H. WILLEMS, «The Embalmer Embalmed. Remarks on the Meaning of the Decoration of Some Middle Kingdom Coffins», dans J. Van Dijk (éd.), *Essays on Ancient Egypt in honour of Herman Te Velde*, Groningue, 1997, p. 354. H. Schäfer (*Priestergräber und andere Grabfunde vom Ende des alten Reiches bis zur griechischen Zeit von Totentempel des Ne-User-Rê, WVDOG* 8, *Ausgrabungen der Deutschen Orient-Gesellschaft in Abusir* 1902-1904 2, Leipzig, 1908, p. 17) signale la répartition d'Isis près des pieds et de Nephthys près de la tête du mort. Au Moyen Empire, la situation des deux déesses a été déterminée sur les cercueils, Isis à proximité des pieds et Nephthys à côté de la tête: S. IKRAM, A. DODSON, *op. cit.*, p. 197, fig. 239, p. 203, fig. 256; G. ROEDER, *Ein Namenloser Frauensarg des Mittleren Reichs um 2000 v. Chr. aus Siut (Oberägypten) im Städtischen Museum zu Bremen*, dans *AVBWG* 3-4, Brême, 1929, p. 223-224. Au cours de la XVIIIe dynastie, la situation des deux divinités a été la même également sur les sarcophages, voir S. IKRAM, A. DODSON, *op. cit.*, p. 255-257, fig. 354, 356-360 et W.C. HAYES, *op. cit.*, pl. XXII, XXIV-XXV, III-V, VII, X, XIII, XV. À propos de la position identique des deux déesses dans le chapitre 151, voir à titre d'exemple H.D. SCHNEIDER, *Shabtis. An Introduction to the History of Ancient Egyptian Funerary Statuettes with a Catalogue of the Collection of Shabtis in the National Museum of Antiquities at Leiden*, Leyde, 1977, fig. 36; J.-L. PODVIN, *Composition, position*, p. 609: «Nephthys est systématiquement du côté de la tête et Isis, pour sa part, protège les pieds du défunt.»

La paroi sud du caveau B d'Amennakht (TT 218) [53] montre Anubis posant les mains sur le défunt couché entre Isis et Nephthys. Les traces d'un sarcophage en pierre ont subsisté sur ce mur ainsi que sur les deux autres adjacents, est et ouest [fig. 8].

Une dépression où se trouvaient les cercueils occupait la moitié septentrionale du caveau de Pached (TT 323) [54]. Ces défunts reposaient contre la paroi nord comportant la momie gardée par Nephthys et Isis et bénéficiant des soins d'Anubis. La figure d'Isis a été dédoublée sur la paroi adjacente, orientale, tandis que la représentation de Nout a supplanté celle de Nephthys sur le mur ouest. Comme dans les caveaux de Neferrenpet (TT 336, A) et d'Amennakht (TT 218, B), et selon la situation habituelle [55] des deux déesses sœurs sur les sarcophages, Pached (TT 323) et les membres de sa famille furent vraisemblablement placés selon un axe est-ouest, les têtes près de Nephthys et de Nout et les pieds à proximité de la double représentation d'Isis. Sur la voûte, au-dessus des morts, la déesse céleste a été peinte, la tête à l'est et les pieds à l'ouest [fig. 9].

3. Le rapport entre l'agencement du décor des « caveaux-sarcophages » et la position des cercueils

Dans quelques chambres funéraires, la séparation des scènes par des bandes verticales de textes, les représentations d'Isis et de Nephthys sur les tympans, de Nout, des quatre fils d'Horus, de Thot et des bandes indiquant le nord et le sud sur la voûte donnent au caveau l'allure d'un sarcophage [56] surdimensionné et rupestre.

Compte tenu de la fonction similaire du caveau et du sarcophage – la conservation du corps – et de la proximité spatiale de ces deux monuments, il n'est pas surprenant que les décorateurs des tombes se soient inspirés des modèles de décor des cercueils et sarcophages pour orner quelques chambres funéraires à figures jaunes ou multicolores. Ce même procédé a été employé à l'époque tardive. À Dendéra, la chapelle osirienne a été conçue comme un « macro-sarcophage » ; cet édifice étroitement lié à la mort est décoré par les thèmes qui figurent sur les sarcophages tardifs : le corps divin reconstitué par l'apport des reliques, les 77 génies de Pharbætos et les agathodémons [57]. De même, le décor de la première cour de la tombe de Montouemhat (TT 34), constitué des deux papyrus noués à gauche et à droite des vraies chapelles, imite celui d'un cercueil *qrsw* [58]. Le cas inverse existe également, le sarcophage appartenant à Psousenès rappelle par sa décoration interne – les dieux responsables du réveil et de la résurrection du défunt – les tombes de Séthi II, Ramsès III, Ramsès IV, Ramsès IX et l'Osiréion de Séthi Ier à Abydos [59]. Outre la décoration des

53 Il semble que B. Bruyère se soit trompé dans le numéro de cette tombe ; le plan décrit comme étant celui de « n° 219 B de Nebenmât » (*FIFAO* 3, 1926, p. 27, fig. 18) correspond au second caveau d'Amennakht (TT 218). Dans cette dernière chambre funéraire, le savant a signalé la présence d'un sarcophage en calcaire devant la paroi sud ; B. BRUYÈRE, *FIFAO* 5, 1928, p. 82.

54 *Id.*, *FIFAO* 2, 1925, p. 80.

55 Voir *supra*, n. 52.

56 Les caveaux « ne sont en somme que des sarcophages à grande échelle », B. BRUYÈRE, *Tombes thébaines*, p. 71.

57 L. PANTALACCI, « Décor de la 2e chapelle osirienne de l'est (sud) sur le toit du temple de Dendera », *Akten des vierten internationalen Ägyptologen Kongressses München 1985*, *BSAK* 3, Hambourg, 1989, p. 335-337, pl. 4-5.

58 E.R. RUSSMANN, « The Motif of Bound Papyrus Plants and the Decorative Program in Mentuemhat's First Court », *JARCE* 32, 1995, p. 117-126.

59 F. ABITZ, *Statuetten in Schreinen als Grabbeigaben in den ägyptischen Königsgräbern der 18. und 19. Dynastie*, *ÄgAbh* 35, Wiesbaden, 1979, p. 124-125.

sarcophages, leur forme peut être transposée dans l'architecture de la tombe ; à Bahariya, des fouilles récentes et plus anciennes ont mis au jour sept sépultures de l'époque hyksôs taillées dans le rocher à l'image d'un cercueil [60].

Si les thèmes inspirés par le décor des sarcophages sont facilement identifiables dans plusieurs caveaux de Deir al-Médîna, la présente étude permet d'en discerner certains dont l'agencement a été conçu par rapport à une position spécifique des cercueils : les chambres funéraires aux silhouettes jaunes [61] de Khâbekhnet (TT 2), Nebenmaât (TT 219), Nakhtamon (TT 335, C), Penboui et Kasa (TT 10), Inherkhâ (TT 299), ou multicolores de Neferhotep (TT 216) [62].

Dans les caveaux de Nebenmaât (TT 219) et de Neferhotep (TT 216), la position des morts a été reconstituée devant la paroi de fond [fig. 10-11], conformément à la situation connue grâce aux exemplaires de cercueil trouvés en place [63] ou aux traces [64] que d'autres sarcophages ont laissées contre le mur. Comme les tombeaux de Deir al-Médîna ont joué le rôle de sépultures familiales [65], on a restitué, à titre d'hypothèse de travail, l'emplacement des cercueils de trois défunts, étant bien entendu que ce nombre est strictement théorique car les momies ont disparu.

La présence d'Isis et de Nephthys sur les tympans de quelques tombes révélerait l'imitation par ces artisans d'un modèle royal plus ancien [66] où apparaissent ces composantes décoratives dans le même emplacement : la tombe de Séthi Ier. De la même manière, un autre monument érigé par le même pharaon, l'Osiréion, a inspiré le décor des sépultures de Ramsès VI et Ramsès VII [67].

Les principes de l'encastrement et de la superposition, comme, par exemple, dans les chapelles de Toutânkhamon, pourraient expliquer la volonté de placer les cercueils des rois ou des particuliers dans le grand axe de leur « caveau-sarcophage » et d'orienter les défunts virtuellement nord-sud selon les thèmes caractérisant les sarcophages.

60 Fr. COLIN, « Travaux en cours dans l'oasis de Bahariya (Ifao) », communication au IXe Congrès international des égyptologues, Grenoble, 2004.

61 B. BRUYÈRE, *Tombes thébaines*, p. 7-14.

62 Cette tombe n'est pas « monochrome » comme signalé dans *ibid.*, p. 7, p. 12. Au contraire des caveaux à silhouettes jaunes brûlées, comme c'est le cas du second caveau de Neferrenpet (TT 336, *id.*, *FIFAO* 3, 1926, p. 93), où la couleur de fond est blanche et celle des personnages peints en jaune est devenue rouge, les parois est et ouest de la chambre funéraire appartenant à Neferhotep (TT 216) laissent apercevoir une couleur rouge claire comme fond aux figures rouges foncées ou blanches. La présence de ces teintes montre que l'incendie a transformé l'ocre jaune, qui a servi comme base aux représentations, en rouge clair et le rouge en rouge foncé, tandis que le blanc et le bleu – comme sur le visage de Nephthys – n'ont pas changé. Les figures présentes dans cette sépulture étaient donc multicolores.

63 C'est le cas des caveaux de Neferrenpet (TT 336) A (*ibid.*, p. 108 ; *id.*, *Journal de fouilles* (1925), p. 24) et de Pached (TT 323) dans lequel, selon les précisions du fouilleur, les momies reposaient dans la partie basse, la plus éloignée de la porte d'entrée ; *id.*, *FIFAO* 2, 1925, p. 82-83 [fig. 9].

64 Comme les sarcophages de Pached (TT 3) et d'Amennakht (TT 218) B, *id.*, *FIFAO* 3, 1926, p. 27, fig. 18 ; voir *supra*, n. 53.

65 B. Bruyère (*Journal de fouilles*, 1925, p. 22-23) a trouvé sept momies dans le second caveau de Neferrenpet (TT 336) et vingt-sept dans la chambre funéraire de Pached (TT 323) ; *id.*, *FIFAO* 2, 1925, p. 86. Vingt momies ont été inhumées dans le tombeau de Sennedjem (TT 1), J.-L. PODVIN, *GöttMisz* 191, 2002, p. 79-80 ; B. BRUYÈRE, *La tombe n° 1 de Sen-Nedjem à Deir el-Medineh*, *MIFAO* 83, Le Caire, 1959, p. 2 ; G. Maspero (*op. cit.*, p. 227) mentionne vingt-deux personnes dont deux seraient des nouveau-nés.

66 Les tombes où sont peintes Isis et Nephthys sur les voûtes remontent à l'époque de Ramsès II – B.G. DAVIES, *Who's who at Deir el-Medina. A prosopographic Study of the Royal Workmen's Community*, *EgUit* 13, Leyde, 1999, p. 46, n. 587 et p. 179, Khâbekhnet (TT 2) et son beau-frère Nakhtamon (TT 335) C ; p. 236 et 79, Nebenmaât (TT 219) ; p. 194, Penboui et Kasa (TT 10) ; p. 158, Neferabou (TT 5) B ; p. 32, Neferhotep (TT 216) – ou à celle de de Merenptah ; *ibid.*, p. 16, Inherkhâ (TT 299).

67 Je tiens ici à remercier vivement Fl. Mauric-Barberio, qui m'a permis de consulter sa thèse inédite, *L'organisation du Livre de l'Amdouat et du Livre des Portes dans les tombes royales du Nouvel Empire. Thèse présentée à l'université Paris IV - Sorbonne*, 1999, p. 680-681. Comme dans l'Osiréion d'Abydos, on a reproduit le Livre des Portes et le Livre des Cavernes de part et d'autre de l'axe principal de ces monuments.

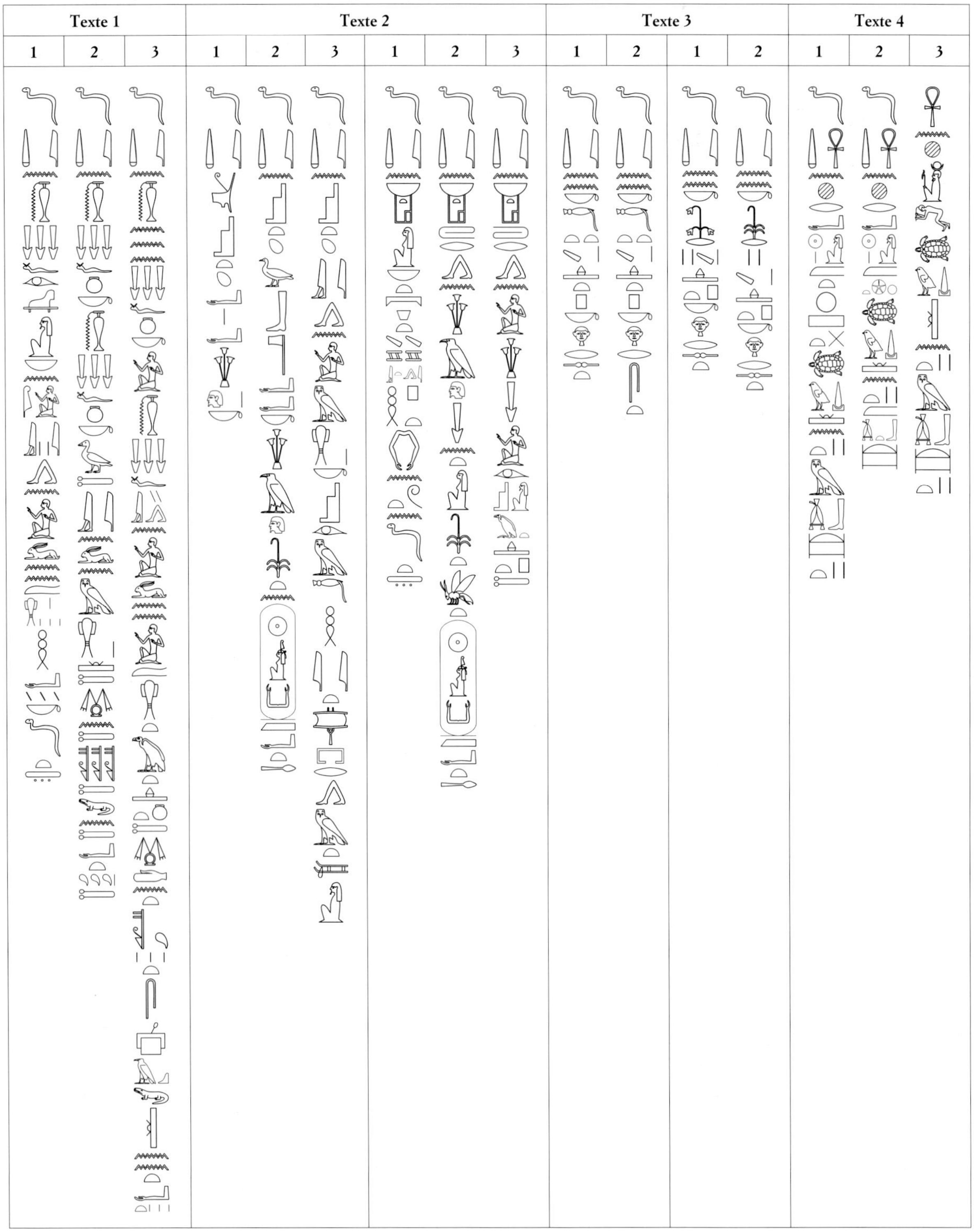

Annexe. Textes 1-4.

Fig. 1. Isis, Qebehsenouf, Anubis et Hapi sur le sarcophage de Thoutmosis Ier. W.C. Hayes, *Royal Sarcophagi of the XVIII Dynasty*, Princeton, 1935, pl. VII.

Fig. 2. Les quatre enfants d'Horus et Thot sur la voûte de Nakhtamon (TT 335). B. Bruyère, *FIFAO* 3, 1926, p. 169, fig. 112.

Fig. 3. Nephthys sur le tympan nord du caveau de Nebenmaât (TT 219). © J.-Fr. Gout/Ifao.

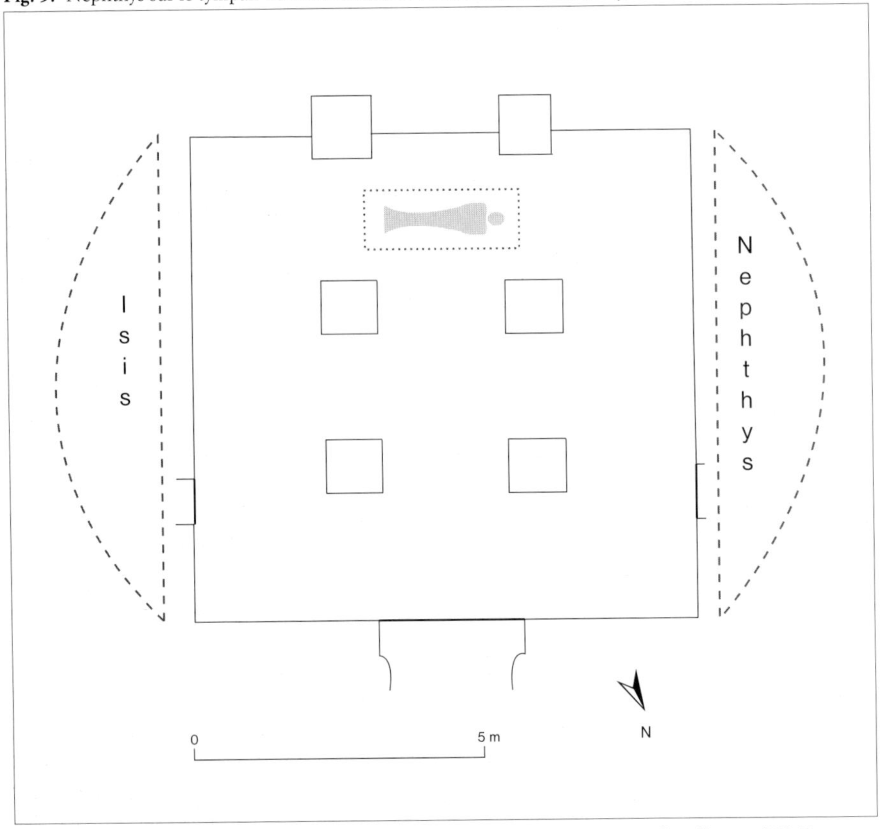

Fig. 5. Reconstitution de la position du sarcophage dans la tombe de Séthi Ier. Plan d'après C.N. Reeves, *The Complete Valley of the Kings. Tombs and Treasures of Egypt's Greatest Pharaohs*, Le Caire, 1996, p. 139.

Fig. 4. Nout ailée sur la voûte de Neferhotep (TT 216). B. Bruyère, *FIFAO* 2, 1925, pl. XI.

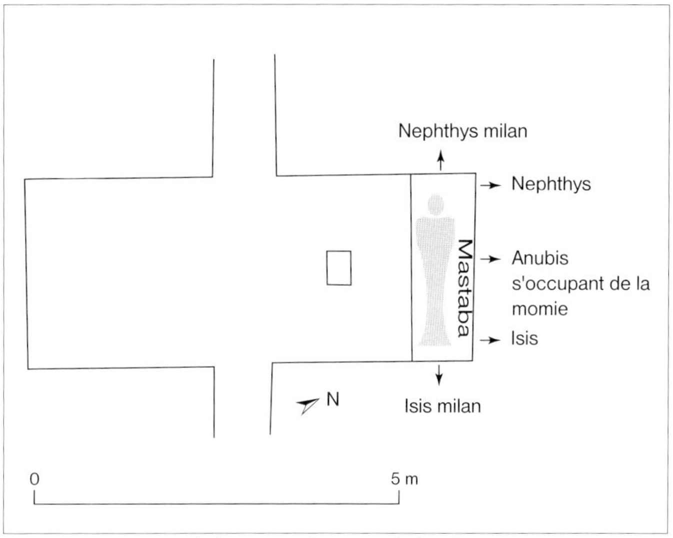

Fig. 7. Reconstitution de la position des cercueils dans le premier caveau de Neferrenpet (TT 336, A) selon le schéma de B. Bruyère (*Journal de fouilles*, 1925, p. 24) et sa description dans *FIFAO* 3, 1926, p. 108. Plan d'après *ibid.*, pl. VIII.

Fig. 6. Position du sarcophage dans la tombe de Séthi II, © Florence Mauric-Barberio.

Fig. 8. Les traces du sarcophage dans le second caveau d'Amennakht (TT 218). © J.-Fr. Gout/Ifao.

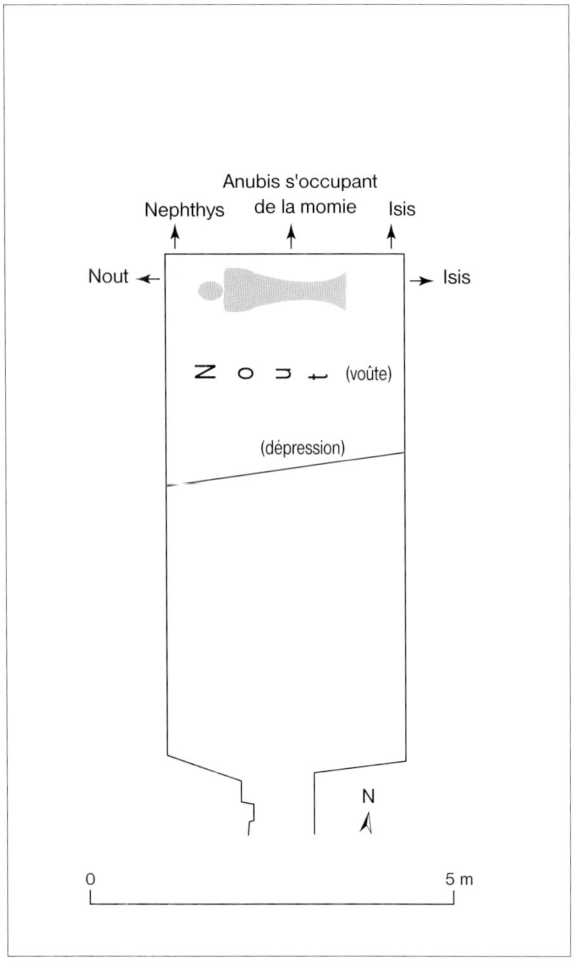

Fig. 9. Reconstitution de la position des cercueils dans le caveau de Pached (TT 323).
Plan d'après B. Bruyère, *FIFAO* 2, 1925, pl. XXIII.

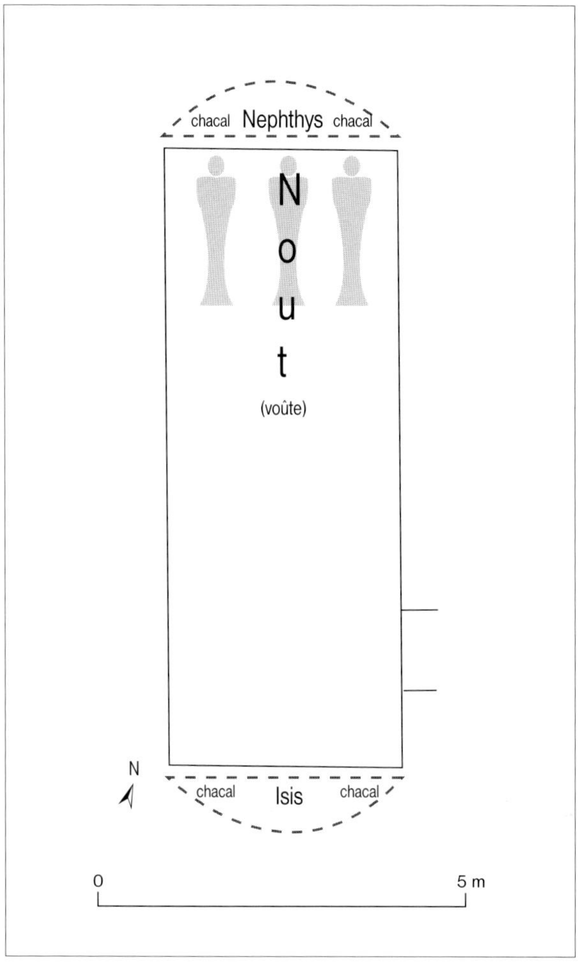

Fig. 11. Reconstitution de la position des cercueils dans le caveau de Neferhotep (TT 216).
Plan d'après B. Bruyère, *FIFAO* 2, 1925, pl. IX.

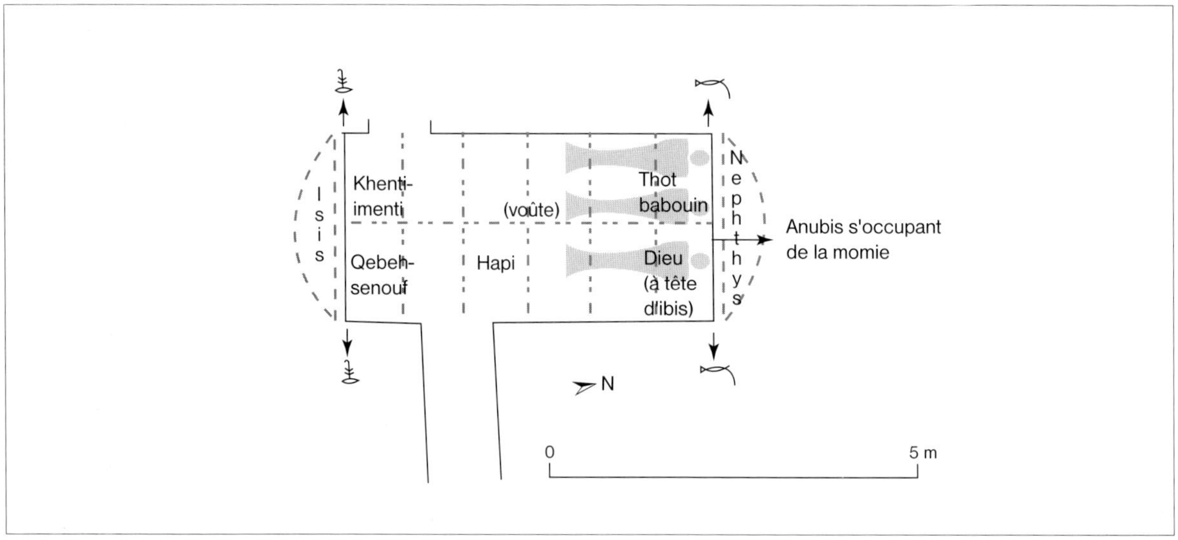

Fig. 10. Reconstitution de la position des cercueils dans le caveau de Nebenmaât (TT 219).
Plan d'après B. Bruyère, *FIFAO* 5, 1928, p. 80, fig. 54.

Tenttepihou, une dame d'Atfih, épouse morganatique du futur Thoutmosis IV

Marc GABOLDE

CONNUS depuis la fin du XIXe siècle, les deux documents présentés ici, et conservés au musée d'Archéologie méditerranéenne de la Vieille-Charité, à Marseille, ont déjà été largement étudiés. Toutefois, il n'en existait jusqu'à présent aucun fac-similé et l'imprécision des relevés anciens et des traductions a empêché de les situer convenablement dans leur contexte historique [1]. Les textes sont presque identiques, ce qui permet de compléter les lectures qu'une gravure grossière rend parfois délicates. Apparemment, le *chaouabty* en calcite n° 365 [2] [fig. 1-2] est moins fautif que la figurine de meunière n° 366 [3] [fig. 4]. Les commentaires ont donc été incorporés dans le relevé, la translittération et la traduction de cet exemplaire.

Texte hiéroglyphique [fig. 3] :

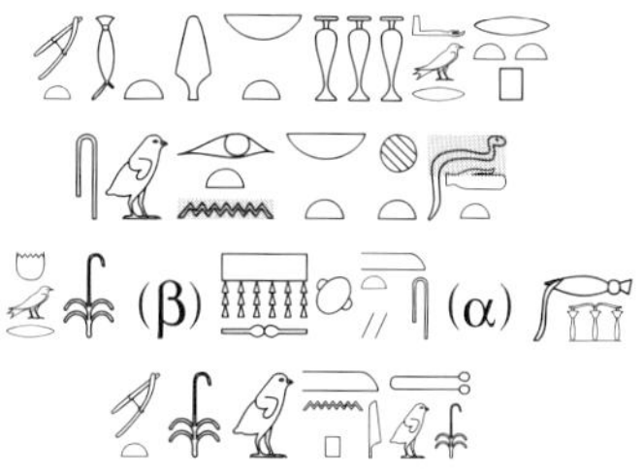

1 Le concours amical de Gisèle Piérini et Muriel Garsson-Giuliani, attachées de conservation au musée d'Archéologie méditerranéenne de la Vieille-Charité, a permis que l'examen de ces figurines se fasse dans les meilleures conditions. Qu'elles trouvent ici l'expression de ma profonde gratitude.

2 Marseille inv. n° 365 ; calcite, h. 18 cm. Pas de trace de polychromie. Collection Clot Bey. G. MASPERO, *Catalogue du Musée égyptien de Marseille*, Paris, 1889, p. 74-75, n° 165 ; J. CAPART, « La reine Thent-Hapi », *ChronEg* 16/31, 1941, p. 39-42 ; J.-R. AUBERT, L. AUBERT, *Statuettes égyptiennes, chaouabtis, ouchebtis*, Paris, 1974, p. 66-67 ; M. NELSON (avec la collaboration de G. PIÉRINI), *Catalogue des Antiquités égyptiennes, Collection des musées d'Archéologie de Marseille, publiée sous la direction de Simone Bourlard-Colin*, Marseille, 1978, p. 30-32, n° 54.

3 Marseille inv. n° 366 ; calcaire, h. 16,4 cm ; l. 6,3 cm ; pr. 15,5 cm. Pas de trace de polychromie. Collection Clot Bey. La provenance indiquée sur la fiche : « Deir al-Bahari (d'après le contexte) » est une extrapolation gratuite. G. MASPERO, *op. cit.*, p. 75, n° 166 ; J. CAPART, *ChronEg* 16/31, 1941 ; J.-R. AUBERT, L. AUBERT, *op. cit.*, p. 67 ; M. NELSON, *op. cit.*, p. 30-32, n° 55 ; S. AUFRÈRE, *Portes pour l'au-delà – l'Égypte, le Nil et le « Champ des offrandes »*, Musée archéologique Henri Prades, Lattes, 1992, p. 136-137, n° 10 et p. 179, fig n° 10 ; PM VIII, p. 714, nos 801-681-280.

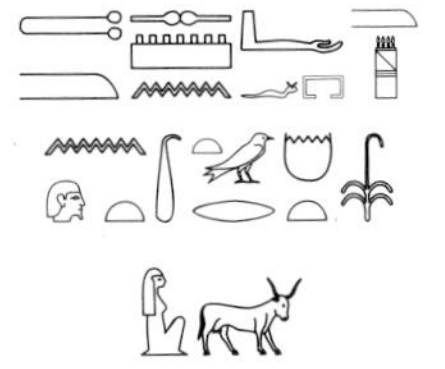

α. Sous le signe , la couverture de l'édifice pourrait être le signe du ciel : .

β. La partie supérieure du signe 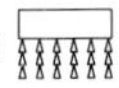 ressemble en fait à . Il s'agit vraisemblablement du signe du pressoir  dépourvu du récipient inférieur.

[1] | *(j)r(y).t -p*ꜥ*.t wr(.t) ḥs.w(t) nb.t jmꜣ bnr.t mr(w).t* [2] | *ḏd(y).t ḫ.t nb.t jr=tw n=s* [3] | *mḥ(y.t) ḫꜣy.t m sty jd.t=s ḥm(.t) n(y)-sw.t wr(.t) mr(y).t=f* [4] | *t(j) sw m jnpw mr(y).t n(y)-swt* [5] | *m* ꜥ*ḥ=f smn=tj m* [6] | *ḥm.t n(y)-sw.t wr.t T(ꜣ){j}-n(y).t-tp-* [7] | *-jḥw.*

[1] | *La patricienne* [a], *grande en faveurs ; la dame de grâce, douce d'amour* [b] ; [2] | *celle pour laquelle on exécute toute chose qu'elle a ordonnée* [c], [3] | *celle qui remplit la salle d'audience des fragrances de son parfum* [d] ; *la grande épouse royale qu'il a aimée* [4] | *alors qu'il était* inepou [e], *celle que le roi a aimée* [5] | *dans son palais* [f], *ayant été établie en qualité de* [6] | *grande épouse royale* [g], *Tenttep-* [7] | *-ihou* [h].

a. Le seul autre *chaouabty* connu débutant par cette expression et comportant des éléments d'une titulature de reine est le fragment du Louvre AF 9904 appartenant vraisemblablement à Nefertiti [4].

b. Cette succession se retrouve à l'identique sur une base de statue de Tiyi [5], épouse d'Amenhotep III, et une légende de Nefertiti [6].

c. L'expression, avec des variantes, est attestée au Nouvel Empire pour plusieurs reines des XVIIIe et XIXe dynasties [7]. On relève notamment Tiaâ, la mère de Thoutmosis IV [8], Moutemouiya, la mère d'Amenhotep III [9], et Nefertiti [10].

d. Formule employée presque à l'identique par Tiaâ [11] et Moutemouiya [12] et dont les variantes sont répertoriées par Troy [13]. Ici s'arrête la première partie de l'inscription qui s'inspire du protocole de plusieurs reines du Nouvel Empire. La suite du texte, sans parallèle connu, est un épitomé de la carrière de Tenttepihou.

4 J.-L. Bovot, *Les serviteurs funéraires royaux et princiers de l'Ancienne Égypte*, Paris, 2003, p. 219-221, n° 88, avec une autre attribution.

5 *Urk.* IV, 1770, 6-7, n° 617. Comparer encore avec les titres de Moutemouiya en *Urk.* IV, 1772, 9.

6 T.G.H. James, *Corpus of Hieroglyphic Inscriptions in the Brooklyn Museum* I. *From Dynasty I to the End of Dynasty XVIII*, New York, 1974, pl. 76, n° 306.

7 L. Troy, *Patterns of Queenship in Ancient Egyptian Myth and History*, *Boreas* 14, Uppsala, 1986, p. 190, B4/1-3. Pour l'expression à l'Ancien Empire, consulter S. Roth, *Die Königsmütter des Alten Ägypten von der Frühzeit bis zum Ende der 12. Dynastie*, *ÄAT* 46, Wiesbaden, 2001, p. 72-73, 533 (Hetepheres Ire), p. 91, 539 (Khentykaous Ire), p. 230, 579 (Khenemetneferhedjet Ire) ; M. Baud, *Famille royale et pouvoir sous l'Ancien Empire égyptien*, *BiEtud* 126/2, Le Caire, 1999, p. 468-469 (85) (Meretites Ire) ; p. 553-554 (187) (Khentykaous II). À ces hautes époques, l'expression pourrait indiquer que les reines ainsi qualifiées ont exercé une régence effective, ce qui ne semble plus le cas au Nouvel Empire (suggestion amicale de B. Mathieu que je remercie).

8 Chr. Zivie, *Giza au deuxième millénaire*, *BiEtud* 70, Le Caire, 1976, p. 161-162.

9 *Urk.* IV, 1772, 12 et 17.

10 N. De G. Davies, *The Rock Tombs of El Amarna* II. *The Tombs of Panehesy and Meryra II*, *ASEg Mem* 14, Londres, 1905, pl. VIII.

11 Chr. Zivie, *op. cit.*, p. 161-162.

12 *Urk.* IV, 1772, 10.

13 L. Troy, *op. cit.*, p. 184, A4/4-6.

e. L'expression n'a été reconnue ni par Maspero ni par Capart, malgré la bonne conservation des signes. Capart lisait le groupe *ẖkr.t n(y)-sw. t* dont aucun signe ne se laisse pourtant deviner [14]. Le sens du terme *inepou* a été éclairci par Vandersleyen [15] dont les conclusions sont acceptées ici : *inepou* désigne la condition du roi avant qu'il ne soit roi, mais l'expression n'est employée qu'après qu'il est devenu roi. La liste des occurrences du terme *inepou* est fournie par Feucht [16]. Il existe toutefois un cas, à l'époque ptolémaïque, où une jeune fille se qualifie d'*inepou* pour évoquer sa jeunesse brisée par la mort [17].

f. Cette expression est unique dans la phraséologie relative aux reines. On verra plus loin que la demeure dont il est question peut, éventuellement, être reconnue dans une inscription de dépôt de fondation.

g. Le titre de grande épouse royale est au mieux anachronique dans ce contexte : lorsque Tenttepihou a connu le roi, il n'était pas encore pharaon. Mais, puisque le prince auquel elle s'est unie est devenu roi, l'épouse principale qu'elle se considérait alors a jugé légitime de s'approprier *a posteriori* le titre de grande épouse royale, même si la réalité fut tout autre car elle ne devint jamais reine. De tels anachronismes sont fréquents : Sésostris Ier en qualité de fils royal mais au nom encartouché dans le *Conte de Sinouhé* [18], Thoutmosis IV présentant la même particularité dans la Stèle du Songe de Giza [19], Toutânkhamon en bas-âge et pourtant figuré en roi sur les genoux de sa nourrice Maya [20] ou encore Ramsès II en prince mais portant ses propres cartouches sur la décoration de son pagne en Abydos [21].

h. La lecture Tenthapi de Capart [22] est assurément fausse et il faut sans équivoque donner raison à Maspero qui lisait le nom « Tenttepahou ». Le nom n'est pas inclus dans un cartouche, ce qui indique bien que Tenttepihou ne fut *jamais* reine. L'ouvrage de Ranke [23] ne signale pas cet anthroponyme qui signifie « Celle de *Tp-jḥw* » et fait référence à la métropole du XXIIe nome de Haute-Égypte, la moderne Atfih [24]. Il ne fait guère de doute que Tenttepihou était originaire de cette cité ou de ses environs [25].

14 J. CAPART, *ChronEg* 16/31, 1941, p. 41.

15 Cl. VANDERSLEYEN, « *Inepou* : un terme désignant le roi avant qu'il ne soit roi », dans U. Luft (éd.), *The Intellectual Heritage of Egypt. Studies Presented to László Kákosy by Friends and Colleagues on the Occasion of his 60th Birthday*, *StudAeg* 14, Budapest, 1992, p. 563-566 ; voir également D. MEEKS, « Notes de lexicographie (§ 2-4) », *RdE* 28, 1976, p. 87-92.

16 E. FEUCHT, *Das Kind im alten Ägypten : die Stellung des Kindes in Familie und Gesellschaft nach altägyptischen Texten und Darstellungen*, Frankfort, New York, 1995, p. 503-512.

17 « J'étais une jeune fille adulte, ma vie fut courte, le crocodile fatal m'a emportée dans ma jeunesse-*inepou* » (cf. K. JANSEN-WINKELN, « Die Hildesheimer Stele der Chereduanch », *MDAIK* 53, 1997, p. 93, Abb. 1, l. 19 et p. 99, n. ah).

18 Cl. OBSOMER, *Sésostris Ier. Étude chronologique et historique du règne*, Bruxelles, 1995, p. 131.

19 Chr. ZIVIE, *op. cit.*, p. 128, l. 8.

20 A.-P. ZIVIE, P. CHAPUIS, *Les Tombeaux retrouvés de Saqqarah*, Paris, 2003, p. 84-85, no 27.

21 A. MARIETTE, *Abydos* II. *Description des fouilles exécutées sur l'emplacement de cette ville*, Paris, 1869, pl. 46.

22 J. CAPART, *ChronEg* 16/31, 1941. Le relevé de Capart mêlant les textes des deux figurines, son interprétation (les inscriptions seraient des faux !) et ses lectures du nom sont à rejeter en bloc. Pour les reines Tenthapi, cf. Th. STASSER, « Ahmès Hénout Téméhou : état de la question », dans Cl. Obsomer, A.-L. Oosthoek (éd.), *Amosiadès. Mélanges offerts au professeur Claude Vandersleyen par ses étudiants*, Louvain-la-Neuve, 1992, p. 367-373.

23 *Die ägyptischen Personennamen (PN)* I, Glückstadt, 1935. Plusieurs noms comportent le toponyme *Tp-jḥw* (Atfih) : *Nb.t-tp-jḥ* (*PN* I, 189, 21) ; *Ḥnw.t-tp(... ?)-jḥ* (I, 244, 13) ; *Sꜣ-tp-jḥw* (I, 285, 1) ; *Sꜣ.t-tp-jḥw* (I, 294, 16 et II, 384) et *P(ꜣ)-n(y)-tp-iḥw* (I, 112, 15) sur lequel on va revenir.

24 Pour ce chef-lieu, cf. P. MONTET, *Géographie de l'Égypte ancienne, première partie* – 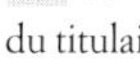 *Tꜣ-Šmꜥ* To-chemâ *La Haute Égypte*, Paris, 1961, p. 203.

25 Sur ces anthroponymes indiquant l'origine du titulaire, cf. en dernier lieu M.H.Tr. LOPES, « Les noms propres au Nouvel Empire », dans Chr.J. Eyre (éd.), *Proceedings of the Seventh International Congress of Egyptologists*, *OLA* 82, Louvain, 1998, p. 703-711, p. 711.

[fig. 5] :

[1] | *(j)r(y).t –[pʿ].t wr(.t) ḥs.w(t) nb.t jmꜣ bnr.t mr(w).t ḏd(y).t ḫ.t nb.t* [2] | *jr=tw n=s mḥ(y.t) ẖꜣy.t (m) sty jd.t=s {n(y)-sw.t}* [3] | *ḥm(.t) n(y)-sw.t wr(.t) mr(y).t=f t(j) sw [m jnpw] {mr(y).t}* [4] | *mr(y).t n(y)-swt m ʿḥ=f smn[=tj] m [ḥm.t n(y)-sw.t] wr.t* [5] | *T(ꜣ){j}-n(y).t-tp-jḥw.*

[1] | *La patricienne, grande en faveurs ; la dame de grâce, douce d'amour. Toute chose qu'elle ordonne,* [2] | *on l'exécute pour elle (aussitôt). Celle qui remplit la salle d'audience (des) fragrances de son parfum,* [3] | *la grande épouse royale qu'il a aimée alors qu'il était [*inepou*],* [4] | *celle que le roi a aimée dans son palais, [ayant été] établie en qualité de grande [épouse royale],* [5] | *Tenttepihou.*

Ces textes sont exceptionnels à plus d'un titre. L'absence du chapitre 6 du Livre des Morts [26] comme d'une formule adaptée au rôle de meunière sur la figurine inv. 366 [27] sont déjà des curiosités. Mais surtout, sous la forme d'une titulature de reine développée suivie d'une courte notice biographique, on trouve là des informations très précises sur le destin d'une épouse royale singulière. On apprend ainsi que Tenttepihou a été aimée d'un roi avant que celui-ci n'accède à la royauté. Pour des raisons que l'on ignore, elle n'est pas devenue reine lorsque son compagnon devint pharaon et son nom n'a pas été inscrit dans un cartouche. Tenttepihou ne donne pas, dans les textes de ses figurines funéraires, le nom du souverain qu'elle aima. Cependant, plusieurs indices et quelques déductions permettent de l'identifier sans trop de difficulté.

En premier lieu, les inscriptions de Tenttepihou reprennent un formulaire qui n'est bien attesté sous cette forme au Nouvel Empire que pour les reines Tiaâ [28], mère de Thoutmosis IV et Moutemouiya [29], mère d'Amenhotep III et épouse de Thoutmosis IV, ce qui autorise à placer le *floruit* de cette jeune femme vers cette époque.

26 Si l'on excepte les formules exceptionnelles d'Amenhotep III et du prince Khâemouset, les seuls *chaouabtys* avec un texte conséquent dépourvu d'allusion à Osiris ou au Livre des Morts appartiennent à l'époque amarnienne, cf. G.Th. MARTIN, « Shabtis of Private Persons in the Amarna Period », *MDAIK* 42, 1986, p. 110, catégorie A.

27 J. CAPART, « Pour esquiver la corvée agricole », *ChronEg* 18/35, 1943, p. 33-34.

28 Socle de statue de Tiaâ, cf. Chr. ZIVIE, *op. cit.*, p. 161-162.

29 *Urk.* IV, 1772, n° 621.

En second lieu, la typologie de la figurine inv. n° 365 correspond à la catégorie V B 1 définie par Th. Schneider [30] qui couvre la deuxième moitié de la XVIIIe dynastie et la XIXe dynastie. Les mains sont démunies d'outils, seuls les poings sortent de la gaine momiforme et le volume des avant-bras n'est pas suggéré. L'apparition progressive des poings sur les statuettes de particuliers semble contemporaine de la toute fin du règne d'Amenhotep II : les figurines du prince Oubensenou en sont dépourvues [31] mais celles de Qenamon les figurent [32]. Chez Youya, sous Amenhotep III, une série de figurines est privée de mains alors qu'une autre série les arbore [33]. Sous le même règne, les houes, absentes de notre figurine, font une timide apparition et l'une des deux statuettes funéraires du deuxième prophète d'Amon Simout, les représente [34]. En somme, un sondage succinct dans la typologie des figurines de particuliers bien datées suggère que le *chaouabty* de Tenttepihou a été sculpté entre la toute fin du règne d'Amenhotep II et le début de celui d'Amenhotep III.

La figurine de meunière, quant à elle, présente des caractéristiques qui permettent de la ranger parmi les plus anciennes de ce type. Sur les onze exemplaires connus en dehors de la figurine de Marseille, huit appartiennent certainement au règne d'Amenhotep III d'après le style ou les indications prosopographiques et proviennent de la nécropole memphite pour la plupart :

a. Amenhotep, majordome, Vatican inv. 25239 [35] ;
b. Même personnage, Caire CG 763 [36] ;
c. Ptahmès [37] ;
d-f. Trois statuettes de Merymery à Leyde [38] ;
g. Prince Thoumosis, Louvre E. 2749 = N.792 [39] ;
h. Anonyme Copenhague n° AEIN 1548 [40].

30 H.D. SCHNEIDER, *Shabtis. An Introduction to the History of Ancient Egyptian Funerary Statuettes with a Catalogue of the Collection of Shabtis in the National Museum of Antiquities at Leiden, Collections of the National Museum of Antiquities at Leiden* I, Leyde, 1977, p. 185, cf. *ibid.* III, fig. 22, V B 1 (Leyde 6.2.3.7, XIXe dynastie). Pour les exemples, cf. *ibid.* I, p. 187-189 où la majorité appartient à la fin de la XVIIIe dynastie.

31 G. DARESSY, *Catalogue général des antiquités égyptiennes du musée du Caire n°s 24001-24990. Fouilles de la Vallée des Rois (1898-1899)*, Le Caire, 1902, p. 103-104, n°s 24269-24273, cf. pl. XXVI.

32 P.E. NEWBERRY, *Catalogue général des antiquités égyptiennes du Musée du Caire n°s 46530-48273. Funerary Statuettes and Model Sarcophagi* I-II, Le Caire, 1930, 1957, p. 5-6 et pl. XIV, CG n°s 46530-46531.

33 W.Chr. HAYES, *The Scepter of Egypt. A Background for the Study of the Egyptian Antiquities in the Metropolitan Museum of Art* II: *The Hyksos Period and the New Kingdom (1675-1080 B.C.)*, Cambridge Massachusetts, 1959, p. 263, fig. 158.

34 P.E. NEWBERRY, *op. cit.*, p. 6-7, n° 46539, cf. pl. XIII et p. 18, pl. XIV, CG n°s 46530-46531.

35 J.-Cl. GRENIER, *Les statuettes funéraires du Museo Gregoriano Egizio*, *AegGreg* 2, Cité du Vatican, 1996, p. 44-46, n° 71.

36 L. BORCHARDT, *Statuen und Statuetten von Königen und Privatleuten im Museum von Kairo Nr. 1-1294* III, *CGC* N°s 654-950, Berlin, 1930, p. 78-79, pl. 141.

37 A.H. GARDINER, « A Statuette of the High Priest of Memphis, Ptahmes », *ZÄS* 43, 1906, p. 55-59.

38 H.D. SCHNEIDER, *op. cit.*, p. 91 = 3.2.9.5-7. La tombe de ce personnage à Saqqâra a été localisée, cf. A.-P. ZIVIE, « Trois saisons à Saqqarah : Les tombeaux du Bubasteion », *BSFE* 98, 1983, p. 51, pl. 1-2.

39 J.-L. BOVOT, *Les serviteurs funéraires royaux et princiers de l'Ancienne Égypte. Musée du Louvre, département des Antiquités égyptiennes. Catalogue*, Paris, 2003, p. 217-219, n° 87.

40 O. KOEFOED-PETERSEN, *Catalogue des statues et statuettes égyptiennes*, Copenhague, 1950, p. 26, n° 40 et pl. 45-46 (datée d'après le style). La provenance memphite est assurée par le titre principal du personnage.

Trois autres statuettes n'offrent aucun critère de datation direct. Leur style et l'anthroponymie permettent néanmoins de préciser l'époque de leur confection :

i. Figurine de Saiset en bronze, Brooklyn n° 37.125E [41], que l'on peut situer par les détails anatomiques du buste et du visage aux alentours de la période amarnienne, probablement un peu avant le règne d'Amenhotep IV. Elle proviendrait de Saqqâra d'après T.G.H. James [42], mais il faut semble-t-il donner raison à H. De Meulenaere qui situe la tombe de ce personnage, contemporain de Thoutmosis IV et Amenhotep III en Abydos [43] ;

j. Statuette de Neferher du Caire CG 1256 [44]. Cette figurine est si proche de celles de Thoutmosis du Louvre et d'Amenhotep du Vatican et du Caire qu'il est raisonnable de la dater encore des alentours du règne d'Amenhotep III et plutôt vers le début de celui-ci ;

k. Figurine de Senenou, Brooklyn 37.120E [45]. Le personnage est inconnu. La mention de *r(ꜣ)-stꜣw* est peut-être une indication de l'origine memphite plutôt que thébaine donnée par James. On peut risquer un rapprochement avec un personnage homonyme, parent de Nebânsu, qui est bien daté du règne d'Amenhotep III [46]. Dans ce cas, la figurine pourrait remonter au règne de Thoutmosis IV ou, moins probablement, à celui d'Amenhotep II. Le traitement de la taille plaide, en effet, pour une date un peu antérieure au règne d'Amenhotep III.

Par ailleurs, une évolution dans l'iconographie peut être décelée. Sur la statuette de Senenou, le personnage est debout et le dormant de la meule est un bloc élevé. Sur les figurines plus récentes, le personnage est incliné, un genou à terre et la jambe opposée tendue ; voire complètement allongé pour une des figurines de Merymery. La figurine de Saiset est plus originale, le personnage étant agenouillé. Le dormant de la meule semble dans tous les cas gagner en discrétion avec le temps.

En somme, ces figurines de meuniers apparaissent peu avant le règne d'Amenhotep III et disparaissent à la fin de la dynastie au plus tard, avec une écrasante majorité confectionnée pendant le règne d'Amenhotep III.

La figurine de Tenttepihou se situe visiblement au début de cette série avec un bloc de meule encore important. La position des membres inférieurs, qui peut être justifiée par la répugnance des artistes à figurer une dame les jambes autrement que serrées, la rapproche de la figurine de Senenou et la forme du dormant de la meule n'est pas trop éloignée non plus de celle de Ptahmès. Si l'on ajoute la sensualité des formes – avec un ventre délicatement arrondi, mais discret –, l'élégance de la coiffure, et la finesse du visage, il est possible d'attribuer cette œuvre à une période s'étendant du début du règne de Thoutmosis IV au début du règne d'Amenhotep III au plus tard.

Le roi dont Tenttepihou a partagé la couche avant son avènement est donc soit Thoutmosis IV, soit Amenhotep III. Amenhotep II semble en effet exclu d'après les critères stylistiques. En outre, bien qu'âgé de dix-huit ans à son avènement, ce roi précise qu'alors « il méprisait la soif du corps »,

41 J. CAPART, « Pour esquiver la corvée agricole », *ChronEg* 18/35, 1943, p.32, n° 10, p. 33 et fig. 17 ; T.G.H. JAMES, *op. cit.*, n° 271, pl. LXX.

42 *Ibid.*, p. 120.

43 H. DE MEULENAERE, « Les Chefs des Greniers du nom de Saésé au Nouvel Empire », *ChronEg* 46/92, 1971, p. 223-233 et, pour cette figurine (signalée comme Brooklyn n° 37.125L), p. 225-226 (f).

44 L. BORCHARDT, *Statuen und Statuetten von Königen und Privatleuten im Museum von Kairo Nr. 1-1294* IV, *CGC* Nos 951-1294, Berlin, 1934, p. 132, pl. 174.

45 J. CAPART, *op. cit.*, p. 32, n° 9, p. 31 et fig. 15-16 ; T.G.H. JAMES, *op. cit.*, p. 119, pl. XI, LXIX, LXX.

46 P. LACAU, *Stèles du Nouvel Empire* I, *CGC nos 34001-34186*, Le Caire, 1926, n° CG 34055, pl. XXXIII, bas.

ce qui a été interprété comme l'expression d'un certain désintérêt pour la sexualité [47]. Amenhotep III doit être écarté également. Bien qu'accompagné de la Grande épouse royale Tiyi dès l'an II de son règne [48], les portraits les plus anciens du roi montrent de toute évidence qu'il était encore enfant à son accession au trône [49]. Le meilleur candidat demeure donc Thoutmosis IV. L'histoire de ce pharaon avant qu'il ne devienne roi semble d'ailleurs s'accorder parfaitement avec cette suggestion.

La jeunesse de Thoutmosis IV est, en effet, un peu mieux connue que celle d'autres princes [50]. On sait par la Stèle du Songe, qu'adolescent ou tout jeune homme, il aimait se promener sur le plateau de Giza et qu'il y pratiquait les arts de la chasse, seul ou en compagnie de jeunes gens de son âge. De toute évidence, c'était déjà un jeune adulte :

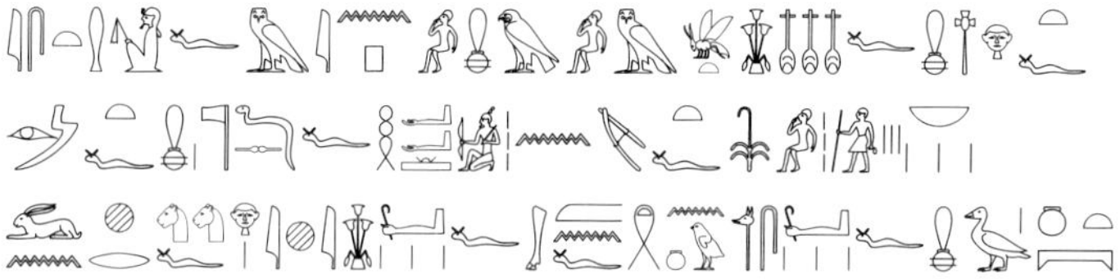

(...) jst ḥm=f m jnpw mj Ḥr ḫrd m bj.t nfr.w=f mj Nḏ(y)-ḥr-(j)t=f m33.t=f mj nṯr ḏs=f. Ḥꜥꜥ mšꜥ=f n mr.t=f ms.w n(y)-sw.t wr.w nb.w wn(.w) ḫr pḥty=f ḥr yḫ nḫ.t=f wḥm~n=f šnw wsr=f mj s3 Nw.t

(...) Or Sa Majesté était inepou, *comme Horus enfant dans Chemmis. Sa beauté égalait celle de Celui-qui-prend-soin-de-son-père (Harendotès) ; on le considérait comme un dieu lui-même et les troupes se réjouissaient de l'aimer. Les enfants royaux et tous les grands qui étaient sous son pouvoir prospéraient, sa vigueur se perpétuait et sa puissance égalait celle du fils de Nout* [51].

Un autre document atteste que le futur roi était déjà en mesure de déceler parmi les blocs des carrières de quartzite du Gebel al-Ahmar celui qui conviendrait à la taille d'un naos, ce qui nécessite des compétences *a priori* supérieures à celles d'un enfant :

47 Chr. ZIVIE, *op. cit.*, p. 85, n. de traduction (hhh).

48 *Urk.* IV, 1739, 1 (date), 5 (Tiyi).

49 Cl. VANDERSLEYEN, *L'Égypte et la Vallée du Nil* II. *De la fin de l'Ancien Empire à la fin du Nouvel Empire*, Paris, 1995, p. 363 ; A. CABROL, *Amenhotep III le magnifique*, Paris, 2000, p. 95.

50 B. BRYAN, *The Reign of Thutmose IV*, Baltimore, Londres, 1991, p. 38-46.

51 Traduction empruntée à Chr. Zivie, cf. *Urk.* IV, 1541, 1-7 ; Chr. ZIVIE, *op. cit.*, p. 128, 130 ; B. BRYAN, *op. cit.*, p. 43.

[1] *jst gm~n ḥm=f jnr pn m sḫr bjk n[ṯry] jw=f m Jnpw* [2] *Jst wḏ~n n=f Jmn jr.t n(y)-sy.t tꜣ.wy m Ḥr kꜣ nḫt twtw ḫʿ.w nb ḫʿ.w (Mn-ḫpr.w-Rʿ) dw ʿnḫ mj Rʿ.*

[1] *Or Sa Majesté trouva cette pierre en forme de faucon divin alors qu'il était* inepou [2] *et Amon-Rê lui assigna d'exercer la royauté du Double Pays en qualité d'Horus, taureau victorieux qui assemble des couronnes, seigneur des couronnes, Menkheperourê, doué de vie comme Rê* [52].

La statue du prince Thoutmosis retrouvée au temple de Mout signale d'ailleurs déjà sa maturité, bien qu'il ait été encore accompagné de son tuteur Heqarechou [53].

Ce jeune homme accompli avait donc visiblement l'âge d'aimer les femmes et d'en être aimé avant d'accéder à la royauté. Il est, d'ailleurs, généralement admis que le futur Amenhotep III, âgé d'environ dix ans à son accession au trône, est né à la toute fin du règne d'Amenhotep II et non pendant les huit ou neuf années du règne de son propre père Thoutmosis IV [54]. Les conclusions que l'on propose ici sur la datation des figurines de Tenttepihou permettent de suggérer que cette dernière dame fut un temps la compagne du futur Thoutmosis IV. Elle ne fut sans doute ni la première ni la seule car le prince Amenhotep – le futur Amenhotep III – était vraisemblablement le fils aîné [55]. Le lieu qui abrita l'idylle entre Tenttepihou et le prince Thoutmosis est également ignoré. Atfih [56], qui figure dans le nom de la dame en question, n'est pas très éloignée de Ghourob et il est possible que Tenttepihou ait séjourné dans le gynécée qui se trouvait là [57]. Elle affirme cependant que le roi l'a aimée « dans son palais », ce qui pourrait indiquer la région memphite. Il est tentant de rapprocher cette information de l'indication fournie par une plaquette de fondation conservée à University College (UC 12254) de provenance malheureusement incertaine et qui présente le texte suivant :

[1] *nṯr nfr (Mn-ḫpr.w-Rʿ) mry Jmn-Rʿ n(y-sw.t nṯr.w* [2] *pr ḥm=f tj sw m jnpw.*

[1] *Le dieu parfait, Menkheperourê, aimé d'Amon-Rê-roi-des-dieux.* [2] *Demeure de Sa Majesté lorsqu'elle était* inepou [58].

52 *Urk.* IV, 1565, 3-6.

53 B. BRYAN, *op. cit.*, p. 43-44.

54 La plus récente date connue pour Thoutmosis IV est l'an VIII ou IX, cf. Cl. VANDERSLEYEN, *op. cit.*, p. 346.

55 Amenhotep est clairement distingué de ses frères par son âge – il est visiblement le premier né – et son rang : c'est l'héritier désigné, cf. A. CABROL, *op. cit.*, p. 51-52, 73. Il est logique en conséquence de supposer que l'union entre le futur Thoutmosis IV et Moutemouiya eut lieu très tôt dans la vie du prince.

56 Une statue dédiée à Hathor dame d'Atfih par un notable d'Héliopolis nommé Rê pourrait être contemporaine des monuments de Tenttepihou, cf. D. MALLET, « Quelques monuments égyptiens du musée d'Athènes », *RecTrav* 18, 1896, p. 1-15, p. 9, nº 920 ; D. RAUE, *Heliopolis und das Haus des Re. Eine Prosopographie und ein Toponym im Neuen Reich, ADAIK* 16, Le Caire, 1999, p. 224-226.

57 B.J. KEMP, « The Harim-Palace at Medinet el-Ghurab », *ZÄS* 105, 1978, p. 122-133.

58 BRYAN, *op. cit.*, p. 43. Fiche informatique avec illustration disponible à : http ://www.petrie.ucl.ac.uk/search/detail/results/detail.asp ?01×objectidentifier=UC12254.

Malgré la mention d'« Amon-Rê roi-des-dieux », qui oriente inévitablement le regard vers Thèbes, il pourrait s'agir d'une fondation memphite placée sous la tutelle d'Amon de Pérounefer ; lequel est parfois qualifié de « roi-des-dieux [59] ». La présence d'autres dépôts de fondation au nom de Thoutmosis IV à proximité du pylône de Ramsès II à Memphis [60] suggère qu'un ou plusieurs édifices de ce pharaon se dressaient là auparavant. Plusieurs stèles figurent d'ailleurs une porterie décorée par Thoutmosis IV qui pourrait être un élément du pylône occidental du temple de Ptah de la XVIIIe dynastie [61]. Qu'un palais ait existé au sud du temple de Ptah [62] dès l'époque de Thoutmosis Ier est presque assuré [63] et il est très probable que Thoutmosis IV a rénové ou agrandi là quelque édifice où il avait passé une partie de sa jeunesse, peut-être cette « demeure de sa Majesté lorsqu'elle était *inepou* ». Certes, on ne peut assurer que cette résidence a abrité un temps Tenttepihou, mais la proposition inverse n'est pas plus démontrable.

L'aventure de Tenttepihou avec le prince Thoutmosis a probablement laissé une autre trace dans la documentation que les figurines de Marseille, en l'occurrence le monument d'un fils, le prince Pentepihou.

Vers 1911, Hölscher, travaillant pour le compte de l'expédition Ernst von Sieglin exhuma à Giza une stèle en fort mauvais état [fig. 6] [64]. La fin de la légende du prince donne ses titres et son nom :

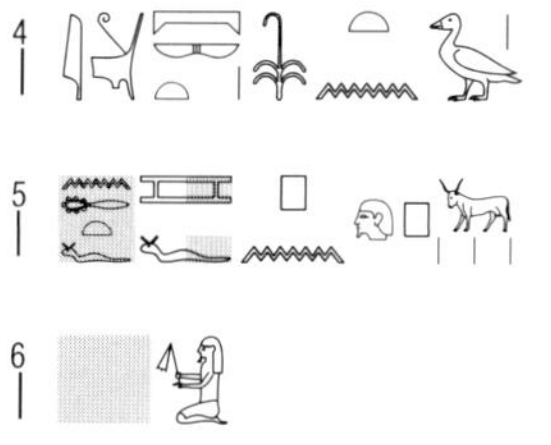

59 Voir par exemple le linteau trouvé à Bubastis, mais assurément déplacé depuis Memphis, cf. *Urk.* IV, 1356, 16.

60 W.M.Fl. PETRIE, J.H. WALKER, *Memphis I*, Londres,1909, p. 8, § 22 ; G. DARESSY, « Le temple de Mit Rahineh », *ASAE* 3, 1902, p. 25 ; B. BRYAN, *op. cit.*, p. 157.

61 D. DEVAUCHELLE, « Un archétype de relief cultuel en Égypte ancienne », *BSFE* 131, p. 38-40 ; B. BRYAN, *op. cit.*, p. 157.

62 Le palais est généralement situé à gauche en regardant l'entrée du temple depuis l'extérieur (P. LACOVARA, *The New Kingdom Royal City*, Londres, New York, 1997, p. 24-41, qui ne commente pas cette particularité). Il en allait ainsi pour le palais d'Hatchepsout à Karnak qui se trouvait au nord du temple (P. LACAU, H. CHEVRIER, *Une chapelle d'Hatshepsout à Karnak*, Le Caire, 1977, p. 100-101, lignes 7-8 et n. [n]) et de tous les palais rituels des temples de la rive gauche de Thèbes (Aÿ, Séthy Ier, Ramesséum, Merenptah, Medinet Habou). La même disposition se retrouve à Tell al-Amarna et il n'est pas absurde de supposer que c'était déjà le cas à Memphis (ainsi que le suggère l'implantation du palais de Merenptah, au sud de l'enceinte ramesside du temple de Ptah). Dans cette éventualité, le palais royal de la XVIIIe dynastie devrait se trouver sous Kôm Fakhry et Kôm Rabiâ, cf. L. GIDDY, « Le survey de Memphis : état des recherches archéologiques et épigraphiques », *BSFE* 129, 1994, p. 7-20.

63 Une stèle dédiée à Thoumosis Ier fut retrouvée dans ce secteur, cf. W.M.Fl. PETRIE, J.H. WALKER, *op. cit.*, pl. VII-46. Le domaine de Thoutmosis Ier dura jusqu'à Séthy Ier au moins. Pour les mentions, cf. bloc Berlin nº 1638, G. ROEDER, *Inschriften des Neuen Reiches : Statuen, Stelen und Reliefs*, *ÄgInschr* 2, Leipzig, 1924, p. 105 (Thoutmosis III) ; stèle Florence nº 2589, S. BOSTICCO, *Museo archeologico di Firenze. Le Stele Egiziane II*, Rome, 1965, p. 29-31, fig. 22 (Amenhotep III ?) ; lignes 11 et 27 de la Stèle de la Restauration de Karnak, CGC 34183 ; J. BENNETT, *JEA* 25, 1939, p. 9-10, cf. p. 12. (Toutânkhamon) ; stèle de Aÿ à Giza, Chr. ZIVIE, *op. cit.*, p. 177-182 (NE 47), p. 273-274, pl. 13 (Aÿ) ; P. BN 203 et 204, *KRI* I, p. 244, 13 ; p. 250, 12. (Séthy Ier). Le lien étroit entre le palais royal et la « demeure de Thoutmosis Ier » est assuré par la stèle de Florence (S. BOSTICCO, *op. cit.*, p. 29-31, fig. 22) qui met en parallèle la « salle d'audience » du palais et la fondation de Thoutmosis Ier.

64 U. HÖLSCHER, *Das Grabdenkmal des Königs Chephren*, Leipzig, 1912, p. 108, fig. 159 ; Chr. ZIVIE, *op. cit.*, p. 164-166, nº NE 37.

(...) [4]| *Jn ḥry pḏ.t sꜣ n(y)-sw.t* [5]| *[n(y) ẖ.t=f] mr(y)=f P(ꜣ)-n(y)-tp-jḥw* [6]| (déterminatif[s]).

(...) [4]| *Par le supérieur des archers, le fils royal* [5]| *[de sa chair], son aimé* **[a]**, *Pentepihou* [65] [6]| (déterminatif[s]) **[b]**.

a. Les deux signes sont conservés sur la partie gauche. Cela permet d'évacuer la possibilité des lectures « fils royal de Kouch », « fils royal d'Amon » ou « fils royal d'El-Kab ».

b. Zivie suggère de placer là les deux signes ⌓⊗ dont quelques traces seraient visibles. C'est apparemment la meilleure solution pour combler la lacune et assurer ainsi que la fin de l'anthroponyme comprend bien un toponyme.

Ce fils royal, comme le remarque Zivie, est inconnu par ailleurs et il n'existe aucun autre personnage de ce nom dans les recueils prosopographiques et anthroponymiques [66]. Le style de la stèle appartient indubitablement au genre en vogue entre la fin du règne d'Amenhotep II et le milieu de celui de Thoutmosis IV [67]. Le nom du personnage, « Celui d'Atfih » fait état de ses liens avec ce chef-lieu du XXIIe nome de Haute-Égypte et il est probable qu'on ait là une indication sur l'origine du personnage. Or, il est reconnu que l'attribution du nom à un enfant dans l'Égypte ancienne est un privilège de la mère [68], c'est donc vraisemblablement du côté de la mère de Pentepihou que l'on doit rechercher cette attache provinciale.

Si l'on résume les informations fournies par les *chaouabtys* de Tenttepihou et la stèle de Pentepihou, on constate, d'une part, l'existence d'une épouse morganatique du futur Thoutmosis IV originaire d'Atfih et, d'autre part, l'existence d'un fils royal, de la fin du règne d'Amenhotep II ou du début de celui Thoutmosis IV, dont la mère avait des liens avec Atfih. Ce n'est pas forcer la documentation que de proposer que le jeune prince Pentepihou soit le fruit des amours du prince Thoutmosis et de la dame Tenttepihou.

Le sort ultérieur de ce prince est inconnu. La tombe de Thoutmosis IV a fourni les restes des canopes d'un prince Amenemhat, ceux d'une princesse Tentamon et une série anonyme qu'il est imprudent d'attribuer sans autre forme de procès à Pentepihou [69].

Quant à la dame Tenttepihou, les deux témoignages qu'elle a laissés, aussi restreints soient-ils, permettent de dessiner les contours de son existence :

65 B. SCHMITZ, *Untersuchungen zum Titel sꜣ-njzwt « Königssohn »*, Bonn, 1976, p. 274-276, considère que le personnage n'est pas un véritable fils de roi. A. DODSON, « Crown Prince Djehutmose and the Royal Sons of the Eighteenth Dynasty » *JEA*, 76, 1990, p. 96, n° 27, n'a pas su, comme souvent, reconnaître le nom propre qu'il rend : *[...]pentepkau*.

66 *PN* I, p. 112, 15.

67 Chr. ZIVIE, *op. cit.*, p. 165 ; B. BRYAN, *op. cit.*, p. 289.

68 E. FEUCHT, *Das Kind im alten Ägypten : die Stellung des Kindes in Familie und Gesellschaft nach altägyptischen Texten und Darstellungen*, Frankfort, New York, 1995, p. 107-108.

69 Th. M. DAVIS, *The Tomb of Thoutmôsis IV*, Westminster, 1904, p. 6, [sans n°], CG 46036, cf. pl. III [1] ; Chr. LILYQUIST, « Some Dynasty 18 Canopic Jars from Royal Burials in the Cairo Museum », *JARCE* 30, 1993, p. 115, fig. 13.

Tenttepihou connut le jeune Thoutmosis vraisemblablement dans la région de Memphis, du Fayoum ou dans sa cité d'origine, Atfih. Le fils du roi fut apparemment séduit par cette jeune femme et de leur liaison naquit au moins un prince, nommé Pentepihou en hommage à la cité d'origine de sa mère. Lorsque Thoutmosis IV devint roi, il n'éleva pas son ancienne amante à la dignité de reine car celle-ci n'eut pas la possibilité d'inscrire son nom dans un cartouche. Cette place éminente fut occupée successivement ou simultanément par les reines Nefertari [70] et Iâret [71]. Comme la rivale de Nefertiti, la mystérieuse Kiya, qui n'eut, elle non plus, pas droit à un cartouche, Tenttepihou eut néanmoins un statut enviable. Elle conserva le droit de porter rétrospectivement le titre de « grande épouse royale » que ne porta jamais Kiya et l'on doit garder en mémoire, à titre de comparaison, que la mère de l'héritier, Moutemouiya, est absolument ignorée de la documentation contemporaine du règne de Thoutmosis IV, bien que son rang sous le règne de ce dernier fut certainement privilégié [72]. Le jeune prince Pentepihou fut reconnu par le roi qui lui conféra le titre de « fils royal » et l'éleva à la charge de « supérieur des archers » mais on ignore s'il vécut suffisamment pour connaître le règne de son demi-frère Amenhotep III [73].

Le reste de la vie de Tenttepihou est aussi un mystère [74]. Notre dame d'Atfih ne figure pas au nombre des membres de l'entourage de Thoutmosis IV de la cachette Rhind à Thèbes [75] ni parmi celles qui furent inhumées probablement sous Amenhotep III vers l'Ouady Bariya à l'ouest de Malqatta [76] et il est plus vraisemblable qu'elle fut enterrée à Memphis d'où la tradition des *chaouabtys* de meuniers semble originaire [77]. Pour les figurines qui devaient l'accompagner dans l'au-delà, et dont une au moins adoptait une iconographie rare, Tenttepihou fit visiblement preuve

70 L. TROY, *op. cit.*, p. 165 : 18.28 ; B. BRYAN, *op. cit.*, p. 108-110 ; Cl. VANDERSLEYEN, *op. cit.*, p. 348 ; A. CABROL, *op. cit.*, p. 45, où est suggéré que Nefertary et Moutemouiya puissent n'être qu'une seule et même personne ayant changé de nom à l'avènement d'Amenhotep III.

71 L. TROY, *op. cit.*, p. 165 :18.29 ; B. BRYAN, *op. cit.*, p. 110-113 ; Cl. VANDERSLEYEN, *op. cit.*, p. 341, 348 ; A. CABROL, *op. cit.*, p. 45-48.

72 Sur Moutemouiya, voir en dernier lieu A. CABROL, *op. cit.*, p. 45. Un fragment de stèle trouvé sous un édifice d'Amenhotep IV sur la rive gauche de Thèbes la mentionne encore, cf. M. KALLOS, Chr. LEBLANC, M. NELSON, « L'ensemble monumental dit "Chapelle de la reine blanche" », *Memnonia* 7, 1996, p. 76-77.

73 Peut-être figurait-il parmi les six frères du prince Amenhotep dans la tombe d'Heqaerneheh TT 64 ? Cf. PM I/1, p. 128 (7).

74 La discrétion n'est semble-t-il pas l'apanage des seules amours ancillaires en Égypte ancienne.

75 A. DODSON, J.J. JANSEN, « A Theban Tomb and its Tenants », *JEA* 75, 1989, p. 125-138. Une fille royale de Thoutmosis IV nommée Pyihia, figure au nombre des jeunes femmes concernées par les étiquettes de momies de la tombe Rhind (*ibid.*, p. 130, n° 4). Il est délicat de l'identifier avec « l'ornement royal Pyihou » dont un canope fut retrouvé à Thèbes, cf. G. LEGRAIN, « Fragments de canopes », *ASAE* 4, 1903, p. 143, n° 36. Le nom est encore attesté dans les papyrus du règne d'Amenhotep III provenant de Ghourob, cf. A.H. GARDINER, « Four Papyri of the 18th Dynasty from Kahun », *ZÄS* 43, p. 30, 35, 37. Une identification avec Tenttepihou est *a priori* exclue.

76 G. LEGRAIN, *op. cit.*, p. 138-149 ; *id.*, « Notes d'inspection XV - Seconde note sur des fragments de canopes », *ASAE* 5, 1904, p. 139-140 ; P.E. NEWBERRY, « Extracts from my Notebooks VII », *PSBA* 25/8, 1903, p. 358-359 ; V. RAISMAN, G.Th. MARTIN, *Canopic Equipment in the Petrie Collection*, Warminster, 1984, p. 14, n° 10, pl. 17 ; S. REDFORD, « A Canopic Jar for a Court Lady », *ATP Newsl.* 1994/2, p. 3. Pour l'origine probable de ces pièces, cf. H. CARTER, « A Tomb Prepared for the Queen Hatshepsuit and other Recent Discoveries at Thebes », *JEA* 4, 1917, p. 111-112, et F. DEBONO, dans R. COQUE, F. DEBONO, Chr. DESROCHES-NOBLECOURT, M. KURZ, R. SAID, *Graffiti de la montagne thébaine* I/3, CEDAE, Le Caire, 1972, p. 46-48, pl. CCXXXVII/b. À signaler, également, qu'un canope fragmentaire d'une « épouse royale » (à moins qu'il ne s'agisse d'une mauvaise lecture pour « nourrice royale ») fut retrouvé dans la « vallée des trois puits », cf. G. DARESSY, « Trois points inexplorés de la nécropole thébaine », *ASAE* 2, 1901, p. 136, fragment que l'on peut comparer à ceux exhumés dans la Vallée des Reines, cf. A.-M. LOYRETTE, « Deux princesses sortent de l'oubli », *Archéologia* 228, 1987, p. 38-42.

77 À l'exception de la figurine de Senenou au Brooklyn Museum (Brooklyn 37.120E) qui proviendrait de Thèbes d'après les inventaires et de celle de Saïset qui doit provenir d'Abydos (malgré les indications données par T.G.H. James), toutes les autres figurines peuvent être attribuées à la nécropole memphite.

d'un certain non-conformisme. En renonçant à faire inscrire les habituelles formules tirées du Livre des Morts, elle s'éloignait déjà des modèles contemporains. En prenant le soin de faire composer et graver la modeste notice biographique qui achève l'inscription de ses statuettes funéraires, elle innova. À la suite d'une titulature de reine, qui devait rappeler l'importance du rôle qu'elle avait tenu auprès du prince, Tenttepihou tint à évoquer sobrement l'événement sans doute le plus important à ses yeux de toute son existence : elle avait été aimée du roi avant qu'il ne soit roi. Avec simplicité, elle signalait en même temps qu'elle n'était pas devenue reine, en dépit du fait qu'un jeune prince au moins était né de cette union. Le souvenir de cet amour apparemment unique – on n'en connaît pas d'autre [78] – et qui fut peut-être l'un des premiers du pharaon, dut occuper longtemps son esprit et, au soir de sa vie, Tenttepihou convint encore d'emporter dans sa tombe une trace de cette passion que la mort elle-même n'a pu effacer.

78 Le Thoutmosis propriétaire de la tombe thébaine n° 342 avait pour épouse une dame Tepihou qu'il est déraisonnable d'identifier *ex abrupto* avec Tenttepihou. La tombe paraît d'ailleurs remonter au règne de Thoutmosis III, cf., PM I/1², p. 409-410 ; Fr. KAMPP, *Die Thebanische Nekropole zum Wandel des Grabgedankes von der XVIII. bis zur XX. Dynastie*, *Theben* 13/2, Mayence, 1996, p. 581-582.

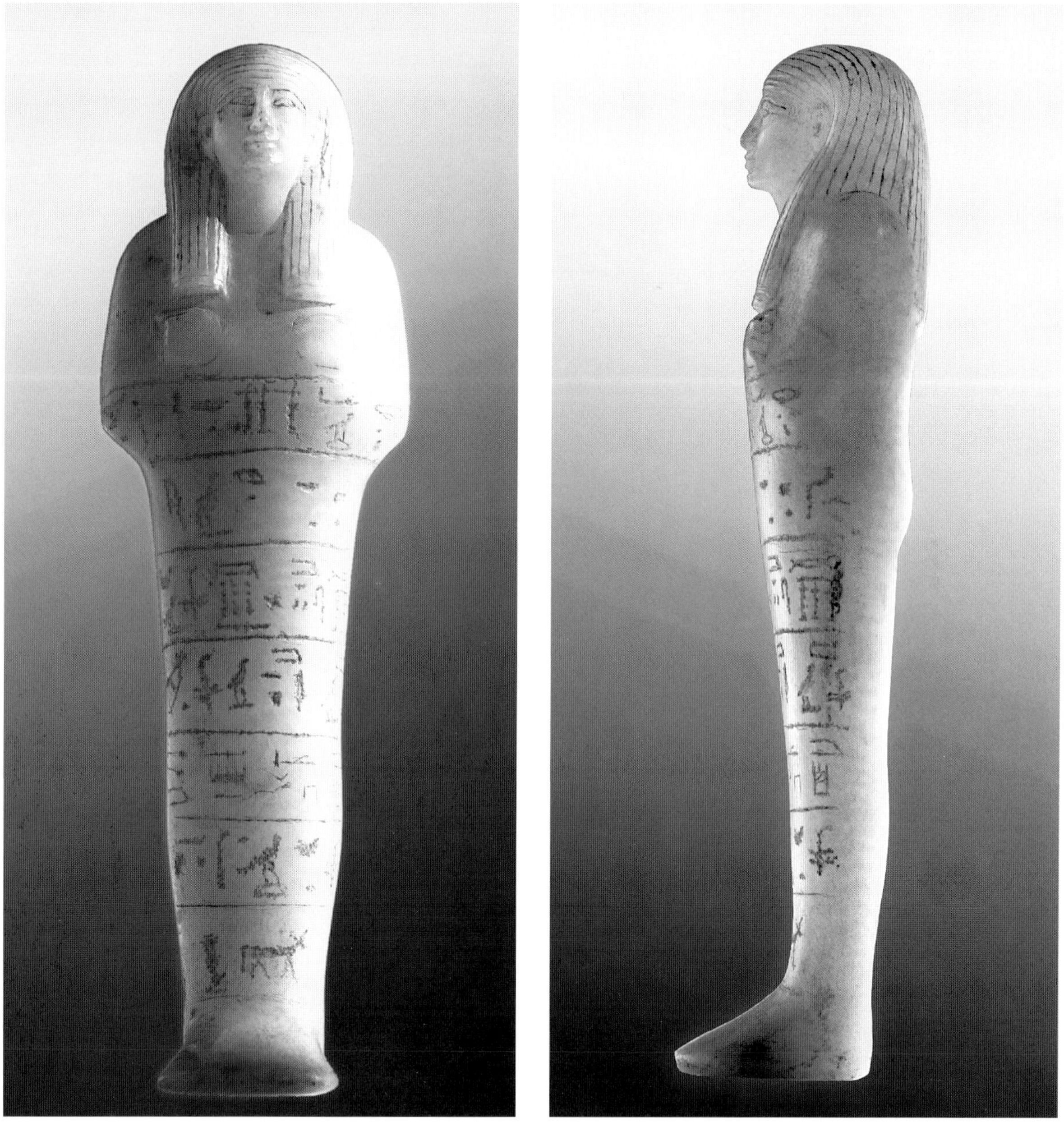

Fig. 1-2. Figurine Marseille inv. n° 365 (cliché J. Rizzo).

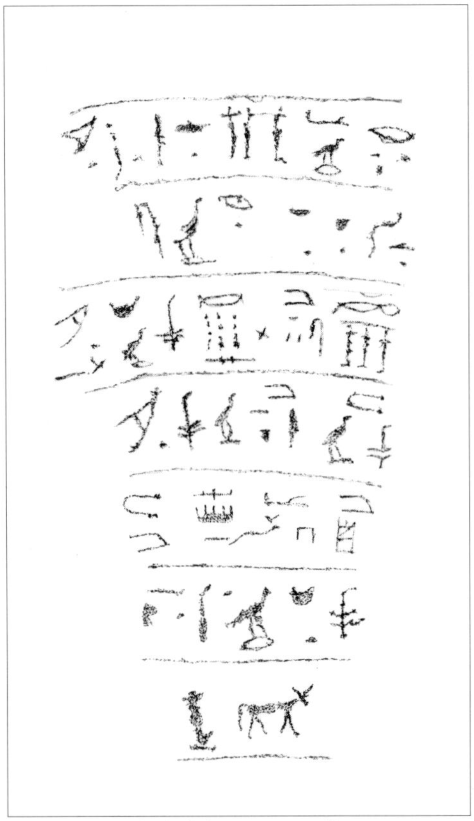

Fig. 3. Fac-similé de la figurine Marseille, inv. n° 365 (dessin Marc Gabolde).

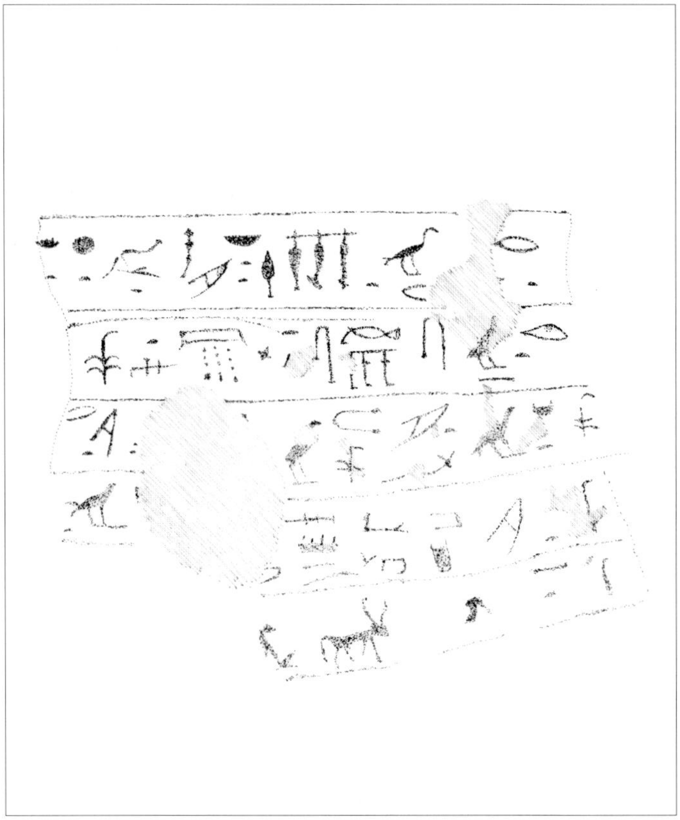

Fig. 5. Fac-similé de la figurine Marseille, inv. n° 366 (dessin Marc Gabolde).

Fig. 4. Figurine Marseille, inv n° 366 (cliché J. Rizzo).

Fig. 6. Stèle de Penttepihou de Giza
(d'après U. Hölscher, *Das Grabdenkmal des Königs Chephren*, Leipzig, 1912, p. 108, fig. 159).

Le groupe familial de Pachéryentaisouy

Caire JE 36576

Ivan GUERMEUR

À M. Herman De Meulenaere en très respectueux hommage.

IL EST des monuments importants que les hasards de l'égyptologie ont condamnés à l'oubli ; c'est assurément à ces *monumenta oblita* qu'appartient la statue Caire JE 36576 [1], tant du point de vue de l'histoire de l'art, des textes qu'elle comporte, que de son origine. Si l'on sait que le groupe de Pachéryentaisouy a été découvert en 1904 à Karnak par G. Legrain, en revanche le secteur précis de la trouvaille dans l'ensemble d'Amon-Rê n'est pas bien établi : il n'est pas certain qu'il provienne de la fameuse *favissa* [2].

L'étude de ce monument a été entreprise dans le cadre d'un doctorat sur les cultes d'Amon hors de Thèbes mené sous la direction de Mme Christiane Zivie-Coche, soutenu à Paris en juin 2001 ; cf. I. GUERMEUR, *Les cultes d'Amon hors de Thèbes, BEHE Sciences religieuses* 123, Turnhout, 2004, p. 159-161. Il m'est agréable de remercier Mme Christiane Zivie-Coche, MM. Herman De Meulenaere, Didier Devauchelle, Philippe Collombert, Laurent Coulon, Jean-Claude Goyon, et Dimitri Meeks, que j'ai eu l'occasion de consulter et dont les avis experts m'ont été d'une aide inestimable. Cette étude était déjà avancée quand le livre de K. JANSEN-WINKELN, *Biographische und religiöse Inschriften der Spätzeit aus dem Ägyptischen Museum Kairo, ÄAT* 45, Wiesbaden, 2001 (abrégé K. JANSEN-WINKELN, *Biographische und religiöse Inschriften* par la suite), a paru ; le document y est présenté : vol. I, p. 136-164 et vol. II, p. 393-399, pl. 54-56. Puisque dans ce travail, où les textes de quarante et une autres statues sont traduits, la statue de Pachéryentaisouy ne fait pas l'objet de commentaires particuliers et le sens de plusieurs passages n'ayant pas été mis en évidence, il m'a semblé utile de poursuivre cette étude et de ne relever au fur et à mesure que les divergences majeures. Les photographies sont l'œuvre d'Alain Lecler et les dessins ont été réalisés par Mahmoud Bakhit, collaborateur technique du projet de paléographie hiéroglyphique dirigé par Dimitri Meeks qui lui a très amicalement permis de se consacrer à cette tâche difficile. À tous trois j'adresse mes remerciements.

1 PM, II², p. 284 ; I. WOLDERING, « Zur Plastik der Äthiopenzeit », *ZÄS* 80, 1955, p. 73, n. 4 ; P. VERNUS, « Le nom de Xoïs », *BIFAO* 73, 1973, p. 31 ; *id.*, *LÄ* VI, col. 1304, n. 20, *s. v.* « Xoïs » ; O. PERDU, « Le "directeur des scribes du conseil" », *RdE* 49, 1998, p. 191, n. 62 ; K. JANSEN-WINKELN, *Sentenzen und Maximen in den privatinschriften der Ägyptischen Spätzeit, ACHET Schriften zur Ägyptologie B* 1, Berlin, 1999, p. 34, 71, 76, 104, 128, 138 ; G. VITTMANN, *Altägyptische Wegmetaphorik, BeitrÄg* 15, Vienne, 1999, p. 132, n° 11.25 ; K. JANSEN-WINKELN, « Zum Verständnis der 'Saitischen Formel' », *SAK* 28, 2000, p. 90, n. 55, 99, 112 (n° 89), 121 ; I. GUERMEUR et Chr. THIERS, « Un éloge xoïte de Ptolémée Philadelphe. La stèle BM EA 616 », *BIFAO* 101, 2001, p. 200.

2 Je remercie M. Michel Azim qui m'a éclairé sur la provenance probable de l'objet : celui-ci porte le n° K.5 dans le journal de fouilles de Legrain, il aurait été découvert au tout début de 1904 ; cf. M. AZIM, G. REVEILLAC, *Karnak dans l'objectif de Georges Legrain*, Paris, 2004, I, p. 331-332, II, p. 295. Cependant, dans ses premiers numéros, ce dernier mêle des objets provenant de la cachette et d'autres objets. Laurent Coulon m'a signalé par ailleurs qu'il a pu retrouver dans les archives du Cfeetk conservées à Karnak, des estampages de JE 36576 dont-il m'a procuré des tirages photographiques. Pour un point de vue récent sur cette découverte et le matériel qui en est issu : H. DE MEULENAERE, « Prosopographie thébaine de l'époque ptolémaïque à la lumière des sources hiéroglyphiques », dans S. P. Vleeming (éd.), *Hundred Gated Thebes, P.L.Bat* 27, Leyde, 1995, p. 83.

Description

Le groupe appartient à un haut personnage originaire de Xoïs [3] pour qui l'on a consacré ce monument dans le sanctuaire d'Amon, son dieu tutélaire, dans sa capitale théologique et historique [4]. C'est entouré de ses parents qu'il a été représenté [5] ; sans doute le commanditaire du monument – son fils Achakhet – l'a-t-il consacré à l'occasion d'une des grandes liturgies thébaines [6] : Opet, Belle fête de la Vallée ou rites décadaires. Cependant, on ne peut préciser davantage la nature de cette cérémonie ; en effet, dans une partie du texte, le propriétaire émet le vœu de participer aux festivités des rites décadaires de Djamê tout en mentionnant la Fête de la Vallée [7].

Le groupe de trois personnages en diorite, ou grauwacke [8], figure – assis contre un large appui dorsal – Pachéryentaisouy, son père Âchakhet et sa mère (Ta)néferetyou ; il mesure 59,5 cm de hauteur, 53 cm de largeur pour une profondeur de 38 cm. On connaît assez peu d'exemples de ces groupes, pour cette époque en particulier [9]. Au milieu du groupe, Pachéryentaisouy porte une perruque lisse, telle qu'on la rencontre depuis le Moyen Empire [10] et que l'on retrouve aux époques récentes [11] ; les oreilles sont bien dégagées. Il est engoncé dans un long manteau dont seuls les pieds et une main dépassent [12] ; l'encolure en V est fortement marquée mais elle laisse percevoir le vêtement porté sous cet habit : une chemise dont on distingue l'encolure. La main gauche, à plat sur la poitrine, dépasse d'un manteau maintenu par le poing droit. Cette attitude et ce vêtement sont couramment attestés au Moyen Empire [13], au Nouvel Empire [14], et aussi à l'époque éthiopienne [15].

À droite, Âchakhet, le père, lui aussi coiffé de cette perruque, porte un vêtement que d'aucuns ont qualifié de « costume de vizir » : il apparaît au Moyen Empire [16], est connu au Nouvel Empire [17]

3 I. GUERMEUR, Chr. THIERS, *op. cit.*, p. 197-219.

4 On connaît d'autres cas similaires : par exemple le général Pétimouthès, originaire de Tell el-Balamoun, dont la statue Turin cat. 3062, est complétée par un fragment découvert à Karnak (J. QUAEGEBEUR, dans *The Judean-Syrian-Egyptian Conflict of 103-101 B.C. A Multilingual Dossier Concerning a « War of Sceptres »*, *CollHell* I, Bruxelles, 1989, p. 88-108), et le groupe Caire JE 37339 figurant deux personnages originaires de Balamoun, qui ont consacré à Amon de Thèbes un groupe statuaire les représentant en costume de cérémonie ; cf. I. GUERMEUR, *Les cultes d'Amon*, p. 222-226 et K. JANSEN-WINKELN, *Biographische und religiöse*, n° 42, I, p. 267-273, II, p. 440-441, pl. 90-91 ; voir aussi Caire JE 37328 ; K. JANSEN-WINKELN, *op.cit.*, n° 41.

5 Cf. *infra*, fig. 1, 2 et 3.

6 Un des buts principaux des pèlerinages était de participer à des cérémonies particulières, cf. J. YOYOTTE, dans *SourcOr* 3, Paris, 1960, p. 22-24, 54-57 et 60-61. Pour ce qui est des liturgies thébaines aux époques récentes, cf. Cl. TRAUNECKER *et al.*, *La Chapelle d'Achôris à Karnak*, II, *Recherches sur les grandes civilisations. Synthèse* 5, Paris, 1981, p. 130-142.

7 Il semble qu'à la Basse Époque une sorte de fusion a été opérée entre certaines liturgies, en particulier celles de la Fête de la Vallée et les rites décadaires : cf. Cl. TRAUNECKER, *loc. cit.* et A. CABROL, *Les voies processionnelles de Thèbes*, *OLA* 97, Louvain, 2001, p. 541-542. Cf. *infra*, Texte D, col. 2 et 3 de l'appui dorsal.

8 Il n'est pas aisé de déterminer la nature de la pierre employée.

9 Je n'ai pu réunir que de rares exemples comparables : un groupe saïte dans le commerce des antiquités cairote (B. LETELLIER, « Un groupe héliopolitain de Basse Époque », *BIFAO* 70, 1971, p. 123, n. 1) ; le groupe Caire CG 882 (L. BORCHARDT, *Statuen und Statuetten von Konigen und Privatleuten*, III, *CGC*, Leipzig, 1930, p. 133-134) ; le groupe Baltimore Walters Art Gallery 53 (G. STEINDORFF, *Catalogue of the Egyptian Sculpture in the Walters Art Gallery*, Baltimore, 1946, p. 29, pl. XII) ; un groupe conservé à Athènes (ANE 39 [PM VIII, 801-722.020]) avec trois personnages debout appuyés contre un dossier. H. De Meulenaere me signale aussi les exemples Louvre N 663 (E. Otto, *MDAIK* 15 [1957], p. 207-206) ; Le Caire JE 37376 (PM II², p. 158) et Louvre E. 32.648 (inédit).

10 J. VANDIER, *Manuel d'archéologie égyptienne*, III, *la statuaire*, Paris, 1958, p. 251-252 ; cf. aussi E. DELANGE, *Catalogue des statues égyptiennes du Moyen Empire 2000-1500 av. J.-C.*, Paris, 1987, p. 131, 144, 203.

11 Cf. B. V. BOTHMER *et al.*, *ESLP*, n°s 3, 4, 5, 18, 20, 21, 22, 26, 27, 28, 30, 34, 35, 37, 38, 39, 45, 46, 47, 48, 49, 52, 57, 58, 59, 60, 61, 62, 63, 67, 68, 76, 79, 89, 102, 117.

12 Comparer avec *ibid*, n° 10.

13 Cf. J. VANDIER, *op. cit.*, p. 231 et J.-L. CHAPPAZ, « Une statuette de la fin du Moyen Empire au Musée de Genève », dans *Ægyptus Museis Rediviva. Miscellanea in Honorem Hermanni De Meulenaere*, Bruxelles, 1993, p. 63-66 pour la description et en particulier n. 2 et 7.

14 Cf. J. VANDIER, *op. cit.*, p. 495-496.

15 Cf. J. LECLANT, *Montouemhat, quatrième prophète d'Amon, prince de la ville*, *BdE* 35, Le Caire, 1961, doc. 9, p. 58-59 pour la description du monument.

16 Cf. J. VANDIER, *op. cit.*, p. 250.

17 Cf. *ibid.*, p. 496.

mais plus rarement attesté aux époques récentes [18]. Il est composé d'une longue jupe maintenue par une cordelette qui passe autour du cou et qui est nouée sur la partie avant du costume. Dans la main droite, le personnage tient un linge que l'on retrouve régulièrement sur les statues [19]. Le bras gauche est placé derrière Pachéryentaisouy et rejoint vraisemblablement le bras droit de (Ta)nefertiyou : attitude répertoriée sur des triades du Nouvel Empire [20]. La mère est vêtue du costume traditionnel des femmes, connu depuis l'Ancien Empire [21], et porte une coiffure lisse laissant apparaître les oreilles ; sa main gauche est posée à plat sur les genoux.

Du point de vue des critères stylistiques, ce groupe est difficile à dater ; on pourrait être tenté de le faire remonter tout aussi bien au Moyen Empire, au Nouvel Empire ou à l'époque éthiopienne. Cependant, les critères épigraphiques ne permettent pas de proposer une date antérieure à la XXXe dynastie [22]. On peut aussi imaginer qu'il s'agit d'un monument ancien remployé, comme cela est attesté – essentiellement pour les statues royales –, mais demeure difficilement démontrable dans le cas de la statuaire privée [23]. De ce point de vue, il faut d'ailleurs remarquer qu'aucune trace d'arasement n'est visible, le cas échéant, il s'agirait d'un monument anépigraphe, remployé. Sans doute paraîtra-t-il plus raisonnable de considérer que cette œuvre d'art s'apparente à un courant de la sculpture de la XXXe dynastie et du début de l'époque ptolémaïque cherchant à retrouver les solutions « archaïsantes » qu'avaient initiées les artistes des époques éthiopiennes et saïto-perses [24] ; un souci de reprendre des schémas et des canons remontant aux plus hautes époques, sans les imiter simplement, mais en les réactualisant, comme « imitations académiques d'œuvres anciennes [25] ».

Les textes

Une des caractéristiques de ce monument – ce qui en fait toute la richesse – est sans conteste la quantité et la nature des textes qui le recouvrent :

– sur sa partie antérieure cinq colonnes de hiéroglyphes sont complétées par une colonne à droite donnant le nom des personnages et leurs principaux titres (Texte A) ;

– sur les côtés du siège et les montants de l'appui dorsal sont gravées cinq colonnes à droite (Texte B), outre la colonne se rattachant au texte A, et six à gauche (Texte C) ; les deux textes sont des appels aux prêtres ;

18 Cf. B. V. BOTHMER *et al.*, *ESLP*, p. 85, n°s 63, 65, 66, 69, 112, 115.

19 Cf. *ibid.*, n°s 30, 32, 33, 92, où le linge est qualifié de : « folded kerchief » ; E. ROGGE, *Statuen der Spätzeit (750 – ca. 300 v. Chr.)*, *CAA Wien* 9, Mayence, 1992, p. 5-15.

20 Cf. J. VANDIER, *op. cit.* p. 447, n^o^ Ca.

21 Comparer avec B. V. BOTHMER *et al.*, *ESLP*, n° 11.

22 Portant la « formule saïte » sur l'appui dorsal, le monument ne peut pas être postérieur au IIIe siècle av. J.-C., ce formulaire n'étant plus attesté après cette époque ; cf. H. DE MEULENAERE, « Trois membres d'une famille sacerdotale thébaine », *CdE* 68, 1993, p. 64 ; K. JANSEN-WINKELN, « Zum Verständnis der 'Saitischen Formel' », *SAK* 28, 2000, p. 86 ; par ailleurs, le personnage est qualifié de *rḫ nswt*, or ce titre « tombe en désuétude sous les dynasties lagides » : H. DE MEULENAERE, « Prosopographie thébaine de l'époque ptolémaïque à la lumière des sources hiéroglyphiques », dans S. P. Vleeming (éd.), *Hundred Gated Thebes*, *PLB* 27, Leyde, 1995, p. 84 et n. 4 ; L. COULON, « Un serviteur du sanctuaire de Chentayt à Karnak. La statue Caire JE 37134 », *BIFAO* 101, 2001, p. 141, n. j. On ne trouve en effet, « aucun exemple certain postérieur à l'an 4 de Philippe Arrhidée » : H. DE MEULENAERE, *loc. cit.*

23 Cf. Th. DE PUTTER et Chr. KARLSHAUSEN, *Les pierres utilisées dans la sculpture et l'architecture de l'Égypte pharaonique. Guide pratique illustré*, *Connaissance de l'Égypte ancienne* 4, Bruxelles, 1992, p. 80 n. 23, à propos des statues Turin 3063 et Vienne 64 ; voir aussi, peut-être, la dyade de Chedsounefertoum, Caire CG 741 : I. GUERMEUR, *Les cultes d'Amon*, p. 48-50 et pl. II-III.

24 Dans ce sens : B. V. BOTHMER *et al.*, *op. cit.*, p. XXXVII, p. 114-116, et *passim* ; H. DE MEULENAERE, *CdE* 68, 1993, p. 61-63 ; O. PERDU, « Un monument d'originalité », *JEA* 84, 1998, p. 123-126.

25 H. DE MEULENAERE, *op. cit.*, p. 84 et n. 4.

– sur l'appui dorsal se développe un très long texte de vingt-quatre colonnes, divisé en deux parties : la première (Texte D) est composée sept colonnes (col. 1-7) qui sont écrites de droite à gauche et l'autre (Texte E) en comporte dix-sept, inscrites de gauche à droite (col. 8-24).

Texte A (6 colonnes)

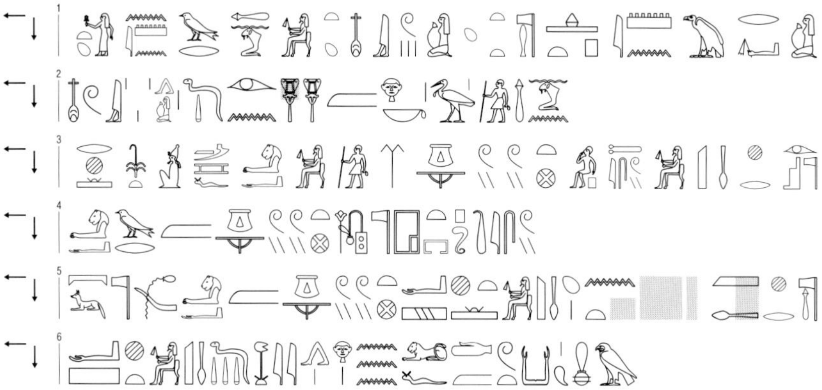

« La chanteuse d'Amon l'ancien, grand de prestige, l'auguste, (Ta)néfertyou **a***, la fille du prophète Hétepimen* **b***, (le nom de sa) mère étant (Isis)irdi(s)* **c***. (Ta)néferetyou, récitation : "Je joue du sistre devant toi,* ba *auguste, grand de prestige {de}* **d***".*
Le connu véritable du roi, qu'il aime, le gouverneur et grand **e** *de Xoïs, Pachéryentaisouy* **f***, juste de voix auprès d'Osiris. Le gouverneur et grand de Xoïs, scribe du temple, [Pachéryenta]is[ouy] (?).*
Le stoliste **g***, gouverneur de Xoïs, Âchakhet* **h***, juste de voix, fils de [.........], juste de voix auprès du grand dieu. Âchakhet, juste de voix, récitation : "le fidèle* **i** *à son seigneur, que l'on énonce son nom comme (on le fait pour le) dieu". »*

a. *(Tꜣ)-nfr.t-ỉj.w*, « La belle est venue », nom recensé par Ranke, *PN* I, 361, II, 395 ; E. Lüddeckens (éd.), *Demotisches Namenbuch* I, Wiesbaden, 1980-2001, p. 1067 (abrégé *Dem. Nb.* I, par la suite).

b. *Ḥtp-Ỉmn* (gr. Ἐτπεμοῦνις), Ranke, *PN* I, 258,1 ; E. Lüddeckens (éd.), *Dem. Nb.* I, 847.

c. Ce passage est vraisemblablement corrompu, la lecture du nom 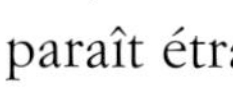 est problématique ; K. Jansen-Winkeln, *Biographische und religiöse*, I, p. 138, 151, n. 7 et II, p. 393, a proposé de le lire *Mwt-r-ḫwj* et a supposé qu'il s'agissait de la grand-mère de (Ta)nefertiou, la mère de Hétepimen ; toutefois, outre le fait que cet anthroponyme n'est pas recensé [26], il paraît étrange qu'aucun lien généalogique n'ait été indiqué. La compréhension du passage n'est possible qu'à la lumière de la colonne 7 du Texte D où l'on peut lire : 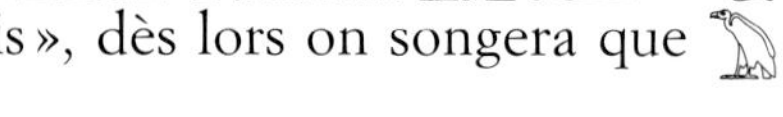 « la fille du prophète Hétepimen, le nom de sa mère est Isisirdis », dès lors on songera que est une graphie

26 Renseignements aimablement communiqués par Mme Michelle Thirion et M. Didier Devauchelle.

abrégée et fautive de <*rn*> *mwt*<*.s*> <*ꜣst*>*-ỉr-dỉ*<*.s*> [27]. Pour Isisirdis (gr. Ἐσερτάις), voir Ranke, *PN* I, 3, 19 ; E. Lüddeckens (éd.), *Dem. Nb.* I, 75.

d. La fin de la colonne n'a pas été gravée [28]. Doit-on en déduire que le lapicide, par manque de place, n'a pas pu poursuivre son travail ou bien la dureté du matériau en cet endroit l'a-t-elle fait renoncer [29] ?

e. *ḥꜣtj-ꜥ wr*, « gouverneur et grand » : *wr* dans ce cas est un titre de notable que l'on rencontre en particulier dans les titulatures de gouverneurs et de généraux pendant les dernières dynasties indigènes ; cf. *Wb* I, 328,14-329, 30 ; J. Yoyotte, « Les principautés du Delta au temps de l'anarchie libyenne (études d'histoire politique) », dans *Mélanges Maspero* I/4, *MIFAO* 66, Le Caire, 1961, p. 154-155, 154, n. 2 ; et E. Graefe dans M. Bietak–E. Reiser–Haslauer, *Das Grab des ꜥAnkh-Hor*, I, Vienne, 1982, p. 47-48.

f. *Pꜣ-šrj-(n)-tꜣ-ỉswj* (gr. Ψιντεσώυς), « l'enfant de la brebis » ; cf. M. Thirion, « Notes d'onomastique. Contribution à une révision de Ranke *PN* (3ᵉ série) », *RdE* 34, 1982-1983, p. 103-104 ; *id.*, *RdE* 51, 2001, p. 273 où cet exemple est mentionné ; le nom est sans doute lié au bélier d'Amon. Plusieurs Pachéryentaisouy sont recensés par la *Prosopographia Ptolemaica* (nᵒˢ 768, 5887-5891, 5891a) et par le *Demotisches Namenbuch* I, p. 263. Le propriétaire de la stèle Vatican 128 A, originaire de Sebennytos, porte également ce nom [30]. On notera ici les variantes graphiques : et . Parmi les membres de la famille de Psentesôus, beaucoup portent des noms liés à la divinité poliade familiale, Amon : son épouse s'appelle *Tꜣ-(nt)-Ỉmnt* (Ταμοῦνις) « celle d'Amonet [31] », son petit-fils porte le même nom que lui et son grand-père maternel se nomme *Ḥtp-Ỉmn*.

g. Les deux titres *ḥrj-sštꜣ*, « le supérieur des secrets » et *ꜥb nṯr*, « purificateur du dieu », correspondent à ce que les Grecs ont appelé le στολιστής, c'est-à-dire le prêtre qui entre quotidiennement dans le saint des saints et effectue l'habillement et la toilette de la divinité [32] ; titre traduit en grec par ἱεροστολισταί dans les décrets de Canope et de Rosette [33] ; cf. A. Gutbub, *Les Textes fondamentaux de la théologie de Kôm Ombo* I, *BdE* 47, Le Caire, 1973, p. 155, n. (k) ; H. De Meulenaere, « Une famille sacerdotale thébaine », *BIFAO* 86, 1986, p. 141, n. 3 et G. Vittmann, *LÄ* VI, col. 63-65, *s. v.* « Stolist ».

h. *ꜥšꜣ-jḫ.t*, « le riche » (gr. Ἀσῦχις) : Ranke, *PN* I, 71, 11-12 ; E. Lüddeckens (éd.), *Dem. Nb.* I, 108. C'est un nom très courant depuis le Nouvel Empire.

i. Pour ce passage, cf. K. Jansen-Winkeln, *Sentenzen und Maximen in den privatinschriften der Ägyptischen spätzeit, ACHET Schriften zur Ägyptologie B* 1, Berlin, 1999, p. 104.

27 et ainsi que et pouvant parfois se confondre.

28 K. Jansen-Winkeln, *loc. cit.*, a cru y lire , pourtant une observation attentive du monument m'a convaincu que rien n'avait été gravé à cet endroit.

29 On remarquera en effet que dans cette partie du texte, les signes ne sont que légèrement incisés.

30 Cf. Fr.-R. Herbin, *Le livre de parcourir l'éternité*, *OLA* 58, Louvain, 1994, p. 19.

31 *PN* I, 358, 10 ; faut-il en déduire qu'à Xoïs Amonet jouait un rôle particulier ?

32 Cf. A. Moret, *Le Rituel du culte divin journalier en Égypte*, *AMG Bibliothèque d'études* 14, Paris, 1902, *passim* et M. Alliot, *Le culte d'Horus à Edfou au temps des Ptolémées*, *BdE* 20, I, Le Caire, 1949, p. 59-81 et 395-396.

33 *Urk.* II, 126,9 et 172,4 ; Fr. Daumas, *Les moyens d'expression du grec et de l'égyptien comparés dans les décrets de Canope et de Memphis*, *CASAE* 16, Le Caire, 1952, p. 182-183, n. e.

Texte B

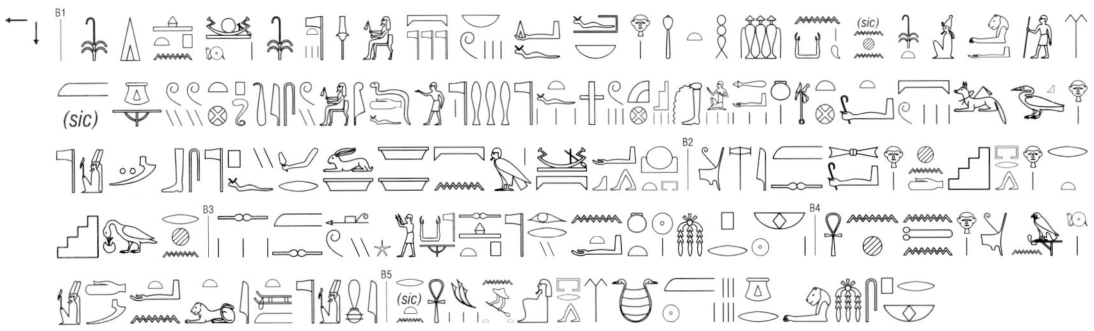

« Offrande que donne le roi à Amon-Rê, le roi des dieux, la puissance vénérable, le supérieur de tous les dieux [j]*, afin qu'il accorde tout ce qui sort de l'autel pour le* ka *du connu* [k] *du roi, le gouverneur et grand de Xoïs, Pachéryentaisouy, juste <de voix>. Il dit : "Ô les prophètes, les pères divins, ceux qui sont dans Karnak, les purs, les grands de Thèbes-la-victorieuse, les supérieurs des secrets qui sont admis auprès du dieu à voir cette image sacrée* [l]*, qui ouvrent les portes du ciel au* ba *qui traverse le ciel* [m]*, qui pénètrent l'horizon et ce qui est en lui* [n]*, qui s'élèvent sur l'estrade, qui montent sur l'escalier* [o]*, qui connaissent les images conscientes* [p] *en adorant le nom divin, qui apaisent le dieu en accomplissant le rituel du jour de* mesper [q]*; le visage d'Amon-Rê, le héros de celui des deux lions d'Atoum* [r] *vivra pour vous* [s] *si vous accordez les plantes* ânkhou [t] *à (ma) statue (lors de) la sortie de la cour au sixième jour avant le jour de* mesper [u]*. »*

j. Pour ces épithètes d'Amon thébain : Cl. Traunecker, « Les graffiti des frères Horsaisis et Horemheb. Une famille de prêtres sous les derniers Ptolémées », dans W. Clarysse, A. Schoors et H. Willems (éd.), *Egyptian Religion in the Last Thousand Years. Studies Dedicated to the Memory of Jan Quaegebeur*, II, *OLA* 85, Louvain, 1998, p. 1197, n. b et c.

k. La leçon est ici à nouveau corrompue ; on ne peut comprendre que *n kꜣ n <r>ḫ {n} nswt*, « pour le *ka* du connu du roi », que l'on retrouve parfaitement écrit ailleurs. Peut-être y a-t-il eu ici une confusion avec le nom de Khonsou. Comme il a été dit *supra,* n. 22, le fait que Pachéryentaisouy soit gratifié de ce titre est un élément de datation important, en effet, aucun exemple certain n'est attesté au-delà de l'époque des Argéades.

l. C'est-à-dire la statue du dieu qui se trouve dans le *naos*, l'image sacrée de la divinité. Pour ce *bs*, « image jaillissante » on verra J.-M. Kruchten [34]. On trouve un exemple comparable sur la statue Caire CG 42231[35] :  *ʿḳ.k(w)ỉ ḫr nṯr mꜣꜣ.ỉ bs pw ḏsr* « J'ai été admis auprès du dieu à voir cette image sacrée. »

34 *Annales des prêtres de Karnak (XXIe-XXIIIe dynasties) et autres textes contemporains relatifs à l'initiation des prêtres d'Amon*, *OLA* 32, Louvain, 1989, p. 40, 46, 157-159, 184, 253.

35 G. Legrain, *Statues et statuettes des rois et particuliers*, III, *CGC*, Le Caire, 1925, p. 76 ; K. Jansen-Winkeln, *Ägyptische Biographien der 22. und 23. Dynastie*, *ÄAT* 8, Wiesbaden, 1985, p. 545, l. 2 ; J.-M. Kruchten, *op. cit.*, p. 184.

m. *bꜣ dꜣỉ pt* « le *ba* qui traverse le ciel ». Pour cette métaphore, cf. J. Zandee, *Der Amunhymnus des Papyrus Leiden I 344, Verso*, *CNMAL* VII, Leyde, 1992, I, p. 186-199.

n. Ici l'ambiguïté demeure quant au sujet de *ʿḳ* : est-ce le « *ba* qui traverse le ciel » ou les officiants qui « ouvrent les portes du ciel » ? En effet, « l'horizon » est une appellation du secteur sacré du temple, et à Karnak, cette expression peut désigner plus précisément l'*Akhmenou* [36].

Le début de la colonne B2 n'est pas aisé à comprendre. K. Jansen-Winkeln (*op. cit.*, p. 144 et n. 14) a proposé de lire le signe suivant le et de comprendre le passage : « (die den 'Horizont' betreten) wegen des Geräuschs darin », en supposant que le « bruit » en question devait être « die Hymnen und Kultgesängen für den Gott ». Toutefois, le signe lu *ḫrw* pourrait parfaitement être un ou un et se lire *ỉmj* ou *ntj*. Dans le second cas, l'expression *ntj-ỉm.s* [37] désignerait ce qui se trouve à l'intérieur de l'horizon, c'est-à-dire dans le sanctuaire, le verbe *ʿḳ* après son sens traditionnel de « pénétrer dans un lieu » aurait, dans le deuxième membre de la phrase, un sens plus métaphorique : « avoir connaissance de [38] ». Dans l'hypothèse où il s'agirait d'un , on pourrait comprendre le groupe qui suit le comme une écriture explétive de *ỉmj*, la phrase se lirait alors : *ʿḳ(w) ꜣḫt n ỉmj.s* « qui pénètrent dans l'Horizon (= le sanctuaire) et dans ce qui est en lui (= le naos ?) ».

o. *ṯsj(w) ḥr ḫndw prj(w) ḥr rwd*, « qui s'élèvent sur l'estrade, qui montent sur l'escalier ». Ces expressions, comme celles qui précèdent, décrivent les actes préliminaires effectués par le ritualiste, comme il est indiqué dans le rituel du culte divin journalier ; lors de son accès au *naos*, avant de « révéler la face », le prêtre monte sur l'escalier [39].

p. *rḫ.n.sn*, « image connaissante ou consciente », est une désignation de la statue divine après qu'elle est passée par le « Château de l'or » et qu'elle y a subi les rituels d'ouverture de la bouche [40]. Un exemple de cette locution figure sur la statue d'un des Teôs de Tanis (Caire CG 700), sur la colonne 3 de l'appui dorsal : , *rdỉ sṯỉ r st rḫ.*[*n*].*f* « accorder de l'encens à la place de l'image consciente (= sanctuaire) [41] ».

Dans cette séquence, après être arrivé près du *naos*, le prêtre voit l'image sacrée du dieu en ouvrant les portes de la châsse. Il s'agit de la description d'un acte rituel : l'accomplissement du rituel du jour *mesper*.

36 D. MEEKS, *AnLex* 79.0042 ; J.-M. KRUCHTEN, *op. cit.*, p. 42, 91, 245-251.

37 Cf. W. V. DAVIES, « Tut'ankhamûn's Razor-Box : A Problem in Lexicography », *JEA* 63, 1977, p. 108.

38 D. MEEKS, *AnLex* 78.0807.

39 A. MORET, *op. cit.*, p. 104-105 ; H.H. NELSON, « Certain Reliefs at Karnak and Medinet Habu and the Ritual of Amenophis I », *JNES* 8, 1949, p. 200-232 et en *Edfou* I, 24-25 (= *Edfou* IX, pl. XI) [M. ALLIOT, *op. cit.*, p. 59, n. 4.] et *Dendara* III, 64-65 (pl. 180, 186).

40 *Wb* II, 445, 11 ; D. MEEKS, *AnLex* 77.2405, 79.1773 ; Fr. DAUMAS, « Quelques textes de l'atelier des orfèvres dans le temple de Dendara », dans *Livre du centenaire*, *MIFAO* 104, Le Caire, 1980, p. 109 n. 9 ; Cl. TRAUNECKER, « Le "Château de l'Or" de Thoutmosis III et les magasins nord du temple d'Amon », *CRIPEL* 11, 1989, p. 108-109 ; J.-M. KRUCHTEN, « Un sculpteur des images divines ramesside », dans M. Broze et Ph. Talon (éd.), *L'atelier de l'orfèvre. Mélanges offerts à Ph. Derchain*, *Lettres orientales* 1, Louvain, 1992, p. 116, n. 32 ; P. GRANDET, *Le papyrus Harris I*, *BdE* 109, Le Caire, 1994, n. 128.

41 C. ZIVIE-COCHE, *Statues et autobiographies de dignitaires. Tanis à l'époque ptolémaïque*, *TTR* III, Paris, 2004, p. 104, 129, n. tt.

q. Le jour de *mspr* est le 3e jour du mois lunaire [42], consacré à Osiris, que Parker traduit par « jour de l'arrivée [43] ». Il est représenté dans les processions qui personnifient chacun des éléments du mois lunaire. On connaît, dans le *Livre de parcourir l'éternité*, une fête *mspr* du 1er mois de *šmw* (3e jour de *pakhons*) [44] où l'on précise : « ton *ba* se pose vers Thèbes et ton image est glorieuse le jour de la fête de *mesper* du 1er mois de Chemou ». Il semble que, selon ce texte, ce jour soit l'occasion pour le *ba* du défunt d'obtenir un libre accès au temple en compagnie des prêtres (III, 26) d'assister au travail rituel accompli par le myste (III, 26-27). Voir *infra* Texte D pour ce qui concerne le défunt, dont le *ba* doit jouir de liberté.

r. Je propose de lire le groupe *rw.tj* [45] et de le comprendre, soit comme une allusion aux deux lions, c'est-à-dire à Chou et Tefnout, les enfants d'Atoum [46] ou comme une épithète d'Atoum « Celui des deux lions [47] » ou « Celui à l'aspect léonin [48] » ; tout en remarquant qu'il serait curieux qu'une épithète divine précède le nom du dieu. À propos du « syncrétisme » Atoum/Amon-Rê, notamment à Karnak, on verra les remarques de L. Gabolde, *Le « Grand château d'Amon » de Sésostris Ier à Karnak*, *MAIBL* 17, Paris, 1998, p. 150-155.

s. *ʿnḫ n.ṯn ḥr n Ỉmn-Rʿ* « le visage d'Amon-Rê vivra pour vous si... ». L'écriture du nom d'Amon-Rê est inhabituelle ; cependant, le *n* qui est sous le , signe qu'il faudrait lire *ỉm*, peut-être par confusion avec *ỉmnt*, ainsi que le déterminatif , suggèrent cette hypothèse. Même si elle nous paraît moins convaincante, la lecture *ʿnḫ n.ṯn ḥr n nṯr.ṯn Rʿ*, proposée par K. Jansen-Winkeln, *op. cit.*, p. 143-144, ne saurait être exclue [49]. *ʿnḫ n.ṯn* est une formule que l'on trouve dans les appels aux vivants [50], c'est une affirmation solennelle s'apparentant aux serments [51]. Elle est employée aux époques récentes sur plusieurs monuments [52] et on l'associe souvent à la « face » d'une divinité que l'on sollicite comme témoin de cette affirmation [53] ; on trouve un autre exemple dans le Texte C, col. 2.

42 *Wb* II, 144, 3 ; H. BRUGSCH, *Thesaurus* I, p. 46 ; R.A. PARKER, *The Calendars of Ancient Egypt*, *SAOC* 26, Chicago, 1950, p. 11 ; *id.*, « The Names of the Sixteenth Day of the Lunar Month », *JNES* 12, 1953, p. 50 ; H.S. SMITH, « Varia Ptolemaica », dans *Glimpses of Ancient Egypt. Studies in Honor of H. W. Fairman*, Warminster, 1979, p. 161-162.

43 *Op. cit.*, p. 13, n. 42.

44 Fr.-R. HERBIN, *Le livre de parcourir l'éternité*, *OLA* 58, Louvain, 1994, p. 166-167, 362.

45 *Wb* II, 403, 10-11, D. MEEKS, *AnLex* 77.2336, 78.2375, 79.1727. Le texte ne comporte qu'un lion surmonté d'un *t*, sans que le duel ne soit clairement écrit.

46 On sait que Chou et Tefnout bénéficiaient d'une certaine faveur à Xoïs : cf. P. VERNUS, *LÄ* VI, col. 1303, *s. v.* « Xois » et I. GUERMEUR et Chr. THIERS, *op. cit.*, p. 199, doc. 5.

47 Cf. C. DE WIT, *Le rôle et le sens du lion dans l'Égypte ancienne*, Leyde, 1951, p. 196-197 ; K. MYŚLIWIEC, *Studien zum Gott Atum*, I, *HÄB* 5, Hildesheim 1978, p. 12-27, et c.r. de J.-Cl. GOYON, *BiOr* 37, 1980, p. 143, § 1 ; J. ZANDEE, « The Birth-Giving Creator God in Ancient Egypt », dans A. B. Lloyd (éd.), *Studies in Pharaonic Religion and Society in Honour of J. Gwyn Griffiths*, Londres, 1992, p. 171-173 ; Chr. LEITZ (éd.), *LGG* IV, 654-656.

48 D. MEEKS, *AnLex* 78.2375.

49 Le *ṯ* de *ṯn* dans *nṯr.ṯn* est loin d'être établi.

50 Cf. *Wb* I, 202, 3-10 ; GARDINER, *EG*³, § 218 ; LEFEBVRE, *GEC*², § 730 ; J. SAINTE FARE GARNOT, *L'appel aux vivants dans les textes funéraires égyptiens des origines à la fin de l'Ancien Empire*, *RAPH* 9, Le Caire, 1938, p. 66, l. 2, p. 71, l. 2 ; D. MEEKS, *AnLex* 77.0671.

51 J.A. WILSON, « The Oath in Ancient Egypt », *JNES* 7, 1948, p. 129-156 ; P. KAPLONY, *LÄ* I, col. 1188-1200, *s. v.* « Eid », en particulier col. 1147, n. 47.

52 Par exemple : Caire JE 36918 (R. EL SAYED, « Deux statues inédites du Musée du Caire [JE 36918 et No temporaire 18/6/24/1] », *BIFAO* 84, 1984, p. 138-139, n. 2) ; Caire JE 47277 (G. DARESSY, « Description des monuments épigraphiques trouvés à Karnak en 1921-1922 », *ASAE* 22, 1922, p. 266) ; Leiden S74, no 127 (P. BOESER, *Die Denkmäler der saïtischen griechisch-römischen, und koptischen Zeit*, *BÄSNRAL* VII, La Haye, 1915, p. 4, pl. 14 no 11, l. 8).

53 Cf. G. POSENER, *Le papyrus Vandier*, *BiGen* 7, Le Caire, 1984, p. 45 et G. VITTMANN, *Der demotische papyrus Rylands 9*, *ÄAT* 38, Wiesbaden, 1998, II, p. 450-451.

t. L'offrande du bouquet *ʿnḫ.w* est assez courante partout en Égypte [54]. À Thèbes, plusieurs fêtes sont l'occasion d'offrir des bouquets *ʿnḫ.w*, en particulier la « belle fête de la Vallée [55] », mais aussi les festivités mentionnées dans le *Rituel d'Aménophis Ier* [56]. Sur plusieurs monuments privés, des Thébains réclament des membres du clergé qui passent devant la statue de recevoir ces bouquets [57]. L'offrande du bouquet de vie n'est toutefois pas suffisamment caractéristique pour être rapprochée d'un rite particulier ou d'une fête spécifique.

u. De nouveau il est fait mention de la fête du jour de *mesper* ; selon les données de notre document, celle-ci devait être l'occasion de sortir en procession une statue d'Amon-Rê, et de lui offrir des bouquets *ʿnḫ.w*, au sixième jour précédant la fête de *mesper*, c'est-à-dire le 27 du mois précédent, en admettant que la fête du jour de *mesper* se déroulait le 3 *pakhons*.

Texte C

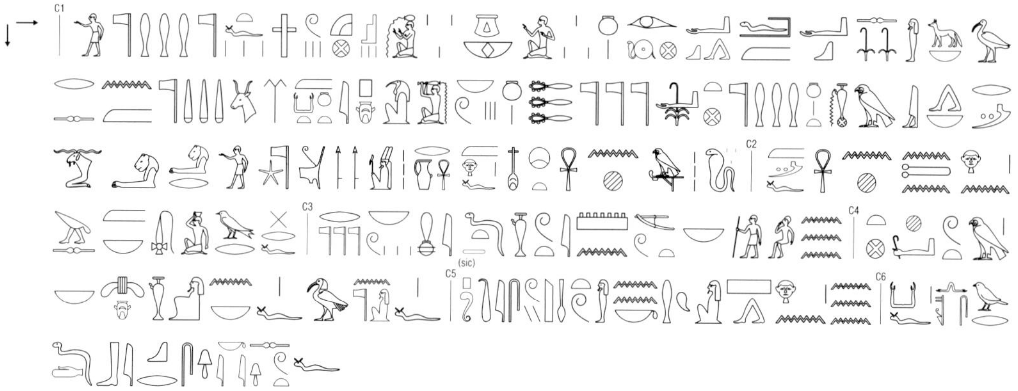

« Ô les prophètes, les pères du dieu, ceux qui sont dans Ipet-Sout, les purs, les prêtres-lecteurs de Thèbes [v] *qui entrent et sortent devant (ma) statue, tous les scribes qui sont instruits en hiéroglyphes, habiles dans le travail de Celui-qui-est-intelligent* [w], *tous les purs des temples* [x] *du sud, les prophètes*

54 *Wb* I, 204, 3-5 ; P. WILSON, *Ptol. Lex.*, p. 158-159 ; H. BONNET, *RÄRG*, p. 121, *s. v.* « Blume » ; E. BRUNNER-TRAUT, *LÄ* I, col. 837-840, *s. v.* « Blumenstrauße » ; A. GUTBUB, *LÄ* VI, col. 1165-1166, *s. v.* « Weide, Aufrichten der » ; J. LECLANT, « La mascarade des bœufs gras et le triomphe de l'Égypte », *MDAIK* 14, 1956, p. 132, n. 3 ; Chr. ZIEGLER, « Une famille de "grands des djebels de l'or" d'Amon », *RdE* 33, 1981, p. 130-132 ; J. DITTMAR, *Blumen und Blumensträuße als Opfergabe im alten Ägypten*, *MÄS* 43, Munich, 1986, p. 125-132 ; Fr.-R. HERBIN, *op. cit.*, p. 178-179 ; L. COULON, « Un serviteur du sanctuaire de Chentayt à Karnak. La statue Caire JE 37134 », *BIFAO* 101, 2001, p. 147, n. a.

55 Cf. S.SCHOTT, *Das Schöne Fest vom Wüstendale, Festbräuche einer Totenstadt*, *AAWMainz* 11, Mayence, 1953, p. 49 *sqq.*

56 Cf. A.H. GARDINER, *Hieratic Papyri in the British Museum*, IIId Serie, *Chester Beatty Gift*, Londres, 1935, I, pl. 56, II, p. 97.

57 Sur les statues Caire CG 42207 (JE 36921) (= R. EL SAYED, « Nekhtefmout, supérieur des porte-encensoirs », *ASAE* 69, 1983, p. 237-239) ; Caire JE 36918 (= *id.*, « Deux statues inédites du musée du Caire [JE. 36918 et n° temporaire 18/6/24/1] », *BIFAO* 84, 1984, p. 143) ; Caire CG 42230 (= K. JANSEN-WINKELN, *Ägyptische Biographien der 22. und 23. Dynastie*, *ÄAT* 8, Wiesbaden, 1985, II, p. 533) ; Caire JE 47277 (= G. DARESSY, « Description des monuments épigraphiques trouvés à Karnak en 1921-1922 », *ASAE* 22, 1922, p. 266) ; Caire CG 42228 (= K. JANSEN-WINKELN, *op. cit.*, p. 524) ; Caire CG 42239 (= J. LECLANT, *Montouemhat*, p. 91) ; Caire JE 36579, dans la 3e colonne de l'appui dorsal (= K. JANSEN-WINKELN, *op. cit.*, p. 202) ; Caire JE 36962 (inédite) ; Caire JE 36989 (inédite, PM II², 156) ; Caire JE 37160 (inédite, PM II², 157) ; Caire JE 37435 (inédite) ; Caire JE 37343 (= L. COULON, *loc. cit.*, et déjà mentionnée par H. DE MEULENAERE et B. V. BOTHMER, « Une statue thébaine de la fin de l'époque ptolémaïque », *ZÄS* 101, 1974, p. 112 [a]) ; Karnak Karakol 269 (inédite).

du nord [y]*, tous ceux qui viennent pour contempler le prestigieux des deux avants, pour prononcer une adoration à l'unique des uniques* [z]*, pour s'unir à la vie devant son beau visage, le primordial, dieux et déesses vivent de le voir ; que le visage de celui qui conduit sa grande flamme* [α]*, qui est plus ancien que tous les dieux, vive pour vous, si vous dites* [β]*: "qu'il te favorise, Amon, qu'elle t'aime, la maîtresse de l'Icherou* [γ]*, qu'il te protège, Horus maître-de-la-joie* [δ]*, car c'est un loué de son maître, un défunt bienheureux de son dieu que Pachéryentaisouy, juste de Voix". Cela me revient car je suis son serviteur qui lui est fidèle et ce n'est pas difficile à la bouche de dire le bien* [ε]*; qui magnifie l'autre, il sera magnifié* [ζ]*.* »

v. *Ỉrt-Rʿ* « l'Œil-de-Rê », un des noms de Thèbes, qui apparaît au Nouvel Empire, cf. H. Gauthier, *DG* I, 99 ; P. Vernus, *LÄ* V, 1984, col. 937, n. 8, *s. v.* « Siegreiches Theben ».

w. C'est-à-dire Thot ; cf. *Wb* I, 66, 18-19 ; H. De Meulenaere, « Les valeurs du signe à la Basse Époque », *BIFAO* 54, 1954, p. 75 ; *id.*, « Une statue de prêtre héliopolitain », *BIFAO* 61, 1962, p. 34, n. 1 et M.-Th. Derchain-Urtel, *Thot à travers ses épithètes dans les scènes d'offrande des temples d'époque gréco-romaine, Rites Égyptiens* III, Bruxelles, 1981, p. 69-80, 198, n. (28) ; A. Egberts, *In Quest of Meaning. A Study of the Ancient Egyptian Rites of Consecrating the Meret-Chests and Driving the Calves, EgUit* 8, Leyde, 1995, p. 306-307 ; Chr. Leitz (éd.), *LGG* I, 215-216.

x. Cette écriture de *ḥwt* est connue depuis fort longtemps comme graphie ptolémaïque ; voir déjà *Wb* III, 1 puis H.W. Fairman, « Notes on the Alphabetic Signs », *ASAE* 43, 1943, p. 223 et P. Wilson, *Ptol. Lex*, p. 626. Nous avons ici un pluriel « archaïque » comme aime à les employer l'auteur du texte. On trouve une écriture comparable col. 19 de l'appui dorsal.

y. *Ḳbḥw-Ḥr* ; cf. *Wb* III, 372, 16, V, 29, 8-9 ; H. Gauthier, *DG* V, 171 ; J.-J. Clère, « Fragments d'une nouvelle représentation égyptienne du monde », *MDAIK* 16, 1958, p. 45-46 ; E. Edel, « Zu den Inschriften auf den Jahreszeitenreliefs der 'Weltkammer' aus dem Sonnenheiligtum des Niuserre », dans *NAWG* 1963-1964, p. 111-113 et A. Spalinger, « A New Reference to an Egyptian Campaign of Thutmose III in Asia », *JNES* 37, 1978, p. 37, n. b. Cette expression désigne le nord de l'Egypte, mais aussi une limite septentrionale mythique.

z. *wʿ wʿ.w* « l'unique des uniques », cf. J. Zandee, *Der Amunhymnus des papyrus Leiden I 344, Verso, CNMAL* VII, Leyde, 1992, p. 168-176 et J. Assmann, « Der Amunhymnus des Papyrus Leiden I, 344 verso », *Orientalia* 63, 1994, p. 102-104 ; *id.*, *Egyptian Solar Religion in the New Kingdom. Re, Amun and the Crisis of Polytheism*, Londres, 1995, p. 134-136 ; Chr. Leitz (éd.), *LGG* II, 282-283.

α. Ce passage est d'interprétation délicate. Les signes sont assez sûrs, quoique l'on puisse hésiter entre les lectures et . Nous préférons toutefois nous ranger à cette dernière proposition. On pourra comparer avec le que l'on trouve dans la colonne 24 de l'appui dorsal et qui est assez différent du signe que nous trouvons ici. On comprendra *sšm nbỉ(t).f wr(t)*, « (le visage de celui) qui dirige sa grande flamme », c'est-à-dire sans doute l'*Uraeus* sur laquelle Amon-Rê a toute autorité, « car il est plus grand que tous les dieux ». On pourrait aussi comprendre *sšm s(w) m nb nbỉ(t).f wr(t)*, « (le visage de celui) qui se conduit en tant que maître de sa grande flamme ». Il faut enfin remarquer qu'un des noms de l'*Uraeus* est *sšmwt* « celle qui guide [58] ». S'agit-il d'un jeu de mots avec le nom de la déesse flamme ? K. Jansen-Winkeln (*op. cit.*, I, p. 144 et n. 30 ; II, p. 394), pour sa part, propose de lire : 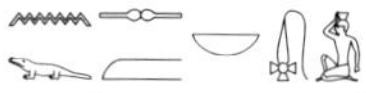 *n ḫntj sm nb tkȝ.f* « (Es lebe für euch das Gesicht dessen) der der Beginn jeder Tätigkeit ist, indem er leuchtet », tout en admettant, p. 153, n. 30 : « Das Verständnis dieser Passage ist äußerst fraglich. »

β. Il faut lire *ḏd.tn*, le *d* n'ayant pas été écrit. On trouve sur la statue CG 42236 de Montouemhat [59] une écriture comparable de l'expression *mỉ ḏ(d).tn ḥtp dỉ nsw* « Si vous dites offrande que donne le Roi. » Voir aussi O. Perdu, « Le monument de Samtoutefnakht à Naples [première partie] », *RdE* 36, 1985, p. 113, n. (m).

γ. Ainsi que K. Jansen-Winkeln, *op. cit.*, p. 144, l'a exposé, il s'agit d'une allusion à Mout, « maîtresse de l'*Icherou* ». La lecture du groupe  *Ỉšrw* s'explique comme un rébus :  valant *ỉ* [60] et  se lisant couramment *šrỉ* [61], l'ensemble valant *Ỉšrw*. Une lecture *Nnw wr* du groupe avec *wr* précédant *Nnw* paraît moins probable [62], d'autant plus que la désignation de Mout est située entre celles d'Amon et de Khonsou (cf. *infra*, n. δ), l'ensemble formant la triade thébaine dont se réclame Pachéryentaisouy.

δ. « Horus, maître de la joie » est une désignation courante à Thèbes de Khonsou comme dieu-fils de la triade amonienne : W. Schenkel, *LÄ* III, col. 23, E, *s. v.* « Horus » et Chr. Leitz (éd.) *LGG* III, 559-560.

ε. On connaît des emplois divers de cette expression ; cf. P. Vernus, « La formule "le souffle de la bouche" au Moyen Empire », *RdE* 28, 1976, p. 141, n° 13, n° 14, p. 143 ; *id.*, « Deux inscriptions de la XIIe dynastie provenant de Saqqara », *RdE* 28, 1976, p. 131 ; *id.*, *Athribis. Textes et documents relatifs à la géographie, aux cultes, et à l'histoire d'une ville du Delta égyptien à l'époque pharaonique*, *BdE* 74, Le Caire, 1979, p. 175, n. (l) ; K. Jansen-Winkeln, *Sentenzen*, p. 76.

ζ. Adaptation unique, à ma connaissance, de la formule de rétribution des actions du type « qui agit est quelqu'un pour qui on agira ». Ces sentences sont particulièrement étudiées par H. De Meulenaere, « La statue du général Djed-Ptah-iouf-ankh (Caire JE 36949) », *BIFAO* 63, 1965, p. 33-36 ; P. Vernus, *op. cit.*, p. 144-145 et O. Perdu, « L'avertissement d'Aménirdis Ire sur la statue Caire JE 3420 (= CG 565) », *RdE* 47, 1996, p. 61-62, n. (y) et K. Jansen-Winkeln, *Sentenzen*, p. 71.

58 *Wb* IV, 289, 5-8 ; P. WILSON, *Ptol. Lex.* p. 927-928.

59 J. LECLANT, *op. cit.*, p. 16 et p. 17, n. (d).

60 Cf. Fr. DAUMAS (éd.), *Valeurs phonétiques* I, p. 25.

61 GARDINER, *EG*³, p. 443.

62 À propos d'Amon *m rn.f Nn(w) wr* : cf. J-Cl. GOYON, dans *The Edifice of Taharqa by the Sacred Lake of Karnak*, *Brown Egyptological Studies* VIII, Providence, 1979, p. 72, n. 31.

Texte D

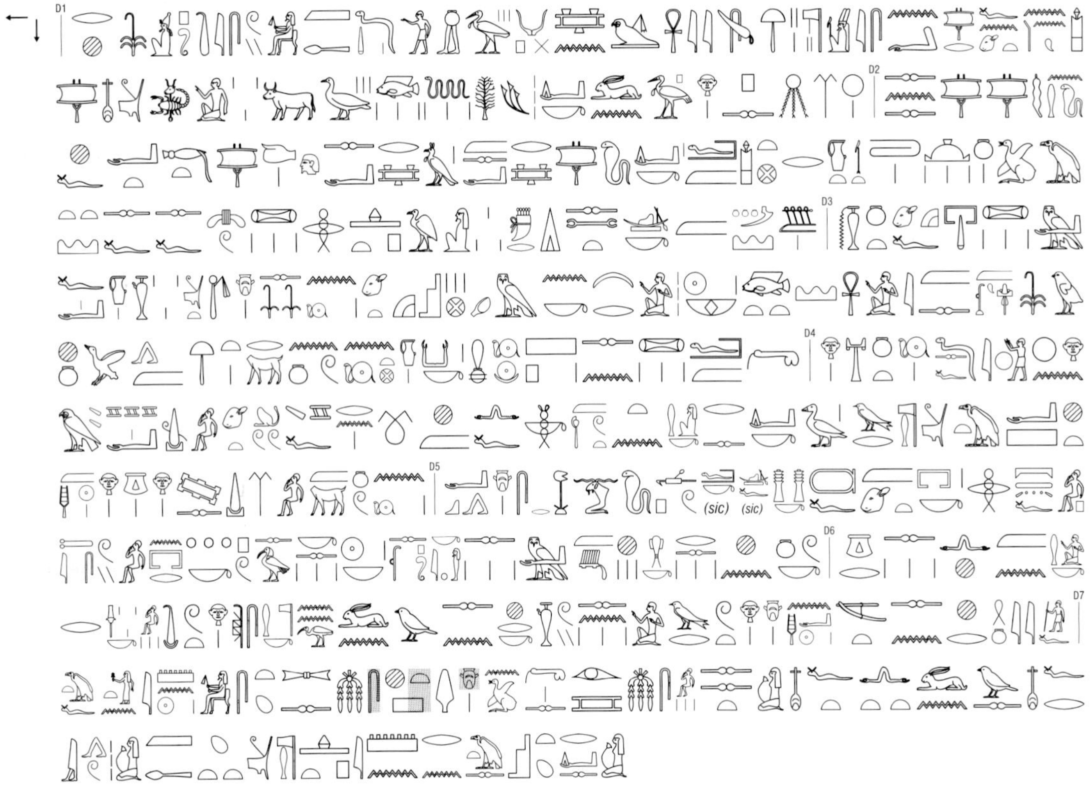

« Le connu du roi, Pachéryentaysouy, juste de voix, récitation : ô celui qui conduit les baou, *celui qui ouvre le chemin à l'image vivante, celui qui décapite les revenants, (ô tous ces) dieux* [a], *ce qu'il y a de plus léger dans l'air* [b] *est pour vos narines. Ô celui qui a créé le bon souffle afin que les hommes, les mammifères, les oiseaux, les poissons, les serpents et les plantes respirent, puisses-tu faire que mon* ba *existe en brillant au jour, que je respire le doux souffle de ta majesté, que je saisisse le vent du nord, que j'empoigne la vie* [c] *et que ma prière s'élève comme s'élève ton souffle* [d]. *Puisses-tu faire que je sorte d'Héliopolis pour rejoindre Thèbes* [e], *que je retourne aux buttes de Djamê* [f] *accomplir une oblation avec les défunts* [g], *quand ta barque vespérale se place dans Manou* [h] *; que je reçoive la libation de celui qui préside à son Ôpé et l'offrande invocatoire de celui au bras dressé ; que je m'associe aux louanges qui réjouissent l'image de Rê qui préside à Ipet-sout, alors que tu as exaucé les suppliques le jour de la fête de la Vallée* [i] *; que je vive d'eux le moment venu* [j], *c'est ce que je désire* [k] *; que je me pose à l'ombre de la Résidence-de-Rê* [l] *; que je m'unisse à ton* ka *comme chaque jour ; que je saisisse les pains* senou *qui sortent devant (moi) provenant de l'autel de Rê, lui-même. Adoration à Rê-Hor des Deux-rives-d'Horus* [m], *l'adolescent qui préside à son terrain bas* [n], *mon nom demeure et ne connaît pas la destruction selon ce que ta majesté a ordonné à ce propos ; puisses-tu placer mon fils aîné, le prophète de Mout, Achakhet, de mon vivant à ma place* [o], *à côté des jeunes générations dans la Résidence-de-Rê : le consciencieux pour rappeler ta puissance, cet unique, il est issu de toi* [p]. *Puisses-tu rendre son nom stable dans ton domaine avec son successeur, Pachéryentaisouy, car c'est ton grain ; puisses-tu les rendre* akh *quotidiennement et rajeunir leurs images parmi les* imakhou *;*

que ta protection soit pour eux ; que ton esplanade les supporte [q]*, car ton serviteur ne néglige pas ta puissance ; (mes) descendants sont établis en servant ta majesté ; on ne saurait trouver leur faute envers toi, leurs louanges étant grandes au cœur de mon temps de vie, leur amour est auprès de sa suite (au dieu). Sa mère, la musicienne d'Amon-Rê, l'auguste, celle qui prépare le lieu de naissance* [r]*, au cœur généreux* [s] *pour son mari, qui fait ce qu'aiment ses enfants, la bonne épouse, sa faute n'existe pas, (Ta)néfertyou, juste de voix, la fille du prophète Hétepimen, le nom de sa mère est Isisirdis. »*

a. On peut rapprocher ce passage de l'*incipit* de l'ancien chapitre 191 du Livre des Morts, aussi connu comme chapitre XV du « Livre Premier » des glorifications (*sꜣḫw*) [63]. Ce chapitre a été identifié comme tel par J-Cl. Goyon [64] ; récemment, H.D. Schneider [65] et St. Quirke [66] ont réuni de nouveaux exemples. On peut tenter de restituer le passage grâce aux parallèles connus : *ḏd-mdw ỉ ỉnj bꜣ.w (ỉ) wp wꜣt n ꜥḫm-ꜥnḫj (ỉ) ḥsḳ šw.wt (ỉ) nṯr.w (ỉpw nb.w)*, « Récitation : Ô celui qui conduit les *baou*, (ô celui qui) ouvre le chemin de l'image vivante, (ô celui qui) décapite les revenants, (ô tous ces) dieux... ».

b. *ỉs-n-nỉw*, *Wb* I, 129, 5 ; II, 200 ; D. Meeks, *AnLex* 77.0450, « ce qu'il y a de plus léger dans l'air » ; Fr.-R. Herbin, *Le livre de parcourir l'éternité*, *OLA* 58, Louvain, 1994, p. 88 ; P. Wilson, *Ptol. Lex.*, p. 111.

c. *ꜣmm.ỉ ꜥnḫ* « que j'empoigne la vie » ; cette écriture de *ꜥnḫ* est attestée par ailleurs : J.-Cl. Goyon, « Nombre et univers : réflexions sur quelques données numériques de l'arsenal magique de l'Égypte pharaonique », dans A. Roccati et A. Siliotti (éd.), *La magia in Egitto al tempi dei faraoni*, Milan, 1987, p. 62 et n. 33 ; S. Cauville, *Le fonds hiéroglyphique au temps de Cléopâtre*, Paris, 2001, p. 53.

d. *sỉꜥr nḥ.ỉ m sỉꜥr ṯꜣw.k* « (puisse) mon souhait s'élever comme s'élève ton souffle » ; pour le sens de *sỉꜥr* dans ce contexte : *Wb* IV, 33, 8-13 ; comparer avec *Urk.* IV, 46, 17 ; 966, 15 et J. Quaegebeur, dans *Studies on Ptolemaic Memphis*, *StudHell* 24, Louvain, 1980, p. 79 et n. 1 (= Vienne KHM 172). *Nḥỉ*, « souhait, requête » peut s'écrire, comme ici, simplement avec l'oiseau  : par exemple, J.-J. Clère, « Le problème des personnes mentionnées sur une statue d'époque tardive (« Naophore » Vatican n° 97) », dans *Hommages à Serge Sauneron* I, *BdE* 81, Le Caire, 1979, p. 351.

63 À propos de cette catégorie de textes, cf. J.-Cl. GOYON, « La littérature funéraire tardive », dans *Textes et langages de l'Égypte pharaonique. Cent cinquante années de recherches 1822-1972, Hommage à Jean-François Champollion*, *BdE* 64, Le Caire, 1974, III, p. 78-81 ; *id.*, *Le papyrus d'Imouthès fils de Psintaês au Metropolitan Museum of Art de New York (Papyrus MMA 35.9.21)*, New York, 1999, p. 49-50 ; J. ASSMANN, « Egyptian Mortuary Liturgies », dans S. Israelit-Groll (éd.), *Studies in Egyptology Presented to Miriam Lichtheim*, Jérusalem, 1990, I, p. 1-45 ; *id.*, *Images et rites de la mort dans l'Égypte ancienne*, Paris, 2000, p. 37, 54-56, 81-106 et *id.*, *Tod und Jenseits im Alten Ägypten*, Munich, 2001, p. 116-131.

64 « La véritable attribution des soi-disant chapitres 191 et 192 du Livre des Morts », dans *Recueil d'études dédiées à Vilmos Wessetzky à l'occasion de son 65e anniversaire*, *StudÆg* I, Budapest, 1974, p. 117-127.

65 « Bringing the *ba* to the Body. A Glorification Spell for Padinekhtnebef », dans *Hommages à Jean Leclant*, *BdE* 106, Le Caire, 1994, IV, p. 355-362.

66 *Owners of Funerary Papyri in the British Museum*, *Occasional Paper* 92, Londres, 1993, p. 95-96.

e. Ce passage évoque la volonté du mort de quitter Héliopolis sous la forme mobile du *ba*, après son triomphe devant les tribunaux divins : comparer avec C.E. Sander-Hansen, *Die religiösen Texte auf dem Sarg der Anchnesneferibre*, Copenhague, 1937, p. 28-29 ; les chapitres 3 et 145 du Livre des Morts ; voir aussi J. Assmann, *Images et rites de la mort dans l'Égypte ancienne*, Paris, 2000, p. 70-71. Pour le défunt évoqué sous la forme d'un *ba*, on verra les remarques de Fr.-R. Herbin, *Le Livre de parcourir l'éternité*, *OLA* 58, Louvain, 1994, p. 147. On ne saurait exclure totalement une lecture *Ḫnm-Wꜣst*, désignation du Ramesseum où l'on sait que des inhumations furent pratiquées aux époques récentes : D. Devauchelle, « Notes sur l'administration funéraire égyptienne à l'époque gréco-romaine », *BIFAO* 87, 1987, p. 154 et 155, n. g.

f. *pḫr.ỉ Ỉꜣt Ḏꜣmt* « que je retourne aux Buttes de Djamê » ; *Ỉꜣt Ḏꜣmt* désigne la rive occidentale du Nil depuis le temps de Pinedjem : Chr. Zivie-Coche, « Recherches sur les textes ptolémaïques de Medinet Habou », dans *L'égyptologie en 1979. Axes prioritaires de recherches* 2, Paris, 1982, p. 107 ; K. Vandorpe, « City of Many a Gate, Harbour for Many a Rebel », dans S.P. Vleeming (éd.), *Hundred Gated Thebes*, *P.L.Bat* 27, Leyde, 1995, p. 222-223. On trouve, à Deir Chelouit, dans deux hymnes adressés l'un à Sokar-Osiris (C.M. Zivie, *Le Temple de Deir Chelouit*, III, Le Caire, 1986, nº 124) et l'autre à Osiris (*ibid.*, nº 127), une série d'expressions exprimant le même concept, ce qui confirme bien le contexte thébain de la rédaction des textes ornant ce monument. Ces formules peuvent être utilisées à la fois dans des scènes cultuelles de temple, sur des papyrus à caractère funéraires ou sur des statues privées destinées à être placée dans un temple.

pḫr recouvre plusieurs sens, « tourner, retourner, contourner, entourer » : D. Meeks, *AnLex* 78.1503. Le sens de « tourner autour » pourrait également convenir dans ce cas.

g. On peut trouver dans ce contexte ou la mention des offrandes *ḥtp.w* [67] ou une référence aux *ḥtp.tjw* [68], les défunts gisants qui forment le train d'Osiris, par opposition aux *ḥrj.w* ; cf. Fr.-R. Herbin, *op. cit.*, p. 136 ; Chr. Leitz (éd.), *LGG* V, 583 et J. Osing, *The Carlsberg Papyri* 2 : *Hieratische Papyri aus Tebtunis* I, *CNIP* 17, Copenhague, 1998, p. 287 : « *Ḥtp.tjw* : les dieux à la suite d'Osiris ».

h. *ḏr dỉ sj mꜥnḏt.k m Mꜣnw*, la barque *Mandjet*, esquif du matin dans les textes les plus anciens, est devenue la vespérale aux époques récentes ; cf. M. Smith, *The Mortuary Texts of Papyrus BM 10507*, *DPBM* 3, Londres, 1987, p. 85. *Mꜣnw* est une désignation de l'Occident, un lieu que les défunts souhaitent rejoindre puisque c'est là que Rê se couche et entame son voyage nocturne : M. Smith, *op. cit.*, p. 120. Il faut noter que cette barque est aussi celle qu'emprunte Amon pour se rendre sur la rive ouest recevoir les oblations : *Urk.* VIII, 48 <59 k> = P. Clère, *La porte d'Évergète à Karnak*, *MIFAO* 84, Le Caire, 1961, pl. 14.

67 Fr.-R. Herbin, « Une liturgie des rites décadaires de Djemê. Papyrus Vienne 3865 », *RdE* 35, 1985, p. 110, n. 8.

68 *Exempli gratia* : P. Clère, *La porte d'Évergète à Karnak*, *MIFAO* 84, Le Caire, 1961, pl. 14.

i. À propos du contexte férial thébain aux époques récentes, cf. A. Cabrol, *op. cit.*, p. 541 *sqq*, 743-744. La (Belle) fête de la Vallée, pendant laquelle Amon et son équipage partaient de Karnak vers la rive ouest pour visiter diverses fondations, est encore attestée à l'époque ptolémaïque [69], même si les rites opérés s'apparentent de plus en plus à ceux de la fête de la Décade [70]. L'exaucement de prières dans ce contexte est attesté : Cl. Traunecker, dans *La chapelle d'Achôris à Karnak*, II, Paris, 1981, p. 119, 130-132 et *id.*, « Un exemple de rite de substitution : une stèle de Nectanébo Ier », *CahKarn* 7, 1982, p. 349-350.

j. *ꜥnḫ.ỉ ỉm.s(n) m tr.f* « que je vive d'eux le moment venu ». Le *s(n)* qui suit *ỉm* est sans doute à comprendre comme le pronom suffixe pluriel qui, ici, renverrait aux souhaits mentionnés auparavant ; *ꜥnḫ* désigne, bien entendu, la vie *post mortem*, Pachéryentaisouy étant déjà « justifié ». *M tr.f*, litt. « à son moment », correspond au moment choisi par le dieu, celui qui est convenable : D. Meeks, *AnLex* 78.4591.

k. *ꜣb(.ỉ) sw* « C'est ce que je désire » : pour l'écriture de *ꜣbỉ* avec le signe , on comparera avec *Wb* I, 6, 24 ; cette séquence forme la conclusion de ce qui précède, elle est comprise autrement par K. Jansen-Winkeln, *op. cit.*, I, p. 145.

l. *ḫn(.ỉ) m šwt r H̱nw-n-Rꜥ* ; la « Résidence de Rê » est, à côté du nom plus courant de *ḥwt-nswjt-n-Rꜥ* [71], une désignation du sanctuaire d'Amon à Xoïs : on retrouve ce toponyme mentionné dans le bas de la col. 4 et dans le Texte E, col. 1, mais également sur la statue d'Eriobastis provenant de Xoïs : I. Guermeur, *Les cultes d'Amon*, p. 162-165. K. Jansen-Winkeln, *op. cit.*, I, p. 145-146, a proposé de lire *m wbꜣ r H̱nw-n-Rꜥ*, c'est-à-dire la « cour (du temple) près de la Résidence-de-Rê ». Outre le fait que la lecture *wbꜣ* n'est pas établie – le signe s'apparente plus à un  qu'à un  –, on ne voit pas bien pourquoi le *ba* du défunt réclamerait de se poser dans la cour du temple d'Amon de Xoïs ; en revanche le souhait de s'installer à l'ombre d'un lieu est bien connu dans la littérature funéraire [72], et, par ailleurs, « se trouver dans l'ombre d'une divinité » signifie être « sous sa protection [73] ». La faculté pour le *ba* de se déplacer et de se poser là où il le souhaite est liée à la possibilité de faire ses transformations : Fr.-R. Herbin, *op. cit.*, p. 93-94, où sont cités plusieurs exemples explicites ; G. Maspero, *Les sarcophages des époques persane et ptolémaïque* I, *CGC*, Le Caire, 1908, p. 56 : « Pose-toi en tout lieu que tu aimes, fais toute transformation selon le désir de ton cœur » (*ḫn.k r bw nb mrj.k ỉr.k ḫpr nb r-ḏr ỉb.k*). Il peut aussi s'agir pour le défunt de rejoindre un monument à son nom qu'il n'aura pas manqué de déposer dans le temple d'Amon à Xoïs : O. Perdu, « Un monument d'originalité », *JEA* 84, 1998, p. 143, n. ac.

69 L'*ordo* d'une liturgie « conduire le *ba* aux glorifications de la Fête de la Vallée » était par ailleurs conservé dans la bibliothèque funéraire du prêtre d'Amon Nesmin, contemporain du IVe siècle : F. HAIKAL, *Two Hieratic Funerary Papyri of Nesmin*, *BiAeg* 14, Bruxelles, 1970, I, p. 25-45 ; II, p. 16-48.

70 Cl. TRAUNECKER, *loc. cit.*

71 P. VERNUS, *LÄ* VI, col. 1303, n. 24, *s. v.* « Xois » ; I. GUERMEUR, *Les cultes d'Amon*, p. 178-179, 580-581.

72 Cf. Ph. DERCHAIN, « Miettes § 9 – L'aiguade sous un palmier », *RdE* 30, 1978, p. 63, n. 33.

73 Cf. J. ASSMANN, « Eine Traumoffenbarung der Göttin Hathor », *RdE* 30, 1978, p. 31, n. (o).

m. Ce passage demeure obscur, quoique les signes soient relativement clairs ; la difficulté majeure réside dans le nom de la divinité pour laquelle on fait une vénération (*ỉḫw*) [74] : le premier est peut-être un 𓇳 , le second est assurément 𓁷, la suite pose moins de difficultés, il s'agit d'une épithète de la divinité : *n Ỉdbwj-Ḥr* « des Deux-rives-d'Horus », métaphore bien connue désignant l'Égypte. On proposera de lire le nom divin Rê-Hor [75] ; si l'écriture 𓁷 pour 𓅃 est commune dans les Textes des Sarcophages, elle n'est pas très courante hors de ce *corpus*, bien qu'on la retrouve employée dans l'onomastique [76] ; on pourra toutefois la comparer, entre autres exemples, avec l'écriture du nom de Rê-Horakhty dans les inscriptions de la tombe tardive de Bès mise au jour au Kom Firin[77] : 𓇳𓂋𓁷𓅜𓐍𓏏𓈇 var. 𓂋𓇳𓏤𓁷𓂋𓅜𓐍𓏏𓈇. Une lecture *n ḥr Rʿ* « à la face de Rê » – avec antéposition honorifique de Rê – ne saurait être rejetée *a priori*, même si elle paraît moins plausible étant donné la disposition des signes. K. Jansen-Winkeln, *op. cit.*, I, p. 145-146 et n. 51-52, propose une autre lecture *ỉḫw ḥr ḫnm stjw.ỉ*, « und Verehrung, indem ich rieche meine Wohlgerüche » ; celle-ci est moins satisfaisante ; en effet, d'une part il est indubitable que le signe lu 𓅃 dans *ḫnm* est en réalité un falconidé, et d'autre part le sens de sa traduction et l'allusion religieuse sont pour le moins abscons.

n. *ʿḏ(d) ḫntj pḥw.f*. *ʿḏ(d)* est un nom de l'adolescent, cf. *Wb* I, 242, 11-13 ; E. Feucht, *Das Kind im alten Ägypten*, Francfort, 1995, p. 515-516. Pour cette graphie, on comparera avec *Wb* I, 242 et J. Černý, *A Community of Workmen at Thebes in the Ramesside Period*, *BdE* 50, Le Caire, 1973, p. 115 et n. 6. *Pḥw* « terrain bas/terrain marécageux [78] » désigne sans doute dans ce contexte la région de Xoïs, fondrière humide, inondée une partie de l'année.

o. À propos du maintien de l'héritier à la place de son père : O. Perdu, « Un monument d'originalité », *JEA* 84, 1998, p. 137, n. (o).

p. Je propose d'amender le texte et d'inverser les deux pronoms suffixes, l'expression étant dès lors plus conforme à la relation homme/dieu telle que nous pouvons l'entrevoir chez les Égyptiens : *pr.f ỉm.k* « il est issu de toi ».

q. Ici, le terme *ḫnw* est écrit sans déterminatif, quel sens faut-il lui accorder ? Celui de « reposoir/esplanade [79] » est sans aucun doute le plus probant, quoique l'expression ainsi obtenue soit inusuelle. Dans ce cas, il s'agirait du lieu où, dans le temple, les statues des descendants (*ỉḫw*), mentionnées plus haut, sont situées.

74 *Wb* I, 125, 12.

75 À propos de Rê-Hor comme divinité apolinopolite : A. GUTBUB, « Hathor *ḫnt Ỉwn.t*, Rê Hor *ḫnt Bḥd.t*, Amon *ḫnt Wꜣs.t* », dans *Mélanges Mariette*, *BdE* 32, Le Caire, 1961, p. 303-332 ; et comme divinité létopolitaine : D. DEVAUCHELLE, « Une invocation aux dieux du Sérapéum de Memphis », dans *Egyptian Religion. The Last Thousand Years. Studies Dedicated to the Memory of Jan Quaegebeur*, I, *OLA* 84, Louvain, 1998, p. 603 et n. 55.

76 Cf. J. BAINES, « A Bronze Statuette of Atum », *JEA* 56, 1970, p. 140 et surtout A. LEAHY, « 'Ḥarwa' and 'Ḥarbes' », *CdE* 55, 1980, p. 54-58, 60-61.

77 MOUNIR BASTA, « Excavations West of Kôm Firin (1966-1967) », *CdE* 54, 1979, p. 190-191.

78 Notons que, selon les recensions tardives, le nom du terrain bas xoïte était *ḥḏ*.

79 *Wb* III, 288, 12-15 ; D. MEEKS, *AnLex* 77.3089 ; 78.3033 ; 79.2214.

r. *ṯs msḫnt* qualifie ici Tanefertyou ; il s'agit d'une épithète dont certaines divinités sont affublées à l'occasion de l'évocation des naissances divines. Chr. Leitz (éd.), *LGG* VII, 493, en a relevé deux exemples : le premier (*Esna* n° 366, 2) qualifie Khnoum « dans sa forme d'Amon » (*m ỉrw.f Ỉmn*) et dans l'autre (*Esna* n° 25, 15-16), c'est Khonsou l'enfant qui est évoqué. Une troisième occurrence peut être ajoutée : il s'agit, à Karnak, sur la porte de Mout (S. Sauneron, *La porte ptolémaïque de l'enceinte de Mout à Karnak*, Le Caire, *MIFAO* 107, 1983, pl. XI, n° 10), d'une épithète qualifiant Thèbes « qui établit le lieu de naissance de Celle-qui-a-créée-la-lumière » (*ṯs msḫn(t) n Ḳmꜣ(t)-šw*). *Msḫnt* signifie « lieu de naissance », c'est-à-dire la couche, à l'origine composée d'un massif de briques, sur laquelle la parturiente enfantait [80]. La mère de Pachéryentaisouy, Tanefertyou, est évoquée ici dans une activité liée à la parturition ; on songera à celle de la sage-femme, profession attestée dans l'Égypte ancienne[81], mais habituellement appelée *smsjt* [82] litt. « celle qui fait naître ». *Ṯs* doit, ici, recouvrir le sens de « organiser, rassembler, bâtir [83] ».

s. À propos de la valorisation du bon comportement en famille, on verra les remarques d'O. Perdu, « Exemple de stèle archaïsante pour prêtre modèle », *RdE* 52, 2001, p. 188-190 et 209 ; pour *ỉmꜣ-ỉb* « au cœur généreux » : cf. L. Coulon, « Quand Amon parle à Platon (La statue Caire JE 38033) », *RdE* 52, 2001, p. 94, n. (w) et O. Perdu, *op. cit.*, p. 209 et n. 207, qui note que le signe 𓄣 dans ce groupe est peut-être un simple déterminatif.

Texte E¹, titulature

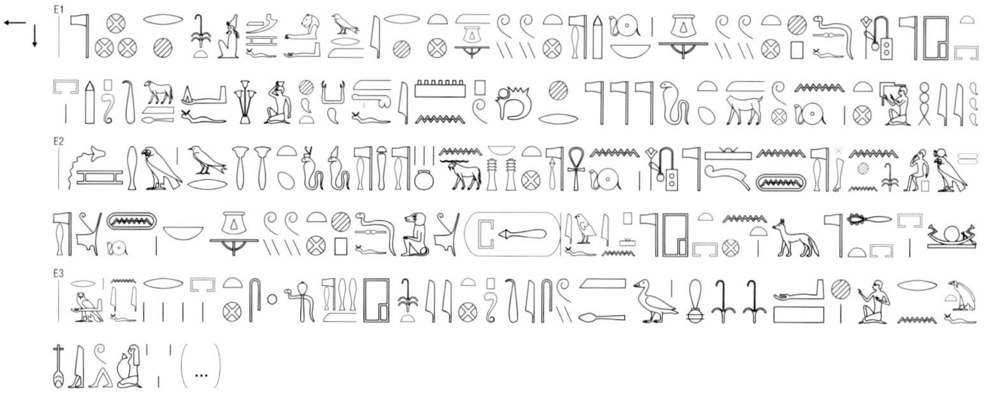

« Que la divinité poliade du connu véritable du roi, qu'il aime, le gouverneur et grand d'Irekh **a** *et de Xoïs, le prophète d'Amon-Rê, seigneur de Xoïs, qui s'est créé lui-même, le scribe du temple du domaine d'Amon, Pachéryentaisouy, juste de voix, se place derrière lui, son ka étant devant lui, c'est Amon* **b**,

80 É. Chassinat, *Le mystère d'Osiris au mois de Khoiak*, I, Le Caire, 1966, p. 339-340.

81 Cf. E. Brunner-Traut, *LÄ* II, col. 1074-1075, *s. v.* « Hebamme » ; A.T. Sandison, *LÄ* II, col. 295-297, *s. v.* « Frauenheilkunde und -sterblichkeit » ; W. Westendorf, *LÄ* II, col. 460-461, *s. v.* « Geburt ».

82 *Wb* IV, 142, 6 ; E. Brunner-Traut, *op. cit.* ; D. Meeks, *AnLex* 77.3603.

83 *Wb* V, 396, 12-399, 3 ; D. Meeks, *AnLex* 77.4970 ; 78.4717 ; 79.3504.

*l'*imakhou *auprès des dieux et des déesses dans la Résidence-de-Rê, le prêtre-*imen [c]*, celui qui fait advenir la crue* [d]*, le serviteur d'Horus de Bouto* [e]*, le premier et le troisième prophète de Banebdjed, le grand dieu vivant de Rê, le scribe des écrits divins d'Amon* [f]*, le prêtre-*ouhem *de Khonsou-l'enfant-Rê-Horakhty* [g]*, le prophète d'Amon-Rê seigneur de Xoïs, qui s'est créé lui-même, le scribe comptable de pharaon du temple de la ville* [h]*, le scribe du temple du domaine d'Amon-Rê ainsi que de ses bâtiments religieux* [i]*, le directeur des prophètes dans le Château-des-royautés, Pachéryentaisouy, juste de voix, le fils du détenteur des mêmes titres Âchakhet, le nom de sa mère étant (Ta)néferetyou. »*

a. Si ce toponyme n'est pas recensé, sous cette forme, par le *Dictionnaire géographique* de Gauthier, on le rapprochera volontiers de *Rḫ* [84], localité connue par plusieurs mentions, dont une sur l'autel de Nectanebo à Turin [85], où il appert que Sekhmet en était la maîtresse : 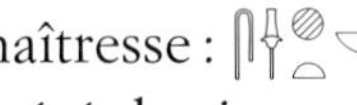 *Sḫmt nb(t) Rḫ* « Sekhmet, la maîtresse de Rekh ». P. Montet [86] a suggéré de situer cette ville dans les environs de Mendès, notant que son nom s'apparentait à celui du terrain bas (*pḥw*) du Mendesien :  [87] dont l'écriture dans l'encyclopédie sacerdotale de Tebtynis () [88] nous permet de corroborer l'équation *Ỉrḫ* = *Rḫ*. Le rapprochement avec la région de Mendès est sans aucun doute le plus probant, étant donné les fonctions sacerdotales qu'exerçait Pachéryentaisouy auprès du bélier de Mendès (cf. *infra*). Ce toponyme est peut-être à rapprocher de la localité de 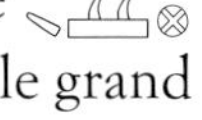 *Ỉdbwj-rḫtj* « les rives des blanchisseurs [89] » ou « les limites extrêmes [90] », un lieu où se tient le grand tribunal (*ḏ3ḏ3t ʿ3t*), mentionné à plusieurs reprises dans les Textes des Sarcophages (*CT* IV, 94o ; 336d : *Ỉw/Ỉdbwj-rḫtj*) et le Livre des Morts (chapitres 1, 18, 19, 20 : *Ỉdbwj-rḫtj*) et mentionné après la localité de Busiris. Il est aussi connu par un passage de la stèle de Thoutmosis Ier à Tombos [91].

b. Récemment, H. De Meulenaere est revenu sur les problèmes posés par la formule saïte [92] ; il a montré notamment que la séquence finale, *ỉwnj pw*, n'était pas systématique et qu'il existait des exemples avec Osiris et Amon [93], comme c'est le cas ici. Autre singularité, on ne trouve pas *dỉdỉ ḥ3.f* ou *dỉ.tw ḥ3.f*, mais *dỉ.f ḥ3.f*, cette particularité fournissant un critère de datation [94], qui vient confirmer l'hypothèse selon laquelle ce monument daterait au plus tôt de la XXXe dynastie, et serait issu d'un courant cherchant à imiter les Saïtes. Remarquons que la formule dite saïte disparaît après le IIIe siècle av. J.-C. [95].

c. *Ỉmn* est le nom du prêtre spécifique du nome xoïte d'après le grand texte géographique d'Edfou [96], l'encyclopédie sacerdotale de Tebtynis [97] et les textes des chapelles osiriennes de Dendara [98].

84 GAUTHIER, *DG* III, 138 ; MONTET, *Géographie* I, 152.

85 L. HABACHI, *Tavole d'offerta are e bacili da libagione 22001-22067. Catalogo del museo egizio di Torino. Serie seconda – Collezioni* II, Turin, 1977, p. 98 ; P. VERNUS, *Athribis. Textes et documents relatifs à la géographie, aux cultes, et à l'histoire d'une ville du Delta égyptien à l'époque pharaonique*, *BdE* 74, Le Caire, 1978, p. 128, n. (ac).

86 *Loc. cit.*

87 GAUTHIER, *DG* III, 138.

88 J. OSING, *Hieratische Papyri aus Tebtunis* I, *The Carlsberg Papyri* 2, *CNIP* 17, Copenhague, 1998, p. 246, pl. XXV L21, 16.

89 D. VAN DER PLAS et J.F. BORGHOUTS, *Coffin Texts Word Index*, *PIREI* 6, Utrecht, 1998, p. 185 ; R. VAN DER MOLEN, *A Hieroglyphic Dictionary of Egyptian Coffin Texts*, *PdÄ* 15, Leyde, 2000, p. 286.

90 D. MEEKS, *AnLex* 79.0386.

91 *Urk.* IV, 85, 17.

92 « Réflexions sur la "formule saïte" », *JEOL* 34, 1997, p. 81-85.

93 Ainsi sur la statue de *P3-š3ḫ-r3.f*, Caire JE 37171 datant de la XXVIe dynastie.

94 H. DE MEULENAERE, *CdE* 68, 1993, p. 63-64.

95 *Ibid.*, p. 64.

96 *Edfou* I, 331, 12.

97 J. OSING, *op. cit.*, p. 240.

98 *Dendara* X, 21, 4, nº 21.

d. Une allusion à cette arrivée de la crue à Xoïs figure dans les processions géographiques : G. Bénédite, *Philae* I, p. 115, 13-14 et *Dendara* X, 333,5. Dans le cas présent, il doit s'agir d'un titre spécifique au nome xoïte, dont on sait que l'eau locale était particulièrement réputée : cf. P. Vernus, « L'eau sainte de Xoïs », dans A. Nibbi (éd.), *Proceedings of Colloquium The Archaeology, Geography and History of the Egyptian Delta in Pharaonic Times. Wadham College 29-31 August, 1988 Oxford, DE Special Number* 1, Oxford, 1989, p. 323-325. Cette eau lustrale n'était sans doute pas à proprement parler issue de Xoïs (*Ḫꜣsww*), mais sans doute l'eau de la branche du Nil qui arrosait les fondrières (*ḫꜣsww*), donc Xoïs [99].

e. Cf. Cl. Traunecker, « Le Graffite des Horsaisis-Nakhtmontou à Karnak. Une famille de prêtres thébains sous les derniers Ptolémées », dans W. Clarysse, A. Schoors et H. Willems (éd.), *Egyptian Religion in the Last Thousand Years. Studies Dedicated to the Memory of Jan Quaegebeur*, II, *OLA* 85, Louvain, 1998, p. 1215-1222.

f. Fonction sacerdotale bien attestée aux époques récentes, traduite πτεροφόρος en grec : L. Coulon, *RdE* 52, 2001, p. 94, n. (p).

g. Pour cette charge de prophète aux attributions obscures, cf. H. De Meulenaere, « Le vizir Harsiësis de la 30e dynastie », *MDAIK* 16, 1958, p. 234, n. 2 ; Fr. von Känel, *Les prêtres-ouâb de Sekhmet et les conjurateurs de Serket, BEHE Sciences religieuses* 88, Paris, 1984, p. 132 n. (w) ; D. Devauchelle, « Les graffites démotiques du toit du temple d'Edfou », *BIFAO* 83, 1983, p. 124, n. 5. Khonsou-Rê-Horakhty l'enfant est la forme xoïte du dieu-fils ; cf. *supra*, Texte D, note (m).

h. Le titre apparaît dans la documentation démotique à partir de l'époque saïto-perse [100] où il a visiblement la même signification que le titre *sš nsw ḥsb ỉḫt nbt* écrit en hiéroglyphes ; il faut attendre la XXXe dynastie pour trouver des *sš (n) pr-ꜥꜣ ỉw.f ỉp* dans des documents hiéroglyphiques [101], traduit βασιλικὸς γραμματεύς en grec. Voir à ce sujet, les remarques d'É. Chassinat [102] et plus récemment de J. Quaegebeur [103], ainsi que de Fr. von Känel [104], J. Yoyotte [105], G. Vittmann [106] et O. Perdu [107].

i. *sš ḥwt-nṯr pr Ỉmn ỉrm nꜣj.f rꜣ-prw*. Le mot , peut être lu *sꜣb* [108], et désigner une fonction administrative mal définie [109], « juge, magistrat, dignitaire ou aîné [110] », mais il peut aussi s'agir d'une écriture de *sš* « scribe [111] » ; les parallèles connus de cette expression permettent de privilégier cette

99 Cf. J. Yoyotte, « Quelques divinités retrouvées : Nenout, obscure collègue d'Ermouthis, et les collèges de "génies économiques" », *ACF* 95, 1994-1995, p. 667.

100 Fr.Ll. Griffith, *Catalogue of the Demotic Papyri in the John Rylands Library*, Manchester, 1909, III, p. 245, n. 4.

101 J.-Cl. Goyon, « Une statue du quatrième prophète d'Amon Nesmin (CS 349/131/76) », *CahKarn* 7, 1982, p. 283-284, n. (h).

102 « Sur quelques documents provenant de Gaou el-Kébir », *BIFAO* 1, 1901, p. 106 et n. 3.

103 « Documents égyptiens et rôle économique du clergé en Égypte hellénistique », dans E. Lipiński (éd.), *State and Temple Economy in the ancient Near East*, II, *OLA* 6, Louvain, 1979, p. 721-722 et « The Genealogy of the Memphite Hight Priest Family in the Hellenistic Period », dans *Studies on Ptolemaic Memphis, StudHell* 24, Louvain, 1980, p. 55-56.

104 *Op. cit.*, p. 141, n. (h).

105 « Le nom du "ministre de l'économie" – de Saïs à Méroé – », *CRAIBL* 1989, p. 76.

106 « Die Autobiographie der Tathotis (Stele Wien 5857) », *SAK* 22, 1995, p. 295, n. 2.

107 « Le "directeur des scribes du conseil" », *RdE* 49, 1998, p. 190-191.

108 *Wb* IV, 17,13-18,1.

109 D. Meeks, *AnLex* 77.3343, 78.3291, 79.2406.

110 D. Jones, *An Index of Ancient Egyptian Titles, Epithets and Phrases of the Old Kingdom*, *BAR-IS* 866, Oxford, 2000, p. 802.

111 Fr. Daumas (éd.), *Valeurs phonétiques* I, Montpellier, 1988, p. 239.

dernière lecture. Le lieu où il exerçait son emploi de scribe était le domaine d'Amon-Rê (*pr Ỉmn-Rʿ*), plus précisément, la demeure divine (*ḥwt-nṯr*) c'est-à-dire le temple principal, celui d'Amon-Rê ; quant à l'expression *ỉrm nꜣj.f rꜣ-prw*, elle signifie que cette charge s'étendait à tous les bâtiments à usage religieux de ce domaine [112], voire même situés au-delà du domaine xoïte : cf. Cl. Traunecker, *op. cit.*, p. 1199, n. (h) ; ajouter H. Kees, « Das Felsheiligtum des Min bei Achmim », *RT* 36, 1914, pl. III, l. 7.

Texte E², hymne à Amon

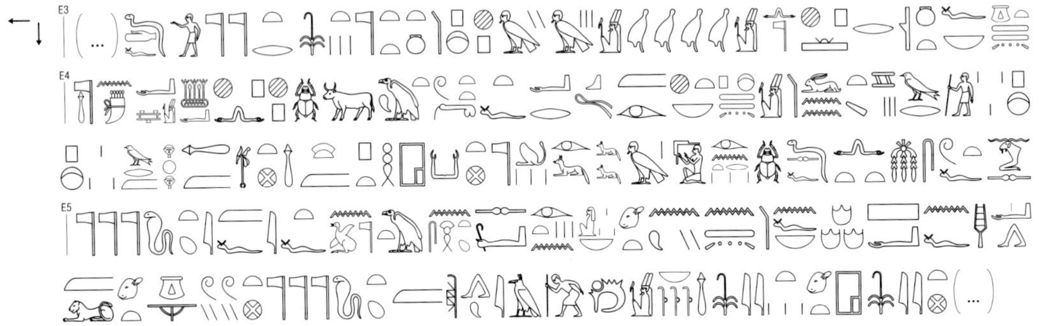

« *Il dit : "Ô le dieu divin* [j], *roi des dieux, accompli* [k], *distingué* [l], *primordial dans sa manifestation* [m], *le* ba *des* baou [n], *Amon, le roi des rois* [o], *il n'existe pas de dieu apparu à sa ressemblance* [p], *le seigneur des trônes du Double-Pays, le grand dieu du commencement* [q], *qui a initié l'apparition, avant que soit apparu ce qui est apparu* [r], *le taureau de sa mère, qui a engendré (son) père* [s], *habile à créer toutes choses* [t], *le primordial du Double-Pays, Amon, qui a créé ce qui existe, l'ancien des anciens, le primordial des primordiaux* [u], *l'ancien dans Héliopolis, le grand dans Thèbes, grand d'apparition dans Memphis* [v], *le dieu des dieux qui a fait les dieux, le* ba *caché qui a fait les dieux, qui s'est créé lui-même* [w], *nul ne l'a engendré, dieux et déesses le craignent, le père du poussin divin, la mère de l'œuf* [x], *celui qui renforce les actions de tous les dieux, qui préside à ceux qui sont sur la terre qu'il a créée, (il est le) seigneur des terrains bas* [y], *après qu'il a commencé dressé comme un lion dans Xoïs* [z], *les dieux et les déesses à sa suite, le vieillard, l'honoré, Amon, le seigneur des années* [α], *grand de royauté dans le Château-de-la-royauté"* »

j. *nṯr nṯrj* « le dieu divin », pour ce concept ; cf. J. Assmann, « Primat und Transzendenz. Struktur und Genese der ägyptischen Vorstellung eines 'Höchsten Wesens' », dans W. Westendorf (éd.), *Aspekte der spätägyptischen Religion*, *GOF* IV/9, Wiesbaden, 1979, p. 24, n. 65 ; *id.*, *Sonnenhymnen in thebanischen Gräbern*, *Theben* I, Mayence, 1983, p. 123, n. (a) et Chr. Leitz (éd.), *LGG* IV, 432-434.

112 D. MEEKS, *AnLex* 77.2322 : « bâtiment à usage religieux » ; S.B. SHUBERT, *JNES* 47, 1988, p. 197 : « A *r(ꜣ)-pr* is a place where offerings could be made. »

k. Pour *twt* « accompli », écrit simplement avec deux 𓏏, comparer avec *Wb* V, 259 ; pour le sens, *Wb* V, 259,5-260,10 et D. Meeks, *AnLex* 78.4541, 79.3378.

l. *ṯnj* « distingué (de forme) », s'appliquant au démiurge, donc ici à Amon-Rê : J. Assmann, *Liturgische Lieder an den Sonnengott. Untersuchungen zur altägyptischen Hymnik*, I, *MÄS* 19, Munich, 1969, p. 66, n. 113-114 ; J. Zandee, *Der Amunhymnus des Papyrus Leiden I 344, Verso*, *CNMAL* VII, Leyde, 1992, III, p. 973-974 ; Chr. Leitz (éd.), *LGG* VII, 467-468.

m. *pꜣwtj ḫpr(w)* « primordial dans sa manifestation » ; comparer avec J. Zandee, *op. cit.*, III, p. 1015 *sq.* et avec *pꜣwtj ḫpr m sp tpj* : Chr. Leitz (éd.), *LGG* III, 22.

n. *bꜣỉ bꜣw* « le *ba* des *baou* », cf. J. Assmann, *Liturgische Lieder*, p. 78-81 ; J.-Cl. Goyon, dans *The Edifice of Taharqa by the Sacred Lake*, p. 72, n. 38, 85 et à propos du *ba* dans l'hymnologie amonienne ; cf. J. Zandee, *op. cit.*, I, p. 186 *sq.* ; Chr. Leitz (éd.), *LGG* II, 678.

o. *nswt nswwt* « le roi des rois » ; l'écriture employée ici appelle un commentaire : le premier 𓇓 vaut *nswt*, les trois autres forment un pluriel dit « archaïque » valant *nswwt* ; comparer avec *Wb* II, 332. Cette épithète d'Amon n'est pas autrement attestée, celui-ci est généralement *nswt nṯrw* « roi des dieux » ou *nswjt ꜥꜣt* « à la grande royauté » ; toutefois celle-ci s'intègre dans l'eulogie amonienne telle qu'elle apparaît depuis le début de la XVIIIe dynastie, dans une catégorie que J. Assmann a qualifiée de « Rule [113] », c'est-à-dire la proclamation de la monarchie temporelle et intemporelle d'Amon-Rê.

p. *ỉwtj nṯr ḫpr r ḳd.f*, pour cette écriture de *ḳd*, comparer avec P. Wilson, *Ptol. Lex.*, p. 1070. Quoi que le sens de ce passage ne pose pas de difficultés, il est, à ma connaissance, sans parallèles ; habituellement, les formules évoquant la forme (*ḳd*) du dieu insistent sur le fait que celle-ci est inconnaissable (*n rḫ*) : P. Wilson, *loc. cit.* ; peut-être faut-il rapprocher ce tour de phrase de l'expression *n kj ḥr ḫw.f* « il n'y en a pas en dehors de lui » : M. Malaise, « Du mot *ḫw* exprimant le caractère "exceptionnel" des divinités ou des êtres », *CdE* 64, 1989, p. 111-120.

q. *nṯr ꜥꜣ n ḏr-ꜥ* « le grand dieu du commencement » est une épithète d'Amon-Rê que l'on voit apparaître pour la première fois à la Troisième Période intermédiaire, dans la Chronique d'Osorkon [114]. Dans ce texte, puis dans le papyrus oraculaire saïte thébain [115], celle-ci semble attachée à une forme oraculaire du dieu : A. Leahy, « In the House of the Phoenix at Thebes (Cairo JE 36938) », dans A. Leahy et J. Tait, *Studies on Ancient Egypt in Honour of H. S. Smith*, *Occasional Publications* 13, Londres, 1999, p. 190 ; voir aussi les remarques de J. Zandee, *op. cit.*, I, p. 31 à propos de cette épithète à l'époque gréco-romaine ; Chr. Leitz (éd.), *LGG* IV, 417.

113 *Egyptian Solar Religion in the New Kingdom. Re, Amun and the Crisis of Polytheism*, Londres, 1995, p. 102 *sq.*

114 R.A. Caminos, *The Chronicle of Prince Osorkon*, *AnOr* 37, Rome, 1958, p. 134, n. vv.

115 R.A. Parker, *A Saite Oracle Papyrus from Thebes in the Brooklyn Museum*, *Brown Egyptological Studies* 4, Providence, 1962, p. 7.

r. *šȝʿ ḫpr n ḫpr ḫpr(w)* « qui a initié l'apparition avant que soit apparu ce qui est apparu » : pour cette formule qualifiant Amon, voir J. Zandee, *De Hymnen aan Amon van papyrus Leiden I 350*, *OMRO* 28, Leyde, 1947, p. 71-72 ; *id. Der Amunhymnus*, I, p. 19-21*;* P. Vernus, « Un hymne à Amon, protecteur de Tanis sur une tablette hiératique (Caire JE 87889) », *RdE* 31, 1979, p. 108, n. (g) et Chr. Leitz (éd.), *LGG* VII, 14.

s. *kȝ mwt.f wtt̠ ỉt.f* « le taureau de sa mère qui a engendré son père » : nous sommes toujours dans le registre du dieu primordial qui s'est engendré lui-même en fécondant sa mère, ce qu'indique l'épithète de « taureau de sa mère » ; il s'agit de l'Amon de Louxor, dans son « Harem », identifié à Min ; cf. J. Zandee, *op. cit.*, I, p. 333-343 ; Chr. Leitz, *LGG* VII, 258-260.

t. *ʿrḳ(w) m ỉr ḫt nb* « habile à créer toutes choses », pour ce sens de *ʿrḳ: Wb* I, 212,10-15, et A.H. Gardiner, *The Admonitions of an Egyptian Sage from a Hieratic Papyrus in Leiden (Pap. Leiden 344 recto)*, Leipzig, 1909, p. 107 ; *id.*, « The Autobiography of Rekhmirê », *ZÄS* 60, 1925, p. 66 ; *id.*, « The Instructions Addressed to Kagemnni and his Brethren », *JEA* 32, 1946, p. 74 ; A. Volten, *Studien zum Weisheitsbuch des Anii*, Copenhague, 1937, p. 170 ; D. Meeks, *AnLex* 79.0518.

u. *pȝwtj tȝwj ḳmȝ(w) wnnt wr wrw pȝwtj pȝwtjw* « le primordial du Double-Pays, qui a créé ce qui existe, l'ancien des anciens, le primordial des primordiaux » ; *pȝwtj tȝwj* est une épithète du dieu solaire héliopolitain : J. Zandee, *op. cit.*, III, p. 953-957. Pour *ḳmȝ(w) wnnt*, cf. J. Assmann, *Sonnenhymnen*, p. 173, n. b et *id.*, *Egyptian Solar Religion*, p. 106, n. 19. Le sens des expressions superlatives du type *wr wrw pȝwtj pȝwtjw* présentant le démiurge comme *primus inter pares* a été bien étudié par J. Zandee, *op. cit.*, II, p. 581-603.

v. La mention d'Héliopolis de Thèbes et de Memphis rattache ce texte à la théologie « impériale » de l'époque ramesside, telle qu'elle a été mise en lumière par J. Assmann [116], pensée religieuse formée d'emprunts aux systèmes plus anciens d'Héliopolis et de Memphis, dont le souvenir se retrouve encore dans une encyclopédie sacerdotale d'époque romaine : « quant à "Trônes du Double-Pays" (c'est) : Thèbes, Héliopolis et le Château-du-*ka*-de-Ptah [117] ». Voir aussi les remarques de J. Zandee, *op. cit.*, II, p. 421 sq.

w. *ḫpr ḏs.f* est l'épithète topique d'Amon-Rê à Xoïs comme à Séma-Béhédet : I. Guermeur et Chr. Thiers, *op. cit.*, p. 204, n. c ; sur le sens de celle-ci : J. Assmann, « Primat und Transzendenz. Struktur und Genese der ägyptischen Vorstellung eines 'Höchsten Wesens' », dans W. Westendorf, *Aspekte der Spätägyptischen Religion*, *GOF*/IV 9, Wiesbaden, 1979, p. 24, n. 65 ; J. Zandee, *op. cit.*, I, p. 207-213 ; Chr. Leitz, *LGG* V, 703-706.

116 *Egyptian Solar Religion*, p. 133-134, 156-177.

117 J. Osing, *op. cit.*, p. 163, 166.

x. *ỉt n ṯꜣỉ nṯrj mwt n swḥt* « le père du poussin divin, la mère de l'œuf », comparer avec *Esna* III, nº 332, 22 (= S. Sauneron, *Les fêtes religieuses d'Esna aux derniers siècles du paganisme*, *Esna* V, Le Caire, 1962, p. 226) ; J. Zandee, *op. cit.*, I, p. 69-70 et Chr. Leitz, *LGG* I, 586-587.

y. *nb pḥw* « seigneur des terrains bas » est une épithète d'Amon que l'on ne manquera pas de rapprocher de la mention dans le Texte D de « l'adolescent qui préside à son terrain bas », désignation métaphorique de Xoïs, la fondrière ; cf. *supra*, Texte D n. (n).

z. *š(ꜣ)ʿ.n.f ʿḥʿ m rw ḫntj Ḫꜣsww* « après qu'il a commencé dressé comme un lion dans Xoïs », ce passage est sans parallèles dans l'hymnologie amonienne [118] ; la lecture du signe  se prête à plusieurs lectures et interprétations. Soit on le considère comme un signe-mot désignant le lion, que l'on pourra lire *mꜣỉ* ou *rw* – le terme *ṯꜣm* plus souvent écrit  que  désigne généralement Horus [119] –, soit on le lit simplement *nb* « seigneur ». Amon peut à l'occasion être assimilé à un lion[120], comme à Xoïs : *Edfou* I, 331, 11 (*Edfou* XV, pl. 3) : 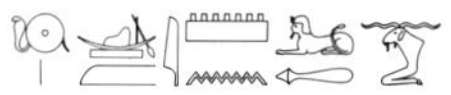 *Rʿ ỉm m Ỉmn mꜣỉ ʿꜣ šfjt* « Rê est là sous la forme d'Amon, le lion grand de prestige ».

α. *nb rnpwt* évoque immanquablement l'une des spéculations théologiques originale propre à Amon de Xoïs : le dieu aux 7000 années de règne ; cf. S. Sauneron, « Les 7000 ans de Xoïs », dans *Villes et légendes d'Égypte*, 2ᵉ éd., *BdE* 90, Le Caire, 1983, p. 171-174 ; I. Guermeur, *Les cultes d'Amon*, p. 580-581 ; sur cette épithète, voir Chr. Leitz (éd.), *LGG* III, 684. On notera l'usage à plusieurs reprises du signe , qui est peut-être un simple déterminatif, mais que j'ai choisi de traduire : en effet, il apparaît dans ce texte comme le marqueur d'une scansion des épithètes.

Texte E³, autobiographie

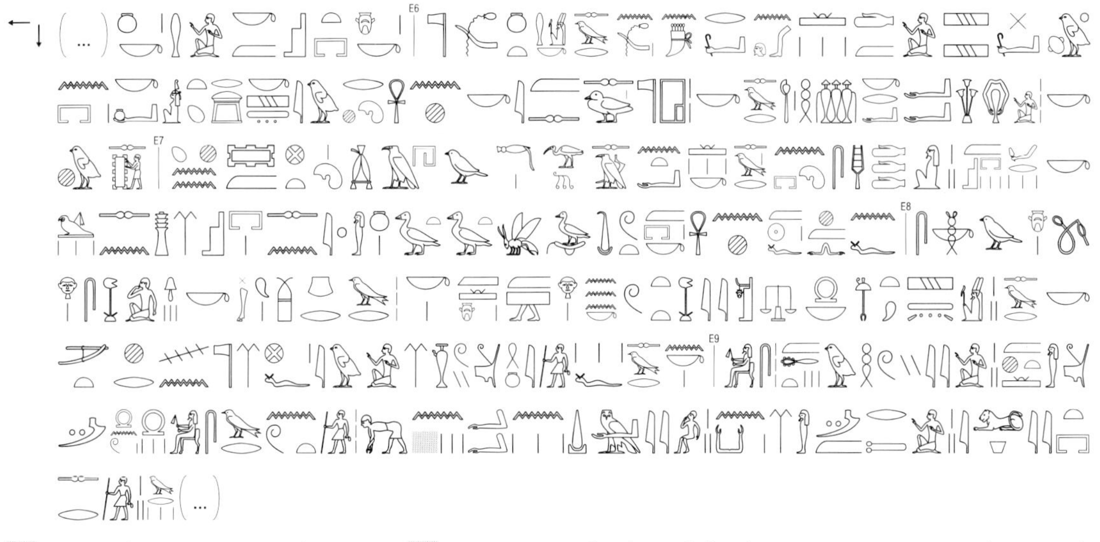

118 Comparer la construction avec Chr. Leitz (éd.), *LGG* II, 191-193.

119 *Wb* V, 355.

120 C. DE WIT, *Le rôle et le sens du lion dans l'Égypte ancienne*, Leyde, 1951, p. 215-220, 429 ; N. DE GARIS DAVIES, *The Temple of Hibis in el-Khargeh Oasis* III, *The Decoration*, *PMMA* 17, New York, 1953, pl. 31, l. 10 ; J. ZANDEE, *De hymnen aan Amon van papyrus Leiden I 350*, *OMRO* 28, Leyde, 1947, p. 42-43, 95.

« Je suis ton serviteur dans la place que tu aimes, le purificateur de ta majesté ; j'ai accru la pureté, j'ai maintenu les règles, je n'ai pas violé le terrain de ta demeure [a] *; j'ai offert Maât à ta chapelle mystérieuse car je savais que c'est d'elle que tu vis ; j'ai approvisionné tes deux temples* [b] *et j'ai pourvu ton autel ; j'ai protégé tes serviteurs et j'ai relevé ce qui était détruit dans ta ville* [c] *; j'ai rétribué le malheureux et j'ai rempli ce que j'ai trouvé vide ; j'ai renouvelé tes rituels après avoir pourvu ton temple et j'ai redressé les statues des dieux dans tes places sacrées : leurs images de culte sont établies à leur place et l'idole des deux filles du roi du nord est établie dans ta demeure* [d]*, étant vivante dans son jour* [e] *et ignorant la destruction. Que mon cœur puisse persévérer à se souvenir de tes bienfaits et que mon corps soit renouvelé et pourvu grâce à tes grandeurs* [f]*; mon cœur est juste en t'étant fidèle, pareil au fil du peson ... possesseur de l'art secret des dieux* [g]*. Puisses-tu accroître mon renom auprès de l'image du dieu, dans sa ville, tandis que je suis loué de son assemblée, car j'ai pourvu pour toi les notables de ce qui est nécessaire et la plèbe en biens, (étant) celui des courtisans dont l'apparence est (la plus) parfaite* [h]*. Les grands ayant été abondamment pourvus, qu'ils soient secourables à la génération montante* [i]*, en mon nom, car je suis d'une apparence parfaite pour les gens de l'administration judiciaire et les grands magistrats* [j]*.* »

a. *nḏr.n.ỉ tp-ḥsb tm šꜣš ḥsbw n pr.k*, ce passage est repris par G. Vittmann, *Altägyptische Wegmetaphorik*, *BeitrÄg* 15, Vienne, 1999, p. 132 ; pour le sens de cette expression, voir les remarques de J.-J. Clère, « Recherches sur le mot  des textes gréco-romains et sur d'autres mots apparentés », *BIFAO* 79, 1979, p. 285-310.

b. *sḏfꜣ.ỉ ḥwtj-nṯr.k* « j'ai approvisionné tes deux temples » ; l'allusion à deux sanctuaires consacrés à Amon à Xoïs ne se retrouve pas ailleurs [121] ; on proposera de comprendre que Pachéryentaisouy évoque le temple de Karnak où le monument est consacré et la « succursale » de Xoïs d'où il est originaire et où il exerçait une partie de ses charges sacerdotales et civiles.

c. *ẖws.ỉ sḫnn m nỉwt.k* « j'ai relevé ce qui était détruit dans ta ville », on notera l'écriture de *sḫnn/sšnn* [122] avec un  pour écrire le *s*, cf. Fr. Daumas (éd.), *Les valeurs phonétiques*, p. 347. K. Jansen-Winkeln, *op. cit.*, p. 148-149, comprend différemment : *ẖwsj(.j) ḫp(r) nnj(w) m nwt.k* « Ich habe aufgebaut, was morsch (?) geworden war in deiner Stadt. »

d. *ỉrw sꜣtj-bỉtj mn.tw m pr.k* « l'idole des deux filles du roi du nord est établie dans ta demeure » ; *sꜣtj-bỉtj*, *Wb* III, 412, 10-11 ; R. Grieshammer, *LÄ* III, col. 437-438, *s. v.* « Kinder des Bitj » ; D. Meeks, *AnLex* 79.2385, « Les deux filles » ; Chr. Leitz (éd.), *LGG* VI, 113. Le *sꜣtj-bỉtj* était une paire d'idoles en forme de nacelle surchargée de figures animales (J. Yoyotte, dans Fr. von Känel, *Les prêtres-ouâb de Sekhmet et les conjurateurs de Serket*, *BEHE Sciences Religieuses* 87, Paris, 1984, p. 195, n. e), auxquelles on rendait un culte, notamment à Saïs [123]. On a longtemps considéré que

121 On notera cependant une allusion à un dieu unique qui devient deux dans un texte d'Edfou relatif à Xoïs : *Edfou* IV, 26, 6 : *ntk nṯr wꜥ ḫpr m nṯrwj* « Car tu es le dieu unique qui est venu à l'existence comme deux dieux. »

122 *Wb* IV, 270 et 293, 17-20.

123 J. CAPART, « Un fragment de naos saïte », dans *MARB* 2ᵉ série 19, Bruxelles, 1924, p. 18-22.

cette expression désignait Chou et Tefnout, cf. K. Sethe, « Zur Komposition des Totenbuchspruches für das Herbeibringen der Fähre (Kap. 99 Einleitung) », *ZÄS* 54, 1918, p. 15 ; H. Altenmüller, *LÄ* I, col. 921-922, *s. v.* « Chemmis » ; pourtant il s'agit de deux entités féminines, comme le montre bien le double déterminatif utilisé, par exemple, dans les veillées horaires [124] :  (VI, 78) [125] ;  (XVIII, 47) [126]. Celles-ci sont apparemment liées au combat contre les ennemis du soleil [127].

e. *m hrw.f*, c'est-à-dire « en beauté/sous son plus bel aspect » ; cf. B. Mathieu, *La poésie amoureuse de l'Égypte ancienne. Recherches sur un genre littéraire au Nouvel Empire*, *BdE* 115, 1996, p. 92, n. 308.

f. *wḥm ḥʿ.ỉ ʿpr ḫr wrw.k* « que mon corps soit renouvelé et pourvu grâce à tes grandeurs », ce souhait apparaît dans une séquence où Pachéryentaisouy, après avoir évoqué ses actes, réclame de recouvrer son intégrité physique dans l'au-delà. Le mot *ḥʿ* est ici écrit simplement avec un  : Fr. Daumas (éd.), *Les valeurs phonétiques* I, p. 286.

g. *twt ḫꜣj… nb ḥmw štꜣ nṯrw*. Ce passage est délicat à interpréter, notamment du fait des incertitudes de lecture. Le début paraît devoir être lu *twt ḫꜣj* « pareil au fil du peson » ; *ḫꜣj* désigne le fil du peson d'une balance : L. Coulon, « La rhétorique et ses fictions : pouvoirs et duplicité du discours à travers la littérature égyptienne du Moyen et du Nouvel Empire », *BIFAO* 99, 1999, p. 112, n. 48 ; H. Willems, *The Coffin of Heqata (Cairo JdE 36418). A Case Study of Egyptian Funerary Culture of the Early Middle Kingdom*, *OLA* 70, Louvain, 1996, p. 446, n. c (réf. D. Meeks). Les trois signes qui suivent *ḫꜣj* sont plus indistincts : le premier paraît être un , qui est peut-être le déterminatif du mot peson ; le signe suivant, qui ressemble à un trébuchet, est peut-être un signe-mot le désignant. La fin de la séquence, *nb ḥmw štꜣ nṯrw*, a été commentée par K. Jansen-Winkeln, *op. cit.*, p. 159, n. 109.

h. *twt n mꜣꜣ šnwt*, l'expression *twt mꜣꜣ* n'est pas recensée ; on pourra rapprocher sa construction de celle de l'épithète bien connue de Ptah *twt ḳd* « à la forme gracieuse [128] » ; par ailleurs, *mꜣꜣ* pouvant à l'occasion avoir le sens d'« aspect, apparence [129] », on proposera de comprendre « dont l'apparence est agréable ou parfaite ». Cela ne ferait pas allusion à l'aspect physique de Pachéryentaisouy mais à son sens moral qui ferait de lui quelqu'un que l'on peut regarder et aborder sans crainte d'une compromission ; on remarquera d'ailleurs que l'on retrouve l'expression plus bas dans la colonne en rapport avec les gens de l'administration judiciaire et les magistrats. Le  n'est peut-être pas situé au bon endroit ; on préférerait le voir placé après *mꜣꜣ*, avant *šnwt* et traduire : « celui des courtisans

124 H. Junker, *Die Studenwachen in den Osirismysterien nach den Inschriften von Dendara, Edfu und Philae dargestellt*, *DAWW* 54, Vienne, 1910, p. 44, 60, 116.
125 *Ibid.*, p. 60 = *Edfou* I, 225, 14.
126 H. Junker, *op. cit.*, p. 116 = *Edfou* I, 217, 4.
127 Cf. J. Yoyotte, *loc. cit.*
128 P. Wilson, *Ptol. Lex.*, p. 1132-1133 ; voir aussi les dérivés : D. Meeks, *AnLex* 79.3178.
129 D. Meeks, *AnLex* 78.1597.

dont l'apparence est (la plus) parfaite». L'expression serait à comparer avec celles évoquant le fait qu'aucune accusation ne peut-être portée à l'encontre de quelqu'un : O. Perdu, «Un monument d'originalité», *JEA* 84, 1998, p. 141-143, n. aa et ab. Peut-être l'économie générale du monument a-t-elle contraint le lapicide à regrouper ainsi les signes ; cf. *infra*, n. (j). K. Jansen-Winkeln, *op. cit.*, p. 149 et n. 113 p. 159, comprend *twt n m33 šnw špsw* «schön für den Betrachter». Au sujet de ce genre dans les autobiographies, on verra Ph. Derchain, « De l'éloquence judiciaire. La plaidoirie d'Onnophris ou le concussionnaire innocent», *CdE* 74, 1999, p. 31-42.

i. *swr.n.tw wrw ḫ3m.n.[s]n rmnw (n) ḏ3m* «les grands ayant été abondamment pourvus, qu'ils soient secourables à la génération montante». Dans la lacune qui suit *ḫ3m*, on proposera de lire le pronom suffixe pluriel *.sn*, renvoyant aux grands ; l'expression *ḫ3m rmn* litt. «plier le bras», signifie «être secourable [130]», sans que l'on puisse exclure ici une évocation de la gestuelle liée au respect et à la soumission [131]. La «génération montante» (*ḏ3m*) est, bien entendu, celle de Pachéryentaisouy, son petit-fils, pour qui il réclame l'aide des notables, sans doute thébains, afin d'assurer son succès dans la carrière sacerdotale, et par là même la possibilité d'assurer le culte funéraire de son aïeul.

j. *n k3.ì m twt(.ì) m33 m rmṯ ꜥr(r)jt srw wrw* «en mon nom, car je suis d'une apparence parfaite pour les gens de l'administration judiciaire et les grands magistrats». Pour *twt m33*, cf. *supra*, n. (i) ; le groupe  a été lu *rwjt* (?) «Vorhalle» par K. Jansen-Winkeln, *op. cit.*, p. 160, n. 116 ; pour notre part, le  qui précède le mot nous conduit à privilégier une lecture *ꜥr(r)jt*, dont il existe des graphies du type  et qui désigne à l'origine «la porte, le portail [132]» d'un temple, puis par extension une salle de justice [133]. Les gens (*rmṯ*) de la «salle de justice» doivent être des fonctionnaires de justice, sans doute d'un rang inférieur aux *srw wrw*, mentionnés immédiatement après, connus pour être des hauts magistrats [134].

130 D. MEEKS, *AnLex* 77.2984, 78.2944, 79.2147.

131 P. VERNUS, *Sagesses de l'Égypte pharaonique*, Paris, 2001, p. 117, n. 62.

132 *Wb* I, 211, 8-14 ; J. VERGOTE, «L'étymologie de ég. *ꜥrrw.t* "portail"», dans *Studies in Egyptian Religion Dedicated to Professor Jan Zandee*, Leyde, 1982, p. 138-140 ; P. SPENCER, *The Egyptian Temple : A Lexicographical Study*, Londres, 1984, p. 148-155.

133 S. SAUNERON, «La justice à la porte des temples (à propos du nom égyptien des propylées», *BIFAO* 54, 1954, p. 121 ; A. THÉODORIDÈS, «Le jugement en cause Neferabet contre Tyia (Pap. Berlin 3047)», *RIDA* 3e série 28, 1980, p. 12-14 ; J.-Cl. GOYON, *CdE* 63, 1988, p. 256 ; J. QUAEGEBEUR, «La justice à la porte des temples et le toponyme Premit», dans Chr. Cannuyer et J.-M. Kruchten, *Individu, société et spiritualité dans l'Égypte pharaonique et copte*, Ath, Bruxelles, Mons, 1993, p. 201-202.

134 A. THÉODORIDÈS, «Les ouvriers-"magistrats" en Égypte à l'époque ramesside (XIXe-XXe dyn. ; XIIIe-Xe s. av. J.-C.», *RIDA* 3e série 16, 1969, p. 103-109.

Texte E4, les souhaits pour l'au-delà

« Soit loué mon héritier, le prophète de Mout Âchakhet, qu'a fait la maîtresse de maison Taamonet [a]*, qui monte sur l'estrade en étant informé de ta puissance* [b] *et qui tient (sa) langue au sujet de tes affaires* [c]*; puisses-tu te souvenir de sa perfection, puisses-tu éloigner sa souffrance, que la douleur n'atteigne pas son corps* [d]*; puisses-tu doubler son temps de vie et établir son domaine; puisses-tu établir ses enfants auprès de toi; puisses-tu accroître son amour auprès du roi, dans son cœur, car il est d'une attitude impeccable* [e] *dans son travail auprès de ses courtisans. Puisse-t-il y avoir une louange auprès du bon dieu pour ceux qui sont issus de moi, que ce qui est agréable leur soit destiné afin de renouveler le nécessaire* [f]*. Accorde-(moi) un temps de vie sur le lit funéraire parmi les images d'Atoum* [g]*; puisse mon nom ne pas être l'objet d'hostilité, car les démons étant abattus, inexistant est ce qui est fomenté dans leur cœur* [h]*. Quand je traverserai, que l'on fasse pour moi un embaumement conforme aux méthodes d'Anubis* [i]*, (grâce à qui) les chairs divines vont en paix; que l'on m'accorde l'huile Merehet (saisie)*

sur les bras de Chesemou comme protection de Neith dans le Château-Mennet [j], *le vêtement divin des grands dieux* [k], *l'étoffe divine des déesses* [l], *que l'on emmaillote (ma) momie* [m] *comme travail des praticiens parfaits, conformément aux souhaits de mon successeur. Puisse-t-on enterrer mon corps en grande distinction* [n], *puissé-je rejoindre le bélier de l'Ennéade* [o]. *Que tout soit fait, quotidiennement, pour mon* ka *comme il sera fait pour son* ka. *Puisse-t-on lire pour moi un livre des glorifications* [p], *puisse-t-on prononcer pour moi les rituels que les glorifiés, les consciencieux, ceux qui connaissent les écrits de Thot, ont dits* [q]. *Les prophètes et les purs des temples ayant été abondamment pourvus en nombreuses richesses, qu'ils soient magnanimes (pour) les compagnons du Roi, qu'il y ait le nécessaire (afin que) je puisse atteindre la place des pères. Puissent-ils descendre (ma) momie vers un lieu à ma convenance comme ont fait les suivants d'Horus. Puissé-je atteindre la terre sacrée d'Ouhâta (tandis que) tous les porteurs de perches chantent la louange à Rê* [r]; *puissé-je m'unir aux pères et embrasser les mères, puisse l'assemblée se réjouir quand (j')approcherai de la terre de vie, et leurs mains m'accueillir* [s]. *Untel, une telle, les vénérables, honorés vivants, ayant été abondamment pourvus, (leur)* ka *sera fait, en priant pour moi le dieu et dans la mesure où ils persévéreront à* <*dire*> [t]: *"bienvenue, bienvenue ce loué des dieux, son père c'est le prêtre-Imen de la majesté du* Ba *caché* (i. e. *Amon), celui qui fait advenir la crue depuis Noun l'ancien, le supérieur des secrets du* ka *royal vivant, Amon* [u], *le purificateur divin de sa grandeur. Puisse-t-on prolonger son temps de vie, car c'est un grand de récompenses, très aimé de ceux qui sont sur terre, maître des nourritures, riche de provende, qui a réuni toutes les richesses, qui a donné du pain à l'affamé, de la bière à l'assoiffé, des vêtements à celui qui se trouvait être dans la nudité et qui a placé ses bras derrière les prophètes de Thèbes, lorsque Nô était tombée dans l'affliction* [v], *l'imakhou d'Amon l'ancien, grand de prestige, Khépri, qui s'est créé lui-même, le scribe royal, Âchakhet, juste de voix, fils du prophète Khonsouemouia* [w], *juste de voix". »*

a. *Tꜣ-(nt)-Ỉmnt*, « Celle d'Amonet », *PN* I, 358, 4 ; E. Lüddeckens (éd.), *Dem. Nb.* I, 1163-1164 ; M. Thirion, « Notes d'onomastique. Contribution à une révision de Ranke *PN* (10e série) », *RdE* 46, 1995, p. 177 ; Ταμουνις en grec. Celle-ci est la mère de l'héritier (*ḥrj-tꜣ*) de Pachéryentaisouy, donc *a priori* l'épouse de celui-ci. On remarquera son nom théophore en Amon, divinité familiale.

b. *ḥrj ḫndw šsꜣ.tw m bꜣw.k*, nous avons vu *supra*, Texte B, n. (n), que *ḥrj ḫndw* qualifiait le ritualiste lorsqu'il accède au *naos* pour ouvrir la châsse. Pour accomplir cet acte essentiel mais éminemment périlleux, l'officiant doit être pourvu de toutes les qualités requises et notamment être informé de (*šsꜣ m*) la puissance de la divinité ; *bꜣw* peut désigner la puissance comme la colère : O. Perdu, « Le monument de Samtoutefnakht à Naples », *RdE* 36, 1985, p. 102, n. (f).

c. *ḫn ns r ḫt.k*, « qui tient (sa) langue au sujet de tes affaires ». On trouve généralement l'expression avec *rꜣ* plutôt que *ns* : G. Posener, « Section finale d'une sagesse inconnue (Recherches littéraires, II) », *RdE* 7, 1950, p. 83, n. k (réf. L. Coulon) ; P. Vernus, « Inscriptions de la Troisième Période Intermédiaire (IV) », *CahKarn* VI, 1980, p. 219, n. a ; K. Jansen-Winkeln, *Ägyptische Biographien der 22. und 23. Dynastie*, *ÄAT* 8, Wiesbaden, 1985, vol. 1, p. 15, n. 14 ; H.W. Fischer-Elfert, *Die Lehre eines Mannes für seinen Sohn*, *ÄgAbh* 60, Wiesbaden, 1999, p. 96, n. (e) (réf. L. Coulon).

d. *rwỉ.k ḏw.f n spr mn(t) ḥꜥ.f*, « puisses-tu éloigner sa souffrance et que la douleur n'atteigne pas son corps » ; pour *rwỉ ḏw* : *Wb* II, 406, 21, nombreux exemples réunis en *Wb Beleg.* II, p. 602 ; *ḏw* « le mal » peut aussi désigner la souffrance : D. Meeks, *AnLex* 78.4891. *Mnt*, *Wb* II, 67, 6-18, recouvre un sens proche de *ḏw* ; il peut aussi être la maladie : D. Meeks, *AnLex* 78.1710 ; 79.1199.

e. *tp-bỉt* « attitude impeccable » ; *bỉ.t* ou *bỉꜣ.t*, selon la lecture du *Wb* [135], a généralement le sens neutre de « caractère, vertu », voir « comportement [136] », mais il est souvent précédé de *nfr* ou *ỉḳr* qui donnent alors à la locution le sens de « bon caractère/comportement » ou de « caractère/comportement parfait/excellent [137] » ; ici, le substantif est précédé de *tp*, l'expression recouvre alors le sens d'« attitude impeccable » : D. Meeks, *AnLex* 79.0869.

f. *wn ḥsj(t) n ỉỉ.w-ỉm(.ỉ) ḫr nṯr nfr bw-bnr n.sn ḥr wḥm ḫrt* « puisse-t-il y avoir une louange auprès du bon dieu pour ceux qui sont issus de moi, que ce qui est agréable leur soit destiné afin de renouveler le nécessaire » ; le signe qui suit le *wn* est indubitablement un  pour *ḥs(j)t* « louange, récompense, faveur ». Celle-ci est destinée aux *ỉỉ(w)-ỉm(.ỉ)*, expression substantivée, déterminée par , désignant les descendants ; cette dernière est construite sur le modèle des expressions du type *pr ỉm X* « être issu de X » employé avec le verbe *ỉỉ* « venir » ; dans le même sens : cf. K Jansen-Winkeln, *op. cit.*, p. 161, n. 125.

bw peut être employé dans la construction de certains abstraits du type *bw-nfr*, « la bonne action » ; *bw-bnr*, est « ce qui est doux, les douceurs [138] », par extension « ce qui est agréable » ;  signe-mot valant *bw* est usuel.

La préposition *ḥr* peut, notamment en ptolémaïque, recouvrir certains usages de *r* et ainsi marquer le but : D. Meeks, *AnLex* 78.2755 ; toutefois, l'expression peut aussi être considérée comme une proposition circonstancielle du type *ḥr* + infinitif : Å. Engsheden, *La reconstitution du verbe en égyptien de tradition 400-30 avant J.-C.*, Uppsala, 2002, p. 264-267 : « que ce qui est agréable leur soit destiné, le nécessaire ayant été renouvelé. »

Le  signe servant à écrire *ḫrt* est mal formé, il pourrait être confondu avec un , cependant une observation attentive du monument et des estampages m'a convaincu de cette lecture ; on verra le point de vue différent de K. Jansen-Winkeln, *op. cit.*, p. 149. *ḫrt* désigne le « nécessaire, le moyen de subsistance », mais aussi ce qui assure la subsistance de quelque chose : D. Meeks, *Le grand texte des donations au temple d'Edfou*, *BdE* 59, 1972, p. 66-70, n. (61) ; le sens paraît ici très clair : les descendants (*ỉỉ(.w)-ỉm*) bénéficiaires de la protection de la divinité, de sa générosité, du fait de l'intervention de Pachéryentaisouy, doivent, selon le procédé habituel du *do ut des*, assurer la subsistance (*ḫrt*) de leur ascendant.

135 Lecture contestée principalement par A.H. GARDINER, *The Admonitions of an Egyptian Sage*, Leipzig, 1909, p. 81-82 ; voir aussi G. POSENER, « L'expression *bjꜣ.t ꜥꜣ.t* "mauvais caractère" », *RdE* 16, 1964, p. 37, n. 3.

136 *Wb* I, 441, 16-19 ; A.H. GARDINER, *loc. cit.* ; D. MEEKS, *AnLex* 78.1283 ; E. GRAEFE, *Untersuchungen zur Wortfamilie bj3-*, Cologne, 1971, p. 75 ; P. VERNUS, « La formule du bon comportement (*bỉt nfrt*) », *RdE* 39, 1988, p. 150, n. b.

137 *Loc. cit.*

138 D. MEEKS, *AnLex* 78.1304.

g. *dỉ.k wnwt ꜥḥꜥw ḥr ꜣṯt m-ꜥ ỉḫrw nt Ỉtm* « Accorde-(moi) un temps de vie sur le lit funéraire parmi les images d'Atoum » ; *wnwt* correspond à un « moment », une division du temps [139] ; *ꜥḥꜥw*, désigne le « temps de vie », c'est-à-dire le temps qui sépare la naissance de la mort [140], mais ici, dans un contexte funéraire, son emploi est sans aucun doute métaphorique, il s'agit de la vie dans l'au-delà.

ꜣṯt, *Wb* I, 23, 11-12, est une dénomination du lit funéraire : J. J. Janssen, *Commodity Prices from the Ramesside Period. An Economic Study of the Village of Necropolis Workmen at Thebes*, Leyde, 1975, p. 239-242, sans doute, vu sa parenté avec le terme *ꜣṯ* « nourrir/élever/soigner un enfant [141] », ce lit est-il en rapport avec la prote ion [142], dans notre cas, celle du mort. Ce lit est semble-t-il dans certains contextes, attaché à la personnalité d'Osiris comme protecteur : P. Wilson, *Ptol. Lex.*, p. 27.

Le signe  peut servir à écrire les prépositions *m-ꜥ/m-m* : Fr. Daumas (éd.), *Les valeurs phonétiques des signes hiéroglyphiques d'époque gréco-romaine* I, Montpellier, 1988, p. 178.

A côté d'un terme *ỉḫrjt* désignant « l'incarnation », généralement d'un ennemi ou d'une force hostile [143], il existe un mot *ỉḫrw* qui paraît recouvrir un sens neutre, non connoté négativement, « forme, image [144] ». K. Jansen-Winkeln, *op. cit.*, p. 149 et n. 129, p. 161, suggère d'amender le texte et de lire *ỉḳrj ;* toutefois, il faut bien remarquer que les *ỉḳrw* d'Atoum ne sont guère mieux attestés que les *ỉḫrw*.

Pour l'écriture  du nom d'Atoum : K. Myśliwiec, *Studien zum Gott Atum*, II, *HÄB* 8, Hildesheim, 1979, p. 54 et M.-Th. Derchain-Urtel, *Epigraphische Untersuchungen zur griechisch-römischen Zeit im Ägypten*, *ÄAT* 43, Wiesbaden, 1999, p. 76.

Le passage fait peut-être allusion à un rite funéraire héliopolitain, que nous n'avons pu identifier plus précisément. Après avoir présenté son fils, Âchakhet, et vanté ses qualités auprès du dieu, Pachéryentaisouy réclame de celui-ci l'accomplissement de tous les rites nécessaires à son salut dans le monde inférieur.

h. *ỉw bn ḏꜣḏꜣỉ rn(.ỉ) ḫm.tw ḫmjw n wn ỉr m ỉb.sn*, « puisse mon nom ne pas être l'objet d'hostilité, car les démons étant abattus, inexistant est ce qui est fomenté dans leur cœur » ; *ḏḏỉ* ou *ḏꜣḏꜣỉ* est à la fois un substantif ayant le sens d'« ennemi [145] » et un verbe qui signifie « être hostile [146] » ; il est ici nié par *bn* [147].

ḫm signifiait à l'origine « renverser un mur », puis finit par s'appliquer à la destruction des ennemis (J. Zandee, *Death as an Ennemy According to Ancient Egyptian Conceptions*, *SHR* V, Leyde, 1960, p. 18, 189) et le substantif *ḫmjw*, qui en dérive, désigne les démons : *ibid.*, p. 190. K. Jansen-Winkeln, *op. cit.*, p. 149, comprend « indem das 'Großes Kollegium' nicht unwissend war : Die *ḫmjw*-Dämonen, es gab keinen unter ihnen, der durch mit handelte. »

139 *Wb* I, 316, 1-317, 2.

140 J. Assmann, *Zeit und Ewigkeit im alten Ägypten : Ein Beitrag zur Geschichte der Ewigkeit*, *AHAW*, Heidelberg, 1975, p. 18-28.

141 G. Posener, « Sur la valeur phonétique *ꜣṯ* > *ꜣt* du signe  », *RdE* 15, 1963, p. 127-128 et O.D. Berlev, « Les prétendus "citadins" au Moyen Empire », *RdE* 23, 1971, p. 32, n. 1.

142 *Ibid.*, p. 33, n. 1.

143 J. Yoyotte, « Héra d'Héliopolis et le sacrifice humain », *AEPHE* 79, 1980-1981, p. 48-49.

144 *Wb* I, 124, 1 ; *Dendara* X, 246, 4 ; Chr. Leitz (éd.), *LGG* I, 549.

145 *Wb* V, 533, 1-3 ; Černý, *CED*, 323-324 ; Westendorf, *KHWb*, 441 ; P. Wilson, *Ptol. Lex.*, p. 1221.

146 *Wb* V, 533, 4 ; D. Meeks, *AnLex* 78.4879.

147 Cf. Fr. Neveu, *La langue des Ramsès. Grammaire du néo-égyptien*, Paris, 1996, p. 163.

Le *n* négatif est écrit avec le signe de l'enfant, écriture bien attestée en ptolémaïque : H.W. Fairman, « An Introduction to the Study of Ptolemaic Signs and their Values », *BIFAO* 43, 1945, p. 73.

i. *sḏꜣ.ỉ ỉr.tw n.ỉ sdwḫ m kꜣt Ỉnp*, « Quand je traverserai, que l'on fasse pour moi un embaumement conforme aux méthodes d'Anubis ». *sḏꜣ* est une métaphore exprimant l'idée de mourir [148]. Après la mort, pendant la période de préparation de la momie, c'est à Anubis qu'était confié le corps, la momification était donc l'élément indispensable à la renaissance dans l'au-delà : cf. J.-Cl. Grenier, *Anubis alexandrin et romain*, *EPRO* 57, Leyde, 1977, p. 12-14, où la même séquence est relevée chez Pétosiris[149]. Les compétences d'embaumeur d'Anubis sont bien exposées dans le Papyrus Jumilhac, IV, 1-IV, 15 (haut) [150], on verra aussi Fr.-R. Herbin, *Le livre de parcourir l'éternité*, *OLA* 58, Louvain, 1994, p. 248 ; pour *m kꜣt Ỉnp* : H. De Meulenaere, « Une statue de prêtre héliopolitain », *BIFAO* 61, 1962, p. 35, n. 19.

j. *dỉ.tw (n.ỉ) mrḥt ḥr ʿwj Šsmw m sꜣ n Nt m ḥwt mnnt*, « Que l'on m'accorde l'huile Merehet (saisie) sur les bras de Chesemou comme protection de Neith dans le Château-Mennet » ; des parallèles de ce passage sont attestés, notamment, dans le *Livre de parcourir l'éternité* : Fr.-R. Herbin, *op. cit.*, p. 117-119 ; il s'agit toujours pour le défunt de jouir des différents éléments indispensables à la préparation de son cadavre pour sa résurrection.

k. *ꜣbwj-nṯr nṯrw wrw* « le vêtement divin des grands dieux », dans les temples gréco-romains, est offert aux dieux, notamment par Hedjhotep [151] ; sa fonction est de protéger le corps du dieu. Si ses attestations ne sont pas courantes, on ne saurait le considérer comme spécifique d'Edfou [152] puisque, outre notre monument, on en connaît des exemples à Dendara [153].

l. *nṯrj n nṯrwt* « l'étoffe divine des déesses ». Le tissu *nṯrj*, qui doit être distingué de l'étoffe *dr* [154], est attesté aux époques récentes, où il paraît désigner à la fois un tissu utilisé pour l'embaumement et une étoffe destinée aux divinités [155]. C'est un linge osirien qui proviendrait de la dépouille du « Grand dieu [156] » mais qui, pourtant, est souvent – comme ici – mis en relation avec les déesses et notamment Hathor-Isis à Dendara[157]. Ce tissu, mentionné dans les *Totenbuch*

148 *Wb* IV, 377, 16-378, 10.

149 Inscriptions n°s 58, l. 28 ; 61, l. 30 ; 115, l. 5 : G. LEFEBVRE, *Le tombeau de Pétosiris*, II, *Les textes*, Le Caire, 1923, p. 31, 37, 82.

150 J. VANDIER, *Le papyrus Jumilhac*, Paris, 1961, p. 115.

151 À propos de cette divinité mineure, préposée aux tissus : B. BACKES, *Rituelle Wirklichkeit. Über Erscheinung und Wirkungsbereich des Webergottes Hedjhotep und den gedanklichen Umgang mit einer Gottes-Konzeption im Alten Ägypten*, *Rites égyptiens* 9, Bruxelles, 2001, p. 47 pour ce tissu ; M. ZECCHI, « The God Hedjhotep », *CdE* 76, 2001, p. 5-19, particulièrement p. 18.

152 *Contra* P. WILSON, *Ptol. Lex.*, p. 5, « The cloth is not attested elsewhere and may be a particular type of cloth or an Edfu name for a certain type. »

153 *Dendara* IV, 145, 6 (cf. M.-L. RYHINER, *La procession des étoffes et l'union avec Hathor*, *Rites égyptiens* VIII, Bruxelles, 1995, p. 65 et p. 71, n. 64) ; *Dendara* X, 222, 5.

154 Fr.-R. HERBIN, *op. cit.*, p. 198.

155 *Wb* II, 365, 14-15 ; A.M. BLACKMAN et H.W. FAIRMAN, « The Consecration of an Egyptian Temple According to the Use of Edfu », *JEA* 32, 1946, p. 80, n. 17 ; P. WILSON, *Ptol. Lex.*, p. 558.

156 H.W. FAIRMAN, dans R. Mond et O.H. Myers, *The Bucheum*, *MEEF* 41, Londres, 1934, III, pl. 43, stèle 14, l. 8 ; cité par Fr.-R. HERBIN, *op. cit.*, p. 198.

157 M.-L. RYHINER, *op. cit.* p. 22, n. 80 ; 40, 61, 63.

Rhind, est identifié dans les leçons démotiques de ce texte à la *šs-(n)-nsw* [158] et la *mnḫt šps*t [159] : G. Möller, *Die beiden Totenpapyrus Rhind des Museum zu Edinburg*, *DemStud* 6, Leipzig, 1913, p. 20 et 58.

m. *ʿrk.tw sʿḥ(.ỉ)* « que l'on emmaillote ma momie » : on trouve, dans le passage qui précède, une allusion à la préparation de la momie, d'abord grâce aux produits placés sous la responsabilité de Chesmou ; puis viennent les tissus qui servent à l'emmaillotage, dont Hedjhotep est habituellement le patron [160], mais qui pourtant, contrairement à Chesmou, n'est pas mentionné ici.

n. *ỉʿb.tw ḥʿ.ỉ m ḏsr wr* « puisse-t-on enterrer mon corps en grande distinction », *ỉʿb*, dans ce contexte, recouvre les sens de réunir ou d'enterrer le corps, d'Osiris en particulier : C. De Wit, *Les inscriptions du temple d'Opet à Karnak*, III, *BiAeg* 13, Bruxelles, 1968, p. 125, n. 52 et D. Meeks, *AnLex* 77.0165.

m ḏsr wr, expression que l'on pourrait traduire commodément par « en grande magnificence » (S. Sauneron, *Les fêtes religieuses d'Esna aux derniers temps du paganisme*, *Esna* V, Le Caire, 1968, p. 154 [a]), est difficile à transposer dans notre langue, tant le terme *ḏsr* est complexe à appréhender [161]. Pachéryentaisouy réclame un enterrement « soigné et distingué ».

o. *spr(.ỉ) sr psḏt* « puissé-je rejoindre le bélier de l'Ennéade ». K. Jansen-Winkeln, *op. cit.*, p. 396, propose de lire , là où, pour ma part, je vois un , sa lecture ne saurait être exclue, mais elle implique de restituer un *r* avant *ḫt*. Le souhait de rejoindre le bélier de l'Ennéade n'est pas attesté par ailleurs ; bien que *sr* puisse parfois désigner l'animal sacré d'Amon [162], on s'explique mal la présence de cette mention ici.

p. *šd.tw n(.ỉ) sȝḫw* « puisse-t-on lire pour moi un livre des glorifications », nous avons déjà évoqué le *livre des sakhou* dont l'*incipit* figure au début du Texte D (cf. *supra*, Texte D, n. [a]). À propos de l'importance de la récitation, par un prêtre lecteur, de ces liturgies : cf. J. Assmann, *Images et rites de la mort dans l'Égypte ancienne*, Paris, 2000, p. 54 : « (...) il s'agit là de l'enregistrement d'une voix qui parle. Ce n'est pas la voix du mort qui est enregistrée, mais une voix qui l'apostrophe (...) ces textes ne parlent pas simplement *au* mort mais aussi *sur* le mort. Il est *et* celui auquel on s'adresse *et* le sujet de ce discours (...) principe égyptien d'un discours animateur. »

158 W. Erichsen, *DemGlo*, 522 ; à propos de l'usage de ce tissu pour l'embaumement ; cf. S. Sauneron, *Le rituel de l'embaumement*, Le Caire, 1952, 24, 78.

159 W. Erichsen, *DemGlo*, 503 et S. Sauneron, *op. cit.*, 6, 4 ; 12-13 ; 15,4 ; 18, 13 ; 20,13 ; 31, 1-2.

160 Cf. B. Backes, *op. cit.* ; M. Zecchi, *op. cit.*

161 D. Meeks, *JEA* 77, 1991, p. 199-202 ; A. Loprieno, *La pensée et l'écriture. Pour une analyse sémiotique de la culture égyptienne*, Paris, 2001, p. 13-22.

162 *Urk.* VI, 23, 1-2 ; J.F. Borghouts, « The Ram as a Protector and Prophesier », *RdE* 32, 1980, p. 39-42 ; I. Guermeur, *Les cultes d'Amon*, p. 133-134 (à propos de la stèle démotique Michigan) ; toutefois, d'une manière générale, depuis le Nouvel Empire, le bélier d'Amon est appelé *rhn(j)* : J.F. Borghouts, *op. cit.*, p. 36, n. 18.

q. *nỉs.tw n.ỉ ntꜥw ḫr.n ꜣḫw ỉpw-ỉb rḫw sšw Ḏḥwtj* « puisse-t-on prononcer pour moi les rituels que les glorifiés, les consciencieux, ceux qui connaissent les écrits de Thot, ont dits ». *nỉs* à le sens de « réciter, lire à haute voix [163] », c'est-à-dire que l'on se trouve ici dans le même contexte que dans le passage précédent, celui de la validation des rituels par la récitation, cf. *supra*, n. (p).

ỉp-ỉb, épithète bien connue de Thot[164], peut s'écrire sans le et avec comme déterminatif ; comparer avec P. Wilson, *Ptol. Lex.*, p. 62 et Chr. Leitz (éd.), *LGG* I, 215. On notera la désinence *-w* du participe imperfectif passif écrite avec trois signes . On sait que le chacal peut se lire *sš*, cf. *supra*, Texte E[1] n. (i), le pluriel étant obtenu par la multiplication du signe.

r. *spr.ỉ tꜣ-ḏsr n Wḥꜥ-tꜣ ḥsj Rꜥ dwꜣ ḫrjw-ỉnb(ꜣ) nb(w)* « puissé-je atteindre la terre sacrée de Ouhâta (tandis que) tous les porteurs de perches chantent la louange à Rê » : Ouhâta est une localité de la région héliopolitaine, qui peut à l'occasion être synonyme d'Héliopolis [165].

ỉnb ou *nbꜣ* est le nom des « perches » ou « barres » en bois qui servaient à porter les barques, chapelles portatives etc. ; ici, il doit s'agir des porteurs de perches du catafalque de Pachéryentaisouy ; pour ce sens de *nbꜣ*, outre *Wb* II, 243, 5-7, on verra : J. Bennett, « The Restauration Inscription of Tut'ankhamûn », *JEA* 25, 1939, p. 12, n. 29 ; R.O. Faulkner, « The Stela of Rudj'ahau », *JEA* 37, 1951, p. 50, n. j ; J. Leclant, *Montouemhat, quatrième prophète d'Amon, prince de la ville*, *BdE* 35, Le Caire, 1961, p. 225, n. (ax) ; H.-W. Fischer-Elfert, « Textkritische und lexikographische Notizen zu den *Late Egyptian Miscellanies* », *SAK* 10, 1983, p. 146. Le passage est compris autrement par K. Jansen-Winkeln, *op. cit.*, p. 150 : *spr.j r tꜣ ḏsr pḏ tꜣ ḥzj Rꜥ ḫrj(?) jn bw-nb* « Ich habe die Nekropole erreicht, indem das Land Dank verbreitete deshalb durch jedermann. »

s. *ḫnm.ỉ ỉtw ḥpt.ỉ mwwt ḥꜥꜥ šnw(t) m ḫsf(.ỉ) Tꜣ-ꜥnḫ ꜥwj.sn š(s)p wỉ* « puissé-je m'unir aux pères et embrasser les mères, puisse l'assemblée se réjouir quand (j')approcherai de la terre de vie, et leurs mains m'accueillir » ; *ỉtw mwwt*, les « pères et mères », c'est-à-dire les ancêtres mâles et femelles, constituent l'Ogdoade hermopolitaine : *Urk.* VIII, § 96g ; Fr.-R. Herbin, « Une liturgie funéraire des rites décadaires de Djemê, Pap. Vienne 3865 », *RdE* 35, 1984, p. 111, n. 12.

ꜥwj.sn š(s)p wỉ, comparer ce passage avec un extrait la stèle MRAH E 7429 : *wn ỉḳrt ꜥwj.s r ḥpt.k* « puisse l'Hadès ouvrir ses deux bras pour t'accueillir » (H. De Meulenaere, « Trois stèles inédites des musées royaux d'Art et d'Histoire », *CdE* 48, 1973, p. 49). Le pronom suffixe *sn* qui suit *ꜥwj* renvoi sans aucun doute à ceux qui composent ce *šnw(t)* qui se trouve dans *Tꜣ-ꜥnḫ*, en effet, le pronom reprenant un collectif peut être à la troisième personne du pluriel [166]. *šnwt* peut désigner une assemblée de notables, de courtisans, c'est-à-dire « l'entourage » du souverain (*Wb* IV, 511, 4-6), mais aussi celui d'une divinité, d'Osiris notamment (*Wb* IV, 511, 13) ; dans le cas présent, il s'agit du collège de dieux primordiaux. Pachéryentaisouy souhaite donc être accueilli dans l'au-delà – *Tꜣ-ꜥnḫ* est une antiphrase courante pour désigner la nécropole – par cette assemblée divine qui se réjouit de le recevoir.

163 D. MEEKS, *AnLex* 77.1995 ; 78.1988.
164 Cf. *supra*, Texte C, n. w.
165 Cf. J. VANDIER, « Iousâas et (Hathor)-Nébet-Hétépet, 2e article », *RdE* 17, 1965, p. 156-163.
166 M. MALAISE et J. WINAND, *Grammaire raisonnée de l'égyptien classique*, *AegLeod* 6, Liège, 1999, § 64.

t. *swr.n.tw mn mnt špsw šps.w ꜥnḫw ỉr kꜣ(.sn) ḥr dwꜣ-nṯr n.ỉ mỉ rwḏ.sn ḥr <ḏd>* « Un tel, une telle, les vénérables, honorés vivants, ayant été abondamment pourvus, (leur) *ka* sera fait, en priant pour moi le dieu et dans la mesure où ils persévéreront à <dire> : (bienvenue, bienvenue) » ; les deux premiers groupes qui suivent *swr.n.tw*, que, à la suite de K. Jansen-Winkeln, *op. cit.*, p. 150 et n. 159, nous lisons *mn mnt*, « un tel, une telle », sont d'une lecture difficile, quoique attestée depuis le Nouvel Empire (*Wb* II, 64, 15 – 65, 5, comparer avec *Wb* II, 69).

špsw, répété une fois, désigne dans le premier cas les « nobles, les vénérables », c'est-à-dire les personnages de haut rang appartenant à la même sphère sociale que Pachéryentaisouy, qui ne sont pas comme K. Jansen-Winkeln, *loc. cit.*, le suggère, morts : en effet, ils sont appelés par la suite à accomplir des prières pour Pachéryentaisouy et à prononcer des paroles. Dans le second cas, il doit s'agir du participe imperfectif passif du verbe *šps* « honorer » avec la désinence *-w* écrite ııı ; le participe adjectif *ꜥnḫ.w* est formé de la même façon : il s'agit de préciser que ces *špsw* sont « honorés vivants ».

Pachéryentaisouy précise qu'il a été généreux envers tout un chacun ; il attend d'eux en retour, selon le principe usuel du *do ut des*, un bienfait : ici, soit on admet que *ỉr kꜣ* se rapporte à Pachéryentaisouy (comme K. Jansen-Winkeln, *loc. cit.*), soit on suggère que ce souhait entre dans le « marché » avec les vivants et qu'il est en rapport avec ceux-ci : « (un tel, une telle, les vénérables ...) (leur) *ka* sera fait » en échange de deux services : prier le dieu pour Pachéryentaisouy et réciter un texte d'hommage [167].

rwḏ ḥr : « persévérer » (dans une action) : D. Meeks, *AnLex* 78.2387. L'omission de *ḏd* après *ḥr*, relativement fréquente, a été relevée par A. H. Gardiner, *EG*^{3}, § 321 et K. Jansen-Winkeln, *Spätmittelägyptische Grammatik der Texte der 3. Zwischenzeit*, *ÄAT* 34, Wiesbaden, 1996, § 619 et 648.

u. *ḥrj-sštꜣ n Kꜣ-nswt-ꜥnḫ*, le « *ka* royal vivant » peut être une divinité des victuailles (D. Meeks, *AnLex* 78.4338), mais aussi désigner des divinités comme Horus, Ptah ou Amon : J.-Cl. Goyon, dans *The Edifice of Taharqa by the Sacred Lake*, *Brown Egyptological Studies* VIII, Providence, 1979, p. 77, n. 62 ; Mamdouh Mohammed Eldamaty, « Horus als Ka des Königs », *GM* 169, 1999, p. 31-45 ; Chr. Leitz (éd.), *LGG* VI, 237. Dans le cas présent, il s'agit d'Amon.

v. *rdỉ.t ꜥwj.f ḥꜣ ḥmw-nṯr Wꜣst ḏr wꜣ nỉwt m (ḫ)nn(w)* « qui a placé ses bras derrières les prophètes de Thèbes, quand Nô était tombée dans l'affliction ». Ce passage appelle plusieurs commentaires, épigraphique d'abord : je propose de lire les signes qui suivent le verbe *wꜣỉ*, *nỉwt* « la ville », désignation usuelle de Thèbes, « La Ville » par excellence ; par ailleurs, le mot *nn*, déterminé par 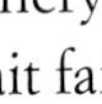 et , est, selon moi, une écriture défective de *ḫnnw* « l'agitation, le bouleversement, la perturbation » : *Wb* III, 383, 14-20. Le passage évoquerait l'aide qu'aurait apportée le père de Pachéryentaisouy, Âchakhet, aux prophètes d'Amon de Thèbes. Les événements auxquels il serait fait allusion – étant donné que le monument ne peut être daté au-delà du début de l'époque

167 *A priori*, on ne saurait exclure que *ỉr kꜣ* soit à lire *ỉrj kꜣ(.j)* : « qui pourvoit à ma nourriture », ce qui modifierait notablement le sens du passage : D. MEEKS, *AnLex* 78.4340.

ptolémaïque – doivent donc être situés entre la fin de la XXXe dynastie et l'époque des premiers Lagides [168]. Il est tentant dès lors d'opérer un rapprochement avec les faits évoqués par Pétosiris d'Hermopolis dans son tombeau : inscription 81 (l. 26-33), « Je passai sept ans comme λεσώνης de ce dieu (Thot), administrant ses biens, sans que fût trouvée de faute (dans ma gestion), un gouverneur des pays étrangers (Ochos [Artaxerxès III]) étant le protecteur de l'Égypte. Et il n'y avait plus rien qui fût en sa place d'autrefois, depuis que des luttes se déroulaient dans l'intérieur de l'Égypte, le Sud étant dans l'agitation et le Nord en état de révolte. Les hommes marchaient dans l'égarement, il n'y avait plus de temple qui fût à la disposition de ses desservants, et les prêtres étaient éloignés (des sanctuaires), dans l'ignorance de ce qui s'y passait. » (trad. d'après G. Lefebvre, *Le tombeau de Pétosiris*, I, Le Caire, 1924, p. 10). Cette période troublée correspond à la reconquête de l'Égypte par Ochos en 342-343 av. J.-C., et à l'occupation qui s'ensuivit ; celle-ci fut durement ressentie et les sanctuaires égyptiens pillés, les statues divines envoyées en déportation en Syrie [169]. Il paraît difficile de déterminer la nature de l'aide qu'Âchakhet prodigua à ses collègues thébains, mais il avait semblé utile à son petit-fils d'en signaler le fait sur un monument consacré précisément à Thèbes.

w. Si l'anthroponyme *Ḫnsw-m-wiꜣ* n'est pas recensé dans les répertoires usuels, en revanche la construction est bien connue, notamment avec Amon (Ranke, *PN* I, 38, 1 ; II, 340), Mout (Ranke, *PN* I, 37, 1 ; II, 342), Montou (Ranke, *PN* I, 154, 5), Rê (Ranke, *PN* I, 217, 15), Horus (Ranke, I, 247, 18 ; II, 307, 8) etc. K. Jansen-Winkeln, *op. cit.*, p. 150 et n. 176, p. 164, suggère de lire « des Propheten des Chons *Zkr-<m->mꜣʿ-ḫrw*.

En conclusion, le monument de Pachéryentaisouy présente, à titres divers, des particularités notables qui méritent d'être soulignées : d'une part, sa nature le classe parmi les statues dont le type n'est pas le plus habituel et son style, quant à lui, l'inscrit dans un courant de la sculpture dit « archaïsant », en vogue à la fin du IVe siècle av. J.-C. D'autre part, l'origine de son propriétaire est un élément remarquable : venu de la lointaine ville de Xoïs dans le Delta, son fils héritier, Âchakhet, l'a consacré dans le sanctuaire majeur de la divinité dont les membres de sa famille étaient depuis plusieurs générations les dévôts et les desservants. Ce fait dénote les liens forts qui unissaient les divers clergés « provinciaux » d'Amon, dont certains, pourtant, sont attestés depuis le Nouvel Empire, et qui, longtemps après, continuaient à entretenir des rapports étroits avec la ville d'origine du dieu dont ils assuraient le culte.

Enfin, l'une des singularités majeure que présente ce document est sans aucun doute la nature des textes qui y sont gravés : à côtés des classiques compositions autobiographiques, généalogiques, appels aux prêtres de rangs divers, invocation de la divinité dans le temple de laquelle le

168 W. PEREMANS, « Les révolutions égyptiennes sous les Lagides », dans H. Maehler et V.M. Strocka (éd.), *Das Ptolemaïsche Ägypten*, Mayence, 1978, p. 45, notait que « jusqu'à la fin du règne d'Évergète Ier, lorsque la vie est exceptionnellement prospère, on ne découvre aucune trace de révolution dans le pays du Nil ».

169 A.B. LLOYD, « Egypt, 404-332 B. C. », *Cambridge Ancient History* VI^{2}, Cambridge, 1994, p. 337-360 ; D. DEVAUCHELLE, « Le sentiment anti-perse chez les anciens Égyptiens », *Transeuphratène* 9, 1995, p. 67-80 ; P. BRIANT, *Histoire de l'Empire perse. De Cyrus à Alexandre*, Paris, 1996, p. 704-706, 1031, 1043-1044.

monument devait être déposé – lequel prend ici la forme d'un hymne à Amon tout de même assez développé –, on trouve des textes dont le caractère funéraire est exprimé de manière on ne peut plus explicite. Ces écrits très originaux n'ont pas d'équivalent exact dans la documentation funéraire contemporaine ; cependant, ils puisent dans diverses compositions thébaines bien connues les éléments qui les constituent ; c'est dans des textes comme les *Glorifications (sꜣḫw)*, le *Livre de parcourir l'éternité*, les *Livres des respirations*, le *Rituel de l'embaumement*, etc., qu'ils les auront glanés. Il est pour le moins inhabituel qu'une statue destinée à être placée dans la cour d'un temple et non pas dans une tombe porte des textes de cette nature ; on serait moins surpris de les trouver sur un sarcophage. Au final, ne font-ils pas de ce monument une sorte de « cénotaphe », substitut méridional de la sépulture que Pachéryentaisouy n'aura sans doute pas manqué de recevoir à Xoïs ? Le temple d'Amon de Karnak n'aurait-il pas été perçu par lui comme Abydos l'avait été par beaucoup d'autres en d'autres temps ?

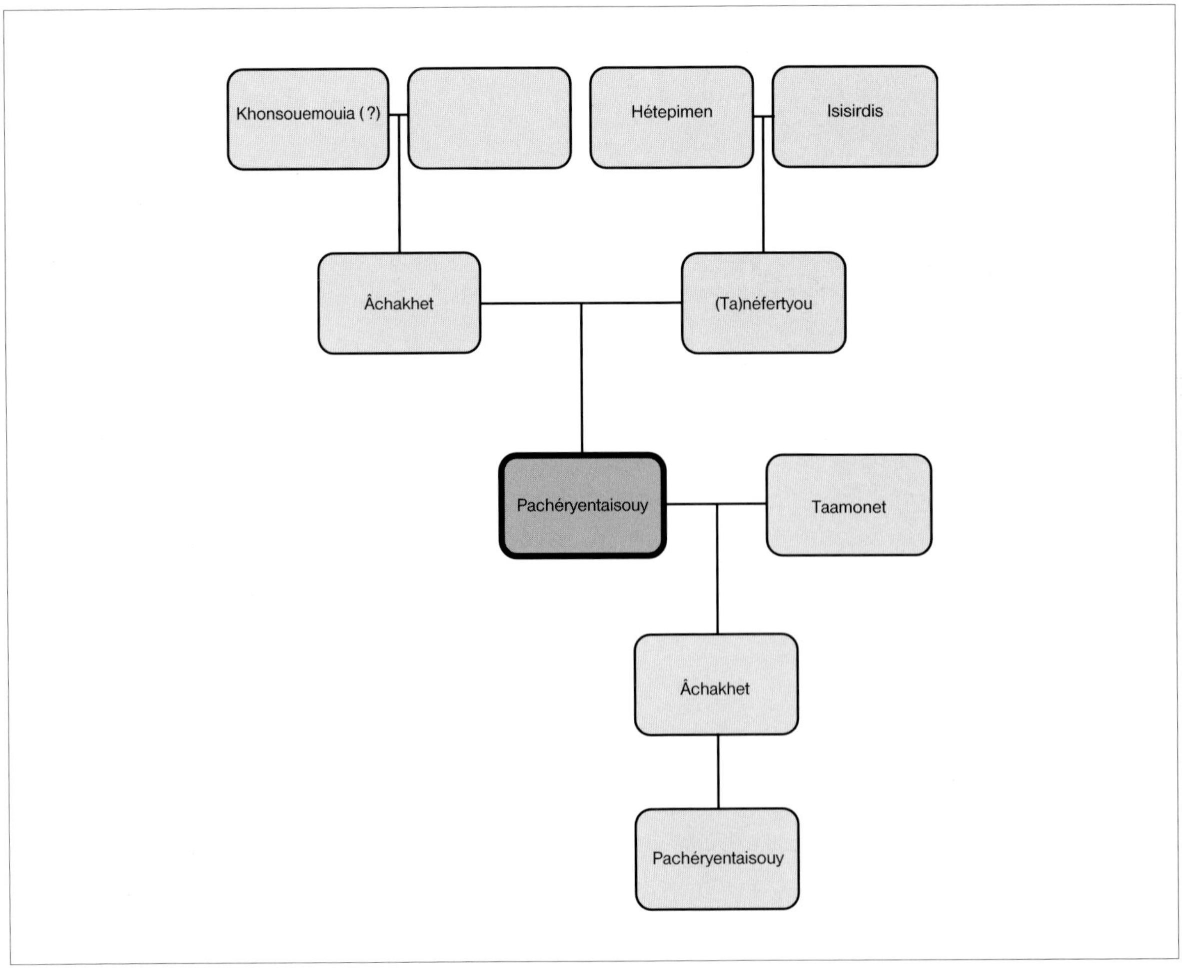

Fig. 1. Généalogie.

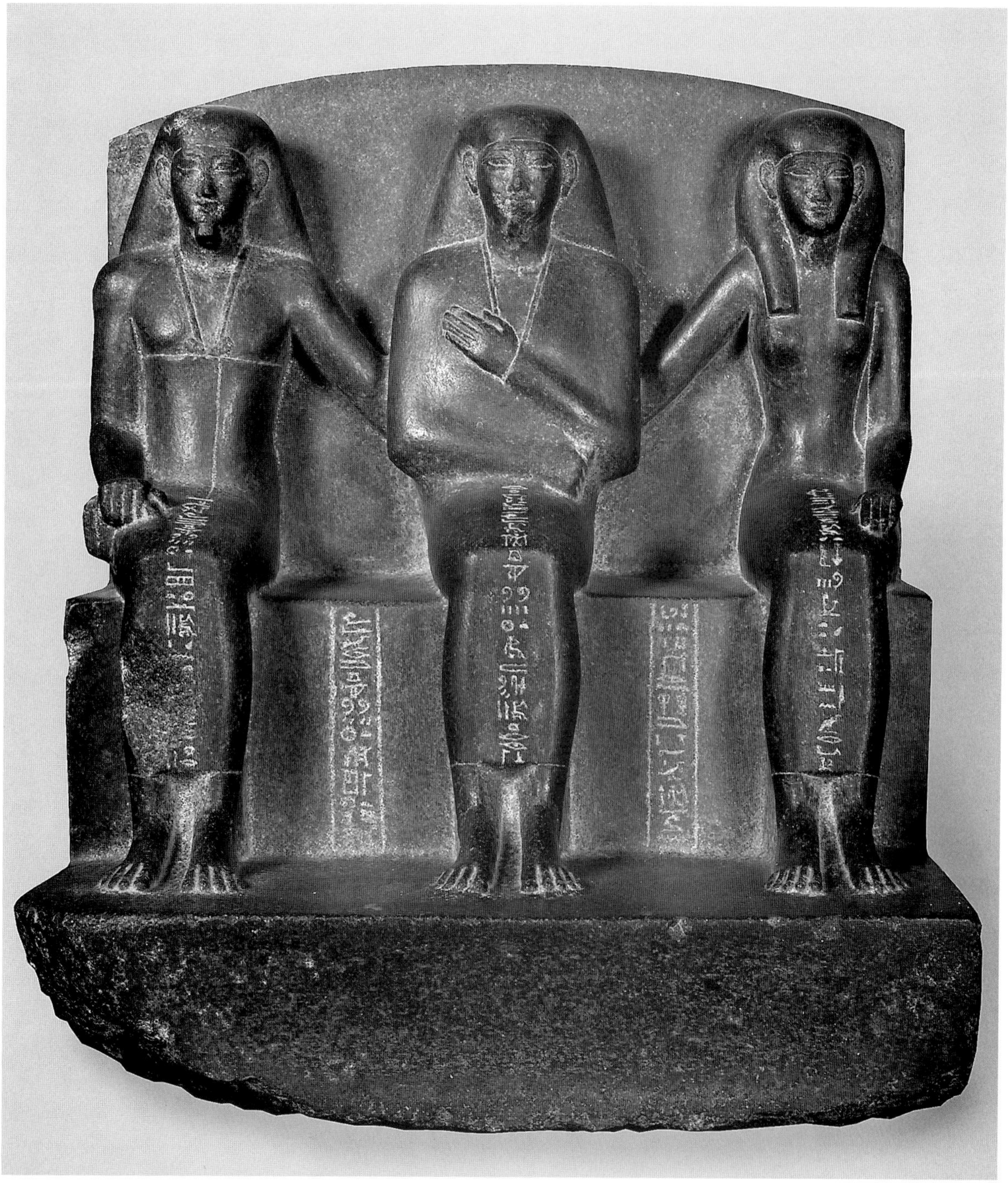

Fig. 2. Vue de face (© A. Lecler, Ifao).

Fig. 3. Dessin, vue de face (© Mahmoud Bakhit, Ifao).

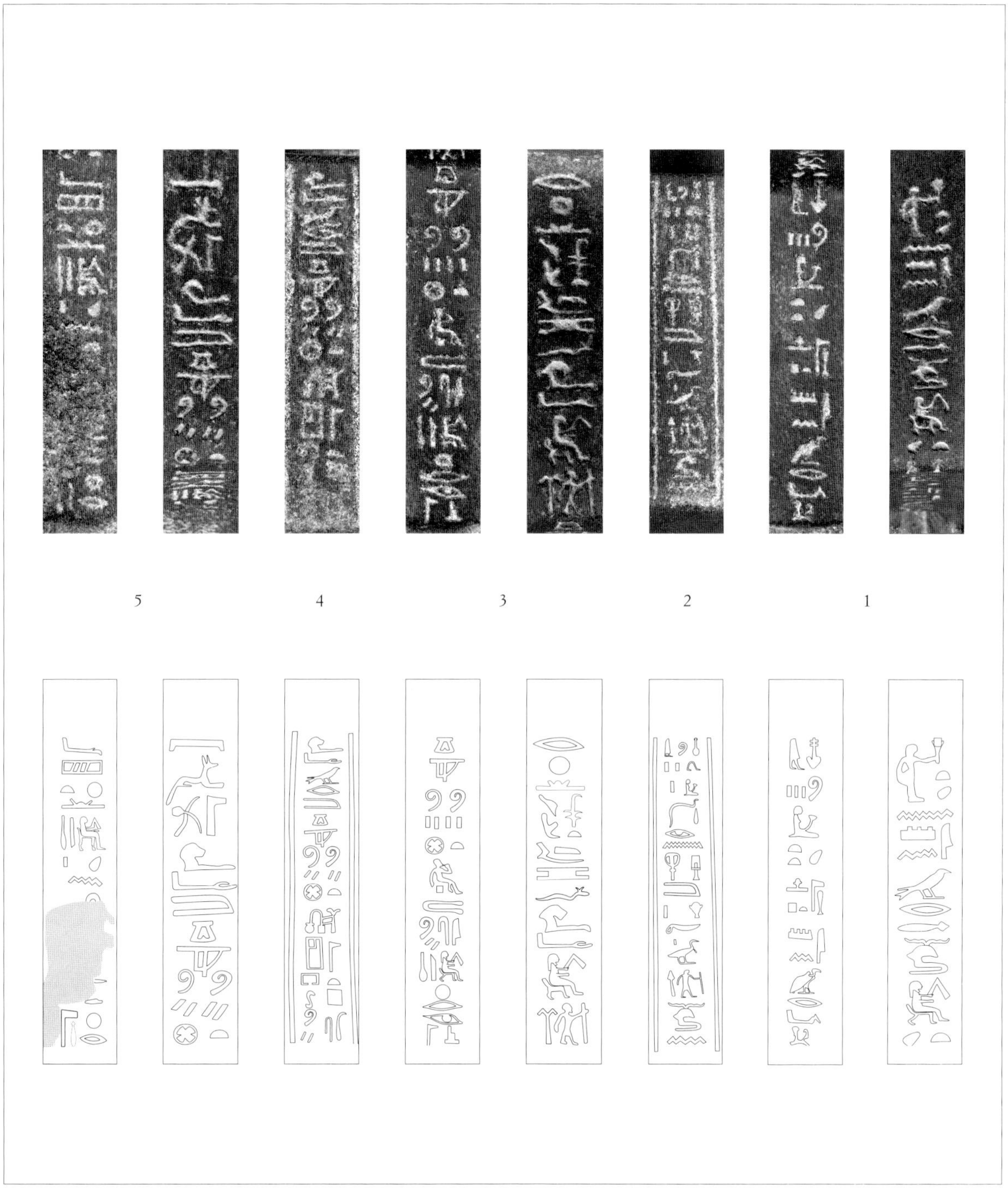

Fig. 4. Texte A (© photos A. Lecler, Ifao ; dessins Mahmoud Bakhit, Ifao).

Fig. 5a. Fin du Texte A et Texte B, côté droit et haut de l'appui dorsal (© photos A. Lecler, Ifao).

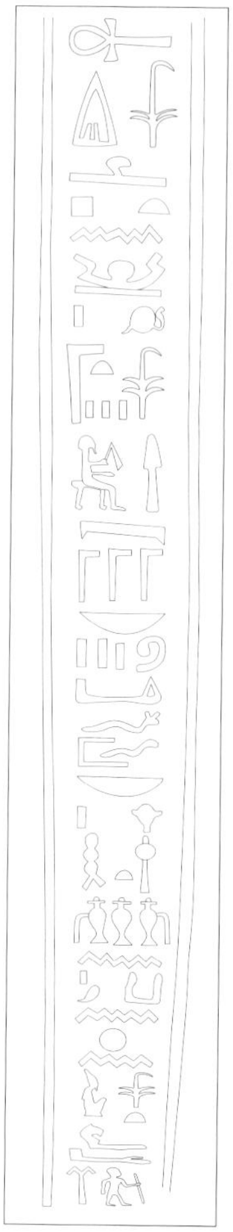

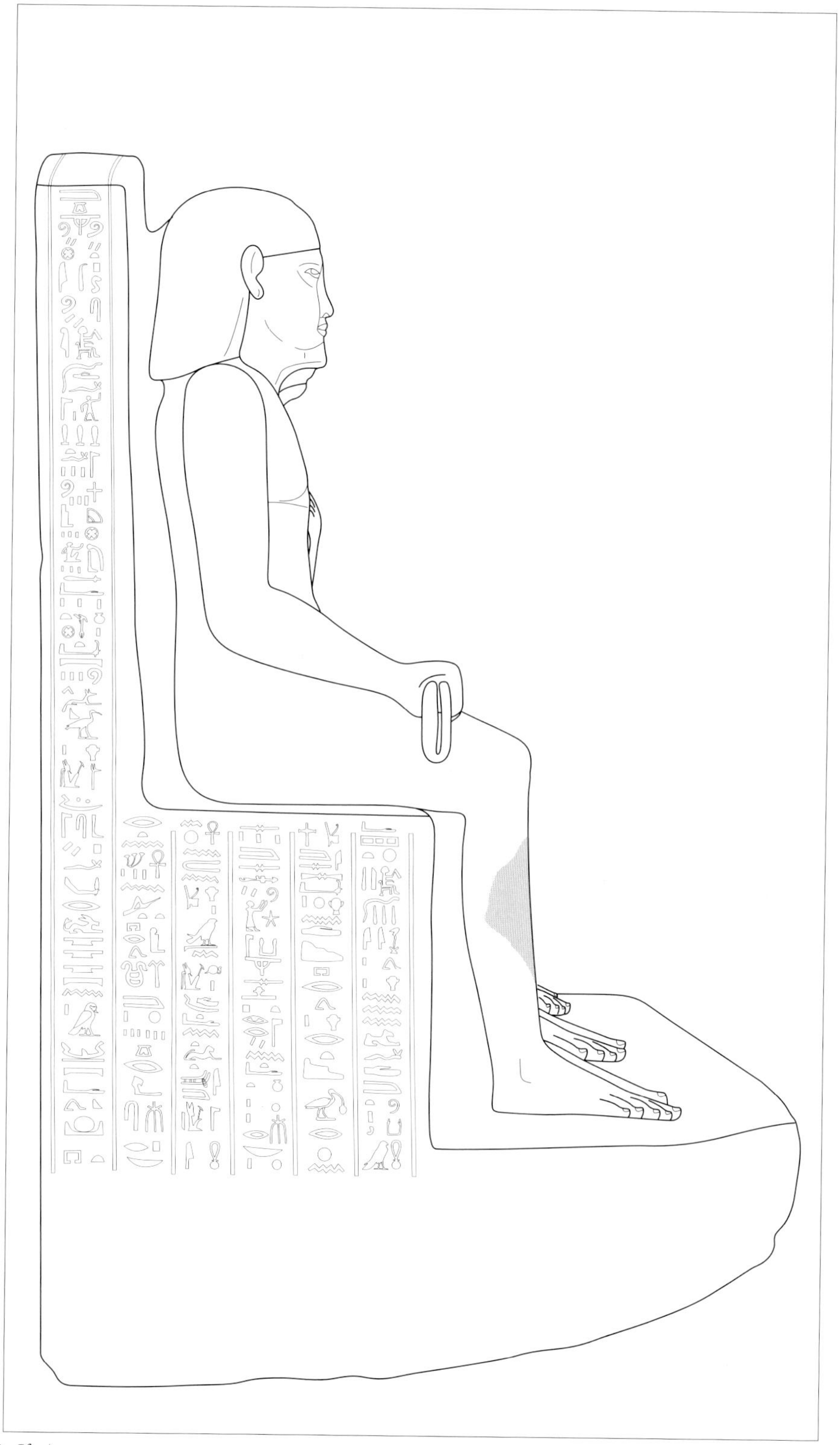

Fig. 5b. (© dessins Mahmoud Bakhit, Ifao).

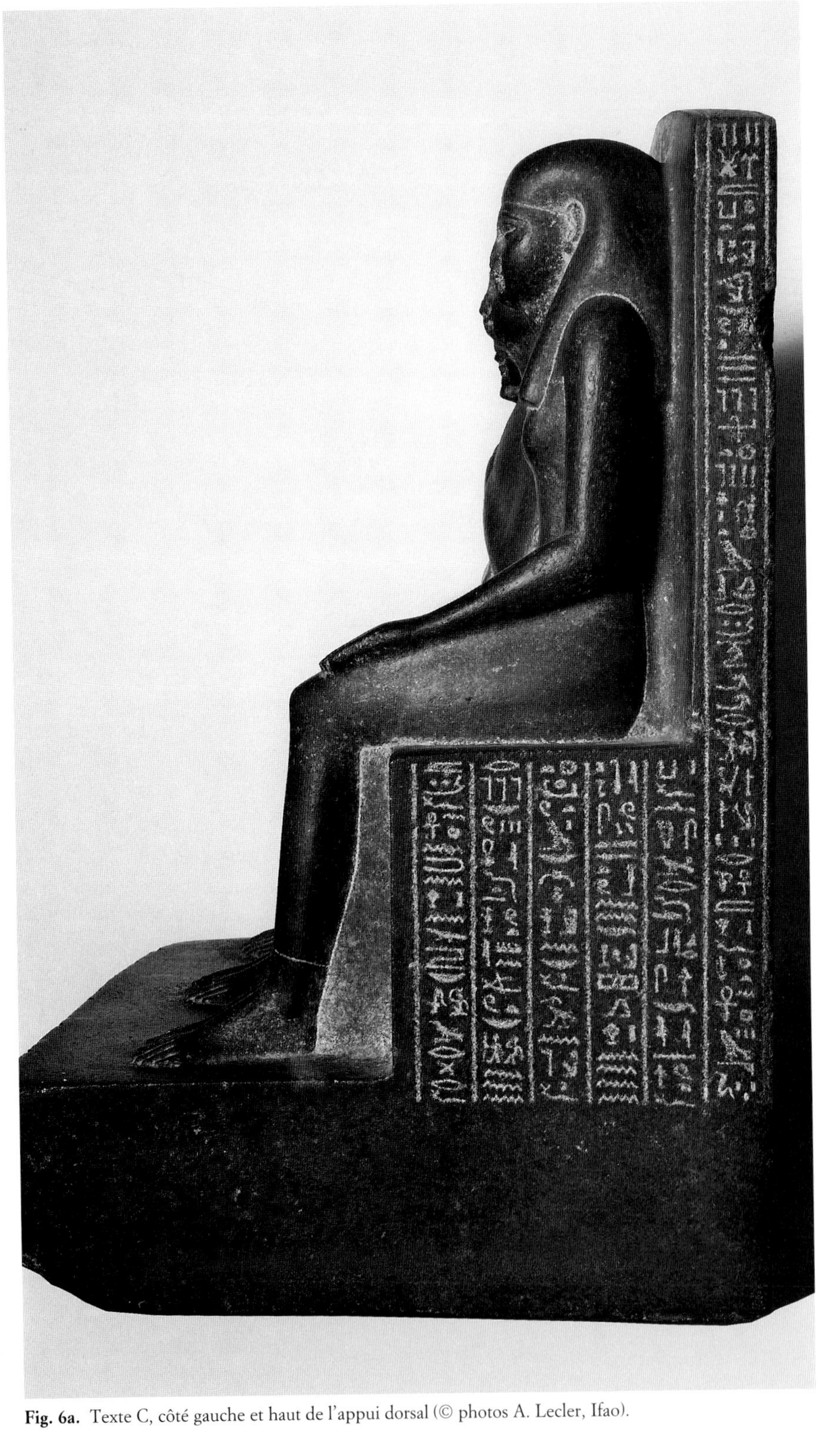

Fig. 6a. Texte C, côté gauche et haut de l'appui dorsal (© photos A. Lecler, Ifao).

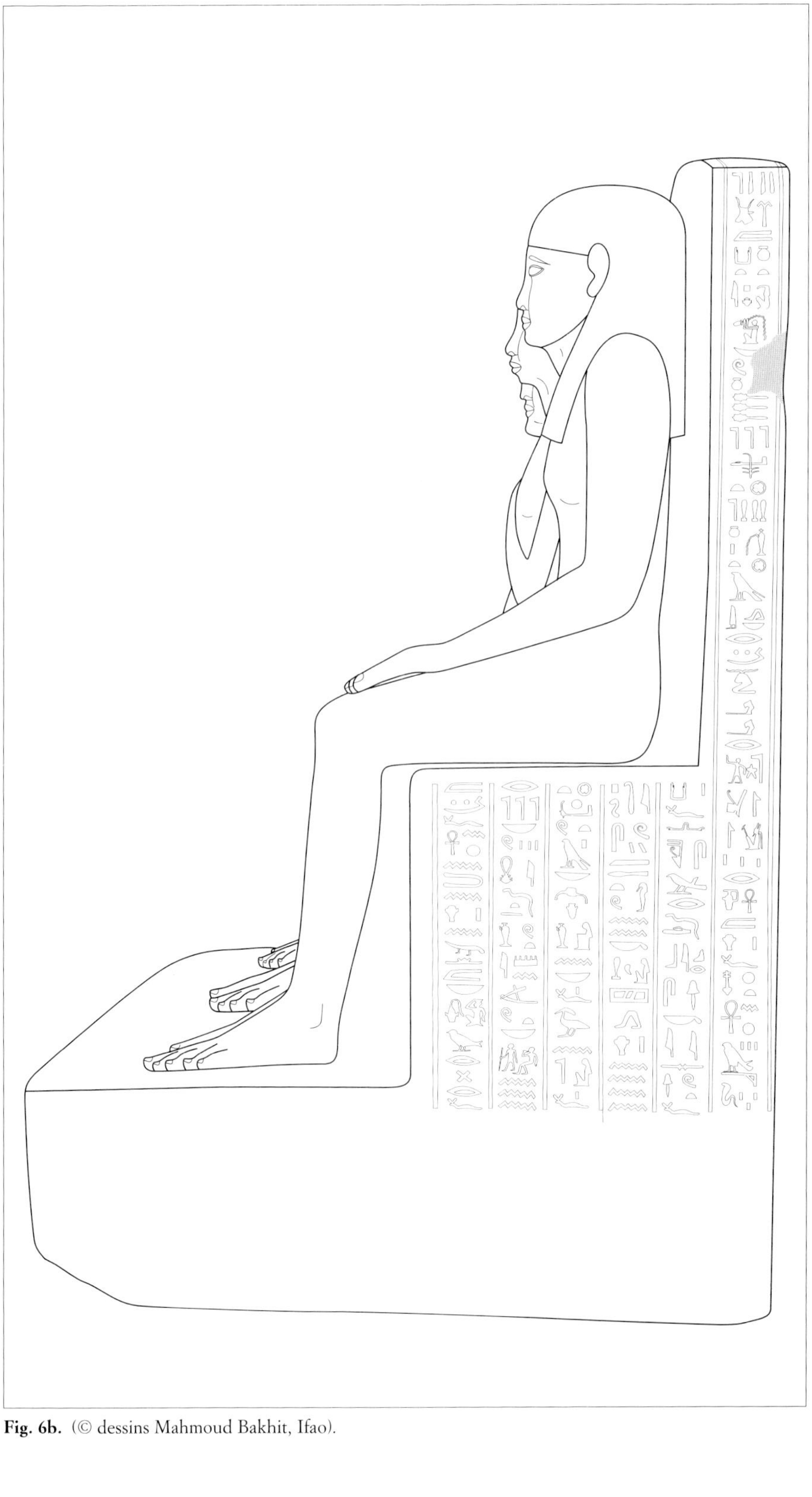

Fig. 6b. (© dessins Mahmoud Bakhit, Ifao).

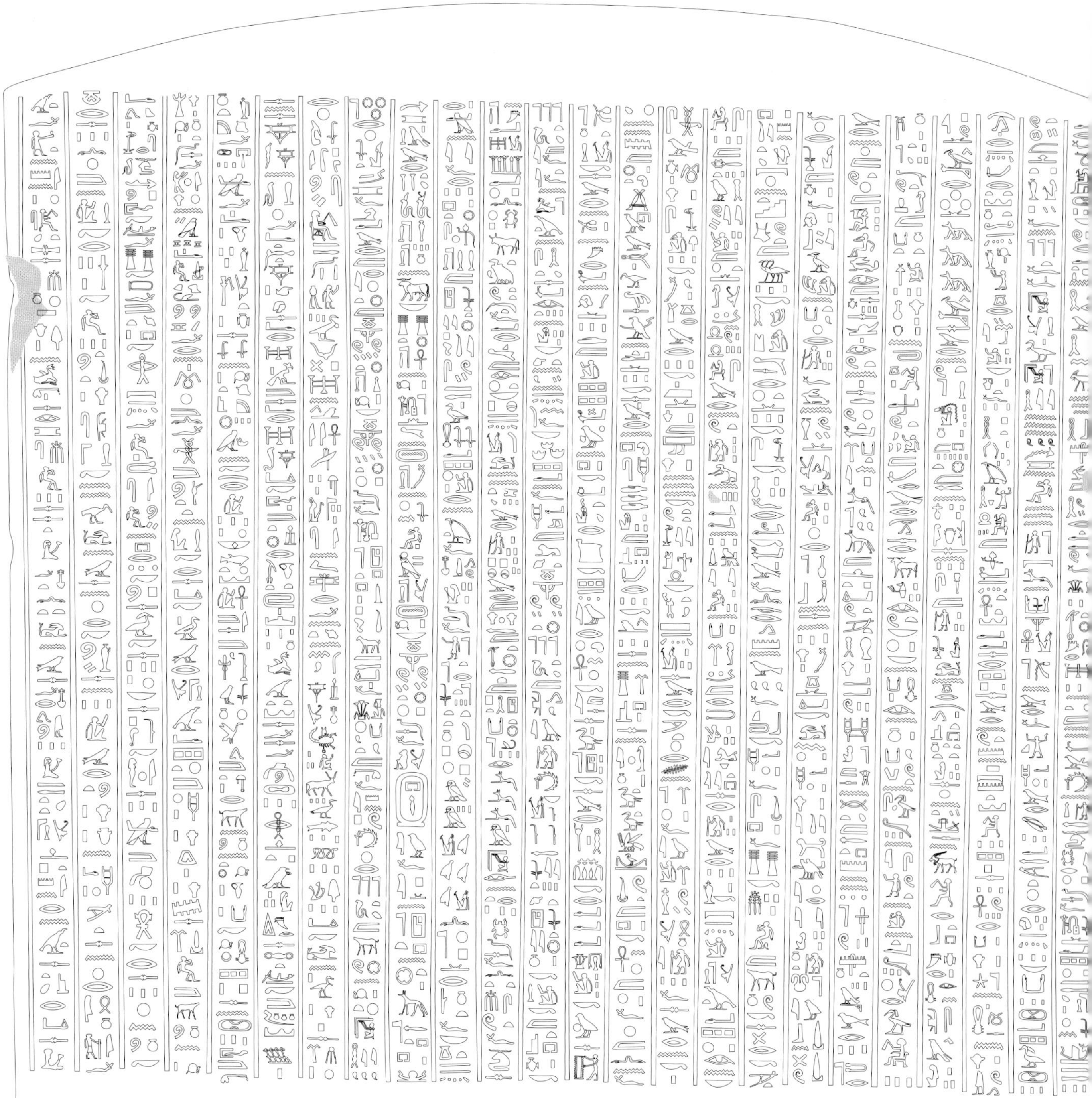

Fig. 7. Texte D et E, appui dorsal et haut de l'appui dorsal (© dessins Mahmoud Bakhit, Ifao).

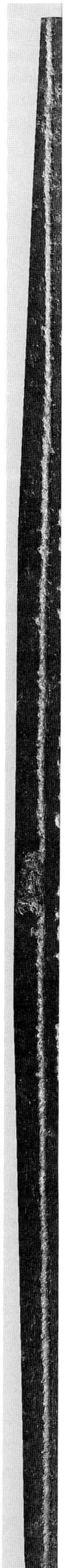

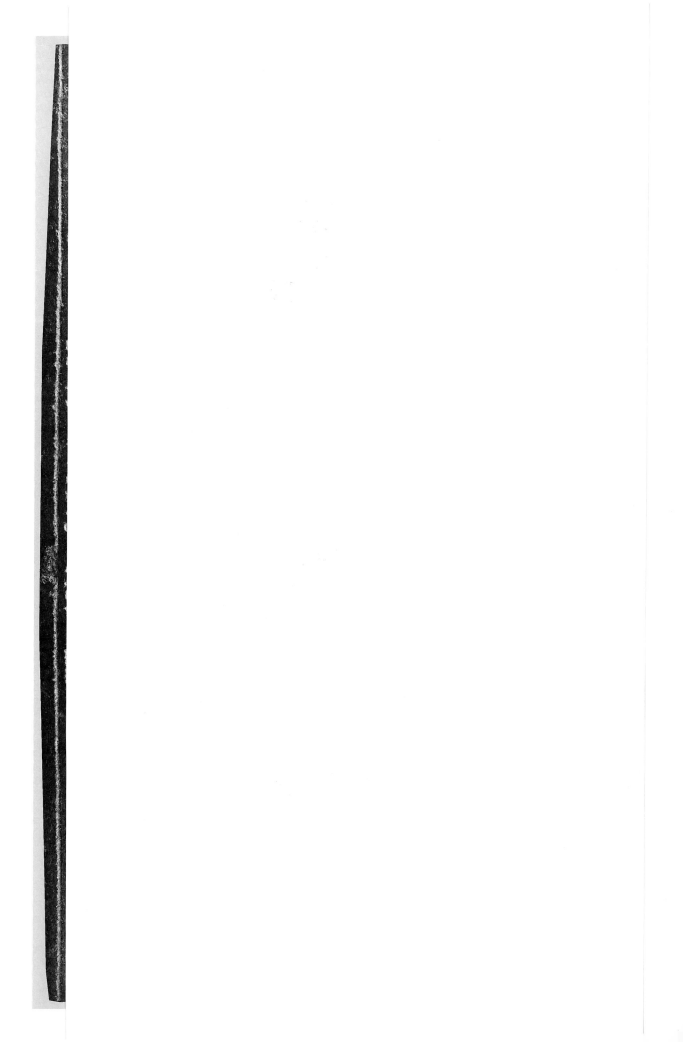

Le papyrus de Moutemheb

Yvan KOENIG

LE PAPYRUS de Moutemheb provient de Deir al-Médîna. Acquis par le musée du Louvre en 1995, il faisait partie d'une collection particulière. Il porte le numéro E 32308 et mesure 14,6 cm de haut sur 21,6 cm de large [fig. 1]. Il a été présenté lors de plusieurs expositions organisées par ce musée, notamment celles consacrées à la magie égyptienne [1] et au site de Deir al-Médîna [2]. Le catalogue de cette dernière donne une bonne photo en couleurs accompagnée d'une notice.

Il fait partie des amulettes qui, une fois pliées, étaient suspendues au cou de la personne. Il est en cela très semblable au P. Deir al-Médîna 44 avec lequel il partage aussi une représentation. Pour ce type d'amulettes, on se référera à l'étude de cet autre document [3]. Le papyrus du Louvre se signale à l'attention par l'abondance des vignettes qui occupent les trois quarts de la page. Le texte [fig. 2] qui comporte dix lignes occupe le tiers inférieur gauche. Il contient plusieurs séquences et expressions que l'on retrouve dans l'un des papyrus magiques de Turin (PR [4] 123 et surtout 124) [5]. Ces séquences ne sont toutefois pas des parallèles au sens strict, elles ne sont pas disposées dans le même ordre et présentent des variations orthographiques qui s'expliquent soit par un choix volontaire du scribe, soit par des similitudes graphiques ou phonétiques. C'est pour cette raison que je n'ai pas présenté les textes en parallèle, et que j'ai choisi de les étudier à la suite du texte. De fait, le scribe tout en s'écartant de ce qui fut son modèle probable a introduit des variantes qui donnent un sens cohérent qui mérite d'être étudié pour lui-même.

1 M. ÉTIENNE, *Heka, magie et envoûtement dans l'Égypte ancienne,* Paris, 2000, p. 59, cat. 159 avec une photographie et notice p. 108.

2 *Les artistes de Pharaon. Paris, musée du Louvre, 15 avril-22 juillet 2002*, Paris, 2002, p. 132, n° 72.

3 Y. KOENIG, « Le contre-envoûtement *Ta-ỉ dỉ.ỉmen* (Pap. Deir el-Médineh 44) », *BIFAO* 99, 1999, p. 259-260.

4 L'abréviation PR renvoie à W. PLEYTE, Fr. ROSSI, *Papyrus de Turin,* Leyde, 1869. Le numéro qui suit l'abréviation est celui de la planche.

5 Il ne s'agit cependant pas forcément du texte publié par W. Pleyte et Fr. Rossi car, comme le note A. Roccati, une partie des rouleaux magiques de Turin a fait l'objet de nombreuses copies à Deir al-Médîna et, dans la seule collection de Turin, on n'en compte pas moins de sept duplicata (A. ROCCATI, « Les papyrus de Turin », *BSFE* 99, 1984, p. 20).

I. Texte et commentaire

[1]| Ô [a] ennemi, ennemie [b], mort, morte, adversaire [2]| qui vient pour assaillir [c] Moutemheb [d] née de Ese pendant [3]| la nuit, pendant le jour et à chaque instant. On te détruira [e] dans [4]| ton caveau. On te recherchera avec violence (?), [f] [5]| et (on) placera un filet [g] contre toi dans le ciel, et Seth [h] sera contre toi sur terre [i]. [6]| On (*mtw=tw*) fera que tu navigues vers le nord sans pouvoir aborder [j] et je (*mtw=ỉ*) détruirai ton caveau [k] et je (*mtw=ỉ*) briserai ton sarcophage [l] [8]| avec toi qui a fait des manifestations malignes (*ỉr ḫrb.w*) [m] dans Moutemheb [9]|; c'est elle [n] Horus dans le nid de Chemnis [o]. [10]| Elle est cet adolescent fils de Bastet [p].

a. Il pourrait éventuellement s'agir d'un *sḏm=f* initial autonome à sens passé, mais cela semble peu vraisemblable car à la ligne 2, on trouve *nty ḥr ỉy* qui est la relative du présent en néo-égyptien. Il vaut mieux voir dans cette première phrase l'adresse traditionnelle *ỉ* que l'on trouve dans de nombreux textes magiques. Il reste alors le problème de lecture du groupe *ỉy*. On peut aussi se demander s'il ne faut pas voir ici plutôt une orthographe du *ỉ* du vocatif que l'on attend normalement au début de cette phrase, et comprendre : « Ô ennemi mâle, etc. » Ainsi, dans les papyrus hiératiques de Tebtynis, le groupe *ỉy* est employé pour la voyelle *ỉ* ou *e* [6]. De plus, c'est la façon habituelle de commencer ce genre de formule, par exemple, P. Leyde I 348, r° 4, 3 (J.F. Borghouts, *The Magical Texts of Papyrus Leiden I 348*, *OMRO* 51, Leyde, 1970) : « Ô (*ỉ*) ennemi, ennemie, mort, morte, adversaire mâle, adversaire femelle. »

b. A.H. Gardiner a noté que *pf.t/pfy* est le féminin de *ḫfty* dans ce genre d'énumérations (cf. A.H. Gardiner, *HPBM 3rd Series*, Londres, 1935, vol. 1 *Text*, p. 125, et Y. Koenig, *BIFAO* 99, 1999, p. 266-267, n. s).

c. « Qui vient pour assaillir. » Expression fréquente dans les textes magiques pour décrire l'action de l'être hostile. Voir en dernier lieu le P. Deir al-Médîna 44 à la ligne 12 et à la ligne 18 : « C'est la magie hostile qui vient (*nty ỉy r hꜣy*) pour s'abattre sur *Tꜣ-ỉ.dỉ-ỉmn* ».

d. Ce nom est connu à Deir al-Médîna, ainsi Moutemheb épouse d'Ipouy (pour cette dernière, voir B.G. Davies, *Who's who at Deir el-Medina*, *EgUit* 13, Leyde, 1999, p. 150 et tableau 10). On connaît aussi une Moutemheb qualifiée de *ḥbswt*, terme discuté signifiant pour les uns « épouse, ou épouse secondaire » et pour les autres : « concubine [7] ». Certaines références [8] montrent que le terme pourrait s'appliquer aussi à une femme qui n'a pas pu avoir d'enfant [9]. Mais il est hasardeux d'en tirer une conclusion quelconque pour notre texte.

6 J. Osing, dans J. Osing, G. Rosati, *Papiri Geroglifici e Ieratici da Tebtynis*, Florence, 1998, p. 131.

7 J. Toivari-Viitala, *Women at Deir el-Medina*, *EgUit* 15, Leyde, 2001, p. 35-36.

8 *Ibid.*, p. 36, n. 180. Ces références sont données par J.F. Borghouts.

9 I.E.S. Edwards, *Oracular Amuletic Decrees of the Late New Kingdom*, *HPBM 4th Series*, Londres, 1960, L.7, 39-40 (vol. 1, p. 48, vol. 2, pl. XVII et pl. XVIIa) et P. Westcar (5,10-5,13), A.-M. Blackman, W.V. Davies, *The Story of King Kheops and the Magicians. Transcribed from Papyrus Westcar (Berlin Papyrus 3033)*, Berks, 1988, p. 6.

e. *ḫyḫy*, orthographe de *ḫrḫr*, cf. *Wb* III, 330, 7 « détruire » ; ajouter *CT* VII, 491d = formule 1143 (R.O. Faulkner, *The Ancient Egyptian Coffin Texts* III, Warminster, 1978, p. 177, n. 6). Avec le déterminatif de la voile, dans un contexte magique, voir P. Genève MAH 15274 (A. Massart, « The Egyptian Geneva Papyrus MAH 15274 », *MDAIK* 15, 1957, p. 172-185), r° VI, 6 et surtout PR 124, 4 : *ỉry Spd nb ỉ3bt ḫrḫ p3y=k mḥ sd.t=f t3y=k swḥ.t.* C'est, bien sûr, un Futur III avec sujet nominal : « Soped maître de l'Orient dispersera ton nid et brisera ton œuf. » Sur ce thème, cf. P. Leyde I 348, r° 7,1 et la note de J.F. Borghouts, *The Magical Texts of Papyrus Leiden I 348*, *OMRO* 51, p. 101, n. 183. Ce passage n'est pas sans rapport avec notre texte, puisque nous avons un peu plus loin (7) : « Je briserai ton œuf (sarcophage = *swḥ.t*). » Un peu plus loin dans la même page du P. Turin nous trouvons : *Ỉr ỉw=k r thj tw=f r ỉrt rsw* (12) *tp n grḥ r ỉr.t ʿb ḥr mtrw ỉw=tw ḥhj=k m ḫrt-nṯr mtw=tw wḫ3 p3y=k ỉz nty tw=k m ḫnw=f*, « Si tu viens pour l'agresser, pour créer l'état de veille pendant la nuit et pour faire le petit-déjeuner à midi, alors on te cherchera dans la nécropole, et on cherchera le caveau (*ỉz*) dans lequel tu te trouves. » Les textes de Turin seront examinés plus loin. La menace de détruire le tombeau du revenant perturbateur n'est pas rare dans les textes magiques, par exemple dans le P. Deir al-Médîna 37, (2) « (...) Que le feu jaillisse contre le tombeau de celui qui se répand ! (3) Que le feu jaillisse contre le tombeau de celui qui se répand en elle ! » Y. Koenig, « Un revenant inconvenant ? », *BIFAO* 79, 1979, p. 103-119, et, en particulier à propos de la destruction de la tombe du revenant, p. 108-110, avec les références et les commentaires.

On peut comparer avec la menace semblable dirigée contre les criminels dans les formules imprécatoires : « The loss of a ritual burial, a punishment attested from the royal decrees, represented the total extinction of the condemned party. Threats of this type invoke the denial of burial itself in consecrated ground ; or else the destruction of the corpse through decay or cremation [10]. » On peut noter que dans notre texte, il ne s'agit pas d'une menace, mais d'une action qui va être exécutée, cela ne veut pas dire bien sûr que le magicien va effectivement rechercher la tombe du revenant pour la détruire, mais que le caractère performatif de la langue dans la culture égyptienne rend cette action effective sur un autre plan que celui de la réalité sensible, celui de la réalité « spirituelle » qui est celui de l'existence du revenant. *A contrario* un rite d'origine agraire, celui de « frapper les veaux », consistait à évoquer le piétinement du lieu d'ensevelissement d'Osiris pour mieux le dissimuler aux ennemis éventuels [11].

f. Comparer avec *ḫ3d*, « être disloqué », que l'on trouve dans les archives d'Abousir, signalé par D. Meeks, *AnLex* 1, 77.3003 (P. Posener-Kriéger, *Les archives du temple funéraire de Néferirkarê-Kakaï (les papyrus d'Abousir)*, *BiEtud* 65/1, Le Caire, 1976, p. 202). À mettre aussi en relation avec *ḫ3d* de *Wb* III, 236, 11, « arracher », et peut-être aussi *Wb* III, 236, 11, avec le sens d'« épuiser ». Le parallèle de Turin montre qu'il s'agit vraisemblablement ici d'une déformation du graphique du groupe *ḫr.t-nṯr*, « nécropole » (voir l'étude du texte du papyrus de Turin).

10 Sc. MORSCHAUSER, *Threat-Formulae in Ancient Egypt*, Baltimore, 1991, p. 120.

11 A.M. BLACKMAN, H.W. FAIRMAN, « Significance of the Ceremony *ḤWT BḤSW* », *JEA* 36, 1979, p. 79. Ce rite complexe a été étudié en détail par A. EGBERTS, *In Quest of Meaning. A Study of the Ancient Egyptian Rites of Consecrating the "Merets"-Chests and Driving the Calves*, *EgUit* 8, Leyde, 1995.

g. C'est le mot *ʿḫ*, « filet », de *Wb* I 213, 17-18, qui, depuis le Moyen Empire, peut s'écrire *iḫ*. Employé comme verbe, il décrit l'action de prendre l'ennemi au filet comme, par exemple, en P. Berlin 3048, 8,7 (sur ce texte, voir J. Assmann, *Ägyptische Hymnen und Gebete*, *OBO*, 2ᵉ éd., Fribourg, Göttingen, 1999, nº 143, p. 337-350) ; *Urk*. IV, 661, 6 etc. Dans les Textes des Sarcophages, *CT* V, 341c-d (= formule 464) : « Il attrape au filet les maux et peines d'Isis, il attrape au filet les maux et peines de dieux. » (P. Barguet, *Textes des Sarcophages égyptiens du Moyen Empire*, *LAPO* 12, Paris, 1986, p. 76). On sait qu'il existe aussi tout un groupe de formules funéraires pour échapper au redoutable filet de pêche de l'au-delà, groupe qui a été étudié par D. Bidoli, *Die Sprüche der Fangnetze*, *ADAIK* 9, Glückstadt, 1975. Voir, au sujet de ces formules, P. Barguet, *Textes des Sarcophages*, p. 303-318 : « La peur du filet de pêche », par exemple, *CT* IV, 353d : « Tu parcours cette vallée du filet *iḫ* ». Voir aussi P. Leyde I 346, I, 7 qui se lit : « *nn iḫ=tn im=i* » et se traduit : « Nicht soll das Umspannen eures Netzes in mir sein », d'après M. Bommas, *Die Mythisierung der Zeit*, *GOF* IV/37, Wiesbaden, 1999, p. 12, et commentaire p. 42, n. 36-37. Mais la lecture du signe mot avec le sens de « filet » n'est pas sûre et M. Müller, dans son compte rendu (*LingAeg* 10, 2002, p. 420-421), propose une lecture différente qui semble meilleure avec le sens de « Stengel » (*Wb* I, 208, 8). On notera toutefois que, dans ces formules, le terme le plus fréquent est *iȝd.t*.

Dans notre passage, on ne peut pas écarter complètement le mot *iḫ* avec le sens de corde (*Wb* I, 213, 15-16). Ainsi, dans le Livre des Portes, un serpent hostile est attaché à une corde [12]. Les forces du chaos peuvent être partout et nulle part, on sait que le « lieu » d'Apophis est dans le ciel, ce qui ne l'empêche pas de s'opposer sans cesse au dieu soleil dans la Douat [13]. Cependant le texte parallèle de Turin montre qu'il s'agit plus vraisemblablement d'une déformation du mot *iʿḥ*, « lune », voir l'étude, *infra*, chap. IV (nº 6).

h. Dès une époque très ancienne, une relation étroite est établie entre Geb, dieu du sol, et Seth (sur ce point, voir Ph. Derchain, *Le papyrus Salt 825*, Bruxelles, 1965, p. 32 avec les références), au point qu'à l'époque de sa proscription, à Abydos, lieu de culte d'Osiris où il était difficile d'évoquer ouvertement Seth, le nom de Geb le remplace [14]. Il sera assez fréquemment remplacé par le nom de Geb dans les caveaux saïtes de Saqqâra [15], là aussi, pour des raisons plus liées à l'importance particulière du culte d'Osiris, qu'à la proscription systématique de Seth en relation avec les invasions étrangères, alors que par la suite, ce dernier aspect deviendra dominant. La présence de Seth et le caractère positif qu'il joue ici peuvent s'expliquer par l'évolution de la pensée religieuse à l'époque ramesside : la suprématie d'Amon va se transformer dans la tri-unité d'Amon-Rê-Ptah à laquelle Ramsès II va ajouter le dieu Seth. Celui-ci est représenté à plusieurs reprises sur des stèles de particuliers provenant de Deir al-Médîna, et sur l'une d'entre elles il transperce un serpent de sa

12 J. ZANDEE, *Death as an Ennemy*, New York, 1977, p. 126 (B.2.b).

13 E. HORNUNG, « Chaotische Bereiche in der geordneten Welt », *ZÄS* 81, 1956, p. 32, et n. 4.

14 H. KEES, *Horus und Seth als Götterpaar* II, *MVG* 29, Leipzig, Berlin, 1924, p. 84

15 G. SOUKIASSIAN, « Une étape de la proscription de Seth », *GöttMisz* 44, 1981, p. 62 et n. 26.

lance, sans doute pour évoquer son rôle dans la barque solaire [16]. Son caractère violent est aussi un argument pour le faire intervenir dans les textes magiques de l'époque dans le but de lutter contre l'entité perturbatrice. Dans le P. Deir al-Médîna 44, le magicien s'identifie directement à Seth [17], qu'il peut utiliser car sa « magie est puissante lorsqu'il (Seth) repousse ses ennemis » (P. Magique Harris V, 8 ; Chr. Leitz, *Magical and Medical Papyri of the New Kingdom*, *HPBM* VII, Londres, 1999, p. 37 et pl. 16).

i. « Seth sera contre toi sur terre » : on trouve un parallèle exact en PR 124, 13. Un texte très semblable à tout ce passage se rencontre dans le P. Leyde I 343 + I 345, r° XXI, x + 2 :
wnn iʿḥ r=k m pt° iw=i r=k m zꜣṯw
La lune sera contre toi dans le ciel et je serai contre toi sur terre [18].

Malheureusement le texte est lacunaire.

j. On pourrait traduire : « sans te donner ton piquet d'amarrage ». Pour les orthographes de *mnjt*, « pieu d'abordage », *Wb* II, 72-73. Les textes parallèles montrent qu'il s'agit plus vraisemblablement d'une interprétation graphique du mot *ḫnty*, « naviguer » vers le Sud, qui est mis en opposition dans les textes avec le fait de « naviguer vers le Nord », voir l'étude des variantes de Turin. On peut aussi rapprocher ces navigations des navigations symboliques accomplies par le défunt, cf. J. Assmann, *Mort et au-delà dans l'Égypte ancienne*, Monaco, 2003, p. 448 sq.

k. *Whn* : détruire. Ce texte est assez proche de deux autres textes provenant de Deir al-Médîna :
1. P. Chester Beatty V, v° 5, 4-5 :
(...) Iw=i whn pꜣy=k ḫnw iw=i m-sꜣ pꜣy=k iz r tm di.t šsp=k sntr
(Si tu es un dieu) je détruirai ton reposoir et je m'attaquerai à ton tombeau pour t'empêcher de recevoir de l'encens.

Ce passage est intéressant dans la mesure où il souligne la relation entre la tombe et les rites funéraires nécessaires à la survie dans l'au-delà tout en mettant sur le même pied le dieu et un revenant. À noter qu'à Deir al-Médîna, le mot *ḫnw* se rapporte plutôt à une esplanade, un reposoir (cf. E.S. Bogoslovsky, dans *Vestnik Drevnej Istorii* 1 (147), Moscou, 1979, 12 sq) ou encore à la « cour » d'une tombe (cf. J.J. Janssen, P.W. Pestman, « Burial and Inheritance in the Community of the Necropolis Workmen at Thebes », *JESHO* 11, 1968, p. 161-162). J. Černý hésita sur le sens du mot, se prononçant d'abord pour le sens de « caveau » (*ASAE* 27, 1927, p. 194, n. 7). Il changea ensuite d'avis car plusieurs attestations se rapportent au *ḫnw* d'une divinité. C'est le cas

16 J. Vandier, « Le dieu Seth au Nouvel Empire. À propos d'une récente acquisition du Louvre », *MDAIK* 25, 1968, p. 188-197, et, pour les représentations de Seth sur des stèles transperçant un serpent, *ibid.*, p. 191, et C.J. Manouvrier, *Ramsès le dieu ou les dieux ou la théologie politique de Ramsès II, s. l.*, 1996, p. 653-655.

17 Cf. Y. Koenig, *BIFAO* 99, 1999, p. 272, n. (hh).

18 A. Massart, *The Leiden Magical Papyrus I 343 + I 345, OMRO-suppl.* 34, Leyde, 1954, p 26, et traduction p. 90. A. Massart signale le texte du P. Turin en note.

au moins pour deux ostraca de Deir al-Médîna (ODM 248,3 et ODM 297, recto 5), pour lesquels le sens de « chapelle », « reposoir » convient mieux. Mais dans les textes étudiés par J.J. Janssen et P.W. Pestman, le mot se rapporte à une construction qui n'est pas en relation avec une divinité mais avec une tombe de particulier ; dans ce cas, il semble bien que le mot s'applique à la chapelle de la tombe ou plus probablement, comme l'expliquent les auteurs, à la cour, l'esplanade qui se trouve devant la chapelle. Le texte joue sans doute sur le double sens du mot car il s'agit d'une divinité qui agit comme un revenant et dont on menace de détruire le tombeau. Ce parallèle entre la divinité et le revenant est renforcé par un passage du P. Turin (*infra*). Les textes magiques de l'époque mettent sur le même plan l'action néfaste d'un dieu ou d'une déesse et celle d'un revenant, soulignant ainsi que les anciens Égyptiens craignaient les agressions des uns comme des autres. Dans le texte du Papyrus Chester Beatty V, ainsi que dans celui de son doublet, la divinité perturbatrice suscite la migraine chez le patient.

2. P. Deir al-Médîna I, v° 7, 7-8,1 (J. Černý, *Papyrus hiératiques de Deir el-Médineh* I, *DFIFAO* 8, Le Caire, 1978, p. 11). C'est en fait un doublet du P. Chester Beatty V en meilleur état, il permet de le compléter : « Si tu es un dieu, je démolirai ton reposoir, (v° 8,1) je m'attaquerai à ta tombe dans laquelle tu te trouves, pour t'empêcher de recevoir l'encens. »

l. Le mot *swḥt*, « œuf », désigne couramment au Nouvel Empire le sarcophage intérieur (*Wb* IV, 74, 4). C'est, depuis les Textes des Pyramides, une image courante de la mort comme retour à l'origine [19]. Par association d'idées, le scribe introduit alors la problématique du dieu Horus enfant qui le conduit à l'évocation du fils de Bastet. Il faut aussi expliquer pourquoi on menace le revenant de détruire sa tombe et son sarcophage. Comme l'a bien montré E. Hornung, le monde des morts bien que ne faisant pas partie à proprement parler du chaos qui entoure le monde créé, est situé à l'extérieur de la création [20] : « Die Dat ist zwar nicht identisch mit dem Chaos, aber die Kategorien jener "Unwelt" vor und ausserhalb der Schöpfung sind in ihr in besonderem Masse präsent, in ihr lebt das Chaos weiter, wie in Nun und Finsternis. » Il ajoute un peu plus loin : « So ist naturgemäss die Hauptsorge des Toten, sich in jener unheimlicher-unberechenbaren Welt zu behaupten, in seiner irdischen Form und in einer dem Irdischen entsprechenden Ordnung zu dauern. Dazu gehört, dass seine Glieder heil und beisammen sind, und er somit über körperliche Ganzheit verfügt (...). Dann kann er furchtlos dem Finster-Abgründigen entgegentreten, dann kann die harmonische Ordnung dieser Welt in jener nicht zerbrochen werden. Diesem Ziel, die errungene Ordnung über den Tod hinaus, für die "Ewigkeit" des Chaos zu bewahren, dient die Magie des Totenbuches ebenso wie das Ritual der Pyramidentexte [21]. »

En conséquence, la destruction de la tombe et du sarcophage facilite l'action des forces du chaos qui se trouvent dans l'au-delà, dans le monde des morts, et cette action négative empêche le mort de conserver sa cohérence, et donc l'annihile dans la négativité, ce qui l'empêche de

19 Sur ce thème, cf. J. ASSMANN, *Mort et au-delà dans l'Égypte ancienne*, Monaco, 2003, p. 251-281.

20 E. HORNUNG, *op. cit.*, p. 30.

21 *Ibid.*, p. 31.

se maintenir et donc de revenir parmi les vivants. Les forces du chaos éprouvent un impérieux besoin de reconquérir l'espace qui leur a été ravi par l'acte créateur [22] et que le rituel funéraire contribue à contenir en prolongeant magiquement l'ordre de la création. D'une certaine façon, le mort dangereux est déjà un vecteur de ces forces négatives, ce qui le maintient en activité, c'est le rituel funéraire dont il a été l'objet. La destruction de la tombe le fait passer complètement du côté du négatif, et l'empêche d'avoir une activité quelconque dans le monde de la création. En fait, comme le montre la variante de Turin, l'image d'origine était celle du nid et de l'œuf, qui est devenue dans notre texte le caveau et le sarcophage, par association d'idées et d'images : voir *infra*, chap. IV, les variantes de Turin.

m. *ỉr ḫrb.w* : la lecture n'est pas sûre et je ne la présente que comme une hypothèse en la rattachant à *ḫrb* de *Wb* III 396,8 : « forme », « aspect », comme en démotique (W. Erichsen, *Demotisches Glossar*, Copenhague, 1954, p. 342). Le copte ϩⲣⲃ pouvant avoir le sens de « fantôme », « revenant » (W.E. Crum, *A Coptic Dictionary*, Oxford, 1962, p. 704b). Le déterminatif de la pustule est le même que celui de l'attestation du *Wb*. Le mot est sans doute plus proche du sens de « forme » que de celui de « revenant », qui en dérive, avec sans doute la nuance de « manifestation maléfique ». Mais on ne peut guère séparer les deux sens dans la culture égyptienne, puisque les anciens Égyptiens considéraient de façon courante que les maladies étaient le fait de revenants. Dans un contexte magique, S. Sauneron, *Le Papyrus magique illustré de Brooklyn*, Brooklyn, 1970, p. 22, n. y (= I, 3,5), écrit *ḫꜣrwbꜣ* avec un déterminatif divin. Cette attestation est relevée par J.E. Hoch, *Semitic Words in Egyptian Texts*, Princeton, 1994, p. 249, n° 347, qui l'interprète comme signifiant « le destructeur », et donc comme provenant de la racine sémitique *ḫrb*, « détruire ». D. Meeks, dans le compte rendu de cet ouvrage, s'oppose avec raison à son interprétation qui n'était pas non plus celle de S. Sauneron (*BiOr* 54, 1997, col. 47) : « Aucun déterminatif (excepté le déterminatif divin) ne vient étayer cette interprétation entièrement fondée sur une comparaison avec les langues sémitiques. Il semble que le même terme apparaisse encore dans un surnom d'Apophis enregistré par *Wb* III, 326, 5 sous la forme "*ḫrbḏ* (?)" (R.O. Faulkner, *The Papyrus Bremner-Rhind* <*BiAeg* 3, Bruxelles, 1933>, 91 (32, 40). En fait, le mot est écrit *ḫꜣrb-ḏw* "le mauvais *ḫꜣrb*". (...) On notera encore, comme le signale le *Wb*, que *ỉrỉ ḫrb m*, "prendre la forme de...", s'applique, dans le mythe d'Horus, à Seth par opposition à Horus pour lequel on emploie la tournure *ỉrỉ ḫprw m* de même sens. Cela donne ici à *ḫrb* une connotation négative que *ḫprw* n'a pas. » Voir aussi la longue note de J. Osing, *Die Nominalbildung des Ägyptischen* II, Mayence, 1976, p. 550, n. 420, qui montre comment on passe de *ḫprw* à *ḫbr* ; voir également D. Meeks, *AnLex* 1, 77.3279 et H. Buchberger, *LÄ* VI, 1986, *s. v.* Verwandlung, col. 1023 et col. 1027, n. 5-6, avec d'autres références.

Pour les *ḫpr.w* d'un démon, voir P. Leyde I 348, v° 2,2, et la note de J.F. Borghouts, *OMRO* 51, p. 180, n. 442. Sur ce mot, cf. aussi H. Buchberger, *LÄ* VI, col. 1024 et col. 1026, n. 9-11.

22 Cf. D. MEEKS, Chr. FAVARD-MEEKS, *La vie quotidienne des dieux égyptiens*, Paris, 1993, p. 31, n. 17 ; et P. Magique Harris II, 6 = H.O. LANGE, *Der magische Papyrus Harris*, Copenhague, 1927, p. 20, l. 15 (et dernièrement, Chr. LEITZ, *HPBM* VII, Londres, 1999, p. 33) : « Tu repousses l'avidité qui vient du Noun. »

n. Orthographe du pronom indépendant *nts* qui s'écrit couramment au Nouvel empire (*m*)*nts*, même orthographe dans PR 136, 8

o. Horus, on le sait, est né dans le « nid de Chemnis ». Voir par exemple, A. Klasens, *A Magical Statue Base in the Museum of Antiquities at Leiden*, *OMRO* 33, Leyde, 1952, p. 82-83, avec les références. J.F. Borghouts, *OMRO* 51, p. 34, Spell n° 39 = P. Leyde I 348, v° 3-5, etc. [23]. Le marais de Chemnis bénéficie d'un statut spécial, il est certes en dehors du territoire des dieux, mais protégé par un décret de Rê-Atoum, Seth ne peut y accéder, il est de plus spécialement défendu par Our Hékaou, comme en témoigne un passage des Textes des Sarcophages : « Then Atum-Rēʿ said, 'As you are pregnant, then that which you should conceal, O mistress, is that your pregnancy is (to result in) your giving birth to godhead which was [formerly] the seed of Osiris, lest that [very] enemy come who lew his father that he might break the seed within its infancy, [the one] whom [even] the Great of Magic fears » = *CT* II, 217c-e (R.H. O'Connel, « The Emergence of Horus », *JEA* 69, 1983, p. 73-74). On trouve un texte très semblable dans la stèle Metternich aux lignes 185-187 : « (...) das Kind geschützt ist gegen das Böse seines Bruders. Da das Gebüsch versteckt ist, kann der Feind nicht in es hineindringen. Nachdem Atum, der Vater des Götter, der im Himmel ist und dein Leben macht, gezaubert hat, kann Seth nicht in dieses Distrikt eindringen, und er kann nicht Chemmis durchziehen » (C.E. Sander-Hansen, *Die Texte der Metternichstele*, *AnAeg* 7, Copenhague, 1956, p. 71). Sur le buisson, voir aussi J.F. Borghouts, *OMRO* 51, p. 79, n. 118, et la synthèse de D. Meeks, Chr. Favard-Meeks, *La vie quotidienne des dieux Égyptiens*, Paris, 1993, p. 116-117). On peut noter aussi que dans le passage des Textes des Sarcophages *CT* II, 217g, *sḏ*ỉ*=f swḥt m-ẖnw nḫn=s*, « That he might break the seed within its infancy », on retrouve la même expression que dans notre texte à la ligne 7, dans le premier cas il s'agit de briser « l'œuf » du revenant, c'est-à-dire son sarcophage. Dans notre texte, la patiente est identifiée avec Horus de Chemnis, peut-être aussi pour éviter le « choc en retour » d'une telle menace, de la même façon que les représentations vont se concentrer sur la protection de la tombe, là aussi pour annuler le choc en retour de la menace dirigée contre la tombe du revenant. Cette naissance miraculeuse d'Horus à Chemnis se répète à chaque nouvelle accession au trône, ainsi à Deir al-Bahari où Hathor, sous la forme de vache, joue le rôle d'Isis qui allaite Horus, qui représente Hatchepsout. Ce thème est largement attesté [24]. Ouadjet-Sekhmet étend sa protection à Horus car, à l'époque tardive, elle se confond avec Isis, sans doute en raison de la proximité de Bouto et de Chemnis, mais surtout parce que toutes les déesses tendent à s'assimiler entre elles. Ainsi, dans le P. Jumilhac, Ouadjet, sous l'aspect d'un uraeus, domine le fourré où se trouve Horus [25].

p. *Ḥwn* peut désigner un jeune dieu (E. Hornung, *LÄ* II, 1977, *s. v.* Götter, alternde, col. 632 et H. Brunner, *LÄ* II, 1977, *s. v.* Götter, Kinder, col. 648 [26]).

23 On peut ajouter aux références, P. Boulaq 6, IV-6 (Y. KOENIG, *Le papyrus Boulaq 6*, *BiEtud* 87, Le Caire, 1981) ; P. Jumilhac VI, 10-12 (J. VANDIER, *Le Papyrus Jumilhac*, Paris, s. d.) ; P. Leyde I 347, 5, 6-7 (C. LEEMANS, *Monumens égyptiens du musée d'Antiquités des Pays-Bas à Leyde* II. *Monumens civils* 2, Leyde, 1846, pl. CXLIII). Voir entre autres aussi le passage de *Edfou* VII, 258, 16-17 ; J.J. CLÈRE, *ZÄS* 84, 1959, p. 94. Ph. GERMOND, *Sekhmet et la protection du monde*, *AegHelv* 9, Bâle, Genève, 1981, p. 161.

24 J. ZANDEE, *Der Amunhymnus des Papyrus Leiden I 344* II, Leyde, 1992, p. 671 et sq.

25 Sur tout ceci voir Ph. GERMOND, *op. cit.*, p. 161.

26 Pour le « fils de Bastet » et ses différentes identifications voir maintenant Chr. LEITZ, *LÄGG* VI, *OLA* 115, Louvain, p. 79, avec de nombreuses références.

1. Il peut s'agir de Miysis (Miôs, Mahès), le « lion terrifiant » de L.-V. Žabkar, *LÄ* IV, 1982, col. 163-165, *s. v.* Miysis. Divinité léonine fils de Bastet autant que de Sekhmet qui était adorée dans le Delta à Boubastis et à Léontopolis. En tant que fils de Bastet, il était aussi adoré à Aphroditopolis de Haute-Égypte sous le nom de *Wꜣḏt*. Il est représenté sous une forme animale ou composite, avec un corps d'homme et une tête de lion. Comme dieu guerrier, il est identifié avec plusieurs formes d'Horus comme Horus-Hékénou, sous le nom de Harmios, Horus-Montou, et Horus de Hébénou, il est aussi identifié à Néfertoum léontocéphale ou à Soped (cf. L.-V. Žabkar, *LÄ* IV, col. 163-166). Horus-Hékénou incarnant le souffle enflammé du soleil repousse les puissances du mal (cf. H. Brugsch, *Dictionnaire géographique*, Leipzig, 1879, 1389, XVIII). Cet aspect spécifique semble être le sien dans notre texte et c'est sans doute pour cette raison que son évocation suit la mention d'Horus enfant, cf. P. Bremner-Rhind 30, 24 où Apopis est dit destiné à « Mahès, fils de Bastet, la maîtresse du carnage. » Il existe également une tendance à l'assimilation de Bastet et de Sekhmet. Mahès est un dieu redoutable qui massacre les ennemis et auquel le roi est identifié (C. De Wit, *Le rôle et le sens du lion dans l'Égypte ancienne*, Leyde, 1951, p. 21 sq.). Représenté sous forme de gargouille, il canalise les eaux de pluie tout en éliminant leurs influences séthiennes (*ibid.*, p. 84 sq.). Il se confond également avec le siège royal (*ibid.*, p. 159). Après la XXIIe dynastie, la scène du lion dévorant un homme était régulièrement consacrée à Mahès (*ibid.*, p. 231). En tant que divinité des heures, il combat à Dendara les adversaires d'Osiris (*ibid.*, p. 233). Un ostracon démotique d'époque romaine publié par W. Spiegelberg (*OLZ* 5, 1902, p. 6) nous donne une liste des étoiles qui croisent dans les douze mois, le lion y figure en cinquième place, au mois de *Mechir*. Parmi les « cinq étoiles de vie (les planètes) » la planète Mars est décrite comme « Horus le rouge, c'est là l'étoile de Mahès ».

Parmi les textes magiques, citons la formule contre le démon Sehaḳeḳ, telle que J.F. Borghouts a pu la rétablir [27] : « You will not fall upon *Kꜣ-ḏr.t* born of <...> in the night, by day, at any moment. He is Horus the son of Isis, the heir of Osiris Onnophris ! If you fall down upon him again you will be surrendered to the Fierce Lion (*mꜣi ḥsꜣ*), the son of Bastet, and it will burrow (*brbr*) into your flesh through your skin, in the presence of the lords of Heliopolis. You will be cut up, *Shꜣḳḳ*, at your departure from heaven. » Il note que Mahès peut aussi être identifié à Nefertoum, comme on l'a vu plus haut. Dans les décrets oraculaires publiés par Edwards, on se protège de Mahès le fils de Bastet [28]. Dans les pratiques de lycnomancie [29] du P. Magique démotique de Londres et de Leyde, on fait constamment appel au dieu lion, ainsi col. IX, 21-22 : « Mahès, le puissant, enverra un lion parmi les fils de Mahès avec l'obligation de me les rapporter (bis), les âmes du dieu, les âmes de l'homme, les âmes de la Douat [30]. »

27 J.F. Borghouts, *Ancient Egyptian Magical Texts*, *NISABA* 9, Leyde, 1978, p. 17-18, n° 22. Sur Sehaḳeq, voir H.-W. Fischer-Elfert, « Der Nachtdämon », *Amun. Magazin für die Freude der ägyptischen Museen* 4/12, 2002, p. 20-23.

28 Par exemple, I.E.S. Edwards, *Oracular Amuletic Decrees*, L4, 1-2.

29 Sur cette pratique, voir en dernier lieu J. Gee, « The Structure of Lamp Divination », dans K. Ryholt (éd.), *Acts of the Seventh international Conference of Demotic Studies*, *CNIP* 27, Copenhague, 2002, p. 207-218.

30 Voir F.Ll. Griffith, H. Thompson, *The Leyden Papyrus. An Egyptian Magical Book*, New York, 1974, p. 71.

2. On ne peut pas écarter complètement le fait qu'il pourrait s'agir de Nefertoum. Car si celui-ci apparaît au Nouvel Empire comme le dieu fils de la triade memphite avec Ptah et Sekhmet, il est aussi parfois considéré comme le fils de Bastet, d'autant que les deux déesses tendent à se confondre ou à apparaître comme deux aspects complémentaires. Dans ce cas, Bastet peut se présenter comme l'aspect apaisé de Sekhmet. Nefertoum peut ainsi être considéré comme le fils de Bastet [31]. Dans le Livre des Morts, il se présente comme un dieu combattant et dangereux qui punit les fautifs (formule 17 [32]), et dans la formule 125, il fait partie des assesseurs du tribunal qui juge le défunt [33]. Cet aspect de Nefertoum ainsi que son rôle dans les textes magiques a été analysé par J.F. Borghouts [34]. On sait aussi que Nefertoum fils de Bastet est le nom de l'une des sept flèches de cette dernière [35].

3. Il peut tout aussi bien s'agir d'Horus, qui dans les textes magiques apparaît en tant que fils de Bastet et qui s'oppose aux influences néfastes. On lit ainsi, dans le P. Edwin Smith (50) 18, 1-11 : « Retreat, murderers ! No breeze will reach me so that passers-by (*swꜣ.w*) would pass on, to rage against my face. I am Horus who passes along the wanderings demons (*šmꜣy.w*) of Sakhmet. Horus, sprout of Sakhmet ! I am the Unique One (*wʿ.ty*), the son of Bastet–I will not die on account of you ! », avec un jeu de mot sur *wʿty* qui peut avoir le sens de lion [36]. Dans ce texte, il s'agit vraisemblablement d'Horus Hékénou [37]. Cet « Horus acclamé » ou « acclamant » était tenu dans la Bubastis tardive pour une figure céleste et solaire, un « seigneur de protection », comparable au Behdeti classique [38].

Horus est en quelque sorte l'archétype de l'enfant, il peut aussi être qualifié de rejeton de Sekhmet : « Tu es Horus rejeton de Sekhmet, seigneur des papyrus, régent des fourrés de joncs dans les marais à papyrus en sa forme d'oisillon (*ṯꜣ*) à Chemnis [39]. » Cette solution a l'avantage d'identifier le fils de Bastet au dieu Horus dans Chemnis cité plus haut.

4. Khonsou fils de Bastet apparaît dans quelques contextes très spécifiques, comme étant le nom de l'une des flèches de la déesse, dont le nom complet est Khonsou Horus seigneur de joie [40]. Parfois fils et auxiliaire de la Bastet dangereuse : « De fait le cruel dieu lunaire qui massacrait les humains et leur infligeait des maladies était anciennement connu comme l'enfant de Smithis, homologue de Bastet (*CT* IV, 65i) [41] ». Comme le constate V. Rondot, « les dieux qui sont désignés de façon régulière comme "fils de Bastet" sont Anubis, Mahès et Néfertoum [42] ».

31 G. ROEDER, *Aegyptische Bronzefiguren* I, *Mitteilungen aus der ägyptische Sammlung* 6, Berlin, 1956, 20.

32 Chapitre 17, É. NAVILLE, *Das ägyptische Todtenbuch der XVIII. bis XX. Dynastie*, Berlin, 1886, pl. XXV, col. 62-65.

33 Chr. SEEBER, *Untersuchungen zur Darstellung des Totengerichts*, *MÄS* 35, Munich, 1976, p. 32.

34 J.F. BORGHOUTS, *The Magical Texts of Papyrus Leiden I 348*, *OMRO* 51, Leyde, 1970, p. 66-67, n. 94.

35 V. RONDOT, « Une monographie bubastite », *BIFAO* 89, 1989, p. 267.

36 Sur ce passage, voir également J.F. BORGHOUTS, *Ancient Egyptian Magical Texts*, p. 15, n° 15, voir aussi *ibid.*, le texte n° 20, p. 17.

37 Sur ce rôle de Horus Hékénou, cf. *id.*, *The Magical Texts of Papyrus Leiden I 348*, *OMRO* 51, p. 67.

38 J. YOYOTTE, *AEPHE Ve Section* 92, 1983-1984, p. 208. Il cite aussi Harmaïs, « l'Horus en fête ».

39 *Edfou* VII, 258, 16-17 ; J.J. CLÈRE, *ZÄS* 84, 1959, p. 94. Ph. GERMOND, *Sekhmet et la protection du monde*, p. 161. Voir aussi E. FEUCHT, *Das Kind im alten Ägypten*, Francfort, New York, p. 547-549.

40 Voir l'analyse de V. RONDOT, *op. cit.*, p. 267.

41 J. YOYOTTE, *op. cit.*, p. 208.

42 V. RONDOT, *op. cit.*, p. 268.

5. Anubis est désigné dans plusieurs textes comme « fils de Bastet » [43], et précisément dans un contexte où il est mis en relation avec Horus de Chemnis, ce qui est particulièrement intéressant pour notre texte. L'analyse que fait V. Rondot est à ce sujet éclairante [44] : « Dès la XIXe dynastie à Abydos (embrasure de la porte du sanctuaire de Séthi Ier), le roi, après avoir été comparé à Horus dans les marais de Chemnis, l'est à Anubis fils de Bastet dans un récitatif destiné à protéger le lieu (...), un texte d'un montant de l'entrée du portique du mammisi d'Edfou en a conservé l'écho. De même, le P. Louvre N 3176 (S) assimile Anubis fils de Bastet à Horus dans les marais de Chemnis dans un texte où il est présenté comme le défenseur de son père Osiris. Cette documentation (...) fait d'Anubis un équivalent efficace d'Horus enfant, fils d'Osiris et Isis, dont les fonctions de dieu protecteur – ou vengeur – sont clairement exprimées. Il en est de même dans la littérature magique où les fils de Bastet – Mahès et Nefertoum sont de ceux-là – sont invoqués ou identifiés à la victime pour guérir l'effet du poison. Cette épithète (sc. Fils de Bastet) apparaît comme la désignation technique de l'efficacité du dieu (ce sont les dieux-enfants assimilés à Horus qui sont guérisseurs) placé sous le patronage de Bastet, forme apaisée de Sekhmet et donc plus apte que tout autre à contrer le mal répandu par cette dernière. » Cette assimilation avec Anubis est encore attestée dans le P. Jumilhac où Ouadjet sous forme d'uraeus au sommet d'un papyrus domine le fourré où se trouve Horus ; et le texte précise : « Quant à Ouadjet, maîtresse de Dounâouy, c'est Isis, mère d'Anubis. Quant à Horus l'enfant qui est dans ce lieu, c'est Anubis, fils d'Osiris, quand il était un enfant auguste, dans les bras de sa mère Isis [45]. » Tout cela me semble convaincant et je me range aux conclusions de V. Rondot. Une remarque de Ricardo A. Caminos [46] va dans le sens de cette interprétation, et on peut peut-être ajouter qu'au Nouvel Empire les dieux comme les déesses ont tendance à s'assimiler les uns aux autres et qu'il en est de même pour les dieux enfants. Les différentes personnes divines assumant un aspect tantôt redoutable et tantôt apaisant, ces aspects sont bien caractérisés par les épithètes fils de Sekhmet ou fils de Bastet, qui n'impliquent pas une filiation réelle, mais plutôt le fait que la divinité assume tel ou tel aspect. Sous l'aspect de Bastet, la divinité est plus apte à apaiser, à combattre l'influence dangereuse ; mais il en va de même lorsque la divinité assume l'aspect de Sekhmet où l'on combat le mal par le mal. Cela explique aussi que, dans certains textes, le dieu, par exemple Horus, assume tantôt l'aspect de « fils de Bastet » et tantôt celui de « fils de Sekhmet ». Un bon exemple se trouve dans le passage du P. Edwin Smith cité plus haut [47].

On peut aussi comparer ces identifications avec celles qui sont proposées pour le roi dans l'*Enseignement loyaliste* : « C'est Bastet protectrice des deux pays ; celui qui l'adore sera abrité par son bras. C'est Sekhmet contre le violateur de son ordre ; celui qu'il disgracie sera réduit à la mendicité [48]. »

43 Pour les références, voir *ibid.*, p. 269 et n. 3.

44 *Loc. cit.* Pour les notes, on se rapportera à son article.

45 P. Jumilhac VI, 2-4.

46 On peut remarquer aussi que R.A. Caminos (« Another Hieratic Manuscript From the Library of Pwerem son of Ḳiḳi (Pap. B.M. 10288) », *JEA* 58, 1972, p. 209, n. 5) explique, à ce propos, que : « in our opinion the phrase 'son of Bast' was sometimes used figuratively and not meant to express actual soonhood or physical filiation, exactly like our 'son of Mars' ».

47 Cf. *supra*, n. 36. Voir également, dans l'ouvrage cité dans la note en question, le texte n° 18 (p. 16), où l'on invoque Horus, rejeton de Sekhmet, contre les génies émissaires ; la formule est à réciter sur des représentations de Sekhmet, Bastet, Osiris et Nehebkaou (cf. aussi le texte n° 20 [p. 17]). Tous ces passages proviennent d'un même groupe de formules que l'on rencontre dans le P. Edwin Smith. Voir aussi J. ASSMANN, *LÄ* II, 1977, col. 361, *s. v.* Furcht.

48 G. POSENER, *l'Enseignement loyaliste*, Genève, 1976, p. 26, selon la leçon de la stèle qui est supérieure à celles des copies cursives. Voir aussi l'article de H. BRUNNER, « Das Theologische Bedeutung der Trunkenheit », *ZÄS* 79, 1954, p. 81-83, et J. ASSMANN, *LÄ* II, col. 361-362.

Comme le remarque J. Yoyotte : « Identique avec l'œil divin, toute déesse possède un caractère agressif, inhérent à l'œil universel ; sa force brûlante coexiste nécessairement avec sa luminosité. Cette structure de la déesse égyptienne s'exprime par différentes oppositions terminologiques (Sekhmet/Hathor, Sekhmet/Bastet, tissu rouge/faïence verte) et est bien définie par le surnom Hetepes – Khoues : "Quand elle est paisible, elle est protectrice". Cause des catastrophes qui menacent l'univers, le royaume, les individus, la déesse dangereuse peut devenir leur défenseur, être l'arbitre bienveillant des grâces et des guérisons, si les dieux et les hommes, par l'entremise du roi et des rites l'apaisent (*sehetep*), en avouant la terrible souveraineté que détient "celle qui dissimule son maître", le soleil dans son halo de lumière [49]. » Et aussi : « (...) le syncrétisme fit que toute déesse majeure, tenue pour compagne du dieu solaire, en vient à revêtir les deux aspects "hathorien" et "sakhmien". (...). Les deux rôles peuvent être répartis entre deux fauves. Bastet est magnanime et Sekhmet est répressive. La gentillesse éventuelle de la lionne Bastet (...) n'annule pas pour autant son pouvoir sakhmien : "*Quant au serviteur fidèle à son Maître, la Majesté de Bastet n'aura pas de pouvoir* (sekhem) *sur lui*" [50]. » On notera aussi que Bastet joue un rôle de premier plan dans les noms propres imprécatoires [51] dirigés contre les étrangers : « Bastet a prévalu contre eux », « Que Bastet prévale contre eux ! », ou « Que Bastet fasse dégât contre eux [52] ! » Comme aussi le passage de PR 124, 1-2 : « Ne viens pas contre un tel né d'une telle (...) en tant que feu sorti de la gueule de Bastet, en tant que la flamme issue de la gueule de Sekhmet », ou celui de la statue Louvre E 1077, 12-13 : « ... Bast ... elle s'emparera de (tout) ennemi de tout serpent mâle, de tout serpent femelle, de tout scorpion, de tout animal venimeux, qui aura piqué (ou mordu) *cet homme qui boit cette eau* (...) [53]. »

Comparer le passage du P. Louvre avec celui de PR 123, 6 : *ỉw=f mỉ ḥwn pwy sꜣ Ḥwt-ḥrt*, « Il est comme cet adolescent fils d'Hathor », et l'étude des variantes de Turin.

II. La langue du texte

Le néo-égyptien domine largement, et les emprunts au texte de Turin sont pratiquement tous en néo-égyptien, alors que ce n'est pas l'élément dominant du papyrus de Turin écrit en égyptien de tradition, c'est-à-dire une langue qui imite imparfaitement la langue classique. Par là, le texte de Turin montre un souci de sacralisation, ce qui est assez courant pour les recueils magiques du Nouvel Empire. Mais ce qui intéresse le scribe rédacteur de l'amulette, ce n'est pas la sacralité du texte mais bien son efficacité, et pour cela il choisit, dans le papyrus de Turin, des passages écrits en néo-égyptien. Cet exemple montre bien comment la sacralité se distingue de l'efficacité performative. On passe ainsi de la sacralité relative du recueil de formules à une recherche de l'efficacité plus accentuée dans le cas de notre amulette.

49 J. Yoyotte, *AEPHE Vᵉ section* 90, 1981-1982, p. 193.

50 *Id.*, « Une monumentale litanie de granit », *BSFE* 87-88, 1980, p. 54 et n. 22, avec les références.

51 M. Guentch-Olgoueff, « Noms propres imprécatoires », *BIFAO* 40, 1941, p. 117-133.

52 *Ibid.*, p. 121-122.

53 G. Lefebvre, « Statue "guérisseuse" du musée du Louvre », *BIFAO* 30, 1930, p. 92 ; et E. Jelínková-Reymond, *Les inscriptions de la statue guérisseuse de Djed-Her-Le-Sauveur*, *BiEtud* 23, Le Caire, 1956, p. 12, n. (2).

Dans le texte, les conjonctifs constituent un système corrélatif dont l'apodose renferme un Futur III, ce qui est assez courant dans les textes néo-égyptiens [54].

Quant à la performativité, il faut là aussi distinguer entre ce qui relève du caractère créateur du signe dans la civilisation égyptienne de ce qui relève de la performativité dans la langue elle-même, c'est-à-dire dans les tournures et les formes grammaticales employées, comme l'a bien mis en valeur Fr. Servajean [55]. Dans le texte du Louvre, il s'agit essentiellement d'affirmations péremptoires au futur. Le Futur III convient en effet particulièrement à la performativité de l'acte magique, car il véhicule une valeur « déontique », le sujet étant alors poussé à l'action par une obligation transcendante [56].

III. Les vignettes

1. *Les quatre flambeaux*

Cette vignette fait allusion au Rituel des quatre flambeaux aussi nommé Rituel de la torche. Il a été bien étudié [57]. Le plus ancien article sur la question est celui de J. Duemichen [58], qui déjà remarquait que le mot torche (*tkꜣ*) peut être déterminé par le signe du pilon au lieu de celui de la torche et il poursuit : « Auch erinnere ich mich deutlich in irgend einem Grabe eine Darstellung gesehen zu haben, in welcher die vier Todtengenien *Amset Hapi Tuamutef* und *Kebesenuf* abgebildet waren, ein jeder in der erhobenen Hand das Zeiche () tragend, dasselbe über je ein Kästchen halten () [59]. » Ces quatre torches sont mises en relation avec quatre bassins de lait qui servent à les éteindre à l'aube.

La vignette correspondante de la formule 137 A [60] du Livre des Morts, ainsi que celles de papyrus qui s'en inspirent directement ont été étudiées dans l'article de S. Schott [61]. On rencontre cette vignette également dans la formule 145 ainsi que dans les papyrus mythologiques de Djedkhonsouioufânkh, de Pédiamun et Nesitanebettaouy [62]. Les torches n'ont pas toujours été bien interprétées par ceux qui les ont reproduites comme par les commentateurs surtout en raison de leur forme. Dans plusieurs de ces exemples, on rencontre une déesse hippopotame porteuse de la torche [63]. A. Gutbub cite plusieurs exemples tirés du Livre des Morts en particulier de la formule 186 [64]. Dans la formule 137 B, la déesse qui allume la torche est une déesse hippopotame qui n'est

54 Cf. Fr. Neveu, *La langue des Ramsès*, Paris, 1996, p. 135 (11).

55 Fr. Servajean, *Les formules de transformations du Livre des Morts*, *BiEtud* 137, 2e éd., Le Caire, 2004.

56 Fr. Neveu, *op. cit.*, § 19.1, p. 93.

57 Cf. S. Schott, « Das Löschen von Fackeln in Milch », *ZÄS* 73, 1937, p. 1-25 ; H. Altenmüller, *LÄ* III, 1980, col. 1078-1079, *s. v.* Löschen der Fackeln in Milch ; A. Gutbub, « Un emprunt aux textes des Pyramides dans l'hymne à Hathor, Dame de l'ivresse », dans *Mélanges Maspero* 1/4, *MIFAO* 66, Le Caire, 1961, p. 31-72, et, en dernier lieu, Fr. Labrique, « Du lait pour étendre les torches à l'aube, à Deir el-Médineh », dans D. Mendel, U. Claudi (éd.), *Ägypten in afro-orientalisch Context. Gedenkschrift Peter Behrens*, Cologne, 1991, p. 205-212.

58 J. Duemichen, « Die Ceremonie des Lichtanzuendens », *ZÄS* 21, 1885, p. 11-15.

59 *Ibid.*, p. 12.

60 Voir aussi l'analyse que fait de ce chapitre P. Eschweiler, *Bildzauber im alten Ägypten*, *OBO* 137, Fribourg, Göttingen, 1994, p. 136 sq.

61 S. Schott, *op. cit.*, § 3 (*Milchbecken zum Löschen von Fackeln*), p. 6-10.

62 Cf. aussi H. Altenmüller, *LÄ* III, col 1078-1079.

63 S. Schott, *op. cit.*, p. 7 et n. 5.

64 A. Gutbub, dans *Mélanges Maspero* 1/4, *MIFAO* 66, p. 45, et n. 3-6.

pas sans rapport aussi avec la déesse Asbet, déesse de la flamme, préposée à la torche, qui joue un rôle lors de la veillée d'Osiris. Le fait qu'elle porte le nom d'Ipi peut être dû à une influence locale du culte thébain de la déesse Ipet [65]. On se rapportera au développement d'A. Gutbub, qui explique pourquoi les porteurs de torches sont assimilés aussi aux fils d'Horus : « On voit aisément comment les fils d'Horus de *Pyr.* 1333a-1334c ont pu s'introduire dans le rituel de la torche, ils doivent faire la veillée d'Osiris jusqu'au matin, ainsi que l'indique le paragraphe 1334 a. Mais ils ne sont pas primitivement les porteurs de torches de la cérémonie en question. » Voici le passage des Textes des Pyramides en question dans la traduction de R.O. Faulkner : « <§ 1333> O you children of Horus, Ḥapy, Duamūtef, Imsety, Ḳebḥsenuf, spread the protection of life over your father Osiris the King, since he was caused to be restored by the gods. <§ 1334> Smite Seth, protect this Osiris the King from him at dawn. Mighty is Horus, he of himself protects his father Osiris the King. Whoever shall act on behalf of the King, you shall worship him [66]. »

On trouve peut-être aussi une allusion à ce rituel dans un texte magique de Deir al-Médîna, le Papyrus Chester Beatty VIII, v° I, 8-9 où les quatre torches sont mises en relation avec les quatre Chepeset : « N. a conjuré les quatre Nobles Dames, dans la bouche desquelles sont leurs flammes accompagnées de leurs souffles embrasés », allusion se retrouvant aussi sur l'O. Ifao inv. 2241 [67]. Le commentaire de J. Assmann mérite d'être cité : « In einem Spruch zur Beisetzung im Theb. Grab 23 (31)/(32) wird zum Toten gesagt : *jw n.k jfdw špssw*, „zu dir kommen die erlauchten Vier", hier offenbar in bezug auf männliche Wesen, vielleicht die vier Horussöhne. In der Tat sind die Grenzen fließend : die vier Fackeln können mit den vier „magischen Ziegeln" (...) [68]. » On retiendra donc cette correspondance entre les quatre flambeaux et les quatre fils d'Horus.

À côté de la Chepeset unique, les textes magiques font parfois allusion aux quatre Chepeset [69]. On les trouve aussi mentionnées dans la stèle de Metternich, comme quatre déesses qui montent la garde auprès du corps du défunt [70]. Le commentaire que fait J. Quaegebeur de ces passages est particulièrement éclairant [71] : « Selon Gardiner, elles symboliseraient les quatre faces d'une chambre, alors que Janine Monnet les a mises en relation avec les briques magiques qu'on trouve parfois dans les tombes du N[ouvel] E[mpire] ». Un passage des inscriptions sur le couvercle extérieur du sarcophage de Merenptah jette une vive lumière sur la nature des quatre Chepeset. Citons la traduction de J. Assmann :

> *Ich* <c.-à-d. Neith> *veranlasse, daß ‚die vier Edeldamen' für dich brennen*
> *Daß sie dir leuchten auf allen deinen Wegen,*
> *Daß sie dir deine Feinde abwehren Tag für Tag,*
> *Daß sie den Rebellen vertreiben, den Bösartigen.*

65 *Ibid.*, p. 43.

66 R.O. FAULKNER, *The Ancient Egyptian Pyramid Texts*, Oxford, 1969, p. 210 (*Spell* 541).

67 J. ASSMANN, « Die Inschrift auf dem äußeren Sarkophagdeckel des Merenptah », *MDAIK* 28, 1972, p. 63 et n. 60.

68 J. MONNET, « Les briques magiques du musée du Louvre », *RdE* 8, 1951, p. 151-162 ; M. HEERMA VAN VOSS, « An Egyptian Magical Brick », *JEOL* 18, 1964, p. 314-316.

69 P. Caire 58035, 54-59 (C1) = I.E.S. EDWARDS, *Oracular Amuletic Decrees* I, p. 97, II, pl. 38.

70 C.E. SANDER-HANSEN, *Die Texte der Metternichstele*, *AnAeg* 7, Copenhague, 1956, l. 83, p. 44 et p. 46 ; É. DRIOTON, *Pages d'égyptologie*, Le Caire, 1957, p. 307, n. 1.

71 J. QUAEGEBEUR, *Le dieu égyptien Shaï*, *OLA* 2, Louvain, 1975, p. 158. Pour les références, on se rapportera à son texte, où il est question des quatre Chepeset.

L'auteur remarque qu'il doit s'agir d'une désignation des quatre torches qui apparaissent dans la formule 137 du Livre des Morts. Mention est encore faite d'un texte inédit d'une tombe thébaine (nº 23) qui nous fait connaître les *ỉfdw špssw:* quatre êtres masculins s'identifiant aux quatre fils d'Horus [72]. Le lien entre les Chepeset et les torches s'explique sans doute par le fait que les déesses-hippopotames sont, en tant que déesses de la flamme, porteuses de torches [73]. Comme on l'a vu plus haut, une déesse hippopotame est mise en relation avec la torche, elle est décrite comme étant celle qui « porte la torche dans la Maison de la torche [74] ». Plus récemment, J. Berlandini [75] est revenue sur ces textes et un article récent met en relation les quatre briques avec les briques de la naissance [76].

Il est peut-être possible, à partir de ces éléments, de rendre compte de la vignette de la façon suivante :
– la croix centrale est issue de la représentation des quatre bassins ;
– les quatre torches sont suffisamment explicites par elles-mêmes.
– l'animal qui se trouve au sommet de la croix et qui oscille entre l'hippopotame et le crocodile est sans doute directement issu de la Chepeset et des déesses hippopotames porteuses de torches que l'on rencontre dans le Livre des Morts. Les Dames hippopotames (Thouéris, Opet) assument aussi le double aspect des déesses assimilées à l'œil solaire, elles sont à la fois protectrices et génies des torches embrasées [77]. On sait que l'hippopotame est un élément constitutif important de la morphologie de la Dévoreuse de la formule 125 du Livre des Morts.

2. *Osiris sur son lit et les quatre fils d'Horus avec les quatre étoiles*

2.1. LA VIGNETTE

Cette vignette est bien sûr à mettre en relation avec la vignette précédente. Le fait d'appliquer le rituel des quatre torches accompli par les quatre fils d'Horus en faveur d'Osiris pour le protéger est précisément décrit par la formule 137 A du Livre des Morts, je cite le passage dans la traduction de P. Barguet :

> Les quatre torches entrent vers ton ka, Osiris chef des Occidentaux ; les quatre flambeaux entrent vers ton *ka*, Osiris N. Ô fils d'Horus, Amsit, Hapy, Douamoutef, Qebehsenouf, constituez une protection pour votre père Osiris chef des Occidentaux, constituez une protection pour N., comme depuis le moment où vous avez écarté la souffrance d'Osiris chef des Occidentaux pour qu'il vive auprès des dieux ; qu'il frappe Seth de sa main jusqu'à l'aube ! Horus est puissant, il prend soin de son père Osiris, lui-même ; faites cela en ce qui concerne votre père, écartez-le [78] !

72 J. ASSMANN, *MDAIK* 28, 1972, p. 63 (et p. 53 pour la traduction précédente).
73 Cf. A. GUTBUB, dans *Mélanges Maspero* 1/4, p. 41, p. 43-44 et p. 46 : les fils d'Horus comme porteurs de torches. Voir aussi S. SCHOTT, *ZÄS* 73, 1937, p. 7-8.
74 *Ibid.*, p. 7 et n. 5.
75 J. BERLANDINI, « Ptah-Démiurge », *RdE* 46, 1995, p 18-19, avec les références.
76 A.M. ROTH, C.H. ROEHRIG, « Magical Bricks and the Bricks of the Birth », *JEA* 88, 2002, p. 121-139.
77 J. YOYOTTE, « Une monumentale litanie de granit », *BSFE* 87-88, 1980, p. 54.
78 Invocation aux fils d'Horus reprise des Textes des Pyramides, *Pyr.* § 1333-1334, avec quelques modifications minimes ; la dernière phrase, seule, est très différente et peu claire.

(Ils entrent) vers ton *ka*, Osiris chef des Occidentaux, l'œil d'Horus est ton protecteur, il constitue une protection pour toi, il renverse pour toi tous tes ennemis, tes ennemis sont renversés pour toi depuis le moment où vous avez écarté la souffrance de l'Osiris N. pour qu'il vive auprès des dieux ; frappe(z) l'ennemi de l'Osiris N., protégez-le jusqu'à l'aube ! (...)
Paroles à dire sur quatre flambeaux d'étoffe rouge imprégnés d'huile de Libye de première qualité, (mis) dans la main de quatre hommes sur le bras desquels est tracé le nom des fils d'Horus, et allumé(s) en plein soleil (?) ; (c'est) faire que ledit bienheureux ait pouvoir sur les Étoiles Impérissables. Celui pour qui est récitée cette formule, il ne peut pas périr, jamais, son âme vivra pour l'éternité, (car) ce flambeau fait prospérer le bienheureux comme Osiris chef des Occidentaux.

Ainsi est bien explicitée la relation entre les quatre torches, les étoiles – Étoiles Impérissables –, Osiris et les quatre fils d'Horus, lesquels, on l'a vu à la note précédente, sont mis en relation avec la Veillée d'Osiris [79], qui a été enterré la nuit, car c'est durant la nuit que se produisent les événements qui rappellent les gestations originelles [80]. Il est donc clair que ces deux vignettes renvoient à la veillée nocturne d'Osiris (*Stundenwachen*). Ce rituel est ici utilisé par un particulier comme il l'est aussi dans le Livre des Morts. Il y a bien sûr une grande différence, comme l'a noté S. Schott, avec le rituel tel qu'il était accompli dans le temple de Deir al-Bahari. On peut noter que le texte de la formule 137 A du Livre des Morts est structuré comme un texte magique, le rite oral est suivi du rite manuel. On peut se demander aussi si les vignettes de notre papyrus ont simplement été choisies pour évoquer ce rituel de protection accompli en faveur d'un particulier, ou bien si elles sont ce qui nous reste d'un rite manuel accompli après que le magicien a prononcé les formules d'un rite oral. Cette question ne peut que rester sans réponse.

Quant à la deuxième vignette du texte, elle a pu être inspirée par la vignette de la formule 151 du Livre des Morts [81] qui représente la Veillée d'Osiris [82] dont le premier exemple complet remonte à la moitié de la XVIIIe dynastie [83]. Cette vignette a été reprise aussi pour la décoration des sarcophages [84]. Au centre, la momie du défunt est représentée allongée sur un lit funéraire dans le pavillon de la momification ; Anubis-Imy-Out, avec un corps humain et une tête de chacal, est à sa gauche et accomplit les derniers préparatifs de la momification ; sous la bière sont représentés les quatre vases canopes. Sur le panneau situé juste en dessous, c'est-à-dire à la gauche du défunt est représenté Anubis-Khenty-Seh-Neter en chacal noir avec un linge autour du cou et allongé sur un coffre reliquaire. Sur le panneau situé à la tête de la bière, Nephthys est représentée agenouillée, tandis qu'Isis occupe le panneau situé au pied de celle-ci. Aux quatre coins sont représentés les

79 On sait que ce rituel pouvait être accompli au bénéfice de particuliers, cf. en dernier lieu M. SMITH, *The Mortuary Texts of Papyrus BM 10507*, *CDPBM* 3, Londres, 1987, p. 25 sq.

80 D. MEEKS, Chr. FAVARD-MEEKS, *La vie quotidienne des dieux égyptiens*, p. 34, n. 40.

81 Sur ce chapitre, voir B. LÜSCHER, *Untersuchungen zu Totenbuch Spruch 151*, *SAT* 2, Wiesbaden, 1998.

82 Voir aussi l'analyse de P. ESCHWEILER, *Bildzauber*, p. 142, à la suite de l'étude concernant le chapitre 137 A.

83 Cf. É. NAVILLE, *Das aegyptische Todtenbuch des XVIII. bis XX. Dynastie*, vol. 1, pl. CLXXIII et p. 48-54.

84 W.C. HAYES, *Royal Sarcophagi of the XVIII Dynasty*, Princeton, 1935, p. 92, et l'étude de J. ASSMANN, « Neith spricht als Mutter und Sarg. Interpretation und metrische Analyse der Sargdeckelinschrift des Merenptah », *MDAIK* 28, 1972, p. 115-140.

quatre fils d'Horus momiformes. Une bonne reproduction de cette vignette se trouve dans l'ouvrage de P. Barguet, où la formule porte le numéro 151 A [85]. La vignette qu'il reproduit comporte en plus une représentation des quatre briques magiques, comme d'ailleurs la vignette reproduite par É. Naville [86] ; la formule qui leur est consacrée dans certaines versions suit immédiatement la formule des quatre torches (137 A). Par conséquent la vignette de notre texte s'inspirerait directement du panneau central de la vignette de la formule 151 A [87]. On peut aussi remarquer que ce groupe de vignettes est centré sur la veillée funèbre et la protection de la tombe, on peut se demander si elles ne sont pas là en contrepoint positif à la menace contenue dans le texte qui se rapporte précisément à la destruction du caveau et du sarcophage, comme pour annihiler magiquement les effets nocifs que l'évocation de cette menace pourrait avoir pour Moutemheb.

2.2. LES INSCRIPTIONS

Cette vignette est accompagnée de deux lignes d'inscriptions, l'une placée au-dessus du lit et de la momie, l'autre en dessous.

a. *L'inscription placée au-dessus du lit funèbre*

Elle peut se décomposer en deux parties dont la première est placée à la hauteur de la tête du sarcophage et la seconde à la suite, au-dessus du corps momifié.

Première partie, elle peut se lire :

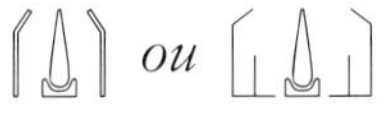

rsy-wḏꜣ
Celui qui s'éveille sauf.

C'est une épithète qui s'applique souvent à Osiris et s'écrit d'une façon particulière. Celle-ci est attestée depuis les Textes des Pyramides [88]. Le monogramme combine le signe *wḏꜣ* entouré de deux signes *rs* qui s'inclinent vers lui comme pour l'abriter et pour S. Schott cette disposition aurait son origine dans les Textes des Pyramides [89]. Toutefois comme le note P. Vernus, « "*Rsy-wḏꜣ*" désigne moins une divinité précise qu'une épithète, susceptible de s'appliquer à diverses entités, et exprimant la capacité de sortir, en quelque sorte indemne, d'une phase critique. Dès le Nouvel Empire, elle se répand dans les langages religieux de toute l'Égypte, principalement, mais non exclusivement, dans ceux centrés autour d'Osiris. » B. Van de Walle, qui a étudié cette épithète [90] ne signale pas de document hiératique la contenant avant l'époque ptolémaïque, nous en aurions

85 P. BARGUET, *Le Livre des Morts des Anciens Égyptiens*, *LAPO* 1, Paris, 1967, p. 213-217, et P. ESCHWEILER, *Bildzauber*, pl. XXI (35 a).

86 É. NAVILLE, *op. cit.*, vol. 1, pl. CLXXIII.

87 On peut rencontrer une telle représentation en bien d'autres endroits, dans les papyrus mythologiques. Ainsi, par exemple, la scène 6 du papyrus de Ta-ched-Khonsou (nº 18), publié par A. PIANKOFF, *Mythological Papyri*, *BollSer* 40/3, New York, 1957, p. 154 et planche nº 18. On retrouve cette scène bien sûr dans les temples ptolémaïques, en particulier dans les chapelles osiriennes.

88 *Wb* II, 451, 14. Je remercie M. Étienne qui m'a suggéré cette lecture.

89 Sur tout cela, voir l'article de B. VAN DE WALLE, « *Rś-wḏꜣ* comme épithète et comme entité divines », *ZÄS* 98, 1972, p. 140-149.

90 *Loc. cit.*

donc ici la première attestation. À l'époque ramesside, l'attribution à Osiris se précise pour devenir très fréquente à l'époque ptolémaïque et romaine. Ainsi dans le P. Bremner-Rhind I, 10, 2, c'est une épithète d'Osiris, maître du lit funèbre (*nmj.t*) etc. (voir par exemple l'index des Chapelles osiriennes de Dendara)[91].

Deuxième partie, elle se lit :

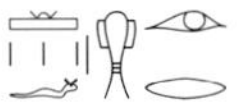

ỉr s3w=f
Faire sa protection.

Il s'agit bien évidemment de celle d'Osiris, car tel est aussi le sens de l'ensemble de cette vignette ; faire la protection d'Osiris lors de sa veillée funèbre dont l'issue nous est donnée puisqu'il « s'éveille sauf ».

b. *L'inscription placée en dessous du lit funèbre*

tr. /// 

ỉr s3w Mwt-m-ḥb
Faire la protection de Moutemheb.

Le nom de Moutemheb est écrit de façon moins cursive que dans le texte, sans doute en raison du caractère sacralisateur de la vignette. Le sens de cette dernière est bien explicité. De même qu'elle est censée faire la protection d'Osiris, elle doit effectuer celle de Moutemheb. La légende hiératique explicite mais aussi renforce l'action du dessin. La superposition de l'événement situé dans le monde des dieux avec celui destiné à Moutemheb rend « efficace » la protection, c'est en quelque sorte une illustration du principe de la « procession inversée[92] ».

Pour une fois les vignettes magiques trouvent une explication claire, ce qui n'est pas si fréquent.

Entre la vignette montrant Osiris couché sur le lit funèbre avec les quatre fils d'Horus et les quatre étoiles figurées sur la gauche, on trouve enfin deux autres motifs. Il s'agit vraisemblablement de :

1. Un grand signe *ouadj*, dont la partie supérieure manque, peut-être surmonté d'un disque solaire et autour duquel est enroulé un serpent. Le sens de ce thème est sans doute à mettre en relation avec le sceptre *ouadj* de la déesse Sekhmet remarquablement analysé par J. Yoyotte : « Détenant ainsi "la vie et la mort en sa main", la Puissante détient *ipso facto* le privilège de préserver la vie. Le papyrus qu'elle présente est le signe de la fraîcheur et de la santé qu'elle sait restituer, cet *ouadj* qui avait été aux hautes époques le sceptre des seules déesses lionnes et qui était devenu, à l'époque ramesside, le talisman détenu par toute déesse. En récitant les noms Sekhmet-Bastet

91 S. Cauville, *Le temple de Dendara. Les chapelles osiriennes. Index*, *BiEtud* 119, Le Caire, 1997, p. 325.

92 Y. Koenig, « Pour une meilleure prise en compte de la magie », dans Y. Koenig (éd.), *La magie en Égypte : à la recherche d'une définition. Actes du colloque organisé par le musée du Louvre (Paris, septembre 2000)*, Paris, 2002, p. 410.

devant Hathor, tandis qu'il lui consacrait "l'offrande litanique" (*oudenet*), l'officiant (...) présentait le sceptre papyriforme pour satisfaire la déesse et s'immuniser lui-même. Il fallait pour échapper au mal, accomplir les conjurations pour "apaiser la Puissante" (*sehetep sekhmet*) [93]. »

D'une certaine façon, c'est aussi le sens de cette représentation, l'uræus qui l'entoure figurant précisément l'œil de Rê et les dangers que porte en elle la brûlure du soleil, dangers apaisés par le sceptre *ouadj ;* l'ensemble ayant à lui seul une valeur de protection magique, une sorte de condensé du rituel d'apaiser Sekhmet.

Horus est qualifié aussi de « *ouadj* de Sekhmet [94] », le roi pour sa part peut aussi être qualifié de « sceptre-*ouadj* de Sekhmet / Ouadjyt [95] ». On trouve une figuration semblable dans le P. Jumilhac où Ouadjet sous l'aspect d'un uraeus au sommet d'un papyrus domine le fourré où se trouve Horus [96] ;

2. Une torche ; la symbolique de la torche a été particulièrement bien analysée dans ce contexte par P. Eschweiler et il donne toutes les références nécessaires [97].

On peut se demander toutefois si cette représentation n'a pas ici une signification plus spécifique. Dans la formule 151, le texte qui accompagne une mèche enflammée est le suivant : « Je suis celui qui retient le sable d'obstruer la place secrète, celui qui repousse au moyen du flambeau de la nécropole. J'ai embrasé la nécropole, et (ainsi) j'ai détourné (son) chemin (sc. celui de l'être malfaisant). Je suis la protection de l'Osiris N.[98]. » On peut remarquer que ce texte possède certaines similitudes avec le nôtre. Ainsi que l'a souligné D. Meeks : « L'événement nocturne est potentiellement négatif et l'obscurité susceptible d'abriter l'ennemi cosmique. Aussi lorsqu'un dieu sort la nuit, c'est environné de lumière et accompagné de forces protectrices et redoutées [99]. » Par ailleurs, à Deir al-Médîna, une torche allumée était souvent déposée dans la tombe avant sa fermeture [100], et comme le note J. Zandee [101] : « Zum Totenkult gehört das Entzünden eines Lichtes, „Dir wird eine Kerze entzündet in der Nacht (*tkꜣ.tw n.k tkꜣ m grḥ*), bis die Sonne aufgeht über deiner Brust (*r wbnt sw ḥr šnbt.k*) [102]". Es ist alsob die Kerze stellvertretend für das Sonnenlicht ist, und dem Toten Heil bringt. Das günstige Schicksal des Toten wird folgendermassen beschrieben : "Du bist am Leben geblieben, dein *bꜣ* ist wohlbehalten, dein Körper besteht und wächst. Du hast die Fackel gesehen und die Luft geatmet, dein Gesicht ist geöffnet worden im Haus des Finsternis [103]". Die Fackel (*tkꜣ*) wirkt wie das Leuchten (*tkꜣ*) der Sonne. Das Licht vertreibt die Finsternis und Licht ist Leben. Re ist als Flamme dem Toten hilfreich nahe (...). » La vignette représente une torche de chaque côté du catafalque d'Osiris.

93 J. YOYOTTE, « Une monumentale litanie de granit », *BSFE* 87-88, 1980, p. 57.

94 Voir l'interprétation de J. Yoyotte et, également, Ph. GERMOND, *Sekhmet et la protection du monde*, p. 311-315 (la colonnette papyriforme *ouadj*), mais corriger la lecture d'Horus « enfant » de Sekhmet en Horus *ouadj* de Sekhmet comme le démontre J. Yoyotte.

95 Cf. J. YOYOTTE, *AEPHE V^e section* 85, p. 198-199.

96 Cf. J. VANDIER, *Le papyrus Jumilhac*, p. 251 et pl. II, et Ph. GERMOND, *op. cit.*, p. 161.

97 P. ESCHWEILER, *Bildzauber*, voir en particulier p. 147.

98 P. BARGUET, *Le Livre des Morts*, p. 215, et P. ESCHWEILER, *op.cit.*, p. 146

99 D. MEEKS, Chr. FAVARD-MEEKS, *La vie quotidienne des dieux égyptiens*, p. 34.

100 B. BRUYÈRE, *Rapport sur les fouilles de Deir el-Médineh (1934 - 1935)*, *FIFAO* 15, Le Caire, 1937, p. 136-137.

101 J. ZANDEE, *Der Amunhymnus des Papyrus Leiden I 344 verso*, vol. 2, Louvain, 1992, p. 450.

102 *Urk.* IV, 117, 3-4.

103 Livre des Morts, formule 169 ; E.A.W. BUDGE, *The Book of the Dead. The Chapters of Coming Forth by Day*, Londres, 1898, 438,14-439,1 ; E. HORNUNG, *Das Totenbuch der Ägypter*, Zurich, Munich, 1979, p. 81-84 (Spruch 169).

3. *Les représentations situées à la droite du papyrus*

Il s'agit de la représentation du démon contre lequel le magicien lutte ; il est représenté en rouge assailli par des crocodiles noirs. On rencontre des représentations comparables à plusieurs reprises à Deir al-Médîna.

1. Sur une bandelette de lin accompagnée de représentations de divinités [104], on voit deux hommes aux bras levés attaqués pas des crocodiles, de part et d'autre d'une figure momiforme centrale et une série de divinités (Rê, Osiris, Horus, Seth, Isis et Nephthys). L'ensemble est à l'encre noire. C'est la bandelette de lin décrite par S. Sauneron [105] à laquelle était suspendu le papyrus d'Anynakhté ; il est donc vraisemblable que les autres bandelettes du même type aient été elles aussi des colliers d'amulettes.

2. Une bandelette de papyrus représentant, à gauche, Seth attaqué par deux crocodiles et, à droite, une série de divinités accompagnée d'un œil *oudjat* et d'un serpent [106].

3. Sur un autre papyrus amulette [107], on voit un personnage debout en rouge attaqué par une douzaine de crocodiles et, à gauche, un Anubis séthien tenant une sorte de lasso rouge qui pourrait commander un filet encerclant le personnage, suivi d'un œil *oudjat* droit. L'emploi du rouge pour le personnage ne pose pas de problème en raison de son caractère maléfique, la présence de rouge dans l'œil *oudjat* doit s'expliquer autrement. Comme l'a bien souligné J. Gwyn Griffiths [108], l'emploi du rouge n'est pas systématiquement négatif dans la pensée religieuse des Anciens Égyptiens. Il peut être utilisé pour représenter le soleil, certaines amulettes comme le « nœud d'Isis » qui, selon la formule 156 du Livre des Morts, doit être en cornaline ou en jaspe rouge, le pilier *Djed*, qui peut être rouge en partie ou en totalité, mais aussi l'œil *oudjat* qui est souvent décrit comme étant rouge et vert : « An allusion in the early literature provides a conscious equation of a red carnelian ornament with the eye of Horus, which is, of course often identified with offerings ; and the equation implies a mythological reminiscence of the Eye being torn out and savaged by Seth : "Horus says to Seth, bring me my eye which became carnelian-red (?) for thee, which became blood-red in my mouth (Dramatic Ramesseum P. 75) [109]." »

On peut également se demander si ce caractère protecteur du dieu Anubis n'est pas à mettre en relation avec Anubis fils de Bastet étudié plus haut [110], quant au caractère séthien du dieu, il ne doit pas surprendre. On sait qu'à l'époque de Ramsès II « à la tri-unité d'Empire formée par l'alliance d'Amon-Rê-Ptah, telle qu'elle apparaît dans le Papyrus de Leyde <I 350 IV,21> : "Trois

104 Reproduite dans Y. KOENIG, *Magie et magiciens dans l'Égypte ancienne,* Paris, 1994, p. 80 ; et dans P. ESCHWEILER, *Bildzauber*, pl. II (4 [2]).

105 S. SAUNERON, « Le rhume d'Anynakhté (Pap. Deir el-Médinéh 36) », *Kêmi* 20, 1970, p. 7.

106 B. BRUYÈRE, *Rapport sur les fouilles de Deir el-Médineh (années 1948 à 1951), FIFAO* 26, Le Caire, 1953, p. 72 (2), et P. ESCHWEILER, *op. cit.*, pl. II (4).

107 Voir Y. KOENIG, *Magie et magiciens*, cahier de photographies entre la p. 108 et p. 109 et T. DUQUESNE, « Seth and the Jackals », dans W. Clarysse, A. Schoors, H. Willems (éd.), *Egyptian Religion. The Last Thousand Years* I, *OLA* 84, Louvain, 1998, p. 628, pl. 1. 2.

108 J.G. GRIFFITHS, « The Symbolism of Red in Egyptian Religion », dans *Ex Orbe Religionum, Fs. G. Widengren* I, Leyde, 1972, p. 81-90, repris dans *id.*, *Atlantis and Egypt. With Others Selected Essays*, Cardiff, 1991, p. 208-216.

109 Sur tout cela voir *ibid.*, p. 212-213, avec les références.

110 *Supra*, n. (p), 5, avec les réf.

sont tous les dieux : Amon, Rê et Ptah [111]", succède le quatuor ramesside car le dieu Seth obtient désormais une place prépondérante [112]. » Ainsi sur une stèle ex-voto de particulier, provenant peut-être de Deir al-Médîna, Seth transperce un serpent de sa lance. Le dieu est appelé « Seth d'Ombos, grand de puissance maître du ciel [113] ». Seth est aussi traditionnellement celui qui terrasse Apophis de sa lance [114] à la proue de la barque solaire, une scène semblable se retrouve à la sixième heure du Livre du Jour [115]. On peut se demander aussi si, plutôt qu'une sorte de lasso, ce n'est pas le contour du filet que le dessinateur a voulu représenter, comme dans la vignette du Livre des Morts du chapitre 153 A [116], « formule pour échapper au filet », qui peut aussi prendre les morts coupables ou peu avertis.

4. Comparer aussi avec la représentation que l'on rencontre au bas du P. Chester Beatty VII, v° 8 [117], où un personnage vu de face est représenté entre deux crocodiles.

5. Une représentation du P. Chester Beatty VI, v° 1, dans laquelle plusieurs crocodiles attaquent un être allongé dont la moitié manque [118]. Dans les Textes des Sarcophages (formule 342, *CT* IV, 347f-g), une formule permet déjà au défunt de « repousser le crocodile. Celui qui vient pour enlever à quelqu'un son pouvoir magique. » Faut-il comprendre que la fonction de ces représentations est non seulement de détruire le revenant, mais aussi d'annihiler son pouvoir magique ? Le mauvais génie est parfois représenté dans les textes, ainsi le démon Sehaḳeḳ est figuré sur l'O. Leipzig 42 [119], lequel est figuré « avec sa langue dans son anus », ou encore l'ennemi transpercé par une lance du Pap. Deir al-Médîna I [120].

4. *La représentation centrale*

Cette représentation est particulièrement importante puisqu'elle occupe la partie centrale de la page. Cet ensemble comprenant un hippopotame, un grand signe *sꜣ* [121], un personnage coiffé d'une couronne blanche tenant un crocodile par la gueule, fut étudié dans le *BIFAO* 99 [122]. Il s'explique comme étant une représentation des grandes constellations du ciel du Nord et du Sud. La déesse hippopotame nommée *Wr.t* est une divinité protectrice du ciel du Nord. Souvent représentée avec un piquet d'amarrage, elle est identifiée à Isis et maintient la cuisse de Seth [123] (la grande ourse), étoiles redoutables dont on se protège, et l'empêche de tomber. Car la chute

111 La suite donne « leur semblable n'existe pas ». Voir A.H. GARDINER, « Hymns to Amon from a Leiden Papyrus », *ZÄS* 42, 1905, p. 35.

112 C.J. MANOUVRIER, *Ramsès le dieu et les dieux ou la théologie politique de Ramsès II*, Paris, 1996, p. 653 (thèse EPHE Ve section).

113 *Ibid.*, p. 657, et J. VANDIER, « Le dieu Seth au Nouvel Empire. À propos d'une acquisition récente du Louvre », *MDAIK* 25, 1968, p. 193-197.

114 E. HORNUNG, A. BADAWY, *LÄ* I, 1975, col. 351, *s. v.* Apophis. G. NAGEL, « Set dans la barque solaire », *BIFAO* 28, 1929, p. 33-39 ; et *id.*, « Un papyrus funéraire de la fin du Nouvel Empire [Louvre 3292 (inv.)] », *BIFAO* 29, 1929, p. 65 sq. H. TE VELDE, *Seth, God of Confusion*, *ProblÄg* 6, Leyde, 1967, p. 99-108, avec références.

115 A. PIANKOFF, *Le Livre du Jour et de la Nuit*, *BiEtud* 13, Le Caire, 1942, p. 16.

116 P. BARGUET, *Le Livre des Morts*, p. 220.

117 A.H. GARDINER, *HPBM 3rd Series*, Londres, 1935, vol. 2, pl. 38 A et P. ESCHWEILER, *Bildzauber*, pl. V (9).

118 A.H. GARDINER, *op. cit.*, pl. 32 A et P. ESCHWEILER, *op. cit.*, pl. IV (8).

119 J. ČERNÝ, A.H. GARDINER, *Hieratic Ostraca*, Oxford, 1957, pl. IIIA (1 r°). Aussi J.F. BORGHOUTS, *Ancient Egyptian Magical Texts*, n° 22, p. 17-18, avec les parallèles, et P. ESCHWEILER, *op. cit.*, pl. VII (12).

120 *Ibid.*, pl. I (1), avec références.

121 Pour Thouéris avec le signe *sꜣ*, voir M. VERNER, « Statue of Twêret (Cairo Museum no. 39145) Dedicated by Pabêsi and Several Remarks on the Role of the Hippopotamus Goddess », *ZÄS* 96, 1969, p. 56.

122 Y. KOENIG, *BIFAO* 99, 1999, p. 277-279, un dessin de la vignette du texte du Louvre se trouve p. 279.

123 Cf. aussi M. VERNER, *op. cit.*, p. 57.

des étoiles de Seth au sol a des conséquences néfastes comme l'attestent les mentions que l'on rencontre dans les décrets oraculaires publiés par I.E.S. Edwards : « vous la protégerez des sept étoiles de la cuisse [124]. » La représentation similaire de l'hippopotame, que l'on rencontre dans le P. Leyde I 354, vº 7, semble s'appuyer elle aussi sur un signe *sꜣ* [125]. Quant au personnage porteur d'une couronne blanche, on sait qu'il s'agit d'Orion, « divine et grande âme d'Osiris [126] ». Le crocodile animal sethien a été étudié dans le *BIFAO* 99 [127] : « On a donc une représentation des grandes constellations du ciel du Nord et du Sud dominées par la figure de l'hippopotame » et du dieu Orion qui musèle un crocodile. C'est donc bien un jeu subtil entre Thouéris, la grande Ouret, au Nord, assimilée à Isis, et Orion, au sud, assimilé à Osiris, muselant l'animal néfaste, tout cela dans le but de lutter contre les influences néfastes dont souffre Moutemheb. Cette mise en relation des astres avec un mal dont souffre une personne en vue de la guérir n'est pas si fréquente dans les textes magiques pharaoniques. Enfin, les parties de la Dame Hippopotame constellation servaient aussi pour indiquer les heures des horloges stellaires ramessides [128].

On peut remarquer que la déesse hippopotame assume également les deux aspects protecteur et dangereux, mentionnés ci-dessus, soulignés par les couteaux (aspect dangereux) et par le grand signe *sꜣ* (aspect protecteur). Le plus souvent, d'ailleurs, l'hippopotame céleste s'appuie sur un signe *sꜣ*, parfois remplacé par un petit crocodile [129].

Cet hippopotame céleste peut aussi être représenté avec un crocodile dans le dos [130], ce qui ne semble être le cas ni dans la figuration qui nous occupe ni dans la vignette du Papyrus Deir al-Médîna 44.

Le « bonhomme têtard » de ce même papyrus peut peut-être s'expliquer par une représentation que l'on rencontre sur des statues guérisseuses et dans un papyrus mythologique. Ainsi sur la statue magique Florence 8708 publiée par L. Kákosy [131], sur le pilier dorsal, on rencontre la représentation suivante : « A god like a dwarf with a sun disk on his is standing within a ourobouros-frame (cf. the statue Turin Cat. 3031 back pillar reg. X + IV.1 [132] and the papyrus of Heruben with the sun child within the sun disk in the form of a ourobouros. Piankoff, *Myth<ological> Pap<yri>*, pl. I). » Il pourrait alors s'agir d'une variante du thème connu du nain solaire (Y. Koenig, *Le papyrus Boulaq 6*, *BiEtud* 87, Le Caire, 1981, p. 71-72).

On peut rapprocher cet emploi magique de la représentation des constellations de pratiques en usage à l'époque tardive, et en particulier aux *apotropiasmoi* pratiqués par les Égyptiens à l'époque gréco-romaine dont un des grands spécialistes était Nékhepso. Une mise au point

124 I.E.S. EDWARDS, *Oracular Amuletic Decrees*, par exemple, vol. 1, texte L1, r° 14-15, p. 2 et n. 10 ; *ibid.*, vol. 2, pl. 1.

125 C. LEEMANS, *Monumens égyptiens du musée d'Antiquités des Pays-Bas à Leyde* II. *Monumens civils* 2, Leyde, 1846, pl. CLXIX.

126 O. NEUGEBAUER, R.A. PARKER, *Egyptian Astronomical Texts* III, *Brown University Studies* 6, Providence, Londres, 1969, p. 201, avec les renvois.

127 Y. KOENIG, *BIFAO* 99, 1999, p. 278.

128 O. NEUGEBAUER, R.A. PARKER, *Egyptian Astronomical Texts* II, *Brown University Studies* 5, Providence, Londres, 1964, p. 7 R, 1-8.

129 H. BEINLICH, *Das Buch vom Fayum* I, *ÄgAbh* 51, Wiesbaden, 1991, p. 100.

130 Voir l'intéressante explication proposée par H. Beinlich de ce crocodile, *ibid.*, p. 100 (renaissance de Sobek).

131 L. KÁKOSY, *Egyptian Healing Statues in three Museums in Italy*, *CGT* 9, Turin, 1999, p. 54-55 (fig. 8, registre 8).

132 *Ibid.*, p. 100.

133 J.-L. FOURNET, « Un fragment de Néchepso », dans H. Melaerts (éd.), *Papyri in honorem Johannis Bingen Octogenarii*, *Studia Varia Bruxellensia* 5, Louvain, 2000, p. 61-71.

récente de Jean-Luc Fournet attire l'attention [133]. Il cite un passage du *Tetrabiblos* de Ptolémée (I, 3) [134] particulièrement intéressant ; voici sa traduction : « Reconnaissant qu'il en est ainsi (sc. l'efficience du pronostic et des pratiques "prophylactiques"), les Égyptiens, qui ont poussé le plus loin ce pouvoir de l'art, ont totalement lié la médecine au pronostic astronomique. Car ils n'auraient jamais mis au point des *apotropiasmoi*, des phylactères et des remèdes contre les conditions universelles ou particulières, futures ou présentes, résultant de l'environnement, si n'était accréditée chez eux l'opinion que l'avenir est inamovible ou inaltérable. Mais, au contraire, plaçant, au second rang après les principes de la destinée, la faculté de contrecarrer selon les séries d'éléments naturels, ils ont combiné au pouvoir du pronostic celui, utile et profitable, résultant des systèmes dits "iatromathématiques". Il en résulte qu'ils connaissent, grâce à l'astronomie, les qualités des tempéraments soumis [sc. aux influences astrales], les événements futurs résultant de l'environnement et leurs causes particulières – étant donné que sans la connaissance de ces données les remèdes échouent nécessairement la plupart du temps puisqu'ils ne conviennent pas à tous les corps ni à toutes les affections –, et que, grâce à la médecine, en se fondant sur la connaissance de ce qui est, dans chaque cas, proprement en sympathie ou en antipathie, ils continuent à mettre au point des moyens pour se protéger des affections futures et des remèdes infaillibles (dans la mesure du possible) contre les maux présents ». J.-L. Fournet conclut : « Les *apotropiasmoi* prennent donc le relais du pronostic astral une fois que celui-ci a déterminé les affections que peut encourir telle ou telle personne. En bref, ils s'inscrivent dans le cadre de la médecine astrale appelée par les Anciens iatromathématique, et concernent non la collectivité mais l'individu. » Cette utilisation d'une certaine forme de médecine astrale est peut-être préfigurée par cette utilisation des représentations des constellations dans les textes magiques d'époque pharaonique.

On notera aussi que les trois principales vignettes font allusion à la légende osirienne et que le caractère protecteur de ces figurations est mis au service d'un particulier.

Le lien aussi est souligné entre la situation vécue par la patiente et la veillée funèbre d'Osiris. Celle-ci, comme Osiris, est appelée à surmonter son mal d'origine séthienne. On peut considérer que les vignettes avec les crocodiles renforcent cet aspect salvateur, et que ce qui est représenté en rouge, couleur néfaste dans la magie égyptienne, c'est en fait le revenant qui agresse Moutemheb. Les deux yeux *oudjat* soulignent ce rétablissement de la patiente en étant à la fois des symboles de la puissance destructrice du soleil et des évocations de la guérison de celle-ci. L'expression *ỉry wḏꜣ* ayant clairement le sens de guérir dans le P. Deir al-Médîna I (J. Černý, *DFIFAO* 8, pl. 10, 6).

On peut noter aussi que, si l'introduction du texte ne précise pas nettement la nature de l'agresseur, le contenu du texte ne laisse pas de doute : il s'agit d'un revenant dont on menace de détruire la tombe. Ce revenant s'est introduit dans le corps de Moutemheb pour y générer des troubles.

134 *Ibid.*, p. 67-68.

IV. Les variantes du papyrus du Louvre : un cas d'intertextualité sacrée ? [135]

Nous divisons les textes magiques en deux groupes :

a. Les grands recueils de formules magiques, comme ceux de Turin, Leyde, Berlin, les insertions magiques des papyrus Chester Beatty, etc.

b. Les textes qui ont été utilisés dans la pratique surtout sous forme d'amulettes. J'exclus ici les autres textes comme les textes funéraires, etc. en limitant la notion de « texte magique » à ceux qui sont traditionnellement considérés comme tels en égyptologie. Un bon exemple de ce genre d'amulette est donné par le P. Deir al-Médîna 44, publié dans le *BIFAO* 99. On peut logiquement supposer qu'une partie au moins de ces amulettes fut rédigée à partir des textes que l'on trouve dans les recueils de formules. Mais, jusqu'à présent, le nombre de textes d'amulettes, que l'on a pu effectivement mettre en relation avec les textes des recueils, est relativement réduit, et il s'agit le plus souvent de simples parallèles. Avec le papyrus du Louvre, nous nous trouvons devant un autre cas de figure. On peut raisonnablement supposer que le scribe n'a pas purement et simplement recopié les passages correspondants du P. Turin mais qu'il s'en est servi comme d'une véritable source d'inspiration pour composer un texte original. Les variantes avec Turin s'expliquent soit par un choix volontaire du scribe, soit le plus souvent par des confusions graphiques ou phonétiques qui malgré tout font sens. Ce qui signifie que le scribe était suffisamment compétent pour donner un sens aux variations qu'il a introduites. À une exception près, il ne s'est pas contenté de recopier le texte, mais il a introduit quasi systématiquement des variantes. Par ailleurs, il a aussi modifié l'ordre des phrases, et on peut se demander pour quelle raison il a agi ainsi.

Examinons ces variantes une par une en prenant comme point de départ la version de Turin en la comparant avec celle du Louvre [fig. 3-5].

1. *Le parallèle exact de PR 123, 5-6* [136]

5| *... (m)ntf* 6| *Ḥr m zš n Ꜣḫ-bỉt :*
5| *Il est Horus dans le nid de Chemnis.*

Ce passage se retrouve tel quel dans le papyrus du Louvre (9). Le début de la ligne (6) est absent du fac-similé de l'édition de W. Pleyte et Fr. Rossi, mais se trouve sur la fiche du *Wb* correspondante. C'est là le seul parallèle exact, tous les autres sont le fruit de modifications systématiques.

135 Cette étude a fait l'objet d'une communication au colloque de Rhodes organisé par l'université de l'Égée et l'université de Liverpool sur le thème : « Egyptian Theology and Demonology : Studies on the Boundaries between Divine and Demonic in Egyptian Magic », Rhodes, juin 2003.

136 Passage cité par Chr. LEITZ, *LÄGG* V, *OLA* 114, Louvain, 2002, p. 291.

2. *Le changement de déictique de PR 123, 6*

ỉw=f ỉḥwn pwy sꜣ Ḥwt-Ḥr
Il est cet adolescent fils d'Hathor,

qui devient (Louvre, 10) :
ỉw=se m ḥwn pf sꜣ Bꜣstt
Elle est cet adolescent fils de Bastet.

Peu significative, on pourrait même se demander s'il s'agit d'une variante, si elle n'était pas suivie par d'autres plus intéressantes. L'opposition *pwy / pf* pourrait introduire une opposition subtile entre le maintenant du locuteur et le *in illo tempore* des dieux, le déictique *pf* marquant l'éloignement [137].

3. *Les variantes de PR 124, 4*

ỉry Spd nb ỉꜣbt° ḫrḫr pꜣy=k mḥ° sd.t tꜣy=k swḥt°
Soped, maître de l'Orient, dispersera ton nid (et) brisera ton œuf.

Ce passage est à l'origine de deux passages différents du P. Louvre.
– Louvre, 3-4 :
ỉw=tw (r) ḫyḫy=k m pꜣy=k ỉz
On te détruira dans ton tombeau.

Dans un certain sens, la métaphore du P. Turin s'appliquant à un revenant signifie la même chose.
– Louvre, 7-8 :
mtw.ỉ sd tꜣy=k swḥt
Et je briserai ton œuf (sarcophage).

Les deux séquences ont été séparées dans le texte du Louvre, où l'on accentue l'idée de la destruction de la tombe.

4. *La variante de PR 124, 12*

ỉw=tw ḥḥj=k m ḫr-nṯr° mtw.tw wḫꜣ pꜣy=k ỉz
On te cherchera dans la nécropole, et on ira à la recherche de ton tombeau.

137 P. VERNUS, « La structure ternaire du système des déïctiques dans les Textes des Sarcophages », *SEAP* 7, 1990, p. 27-45.

qui devient dans le papyrus du Louvre 4 :
Mtw.tw wḫꜣ⸗k m ḫ(ꜣ)d.t
Et on ira à ta recherche avec violence.

La difficulté de cette séquence vient du mot *ḫ(ꜣ)d.t*, d'un emploi rare et à l'orthographe défectueuse. Cette difficulté se résout si on considère la variante de Turin et la ressemblance graphique qu'offrent en hiératique les mots *ḫr-nṯr* et *ḫ(ꜣ)d.t*, qui est une déformation de ce mot, et le sens devient évident : « On te cherchera dans la nécropole. » Sans la variante de Turin, on n'aurait jamais pu envisager une telle hypothèse. L'association d'idées doit également être soulignée, au moins dans l'esprit du scribe, entre l'au-delà et la violence, qui recoupe celle de la mort comme déchirement [138].

5. *La première variante de PR 124, 13*

mtw⸗tw tm di͗.t ḫd⸗k° mtw⸗tw tm di͗t ḫnty⸗k (m) ṯꜣw°
Et on t'empêchera de naviguer vers le nord, et on t'empêchera de naviguer vers le sud (au moyen du) vent.

Le balancement nord/sud est bien connu et on le retrouve, par exemple, en PR 136, 11, et, sous forme de menace, il est attesté à plusieurs reprises dans le P. Chester Beatty VIII, v° 4, 7-8 et 12, v° 5, 5-6 et 11, v° 6, 4 et 10. On menace le revenant en lui disant :
bn i͗w⸗i͗ r di͗.t ḫdj⸗f r Ḏd.w bn i͗w.i͗ r di͗.t ḫntj⸗f r ꜣbḏ.w.
Je l'empêcherai de naviguer vers le nord vers Bousiris, je l'empêcherai de naviguer vers le sud vers Abydos.

Cette variante correspond à Louvre, 5-6 :
mtw.tw di͗.t ḫdj⸗k m tm di͗.t mnj⸗k
On fera que tu navigues vers le nord sans que tu puisses aborder (ou sans te donner de pieu d'amarrage).

Cette variante fait sens, mais, si on la compare avec les autres textes, on s'aperçoit que *ḫntj* s'est transformé dans notre texte en *mntj*, et que cela s'explique probablement par la ressemblance graphique que peuvent avoir les signes *ḫntj* et *mnj* en hiératique, et plus précisément entre le groupe hiératique *ḫnt* [139] suivi du complément phonétique *n* tel qu'on le rencontre dans le papyrus de Turin (PR 124, 5 : Horus qui préside à *ḫnty* Létopolis) et le groupe *mn* [140] régulièrement écrit avec son complément phonétique.

138 J. Assmann, *Mort et au-delà dans l'Égypte ancienne*, chapitre 1 : « La mort, déchirement », p. 47 et suivantes.

139 G. Möller, *Hieratische Paläographie* II, Leipzig, 1927, 540 B (Harris H.M.).

140 *Ibid.*, 504.

6. *La deuxième variante de PR 124, 13*

La deuxième partie de la ligne 13 se lit de la façon suivante :
Mtw=tw dỉ.t ỉʿḫ r=k m tȝ pt° ỉw Stš r=k m zȝṯw
Et on fera que la lune soit contre toi au ciel, alors que Seth sera contre toi sur terre.

Cette leçon correspond à la ligne 5 du texte du Louvre :
Mtw(=ỉ) dỉ.t ỉḫ r=k m pt ỉw Stš r=k mzȝtw
Et je ferai que le filet soit contre toi au ciel, alors que Seth sera contre toi sur terre.

Dans la version du Louvre, la lune *ỉʿḫ* est devenue *ỉḫ* par chute de l'aspirée ʿ. Cette chute du ʿayn fait partie du principe fondamental de la formation de l'écriture ptolémaïque, tel qu'il fut établi par H.W. Fairman, à savoir le « principe consonantique [141] ». Selon ce dernier, « un signe peut acquérir une valeur simple de trois manières : ou bien par la perte des consonnes faibles entourant ou suivant une consonne forte, seule conservée ; ou bien par perte d'un ʿ au voisinage d'un *ḫ*, réduisant un groupe bilitère à un son unique ; ou enfin par coalescence de deux consonnes identiques ou voisines, en l'absence d'une troisième consonne qui les sépare. Autrement il s'agirait d'une évolution phonétique normale, sans intervention d'un système purement artificiel comme l'acrophonie [142] ». Toutefois, dans notre cas, il ne s'agit pas de l'acquisition par un seul signe d'une valeur simple, mais bien de la création d'un nouveau mot par la mise en œuvre d'une loi phonétique normale qui préfigure en quelque sorte l'exploitation systématique de cette règle phonétique à l'époque ptolémaïque. En ce sens, il ne s'agit pas d'une invention, mais d'une sorte d'explicitation en s'appuyant sur une amphibologie phonétique. Nous nous trouvons dans le domaine de la philologie sacrée.

V. Philologie et intertextualité sacrées dans le papyrus du Louvre

La philologie sacrée « fut un système d'explication du monde, qui passa sans doute en son temps, apparemment très reculé, pour le dernier mot de la science ; il était fondé sur le postulat que, le langage étant d'institution divine, les mots expriment par leurs sons la réalité profonde et les propriétés essentielles des choses, si bien que les rapprochements verbaux permettent d'atteindre avec certitude les rapports métaphysiques ou historiques réglés par les dieux [143] ». Ce procédé aboutira à l'alchimie graphique des textes d'Esna [144].

141 « Consonantal principle » ; définition dans H.W. FAIRMAN, « Notes on the Alphabetic Signs Employed in the Hieroglyphic Inscriptions of the Temple of Edfu », *ASAE* 43, 1943, p. 296-297, p. 300 et n. 1, et p. 320, n. 2.

142 S. SAUNERON, « L'écriture ptolémaïque », dans *Textes et langages de l'Egypte pharaonique. Hommage à Jean François Champollion* I, *BiEtud* 64/1, Le Caire, 1972, p. 52.

143 É. DRIOTON, « Les dédicaces de Ptolémée Évergète II sur le deuxième pylône de Karnak », *ASAE* 44, 1944, p. 138.

144 S. SAUNERON, *L'Écriture figurative dans les textes d'Esna*, *Esna* 8, Le Caire, 1982, p. 55-56.

Dans notre cas, l'auteur du texte utilise aussi bien des procédés qui reposent sur une amphibologie phonétique, que sur des procédés se fondant sur une amphibologie graphique en utilisant des similitudes propres à l'écriture hiératique. On a déjà noté l'emploi de jeux de signes en démotique [145], mais ces jeux sont plutôt de véritables jeux de lettrés qui n'ont pas de fonction éditoriale. Avec le papyrus du Louvre, il ne s'agit pas d'un jeu gratuit et ces modifications servent à élaborer un nouveau texte, c'est pourquoi on peut parler d'intertextualité sacrée, l'intertextualité étant une relation de coprésence entre deux ou plusieurs textes « c'est-à-dire, eidétiquement et le plus souvent, par la présence effective d'un texte dans un autre [146] ».

Cette intertextualité peut être définie comme un aspect de la philologie sacrée.

Dans les textes magico-religieux, il ne s'agit pas de jeu gratuit car : « Comme bien d'autres peuples, les Anciens Égyptiens considéraient l'image non seulement comme la représentation d'une réalité, mais aussi comme un de ses modes de manifestation, une hypostase, pour ainsi dire. Dès lors l'exploitation des potentialités de l'écriture ne visait à rien de moins qu'à saisir le monde partout où se manifestait sa substance, à débusquer l'entrelacs des apparentements, des analogies et homologies derrière l'apparence des êtres et des choses. On a parlé, à très juste titre, de "philologie sacrée" ; on pourrait dire que les recherches sur l'écriture étaient une philosophie [147]. » Dans une certaine mesure, l'écriture des Anciens Égyptiens, surtout dans un contexte sacralisé, fait toujours référence à d'autres mots formulés par le Démiurge, elle est toujours dans une relation de transtextualité sacrée avec ceux-ci. Pour tenter de mieux cerner cette « philosophie », il nous faut examiner de près la technique éditoriale du scribe qui, on vient de le voir, repose sur un certain nombre de procédés :

1. Simple copie ;
2. Changement de déictique ;
3. Explicitation d'une métaphore (PR 124, 4 et P. Louvre, 10) ;
4. Amphibologies graphiques propres à l'écriture hiératique ;
5. Exploitation d'une loi phonétique (passage de *iʿḥ* à *iḥ*).

Cette exploitation est fondée culturellement et même cultuellement car on sait que l'œil lunaire fut repêché au filet pour être replacé au ciel. Les scènes de la « pêche de l'œil » sont représentées sur les parois des temples ptolémaïques [148] en relation aussi avec Sokaris et la résurrection d'Osiris, ce qui n'est pas sans rapport avec les vignettes du texte. On peut même se demander si la légende de la pêche de l'œil ne repose pas à l'origine précisément sur le même jeu de mots. Le parallélisme existant dans ce texte entre la lune et Seth repose aussi sur un substrat culturel car,

145 M. MALININE, « Jeux d'écriture en démotique », *RdE* 19, 1967, p. 163-166, et P.W. PESTMAN, « Jeux de déterminatifs en démotique », *RdE* 25, 1973, p. 21-34.

146 G. GENETTE, *Palimpsestes*, Paris, 1982, p. 8.

147 P. VERNUS, « Les écritures de l'Égypte ancienne », dans A.-M. Christin (éd.), *Histoire de l'écriture : de l'idéogramme au multimédia*, Paris, 2001, p. 62

148 Ph. DERCHAIN, « La pêche de l'œil et les mystères d'Osiris à Dendara », *RdE* 15, 1963, p. 11-25.

d'une part, « selon des représentations fort anciennes, la lune était une divinité violente et cruelle qui poursuivait et châtiait les criminels [149] », et d'autre part Seth pouvait être le représentant de Thot [150] qui est parfois considéré comme son père [151].

C'est aussi une paronomase, procédé bien attesté depuis les Textes des Pyramides, et comme l'a noté O. Firchow : « Auch in der Paronomasie wird man demnach mehr als eine spielerische Häufung stammverwandter Lautverbindungen zu sehen haben, in ihrem magisch bedingten Ursprung ist sie mehr eine Verstärkung der Kraft, die das Wort enthält und die damit zu erhöhter Wirkung kommt [152]. » La paronomase renforce et développe la force contenue par le mot, elle n'est pas gratuite, elle a aussi une efficacité magique. Mais dans le cas du papyrus du Louvre, la paronomase est sous-jacente, elle n'existe que dans la mesure où le texte de Turin est considéré par le scribe comme agissant effectivement du simple fait de sa mise par écrit. Il s'agit en quelque sorte d'une paronomase à distance, mais qui est tout aussi effective dans le contexte culturel des Anciens Égyptiens pour lesquels : « Der Name ist die geistige, abstrahierte Form der Wesen und Dinge, in der Urzeit vom Weltschöpfer durch seinen Ausspruch geschaffen*, unabhängig von Raum und Zeit* (je souligne) [153]. »

« Le nom est la forme immatérielle, abstraite de l'être et de la chose que le démiurge a créée à l'origine par sa parole, indépendamment de l'espace et du temps ». Il n'est pas faux de dire que le nom est l'essence de la chose. De plus, dans un certain sens, tout texte fait référence à cette imposition du nom initiale et l'on peut dire que, dans le cas du texte du Louvre, il y a un double rapport, avec l'origine et avec le texte de Turin.

On peut se demander aussi dans quelle mesure la remarque d'O. Firchow sur la fonction magique de la paronomase comme développant la potentialité magique des mots ne rend pas compte aussi de la création systématique de variantes par le scribe. Je veux dire par là que la remarque de O. Firchow pourrait aussi expliquer pourquoi le lettré-magicien se lance dans le jeu complexe des variantes telles qu'on peut les saisir dans les rapports entre le texte de Turin et celui du Louvre, bien loin d'être un jeu gratuit, ce jeu développe les potentialités magiques contenues dans les mots au même titre que l'étymologie sacrée.

De plus, il y a aussi un certain jeu sur le sens, comme on l'a montré plus haut en raison du caractère dangereux de la lune. Le trait commun à toutes ces variantes, c'est qu'à aucun moment il n'y a « invention » véritable d'un nouveau texte, mais le scribe du texte du Louvre s'inspire constamment de celui de Turin qui est quasiment sacralisé et qu'il explicite en suivant un certain nombre de règles interprétatives.

149 G. POSENER, *ACF*, 1963-1964, p. 302. G. Posener fait ici allusion à Khonsou lunaire et à son rôle en particulier dans les Textes des Sarcophages, cf. *id.*, *ACF* 1965-1966, p. 343 et surtout *ACF* 1966-1967, p. 339-342, p. 339 : « La supériorité de Khonsou tient à sa force et surtout à la brutalité foudroyante de son attaque : de même que Seth est caractérisé par sa vigueur, Khonsou a pour qualité spécifique son impétuosité (*CT* VII, 161i).

150 Cf. E. OTTO, « Thot als Stellvertreter des Seth », *Or* 7, 1938, p. 69-79.

151 H. TE VELDE, *Seth, God of Confusion*, p. 43 sq.

152 O. FIRCHOW, *Untersuchungen zur ägyptischen Stilistik* II. *Grundzüge der Stilistik in den altägyptischen Pyramidentexten*, Berlin, 1953, § 14 (plus particulièrement, « Alliteration, Paronomasie und Wortspiel », p. 216).

153 *Loc. cit.*

Dans le premier cas, c'est évident puisqu'il y a un parallèle exact. Dans le deuxième, il y a changement de déictique ; dans le troisième, il y a explicitation de la métaphore ; le quatrième repose sur une amphibologie graphique présente dans les signes et le dernier sur une loi phonétique.

Tout se passe comme si pour son édition du texte, le scribe choisissait de faire constamment référence au texte initial. Il exploite les diverses possibilités que le texte présente, en suivant pour cela les techniques interprétatives dont il dispose en tant que lettré, comme s'il voulait activer de nouvelles possibilités d'un texte préexistant. Le texte initial fonctionne comme un texte de référence quasi sacré que l'on ne peut pas modifier, mais que l'on peut reproduire ou utiliser comme modèle suivant des techniques données. Dans un certain sens, le scribe développe des possibilités déjà contenues dans le texte initial pour produire un texte nouveau. Nous ne sommes pas très loin de certaines techniques interprétatives utilisées dans la mystique juive qui prennent en compte la forme même des lettres du texte biblique.

Le caractère relativement plus sacré du texte de Turin se manifeste également par l'emploi d'une langue différente : le texte de Turin est écrit en égyptien de tradition, en égyptien classique avec des formes néo-égyptiennes, alors que le texte du Louvre est écrit presque exclusivement en néo-égyptien, le scribe ayant choisi des passages néo-égyptiens dans un souci d'efficacité comme on l'a vu.

Enfin, les variations entre le texte de Turin et celui du Louvre font penser à ce que J.F. Quack nomme « édition ouverte [154] », dans la mesure où le rapport du copiste avec le texte archétype semble avoir été assez libre dans la civilisation égyptienne, pour devenir plus rigide à la Basse Époque [155]. Mais ces variations déjà repérées sont plutôt des adaptations à de nouveaux contextes, alors que dans notre texte il s'agit plus d'une « recherche scientifique », une volonté de « saisir le monde partout où se manifestait sa substance, de débusquer l'entrelacs des apparentements, des analogies et homologies derrière l'apparence des êtres et des choses [156] ». Cette profusion peut assumer une fonction précise depuis les Textes des Pyramides : débusquer le mal partout où il se trouve, « plus on multipliera les dénominations du mal, plus on aura de chance de le neutraliser. On comprend que cette démarche intellectuelle implique une surenchère perpétuelle, engendre une exégèse sans cesse renouvelée et amplifiée, de crainte de ne pas être exhaustif ; le même phénomène s'applique, du reste, lorsqu'il s'agit d'exprimer les forces positives, celles du dieu créateur, dont les manifestations et les hypostases sont elles aussi multiples [157] ». Ce deuxième aspect, cette recherche positive, s'applique assez bien à notre texte, on peut noter aussi que cette surenchère dans l'exégèse s'exprime avec particulièrement de force dans le cas du papyrus du Louvre, car le scribe joue sur plusieurs niveaux, un niveau qui est pour ainsi dire implicite, à savoir le jeu textuel avec le papyrus de Turin, un jeu plus explicite avec le texte du papyrus du Louvre dont l'action magique est renforcée par une grande abondance de vignettes.

154 J.F. QUACK, *Die Lehren des Ani*, *OBO* 141, Fribourg, Göttingen, 1994, p. 17 sq.

155 Sur ce sujet, voir P. VERNUS, « La position linguistique des Textes des Sarcophages », dans H. Willems (éd.), *The World of the Coffin Texts*, *EgUit* 9, Leyde, 1996, p. 161-162, et n. 98.

156 *Id.*, dans *Histoire de l'Écriture*, p. 62.

157 B. MATHIEU, « Les formules conjuratoires dans les pyramides à textes », dans Y. Koenig (éd.), *La Magie en Egypte : à la recherche d'une définition*, Paris, 2002, p. 190-191.

Tout cela éclaire d'un jour nouveau à la fois la création des textes magiques et les rapports régissant les grands recueils de formules et les textes qui en sont issus. Le scribe exploite toutes les possibilités offertes par l'écriture hiératique, soit en ayant recours au phonétisme des mots, soit en utilisant l'image fournie par les signes. Ce double jeu préfigure d'une certaine façon celui que l'on rencontrera dans l'écriture ptolémaïque [158], qui s'intègre parfaitement avec les représentations et l'architecture du monument [159], laquelle donne aux textes un « sens ajouté [160] ». Ces techniques magiques conduisent à la « philologie sacrée », forme de philosophie qui devient une véritable spiritualité à l'époque hellénistique.

158 « Moins que jamais les prêtres considéraient les hiéroglyphes comme de simples outils orthographiques : ils étaient parvenus à en faire, pratiquement, un mode d'expression triple, pouvant à volonté (et parfois simultanément) servir de *lettres* (éléments phonétiques constitutifs d'un mot), figurer des *tableaux* parallèles à l'idée exprimée, doublant la perception auditive d'une conscience visuelle, et même *suggérer à l'avance*, au-delà du mot qu'il sert à écrire, les épithètes et les fonctions que l'on pourra ultérieurement prêter à ce mot... Partis sans doute de simples jeux graphiques, les scribes sacrés en étaient venus à considérer que la riche écriture dont ils disposaient permettait, au-delà de son usage immédiat comme moyen d'expression, de parvenir à une définition à la fois visuelle et symbolique du monde : l'univers, ses lois et son histoire, étaient nés jadis de la prononciation des paroles divines : une partie de cette secrète efficience, de cette toute-puissante énergie initiale, demeurait incluse dans le secret de leurs hiéroglyphes » (S. SAUNERON, *Les prêtres de l'ancienne Égypte*, Paris, 1957, p. 141).

159 Cf., pour Dendara, Chr. LEITZ, *Die Aussenwand des Sanktuars in Dendera. Untersuchungen zur Dekorationssystematik, MÄS* 50, Munich, 2001, et, pour Edfou, Fr. LABRIQUE, *Stylistique et théologie à Edfou. Le rituel de l'offrande de la campagne. Étude de la composition. OLA* 51, Louvain, 1992.

160 Ph. DERCHAIN, « Kabbale et mystique à propos d'un livre récent », *SAK* 31, 2003, p. 102.

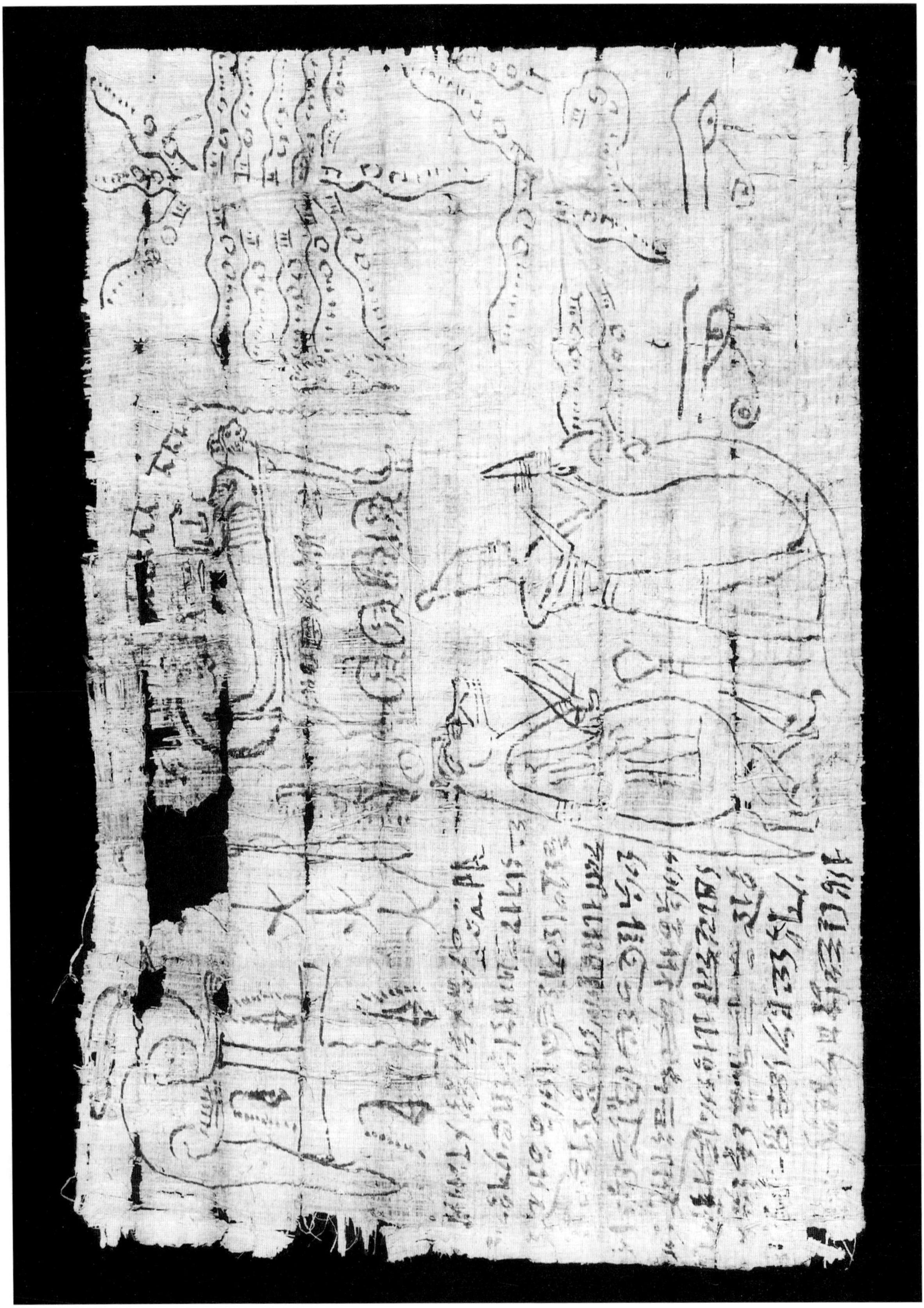

Fig. 1. P. Louvre E 32308 (cliché Chr. Larrieu/musée du Louvre).

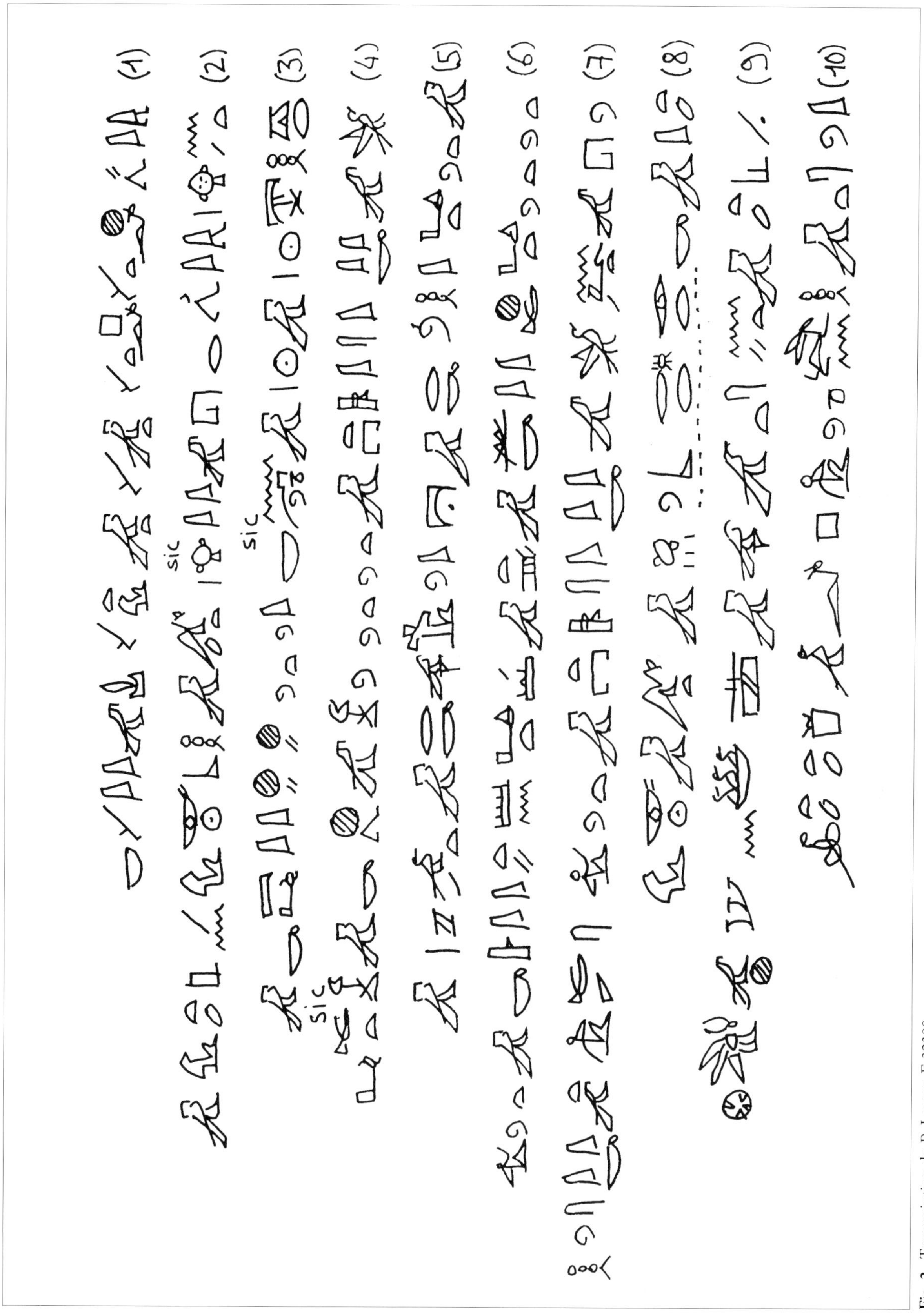

Fig. 2. Transcription du P. Louvre E 32308.

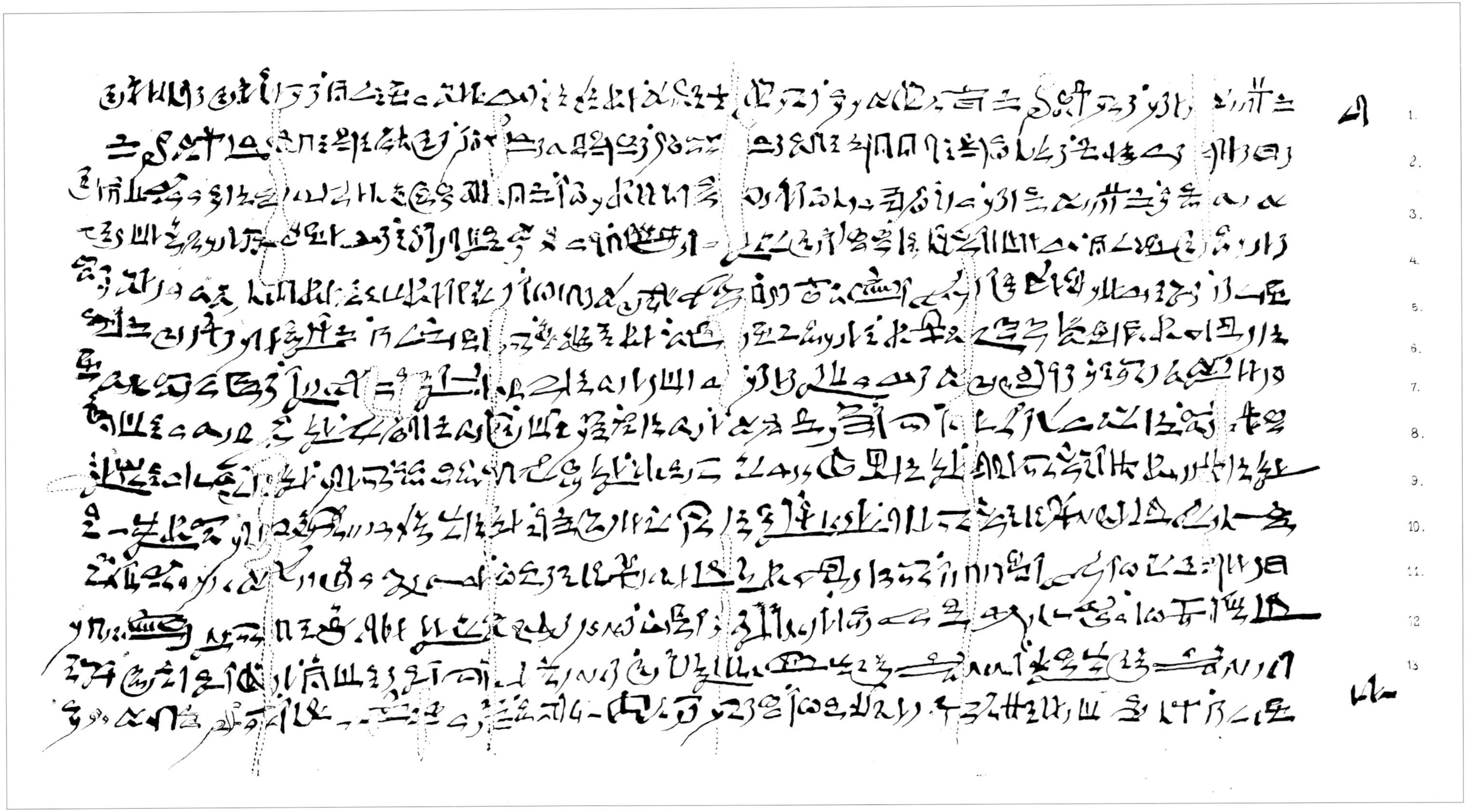

Fig. 3. Fac-similé PR 124.

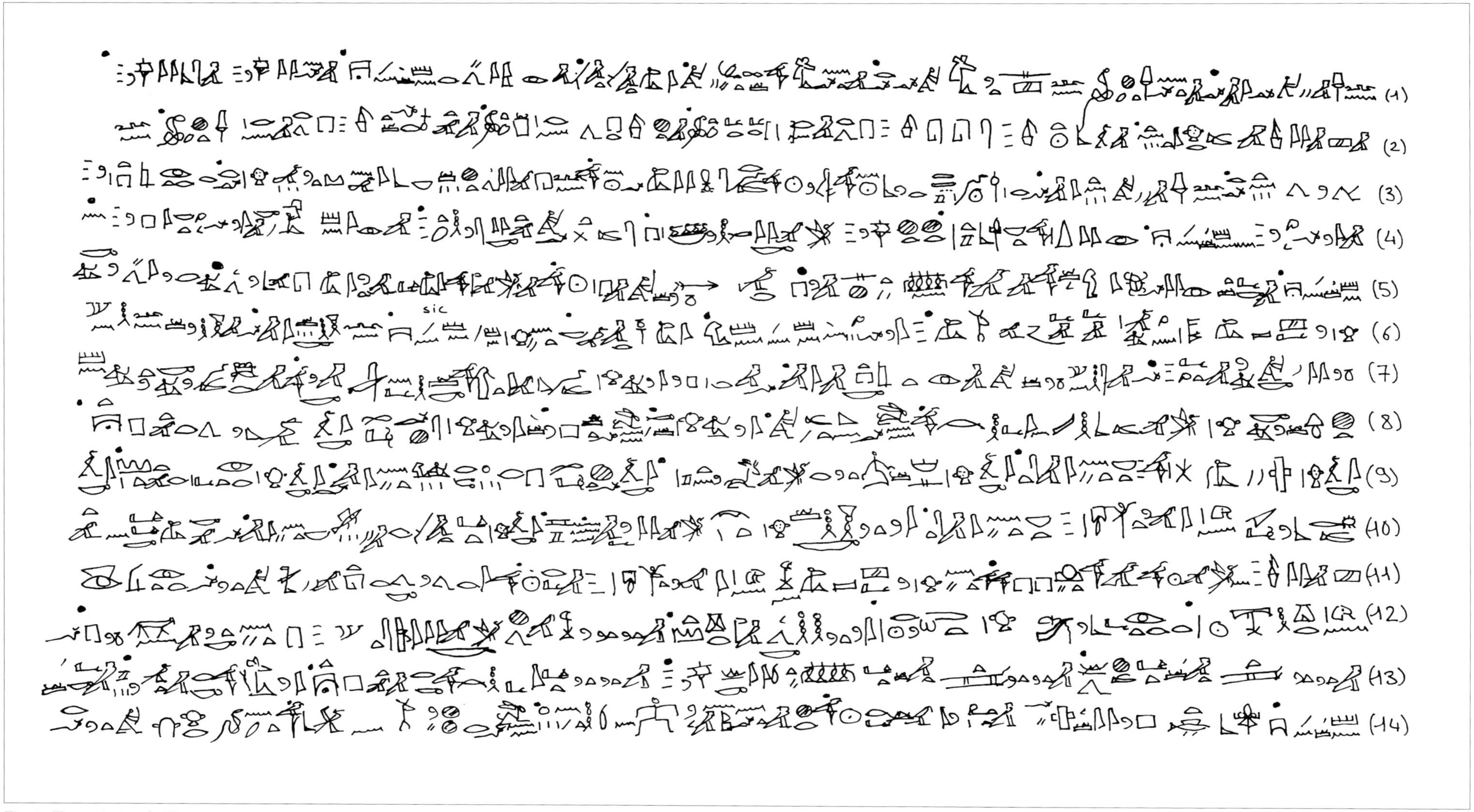

Fig. 4. Transcription de PR 124.

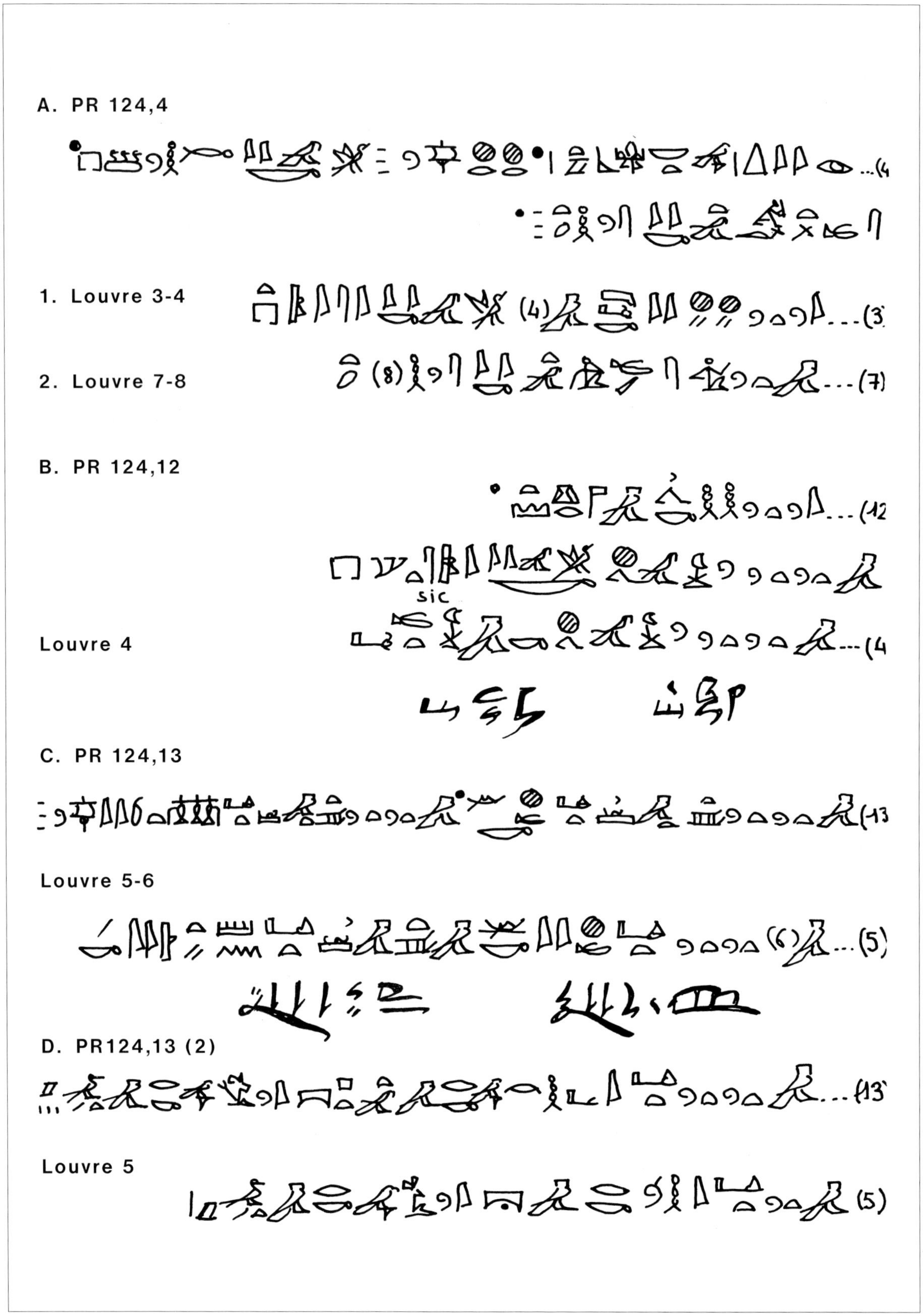

Fig. 5. Les parallèles PR 124 et P. Louvre E 32308.

Le catalogue divin de ʿAyn al-Mouftella : jeux de miroir autour de « celui qui est dans ce temple »

Françoise LABRIQUE

PRÈS de la source de ʿAyn al-Mouftella se dressent des monuments religieux remontant à l'époque saïte. Découverts par G. Steindorff en 1900, ils ont éveillé l'intérêt d'Ahmed Fakhry en 1938 et rapidement fait l'objet de courtes campagnes archéologiques. En 1942, les résultats en sont publiés [1]. Les travaux avaient été effectués dans des conditions difficiles. L'accès à l'oasis de Bahariya n'était guère aisé. Entre les villages, Ahmed Fakhry n'avait d'autre choix que de se déplacer à cheval. Pour les fouilles, il engageait des ouvriers sur place, tout en disposant de peu de temps et d'un matériel restreint. Les photographies et la description du site de ʿAyn al-Mouftella sont ainsi restées incomplètes.

Après le passage du savant, les édifices ont souffert. L'action conjointe du vent et du sable a provoqué des altérations casuelles importantes ; au bout d'un demi-siècle, le sommet des parois a perdu en moyenne une assise de pierres. Pour enrayer le processus de dégradation, le Service des antiquités a couvert les murs d'un toit et largement rejointoyé les parties décorées, activité qui a pris fin en 2002.

Pour sa part, depuis le printemps 2002, la mission Bahariya de l'Ifao procède quelques semaines par an aux relevés épigraphiques. En avril 2004, la couverture photographique complète des parties décorées subsistantes a été réalisée par Alain Lecler, assisté de Mohammad Ibrahim Mohammad. Cette documentation nouvelle illustrera la présente note, consacrée à quelques premières observations relatives au décor de la construction la plus imposante, la chapelle 1 selon la nomenclature d'Ahmed Fakhry [2].

La pierre utilisée est un grès qui provient de la région. Les parois ont été recouvertes d'un enduit, puis gravées et peintes en façade et sur les faces internes des parois. L'édifice est orienté au sud et se constitue, pour sa partie décorée, de deux pièces en enfilade.

Françoise Labrique,
université de Franche-Comté (ISTA).

1 A. FAKHRY, *The Egyptian Deserts. Baḥria Oasis*, vol. 1, Le Caire, 1942, p. 150-171 et pl. 42-62.

2 *Ibid.*, p. 151-159.

Deux notables, qui tous deux ont été gouverneurs de l'oasis, sont évoqués sur les parois : Chepenkhonsou ainsi que le fameux Djedkhonsouiouefânkh.

Ne subsiste actuellement que le premier registre, et par endroits incomplètement. Nous verrons cependant que, même si une bonne part des inscriptions ainsi que des attributs significatifs des figures a aujourd'hui disparu, il a été possible d'enrichir les informations apportées par la publication de 1942.

Le contenu des parois est assez uniforme : le roi Amasis présente une offrande alimentaire à une succession de divinités. Le tableau suivant propose une vue synoptique des personnages, en signalant leur orientation ainsi que, entre parenthèses, les caractéristiques iconographiques principales, qui consistent le plus souvent en une couronne ; les numéros renvoient à ceux qui figurent sur le plan de Fakhry, reproduit ci-dessous. Au numéro de base attribué par le savant égyptien, a été ajouté un second numéro pour chaque divinité, suivant un ordre qui se développe de l'entrée au nord du monument vers l'axe central de la paroi sud, dans la salle sud.

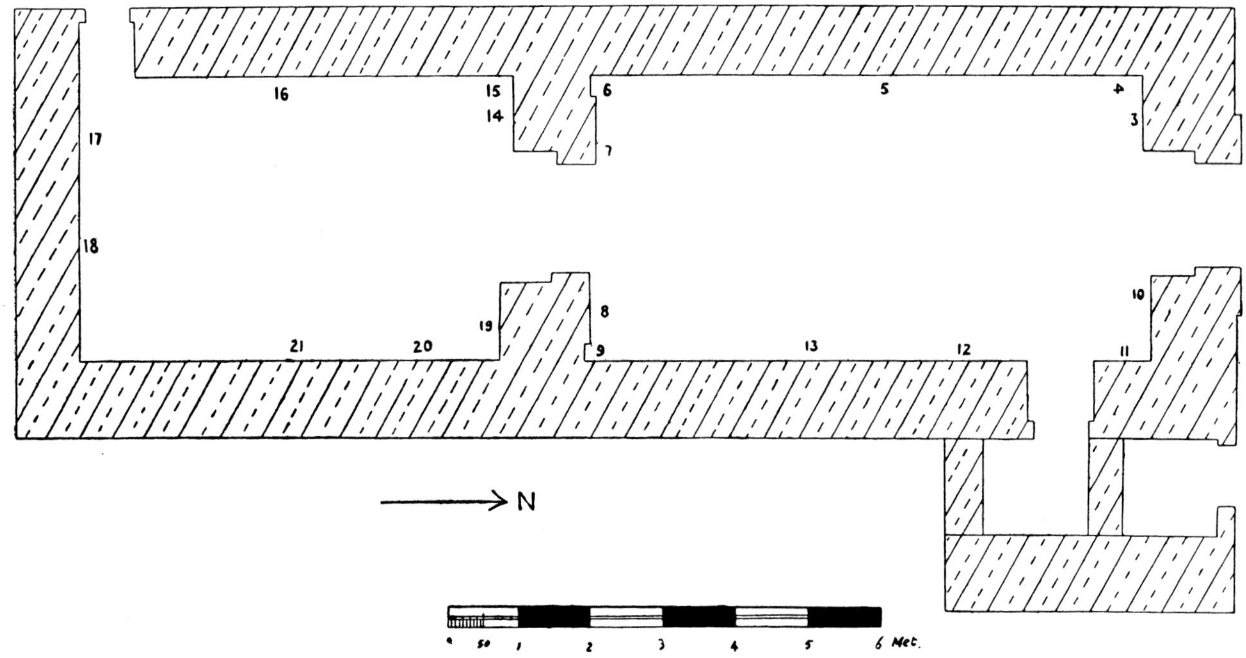

Plan de la chapelle 1. La nomenclature de Fakhry a été légèrement corrigée [3].

3 *Ibid.*, p. 151, fig. 117 : sur ce plan, l'auteur a interverti les numéros 14 et 15 ; en revanche, les renvois dans l'ouvrage sont corrects.

Salle sud, paroi sud : n°s 17-18 [fig. 5]

Horus [... Djesdjes ? [4]] ( )	Amon roi du Double Pays [qui réside dans l'oasis (?)] ( )	Mout [Œil de Rê ?] [5] ( )	Le serviteur excellent, soutien de son seigneur, prince et gouverneur] de l'oasis, qui-rend-parfait-l'œil-*oudjat*, 2e prophète, 3e prophète, Djedkhon-souiouef-ânkh, fils de Pétèsis [6]	Maât fille de Rê [... ?] [7] ( )	Montou le très puissant, Seigneur de Thèbes, seigneur du ciel (uræus et)	Paherchef [8] [...]? (criocéphale, disque solaire contenant un uræus)
→ n° 18,1	← n° 18,2	← n° 18,3		→ n° 17,3	→ n° 17,2	← n° 17,1

	paroi est : n°s 20-21 Sopdet ( )	n° 21,8 [fig. 4]			paroi ouest : n°s 15-16 porte latérale ouest	
	Sopdou seigneur de l'Orient (double plume et petit disque ovale, bandes croisées sur la poitrine)	n° 21,7 [fig. 4]		n° 16,8	Ha [seigneur] [10] de l'Occident (avec une plume d'autruche horizontale en surplomb à l'avant)	
	Nephthys ( ) [11]	n° 21,6 [fig. 4]	salle sud plafond voûté, décoré d'étoiles sur fond bleu et de motifs géométriques [9]	n° 16,7	Nehemetanou (contenant un cobra dressé)	
	Somtous [l']Enfant [12] (forme enfantine, ,)	n° 21,5 [fig. 4]		n° 16,6	Thot, le grand dieu qui réside à Desdes ( )	
	Hathor (?) [...] résidant dans l'oasis (maigres traces de) [13]	n° 21,4 [fig. 4]		n° 16,5	[Séchat], Dame du Double Pays ( )	Δ
	[Hérichef ?... roi du Double-Pays, souverain des Rives(?) [14] ( )]	n° 21,3		n° 16,4	Horsaïsis, [héritier] parfait d'Ounnefer [15] ( )	
	Bastet (?) (tête féline, disque solaire) [16]	n° 21,2		n° 16,3	Nephthys ( ) [17]	Δ
	Mahès [(pschent)] [18]	n° 21,1		n° 16,2	Isis vénérable, mère du dieu, la grande déesse maîtresse du ciel ( ) [19]	
	table d'offrande	n° 20		n° 16,1	Osiris-qui-reçoit-des-offrandes, le grand dieu qui réside à Ta-Oubekhet (sur la coiffe longue, avec petit disque solaire) [20]	
Δ	Amasis [( )] [21]	n° 20		n° 15	table d'offrande	
Δ Δ	[Montou-Rê seigneur de Thèbes qui réside ? ... (uræus et)] [22] [Maât... ( )] [23]	n° 20		n° 15	Amasis (sur la coiffe courte, avec petit disque solaire)	Δ

Tableau I. Chapelle 1, pièces méridionale et septentrionale.

déesse (visage humain) nº 19,2 →		dieu (? tête disparue) nº 19,1 ←	porte nord de la salle sud	Amon Lumière de Thèbes [24] (criocéphale, peau bleue, disque solaire) → nº 14,1	Mout Œil de Rê ( ) ← nº 14,2	
porte axiale						
niche [serpent dressé] nº 9	Amasis ( ) → nº 8,1	Isis ( ) ← nº 8,2	porte sud de la salle nord	Bastet, qui réside dans l'oasis (tête féline, disque solaire précédé d'un cobra) → nº 7,2	Amasis ( ) ← nº 7,1	niche [serpent dressé] nº 6

Tableau I. Suite.

4 Traces probables des deux *s* de *Ḏsḏs* sur la paroi.

5 D'après un cliché de G. Steindorff, datant de 1900, consulté grâce à l'obligeance de Heinz Felber, que je remercie chaleureusement : signes très flous, lecture peu assurée.

6 Il faut corriger A. FAKHRY, *op. cit.*, p. 159 : les signes *smnḫ wḏꜣt* sont encore décelables.

7 D'après le cliché de G. Steindorff évoqué *supra*, n. 5 : il y a des taches claires après « Rê », peut-être le texte continue-t-il.

8 D'après le cliché de G. Steindorff évoqué *supra*, n. 5 : les signes *Pꜣ-ḫr* sont flous, lecture probable ; le disque solaire sur la tête se dessine nettement ; le texte se poursuit apparemment au-dessus de lui sur une largeur de deux cadrats, mais est trop flou pour être déchiffré.

9 A. FAKHRY, *op. cit.*, p. 159.

10 Cf. *ibid.*, p. 88 et pl. 22 et pl. 34 B : « Ha, Seigneur de l'Occident ».

11 Le signe hiéroglyphique, très allongé, est posé sur la coiffe-vautour, comme dans la tombe de Bénaty, *ibid.*, p. 92, fig. 50.

12 Voir G. STEINDORFF, *Durch die libysche Wüste zur Amonsoase, Land und Leute. Monographien zur Erdkunde* 19, Bielefeld-Leipzig, 1904, p. 135, fig. 101. Les signes sont flous mais discernables, hormis *pꜣ ;* du signe de l'enfant ne subsistent aujourd'hui, sur la pierre, que des taches de couleur rouge (torse et jambes).

13 Voir *loc. cit.*

14 D'après *loc. cit.* Il y est difficile de trancher entre *nswt-tꜣwy*, *smꜣ-tꜣwy* et *Nn-nswt* : le signe du roseau se détache clairement, mais les deux traits horizontaux qui le suivent sont flous ; les signes suivants, imprécis eux aussi, semblent se lire *ḥkꜣ ỉdbw*, épithète qui suit généralement *nswt-tꜣwy* dans le descriptif de Hérichef d'Héracléopolis (Moh. Gamal El-Din MOKHTAR, *Ihnâsya El-Medina (Herakleopolis Magna)*, *BiEtud* 40, Le Caire, 1983, p. 152).

15 Voir le descriptif d'Horsaïsis dans la tombe de Bénaty, A. FAKHRY, *op. cit.*, p. 71 et fig. 31 : *ḏd mdw ỉn Ḥr sꜣ St ỉwꜥ mnḫ Wnnfr*.

16 Disque solaire reconnaissable d'après G. Steindorff, cité *supra*, n. 12.

17 Voir *supra*, n. 11.

18 *Pschent* reconnaissable d'après G. Steindorff, cité *supra* n. 12.

19 Le signe hiéroglyphique, très allongé, est posé sur la coiffe-vautour, comme dans la tombe de Bénaty, A. FAKHRY, *op. cit.*, p. 91, fig. 49.

20 Coiffe et couronne identique à celle d'« Osiris Onnophris qui préside à l'Occident, le grand dieu seigneur d'Abydos » dans la tombe de Bénaty, *ibid.*, p. 71 et fig. 31 ; voir aussi p. 82, fig. 39 ; p. 83, fig. 42.

21 Couronne *atef* reconnaissable d'après G. Steindorff, cité *supra*, n. 12.

22 Reconnaissable d'après G. Steindorff, cité *supra*, n. 12.

23 Cf. note ci-dessus. Il ne semble pas qu'il y ait eu l'épithète « Dame du Double-Pays ».

24 A. FAKHRY, *op. cit.*, p. 157 et pl. 49 A.

	paroi est : nos 11-13 Outo, maîtresse de Pe et de Dep (léontocéphale, disque solaire précédé d'un cobra)	no 13,10		no 5,13	paroi ouest : nos 4-5 Isis la Vénérable, mère du dieu ()	
	Montou-Rê, seigneur de Thèbes (uræus et )	no 13,9		no 5,12	Anubis, qui préside au pavillon divin, le grand dieu seigneur du ciel	
Δ	Maât, fille de Rê, la grande déesse, Dame du Double Pays ( )	no 13,8	salle nord	no 5,11	Mout, la grande déesse, Dame du Double Pays (sur sa tête, cobra et vautour couronnés)	
				no 5,10	Amon, Lumière de Thèbes, le grand dieu qui réside à Djesdjes (criocéphale, disque solaire, dans lequel se dresse l'uræus)	
	Nehemetanou de la Résidence ( contenant un cobra dressé)	no 13,7		no 5,9	Nehemetanou ( contenant un cobra dressé)	
	Khonsou-Thot, le grand dieu qui réside dans l'oasis (ibiocéphale, )	no 13,6		no 5,8 [fig. 3]	Thot, le grand dieu qui réside à Desdes (peau bleue, ibiocéphale, )	
	Somtous-l'Enfant (forme enfantine, ,)	no 13,5		no 5,7 [fig. 3]	Hathor la grande déesse, dame du Double Pays ()	
	Hathor, Dame de Pa-Meret ()	no 13,4		no 5,6 [fig. 3]	Paherchef (criocéphale, cornes de bélier horizontales portant le disque solaire, dans lequel se dresse l'uræus)	
	Khonsou, le grand dieu qui réside dans l'oasis (hiéracocéphale, )	no 13,3		no 5,5	Khonsou-l'Enfant-le-grand, l'ancien, le premier d'Amon [25] (forme enfantine, ,)	
	Mout Œil de Rê ()	no 13,2		no 5,4	Mout Œil de Rê ()	
	Amon-Horus [26] qui réside à Djes[djes] (criocéphale, peau bleue, )	no 13,1		no 5,3	Amon le roi du Double Pays [...qui réside dans] l'oasis (peau bleue, )	
	table d'offrande ; deux pots à vin	no 12		no 5,2	Bastet la déesse [... (tête féline, disque solaire précédé d'un cobra)	
Δ	Amasis	no 12		no 5,1	Ma]hès[(léontocéphale, *pschent*)	
	porte latérale est			no 4	table d'offrande	
Δ	Horus ()	no 11		no 4	Amasis	Δ
Δ	...]roi des dieux, le prince et gouverneur de l'oasis Chepenkhonsou, enfanté par la maîtresse de maison Nâs [27] [...]					

Tableau I. Suite.

25 Sur ces épithètes, voir Cl. TRAUNECKER, « Harpocrate-le-grand, l'ancien, le premier d'Amon », dans M.-Fr. Boussac (éd.), *Autour de Coptos. Actes du colloque organisé au musée des Beaux-Arts de Lyon (17-18 mars 2000)*, *Topoi* (L), Suppl. 3, Lyon, 2002, p. 366-367.

26 Divinité dont le culte est attesté par un titre sacerdotal, que porte Tchaty, « prophète porte-parole d'Amon-Horus et de Khonsou » : A. FAKHRY, *op. cit.*, p. 130, fig. 101 ; p. 131, fig. 102 ; p. 134, fig. 104 ; p. 137, fig. 107, etc. Voir aussi l'Amon-Rê-Horus criocéphale qui est représenté à l'entrée de la nécropole des ibis de Qaret Faruj : (*id.*, *The Egyptian Deserts. Baḥria Oasis*, vol. 2, Le Caire, 1950, p. 31, fig. 15 et pl. 13 B).

27 L'on sait par l'inscription relative à Djedkhonsouiouefânkh qui figure sur la façade est de la chapelle no 2 de ʿAyn al-Mouftella que Chepenkhonsou était « ouvreur des portes du ciel, chef du trésor du domaine d'Amon » : Fr. COLIN, Fr. LABRIQUE, « *Semenekh Oudjat* à Baḥariya », dans Fr. Labrique (éd.), *Religions méditerranéennes et orientales de l'Antiquité (Actes du colloque international des 23-24 avril 1999 à Besançon), BiEtud* 135, Le Caire, 2002, p. 60-61 et p. 64, n. XIV.

<table>
<tr><td colspan="2">nº 10 ←
Mahès qui réside dans l'oasis (pschent)</td><td>porte nord
de la salle nord</td><td colspan="2">→ nº 3
l'officiant « préserve celui qui est dans ce temple »</td></tr>
<tr><td colspan="5">porte axiale</td></tr>
<tr><td>Amasis
()

[fig. 1]
nº 1,1
→</td><td>Paher[chef
(criocéphale, peau bleue,
disque solaire)

[fig. 1]
nº 1,2
←</td><td>Façade porte</td><td>[Horsaïsis (?)] [28]
(couronne effacée)

[fig. 2]
nº 2,2
→</td><td>Amasis
()

[fig. 2]
nº 2,1
←</td></tr>
</table>

Tableau I. Suite.

Remarque préliminaire

La structure architecturale et décorative se caractérise par une altération qui gauchit l'effet général de symétrie : la porte latérale est de la salle nord est dépourvue de correspondant dans le mur opposé. Aussi, l'Amasis de l'extrémité nord de la paroi ouest (nº 4) correspond-il à un Amasis situé au-delà de la porte est, et donc décalé vers le sud (nº 12). Bien qu'il n'y ait pas de porte latérale est dans la salle sud, le même effet est reproduit à l'aide d'un procédé de poétique. L'Amasis de la paroi ouest se situe à l'extrémité nord du mur (nº 15), comme dans le cas précédent, mais celui de la paroi est, comme dans la salle nord, est décalé vers le sud, par l'insertion de deux personnages divins derrière le roi (nº 20), comme le montre le tableau II, ci-dessous :

<table>
<tr><td>paroi est</td><td></td><td>paroi ouest</td></tr>
<tr><td>(nº 21,1) début de la série divine
(nº 20) Amasis Δ
Montou-Rê Δ
Maât Δ</td><td>salle sud</td><td>début de la série divine (nº 16,1)
Δ Amasis (nº 15)</td></tr>
<tr><td>(nº 13,1) début de la série divine
(nº 12) Amasis Δ</td><td rowspan="3">salle nord</td><td rowspan="3">début de la série divine (nº 5,1)
Δ Amasis (nº 4)</td></tr>
<tr><td>porte latérale</td></tr>
<tr><td>(nº 11) Horus Δ</td></tr>
</table>

Tableau II. Dissymétrie.

28 Il ne subsiste aujourd'hui de ce personnage que des contours cernés par un rejointoyage exécuté naguère par le Service des antiquités, ce qui empêche la quête de traces subsistantes. Il est clairement hiéracocéphale, mais il a perdu ses autres attributs spécifiques ainsi que son descriptif. A. Fakhry voit en lui Horus, mais sans le justifier (*The Egyptian Deserts. Baḥria Oasis*, vol. 1, p. 152, *in fine*) ni présenter de photographie. S'il a vu la double couronne, ou constaté qu'il n'y avait pas de couronne du tout, il ne le dit pas. On ne peut cependant être sûr qu'il n'a rien vu, parce que ses descriptions iconographiques sont souvent peu explicites, surtout quand il s'agit de couronnes courantes. Si, lors de la venue d'A. Fakhry, le mur avait déjà disparu au-dessus de la tête du dieu, on ne peut écarter la possibilité qu'il se soit agi de Khonsou hiéracocéphale, portant le disque lunaire. Je prends le parti, sous réserve, de supposer qu'il a bel et bien encore constaté un élément discriminant, lorsqu'il a identifié cette figure. Dans ce cas, cet Horus portait sans doute le *pschent* comme ses autres formes dans le monument et était probablement un Horsaïsis. Il n'est en effet guère probable qu'il ait relevé de la catégorie de l'Horus purificateur, dépourvu de couronne, car celui-ci est généralement associé à Seth ou à Thot : voir *e.g. ibid.*, p. 125, fig. 93-94 (tombe de Tchaty).

Cette volonté d'introduire une légère asymétrie est bien attestée dans les temples tardifs [29]. Dans un premier temps elle invite à comparer Montou et Maât avec Horus et Mahès en ce qu'ils suivent le roi au lieu de lui faire face. Dans un second temps, un effet de parallélisme oblique se superpose ainsi à celui de la symétrie générale et invite par la suite à envisager deux éventualités dans les correspondances entre parois ouest et est : les personnages peuvent se répondre en fonction de leur situation matérielle – par exemple, l'Amon du n° 5,3 et celui du n° 13,1 –, mais aussi en fonction de leur situation relative au sein des séries, par exemple le couple d'Amon-Mout du n° 5,10-11 et celui de Montou-Maât du n° 13,8-9 [tableau I].

1. Chepenkhonsou et Djedkhonsouiouefânkh et la chapelle n° 1 [tableau I]

Sur la paroi nord de la salle septentrionale, au côté ouest (n° 3), un personnage masculin revêtu d'une longue jupe et chaussé de sandales à ample bride arquée suit Amasis, qui, sur la paroi ouest, fait une offrande alimentaire (n° 4) à une succession de treize divinités (n° 5). L'inscription du n° 3 remplissait originellement deux colonnes, dont il ne subsiste que la moitié inférieure ; ce qu'il en reste indique que l'officiant s'occupe ici de « la jambe » et « des offrandes du temple de son seigneur et préserve celui qui est dans ce temple », expressions qui ne laissent pas de faire songer à Osiris, présent dans la salle sud (n° 16,1). Aucun élément (nom ou titre) ne permet d'identifier cet officiant, à l'exception d'un indice cependant incertain : sur la photographie de l'édition de Fakhry, il semble avoir le front largement dégarni, ce qui caractérise les trois représentations de Djedkhonsouiouefânkh dans la chapelle n° 2 [30].

Pour Ahmed Fakhry, le personnage du n° 3 est Chepenkhonsou, qu'il qualifie étrangement de « brother of Zed-Khonsu-ef-ʿankh [31] ». Les fonctions de Chepenkhonsou sont énumérées, il est vrai, mais ailleurs, en une colonne dont il manque le début, gravée discrètement dans le coin nord-est de cette même salle (n° 11), derrière le dieu Horus. Une autre colonne, beaucoup plus imposante, placée dans l'axe du monument, occupe le centre de la paroi sud de la salle sud, sur la hauteur de deux registres au moins ; elle résume les titres principaux de Djedkhonsouiouefânkh (n°s 17-18). Peut-être la colonne du n° 11 était-elle d'ailleurs transversale elle aussi. Si, à l'instar de celle des n°s 17-18, elle commençait au registre supérieur, elle concernait peut-être en réalité Djedkhonsouiouefânkh et évoquait sa généalogie. Nous savons en effet que Chepenkhonsou est l'aïeul de ce dernier, à la septième génération [32]. Si le matronyme Nâs, dans la clausule du n° 11, renvoyait vraiment à la mère de Chepenkhonsou, dans ce cas, l'absence du patronyme de ce haut fonctionnaire paraîtrait curieuse ; en revanche, Djedkhonsouiouefânkh pourrait avoir été mentionné au début de la colonne n° 11 avec les noms de ses ascendants paternels – fils de Pétèsis, fils de Pétamon, fils

29 Sur ce type de dissymétrie : Fr. LABRIQUE, *Stylistique et théologie à Edfou*, *OLA* 51, Louvain, 1992, index p. 366.

30 A. FAKHRY, *op. cit.*, vol. 1, pl. 43 A pour le tableau n° 3 : le cliché manque de netteté et la tête a disparu à l'heure actuelle ; pour les représentations dans la chapelle 2, vérification faite sur place : *ibid.*, pl. 53 A, tableau inférieur gauche ; pl. 54 A ; pl. 56 B ; la tête est conservée dans ces trois cas.

31 *Ibid.*, p. 156.

32 *Ibid.*, p. 151, fig. 117, n° 3 (le nom du personnage représenté n'y figure pas), n° 11 (Chepenkhonsou), et entre n° 17 et n° 18 (Djedkhonsouiouefânkh). Sur ces personnages, voir Fr. COLIN, Fr. LABRIQUE, *op. cit.*, p. 70-72.

de Harkhébis, fils de Khonsouiriaâou, fils d'Ânkhounnefer, fils de Chepenkhonsou –, comme sur la façade est de la chapelle 2 ; le nom de sa mère aurait selon l'usage figuré à la fin, après la série des patronymes, comme sur la paroi ouest de cette même chapelle : « Djedkhonsouiouefânkh, fils de Pétèsis, fils de Pétamon, enfanté par la maîtresse de maison Nâs [33]. »

Chepenkhonsou ayant probablement été actif vers le milieu du VIIIe siècle, il me paraît dès lors raisonnable de reconnaître Djedkhonsouiouefânkh au n° 3. Celui-ci était certainement encore représenté dans les parties disparues des parois, au deuxième ou troisième registre, comme un fragment retrouvé parmi les débris de la chapelle 1 invite à le penser : « 1. Le serviteur, le soutien [de son maître... ...] / 2. le troisième prophète, le prophète d'Osiris,... / 3. le prophète de Min Djedkhon[souiouefânkh...] [34]. » Contemporain du roi représenté dans tout l'édifice, ce grand notable a sans doute tenu à évoquer, soit dans l'énumération de sa lignée, soit en lui réservant une mention exclusive, un ancêtre particulièrement prestigieux, qui avait lui aussi exercé la fonction de gouverneur de l'oasis.

2. Les dieux de la chapelle 1

2.1. *Orientation des dieux* [tableau I]

Il ne subsiste dans les deux salles que le registre inférieur, entièrement décoré. Les divinités devant lesquelles Amasis fait offrande y constituent des groupes au sein desquels des familles se laissent reconnaître, mais dont l'enchaînement obéit à des principes qu'il faut tenter de définir.

D'emblée, l'orientation des dieux suscite l'interrogation. Tous ne font pas face au roi. Bon nombre de familles divines sont représentées en tête à tête, selon un usage bien attesté dans l'oasis de Bahariya [35]. Cependant, parmi les dieux concernés, il semble que des principes différents soient en œuvre, de sorte que trois groupes se laissent reconnaître.

2.1.1. Une première catégorie réunit quatre dieux qui suivent le roi.

Dans la salle nord, Mahès et Horus (n°s 10 et 11) sont tournés, au moins apparemment, vers la porte latérale est, mais se retrouvent ainsi dans la même position qu'Amasis, qui les précède (n° 12). Cette disposition se répète dans la salle sud, avec le couple de Montou-Rê et de Maât, au n° 20, mais, en l'occurrence, aucune porte ne les sépare du roi. Ainsi, au côté est de chaque salle, un groupe de deux dieux semble escorter le roi-officiant, ce qui n'est peut-être pas sans rappeler l'entourage divin du roi dans des scènes d'introduction devant le patron du temple, au terme de la montée royale.

33 *Ibid.*, p. 60 et p. 65.

34 *Ibid.*, vol. 2, p. 24, fig. 7 : fragment de 29 x 38 cm ; on y distingue un visage et une partie de l'encensoir que le personnage présente.

35 Voir la tombe de Tchaty : Nehemetanou et Thot se font face, ainsi que Nephthys et un Horus sans couronne, *ibid.*, vol. 1, p. 142 et fig. 112 ; p. 146 et pl. 115 ; à Qaret Faruj, l'entrée de la nécropole des ibis (époque tardive) est flanquée de tableaux symétriques : au deuxième registre, de chaque côté, une table d'offrandes alimentaires se dresse entre un dieu et une déesse. Le dieu occupe la position du résident, la déesse, qui lève la main vers lui, occupe celle de celui qui entre dans le monument ; au côté droit, Hathor est devant Khonsou (*ibid.*, vol 2, p. 30, fig. 14 et pl. 13 A) ; au côté gauche, Mout est figurée face au dieu criocéphale Amon-Rê-Horus (*ibid.*, p. 31, fig. 15 et pl. 13 B). Par ailleurs, voir aussi, dans le temple d'Hibis, le face à face d'Amon et Amonet : *Hibis* III, *MMAEE* 17, New York, 1953, pl. 9, 2e registre.

2.1.2. Une deuxième catégorie provoque des ruptures sur les parois latérales, dans les séries des dieux devant lesquels le roi fait offrande : trois groupes sont concernés.

Sur la paroi est de la salle nord, la déesse Maât (n° 13,8) interrompt la succession des dieux en tournant le dos à Nehemetanou (n° 13,7) et en faisant face à Montou (n° 13,9), avant-dernier dieu de la série. Dans la salle sud, il en va de même sur la paroi ouest, avec Nephthys, qui tourne le dos à Isis pour faire face à Horsaïsis (n° 16,3-4) [36], et de même, derrière ce dernier, avec Séchat, qui fait face à Thot suivi de Nehemetanou (n° 16,5-7).

2.1.3. Une troisième catégorie concerne un monde divin dont le roi est absent : elle couvre les parois transversales de la salle sud.

2.1.3.1. Sur la face nord, symétriquement, un dieu tourne le dos à la porte axiale et fait face à une déesse. Au côté ouest, il s'agit d'Amon-Lumière de Thèbes et de Mout (n° 14), de l'autre côté se trouve un couple mutilé par les ravages du temps (n° 19).

2.1.3.2. Sur la paroi sud [fig. 5], le face à face concerne des dieux de familles apparemment différentes, ainsi Paherchef et le couple Montou-Maât, dans la partie ouest (n° 17), Horus et le couple Amon-Mout (n° 18) dans la partie est. Le tandem de Paherchef et d'Horus est représenté de manière doublement inversée en façade, à l'entrée de la salle nord, faisant face à Amasis, Paherchef au côté est en l'occurrence (n° 1,2 et fig. 1), et Horus au côté ouest (n° 2,2). La position de celui qui entre dans le temple est occupée par Amasis en façade (nos 1,1-2,1), mais par Paherchef et Horus sur la paroi du fond de la salle sud (nos 17,1-18,1). La position de l'hôte qui reçoit est assumée par Paherchef et Horus en façade (nos 1,2-2,2), mais par Montou-Maât (n° 17,2-3) et Amon-Mout (n° 18,2-3) dans la salle sud. La comparaison entre ces deux groupes de tableaux situés aux deux extrémités nord et sud du monument fait valoir le chiasme des positions de Paherchef et Horus et suggère en même temps que les deux dieux servent de relais entre le roi à l'entrée (nos 1-2) et les deux couples divins au fond (nos 17-18). Le tableau suivant résume notre propos :

(n° 18,1) côté est *Horus* *[...Djesdjes ?]* →	(n° 18,2-3) côté est Amon/Mout ←	salle sud paroi sud	côté ouest (n° 17,2-3) Maât/Montou →	côté ouest (n° 17,1) *Paherchef* ←

χ

(n° 1,1) montant est Amasis →	(n° 1,2) montant est *Paherchef* ←	salle nord façade	montant ouest (n° 2,2) *Horus[fils d'Isis ?]* →	montant ouest (n° 2,1) Amasis ←

Tableau III. Paherchef et Horus (chiasme), [fig. 1-2 et 5].

36 Voir aussi, pour le même couple (var. : Horus est sans couronne), dans la tombe de Tchaty, A. FAKHRY, *The Egyptian Deserts. Baḥria Oasis*, vol 1, p. 142 et fig. 112.

2.1.3.3. Considérés ensemble, les groupes divins des deux parois transversales de la salle sud représentent peut-être, en l'absence du roi, un monde clos sur lui-même, sur lequel nous reviendrons [37].

2.2. *Familles divines : récurrences sans répétition*

Les dieux des diverses séries se laissent ordonner en quelques familles. Certaines associations, comme celle de Maât, Montou et Outo (n° 13,8-10), ou encore de Nephthys et Sopdou (n° 21,6-7), sont cependant moins répandues que d'autres. Leur juxtaposition évoque en quelque sorte une vitrine présentant les grands dieux locaux de Djesdjes et il convient d'en proposer un premier aperçu.

Mais le concepteur s'est-il contenté de les panacher aléatoirement, de manière à couvrir l'espace disponible ? Au cours de la mission d'avril 2004, plusieurs personnages restés indéchiffrés dans l'édition d'Ahmed Fakhry ont été identifiés. En dépit des lacunes subsistantes, il paraît possible de dégager quelques clefs qui montrent que la construction obéit à un système plus élaboré qu'on ne le pressentait.

2.2.1. Mahès et Bastet [tableau I]

Les dieux félins Mahès et sa mère Bastet sont représentés trois fois, ensemble et séparément, en des endroits liminaires : ils figurent tous deux en tête des treize dieux de la paroi ouest de la salle nord (n° 5,1-2) et en tête des huit dieux de la paroi est de la salle sud (n° 21,1-2). Salle nord, Mahès se trouve encore sur la paroi nord, côté est (n° 10), et Bastet fait face à Amasis sur la paroi sud, côté ouest (n° 7,2), parallèlement à Isis, côté est (n° 8,2) [38]. Là où le texte subsiste ou a encore été lu par Fakhry, tous deux sont dits « résidents dans l'oasis » (n° 5, n° 7, n° 10).

Par ailleurs, Bastet figure également sur le montant est de la porte de la chapelle 2, en façade, au second registre, où Amasis lui offre la campagne [39]. Le territoire sacré dépendant de ʿAyn al-Mouftella lui appartient donc au moins en partie. Observons encore qu'une statue de Bastet trônant en calcaire (35 cm) a été retrouvée fracassée, juste devant le monument ; l'inscription fragmentaire qu'elle porte sur les côtés a conservé des noms d'ascendants du dédicant Djedkhonsouiouefânkh ainsi que le titre de « prophète de Mahès [40] ». Bastet est présente également dans l'onomastique locale [41]. Un lion accroupi, coiffé du *pschent*, représenté dans la tombe de Tchaty à Bahariya, est peut-être à identifier avec Mahès [42]. Les deux divinités jouissent ainsi sans conteste d'un culte local important.

37 *Infra*, 2.2.6.3 et 2.2.6.4 .

38 Pour les associations entre Bastet et Isis, voir *e.g.* *LÄGG* 2, *s. v.* *Bꜣstt*, p. 739-742 ; Bastet et Isis sont divinités majeures dans le nome héliopolitain, déjà au Moyen Empire (chapelle de Sésostris Ier) : J. BERGMAN, *LÄ* III, 1980, col. 195, *s. v.* Isis ; pour Mahès, voir C. DE WIT, *Le rôle et le sens du lion dans l'Égypte ancienne*, Leyde, 1951, p. 231.

39 A. FAKHRY, *op. cit.*, vol. 1, p. 161 et pl. 53 A.

40 *Ibid.*, vol 2, p. 22-23 et pl. 7-8.

41 *E.g. ibid.*, vol. 1, p. 128, p. 130, fig. 101, p. 148 : Tanefertbastet, épouse de Tchaty. D'autres noms, comme Pétubastis et Héribastet, sont attestés par des inscriptions grecques inédites de Bahariya mentionnant les fidèles d'un petit sanctuaire, vers la fin de l'époque hellénistique ou le début de l'époque romaine, dont Fr. Colin prépare l'édition.

42 *Ibid.*, p. 142 et fig. 112.

Enfin, si, comme il est vraisemblable, la déesse féline du n° 21,2 est bien Bastet, alors, par sa position relative dans la série des dieux qui fait face à Amasis, elle est mise en parallèle avec l'Isis du n° 16,2. Dans ce cas, ce parallélisme est récurrent et souligné par un chiasme. Il faut dès lors aussi admettre que le programme décoratif a choisi de mettre en évidence la relation entre les deux déesses. Le tableau suivant fait apparaître ce procédé stylistique :

paroi est n° 21,2 **Bastet** (?) (tête féline, disque solaire)	salle sud	paroi ouest **Isis** n° 16,2 ()

χ

n° 8,2 **Isis** ()	porte sud de la salle nord	**Bastet** n° 7,2 (tête féline, disque solaire)

Tableau IV. Bastet et Isis (chiasme).

2.2.2. Paherchef/Hérichef, Hathor, Somtous [tableau I]

Autre dieu plusieurs fois placé en situation liminaire, Paherchef, « Le-Visage-de-Bélier », dieu également attesté à Siwa, lieu où l'on a accentué son aspect amonien [43]. Figure apparemment construite sur celle de Hérichef, à ʿAyn al-Mouftella il se caractérise par une tête de bélier, un disque solaire sur des cornes de bélier, et l'uræus dressé à l'intérieur du disque : au plan iconographique seules ses cornes horizontales le différencient d'Amon-Lumière-de-Thèbes (n° 5,10, n° 14,1).

2.2.2.1. Dans la chapelle 1, quatre dieux sont figurés avec Amasis sur les parois flanquant les lieux de passages axiaux et fonctionnant chaque fois comme façade de la pièce suivante : au côté est, Amasis se présente en roi de Haute Égypte, devant Paherchef sur la façade nord (n° 1), devant Isis sur la façade sud (n° 8) ; ces groupes alternent avec, au côté ouest, Amasis roi de Basse Égypte respectivement devant Horus (n° 2) et devant Bastet (n° 7).

	salle sud	
côté est (n° 8) roi de Haute Égypte ↔ Isis	paroi sud de la salle nord = façade de la salle sud	(n° 7) côté ouest Bastet ↔ roi de Basse Égypte
	salle nord	
côté est (n° 1, fig. 1) roi de Haute Égypte ↔ Paher[chef	façade de la salle nord	(n° 2, fig. 2) côté ouest [Horsaïsis (?)] ↔ roi de Basse Égypte

Tableau V. Les deux façades.

43 Fr. COLIN, « Les fondateurs du sanctuaire d'Amon à Siwa (désert Libyque). Autour d'un bronze de donation inédit », dans W. Clarysse, A. Schoors, H. Willems (éd.), *Egyptian Religion. The Last Thousand Years. Studies Dedicated to the Memory of Jan Quaegebeur*, *OLA* 84, Louvain, 1998, p. 337-339.

Parmi ces quatre dieux associés par leur situation, aux extrémités d'une diagonale, Horus [44] et Isis constituent une famille qui n'est plus à présenter. Dans ce cas, aux extrémités de l'autre diagonale, Paherchef et Bastet formeraient-ils eux aussi un groupe attesté par ailleurs ? Il semble bien qu'on puisse l'affirmer, tant à Boubastis que dans l'Héracléopolite, malgré la paucité des témoignages [45].

2.2.2.2. Paherchef figure une deuxième fois, sur la paroi ouest de la salle nord, entre la triade amonienne (nº 5,3-5) et le couple Thot-Nehemetanou (nº 5,8-9) [fig. 3]. Il est suivi d'« Hathor, la Grande déesse, Dame du Double Pays » (nº 5,7) et s'avère ainsi plus proche du modèle héracléopolitain que le couple représenté sur les parois d'Al-Aghurmi à Siwa [46]. La triade d'Héracléopolis se complète sur la paroi opposée, où Somtous-L'Enfant [47] (nº 13,5) suit Hathor (nº 13,4), elle-même derrière Khonsou. En principe, Hathor pourrait être parèdre de Khonsou comme elle pourrait être mère de Somtous. Mais la déesse du nº 13,4 est en tout cas une des quelques figures divines de ce monument à être localisée de manière spécifique : elle est « Dame de Pa-Meret ». Est-elle, comme Ahmed Fakhry le suggère, une forme locale à relier au village actuel de Mandicha ? Le toponyme désigne-t-il plutôt une ville du nome libyque en Basse Égypte, dans la région du Lac Maréotique ? Ou encore Pa-Meret se réfère-t-il en même temps à deux réalités géographiques, l'une locale, l'autre dans la Vallée du Nil [48] ?

2.2.2.3. Un troisième Paherchef fait face à Montou et Maât sur la paroi arrière de la salle sud (nº 17,1, fig. 5). La lecture *pꜣ ḥr* n'est pas tout à fait assurée, en raison de l'état du document, une photographie de G. Steindorff datée de 1900, que je dois à l'amabilité de Heinz Felber : les signes 𓊪𓁷 sont flous. Dans les deux premiers cas, l'article *pꜣ* est écrit à l'aide du signe du canard (Gardiner G 40) ; la graphie 𓊪𓁷 du nº 17,1 en revanche est celle qui a été adoptée à la même époque dans le sanctuaire siwite d'Amon à Al-Aghourmi pour les dieux Pa-her-chef (Parsaphès) et Pa-her-en-imen (Phanémon), comme Frédéric Colin l'a montré [49]. Les attributs, identiques à ceux du dieu des nº 1,2 et nº 5,6, plaident en faveur de la lecture proposée.

44 Cf. *supra*, n. 28.

45 E. OTTO, *LÄ* I, 1975, col. 628-630, *s. v.* Bastet. M.G.E. MOKHTAR, *Ihnâsya El-Medina*, p. 172, n. 2. Une « Butte de Bastet » est attestée dans l'Héracléopolite ; cf. Ahmed-Bey KAMAL, « Un monument nouveau de Sheshonq Ier », *RecTrav* 31, 1909, p. 35, l. 6 (Caire 39410) : les signes du toponyme y sont cependant peu sûrs.

46 Fr. COLIN, *op. cit.*, p. 339.

47 Sur Somtous, voir J. QUAEGEBEUR, « Somtous, l'Enfant sur le lotus », *CRIPEL* 13, 1991, p. 113-121. Sur la triade Hérichef, Hathor, Somtous, voir P. MONTET, *Géographie de l'Égypte Ancienne* II, Paris, 1961, p. 188-189 ; voir aussi *e.g. Hibis* III, pl. 52, paroi extérieure du temple, mur sud, reg. inf. : Darius fait une offrande alimentaire à Hérichef le grand dieu seigneur de *Nn-nswt*, coiffé de la couronne de Geb, suivi de Somtous Seigneur de *Nn-Nswt* et de Hathor, Maîtresse de *Nn-nswt*.

48 A. FAKHRY, *op. cit.*, vol. 1, p. 156, renvoyant à H. GAUTHIER, *Dictionnaire Géographique* II, Paris, 1925, 38 et III, Paris, 1926, 53-54 ; ajouter P. MONTET, *Géographie de l'Égypte Ancienne* I, Paris, 1957, p. 63-64.

49 Fr. COLIN, *Les Libyens en Égypte (XVe siècle av. J.-C. - IIe siècle apr. J.-C.). Onomastique et histoire*, vol. 1, thèse de doctorat, Bruxelles, 1996 (à paraître), p. 152-157 ; *id.*, dans *OLA* 84, p. 337-338 ; pour Paherchef dans le temple d'Aghourmi, voir aussi A. FAKHRY, *Siwa Oasis*, Le Caire, 1944, p. 95, où il est suivi de « Mout, maîtresse d'Icherou ».

Paherchef est placé en parallèle avec Horus, comme évoqué plus haut [tableau III] [50]. Les deux dieux occupant devant Montou-Maât et Amon-Mout (n°s 17-18) une place prise devant eux-mêmes par Amasis en façade (n°s 1-2), peut-être ont-ils dans ce monument un rôle d'introducteur, comme, par exemple, Montou et Atoum respectivement pour la Haute et la Basse Égypte dans les scènes de montée royale [51].

2.2.2.4. Une quatrième forme, dont le nom a disparu aujourd'hui [52], se trouve sur la paroi est de la salle sud (n° 21,3). Elle diffère des trois autres. Le dieu est toujours criocéphale mais cette fois il porte la couronne *atef*, qui caractérise habituellement le patron d'Héracléopolis [53]. Cet élément, joint à ce qui subsiste de l'inscription, invite à reconnaître non Paherchef, mais Hérichef. La triade héracléopolitaine – Hérichef, Hathor, Somtous – est ici présente, au complet (n° 21,3-5). On remarquera que, comme dans les cas 2.2.2.1 et 2.2.2.3, par leur position relative dans la série, Hérichef et Hathor sont mis en parallèle avec Horsaïsis et Nephthys (n° 16,3-4).

Sans doute, le monument nous offre-t-il ainsi deux formes apparentées mais ancrées différemment dans le terroir. L'une, Paherchef, attestée aussi à Siwa où elle plus proche d'Amon et trois fois présente dans la chapelle 1, serait définie comme la forme ambiante à opposer à Hérichef, conçue alors comme la forme proprement héracléopolitaine. En une manière de chiasme, la parèdre Hathor en revanche, « Dame du Double Pays » derrière Paherchef dans la salle nord (n° 5,7), est « résidente dans l'oasis » derrière Hérichef dans la salle sud (n° 21,4).

2.2.3. Montou, Maât, Outo [tableau I]

Montou est présent trois fois, en compagnie de Maât, dans la chapelle 1. Son caractère proprement thébain est affirmé dans les deux salles. Si Maât n'est pas une parèdre habituelle du dieu, par ailleurs ils cohabitent à Karnak-Nord [54], ce qui implique un cadre géographique précis.

2.2.3.1. Sur la face est de la salle nord, à l'extrémité sud, figure un groupe dont la représentation tranche sur celle des autres figures divines : à la fin de la série des dieux devant lesquels Amasis fait une offrande alimentaire (n° 12), « Maât, fille de Rê, la grande déesse, Dame du Double Pays » (n° 13,8) tourne le dos à Nehemetanou (n°13,7) et fait face à « Montou-Rê, seigneur de Thèbes » (n° 13,9), lui-même suivi de « Outo, maîtresse de Pe et de Dep » (n° 13,10).

50 *Supra*, 2.1 et 2.2.2.1. Voir encore la chapelle 4, A. FAKHRY, *The Egyptian Deserts. Baḥria Oasis*, vol 1, p. 169.

51 Voir en particulier, pour Montou introducteur et initiateur auprès des dieux, la suggestion de J.F. QUACK, « Königsweihe, Priesterweihe, Isisweihe », dans J. Assmann, M. Bommas (éd.), *Ägyptische Mysterien ?*, Munich, 2002, p. 95, n. 2.

52 A. FAKHRY, *op. cit.*, p. 159, vol. 1, qui reconnaît Hérichef dans ce personnage, a peut-être encore pu lire le nom, mais il ne le dit pas explicitement.

53 *e.g.* *Edfou* III, 192, 6-16 ; P. MONTET, *Géographie* II, p. 188.

54 L. GABOLDE, V. RONDOT, « Une catastrophe antique dans le temple de Montou », *BIFAO* 93, 1993, p. 245-264 et pl. 1-7 : temple de Montou édifié par Amenhotep III (p. 249) ; *id.*, « Le temple de Montou n'était pas un temple de Montou », *BSFE* 136, 1996, p. 27-41 ; p. 41 : Montou n'était pas très présent sur le site avant la XXVe dynastie, en tout cas pas à l'emplacement du temple fondé par Amenhotep III ; situation du temple de Maât au sud du temple d'Amon-Rê-Montou : L.A. CHRISTOPHE, *Karnak-Nord* III, *FIFAO* 33, Le Caire, 1951, pl. L ; porte du temple de Maât : *ibid.*, pl. II/1.

2.2.3.2, 2.2.3.3. L'association avec Maât est réitérée deux fois sous une forme altérée dans la salle sud : d'une part à l'extrémité nord de la paroi est, où le couple suit Amasis (nº 20) et se retrouve ainsi dans une position analogue à celle d'Horus et Mahès dans la salle nord (nºs 10-11) ; d'autre part, sur le mur du fond. En l'occurrence, la déesse « Maât, fille de Rê [...] » (nº 17,3) suit « Montou le très puissant, seigneur de Thèbes, seigneur du ciel » (nº 17,2), qui dans le cas présent, tout en n'étant plus solarisé, est lié au ciel.

Une relation est établie par le contexte décoratif entre Montou, Maât d'une part, et Amon, Mout d'autre part, qui sera décrite plus loin, en 2.2.6.

2.2.3.4. Il reste à évoquer Outo léontocéphale (nº 13,10), derrière Montou-Rê dans la salle nord.

Une « Outo qui réside dans la Maison de Montou » est certes attestée sur le propylône de Karnak-Nord, dans un contexte guerrier, mais associée à « Min qui tue ses ennemis, Rechep qui réside dans la Maison de Montou [55] » et non directement à Montou.

À ʿAyn al-Mouftella, sur la paroi ouest, se trouvent Anubis (nº 5,12) et Isis (nº 5,13), avec lesquels Outo pourrait être associée, vu leur position symétrique dans le décor. Selon le Pap. Jumilhac, à Dounânouy, Outo est en fait Isis, mère d'Anubis [56] ; cependant, si le 18ᵉ nome de Haute Égypte sert sans doute de référence à la présence d'Anubis, cet ancrage géographique reste implicite, alors qu'Outo est, au nº 13,10, nommément rattachée à Pe et Dep. Sa présence n'apparaît ainsi totalement étrangère ni à celle de Montou-Rê ni à celle d'Anubis, auxquelles elle apporte sans doute une connotation – protection guerrière pour le premier, rappel du groupe divin de la paroi opposée pour le second ; mais il reste que l'on aimerait en trouver une explication plus décisive, qui sera envisagée *infra*, en 2.2.7.

Sa forme léonine semble reprendre en écho celle de Bastet sur la paroi sud (nº 7,1), avec laquelle elle partage en outre la mise en parallèle avec Isis. Les deux associations se croisent d'ailleurs, selon le procédé du chiasme, et flanquent deux niches où sur toute la hauteur se dresse un cobra peint [57] :

niche nº 9 [**serpent** dressé]	**Isis** ( ) nº 8,2	passage entre les deux salles	**Bastet** (féline) nº 7,2	niche nº 6 [**serpent** dressé]

χ

paroi est nº 13,10 **Outo** (féline)	salle nord	paroi ouest **Isis** nº 5,13 ( )

Tableau VI. Isis et les déesses félines (chiasme).

55 *Wꜣḏt ḥrt-ib Pr-Mnṯw* : S. AUFRÈRE, *Le propylône d'Amon-Rê-Montou à Karnak-Nord*, *MIFAO* 117, Le Caire, 2000, fig. 46-47, p. 285-287 ; p. 291 n. (o). On trouvera une Outo de Pe et de Dep, à visage humain, associée à Montou-Rê, seigneur de Thèbes, dans *Hibis III*, pl. 61.

56 Pap. Jumilhac VI, 2 : « Quant à Outo, maîtresse de Dounânouy, c'est Isis, mère d'Anubis » ; J. VANDIER, *Le papyrus Jumilhac*, s.l., 1962, p. 151, nº 94. Voir aussi *e.g.* *Edfou* VII, 326, 5-9, qui évoque un lien local entre Outo et Anubis à Hardaï.

57 A. Fakhry a encore pu voir ces deux serpents, dont il ne reste que de très faibles traces aujourd'hui, mais la photographie qu'il en propose, dans *The Egyptian Deserts. Baḥria Oasis*, vol 1, pl. 43 B, est trop floue pour que l'on puisse se fonder sur ce document. On en trouvera une description dans A. FAKHRY, « Baḥria and Farafra Oases. A Preliminary Note on the New Discoveries », *ASAE* 38, 1938, p. 424, nº 6 : « This part of the wall is occupied by a serpent painted vertically, the head to the top. »

Sa forme complète par ailleurs la répartition de figures félines sur chaque paroi de la salle nord : Mahès et Bastet à l'ouest (n° 5,1-2), Bastet au sud (n° 7,2), Mahès au nord (n° 10), Outo à l'est. Cernée par des divinités aux dents aiguës, la pièce se mue ainsi sans doute en une forteresse assurant la protection des défilés qu'elles encadrent. Antichambre de la salle sud, elle s'en définit aussi comme un avant-poste solidement gardé, en accentuant cet effet devant l'entrée de la salle sud, par les représentations croisées d'Isis et des déesses-lionnes et celles des serpents dans les niches.

2.2.4. Osiris, Isis, Nephthys, Horus, Anubis [tableau I]

La famille osirienne, amputée de Seth, se répartit sur les parois des deux salles. Plusieurs membres – Horus et Isis surtout – en sont représentés à plusieurs reprises, parfois isolément. Ils sont ici évoqués dans un ordre qui tient compte du nombre décroissant de leurs occurrences respectives.

2.2.4.1. **Horus/Horsaïsis** est figuré quatre fois.

Horus et Paherchef/Hérichef :

À l'extérieur, sur la façade de la salle nord (côté ouest, n° 2,2) [58], il est mis en parallèle avec Paherchef (côté est, n° 1,2), association répétée de manière altérée dans la salle sud : une première modification substitue, à Paherchef, un porteur de l'*atef* qui est vraisemblablement Hérichef (est, n° 21,3), Horsaïsis se trouvant alors dans la famille osirienne (ouest, n° 16,4) ; une seconde inverse leurs positions respectives sur la paroi du fond de la salle sud, en plaçant Horus au côté est (n° 18,1), tandis que Paherchef se trouve au côté ouest (n° 17,1) [59]. Le tableau suivant résume les associations décrites :

côté est (n° 18,1) *Hor[saïsis ?... Djesdjes ?]*	salle sud, paroi sud	côté ouest Paherchef (n° 17,1)
(n° 21,3) [Hérichef ?]	salle sud	*Horsaïsis* (n° 16,4)
(n° 1,2) Paherchef	salle nord, façade	*Horsaïsis ?* (n° 2,2)

Tableau VII. Horsaïsis, Paherchef/Hérichef.

Horus et Mahès :

Le contexte diffère de celui des trois cas précédents quand Horus, à l'intérieur de la salle nord (n° 11), précédant Mahès et portant comme lui la double couronne [60], fait face à la porte latérale ouest et semble suivre Amasis, comme Montou-Rê et Maât sur la paroi est de la salle sud (n° 20) ; l'association d'Horus et de Mahès dans la partie nord de la salle nord (n° 10-11) semble par ailleurs répondre à celle de leurs mères respectives, Isis et Bastet, dans la partie sud (n° 5,13 ; n° 7,2 ; n° 8,2).

58 Dans un cadre similaire, dans la chapelle 2 de ʿAyn al-Mouftella, au 1er registre, Amasis s'adresse à Horus fils d'Isis hiéracocéphale : *id.*, *The Egyptian Deserts. Baḥria Oasis*, vol. 1, p. 161 et pl. 53 B.

59 Cf. *supra*, 2.2.2.1, 2.2.2.3, 2.2.2.4.

60 La partie inférieure du *pschent* est encore visible dans A. FAKHRY, *op. cit.*, pl. 47 A.

Horus et Nephthys :

La paroi ouest de la salle sud intègre « Horus-fils-d'Isis, [l'héritier] parfait d'Ounnefer » dans la famille osirienne et l'y relie plus particulièrement à Nephthys. Le dieu vient en quatrième place dans le défilé : Osiris, en tête, y est suivi d'Isis ; Nephthys vient ensuite, tournant le dos à sa sœur et faisant face à Horsaïsis [61] (nº 16,4). L'association spécifique d'Horsaïsis et de Nephthys au sein du groupe osirien paraît un peu inhabituelle – on songerait volontiers à une substitution de Seth, époux de la déesse et absent à ʿAyn al-Mouftella –, mais elle est attestée sous une forme analogue deux générations avant Djedkhonsouiouefânkh dans la tombe de Tchaty à Al-Cheikh Al-Soubi, parallèlement au face à face de Thot et de Nehemetanou, et semble donc bien avoir été l'objet d'un culte local [62].

2.2.4.2. Isis est représentée trois fois.

Deux fois dans la salle nord, portant la couronne hathorique. À l'extrémité sud de la paroi ouest, « Isis la vénérable, mère du dieu » (nº 5,13) suit Anubis, formant avec lui un groupe dont la référence est vraisemblablement géographique et qui sera abordé *infra*, en 2.2.4.5. Sur la face sud, qui a apparemment valeur de façade pour la salle sud, elle fait face au roi de Haute Égypte, parallèlement à Bastet et au roi de Basse Égypte [63].

Dans la salle sud, sur la paroi ouest, Isis est à nouveau située parallèlement à Bastet (nº 21,2), mais dans le cas présent, c'est la famille osirienne qui lui sert de cadre. Derrière son époux et ajoutant à ses qualificatifs habituels ceux de « la grande déesse maîtresse du ciel », elle se distingue encore des deux formes précédentes en portant sur la tête le signe de son nom (nº 16,2), attribut imposant aux yeux de l'observateur sa parenté avec sa sœur Nephthys, qui lui est adossée et se caractérise de la même manière (nº 16,3).

2.2.4.3. Nephthys se rencontre deux fois dans la salle sud.

Sur la paroi ouest, au sein de la famille osirienne, elle forme duo avec « Horsaïsis, héritier parfait d'Ounnefer », comme dans la tombe de Tchaty, ce dont on pourrait inférer l'existence d'un culte local adressé au couple [64].

Sur la paroi est, elle s'insère (nº 21,6, fig. 4) entre Somtous et Sopdou, selon un principe à rechercher. Certes, dans le temple ptolémaïque d'Edfou, Nephthys est associée à Harsomtous, en « nourrice du fils d'Isis [65] ». Cependant, de manière générale elle ne semble pas faire partie de l'entourage de Somtous, le dieu-fils héracléopolitain. Par ailleurs, dès la XXIIe dynastie, elle n'est

61 Toutes les formes d'Horus sont sans doute des Horsaïsis, mais celle du nº 16,4 est la seule pour laquelle nous disposions d'une légende lisible. Horsaïsis figure également sur la façade de la chapelle 2, au 1er registre du montant ouest : *ibid.*, p. 161 et pl. 53 B ; ainsi que, par deux fois, dans la tombe de Bénaty : *ibid.*, p. 66, fig. 26 ; p. 91, fig. 49.

62 *Ibid.*, p. 142, fig. 112 ; pour Thot ibiocéphale (sans couronne) et Nehemetanou, voir aussi *ibid.*, p. 146, fig. 115, ainsi que pl. 40 A et 41 B. Voir aussi, *infra*, n. 57. Pour l'époque de Tchaty, voir le tableau généalogique de Djedkhonsouiouefânkh proposé dans Fr. COLIN, Fr. LABRIQUE, *op. cit.*, p. 71.

63 Pour le parallélisme Bastet/Isis, voir *supra*, 2.2.1 et n. 38, 2.2.2.1, 2.2.3.4.

64 Voir aussi *supra*, n. 62. Par ailleurs, selon *Edfou* I, 239, 17, Nephthys, derrière Harsomtous, est « nourrice du fils d'Osiris » ; elle est parèdre d'Horus selon *Edfou* I, 460, 12 ; II, 136, 6 ; 265, 11 ; VIII, 20, 7-8.

65 Elle « protège son Horus » selon *Edfou* II, 89, 13.

pas sans rapport avec Thot [66], représenté en l'occurrence parallèlement sur la paroi ouest, avec Nehemetanou et Sechat (nº 16,5-7), et elle est attestée à Bahariya dans la tombe de Tchaty, où le couple qu'elle forme avec Horsaïsis alterne avec celui de Thot et de Nehemetanou [67]. Sa présence pourrait cependant aussi être mise en relation avec les divinités qui la suivent sur la paroi est, Sopdou et Sopdet (nº 21,7-8), comme nous le verrons plus loin [68].

2.2.4.4. « **Osiris**-qui-reçoit-des-offrandes, le grand dieu qui réside à Ta-Oubekhet. »

Ce dieu est figuré sur la paroi ouest de la salle sud (nº 16,1), avec un vêtement et un couvre-chef bien attestés pour Osiris-Ounnefer dans la tombe de Bénaty à Qaret Qasr Selim [69]. Bien qu'il ne soit représenté qu'une seule fois dans la chapelle 1, il prend place en tête de série. Un Osiris porteur d'épithètes identiques est représenté sur la façade de la chapelle 2, face à Djedkhonsouiouefânkh, mais dans ce cas, il trône, vêtu du linceul momiforme, tenant les *regalia* et portant la couronne *atef* [70]. Ta-Oubekhet, « La-Lumineuse », était vraisemblablement un toponyme de Bahariya et son site comprenait un lieu de culte consacré à Osiris [71].

2.2.4.5. « **Anubis**, qui préside au pavillon divin, le grand dieu seigneur du ciel. »

Anubis se trouve dans la salle nord, sur la paroi ouest (nº 5,12), où il est suivi d'Isis « mère-du-dieu ». Il y est caractérisé par la peau bleue et la tête canine. Il pourrait être un écho de l'« Anubis-qui-préside-au-pavillon-divin » de la chapelle 2, édifice qui est un « Château-de-l'Or » et évoque le réveil d'Osiris [72]. Il est cependant associé à Isis seule et non aux deux pleureuses divines. Celle-ci est souvent considérée comme sa mère, en particulier dans le 18ᵉ de Haute Égypte [73]. Comme on le découvre progressivement sans doute, hormis Thèbes, Pa-Meret et, moins directement, Héracléopolis, les territoires de la vallée du Nil ne sont-ils pas explicitement mentionnés dans la chapelle 1, mais quelques-uns semblent malgré tout se dessiner en filigrane derrière les familles divines [74]. Le duo qu'il forme avec Isis à l'extrémité sud de la série pourrait aussi être mis en rapport avec l'action du prêtre-officiant : « préserver celui qui est dans ce temple » (nº 3 et *infra*, 2.2.7.2).

2.2.5. Thot/Khonsou-Thot, Nehemetanou, Séchat [tableau I]

2.2.5.1. Le dieu ibiocéphale, Nehemetanou, Séchat.

Comme les formes du dieu héracléopolitain, celles de Thot ibiocéphale et de Nehemetanou se déclinent dans les deux salles, sans se répéter à l'identique.

66 A. Rusch, dans *RealEnc* 16, 1935, 2502 (renvoyant notamment à Hdte II, 262) ; Ph. Derchain, *Elkab* I. *Les monuments religieux à l'entrée de l'Ouady Hellal*, Bruxelles, 1971, p. 41, offrande d'encens et de libation à Thot et Nephthys ; D. Mallet, *Le Kasr el Agoûz*, *MIFAO* 11, Le Caire, 1909, 91 : « Nephthys, sœur excellente, Sechat la grande, dame des écrits, qui réside à Djeme », suivant Thot-Sedjem seigneur d'Hermopolis, coiffé de l'*atef*, et Harsiésis, coiffé du *pschent* et résidant à Djeme ; *RÄRG* 530 ; E. Jelínková-Reymond, *Les inscriptions de la statue de Djed-Her le sauveur*, *BiEtud* 23, Le Caire, 1956, p. 67.

67 Cf. *supra*, 2.2.4.1 *in fine*.

68 Cf. *infra*, 2.2.7.

69 A. Fakhry, *op. cit.*, vol.1, p. 71, fig. 31 et pl. 24 A ; p. 83, fig. 42.

70 *Ibid.*, p. 160 et pl. 53 A.

71 Il a été question de la chapelle 2 de ʿAyn al-Mouftella et du culte d'Osiris, au IXᵉ Congrès international des égyptologues de septembre 2004 à Grenoble.

72 Cf. *supra*, n. 64. A. Fakhry, *op. cit.*, vol. 1, p. 163-164 et pl. 58-59 B.

73 Pap. Jumilhac VI, 2-3 ; J. Vandier, *Le papyrus Jumilhac*, p. 155, n. 130 ; J. Quaegebeur, « Anubis, fils d'Osiris, le vacher », *StudAeg* 3, 1977, p. 122 ; cf. *supra*, n. 56.

74 *Infra*, 3.1.

Thot, très présent dans l'oasis, est figuré deux fois dans la chapelle 1, sur une paroi ouest, en « grand dieu résidant à Desdes », porteur de la couronne *atef*, avec laquelle il est encore représenté sur la façade de la chapelle 2 [75]. Il est suivi de sa parèdre Nehemetanou [76]. Dans la salle nord, les deux divinités (nº 5,8-9) s'insèrent entre deux couples formés d'un dieu criocéphale portant le disque solaire – Paherchef (nº 5,6) et Amon-Lumière-de-Thèbes (nº 5,10) – et d'une « Dame du Double-Pays » – Hathor (nº 5,7) et Mout (nº 5,11). Dans la salle sud en revanche, elles se trouvent (nº 16,6-7) entre la famille osirienne et le dieu de l'Occident Ha ; de surcroît, elles y deviennent trio en s'adjoignant la déesse Séchat, qui leur fait face (nº 16,5).

On retrouve une autre variation de la formule au côté est. Dans la salle nord, parallèlement au couple du nº 5,8-9, Thot « qui réside à Desdes » cède la place à Khonsou-Thot (nº 13,6), ibiocéphale comme lui, mais porteur du disque lunaire, et « résident de l'oasis », selon une alternance fréquente dans la chapelle 1 :

Nehemetanou de la Résidence	nº 13,7	salle nord	nº 5,9	Nehemetanou
Khonsou-Thot,... qui réside dans l'oasis (ibiocéphale,)	nº 13,6		nº 5,8 [fig. 3]	Thot,... qui réside à Desdes (ibiocéphale,)

Tableau VIII. Thot, Nehemetanou et Khonsou-Thot, Nehemetanou de la Résidence.

2.2.5.2. Thot, Khonsou, et Khonsou-Thot.

L'opposition dialectique entre Thot porteur de l'*atef* et Khonsou-Thot porteur du disque lunaire, décrite dans le paragraphe précédent, conduit logiquement à englober Khonsou dans l'analyse. L'extension du regard fait alors apparaître un carré théologique inscrit dans la salle nord, aux angles duquel se profilent Khonsou l'Enfant (nord-ouest), Khonsou hiéracocéphale résidant dans l'oasis, Khonsou-Thot résidant dans l'oasis, Thot résidant à Desdes :

Nehemetanou de la Résidence	nº 13,7	salle nord	nº 5,9	Nehemetanou
Khonsou-Thot, ... qui réside dans l'oasis (ibiocéphale)	nº 13,6		nº 5,8	Thot, ... qui réside à Desdes (ibiocéphale)

Khonsou... qui réside dans l'oasis (hiéracocéphale,)	nº 13,3	salle nord	nº 5,5	Khonsou l'Enfant Premier d'Amon (forme enfantine)

Tableau IX. Khonsou, Thot, Khonsou-Thot (carré théologique).

75 A. FAKHRY, *op. cit.*, vol. 1, pl. 53 B et p. 161 ; voir aussi l'ibis porteur de l'*atef* à Qaret Faruj (graffito), *ibid.*, vol. 2, p. 34, fig. 20.

76 J. QUAEGEBEUR, *CRIPEL* 13, 1991, p. 117 et n. 27-28, ainsi que J. PARLEBAS, *Die Göttin Nehmet-Awaj*, Kehl, 1984, p. 22, pour le glissement à Basse Époque de Nehemetaouay vers Nehemetanou, aussi attesté dans des documents démotiques archaïques (- 575). Le couple figure également, mais sans la couronne *atef*, dans la tombe de Tchaty, en alternance avec Horsaïsis et Nephthys : cf. *supra*, n. 54.

2.2.6. Amon, Mout, Khonsou, Hathor [tableau I]

Les représentations d'Amon et de Mout, dont le culte s'est largement répandu dans les oasis, sont ici les plus nombreuses. Tout en balisant l'espace, elles varient infatigablement au fil des récurrences. Amon a toujours la peau bleue, teinte qui dans un cas a noirci (n° 14,1).

2.2.6.1. Amon, Mout, Khonsou (et Hathor).

Dans la salle nord, deux premiers groupes, placés symétriquement sur les parois ouest (n° 5,3-5) et est (n° 13,1-3), sont clairement complémentaires : à une triade composée d'un Amon de forme humaine, « roi du Double-Pays [...qui réside dans] l'oasis » (n° 5,3 = Amon II), de Mout (n° 5,4 = Mout A) et de la forme enfantine du dieu-lune Khonsou (n° 5,5) répondent un dieu criocéphale spécifique de Bahariya, « Amon-Horus qui réside à Djes[djes] » (n° 13,1 = Amon I), une Mout identique à la première (n° 13,2 = Mout A), et un Khonsou adulte, hiéracocéphale, « qui réside dans l'oasis » (n° 13,3).

Le culte du dieu lunaire Khonsou est fermement implanté à Bahariya à l'époque tardive. On en voudra pour preuves, entre autres, l'énumération des charges sacerdotales de Djedkhonsouiouefânkh dans la chapelle 2, la présence de Khonsou hiéracocéphale sur la façade de cette même chapelle, et la grande faveur de noms théophores tels Chepenkhonsou, Khonsouiriaâou, Djedkhonsouiouefânkh [77]. Ne pourrait-on penser que l'opposition entre les deux formes enfantine et adulte, et surtout leur répartition spécifique sur les parois ouest et est, obéissent au même système que celui qui, sous le règne de Ptolémée III, est mis en valeur sur la face sud du propylône de Khonsou à Karnak et qui rend compte d'observations phénoménales ? Khonsou enfant, au côté ouest, y évoque en effet l'apparition de la jeune lune au début du mois, tandis que Khonsou adulte, au côté est, représente celle de la pleine lune [78].

La famille du n° 13,1-3 correspond étroitement à celle qui figure au deuxième registre des montants flanquant l'entrée de la nécropole tardive des ibis à Qaret Faruj, aujourd'hui inaccessible, à une petite heure à pied de ʿAyn al-Mouftella :

montant gauche (nord) [79]		entrée de la nécropole des ibis à Qaret Faruj	montant droit (sud) [80]	
→ Mout, Œil de Rê [maîtresse de Djesdjes ?] (= Mout A)	← Amon-Rê-Horus, le grand dieu, seigneur de Djesdjes comme Rê (criocéphale) (= Amon I)		→ Khonsou, le grand dieu, seigneur de Djesdjes (hiéracocéphale)	← Hathor, la grande déesse, maîtresse de Djesdjes

Tableau X. Qaret Faruj.

77 Pour les titres de Djedkhonsouiouefânkh en relation avec Khonsou, « celui-qui-rend-parfait-l'œil-*oudjat* », « prophète de Khonsou-Thot », « prophète de Khonsou-le-Bâton », « prophète de Khonsou-l'Enfant », et pour les anthroponymes construits sur le nom de Khonsou, voir Fr. COLIN, Fr. LABRIQUE, *op. cit.*, p. 45-78 ; pour Khonsou hiéracocéphale sur la façade de la chapelle 2, voir A. FAKHRY, *op. cit.*, pl. 53 A.

78 Fr. LABRIQUE, « Khonsou et la néoménie, à Karnak », dans D. Budde, S. Sandri, U. Verhoeven, (éd.), *Kindgötter im Ägypten der griechisch-römischen Zeit. Zeugnisse aus Stadt und Tempel als Spiegel des interkulturellen Kontakts*, *OLA* 128, Louvain, 2003, p. 195-224.

79 A. FAKHRY, *op. cit.*, vol. 2, p. 31, fig. 15, et pl. 13 B.

80 *Ibid.*, p. 30, fig. 14, et pl. 13 A.

Par ailleurs, à Qaret Faruj, Khonsou hiéracocéphale forme un couple avec Hathor, comme dans son temple à Karnak, et l'on est dès lors convié à lui associer, au moins en filigrane, l'Hathor qui le suit immédiatement sur la paroi est de la chapelle 1 (n° 13,4), même si cette Hathor est en l'occurrence une figure localisée à Pa-Meret [81].

2.2.6.2. Amon-Lumière de Thèbes, qui réside à Djesdjes, et Mout Dame du Double-Pays.

Sur la paroi ouest figure un second couple Amon-Mout (n°s 5,10-11), différent des deux précédents. Le dieu (n° 5,10 = Amon III) s'y trouve sous une forme particulière, également honorée à Bahariya ; s'il est criocéphale comme l'Amon I du n° 13,1 et comme lui « résidant à Djesdjes », il s'en distingue au plan iconographique par sa couronne, en portant directement sur la tête le disque solaire avec l'uræus dressé à l'intérieur, et dans ses épithètes par son caractère à la fois solaire et explicitement thébain. Thèbes, associée à l'aspect solaire du dieu, apparaît en l'occurrence comme un terme marqué. En effet, symétriquement, la paroi est oppose un autre groupe, rattaché au même territoire, édifié autour de « Montou-Rê, Seigneur de Thèbes » (n° 13,9 = Montou A).

Accompagnant l'Amon solaire et thébain, Mout se voit à son tour conférer une allure originale (n° 5,11 = Mout B). Elle se distingue en effet des deux Mout précédentes, conformes à l'image la plus répandue de la déesse (Mout A). La double couronne qui coiffe celles-ci a cédé la place à un grand cobra portant la couronne rouge, suivi d'un vautour de même dimension, portant la couronne blanche et encadrant le cobra de ses ailes protectrices. Cette parure est connue dans les régions thébaine et coptite de l'époque ramesside, où elle orne la tête d'épouses royales ramessides [82].

Par ailleurs, en tant que parèdre d'Amon-Lumière-de-Thèbes (Amon III), Mout porte des épithètes qui l'associent étroitement à la parèdre de Montou-Rê-Seigneur-de-Thèbes, Maât (n° 13,8). Toutes deux sont qualifiées identiquement de « grande déesse, Dame du Double Pays ». Le parallélisme ainsi bien établi entre les deux couples thébains est accentué par un chiasme : au lieu de suivre Montou dans la série n° 13, Maât le précède et lui fait face [83].

L'analyse faite dans les 2.2.6.1 et 2.2.6.2 fait apparaître un carré théologique construit sur les parois latérales, aux angles duquel se placent, au nord, deux formes complémentaires d'Amon (I-II) accompagné de Mout (A) et de Khonsou, et au sud, deux figures thébaines, accompagnées de Mout (B) et de Maât (A-B), comme le tableau XI le montrera plus loin.

81 Cf. *supra*, 2.2.2.2.

82 1) Tombe Vallée des Reines 52, G. BÉNÉDITE, *Tombeau de la reine Thiti*, *MMAF* 5,3, Paris, 1893, 381-411, pl. 7 ; Chr. LEBLANC, « La véritable identité de Pentaouret », *RdE* 52, 2001, pl. 26 A (deux cobras devant le vautour) ; N. BILLING, *Nut, the Goddess of Life in Text and Iconography*, *Uppsala Studies in Egyptology* 5, Uppsala, 2002, p. 358, fig. C.2 : coiffe de la reine Tyty ; 2) coiffe d'Isis, fille de Ramsès VI et de la reine Noubkhesebed, dans le cintre d'une stèle provenant de Coptos, Chr. LEBLANC, « Une nouvelle analyse de la double théorie des princes du temple de Ramsès III, à Medinet Habou [pl. XVIII A-B] », *Mnemonia* 12/13, 2001/2002, p. 197, fig. 1 : sur la tête du cobra, couronne hathorique ; sur celle du vautour, couronne *atef* ; 3) coiffe de Minefer, la mère présumée du prince Parêherounemef, faisant offrande à Osiris. Salle du sarcophage de la tombe de Parêherounemef, fils de Ramsès III. Tombe Vallée des Reines 42 : coiffe de vautour ; dessus, mortier portant deux cobras suivis d'un vautour ; *ibid.*, p. 201, fig. 3 et *id.*, *RdE* 52, 2001, pl. 25-A.

83 Voir *supra*, 2.1.

2.2.6.3. Amon-Lumière-de-Thèbes et Mout Œil de Rê.

Dans la salle sud, un quatrième couple Amon-Mout apporte une nouvelle variation sur du déjà vu (nº 14). Amon-Lumière-de-Thèbes y est analogue à celui du nº 5,10 (Amon III), sans être comme ce dernier localisé à Djesdjes [84]. De plus, Mout est en l'occurrence coiffée du *pschent* et qualifiée d'Œil de Rê, comme aux nºs 5,4 et 13,2 (Mout A). Les deux divinités se font face, comme Maât et Montou-Rê du nº 13,8-9. En cela, elles correspondent symétriquement à un autre couple divin (nº 19), que l'état de la paroi empêche malheureusement d'identifier. Notons enfin que, sur les parois nºs 14 et 19, le dieu est adossé à la porte axiale, la déesse l'étant à la paroi latérale.

2.2.6.4. *Bis repetita placent* : *quousque repetita* ?

Sur la paroi du fond de la salle sud, on retrouve une forme d'Amon (nº 18,2) déjà rencontrée. Bien qu'elle n'ait pas été reconnue par Fakhry [85], ses contours sont nets. Le visage est humain, la couronne est le disque solaire avec la double plume, et il reste encore assez de la légende – « Amon roi du Double Pays [...] » – pour l'identifier avec l'Amon du nº 5,3 (Amon II). Derrière lui se profile Mout, dont le *pschent* reste visible ainsi que le nom (Mout A). Si l'identité du couple est assurée, la surface a trop souffert pour que l'on puisse déterminer avec certitude la longueur des inscriptions. Mout était sans doute qualifiée d'Œil de Rê. Pour sa part, le dieu était vraisemblablement « résidant dans l'oasis », comme au nº 5,3. Cette forme d'Amon a en tout cas joui d'un culte à Bahariya, comme en témoigne le titre de « prophète d'Amon roi du Double-Pays, qui réside dans l'oasis », dans la titulature de Djedkhonsouiouefânkh [86].

Le couple semble bien reproduire celui du nº 5,3-4. Si différences il y a, elles se définissent par leur rapport au contexte décoratif. En effet, dans la salle nord, Amon-Roi et Mout sont suivis de Khonsou-l'Enfant (nº 5,5), absent de la scène nº 18 ; dans la salle nord, la triade d'Amon-Roi/Mout/Khonsou-l'Enfant (nº 5,3-5, Amon II) est opposée à celle d'Amon-Horus criocéphale/Mout/Khonsou (nº 13,1-3, Amon I), tandis que sur la paroi du fond de la salle sud, Amon-Roi et Mout (nº 18, Amon II) alternent avec Montou et Maât (nº 17), reproduisant ainsi, tout en la modifiant, la relation de complémentarité Amon/Mout – Maât/Montou de la salle sud, mise en évidence ci-dessus au 2.2.6.3. La polarité des deux couples ne s'articule plus sur leur caractère thébain ni sur des « Dames du Double-Pays » (nº 5,10-11 ; nº 13,6-7). En l'occurrence, Amon et Montou s'opposent en étant, le premier, roi d'Égypte, le second, seigneur céleste ; le premier est (très probablement) oasien tandis que le second est thébain. Le parallélisme des déesses se construit, non sur leur relation à l'Égypte, mais sur leur rapport avec Rê, dont Mout est (très probablement) l'Œil et Maât la fille.

84 Nous ne disposons pour le savoir que de la photographie imprécise et peu détaillée de l'édition de Fakhry (*The Egyptian Deserts. Baḥria Oasis*, vol. 1, pl. 49 B). Dans sa description à la p. 157 de son ouvrage, figure une transcription de l'inscription ; par ailleurs la surface consacrée au texte semble bien compter une colonne de moins qu'au nº 5,10, et est donc insuffisante pour inclure la mention *ḥry-ib Ḏsḏs*. Ce genre de vérification est nécessaire, car Fakhry ne note pas toujours la présence de lacunes épigraphiques. Ainsi, par exemple, pour le dieu Ha, il transcrit « Ha of the West » (p. 158). Or en réalité *Ḥꜣ* et *Ỉmnt* se trouvent dans deux colonnes différentes et une lacune précède *Ỉmnt*, dans laquelle, sur la foi de versions parallèles, on peut reconstituer *nb*.

85 Sur les six personnages de la paroi sud, Fakhry en reconnaît deux (nº 17,1-2) et confond l'Horus du nº 18,1 avec Montou : *ibid.*, p. 159.

86 Fr. Colin, Fr. Labrique, *op. cit.*, p. 60-61 (texte de la façade est de la chapelle 2) ; p. 65 (chapelle 2, paroi intérieure ouest) ; p. 67 (chapelle 2, paroi sud-est).

Le tableau suivant résume les répétitions, variations et complémentarités élaborées autour d'Amon et de Mout. Le numéro I y est attribué à Amon-Horus, II à Amon Roi du Double-Pays, III à Amon-Lumière-de-Thèbes, la lettre A à Montou-Rê, à Mout Œil-de-Rê et à Maât fille de Rê, la lettre B à Montou ainsi qu'aux déesses comme Dames du Double-Pays.

<table>
<tr><th colspan="4">Salle sud</th></tr>
<tr><td>← Amon II
Roi du Double-Pays.
[résident dans l'oasis].
(n° 18,2) (𓋙).</td><td>← Mout A
[Œil de Rê].
(n° 18,3) (pschent).</td><td>A Maât →
fille de Rê
(n° 17,3) (𓆄)</td><td>B Montou →
Seigneur de Thèbes,
seigneur du ciel
(n° 17,2) (uræus et 𓋙)</td></tr>
<tr><td>Amasis (n° 20)
[Montou-Rê A
Seigneur de Thèbes,...
(uræus et 𓋙)] Δ
[Maât... (𓆄)] Δ</td><td colspan="3"></td></tr>
<tr><td>déesse X
visage humain

(n° 19,2) →</td><td>dieu X

← (n° 19,1)</td><td>III Amon-
Lumière-de-Thèbes
(criocéphale,
disque solaire)
(n° 14,1) →</td><td>A Mout
Œil de Rê
(pschent)

← (n° 14,2)</td></tr>
<tr><th colspan="4">Salle nord</th></tr>
<tr><td colspan="2">(n° 13,7) Montou-Rê seigneur de Thèbes A
(uræus et 𓋙)
orienté vers le nord

(n° 13,6) Maât, fille de Rê, la grande déesse, A-B
Dame du Double Pays
(𓆄)
orientée vers le sud</td><td colspan="2">B Mout, la grande déesse,
Dame du Double Pays (n° 5,11)
(sur la tête : cobra et vautour couronnés)
orientée vers le nord

III Amon-Lumière-de-Thèbes, (n° 5,10)
le grand dieu qui réside à Djesdjes
(criocéphale,
disque solaire)
orienté vers le nord</td></tr>
<tr><td colspan="2">(n° 13,3) Khonsou,...qui réside dans l'oasis
(hiéracocéphale, disque lunaire)
pleine lune ?

(n° 13,2) Mout Œil de Rê A
(pschent)

(n° 13,1) Amon-Horus I
qui réside à Djes[djes]
(criocéphale, 𓋙)</td><td colspan="2">Khonsou-l'Enfant (n° 5,5)
(forme enfantine, disque lunaire)
nouveau croissant lunaire ?

A Mout Œil de Rê (n° 5,4)
(pschent)

II Amon Roi du Double Pays (n° 5,3)
[...qui réside dans] l'oasis
(visage humain, 𓋙)</td></tr>
</table>

Tableau XI. Amon, Mout, Montou, Maât (carré théologique dans la salle nord).

Parallélismes et chiasmes, synonymies, variations constantes de nuances dans les répétitions, complémentarités construites sur les oppositions simples et fondamentales telles Thèbes/Oasis, Oasis/Djesdjes, Égypte/ciel, enfant/adulte, Œil de Rê/fille de Rê, ce tableau ne fait-il pas apparaître une construction poétique élaborée, qui n'a guère à envier aux compositions théologiques des hiérogrammates de la Vallée du Nil ? Il permet en tout cas de constater que deux des formes d'Amon (II et III) présentes dans la salle nord se retrouvent dans la salle sud. Qu'en est-il de la troisième, l'Amon-Horus (I) ? N'aurait-il pas lui aussi été redistribué dans la salle sud, par exemple sur la paroi nord, au nº 19 ? Comme, de surcroît, rien ne se répète intégralement, de même que le Montou (B) de la salle sud se distingue du Montou solarisé de la salle nord, peut-être pourrait-on supposer une forme solarisée de cet Amon-Horus (I). Or, un Amon-Rê-Horus, « seigneur de Djesdjes », est bel et bien attesté à l'entrée de la nécropole des ibis à Qaret Faruj et le même dieu Amon-Rê-Horus est mentionné dans une inscription hiéroglyphique de Bahariya, dont Fr. Colin prépare l'édition [87]. Cette suggestion aurait l'avantage de reproduire dans la salle sud, tout en l'altérant, le parallélisme solaire d'Amon-Lumière (III) et de Montou-Rê (A) mis en scène dans la salle nord, ainsi que la complémentarité de Thèbes et Bahariya. Ce qui plaiderait en tout cas en faveur d'un Amon au nº 19, c'est la silhouette très vaguement reconnaissable de la double couronne sur la tête de la déesse qui lui fait face [88]. Si donc Amon-Rê-Horus il y avait, ce n'était probablement pas en compagnie de Mout « Dame du Double-Pays », mais en celle de Mout Œil de Rê.

<table>
<tr><td>Mout A ?
[Mout
Œil de Rê ?]
[(pschent)?]

(nº 19,2) →</td><td>Amon I solarisé ?
[Amon-Rê-Horus I
résident à Djesdjes ?]
[(criocéphale,
double plume)]
← (nº 19,1)</td><td>Amon III
Amon-Lumière
de Thèbes
(criocéphale,
disque solaire)
(nº 14,1) →</td><td>Mout A
Mout
Œil de Rê
(pschent)

← (nº 14,2)</td></tr>
<tr><td colspan="2">(nº 13,9) Montou solarisé IV
(nº 13,8) Maât A-B</td><td colspan="2">Mout B (nº 5,11)
Amon III, résident à Djesdjes (nº 5,10)</td></tr>
</table>

Tableau XII. Amon-Rê-Horus et Mout Œil de Rê ?

La reconstitution hypothétique révélerait ainsi un exemple supplémentaire d'un autre procédé poétique bien connu des temples tardifs : la disposition de carrés théologiques, inscrits dans l'espace sacré [89]. Un premier carré relie trois couples Amon/Mout à un quatrième, Maât/Montou, sur les faces latérales de la salle nord. Un second carré réaliserait éventuellement la même opération sur les parois transversales de la salle sud, comme le tableau XIII le montrera plus loin. Quoi qu'il en soit, même sans tenir compte de l'identification proposée pour le nº 19, il ressort de l'analyse que les dieux Amon, Mout, Montou et Maât ont une fonction majeure dans la chapelle 1. La combinatoire complexe qui les met en scène semble impliquer un discours tant sur la diversité de leurs formes que sur la parenté entre Thèbes et Bahariya.

2.2.7. Ha, Sopdou, Sopdet [tableau I]

Dans la salle sud, trois divinités, situées à l'extrémité sud des parois latérales, paraissent d'emblée avoir un statut différent des autres personnages.

87 Cf. *supra*, n. 41.

88 Cf. G. Steindorff, cité *supra*, n. 12 : la tête du nº 19,2 apparaît de biais sur la photographie et est donc très difficile à identifier.

89 Cf. *supra*, 2.2.5.2. Voir Fr. LABRIQUE, *Stylistique et théologie à Edfou*, p. 360, index, *s. v.* carré.

2.2.7.1. Ha.

Plusieurs explications peuvent rendre compte de la présence de Ha (n° 16,8) sur la paroi ouest, à côté de la porte latérale de la salle sud, où il clôt la série divine n° 16. Ce dieu jouit, en tout cas à l'époque saïte, d'un culte dans les parages occidentaux d'Héracléopolis [90] ; or, le dieu qui lui fait pendant de l'autre côté de la porte à laquelle il tourne le dos, n'est autre que Paherchef (n° 17,1). Ha est aussi un guerrier qui protège la régénération nocturne et le réveil de Sokar-Osiris au mois de Khoiak [91]. En tant que tel, il n'est donc pas sans rapport avec Osiris, situé à l'autre extrémité de la même série divine (n° 16,1).

Personnification des étendues libyques, il pourrait aussi tenir lieu de marqueur géographique, caractérisant le site de ʿAyn al-Mouftella comme synecdoque de la Petite Oasis et ainsi comme espace occidental vis-à-vis de la Vallée. Les travaux de terrain d'avril 2004 ont cependant permis d'identifier des figures divines restées jusqu'à présent lettres mortes sur la paroi opposée, contribuant ainsi à élargir le contexte dans lequel Ha s'insère, comme nous le verrons ci-dessous.

2.2.7.2. Nephthys, Sopdou et Sopdet. [fig. 4]

De l'autre côté, la série de la paroi est s'achève sur un groupe d'une nature apparemment différente des familles divines du monument. « Sopdou, Seigneur de l'Orient » (n° 21,7) est, par son descriptif, strictement parallèle à « Ha, [seigneur] de l'Occident ». Devant lui se trouve Nephthys (n° 21,6), dont la parenté avec Sopdou se laisse occasionnellement entrevoir [92]. Derrière lui se trouve une déesse qui, tout en étant parée des attributs de Séchat, porte le nom de « Sopdet » (n° 21,8). L'association de Sopdou et Sopdet est attestée dans des inscriptions ptolémaïques évoquant la crue annuelle [93]. Quant à cette déesse hybride, selon Dagmar Budde, associée à l'année commençante et à l'idée de régénération, elle agit sur le rajeunissement d'Osiris [94]. Elle ne serait donc pas sans rapport avec la pleureuse Nephthys (n° 21,6), qui précède Sopdou, ni avec Osiris, situé diagonalement au début de la série divine opposée (n° 16,1), et en filigrane évoquerait ainsi Isis [95]. Si le dieu des morts est fortement concerné par l'activité des deux déesses, il l'est également par celle de Ha et de Sopdou, qui passaient pour garder ses deux flancs [96]. Il se confirme alors qu'« Osiris-qui-reçoit-des-offrandes, le grand dieu qui réside à Ta-Oubekhet » est l'objet principal de l'action de l'officiant, annoncée dans la salle nord (n° 3) [97].

2.2.7.3. Du trio au quatuor.

Par ailleurs, Ha, Sopdou et Sopdet apparaissent aussi, non en divinités jouissant d'un culte ancré dans un lieu, mais en entités abstraites symbolisant les points cardinaux. Mais si Ha, sur la paroi ouest, désigne l'ouest, si Sopdou, sur la paroi est, désigne l'est, et si Sopdet, à l'extrémité

90 J. YOYOTTE, *ACF* 1991-1992 (92ᵉ année), p. 626-628.

91 *Ibid.*, p. 632 ; *id.*, *ACF* 1993-1994 (94ᵉ année), p. 669.

92 Nephthys, comme mère d'Anubis-Sopdou : P. Magique Harris 501 r° 7,7-8 ; J. QUAEGEBEUR, *StudAeg* 3, 1977, p. 121-122.

93 *Edfou* II, 260, 16 ; *Porte d'Évergète*, pl. 47, descriptif du roi.

94 D. BUDDE, *Die Göttin Seschat*, *Kanobos* 2, Leipzig, 2000, p. 185-186 et p. 190 (n° 4.27).

95 J. BERGMAN, *LÄ* III, 1980, col. 192.

96 J. YOYOTTE, *ACF* 1993-1994 (94ᵉ année), p. 669.

97 Cf. *supra*, 1.

sud de la paroi est, désigne le sud, il manque encore le marqueur du nord. Or, dans la salle nord se trouve Outo, maîtresse de Pe et de Dep, qui de prime abord semblait pièce rapportée. Elle serait une candidate parfaite pour ce rôle.

Nous retrouvons d'ailleurs ce quatuor cosmologique comme tel dans un papyrus thébain datant du IVe siècle av. J.-C., *Le livre de repousser Apophis*, qui lui confie la défense d'Osiris et de Rê : « (31,21) Que la flamme soit en toi au Sud et te maîtrise : c'est Sothis et Anoukis qui ont commandé ce qui est fait contre toi ; que la flamme soit en toi au Nord et te maîtrise : c'est [Ou]to, (31,22) maîtresse de Pe et de Dep, qui a commandé ce qui est fait contre toi ; que la flamme soit en toi à l'Occident <et te maîtrise> : c'est Ha, le seigneur de l'Occident qui a commandé ce qui est fait contre toi ; que la flamme soit en toi à l'Orient et te maîtrise : c'est Sopdou, le seigneur de l'Orient qui a commandé ce qui est fait contre toi. » Une conjuration analogue, dans le temple d'Edfou, place le sud sous l'autorité de Sopdet, tandis qu'Outo maîtrise le nord, Ha l'ouest, Sopdou l'est [98].

3. Premières conclusions

Malgré l'état du monument, l'analyse interne ébauchée ici a montré que les parois avaient été décorées en faisant appel à une combinatoire assez complexe. Elle n'a été rendue possible que grâce à l'identification récente, au cours de la mission Ifao d'avril 2004, d'une série de personnages divins représentés dans la salle sud de la chapelle 1. Elle a conduit à quelques premiers résultats, dont voici le résumé.

3.1. *Clefs géographiques et cosmologiques*

Dans la salle nord, même si peu de toponymes précis sont évoqués, de nombreuses figures divines ont apparemment été regroupées en fonction d'affinités d'origine régionale. Plusieurs centres religieux de la Vallée se dessinent dans la trame sous-jacente : le 10e nome de Haute Égypte et Boubastis, avec Mahès et Bastet ; Thèbes, avec les formes d'Amon, Mout, Khonsou, Montou et Maât ; Héracléopolis, avec Paherchef, Hathor, Somtous ; Hermopolis, avec Thot et Nehemetanou ; les territoires Cynopolites, avec Anubis et Isis ; et peut-être le nome libyque, avec Hathor de Pameret [99]. Tout en y panachant régulièrement des mentions de « l'Oasis » et de « Djesdjes », on a composé une sorte d'encyclopédie sacerdotale locale, un catalogue divin obéissant à quelques principes de hiérarchisation. Sur un fond de métropoles sacrées implicites, de désignations re-

98 Pap. Bremner Rhind 31, 21-22 (R.O. FAULKNER, *BiAeg* 3, Bruxelles, 1933, p. 85 ; *id.*, *JEA* 24, 1938, p. 45) ; *Edfou* III, 342, 7-8 : « Outo » y est en lacune, mais il y a de la place pour le signe du papyrus *wꜣḏ* et le déterminatif du cobra subsiste ; le texte se poursuit en plaçant le ciel sous l'autorité de Rê, la terre sous celle de Geb, les nuages sous celle de Chou. J. YOYOTTE, *op. cit.*, p. 668.

99 La succession Paherchef-Hathor-Thot-Nehemetanou du n° 5,6-9 et Somtous-Khonsou-Thot-Nehemetanou du n° 13,5-7 sert d'argument à J. Quaegebeur (*CRIPEL* 13, 1991, p. 118 et n. 36) pour montrer que Thot et Nehemetanou avaient une place importante dans le panthéon héracléopolitain à côté du dieu bélier Hérichef et de l'Enfant Somtous. Mais grâce aux travaux d'avril 2004, il est désormais plus facile d'aborder l'ensemble de la série pour évaluer la fonction de chaque groupe.

lativement générales de Bahariya, se profile une figure divine ancrée avec précision : Osiris de Ta-Oubekhet, forme également évoquée dans la chapelle 2, qui apparaît ainsi sans doute comme le dieu principal du monument, sur un territoire sacré qui appartient probablement au moins en partie à Bastet. On comprend ainsi que le monument ait été couvert d'un plafond voûté, décoré d'étoiles [100]. Les autres divinités, en particulier celles d'origine héracléopolitaine, thébaine et boubastite, occupent, semble-t-il, stratégiquement l'espace sacré autour de lui.

La salle nord s'est armée en répartissant des figures léonines sur chaque paroi parmi lesquelles figure Outo, symbole du nord. Dans la salle sud, le relais de la défense est assuré par Mahès et Bastet à la tête de la série est, par Montou, qualifié de « très puissant » (n° 17,2), et par les entités des trois autres points cardinaux. Parmi celles-ci, Sopdou et Ha ont notoirement valeur de gardiens des flancs d'Osiris.

3.2. *Clefs poétiques*

La récurrence des figures divines semble obéir pour une grande part à un principe numérique.

Plusieurs dieux sont répétés selon un rythme de 3 ou de 3 + 1.

– 3 + 1 :

Les dieux des points cardinaux sont trois (Ha, Sopdou, Sopdet) dans la salle sud, un (Outo) dans la salle nord.

Amon et Mout apparaissent trois fois dans la salle nord, où ils forment un carré avec Montou-Rê et Mâât ; cette construction se retrouve très probablement dans la salle sud, si l'on admet l'identification proposée pour le n° 19.

Horsaïsis apparaît trois fois isolément, une fois en couple avec Nephthys. Il est trois fois mis en parallèle avec Paherchef/Hérichef, une fois diagonalement opposé à Isis et Anubis.

Trois formes de Paherchef porteur du disque solaire se complètent par un Hérichef porteur de l'*atef*.

– 3 : Les divinités suivantes sont représentées trois fois.

Montou et Maât : n° 13,8-9 dans la salle nord, n°s 20 et 17,2-3 dans la salle sud.

Mahès : n°s 5,1 et 10 dans la salle nord, n° 21,1 dans la salle sud.

Bastet : n°s 5,2 et 7,2 dans la salle nord, n° 21,2 dans la salle sud.

Isis : n°s 5,13 et 8,2 dans la salle nord, n° 16,2 dans la salle sud.

Hathor : n°s 5,7 et 13,4 dans la salle nord, n° 21,4 dans la salle sud.

Nehemetanou : n°s 5,9 et 13,7 dans la salle nord, n° 16,7 dans la salle sud.

Trois enfants divins : Khonsou et Somtous dans la salle nord, Somtous dans la salle sud.

100 Cf. *supra*, n. 9.

Khonsou et Thot constituent un cas particulier. Ils figurent tous deux deux fois, séparément, le premier avec le disque lunaire, le second portant l'*atef*. Mais Khonsou-Thot constitue une entité valise qui complète le trio de l'un et de l'autre, en portant le disque lunaire de Khonsou, mais la tête de l'ibis de Thot, dont de surcroît la parèdre Nehemetanou l'accompagne.

À ce principe numérique se superposent de nombreux procédés stylistiques connus par l'étude des temples ptolémaïques : chiasmes soulignant les complémentarités, décalages dissymétriques, polarités conceptuelles de base. Par-dessus tout, le recours à un jeu combinatoire très élaboré a mené les hiérogrammates à emboîter une série de carrés théologiques, dont le tableau suivant tente de présenter un aperçu. Y sont imbriqués les groupes suivants :

1. Les dieux d'origine héracléopolitaine et Horsaïsis occupent le plus d'espace ; on remarquera également l'importance du dieu-enfant Somtous, présent dans les deux salles, et d'une Hathor qui est peut-être du nome libyque ;

2. Deux carrés répartissent en les redistribuant les formes d'Amon, de Mout, de Maât et de Montou dans les deux salles, construits sur les parois latérales dans la pièce nord, sur les parois transversales dans la pièce sud ; dans celui de la salle nord, s'emboîte un carré plus petit, opposant diverses formes de Khonsou, Thot et Khonsou-Thot.

<table>
<tr><td colspan="2">**Hor**[**saïsis**/Djesdjes ?] →</td><td></td><td colspan="2" rowspan="4">salle sud</td><td></td><td colspan="2">← **Paherchef**</td></tr>
<tr><td></td><td colspan="2">← **Mout**-[Œil-de-Rê] ?
← **Amon** / Double-Pays [? oasis]</td><td colspan="2">**Maât** fille de Rê →
Montou Thèbes/ciel →</td><td></td></tr>
<tr><td colspan="2">**Somtous** l'Enfant
[**Hathor**...]/dans l'oasis
[**Hérichef** roi du Double-Pays,
souverain des rives] ?</td><td></td><td></td><td colspan="2">**Horsaïsis**
héritier d'Ounnefer
Nephthys</td></tr>
<tr><td></td><td colspan="2">*[**Mout** /Œil de Rê] ?* →
*[**Amon-Rê-Horus**]* ←
Djesdjes ?</td><td colspan="2">← **Mout** Œil de Rê
→ **Amon**-Lumière de
Thèbes</td><td></td></tr>
<tr><td></td><td colspan="2">**Montou-Rê**/Thèbes
Maât Dame du Double Pays</td><td colspan="2">salle nord</td><td colspan="2">**Mout** Dame du Double Pays
Amon-Lumière de Thèbes/Djesdjes</td><td></td></tr>
<tr><td></td><td></td><td colspan="2">**Nehemetanou**
/Résidence
Khonsou-Thot-ibis-lune/
oasis</td><td colspan="2">**Nehemetanou**

Thot-ibis-
Atef/Desdes</td><td></td><td></td></tr>
<tr><td colspan="2">**Somtous l'Enfant**
Hathor/Pa-Meret</td><td colspan="4"></td><td colspan="2">**Hathor** Dame du Double Pays
Paherchef</td></tr>
<tr><td></td><td></td><td colspan="2">**Khonsou**-faucon-
lune /oasis</td><td colspan="2">**Khonsou-l'Enfant**-lune</td><td></td><td></td></tr>
<tr><td></td><td colspan="2">**Mout**-Œil-de-Rê
Amon-Horus/Djesdjes</td><td colspan="2">salle nord</td><td colspan="2">**Mout**-Œil-de-Rê
Amon-Double-Pays/oasis</td><td></td></tr>
<tr><td colspan="2">← **Paherchef**</td><td></td><td colspan="2">façade</td><td></td><td colspan="2">**Horsaïsis ?** →</td></tr>
</table>

Tableau XIII. Emboîtement de carrés théologiques.

Enfin, comparer les dieux en tête des quatre séries divines devant lesquels le roi fait offrande jette sur la relation entre Osiris et l'Amon I un éclairage révélateur :

[Mahès qui réside dans l'oasis ?] (porteur du *pschent* ?)	n° 21,1	salle sud	n° 16,1	Osiris-qui-reçoit-des-offrandes, le grand dieu qui réside à Ta-Oubekhet
parois est		χ		**parois ouest**
Amon-Horus qui réside à Djes[djes] = Amon I	n° 13,1	salle nord	n° 5,1	Mahès [qui réside dans l'oasis ?] porteur du *pschent*

Tableau XIV. Osiris et Amon-Horus.

Aux deux extrémités d'une diagonale se trouve Mahès, sur lequel il est difficile d'insister vu l'état lacunaire de la paroi. Mais la diagonale qui croise la première relie à Osiris de Ta-Oubekhet une forme d'Amon qui, par son épiclèse, « Horus qui réside à Djesdjes », est défini comme son fils à Bahariya.

Fig. 1. Chapelle 1, façade nord de la salle nord, côté est (nº 1) : Amasis, roi de Haute Égypte, devant Paher[chef]. (© A. Lecler, Ifao).

Fig. 2. Chapelle 1, façade nord de la salle nord, côté ouest (nº 2) : Amasis, roi de Basse Égypte, devant [Horsaïsis] (?). (© A. Lecler, Ifao).

Fig. 3. Chapelle 1, salle nord, paroi ouest (n° 5,6-8) : Paherhef, Hathor, Thot. (© A. Lecler, Ifao).

Fig. 4. Chapelle 1, salle sud, paroi est (n° 21,4-8) : Hathor, Somtous, Nephthys, Sopdou, Sopdet. (© A. Lecler, Ifao).

Fig. 5. Chapelle 1, salle sud, paroi sud (n°s 17-18) : de droite à gauche, Paherchef (?), Montou, Maât, Mout, Amon, Hor[saïsis] (?). (© A. Lecler, Ifao).

Les colophons dans la littérature égyptienne

Giuseppina LENZO MARCHESE

LE MOT « colophon » vient du grec κολοφών qui signifie « sommet, terme, achèvement [1] ». C'est le sens premier de « sommet, crête » qui aurait donné ce nom à la ville de Colophon (ville ionienne fondée au Xe siècle av. J.-C.), en relation avec sa position géographique élevée [2]. Le sens second de « fin » sera même expliqué pour la première fois par Strabon (XIV, 1, 28) à partir de ce toponyme [3]. Dès Platon, le sens figuré est employé pour signifier l'achèvement d'un discours [4]. À partir de l'époque byzantine, ce mot servira à désigner les formules insérées à la fin des manuscrits [5].

Dès la plus haute Antiquité, plusieurs peuples avaient déjà pris l'habitude d'introduire une formule à la conclusion de leurs manuscrits. Par exemple, de nombreux textes cunéiformes comportent ces souscriptions finales [6]. Les scribes égyptiens laissèrent également diverses informations à la fin de leurs textes. Plusieurs types de manuscrits présentent des colophons à partir de la XIIe dynastie jusqu'à l'époque romaine. Cet article se propose d'observer leur évolution à travers plusieurs textes littéraires et funéraires.

Cet article est une version remaniée d'un mémoire de licence présenté à l'université de Genève sous la direction du Pr M. Valloggia. Je tiens à remercier les professeurs M. Valloggia et A. Roccati pour leurs observations sur cet article.

1 P. CHANTRAINE, *Dictionnaire étymologique de la langue grecque*, Paris, 1983², p. 558.

2 A.W. POLLARD, *An Essay on Colophons*, Chicago, 1905, p. 4.

3 STRABON, XIV, 1, 28 : « Les Colophoniens possédaient jadis à la fois une flotte et une cavalerie d'une puissance remarquable : grâce à cette dernière, ils l'emportaient à ce point sur les autres armées que, dans les guerres qui s'éternisaient, partout où la cavalerie des Colophoniens apportait son aide, le conflit était résolu. De là est venu le proverbe qui dit "il a mis le colophon", lorsqu'une conclusion définitive est apportée à une affaire. » Je souhaite remercier Éric Le Berre, université de Lausanne, pour la traduction de ce passage et les références grecques sur le terme « colophon », ainsi que pour ses conseils apportés lors de la relecture de l'article.

4 H.G. LIDDELL, R. SCOTT, H.S. JONES, *A Greek-English Lexicon*, Oxford, 1996⁹, p. 974.

5 Au Moyen Âge, les copistes laissaient plusieurs informations, souvent leur nom, la date et le lieu de copie (BÉNÉDICTINS DU BOUVERET, *Colophons de manuscrits occidentaux des origines au XVIe siècle*, 6 vol., Fribourg, 1965-1982 ; ainsi que Th. GLORIEUX-DE GAND, *Formules de copiste. Les colophons des manuscrits datés. Catalogue de l'exposition Chapelle de Naussau, Bruxelles, du 7 décembre 1991 au 25 janvier 1992*, Bruxelles, 1991). Dès le XVe siècle, le terme passa dans la langue de l'imprimerie. Toujours situé à la fin des ouvrages, il indiquait le nom de l'imprimeur, ainsi que le lieu et la date d'édition (J.S. KENNARD, *Some Early Printers and their Colophons*, 1901 ; et A.W. POLLARD, *op. cit.*).

6 À ce sujet, H. HUNGER, *Babylonische und assyrische Kolophone, AOAT* 2, Kevelaer, Neukircken – Vluyn, 1968 ; et dernièrement, M. LUISELLI, « The Colophons as an Indication of the Attitudes towards the Literary Tradition in Egypt and Mesopotamia », *Basel Egyptology Prize* 1, *AegHelv* 17, Bâle, Genève, 2003, p. 343-360.

1. La formule type du colophon *jw=f pw*

L'expression la plus souvent répertoriée à la fin d'un manuscrit est  *jw=f pw*. Il s'agit d'un *sḏm=f*, forme verbale substantivée, utilisé comme prédicat, suivi de *pw*, comme l'ont expliqué en dernier lieu P. Vernus [7] ainsi que P. Grandet et B. Mathieu [8]. La traduction qui nous semble à la fois la plus proche et la plus commode est « c'est venu (à la fin) », car le texte est « venu » à son terme, il est donc fini. Notons encore que les Égyptiens avaient eux-mêmes exprimé le mot « fin » dans les premiers colophons du Moyen Empire, par *pḥwy* attesté dans la variante *jw=f pw ḥ3t=f r pḥwy=fy mj gmyt m sš* : « C'est venu du début jusqu'à la fin comme ce qui a été trouvé en écriture. » Il disparaîtra dans l'abrégé *jw=f pw* dans lequel il est probablement sous-entendu [9]. On remarque encore que le pronom suffixe *=f* dans *jw=f pw* est parfois remplacé par le suffixe *=s* [10] et que ce sera systématiquement le cas au Nouvel Empire [11].

2. Les colophons dans les textes littéraires

2.1. *La XIIe dynastie*

Les colophons apparaissent dans la documentation écrite à la XIIe dynastie, d'une part dans les Textes des Sarcophages d'Al-Bercha [12], et d'autre part sur papyrus. Après l'étude de plusieurs manuscrits, trois variantes principales se dégagent pour cette époque [13] :

1. Une formule courte : *jw=f pw*, « c'est venu (à la fin). »

Exemples : *Enseignement pour Kagemni* (P. Prisse, II, 9), *Histoire de Hay* (P. Kahoun LV.1, v° 27) [14] ;

2. Une formule plus longue : *jw=f pw ḥ3t=f r pḥ(wy)=fy mj gmyt m sš*, « c'est venu du (litt. de son) début jusqu'à la (litt. sa) fin comme ce qui a été trouvé en écriture. »

Exemples : *Sinouhé* (P. Berlin 3022, col. 311), *Dialogue d'un homme avec son âme* (P. Berlin 3024, col. 154-155), *Enseignement de Ptahhotep* (P. Prisse, XIX, 9).

À travers cette expression, le scribe indique qu'il a copié son manuscrit, sans rien omettre, « du début à la fin ». De plus, il précise « comme ce qui a été trouvé en écriture », ce qui signifie qu'il n'est pas le premier à le mettre par écrit et qu'il a reproduit son texte à partir d'un modèle

7 P. VERNUS, « Observations sur la prédication de classe ("Nominal Predicate") », *LingAeg* 4, 1994, p. 338-339. Il indique la traduction suivante : « (Le fait que la présente formule est écrite), c'est qu'il (le texte) est rendu présent (litt. : vient) etc. ».

8 P. GRANDET, B. MATHIEU, *Cours d'égyptien hiéroglyphique*, Paris, 2003², § 27.4, p. 306-307. Traduction proposée : « C'est ainsi qu'il (le document) doit aller du début à la fin [...]. »

9 *Infra*, § 2.1.

10 Il s'agit de colophons contenus à la fin de certaines formules des Textes des Sarcophages d'Al-Bercha : *CT* V, 380d (B1C) ; *CT* VI, 193o (B1Bo) ; *CT* VII, 262j (B3C) et *CT* VII, 471g (B1L). Il s'agit certainement des premiers colophons attestés, comme le signale R.B. PARKINSON, « Teachings, Discourses and Tales from the Middle Kingdom », dans S. Quirke (éd.), *Middle Kingdom Studies*, New Malden, 1991, p. 95. Ils sont également mentionnés par P. VERNUS, *op. cit.*, p. 338.

11 À propos du changement de suffixe, G. POSENER, « Section finale d'une sagesse inconnue », *RdE* 7, 1950, p. 72, n. 2 et P. GRANDET, B. MATHIEU, *Cours,* § 27.4, p. 307.

12 *Supra*, n. 10.

13 R.B. PARKINSON, *loc. cit.*, a déjà mis en évidence ces variantes.

14 Il faut également signaler un colophon dans un texte mathématique, le P. Kahoun LV.4, l. 3.8.

qu'il avait sous les yeux [15]. L'expression *mj gmyt m sš* est souvent attestée dans des documents en référence explicite à un manuscrit plus ancien, à partir duquel le texte a été copié [16];

3. Une formule, plus longue que la précédente, insère probablement le nom du copiste du manuscrit à la fin de la souscription : *jw=f pw ḥꜣt=f r pḥ(wy)=fy mj gmyt m sš m sš sš* N, « c'est venu du début jusqu'à la fin comme ce qui a été trouvé en écriture (et) en tant qu'écrit du scribe N. »

Le seul exemple attesté avec certitude est celui du *Naufragé* (P. Ermitage 1115, col. 186-189) : *jw=f pw ḥꜣt=f r pḥ(wy)=fy mj gmyt m sš [m] sš jqr n ḏbʿw=f Jmny sꜣ Jmn-ʿꜣ ʿnḫ wḏꜣ snb*, « *c'est venu* du début jusqu'à la fin comme ce qui a été trouvé en écriture (et) [en tant que] écrit du scribe habile de ses doigts, Amenâa, fils d'Ameny, Vie, Force, Santé. »

Ce manuscrit semble indiquer pour la première fois le nom du scribe qui a effectué la copie au moyen de « c'est venu (...) en tant qu'écrit du scribe N ». En réalité, deux interprétations sont possibles : Amenâa est soit le scribe de cette copie, soit le scribe du manuscrit d'où a été copié le papyrus de l'Ermitage. G. Lefebvre avait adopté cette dernière solution, en attribuant à Amenâa la paternité du manuscrit original à partir duquel le scribe du P. Ermitage avait copié le texte [17], suivi par P. Grandet et B. Mathieu [18]. Au contraire, M. Lichtheim [19] et plus récemment R.B. Parkinson [20] et M. Luiselli [21] considèrent que la copie de l'Ermitage est due à Amenâa (Ameny pour R.B. Parkinson et M. Luiselli qui ne tiennent pas compte de l'antéposition honorifique du nom du père).

Lorsqu'on examine le colophon de l'*Enseignement pour Mérikarê* du P. Ermitage 1116 A, on rencontre une adjonction *jw=s <pw m> ḥtp mj gmyt m sšw sp-sn m sš sš [Ḫʿ]-m-wꜣst* : « C'est venu (à la fin) <en> ordre, comme ce qui a été trouvé dans les écrits deux fois, (et) en tant qu'écrit du scribe [Khâ]emouaset [22]. » Le choix de *m sšw* au pluriel (« dans les écrits »), ainsi que la précision *sp-sn* (« deux fois »), peuvent suggérer que le copiste avait deux sources différentes sous les yeux qui lui servaient de modèles [23]. Il est par conséquent possible d'en déduire que Khâemouaset était bien le copiste du P. Ermitage 1116 A. Dès lors, il serait bien question du copiste dans *Le Naufragé* également.

15 À ce sujet, cf. également A.H. GARDINER, *Egyptian Grammar*, Oxford, 1957³, § 189. Plus récemment, A. ROCCATI, « Lo scriba », dans S. Donadoni (éd.), *L'uomo egiziano*, Rome, Bari, 1990, p. 71 et *id.*, *Sapienza egizia. La letteratura educativa in Egitto durante il II millenio a. C.*, *Testi del Vicino Oriente antico* I, 4, Brescia, 1994, p. 53, n. 66, fait également remarquer que cette formule indiquait que le papyrus avait été copié d'après un texte plus ancien, et non selon une tradition orale.

16 Par exemple, le P. Ebers (XLVII, 15-16) de la XVIIIᵉ dynastie donne le titre suivant : « Connaissance de ce qu'on fait avec la plante-*degem* (comme) dans ce qui a été trouvé dans les écrits des temps anciens, en tant que ce qui est utile pour les hommes ». S. SCHOTT, *Bücher und Bibliotheken im alten Ägypten*, Wiesbaden, 1990, p. 279, nᵒ 1276 et U. LUFT, « Zur Einleitung der Liebesgedichte auf Papyrus Chester Beatty I rᵒ XVI 9 ff. », *ZÄS* 99, 1973, p. 108-109. Un autre titre de papyrus, celui du calendrier du P. Caire CG 86637 (I, 1) de la XIXᵉ dynastie présente une expression analogue : « Début des processions pour chaque dieu et pour chaque déesse, ce jour à son (propre) temps. Ce qui a été trouvé par rapport aux écrits des temps anciens ». Publié par A.-M. BAKIR, *The Cairo Calendar No. 86637*, Le Caire, 1966. Voir également Chr. LEITZ, *Tagewählerei. Das Buch ḥꜣt nḥḥ pḥ.wy ḏt und verwandte Texte*, *ÄgAbh* 55, Wiesbaden, 1994, pl. 1.

17 G. LEFEBVRE, *Romans et contes de l'Égypte pharaonique*, Paris, 1988², p. 40 et n. 41.

18 P. GRANDET, B. MATHIEU, *Cours*, § 27.4, p. 306.

19 M. LICHTHEIM, *Ancient Egyptian Literature* I. *The Old and Middle Kingdoms*, Berkeley, Los Angeles, Londres, 1975, p. 215.

20 R.B. PARKINSON, *The Tale of Sinuhe and Other Ancient Egyptian Poems 1940 – 1640 BC*, Oxford, 1998, p. 98.

21 M. LUISELLI, *Basel Egyptology Prize* 1, p. 346.

22 *Infra*, § 2.2, pour le colophon en entier.

23 M. LUISELLI, *op. cit.*, p. 347, fait une autre proposition : elle interprète *sp-sn* comme une instruction pour la lecture.

Le P. Londres BM 10371/10435 qui contient une version de l'*Enseignement de Ptahhotep* montre un colophon lacunaire *[jw=f pw ḥꜣt=f r pḥ(wy)=fy] mj gmyt [m sš][?]* : « [C'est venu du début jusqu'à la fin] comme ce qui a été trouvé [en écriture] [?] » (v° ''' 1-2). La dernière lacune semble être trop grande pour contenir uniquement *m sš*. On peut proposer, à titre d'hypothèse, que le colophon était construit comme celui du *Naufragé* et qu'il pouvait donc renfermer le nom du copiste.

La première formule (*jw=f pw*) ne semble être qu'un abrégé de la deuxième (*jw=f pw ḥꜣt=f r pḥ(wy)=fy mj gmyt m sš*). Le P. Prisse, qui contient dans un même manuscrit ces deux versions, nous amène à conclure que le scribe pouvait utiliser indistinctement l'une ou l'autre [24]. La troisième n'est, quant à elle, qu'une version élaborée de la deuxième avec la précision du nom du copiste (*jw=f pw ḥꜣt=f r pḥ(wy)=fy mj gmyt m sš m sš sš* N). Il n'y a donc probablement qu'un seul type de colophon représenté par ces formules qui dérivent l'une de l'autre et qui s'emploient indifféremment à la même époque.

La formule d'origine devait au moins inclure *jw=f pw ḥꜣt=f r pḥ(wy)=fy* pour montrer que le manuscrit est bien « venu (...) jusqu'à la fin », ce qui donne un sens à l'abrégé *jw=f pw* qui sous-entend le terme « fin » et qui s'imposera rapidement auprès des scribes.

2.2. *La XVIIIe dynastie*

Alors que le Moyen Empire présente des colophons fort similaires entre eux, la XVIIIe dynastie montre plusieurs versions, parfois même au sein de manuscrits contemporains. On retiendra les exemples suivants :

– P. Boulaq 17, Hymne à Amon-Rê (XI, 5) : *jw=f pw m ḥtp mj gmyt*,
« *c'est venu en ordre (litt. en paix) comme ce qui a été trouvé* [25]. »

– P. Ermitage 1116 A, *Enseignement pour Mérikarê* (l. 144-150) :
Jw=s <pw m> ḥtp mj gmyt |[145] *m sšw sp-sn m sš sš [Ḫꜥ-]m-wꜣst n=f ḏs=f gr mꜣꜥ nfr* |[146] *bjꜣt wꜣḥ-jb mr rmṯ tm ꜥḥꜥ m jrt{=j} ky* |[147] *tm štm bꜣk n nb=f sš njs ḥsb ṯs* |[148] *sšsꜣ ḥr m kꜣt Ḏḥwty sš Ḫꜥ-m-wꜣst n sn=f* |[149] *mry=f n st-jb gr mꜣꜥ nfr bjꜣt sšsꜣ* |[150] *ḥr m kꜣt Ḏḥwty sš Mḥ sꜣ [...].*

« *C'est venu (à la fin) <en> ordre (litt. en paix), comme ce qui a été trouvé dans les écrits deux fois, (et) en tant qu'écrit du scribe [Khâ]emouaset pour lui, lui-même, le silencieux véritable, bon de caractère, patient, qui aime les gens, qui n'est pas debout dans l'œil d'un autre, celui qui ne calomnie* [26] *pas le serviteur de son maître, le scribe qui récite et qui compte le verdict, au visage instruit dans l'art de Thot, le scribe Khâemouaset. Pour son frère, son aimé de la place du cœur, le silencieux véritable, bon de caractère, au visage instruit dans l'art de Thot, le scribe Meh, fils de [...].* »

24 Il en serait de même pour les P. Ermitage 1115 A et P. Prisse, s'ils ont bien été écrits par la même main. Sur ce dernier point, R.B. PARKINSON, *Poetry and Culture in Middle Kingdom Egypt. A Dark Side to Perfection,* Londres, New York, 2002, p. 298-299 et A.S. VON BOMHARD, « Le conte du Naufragé et le papyrus Prisse », *RdE* 50, 1999, p. 51-65.

25 Pour la traduction, voir en dernier lieu M. LUISELLI, *Der Amun-Re Hymnus des P. Boulaq 17 (P. Kairo CG 58038), KÄT* 14, Wiesbaden, 2004.

26 Au sujet du terme *štm*, J.F. QUACK, *Studien zur Lehre für Merikare, GOF IV / 23*, Wiesbaden, 1992, p. 10, n. 1.

Le scribe Khâemouaset a écrit ce texte pour lui-même et son frère Meh [27]. En plus de ce document, il aurait copié également le P. Ermitage 1116 B (*Prophétie de Neferty*) [28].

– P. Ermitage 1116 B, *Prophétie de Neferty* (col. 71) :
jw=s pw m ḥtp jn [sš] [...],
« c'est venu (à la fin) en ordre (litt. en paix), par (ou : pour) [le scribe] [...]. »

Les égyptologues interprètent généralement *jn* dans le sens de « par [29] », il s'agirait donc d'une formule qui introduit le nom du copiste. Rien ne permet d'affirmer le contraire, si ce n'est qu'à partir de la XIXe dynastie, *jn* sert clairement à mettre en évidence le nom du scribe auquel le copiste dédie son travail (c'est-à-dire le destinataire dont le nom serait ici perdu [30]). On pourrait envisager qu'il s'agisse ici d'une des premières attestations de cette expression qui serait à traduire par « pour ».

– P. Amherst XII et XIII, *Enseignement loyaliste* (v° 2, 7-8) :
[jw=s pw] 7| *m ḥtp jn sš wꜥb n pr Jmn [...]* 8| *Ḥrjꜣ sš Sꜣ-pꜣ-jr sš Pꜣ-[...],*
« [c'est venu] en ordre. Par (ou : pour) le scribe, le prêtre-ouâb du domaine d'Amon [...], Horia, le scribe Sapair, le scribe Pa [...] ».

Le nom du copiste ou du premier destinataire est perdu. Au total, quatre noms étaient mentionnés. Pour l'interprétation de *jn*, le même problème que pour le P. Ermitage 1116 B mentionné ci-dessus se pose et deux solutions s'offrent donc à nous : d'une part considérer *jn* comme équivalent de « par » qui introduirait le nom du scribe, suivi du nom de trois destinataires, d'autre part, adopter la version *jn* « pour » suivi du nom de quatre destinataires et éventuellement le nom du copiste dans la lacune. La dernière option rappelle la formule largement employée à partir de la XIXe dynastie.

Plusieurs formules coexistent durant la XVIIIe dynastie. La première (*jw=f pw m ḥtp mj gmyt* dans l'hymne à Amon-Rê du P. Boulaq 17) est un héritage du Moyen Empire, avec une innovation : *m ḥtp* « en ordre », litt. « en paix [31] ». Puis la formule se modifie, notamment avec l'introduction du suffixe *=s* à côté de l'ancienne expression *mj gmyt m sš* (*Enseignement pour Mérikarê*) dont l'utilisation sera régulière à l'époque ramesside. Finalement, l'emploi de *m ḥtp* se généralise (*Enseignement pour Mérikarê*, *Prophétie de Neferty*).

27 Au sujet de ce colophon, voir également *supra*, § 2.1, partie 3.

28 A.H. GARDINER, « New Literary Works from Ancient Egypt », *JEA* 1, 1914, p. 21. Selon G. POSENER, « Philologie et archéologie égyptiennes », *ACF* 62, 1962, p. 292, suivi par J.F. QUACK, *op. cit.*, p. 10, le P. Ermitage 1116 A serait de la fin du règne d'Amenhotep II ou du règne de Thoutmosis IV, tout comme le P. Ermitage 1116 B.

29 Cf. les traductions de G. LEFEBVRE, *Romans et contes*, p. 105 ; M. LICHTHEIM, *Ancient Egyptian Literature* I, p. 144 ; E. BRESCIANI, *Letteratura e poesia dell'Antico Egitto,* Turin, 1990, p. 128 ; ainsi que D. DEVAUCHELLE, « Les prophéties en Égypte », dans *Prophéties et oracles* II. *En Égypte et en Grèce, CahEv Supplément* 89, Paris, 1994, p. 13.

30 Au sujet de l'expression *jn (kꜣ n) sš* N, *infra*, § 2.3.

31 Pour la traduction de *m ḥtp*, *infra*, § 2.3. L'expression *m ḥtp* se rencontre toutefois dès le Moyen Empire dans les Textes des Sarcophages, R.B. PARKINSON, dans S. Quirke (éd.), *Middle Kingdom Studies*, p. 95.

Comme pour la XIIe dynastie, le nom du copiste était peut-être conservé. Néanmoins, le doute subsiste en raison de l'ambiguïté du sens de *jn* et des lacunes dans la *Prophétie de Néferty* et l'*Enseignement loyaliste.* Il est par contre certain que les noms des personnages auxquels sont dédiés les manuscrits commencent à figurer (*Enseignement pour Mérikarê,* l'*Enseignement loyaliste* et peut-être la *Prophétie de Neferty*), comme ce sera souvent le cas à l'époque ramesside. Dans le Livre des Morts de Youia (P. Caire CG 51189) de la XVIIIe dynastie, c'est même le personnage pour qui le scribe avait copié le texte, Youia, qui est mentionné [32].

Ces observations permettent de considérer que la XVIIIe dynastie et son mélange de formules marquent la transition entre les colophons du Moyen Empire et ceux des XIXe et XXe dynasties.

2.3. *L'époque ramesside*

La plupart des colophons des XIXe et XXe dynasties proviennent du site de Deir al-Médîna. À cela, s'ajoutent d'autres manuscrits de provenance inconnue ou originaires de Memphis. Aucune distinction parmi les colophons n'a pu être mise en évidence d'après leur origine. Par contre, trois éléments importants apparaissent à travers cette documentation :

• La souscription finale la plus souvent utilisée est *jw=s pw nfr m ḥtp* : « C'est venu (à la fin) parfaitement en ordre [33] ». La présence de *m ḥtp* « en ordre [34] », litt. « en paix » paraît indiquer que le scribe est bien arrivé à la fin du manuscrit, sans interruptions ou entraves quelconques et sans rien oublier [35]. Le groupe *m ḥtp* peut parfois être omis [36]. R.B. Parkinson a déjà fait remarquer que *m ḥtp* était généralement employé dans les copies de textes du Moyen Empire, les textes médicaux, magiques et religieux ; alors que *jw=s pw nfr* survenait en principe dans les contes du Nouvel Empire ou les hymnes [37].

L'ensemble *nfr m ḥtp* peut être un résumé d'une formule plus élaborée attestée dans un cas, à la fin d'un Livre des Morts de la XVIIIe dynastie qui indique : « C'est venu du début jusqu'à la fin comme ce qui a été trouvé <en> écriture, étant copié, collationné, examiné et rapporté signe par signe (pour) le père du dieu Youia, juste de voix [38]. » ;

32 Le colophon est mentionné *infra*, § 3.1.

33 Exemples : *Enseignement d'Amenemhat Ier* (O. Michaelides 20 bis ; P. Sallier II, 3,7-8), *Enseignement d'un homme à son fils* (ODM 1106 ; O. Moscou 4478 + O. Berlin P. 9026 ; ODM 1056 + O. Gardiner 347), *Enseignement de Khety* (ODM 1014 ; P. Anastasi VII, 7,4), *Hymne au Nil* (P. Sallier II, 14,11), *Livre de Kemyt* (ODM 1153, recto ; O. Bruxelles E 7627 ; O. Caire 56842 + ODM 1172), miscellanées (P. Anastasi III, 7,10), *Les Deux Frères* (P. Orbiney 19,7-8), *Sinouhé* (O. Londres BM 5629) ou encore un texte littéraire inconnu (O. BM 29549).

34 Traduction adoptée par P. VERNUS, *Sagesses de l'Egypte pharaonique*, Paris, 2001, p. 191.

35 Voir également H.-W. FISCHER-ELFERT, *Die Lehre eines Mannes für seinen Sohn. Eine Etappe auf dem "Gottesweg" des loyalen und solidarischen Beamten des Mittleren Reiches*, *ÄgAbh* 60, Wiesbaden, 1999, p. 262.

36 Exemples : Rituel d'Amenhotep Ier (P. Chester Beatty IX, verso, 3,3), Hymne à Amon (P. Chester Beatty IV, recto, 7,1), *Les aventures d'Horus et Seth* (P. Chester Beatty I, 16,8), *La Prise de Joppé* (P. Harris 500, verso, 3,13), *Hymne au Nil* (P. Anastasi VII, 12,3).

37 R.B. PARKINSON, *loc. cit.*

38 *Infra*, § 3.1.

• Une expression nouvelle fait son apparition : *jn kꜣ n sš* N [39], var. *jn sš* N [40], « pour le (*ka* du) scribe N [41] » à la suite de *jw=s pw nfr m ḥtp*. Elle intervient dans des copies d'étudiants, lorsque le copiste, un assistant (*ẖry-ʿ*), dédiait sa copie à son maître et parfois à certains de ses compagnons [42] ;

• Le nom du copiste, ou dans certains cas de l'auteur du texte, est indiqué après l'expression *jr n sš* N (var. *jr jn sš* N), « fait par le scribe N », ou *sš* N, « (fait par) le scribe N ». Cette indication est donnée soit seule [43], soit à la suite de *jw=s pw nfr (m ḥtp)* [44].

Certains de ces textes ont très vraisemblablement été composés par le scribe dont le nom figure après *jr n sš* ou *sš*, comme c'est le cas pour le scribe Amennakht, fils d'Ipouy, de Deir al-Médîna [45]. S. Bickel et B. Mathieu ont mis en évidence cinq œuvres composées par ce personnage, en plus de l'enseignement qui porte son nom, qui se finissent par *(jr n) sš* N [46]. B. Mathieu a proposé de voir peut-être d'autres auteurs parmi certains scribes mentionnés dans des ostraca contenant des textes nouveaux et se terminant par *(jr n) sš* N [47] : Amenemhat pour l'Imprécation contre l'échauffé de l'O. Leipzig 8, Horimin, fils de Hori pour l'hymne à Rê de l'O. Gardiner 319, Amenmosé pour l'hymne à Amon-Rê de l'ODM 1593 + O. Michaelides 82 et Panéferemdjed pour la lettre modèle de l'ODM 1693. À cette liste peuvent s'ajouter d'autres compositions qui s'achèvent avec *(jr n) sš* N et le nom probable de l'auteur : le « scribe de la Place de Vérité [ ] » pour le chant d'amour de l'O. Turin 57319 + ODM 1635, le scribe Panefer (?) pour l'Hymne au soleil de l'O. Turin 57003 et un scribe dont le nom est dans une lacune : l'hymne (?) de l'O. Caire 25225 [48].

39 Exemples : Hymne à Amon (P. Chester Beatty IV, recto, 7,1-2), *Enseignement d'Amenemhat I* (O. Michaelides 20 bis ; P. Sallier II, 3,7-9), *Prise de Joppé* (P. Harris 500, verso, 3,13-14), miscellanées (P. Anastasi III, 7,10-11), *Bataille de Qadech* (P. Sallier III,11-10-11), *Les Deux Frères* (P. d'Orbiney 19,7-10), *Hymne au Nil* (P. Sallier II, 14,11), *Enseignement de Khety* (P. Sallier II, 11,5 ; P. Anastasi VII, 7,4-6), texte littéraire inconnu (O. BM 29549).

40 Exemples : *Enseignement d'Amenemhat Ier* (ODM 1204 ; O. Turin 57431), *Enseignement d'un homme à son fils* (ODM 1106 ; O. Moscou 4478 + O. Berlin P. 9026), *Livre de Kemyt* (ODM 1153 recto ; O. Caire 56842 + ODM 1172 ; ODM 1157 ; O. Munich 1638).

41 À propos de *jn* en tant que variante de *n* « pour » dans cette expression, A.H. GARDINER, *Hieratic Papyri in the British Museum*, IIIrd Series, Londres, 1935, p. 31 ; ainsi que G. POSENER, *RdE* 7, p. 72, n. 3.

42 Au sujet de cette expression et de son emploi dans les colophons parmi les étudiants, A.G. MCDOWELL, « Teachers and Students at Deir el-Medina », dans R.J. Demarée, A. Egberts (éd.), *Deir el-Medina in the Third Millenium AD. A Tribute to Jac. J. Janssen*, *EgUit* 14, Leyde, 2000, p. 217-233.

43 C'est le cas dans les documents suivants : Hymne à Ramsès IV (O. Turin 57001), Hymne à Ramsès IV ou V (O. Ermitage 1125 recto), une lettre modèle (ODM 1693), la clef des songes (P. Chester Beatty III, 10,20), un chant d'amour (O. Turin 57319 + ODM 1635), Hymne à Amon-Rê (O. Michaelides 82 + ODM 1593), Hymne (?) (O. Caire 25225), Hymne au soleil (O. Turin 57003), Hymne à Ptah (?) (O. Turin 57002), Hymne à Thèbes (O. Gardiner 25, recto), Poème satirique (O. Gardiner 25, verso), Imprécation contre l'échauffé (O. Leipzig 8), Hymne à Rê (O. Gardiner 319), *Enseignement de Khety* (ODM 1022 ; ODM 1042 ; ODM 1560), *Hymne au Nil* (ODM 1027).

44 C'est le cas dans les documents suivants : miscellanées (P. Sallier IV, verso 16,2), *Bataille de Qadech* (P. Sallier III, 11,11), *Les Deux Frères* (P. d'Orbiney, 19,10), *Enseignement de Khety* (P. Anastasi VII, 7,5), *Enseignement d'Amenemhat Ier* (O. Turin 57431 ; P. Sallier II, 3,8), texte littéraire inconnu (O. BM 29549).

45 S. BICKEL, B. MATHIEU, « L'écrivain Amennakht et son *enseignement* », *BIFAO* 93, 1993, p. 31-51, pl. 1-8.

46 Il s'agit des textes suivants, déjà mentionnés *supra*, n. 43 : Hymne à Ramsès IV (O. Turin 57001), Hymne à Ptah (?) (O. Turin 57002), Hymne à Thèbes (O. Gardiner 25, recto), Poème satirique (O. Gardiner 25, verso), Hymne à Ramsès IV ou V (O Ermitage 1125 recto). S. BICKEL, B. MATHIEU, *op. cit.*, p. 37-48.

47 B. MATHIEU, « La littérature égyptienne sous les Ramsès d'après les ostraca littéraires de Deir el-Médineh », dans G. Andreu (éd.), *Deir el-Médineh et la Vallée des Rois. Actes du colloque organisé par le Musée du Louvre les 3 et 4 mai 2002*, Paris, 2003, p. 117-137, en particulier le tableau 3, p. 136-137. Nous tenons à remercier M. B. Mathieu pour nous avoir communiqué les références de plusieurs ostraca de Deir al-Médîna avec colophons.

48 Le colophon présente des lacunes et il n'est connu qu'à travers la transcription de G. DARESSY, *Ostraca No 25001-25385,* CGC, Le Caire, 1901, p. 54-55. Cependant, on peut suggérer que le scribe était un A[men]nakht.

Cependant, dans certains cas, il semble clair que nous avons affaire au copiste et non à l'auteur. Par exemple, le colophon du récit de la *Bataille de Qadech* du scribe Pentaour (P. Sallier III, 11, 8-11), daté d'un an 9, se termine par *jr n sš Pn-tꜣ-wrt [...]*. Or, ce personnage est connu pour avoir copié un autre papyrus, le P. Sallier I dont l'an 10, mentionné à la ligne 3,4, a été attribué au règne de Merenptah [49]. Et le récit de la célèbre bataille de Qadech fut sans aucun doute rédigé à l'époque de Ramsès II [50]. De même, le scribe Inena était le copiste de plusieurs textes littéraires dont il ne peut être l'auteur, mais dont le nom figure pourtant après *jr n* [51].

L'expression *jr n sš* N peut donc, soit introduire le nom de l'auteur, soit le nom du copiste. On remarque que lorsqu'il est certainement question de l'auteur, le colophon ne contient pas l'expression *jw=s pw nfr m ḥtp*, il ne présente aucune dédicace pour un maître éventuel, et le texte n'est attesté que dans quelques rares documents [52], ce qui n'est pas le cas lorsqu'il est question de textes bien connus et copiés à maintes reprises [53].

À l'époque ramesside, les scribes prennent l'habitude d'introduire leur nom à la fin de leur copie. Il s'agit souvent d'assistants qui copient des textes au bénéfice de leur maître, et quelquefois de leurs compagnons. Cet usage trouve son origine durant la XVIIIe dynastie, comme l'attestent le P. Ermitage 1116 A (*Enseignement pour Mérikarê*) où le destinataire est clairement introduit par *n* et peut-être les P. Ermitage 1116 B (*Prophétie de Neferty*) et P. Amherst XII et XIII (*Enseignement loyaliste*) par la présence de *jn* [54]. Dans d'autres cas, nous sommes en présence d'auteurs qui indiquent leur nom à la fin de leur création.

Comme nous l'avons déjà indiqué, la formule type qui se dégage est *jw=s pw nfr m ḥtp*, var. *jw=s pw nfr*, avec une prévalence pour la première [55]. Puis viennent les noms du ou des destinataires, et la plupart du temps le nom du copiste. G. Posener avait constaté qu'il existait deux formules différentes à la suite du colophon : la formule « développée *jn kꜣ n* A (B, C), *jr n* D et la formule courte *jn* A (B, C) – D [56] », A, B et C étant les destinataires et D le copiste. On peut même préciser que ces deux variantes semblent se différencier selon que le colophon figure sur ostraca ou papyrus. Il s'avère que la version abrégée est principalement utilisée sur des ostraca [57] et la version développée sur papyrus [58].

L'expression *jr n sš* N, « fait par le scribe N », ou *sš* N, « (fait par) le scribe N », introduit soit le nom de l'auteur du texte, soit le nom du copiste. Il n'est pas toujours aisé de faire la différence. On remarque toutefois que l'auteur se limite à indiquer son nom, sans la formule *jw=s pw nfr m ḥtp* qui suggère la fin d'un texte copié et non nouvellement composé, sans les dédicaces habituelles des assistants.

49 A.H. GARDINER, *Late-Egyptian Miscellanies*, *BiAeg* 7, Bruxelles, 1937, p. XVII.

50 Les témoignages de la bataille de Qadech contemporains de Ramsès II ne manquent pas, Ch. KUENTZ, *La Bataille de Qadesh*, *MIFAO* 55, Le Caire, 1928, p. III.

51 Si une incertitude peut demeurer dans le cas du P. d'Orbiney à cause du manque de parallèle, le scribe Inena ne peut néanmoins pas être l'auteur de l'*Enseignement d'Amenemhat Ier*, l'*Enseignement de Khety* et l'*Hymne au Nil* copiés sur le P. Sallier II daté de l'époque de Séthy II, alors que les textes sont connus dans des manuscrits antérieurs.

52 Cf. les exemples mentionnés *supra*, n. 43. Il faut signaler néanmoins quelques rares cas où un texte classique ne se termine pas par *jw=s pw nfr m ḥtp* : *Enseignement de Khety* (ODM 1022 ; ODM 1042 ; ODM 1560), *Hymne au Nil* (ODM 1027).

53 Cf. les exemples mentionnés *supra*, n. 44.

54 À ce sujet, *supra*, § 2.2.

55 Il existe également l'abrégé *jw=s pw*, mais cette formule reste moins utilisée. Exemples : texte magico-religieux (P. Chester Beatty VIII, r° 9,9), Hymne au char du roi (O. Turin 57365).

56 G. POSENER, *RdE* 7, p. 74, n. 1.

57 Cf. les exemples cités *supra*, n. 40.

58 Cf. les exemples cités *supra*, n. 39.

2.4. *De l'époque saïte à l'époque gréco-romaine*

La Troisième Période intermédiaire n'a pas fourni de nombreux textes littéraires [59]. Il en est de même à partir de l'époque saïte, où les textes sont souvent en démotique [60]. Le seul texte répertorié en hiératique avec colophon est l'*Enseignement d'Amenémopé* du P. Londres BM 10474 [61] de la XXVIe dynastie [62] : [27,18] *jw=s pw* [28,1] *m sš Šnw sꜣ n jt-nṯr Pꜣmj [...]*, « c'est venu (à la fin) en tant qu'écrit de Chenou, le fils du père du dieu Pami[...]. » Le signe  conclut l'expression *jw=f pw*. Puis, après un espace de plusieurs cadrats, le colophon se poursuit à la page suivante. On peut envisager deux possibilités pour interpréter ce signe, en premier lieu comme un équivalent de *ʿrḵ* « compléter, achever » (Wb I, 212, 3-7) qui indiquerait, en plus de la formule type, la fin du manuscrit. La seconde option serait de comprendre ce signe comme déterminatif de l'expression figée *jw=f pw*. Cette dernière possibilité nous semble la plus probable. En effet, cette graphie est présente dans plusieurs manuscrits entre la XXIe dynastie et l'époque romaine à la fin du colophon, plus précisément au terme du titre du livre [63].

2.5. *La littérature démotique*

Dans le cadre de la littérature démotique, nous avons limité notre choix à quelques textes connus qui permettent une comparaison avec les autres époques et écritures. Cet échantillon couvre l'époque ptolémaïque, dès le IIIe siècle av. J.-C., jusqu'à l'époque romaine, au IIe siècle apr. J.-C.

– P. Caire 30646 (VI, 20-21), *Satne et Naneferkaptah* (*Satne I*), IIIe siècle av. J.-C [64] : « C'est la fin de l'écrit complet du récit (*sẖ mnq pꜣy sḏy*) de Satne Khâemouaset et de Naneferkaptah, Ihouret sa femme et Merib son fils. C'est écrit (?) [...] en l'an 15, premier du mois de la saison-*peret* [...]. » Le nom du copiste était peut-être inclus dans la lacune.

– P. Londres BM 10508 (28, 11), *Enseignement d'Ânkhchechonqy*, époque ptolémaïque [65] : « Écrit (*sẖ*). »

59 Pour une liste des sources hiératiques de cette époque, U. VERHOEVEN, *Untersuchungen zur späthieratischen Buchschrift*, *OLA* 99, Louvain, 2001, p. 8-16.

60 Pour les textes hiératiques d'époque saïte, *ibid.*, p. 16-21. Pour la littérature démotique, *infra*, § 2.5.

61 Publié par E.A.W. BUDGE, *Facsimiles of Egyptian Hieratic Papyri* II, Londres, 1920, pl. I-XIV.

62 Selon A. ROCCATI, *Sapienza*, p. 124. P. VERNUS, *Sagesses*, p. 299, indique que le manuscrit ne peut être antérieur au VIIIe siècle av. J.-C. De même, l'étude paléographique d'U. VERHOEVEN, *op. cit.*, p. 290-303, suggère la XXVIe dynastie.

63 Exemples : une version du cérémonial de la *Glorification d'Osiris* (P. Londres BM 10208), une prière pour le salut du roi (P. Caire 58028) et une version du *Livre premier des Respirations* (P. Paris Louvre 3291). Le Livre des Morts de Gatseshen de la XXIe dynastie (P. Caire JE 95838) pourrait rejoindre ce groupe par la présence de ce signe après *jw=s pw*, mais la lecture reste incertaine (cf. *infra*, § 3.2).

64 Cf. W. ERICHSEN, *Demotische Lesestücke* I. *Literarische Texte mit Glossar und Schrifttafel*, Leipzig, 1937, p. 40. Pour la traduction, F.Ll. GRIFFITH, *Stories of the High Priests of Memphis*, vol. 1, Oxford, 1900, p. 40 et M. LICHTHEIM, *Ancient Egyptian Literature* III. *The Late Period*, Berkeley, Los Angeles, Londres, 1980, p. 137.

65 Publié par S.R.K. GLANVILLE, *The Instructions of 'Onchsehshonqy. Catalogue of the Demotic Papyri in the British Museum II*, Londres, 1955, pl. 28. Pour la traduction, cf. par exemple *ibid.*, p. 62-63 et M. LICHTHEIM, *op. cit.*, p. 180.

– P. Vindob D 10000 (III, 10-12), *Prophétie de l'Agneau*, an 33, quatrième mois de la saison *chemou*, jour 8 du règne d'Auguste (= 1er août 04 apr. J.-C.) [66] : « C'est la fin du livre (*pꜣ mnq pꜣ ḏmꜥ pꜣy*). Écrit en l'an 33 de César, le quatrième mois de la saison *chemou*, jour 8, qu'a écrit Khetba, fils de Heryou le jeune, le nom de sa mère étant Khetba la grande. Voici la malédiction qu'a faite Prê (contre) l'Égypte depuis l'an 6 du Pharaon Bocchoris. » Le copiste, Khetba, fils de Heryou et Khetba, dont la forme grécisée est Satabous, a fait l'objet d'une étude par K.-Th. Zauzich qui a essayé de lui attribuer d'autres manuscrits [67].

– P. Insinger, (35, 13-15), *Enseignement du Papyrus Insinger*, Ier siècle apr. J.-C. [68] : « C'est la fin de l'enseignement (litt. la fin de donner connaissance de l'enseignement, *pꜣ mnq n tj rḫ ꜥm*). Puisse son *ba* rajeunir jusqu'à l'éternité et à jamais, Pahebhor, fils de Djedherpaan, puisse son *ba* suivre Osiris-Sokar, le grand dieu, seigneur d'Abydos, puissent son *ba* et son corps rajeunir jusqu'à l'éternité et à jamais. » Pahebhor, fils de Djedherpaan était peut-être le copiste de l'enseignement. Mais il semble possible qu'il fût en réalité le personnage à qui était destiné le papyrus.

– P. Londres BM 604, (VII, 11), *Satne et Siosiris* (*Satne II*), IIe siècle apr. J.-C. [69] : « C'est l'achèvement de ce livre (*pꜣ mnq n pꜣy ḏmꜥ pꜣy*). Écrit [...]. »

La littérature démotique présente clairement des formules qui semblent spécifiques à cette écriture. Parfois le nom du copiste (*Prophétie de l'Agneau* et peut-être *Enseignement du Papyrus Insinger*) et la date (*Satne et Naneferkaptah* et la *Prophétie de l'Agneau*) sont introduits. Une nouvelle caractéristique est la précision du titre du livre qui se termine (*Satne et Naneferkaptah* et la *Prophétie de l'Agneau*), cette spécificité sera également présente dans certains papyrus religieux hiératiques de cette époque [70]. De même, un papyrus hiératique, le P. Leyde T 32 (VIII, 27) d'époque romaine, présente le colophon en démotique dans le *Livre pour parcourir l'éternité* : *pꜣy⸗f mnq pꜣy*, « c'est sa fin [71] », au milieu du texte en hiératique.

À côté de ces nouvelles expressions, on rencontre également *jw⸗s pw nfr* dans les *onomastica* ou autres listes de noms en démotique [72]. On peut signaler sa présence dans les P. Caire CG 31169 recto [73], P. Carlsberg 23 [74] et P. Carlsberg 425 [75], ainsi qu'à la fin de paragraphes de lettres modèles

66 K.-Th. ZAUZICH, « Das Lamm des Bokchoris », *Festschrift zum 100-Jährigen Bestehen der Papyrussammlung der Österreichischen Nationalbibliothek, Papyrus Erherzog Rainer*, Vienne, 1983, p. 165-174, pl. 2. Pour la traduction du colophon, *ibid.*, p. 169 ; D. DEVAUCHELLE, dans *Prophéties et oracles* II, p. 30 et H.J. THISSEN, « Das Lamm des Bokchoris », dans A. Blasius, B.U. Schipper (éd.), *Apokalyptik und Ägypten, Eine kritische Analyse der relevanten Texte aus dem griechisch-römischen Ägypten, OLA* 107, Louvain, Paris, Sterling, 2002, p. 126.

67 K.-Th. ZAUZICH, « Der Schreiber der Weissagung des Lammes », *Enchoria* 6, 1976, p. 127-128.

68 Fr. LEXA, *Papyrus Insinger. Les enseignements moraux d'un scribe égyptien du Ier siècle apr. J.-C.*, vol. I, Paris, 1926, partie I, p. 32, partie II, p. 113 et M. LICHTHEIM, *Ancient Egyptian Literature* III, p. 213.

69 F.Ll. GRIFFITH, *Stories of the High Priests of Memphis*, II, Oxford, 1900, pl. VII et VIIa. Pour la traduction du colophon, *ibid.*, p. 66 et M. LICHTHEIM, *Ancient Egyptian Literature* III, p. 151.

70 Cf. *infra*, § 4.

71 Signalé par P. VERNUS, « Études de philologie et de linguistique », *RdE* 32, 1980, p. 129. Papyrus publié par Fr.-R. HERBIN, *Le Livre de parcourir l'éternité, OLA* 58, Louvain, 1994, le colophon est mentionné p. 69 et p. 247.

72 Nous devons les références de ces colophons à Philippe Collombert, qu'il en soit ici remercié.

73 L'expression dans ce papyrus est *jw pw nfr*. W. ERICHSEN, *Demotisches Glossar*, Copenhague, 1954, p. 21 et p. 131 et W. SPIEGELBERG, *Die demotischen Denkmäler* II. *Die demotischen Papyrus*. CGC, 1908, p. 273, pl. CIX. K.-Th. ZAUZICH, « Ein antikes demotisches Namenbuch », dans P.J. Frandsen, K. Ryholt (éd.), *The Carlsberg Papyri 3, A Miscellany of Demotic Texts and Studies, CNIP* 22, Copenhague, 2000, p. 29, signale que le colophon dans le P. Caire CG 31169 verso et le P. Berlin 15709 est réduit à la seule mention de la fleur de lotus *nfr*.

74 J. TAIT, « A Demotic List of Temple and Court Occupations : P. Carlsberg 23 », dans H.J. Thissen, K-Th. Zauzich (éd.), *Grammata Demotika. Festschrift für Erich Lüddeckens zum 15. Juni 1983*, Würzburg, 1984, p. 215 et p. 220.

75 K.-Th. ZAUZICH, *op. cit.*, en particulier p. 29.

contenues dans le P. Tebtynis 6856 [76]. Dans ces exemples, le colophon ne se situe pas à la fin d'un texte complet, mais il indique l'achèvement d'un chapitre ou d'un paragraphe. Ces papyrus étaient probablement employés par des maîtres dans le milieu scolaire ou servaient d'ouvrages de référence [77]. Cela peut expliquer l'usage d'un colophon traditionnel. En effet, *nfr* est écrit au moyen de la fleur de lotus comme dans les rituels d'époque tardive [78], et son tracé est proche du hiératique. D'autre part, l'emploi du suffixe *=s* remonte à une période plus ancienne. On le retrouve régulièrement au Nouvel Empire, ainsi que dans quelques exemples des Textes des Sarcophages et dans un papyrus de la XXVIe dynastie [79], alors qu'il n'est plus présent dans les Livres des Morts et rituels tardifs qui adoptent systématiquement le *=f*. Ces choix étaient certainement dictés par l'attachement à la tradition dans les documents de référence.

3. Les colophons dans le Livre des Morts

Le Livre des Morts présente parfois un colophon à la fin de certains chapitres, ou à la fin du papyrus. Nous avons répertorié un petit groupe d'attestations afin de vérifier s'ils interviennent aux mêmes endroits selon les époques.

3.1. *Le Nouvel Empire*

Parmi les exemplaires du Livre des Morts du Nouvel Empire, le papyrus de Youia de l'époque d'Amenhotep III (P. Caire CG 51189) [80] contient une version intéressante (col. 971-972) : 971| *jw=s pw m ḥꜣt=s r pḥwy=s(y) mj gmyt <m> sš spẖr=tj sḥft* 972| *=tj smtr=tj smḫꜣ=t(j) tj(t) r tj(t) jt-nṯr Ywjꜣ mꜣʿ-ḫrw*, « c'est venu du début jusqu'à la fin comme ce qui a été trouvé <en> écriture, étant copié, collationné, examiné et rapporté signe par signe, (pour) le père du dieu Youia, juste de voix. » Cette variante se trouve à la suite du chapitre 149, dernière formule avant les vignettes du chapitre 150. Il mélange le suffixe *=s* attesté au Nouvel Empire avec une formule type du Moyen Empire. Cet énoncé est donc un bon exemple d'un colophon de transition entre la XIIe et la XIXe dynastie. En outre, il présente à la suite d'expressions traditionnelles, des précisions pour indiquer que le papyrus a été écrit avec diligence, sans rien omettre. Il semble s'agir d'une expression qui annonce le futur *nfr m ḥtp* qui en résume la teneur [81].

76 Papyrus inédit, très aimablement signalé par Ph. Collombert qui en prépare la publication.

77 Au sujet du rôle de ces textes, M. DEPAUW, *A Companion to Demotic Studies, PapBrux* 28, Bruxelles, 1997, p. 115 et D. DEVAUCHELLE, « Comment enseignait-on le démotique ? », *Égypte, Afrique et Orient* 26, juillet 2002, p. 26

78 Cf. *infra*, § 4.

79 Pour les Textes des Sarcophages, *supra*, § 1, pour le Nouvel Empire, *supra*, § 2.2-2.3 et pour l'*Enseignement d'Amenémopé* de la XXVIe dynastie, *supra*, § 2.4.

80 Publié par Th-M. DAVIS, *The Funeral Papyrus of Iouiya*, Londres, 1908 et I. MUNRO, *Die Totenbuch-Handschriften Cairo, ÄgAbh* 54, Wiesbaden, 1994, p. 49-88, pl. 20-21 et pl. 46-72.

81 Cf. également *supra*, § 2.3.

D'autres Livres des Morts présentent un colophon à la suite du chapitre 149 et avant la vignette du chapitre 150 qui terminent ces manuscrits (par exemple, les P. Londres BM 10477, papyrus de Nou (col. 111) [82], P. Londres BM 9913 + P. Bologne KS 3168, papyrus de Touy [83]).

On retrouve également une attestation dans la tombe de Ramsès IV (*jw=f pw*) à la suite du chapitre 127 [84], chapitre rarement attesté sur papyrus. Le scribe a probablement recopié son texte à partir d'un papyrus sur lequel le colophon figurait.

3.2. *La Troisième Période intermédiaire*

Les exemples avec colophon dans les versions du Livre des Morts de la Troisième Période intermédiaire sont peu nombreux et uniquement dans les papyrus hiératiques. On citera le P. Londres BM 10064 de l'époque du roi Amenémopé [85] qui contient la mention de la date à laquelle le scribe termina de copier son manuscrit (51, 34) [86] : *jw=f pw n ḥꜣt-sp 5 ꜣbd 3-nw (n) ꜣḫt sw 2* [87] *ḫr ḥm nsw-bjty Jmn-m-jp(t)*, « c'est venu (à la fin) en l'an 5, troisième mois de la saison-*akhet*, deuxième jour, sous la Majesté du roi de Haute et Basse-Égypte Amenémopé. » Le colophon est situé à la fin du chapitre 178, dernier texte qui conclut le papyrus, et se poursuit sous la vignette du chapitre 110 qui correspond à la dernière page de papyrus.

Un autre papyrus de l'époque d'Amenémopé, le P. Caire JE 95836 [88] qui est très semblable au P. Londres BM 10064 évoqué ci-dessus, contient deux colophons. Comme le manuscrit de Londres, il contient un colophon à la fin du chapitre 178 (LXIII, 24), avant l'illustration du chapitre 110. Il se résume par la formule traditionnelle *jw=f pw*. En outre, un deuxième colophon (LXV, 1-2) a été ajouté après la vignette du chapitre 110 et une scène de purification de la défunte qui ne figure pas dans le papyrus de Londres. Le premier colophon a probablement été recopié du modèle que le scribe avait sous les yeux et le deuxième est peut-être une adjonction du scribe, comme dans le P. Tebtynis mentionné ci-dessous [89]. Le deuxième colophon pose en outre quelques problèmes de traduction. Le début  présente encore le suffixe *=s* du Nouvel Empire et se termine par le signe du lien. Ce dernier est peut-être utilisé comme déterminatif de l'expression figée *jw=f pw*, comme nous l'avons proposé pour l'*Enseignement d'Amenémopé* [90], mais dans ce cas le suffixe *=f* ne trouve pas d'explication. De même, la suite de la formule est difficile à comprendre [91].

82 P. Londres BM 10477, papyrus de Nou (col. 111) : *jw=s pw m ḥtp*. Publié par G. LAPP, *The Papyrus of Nu. Catalogue of the Books of the Dead in the British Museum* 1, Londres, 1997.

83 P. Londres BM 9913 + P. Bologne KS 3168 : *jw[=f] pw*. É. NAVILLE, *Das ägyptische Todtenbuch der XVIII. bis XX. Dynastie*, 3 vol., Berlin, 1886, pour la publication de quelques chapitres (Ab + Ie).

84 E. HORNUNG, *Zwei Ramessidische Königsgräber: Ramses IV. und Ramses VII.*, *Theben* 11, Mayence, 1990, au sujet du chapitre 127 et la mention du colophon, voir en particulier p. 81.

85 Publié par I. MUNRO, *Das Totenbuch des Pa-en-nesti-taui aus der Regierungszeit des Amenemope (pLondon BM 10064)*, *HAT* 7, Wiesbaden, 2001. À propos du colophon, voir en particulier p. 68.

86 Les mentions des dates dans les colophons ne sont pas fréquentes. Autres exemples : P. Sallier III, 11, 8-11, de la XIXe dynastie (mentionné *supra*, § 2.3) et le P. Tebtynis du règne de l'empereur Hadrien (mentionné *infra*, § 4.2). Pour des exemples de la littérature démotique, cf. *supra*, § 2.5.

87 La date ne peut se lire clairement sur photographie. I. MUNRO, *op. cit.*, p. 68, indique « jour 3 » dans la translittération, tandis que figure « jour 2 » dans la transcription hiéroglyphique, *ibid.*, pl. 69.

88 Publié par É. NAVILLE, *Papyrus funéraires de la XXIe dynastie* II. *Le papyrus hiératique de Katseshni au Musée du Caire*, Paris, 1914. En cours d'étude par Rita Lucarelli, thèse de doctorat, Université de Leyde, que nous tenons à remercier pour nous avoir fourni une photographie couleur de cette page du papyrus.

89 Cf. *infra*, § 4.2.

90 Cf. *supra*, § 2.4.

91 Nous remercions R. Lucarelli de nous avoir aimablement fait part de différentes hypothèses quant à la suite de ce colophon. À ce sujet, nous renvoyons à son étude en cours.

Les autres papyrus qui présentent des colophons à cette époque sont rares et ne mentionnent que le traditionnel *jw=f pw* (il s'agit du P. Cleveland 1914.882 (II, 8) à la suite du chapitre 6 [92] et du P. Genève Bodmer 103 (IV, 5) à la suite d'une variante du chapitre 61 [93]).

3.3. *De l'époque saïte à l'époque gréco-romaine*

À l'époque tardive, la formule employée demeure *jw=f pw* [94]. Son intérêt réside dans la position qu'elle revêt à l'intérieur du recueil. Dans son étude sur le chapitre 162, J. Yoyotte a mis en évidence la présence de cette souscription finale dans le Livre des Morts à partir de la recension saïte [95]. Le colophon apparaît dès lors dans deux contextes principaux, et dans chaque cas, il est lié au chapitre 162 et il est situé en fin de papyrus [96] :

– chapitres 161, 162 avec colophon – chapitres supplémentaires 163, 164, 165 (exemple : P. Turin 1791 [97] de l'époque ptolémaïque) ;
– chapitre 161 avec colophon – chapitres supplémentaires 163, 164, 165, 162 (exemple : P. Marseille 291 [98] du règne de Psammétique Ier).

Il est possible que d'autres documents possèdent un colophon au terme d'autres séquences ou chapitres, comme pour le P. Leyde T 31, dont le chapitre 169, au milieu du manuscrit, contient la souscription *jw=f pw* [99].

À la XVIIIe dynastie, les colophons du Livre des Morts peuvent rappeler ceux du Moyen Empire (P. Caire CG 51189) ou présenter la formule *m ḥtp* courante au Nouvel Empire (P. Londres BM 10477). Mais rapidement, l'expression figée *jw=f pw* est adoptée et reste la seule en usage à partir de la Troisième Période intermédiaire. Au Nouvel Empire, le colophon semble souvent lié au chapitre 149 et, à la Troisième Période intermédiaire, il est rarement attesté, sauf dans deux cas avec le chapitre 178 et à deux reprises avec respectivement une variante du 61 et le chapitre 6. C'est avec la recension saïte qu'apparaît une standardisation de son utilisation après le chapitre 162.

92 Publié par B. BOHLEKE dans L.M. Berman, K.J. Bohac, *The Cleveland Museum of Art, Catalogue of Egyptian Art,* New York, 1999, p. 333-334.

93 Publié par M. VALLOGGIA, « Le papyrus Bodmer 103 : un abrégé du Livre des Morts de la Troisième Période Intermédiaire », *CRIPEL* 13, 1991, p. 129-136.

94 À part le P. Vatican 38609 qui présente un *jj pw* selon O. MARUCCHI, *Monumenta Papyracea Aegyptia Bibliothecae Vaticanae*, Rome, 1891, p. 101, nº 93.

95 J. YOYOTTE, « Contribution à l'histoire du chapitre 162 du Livre des Morts », *RdE* 29, 1977, p. 194-202.

96 Cf. les conclusions de *ibid.*, p. 195-196 ; ainsi que M. MOSHER, « Theban and Memphite Book of the Dead Traditions in the Late Period », *JARCE* 29, 1992, p. 155. L.H. LESKO, « Some Further Thoughts on Chapter 162 of the Book of the Dead », dans E. Teeter, J.A. Larson (éd.), *Gold of Praise. Studies on Ancient Egypt in Honor of Edwards F. Wente, SAOC* 58, Chicago, 2000, p. 258, suppose que l'ordre d'origine des « chapitres supplémentaires » était 163-164-165-162 avec colophon ; le colophon, dans ce cas, n'indiquerait que la fin du groupe de ces chapitres et non du recueil entier.

97 R. LEPSIUS, *Das Todtenbuch der Ägypter nach dem hieroglyphischen Papyrus in Turin,* Leipzig, 1842.

98 Publié par U. VERHOEVEN, *Das Totenbuch des Monthpriesters Nespasefy aus der Zeit Psammetichs I. PKairo JE 95714 + pAlbany 1900.3.1, pKairo JE 95649, pMarseille 91/2/1 (ehem. Slg Brunner) + pMarseille 291, HAT* 5, Wiesbaden, 1999.

99 W. PLEYTE, *Chapitres supplémentaires du Livre des Morts 162 à 174,* Leyde, 1881, vol. 1, pl. 165. C'est également le cas dans le P. Louvre P. 3248 avec la séquence 163-164-165-162-166-167-168-169 avec colophon, cité par M. MOSHER, *JARCE* 29, p. 155, n. 60.

4. Les colophons dans les rituels d'époque tardive

Dans les multiples rituels de l'époque tardive qui nous sont parvenus, le nombre des colophons qui permettaient de conclure chaque texte s'accroît, plusieurs colophons étant souvent présents sur un même papyrus. On recense trois types de colophons différents :

- les colophons avec uniquement *jw=f pw* ;
- les colophons avec le nom du copiste ;
- les colophons avec le titre du texte.

4.1. *Colophons avec uniquement jw=f pw*

Les colophons qui comprennent uniquement l'expression *jw=f pw* sont très nombreux et ils sont souvent attestés à plusieurs reprises dans un même papyrus, à la fin de chaque rituel. On peut citer le P. New York MMA 35.9.31 [100] dans lequel *jw=f pw* est présent à la fin de chacun des six rituels contenus dans ce papyrus. À la suite du colophon du *Décret de mis en œuvre à l'égard du nome d'Igeret* ont encore été ajoutées quatre phrases qui mentionnent un personnage (17, 6-9) et que J.-Cl. Goyon a désignées comme « colophon [101] ». Il convient de préciser qu'il s'agit du nom et de la filiation du propriétaire du papyrus et non du copiste (à moins que ce ne soit le même personnage) [102].

4.2. *Colophons avec le nom du copiste*

On mentionnera deux papyrus qui contiennent le nom du copiste : le P. Bremner-Rhind et le P. Tebtynis (= « P. Botti »).

– P. Bremner-Rhind, daté peu avant 306 av. J.-C. Les rituels de ce papyrus se terminent tous par un colophon identique, *jw=f pw* [103]. À ces quatre textes, s'ajoute un autre colophon, visiblement écrit par un scribe différent, ce que R.O. Faulkner a indiqué comme étant un texte à part : « The Colophon [104] ». Il a été écrit en plusieurs fois, lorsqu'un espace libre était disponible à la suite des

100 Publié par J.-Cl. GOYON, *Le Papyrus d'Imouthès, fils de Psintaês, au Metropolitan Museum of Art de New York (Papyrus MMA 35.9.21),* New York, 1999.

101 *Ibid.*, p. 8.

102 Pour d'autres exemples de textes avec *jw=f pw*, cf. le P. Bremner-Rhind (E.A.W. BUDGE, *Facsimiles of Egyptian Hieratic Papyri,* Londres, 1910, pl. I-XI et R.O. FAULKNER, *The Papyrus Bremner-Rhind, BM 10188, BiAeg* 3, Bruxelles, 1933), dans lequel le colophon a été indiqué à la fin des quatre textes du manuscrit. À ces souscriptions s'ajoute un colophon plus long, visiblement copié dans un deuxième temps, *infra*, § 4.2. On citera encore le P. Boulaq 1, *Livre du Fayoum*, où l'on rencontre la graphie  *jw=f pw* (l. 1270 selon l'édition de H. BEINLICH, *Das Buch von Fayum, ÄgAbh* 51, Wiesbaden, 1991, vol. 1, p. 264 et vol. 2, pl. 33). Il s'agit de l'unique attestation avec cette graphie recensée dans un colophon. J. YOYOTTE, « Hérodote et le "Livre du Fayoum", la crue du Nil recyclée », *Revue de la Société Ernest-Renan* 37, Paris, 1987-1988, p. 57-58, avait divisé le *Livre du Fayoum* en trois parties en précisant : « L'ouvrage comporte trois "Livres", chacun terminé par la formule typique, le "colophon" des égyptologues : "c'est venu heureusement à terme" ». On peut effectivement lire à deux endroits différents *jw=tw m ḥtp* (l. 506-507), *jj=tw m ḥtp* (l. 942) et dans un cas *wḏꜣ m ḥtp* (l. 885-887). Mais comme H. Beinlich l'a signalé, en réalité, ces courtes phrases ne sont pas des formules finales, car elles font, dans chaque cas, partie intégrante d'une phrase, liées à ce qui précède ou à ce qui suit (H. BEINLICH, *op. cit.*, p. 72).

103 *Supra*, § 4.1.

104 R.O. FAULKNER, « The Bremner-Rhind Papyrus-II » *JEA* 23, 1937, p. 10.

différents rituels. Malgré cela, il constitue un texte suivi de trente-neuf lignes. Il contient la date de copie du texte « écrit en l'an 12, quatrième mois de la saison-*akhet* du Pharaon Alexandre, fils d'Alexandre » (l. 1-2), les titres et la filiation du propriétaire du papyrus (l. 3-33), pour terminer avec une formule imprécatoire (l. 34-39) [105].

Ce colophon a été introduit par le prêtre Nesmin en l'an 12 d'Alexandre IV Aégos, fils d'Alexandre le Grand, c'est-à-dire en l'an 306/305 [106], et non l'an 312 comme l'ont suggéré R.O. Faulkner [107] et W. Spiegelberg [108]. Nesmin était vraisemblablement le propriétaire du document et non le copiste, il ajouta peut-être sa « signature » dans un deuxième temps.

– P. Tebtynis (= « P. Botti ») (IX, 7-16), *Livre du Fayoum* ou *Glorification de Sobek*, an 20 d'Hadrien [109]. Le copiste est un prêtre de Sobek du temple de Tebtynis, Pageb, dont le nom est précédé d'une série de titres et d'épithètes. Il a écrit ce manuscrit pour un *premier prophète de Sobek*, dont le nom n'est pas indiqué [110]. Le colophon *jw=f pw nfr* est écrit à deux reprises, en noir et en rouge. Comme le propose H. Beinlich, le premier était écrit à l'origine sur le manuscrit qui avait servi de modèle à Pageb qui l'a recopié. Le second a été ajouté par Pageb lui-même, suivi de son nom et de la date de la copie [111].

4.3. *Colophons avec le titre du texte*

Plusieurs documents ont inséré le titre du texte à l'intérieur du colophon. On citera six manuscrits à titre d'exemple :

– P. Londres BM 10208 (IV, 15-16), *Cérémonial de Glorification d'Osiris*, avant 306/305 av. J.-C. [112] : [4,15] *jw=f pw* [4,16] *s3ḫw Wsjr m ẖrt-nṯr*, « c'est venu à la fin (du Livre) des Glorifications d'Osiris dans la nécropole [113]. »

105 Pour une traduction complète et un commentaire, cf. W. SPIEGELBERG, « Das Kolophon des liturgischen Papyrus aus der Zeit Alexander IV. », *RecTrav* 35, 1913, p. 35-40 et R.O. FAULKNER, *JEA* 23, p. 10-16.

106 P.W. PESTMAN, *Chronologie égyptienne d'après les textes démotiques (332 av. J.-C.-453 ap. J.-C.)*, *P.L.Bat.* 15, Leyde, 1967, p. 13.

107 R.O. FAULKNER, « The Bremner-Rhind Papyrus-I », *JEA* 22, 1936, p. 121, n. 1, qui signale également qu'il pourrait s'agir de l'an 306.

108 W. SPIEGELBERG, *op. cit.*, p. 35. En effet, les années de règne d'Alexandre IV se comptent dès la mort de Philippe Arrhidée en 317 et se poursuivent au-delà de sa disparition survenue en 310/309, jusqu'à ce que Ptolémée Ier se proclame officiellement pharaon en 305/304.

109 Publié par G. BOTTI, *La glorificazione di Sobk e del Fayyum in un papiro ieratico da Tebtynis*, *AnAeg* 8, Copenhague, 1959.

110 Voici la traduction du colophon : « C'est venu parfaitement (à la fin). *C'est venu parfaitement (à la fin).* Cet écrit a été copié (par) "celui qui voit le *rpꜥt* (= Geb)", celui qui est dans le palais du dieu, (pour ?) ses rétributions. Adorer le dieu dans son jour. Le prêtre-*ouâb* qui fait le service de Sobek, maître de [Bekhen], avec son Ennéade et Geb, prince de dieux. Le grand prêtre-*ouâb* [...] lorsqu'il réchauffe la chaleur (?). Artisan de la déesse. Il adore les choses utiles (pour) le cœur. Son nom est Pageb. Il l'a écrit pour le premier prophète de Sobek-Rê, maître de Bekhen. Autre version : le premier prophète de Sobek, maître de Bekhen et de Geb, prince des dieux est son nom. On dit pour lui Rê-Sobek. Autre version : le prêtre-*ouâb* qui est protégé dans Bekhen. Écrit en l'an 20 d'Hadrien, le dieu qui protège, le premier mois de la saison-*akhet*, jour 8. » Pour la traduction, cf. également G. BOTTI, *op. cit.*, p. 72-73 et H. BEINLICH, *Das Buch von Fayum*, p. 265-267.

111 *Ibid.*, p. 72.

112 Publié par F. HAIKAL, *Two Hieratic Funerary Papyri of Nesmin, BiAeg* 14-15, Bruxelles, 1970-1972.

113 Il faut remarquer que *jw=f pw* est séparé du titre de l'ouvrage par un espace correspondant à plusieurs lignes.

Le copiste qui a écrit ce manuscrit pour Nesmin [114], n'a pas indiqué son nom.

Le signe , à la fin du colophon, est certainement utilisé comme déterminatif du titre du Livre des Glorifications d'Osiris dans la nécropole.

– P. Paris Louvre N 3176 (S) (IV, 27-39) [115], *Cérémonial pour faire sortir Sokaris*, contemporain du papyrus Bremner-Rhind, la fin du règne d'Alexandre IV [116] : **IV,27** *jw=f pw nfr m pꜣ sḫꜥ Skr* **IV,28** *spẖr jn jt-nṯr ḥꜣp* **IV,29** *m Jpt-swt Pꜣ-šrj-Ḫnsw* **IV,30** *sꜣ n Ššnḳ Jrtyrw rn n mwt=f*, « c'est venu parfaitement (à la fin) du livre pour faire sortir Sokaris. Copié par le père divin, le prêtre-*hap* dans Karnak, Pacherikhonsou, fils de Chechonq, le nom de sa mère étant Irtyrou [117]. »

Le manuscrit a été copié (*spẖr*) par Pacherikhonsou. De plus, il contient le titre du texte, déterminé par . Il faut encore mentionner l'emploi de  *nfr* qui se généralise à cette époque.

– P. Denon (IV, 4) [118], *Livre premier des Respirations*, fin de l'époque ptolémaïque [119] : *jw=f nfr pw tꜣ šꜥyt n snsn*, « c'est venu parfaitement (à la fin) du Livre des Respirations. »

– P. Boulaq 7 = P. Caire CG 58027 (IV, 8), *Livre de la salle du lit du Palais royal*, Ier siècle apr. J.-C. [120]. Plusieurs transcriptions hiéroglyphiques ont été données pour ce colophon [121] et nous proposons la lecture  *jw=f pw n sḥt ḥnkt n Pr nsw*, « c'est venu (à la fin) du (Livre de) la salle du lit du Palais royal. »

– P. Caire CG 58028 (l. 5), la *Prière pour le salut du roi*, fin Ier / début IIe siècle apr. J.-C. [122] : *jw=f nfr n tꜣ wḏt*, « c'est venu parfaitement (à la fin) du (Livre du) commandement. »

– P. Paris Louvre 3291 (VII, 19), *Livre premier des Respirations*, fin Ier / début IIe siècle apr. J.-C. [123] : *jw=f pw nfr n tꜣ šꜥyt snsn n jt-nṯr Ḥr-sꜣ-Ꜣst sꜣ Ḥr [...]*, « c'est venu parfaitement (à la fin) du Livre des Respirations du père du dieu Harsiésis, fils de Hor [...]. »

À côté des nouvelles souscriptions finales de la littérature démotique [124], les textes funéraires, Livres des Morts ou autres rituels tardifs, sont les héritiers d'une tradition très ancienne et renferment encore la formule figée *jw=f pw*. Le colophon est souvent mis en évidence par « isolement », c'est-à-dire qu'il est séparé du reste du texte, ne le suivant qu'après plusieurs cadrats (par exemple P. Bremner-Rhind 32, 12) ou après quelques lignes d'espacement (par exemple le P. Louvre 3291, VII, 19). À plusieurs reprises survient le mot *nfr*, comme à l'époque ramesside, mais avec l'adoption de la graphie  (P. Tebtynis, IX, 7 ; P. Louvre 3291 VII, 19 ; P. Louvre N. 3284, V, 11).

114 Ce Nesmin est également le propriétaire du P. Bremner-Rhind mentionné *supra* aux § 4.1 et § 4.2.

115 Publié par P. BARGUET, *Le Papyrus N 3176 (S) du Musée du Louvre, BiEtud* 37, Le Caire, 1962.

116 Selon *ibid.*, p. 57-58.

117 Cf. également *ibid.*, p. 12-13.

118 Publié par V. DENON, *Voyage dans la Basse et la Haute Egypte pendant les campagnes du général Bonaparte*, 1802, p. 136.

119 Datation selon J. QUAEGEBEUR, « Le papyrus Denon à La Haye et une famille de prophètes de Min-Amon », dans S. Schips, S. Stöhr (éd.), *Aspekte Spätägyptische Kultur. Festschrift für Erich Winter zum 65. Geburtstag, AegTrev* 7, Mayence, 1994, p. 213-225. J.-Cl. GOYON, *Rituels funéraires de l'Egypte ancienne*, *LAPO* 4, Paris, 1972, p. 230, proposait de dater le papyrus du Ier ou IIe siècle apr. J.-C.

120 Publié par A. MARIETTE, *Les papyrus égyptiens du Musée Boulaq* I, Paris, 1871, pl. 36-38 ; voir également W. GOLÉNISCHEFF, *Papyrus hiératiques* I, *CG 58001-58036*, CGC, Le Caire, 1927, p. 114-131.

121 G. MASPERO, « Mémoire sur quelques papyrus du Louvre », *Notices et extraits des manuscrits de la Bibliothèque Nationale* 24, Paris, 1883, p. 72 ; W. GOLÉNISCHEFF, *Papyrus hiératiques*, p. 130 et S. SCHOTT, *Bücher und Bibliotheken im alten Ägypten. Verzeichnis der Buch- und Spruchtitel und der Termini technici*, Wiesbaden, 1990, p. 327, n° 1481.

122 Publié par W. GOLÉNISCHEFF, *Papyrus hiératiques*, p. 132.

123 Publié par P.J. DE HORRACK, *Le Livre des Respirations d'après les manuscrits du Musée du Louvre*, Paris, 1876.

124 Cf. *supra*, § 2.5.

Dans certains cas, le copiste introduit le titre du livre (le *Cérémonial de Glorification d'Osiris*, le *Cérémonial pour faire sortir Sokaris*, le *Livre premier des Respirations*, le *Livre de la salle du lit du Palais royal*, la *Prière pour le salut du roi*) et même son propre nom (le *Cérémonial pour faire sortir Sokaris*, le *Livre du Fayoum*). Le titre, et éventuellement le nom du copiste, étaient peut-être inscrits sous l'influence du démotique.

5. Conclusion

La moitié des colophons que nous avons recensés provient de Deir al-Médîna et date de l'époque ramesside ; la documentation est donc très inégale. Malgré cela, il a été possible d'observer que les colophons changent selon la période à laquelle ils ont été copiés, et cela indépendamment de leur provenance.

C'est à partir de la XIIe dynastie qu'apparaissent les premiers colophons, en même temps que les premiers textes littéraires qui nous sont parvenus. Rien ne permet de déterminer si leur emploi était déjà en vogue à l'Ancien Empire. Ils sont dans un premier temps attestés sous forme de trois variantes, liées les unes aux autres :

– *Jw=f pw ḥꜣt=f r pḥwy=fy mj gmyt m sš*, « c'est venu du début à la fin comme ce qui a été trouvé en écriture », est probablement la formule d'origine ;

– *Jw=f pw*, « c'est venu (à la fin) » est un abrégé de la première, où le mot « fin » est sous-entendu ;

– *Jw=f pw ḥꜣt=f r pḥwy=fy mj gmyt m sš m sš sš* N, « c'est venu du début à la fin comme ce qui a été trouvé en écriture (et) en tant qu'écrit du scribe N », est une version élaborée de la première, avec la mention du copiste du manuscrit.

La XVIIIe dynastie, à la fois dans les textes littéraires et dans le Livre des Morts, apparaît comme une étape de transition, comportant parfois des éléments hérités du Moyen Empire à côté d'aspects nouveaux qui s'imposeront aux XIXe et XXe dynasties.

Avec l'époque ramesside, survient une série de changements :

– la souscription finale est désormais *jw=s pw nfr m ḥtp*, « c'est venu parfaitement en ordre », avec l'adoption systématique du suffixe féminin *=s* ;

– le nom du copiste est mentionné dans plusieurs exemples ;

– de nombreux manuscrits sont dédiés par des scribes assistants à leurs maîtres ;

– lorsque le colophon ne contient que le nom du scribe, introduit parfois par *jr n*, il est souvent question de l'auteur de la composition et non du copiste ;

– dans quelques cas, la mention de la date à laquelle le manuscrit a été copié apparaît.

La période entre la XXIe et XXVIe dynastie n'a fourni que peu de colophons, à part une version de l'*Enseignement d'Amenémopé* de la XXVIe dynastie où le suffixe *=s* est maintenu, et les Livres des Morts qui conservent la plupart du temps la forme désormais figée *jw=f pw*.

La littérature démotique a permis d'observer que les scribes utilisaient d'une part de nouvelles formules, reflétant la vogue en cours durant cette période et d'autre part le traditionnel *jw=s pw nfr* pour marquer des fins de paragraphes ou de chapitres dans des papyrus qui servaient probablement d'ouvrages de référence.

À la même époque, les rituels et les Livres des Morts étaient quant à eux porteurs d'une très ancienne tradition religieuse et maintenaient la formule type *jw=f pw*, tout en comportant dans certains cas des tournures nouvelles, comme la mention du titre de l'œuvre, provenant peut-être d'une influence de l'usage démotique.

Une formation de noms d'animaux (ABCC) en égyptien ancien

Bernard MATHIEU

LA QUESTION de la vocalisation de l'égyptien ancien, qui remonte aux origines de l'égyptologie, se heurte à plusieurs types de difficultés : l'écart chronologique, parfois plurimillénaire, entre la date de production des textes considérés et celle du recours à un système d'écriture vocalisé – le copte –, qui rend toute restitution de timbre vocalique hasardeuse, la nécessité de prendre en compte une somme considérable de sources d'information diverses (structures lexicales, graphies « syllabiques », transcriptions de mots égyptiens dans les langues sémitiques anciennes, akkadien notamment, transcriptions grecques, héritage copte, etc.), mais aussi, il faut bien le reconnaître, une tendance des théoriciens à une systématisation excessive, qui peut aboutir à des confrontations, voire des contradictions, susceptibles de jeter parfois la suspicion sur la pertinence de leurs reconstructions. Malgré ces difficultés, notre connaissance des principes de vocalisation de l'égyptien a sensiblement progressé au fil du temps [1]. Nul doute que des analyses affinées, *internes* à l'égyptien, de la structuration du lexique et des graphies adoptées permettra d'avancer encore dans cette voie [2].

1 Pour ne citer que les travaux phares : W.F. ALBRIGHT, *The Vocalization of the Egyptian Syllabic Orthography*, *AOS* 5, New Haven, 1934 ; A.H. GARDINER, « The Vocalisation of Middle Egyptian », *Egyptian Grammar* [3], 1957, p. 428-433 ; G. FECHT, *Wortakzent und Silbenstruktur. Untersuchungen zur Geschichte der ägyptischen Sprache*, *ÄgForsch* 21, 1960 ; J. OSING, *Die Nominalbildung des Ägyptischen*, 2 vol., Mayence, 1976 ; *id.*, « Lautsystem », dans *LÄ* III/6, 1979, col. 944-949 ; *id.*, « Vokalisation », dans *LÄ* VI/7, 1986, col. 1054-1057 ; J. VERGOTE, *Grammaire copte*, 4 vol., Louvain, 1983 ; W. VYCICHL, *La vocalisation de la langue égyptienne* I. « La phonétique », *BiEtud* 16, Le Caire, 1990 ; J. ZEIDLER, « Vokalisationswörterbuch des ägyptischen », dans St. Grunert, I. Hafemann (éd.), *Textcorpus und Wörterbuch. Aspekte zur ägyptischen Lexicographie*, *ProblÄg* 14, 1999, p. 283-297 (projet de dictionnaire vocalisé).

2 C'est ce que j'ai tenté de montrer déjà dans cette même revue : « L'emploi du *yod* prothétique dans les textes de la pyramide d'Ounas et son intérêt pour la vocalisation de l'égyptien ancien », *BIFAO* 96, 1996, p. 313-337.

Il est bien connu en effet que le lexique égyptien présente une structuration qui l'apparente, pour le moins, aux langues sémitiques [3], notamment dans les procédés de dérivation qu'il met en œuvre [4] : dérivation par préfixation (procédé pour l'essentiel fossilisé ou tendant à la fossilisation à l'époque dynastique), dérivation par suffixation, dérivation par réduplication. Ces trois types de dérivation pouvant, comme on le sait, se combiner entre eux : par exemple préfixation et réduplication (*njfjf, pleurnicher ; nbꜣbꜣ, trembloter* ; *nḫꜣḫꜣ*, « agiter » ; *ḥbꜣbꜣ*, « se dandiner » ; *ḥnmnm*, « ramper », etc.), ou double préfixation et réduplication (*ḥnbꜣbꜣ*, « palpiter » ; *snbꜣbꜣ*, « protéger », « maintenir en marche » ; *sḥbnbn*, « faire surgir » ; *ḥngꜣgꜣ*, « exulter », etc.).

La réduplication elle-même présente des formes diverses : type ABB (*ꜥḫḫ*, « griffon » ; *ḥdd.t*, « déesse scorpion » ; *qrr(w)*, « serpent » ; *gbb*, « oie sauvage »), type ABAB (*ptpt*, « piétiner » ; *ršrš*, « jubiler »), type défectif ABA(B) (*ḥnḥ(n)*, « se hâter »), type ABCC (*sfrr*, « griffon » ; *sgnn*, « onguent » ; *jrnn.t*, oiseau ou insecte [5]), type ABCBC (*fnḫnḫ*, « menuisier » ; *dbnbn*, « circuler »), type ABCABC (*nḏmnḏm*, « jouir » ; *dbndbn*, « circuler »), type ABCDD (*ḥmꜣṯṯ*, « petit nœud », *snbtt*, un animal [6], *shꜣqq*, un démon [7]), type ABBC [8] (*bnr.t*, « palmier-dattier », copte ⲂⲚⲚⲈ). Il s'avère que l'une de ces dérivations, du type ABCC, semble avoir été utilisée pour former en égyptien, entre autres, un assez grand nombre de noms d'animaux ; c'est cette enquête lexicale que je me propose de présenter ici, en fonction des sources dont nous disposons actuellement, étant bien entendu qu'elle ne saurait être parfaitement exhaustive.

À partir d'un radical triconsonantique ABC, il existe donc une forme dérivée par réduplication de la troisième consonne : ABCC. Cette dérivation a déjà été signalée notamment par P. Lacau [9], E. Edel [10], J. Vergote [11], J. Osing [12], et P. Vernus [13]. On avait repéré la présence de plusieurs

3 Sur la nature fondamentalement sémitique de la langue égyptienne (plutôt que « chamito-sémitique » [terme créé en 1869 par Theodor Benfey] ou « afro-asiatique » [terme créé par Joseph H. Greenberg en 1955]), voir déjà T.W. THACKER, *The Relationship of the Semitic and Egyptian Verbal Systems*, Oxford, 1954, puis A. LOPRIENO, *Das Verbalsystem im Ägyptischen und im Semitischen*, *GOF* IV/17, 1986, et désormais les travaux d'Otto RÖSSLER : « Das Ägyptische als semitische Sprache », dans F. Altheim, R. Stiel (éd.), *Christentum am Roten Meer* 1, Berlin, New York, 1971, p. 263-326, avec les commentaires de R. VOIGT, « Ägyptosemitischer Sprachvergleich », dans St. Grunert, I. Hafemann (éd.), *Textcorpus und Wörterbuch. Aspekte zur ägyptischen Lexicographie*, *ProblÄg* 14, 1999, p. 345-366, et de H. SATZINGER, « Afroasiatischer Sprachvergleich », *ibid.*, p. 367-386. La découverte fondamentale d'O. Rössler est que le *d* sémitique s'est transmis parfois sous la forme *d* ou *ꜥ* (*âin*) en égyptien, ce dernier se comportant ainsi non comme une pharyngale, mais comme une dentale ; cf. H. SATZINGER, « Afroasiatischer Sprachvergleich », dans St. Grunert, I. Hafemann (éd.), *Textcorpus und Wörterbuch. Aspekte zur ägyptischen Lexicographie*, *ProblÄg* 14, 1999, p. 367-386. Exemples de doublets en égyptien : *ꜥ / d* (main), *ꜥb / db* (corne), *ꜥꜣ / dj* (ici), etc. Voir également M. COHEN, *Essai comparatif sur le vocabulaire et la phonétique du chamito-sémitique*, Paris, 1969 ; S. MOSCATI, *An Introduction to Comparative Grammar of the Semitic Languages. Phonology and Morphology*, 3e éd., Wiesbaden, 1980 [*Porta linguarum orientalium*, N.S. VI].

4 Voir en général P. VERNUS, « L'égypto-copte », dans J. Perrot (éd.), *Les langues dans le monde ancien et moderne* III. *Les langues chamito-sémitiques*, Paris, 1988, p. 165-166 et, récemment, Chr. REINTGES, « Egyptian Root-and-Pattern Morphology », *LingAeg* 4, 1994, p. 213-244.

5 R. HANNIG, P. VOMBERG, *Kulturhandbuch Ägyptens. Wortschatz der Pharaonen in Sachgruppen*, Mayence, 1999, p. 211.

6 E. JELÍNKOVÁ-REYMOND, *Les inscriptions de la statue guérisseuse de Djed-Her-Le-Sauveur*, *BiEtud* 23, Le Caire, 1956, p. 72 (152). Inclus dans une série homogène de formes dérivées par réduplication (*pngg*, *msꜥꜥ.w*), le terme *snbtt* ne semble pas être féminin.

7 *AnLex* 78.3693 = H. GAUTHIER, *CGC* I, 1913, p. 135, l. 26 ; I.E.S. EDWARDS, *JEA* 54, 1968, p. 158, n. g ; J.F. BORGHOUTS, *Ancient Egyptian Magical Texts*, Leyde, 1978, p. 17 (22).

8 Voir J. VERGOTE, *Grammaire copte* Ib, Louvain, 1973, p. 114-115, 133. Cette réduplication interne, produisant un redoublement consonantique, n'était pas notée dans l'écriture égyptienne, à l'image du système graphique arabe, par exemple, d'où la difficulté à repérer ce type de dérivation en l'absence de transcriptions grecques ou coptes.

9 *RecTrav* 35, 1913, p. 228, qui signale *ḥfnn*, *ḫprr*, *ꜥff* et *ḥḏrr* et rapproche cette formation de diminutifs, par réduplication de la dernière radicale, en sémitique.

10 *Altägyptische Grammatik*, *AnOr* 34/39, Rome, 1955/1964, p. 97, § 222-223, qui cite *ḫprr* (*Pyr.* § 697a), *pꜣṯṯ* (*Pyr.* § 505a), *ḥḏrr* (*Medum*, Taf. 21 et *ZÄS* 60, 1925, p. 80, n. 9), *ḥfnn.t* (*Pyr.* § 674b), *nšss.t* (*Pyr.* § 1569b, sens obscur).

11 *Grammaire copte* Ib, Louvain, 1973, p. 116 et 134 (nom d'animal *qutlālu*).

12 *Die Nominalbildung des Ägyptischen*, Mayence, 1976, p. 295-301 (valeur diminutive ou intensive).

13 « L'égypto-copte », dans J. Perrot (éd.), *Les langues dans le monde ancien et moderne* III. *Les langues chamito-sémitiques*, Paris, 1988, p. 166.

noms d'animaux formés sur ce modèle ; grâce à une exploration plus poussée du lexique, on peut aujourd'hui presque doubler le nombre d'attestations, et obtenir ainsi quelques informations supplémentaires sur la valeur sémantique et la structure vocalique de cette forme dérivée [14].

Inventaire [15]

1. *ꜣbnn*, un poisson (litt. « celui qui tourne ? »)

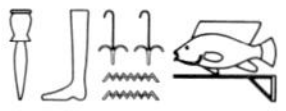

Wb I, 8, 5 = W.Fl. Petrie, *The Geographical Papyrus*, dans *Two Hieroglyphic Papyri from Tanis*, EEF, Londres, 1889, pl. XII, 31.

Nominalbildung, p. 298 et n. 1210.

2. *ꜣbnn*, un oiseau (litt. « celui qui tourne ? »)

Wb I, 8, 6 = P. Turin PuR 138, 7 ; O. Ram., Taf. 43 ; Brugsch, *DG* 1363.

DLE 1, 6 ; *HWb*, 6 ; *Wortschatz...*, p. 211.

W. Spiegelberg, *O. Ram.*, Taf. 43 = *AEO* II, 256* : 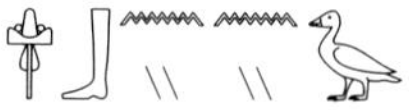

Edfou I, 343, 12-13 : 

Nominalbildung, p. 298 et n. 1209.

Cf. P. Montet, *Kêmi* 11, 1950, p. 95 ; J. Vandier, *Le Papyrus Jumilhac*, Paris, s. d., p. 228, n. 865 ; S.H. Aufrère, dans J.-M. Marconot, S.H. Aufrère (éd.), *L'interdit et le sacré dans les religions de la Bible et de l'Égypte*, Montpellier, 1998, p. 87 ; J. Osing, *The Carlsberg Papyri 2. Hieratische Papyri aus Tebtunis* I, Copenhague, 1998, p. 237.

3. *ʿꜣpp*, « Apophis »

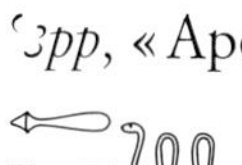

grec ἄπωφ-ις, ἄποπ-ις ; copte ⲁⲫⲱⲫ

Wb I, 167, 14-15 = Totb Nav 7, 1 ; 15 B II 13 ; Sonnenlit 109 ; Amduat IV, 43, etc. ; *HWb*, 61 ; *AnLex* 79.0427 ; *CED*, 15 ; *DELC*, p. 19-20.

14 Plusieurs références m'ont été communiquées par Dimitri Meeks ; qu'il trouve ici mes très sincères remerciements pour ses précieuses indications.

15 Abréviations :
CLEM = R.A. CAMINOS, *Late Egyptian Miscellanies*, 1955 ;
DemGloss = W. ERICHSEN, *Demotisches Glossar*, Copenhague, 1954 ;
DLE = L.H. LESKO, *A Dictionary of Late Egyptian*, 5 vol., 1982-1990 ;
DELC = W. VYCICHL, *Dictionnaire étymologique de la langue copte*, Louvain, 1983 ;
HWb = R. HANNIG, *Großes Handwörterbuch Ägyptisch-Deutsch*, Mayence, 1995 ;
KoptHWb = WESTENDORF, *KoptHWb* ;
Nominalbildung = J. OSING, *Die Nominalbildung des Ägyptischen*, Mayence, 1976 ;
GC Ib = J. VERGOTE, *Grammaire copte*, vol. Ib, Louvain, 1973 ;
Wortschatz = R. HANNIG, P. VOMBERG, *Kulturhandbuch Ägyptens. Wortschatz der Pharaonen in Sachgruppen*, Mayence, 1999 ;
WPL = P. WILSON, *A Ptolemaic Lexicon*, *OLA* 78, Louvain 1997.

GC Ib, p. 115 et 134 (qui vocalise *ʿaꜣpāpu*) ; *Nominalbildung*, p. 297 et n. 1192.
TS 76 (*CT* II, 13c) = première occurrence ?
A.H. Gardiner, *HPBM* III, 1935, p. 30, n. 4.

Qu'il s'agisse à l'origine d'un nom de serpent authentique est possible, mais non assuré ; sur *ḥfꜣw ꜥꜣ n(y) ꜥꜣpp, le grand serpent d'Apophis*, cf. S. Sauneron, *Un traité égyptien d'ophiologie, BiGen* 11, Le Caire, 1989, p. 9-10 ; Chr. Leitz, *Die Schlangennamen in den ägyptischen und griechischen Giftbüchern*, Mayence, Stuttgart, 1997, p. 52-58 (qui y voit l'uraeus, *Naja haje*).

4. *ʿwbb.w*, « poissons »

Wb I, 172,10 = *Pays.* B1 260 (R.B. Parkinson, *The Tale of the Eloquent Peasant*, Oxford, 1991, p. 33).
Wortschatz..., p. 191.

5. *ʿbꜣꜣ*, « un génie sous forme de poisson (en réalité l'un des 82 gardiens ou aspects d'Osiris) »

Abs. *Wb ;* TS 627 (*CT* VI, 245m).
Nominalbildung, p. 298 et n. 1211.

6. *ʿpnn.t*, « salamandre d'eau »

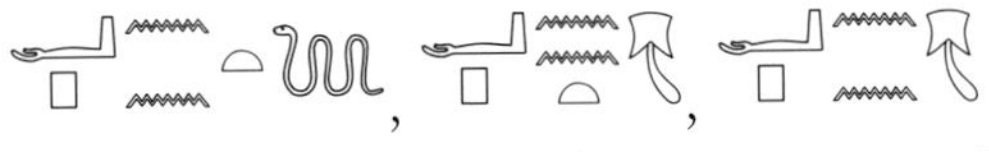

Wb I, 180, 6-7 = *Amonshymn Kairo* 6, 5 ; Pap. Médicaux ; *HWb*, 137.
H. von Deines, H. Grapow, *Wb DN*, 1959, p. 84-85.
G. Lefebvre, dans *Mélanges H. Grapow*, 1955, p. 205 ; *Nominalbildung*, p. 298 et n. 1212.
P. Brooklyn 47.218.48 + 85, 5, 17 (§ 85a) ; cf. S. Sauneron, *op. cit.*, p. 114-115.

7. *wꜣḏd*, un serpent protecteur, « bon génie »

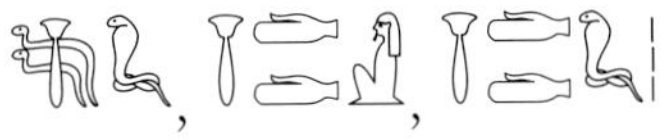

Wb I, 270, 9 = *Edfou* I, 472, 58 ; 361 ; Mar., *Dend.* II, 30b.
Wb I, 270, 10 = *Edfou* I, 287, 293 ; Mar., *Dend.* IV, 75.
WPL, 209.
AnLex 78.0885 = *Dendara* VIII, 38, 11 ; J. Quaegebeur, *Le Dieu égyptien Shai*, *OLA* 2, 1975, p. 141.

Mais l'exemple est fort douteux, voire à supprimer, si l'on suit J. Quaegebeur qui comprend *W(ꜣ)ḏd / Wḏd* (var. *Ḥḏd*), *Celui qui décide*, car le terme est synonyme de *Šꜣy*. Une dérivation à partir du fém. *wꜣḏ.t, uraeus*, est en effet peu probable.

8. *wnšš*, « petit chacal » < *wnš*, « chacal » ; copte ⲟⲩⲱⲛϣ (SB)

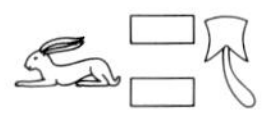

Abs. *Wb* ; abs. *HWb*.

GC Ib, p. 134.

Cf. H. Ranke, *ZÄS* 60, 1925, p. 78, n. 7 (P. Boulaq 18, 45, 2, 8, XIIIe dyn. = anthroponyme), et p. 83 ; J. Osing, dans D. Mendel, U. Claudi (éd.), *Ägypten im afro-orientalischen Kontext. Gedenkschrift P. Behrens*, Cologne, 1991, p. 247.

9. *šꜣꜣ.w*, « animaux d'élevage », « bétail »

Wb I, 369, 8 = P.E. Newberry, *Beni Hasan* II, *ASE* 2, Londres, 1894, 32.

Wortschatz..., p. 200.

Nominalbildung, p. 298 et n. 1213.

10. *pꜣgg.t*, « grenouille » (litt. « la petite accroupie ? »). Cf. n° 12, *pngg*

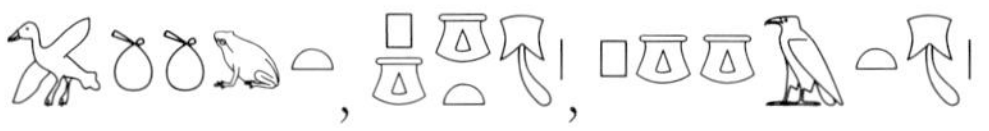

Wb I, 563, 8 = P. Hearst 13, 6 ; abs. *HWb*.

W.M.Fl. Petrie, *Medum*, Londres, 1892, pl. XVII (mastaba de Néfermaât ; *Grenouille* = anthroponyme, une nièce ou petite-fille de Néfermaât).

E. Iversen, *JEA* 33, 1947, p. 48 et n. 2 ; S. Sauneron, dans *Mélanges Mariette*, *BiEtud* 32, 1961, p. 233-234 ; H.-W. Fischer-Elfert, *Literarische Ostraka...*, *KÄT* 9, 1986, p. 35 et 37 (O. DeM 1675, 9) ; J. Osing, Gl. Rosati, *Papiri geroglifici e ieratici da Tebtynis*, Florence, 1998, p. 163 ; pl. 20 (V, 5) ; p. 182, n. r ; pl. 21 (VII, 6).

< *pꜣg, s'accroupir* : *AnLex* 78.1422.

11. *Pꜣṯṯ*, « Patjetj », un des trois babouins sacrés (Iân, Hetjet, Patjetj) adorateurs de l'astre.

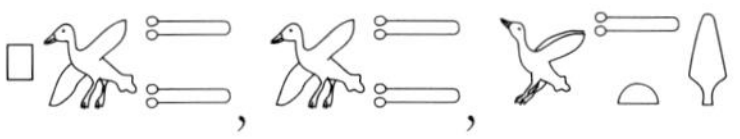

Wb I, 500, 6 = TP 315, § 505 ; *Amdouat* IV, 25.

AnLex 78.1423 = TS 421 (*CT* V, 258c) ; G. Lefebvre, *Petosiris* II, 1923, p. 46 (71b, 8) ; *HWb*, 273 ; *Wortschatz...*, p. 196.

KV 62 (Toutânkhamon).

E. Edel, *AG*, § 222 ; *GC* Ib, p. 134 ; *Nominalbildung*, p. 298 et n. 1214.

Rapprocher *infra*, n° 14, *Mstt* et les noms des scorpions.

12. *pngg*, « grenouille »

Abs. *Wb* ; abs *HWb*.

E. Jelínková-Reymond, *Les inscriptions de la statue guérisseuse de Djed-Her-Le-Sauveur*, *BiEtud* 23, 1956, p. 72 (152) ; le mot est mal lu par l'auteur (p. 77 et n. 1), qui en fait un *hapax* (**gg*). Traduire : *snd=k pnw n{r}jw pngg nhp=k r-ḥꜣ.t msʿʿ.w [...]=k snbt.t*, « tu craindras la souris, tu redouteras la grenouille, tu t'enfuiras devant les oiseaux (?) *msʿʿ* et tu [...] l'animal *snbt.t* ».

À identifier avec *pꜣgg.t*, « grenouille » (n° 10), avec permutation bien connue *ꜣ*/ *n*.

13. *mḫrr*, « scarabée »

Atteste en démotique ; copte ⲁⲙϩⲣⲏⲣⲉ (S), ⲙⲟⲩϧⲣⲏⲣ (O)

DemGloss, 177 ; *CED*, 7 ; *DELC*, 11 et 131.

W.E. Crum, *JEA* 28, 1942, p. 25 et 30 ; R.K. Ritner, *Enchoria* 14, 1986, p. 102.

L'étymologie **wnm-ḫrr.wt*, « mangeur de fleurs » (Crum, *HWb* 7), paraît peu probable.

14. *msʿʿ*, un oiseau de petite taille, ou un insecte ?

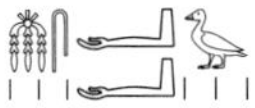

Abs. *Wb* ; abs *HWb*.

E. Jelínková-Reymond, *op. cit.*, p. 72 (152) ; la référence au terme *msj.t* (*Wb* II, 143, 3) n'est pas pertinente. Voir *supra*, n° 11.

15. *Mstt*, « Mastet », un scorpion, parmi les sept qui accompagnent Isis (Tafnet, Bafnet, Mastet, Mastetef, Patet, Tjatet et Matet)

Wb II, 152, 5 = Stèle Metternich, 51 et 59.

AnLex 79.1364 = H.S. Smith, dans J. Ruffle, G.A. Gaballa, K.A. Kitchen (éd.), *Glimpses of Ancient Egypt, Stud. H.W. Fairman*, Warminster, 1979, p. 163.

W. Vycichl, dans *Archiv für ägyptische Archäologie* I, 1938, p. 224-226.

Rapprocher *supra*, n° 10, *Pꜣṯṯ* et les noms des babouins.

16. *hpnn*, un serpent

Wb II, 489, 11 = TP 383, § 671.

P. Ram. IV, Di 1 = J.W.B. Barns, *Five Ramesseum Papyri*, 1956, p. 28.

E. Edel, *AG*, § 223 ; *Nominalbildung*, p. 299 et n. 1215 ; cf. J. Yoyotte, *ACF* 95e année, Paris, 1995, p. 657 (*Hpnw*).

17. *ḫwrr*, un animal volant (insecte, ou plutôt oiseau) non identifié

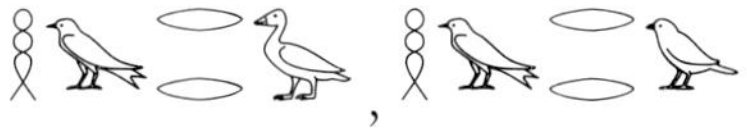

Abs. *Wb* ; *HWb*, 520 ; *Wortschatz...*, p. 193.
TS 183 (*CT* III, 78b) ; TS 582 (*CT* VI, 199g).
Nominalbildung, p. 299 et n. 1216.

Rapprocher peut-être copte ϩⲁⲗⲱⲟⲩⲗⲓ, *ϩⲁⲗⲱⲗⲓ (B), *bande d'oiseaux* (*DELC*, 296), qui proviendrait de **ḫ(w)rr.t*.

18. *ḫfꜣꜣ*, un serpent. Cf. nº 19, *ḫfnn.t*, et nº 20, **ḫfrr*

Copte ϩⲁⲉⲉⲗⲉ (S), ϩⲁⲫⲗ(ⲉ)ⲗⲉ
TS 1013 (*CT* VII, 232o) ; *Nominalbildung*, p. 299 et n. 1217.
Cf. les deux mots suivants.

19. *ḫfnn.t*, « petit reptile », « têtard », « gecko (?) ». Cf. nº 18, *ḫfꜣꜣ* et nº 20, **ḫfrr*

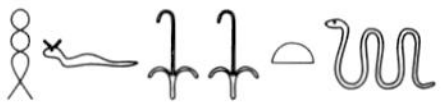

Copte ϩⲁϥⲗⲉⲉⲗⲉ (S), ϩⲁⲫⲗ(ⲉ)ⲗⲉ
Wb III, 74, 18 ; *HWb*, 526 ; *AnLex* 77.2674 = *CT* VII, 200m ; *KHWb*, 406.
Wortschatz..., p. 196 ; *DELC*, 319.
Pyr. § 1175a (TP 514).
Nominalbildung, p. 297 et n. 1198.

F.Ll. Griffith, H. Thompson, *Demotic Magical Papyrus*, 1904, p. 13, 23-24 ; W.H. Worrell, *Orientalia* 4, 1935, p. 27, 36 ; N.B. Hansen, dans Z. Hawass (éd.), *Egyptology at the Dawn of the Twenty-first Century. Proceedings of the Eighth International Congress of Egyptologists, Cairo, 2000*, vol. 2 : *History, Religion*, Le Caire, New York, 2003, p. 290-297.

20. *ḫfrr*, « têtard ». Cf. nº 18, *ḫfꜣꜣ*, et nº 19, *ḫfnn.t*

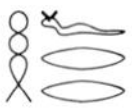

Copte ϩⲁϥⲗⲉⲉⲗⲉ (S), ϩⲁⲫⲗ(ⲉ)ⲗⲉ
Abs. *Wb* ; abs. *HWb* ; *AnLex* 77.2675 = *KoptHWb*, 571 ; *CED*, 306.
H. Ranke, *PN* II, 305, 15 et *ZÄS* 60, 1925, p. 80.
Sans doute < *ḫfn* / *ḫfl* (*Wb* III, 74, 1-14 et 19).

21. *ḥdqq.w*, « rats », litt. *les petits mordeurs*

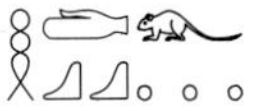

Abs. *HWb*

M.F.L. Macadam, *The Temples of Kawa* I, *The Inscriptions*, 1949, p. 26 (discours de Taharqa sur la stèle 0498 de la Ny Carlsberg Glyptotek, Copenhague) et p. 30, n. 34 (qui cite *ʿff*, *ḥfnn*, *ḥḏrr*, *ḫprr*) et pl. 10, l. 12.

GC Ib, p. 134 ; *Nominalbildung*, p. 299 et n. 1218.

< *ḥdq*, *couper*, *mordre*.

22. *ḥḏrr*, « protèle », « loup fouisseur » (*Proteles cristatus*)

Abs. *Wb*

E. Edel, *AG*, p. 97, § 222 = Petrie, *Medum*, Taf. 21, et H. Ranke, *ZÄS* 60, 1925, p. 80, n. 9.

GC Ib, p. 116 et 134 ; *Nominalbildung*, p. 299.

< *ḥḏr* / *ḥḏr.t* : *Wb* III, 214, 11-12 ; *HWb*, 576 ; L. Keimer, *MDAIK* 8, 1939, p. 38-40 et pl. ; *KRI* II, 173, 7 ; *AnLex* 79.2123.

L. Störk, *WeltOr* 15, 1984, p. 72-74 ; D.J. Osborn, *The Mammals of Ancient Egypt*, Warminster, 1998, p. 105.

23. *ḫwrr*, « taurillon »

Wb III, 248, 1-2 = TP 218, *Pyr.* § 161 ; Todt. Nav. 109, 11.

HWb, 589 ; *Wortschatz...*, p. 205.

TP 218, § 161, 163, 164, 165, 166.

AnLex 78.2969 = TS 159 (*CT* II, 372a).

P. Lacau, *JNES* 10, 1951, p. 17, n. 20.

24. *ḫprr*, « scarabée »

Copte ϧⲫⲟⲩⲣⲓⲥ (O) ; grec χφουρις, χφυρις

Wb III, 267, 5-9 ; *FCD*, 189 ; *HWb*, 595 ; *Wortschatz...*, p. 194 ; *WPL*, 721.

AnLex 77.3054 = *KHWb*, 382.

AnLex 78.2993 = W.A. Ward, *Studies on Scarabs Seals* I, Londres, 1978, p. 45-46 ; F. de Salvia, dans *Homm. Vermaseren* III, *EPRO* 68, 1978, p. 1009-1010, 1018-1019.

E. Edel, *AG*, § 222 ; *GC* Ib, p. 134 ; *Nominalbildung*, p. 296 et n. 1187.

25. *ḫstt*, « chien », « loup »

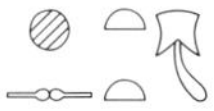

Wb III, 333, 5 = *Edfou* I, 341 ; W*PL*, 749-750 ; Abs. *HWb*.

J. Vandier, *Le Papyrus Jumilhac*, Paris, s. d., p. 80-96.

Mais le terme pourrait remonter à un ancien *ḫsdḏ*, les formes postérieures *ḫsdd* / *ḫstt* rejoignant alors en apparence, par évolution phonétique, le groupe des formes dérivées ABCC : cf. E. Brovarski, dans P. Der Manuelian (éd.), *Studies in Honor of W.K. Simpson* I, Boston, 1996, p. 125, n. 47.

26. *swtt*, un oiseau

Abs. *Wb* ; *HWb*, 681 ; *Wortschatz...*, p. 214.

AnLex 78.3371 = TS 1145 (*CT* VII, 495e).

À moins d'y voir un féminin *swt.t*, cf. *Wb* IV, 59, 16-17 et 59, 18.

27. *sfrr*, « griffon »

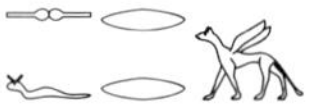

AnLex 78.3494, 79.2536 = GÖRG, *BiblNot*, 5, 29 ; *Wortschatz...*, p. 190.

É. Drioton, *Médamoud (1926), FIFAO* IV, 1927, p. 27, n° 328, 9-10 ; S. Sauneron, *BIFAO* 62, 1964, p. 16 ; D. Meeks, dans D.B. Redford (éd.), *The Oxford Encyclopedia of Ancient Egypt* I, Le Caire, 2001, p. 506.

<  *sfr* (*Wb* IV, 115, 12 ; *HWb*, 698), sur lequel voir L.D. Morenz, *Orientalia* 66, 1997, p. 372-386 ; *id.*, *WeltOr* 32, 2002, p. 22 sqq. Sur la forme avec métathèse *srrf* en démotique, voir S. Sauneron, *op. cit.*, p. 16 et n. 3.

28. *sḥrr.t*, un serpent

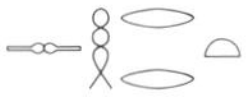

Wb IV, 220, 18 = *Pfortenb.* IV, 10 ; abs. *HWb*.

E. Hornung, *Das Buch von den Pforten des Jenseits* I, *AegHelv* 8, 1979, p. 118 ; II, *AegHelv* 8 (1980), 1984, p. 112.

29. *šbdd*, un oiseau

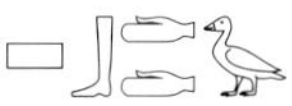

Abs. *Wb* ; abs. *HWb*.

TS 467 (*CT* V, 374c) ; *Nominalbildung*, p. 299 et n. 1221.

30. **qrpp*, « huppe »
Copte ⲕⲣⲁⲡⲉⲡ (S), ⲕⲁⲣⲁⲡⲏⲡ (B).
DELC, 86.
Un lien avec le grec ἔποψ est peu probable (Crum, *CD*, 117).

31. *tšmm* / *dšmm*, un crocodile

Wb V, 330, 3 et 487 = *Edfou* I, 424 ; II, 19 ; Piehl, *Inscr.* II, 103 ; *Edfou, Mammisi* 160.
Abs. *HWb ; WPL*, 1153.
Peut désigner aussi l'hippopotame : *Edfou* IV, 58, 13.

Attestée dès l'Ancien Empire (*pꜣgg.t, pꜣṯṯ, hpnn, ḫfnn.t, ḥḏrr, ḫwrr, ḫprr*), il est possible que la dérivation du type ABCC ait encore été productive aux époques tardives. L'exemple de *Mstt* (n° 15), qui paraît bien constituer un néologisme contemporain de la rédaction de la Stèle Metternich, va dans ce sens. Par ailleurs, un lexème attesté tardivement peut remonter à un original ancien non conservé ou repéré.

Bien d'autres lexèmes, assurément, semblent illustrer cette même dérivation : *jꜣrr.t*, « vigne », « raisin » (*Vitis vinifera* L.), copte ⲉⲗⲟⲟⲗⲉ (S), ⲁⲗⲁⲁⲗⲓ (F), ⲉⲗⲁⲁⲗⲉ (A) ; *jꜣḫḫ*, « le lumineux » ; *wbnn*, « celui qui se lève » ; *psdd*, désignation des testicules de Seth (*Wb* I, 551, 4 ; *WPL*, 374) ; *nwrr*, « le tremblant » (*GC* Ib, p. 115 et 134) ; *ḥꜣrr.t*, « fuite », copte ϩⲁⲗⲱⲟⲩⲗⲓ (B) ; *ḥbnn.t*, « pain » ; *ḫnmm.t*, « habitants du ciel » (étoiles) > « peuple du soleil » > « humanité » (*GC* Ib, p. 134) ; *ḫngg*, « gosier », « gorge » (litt. *petit tuyau ?*) ; *sgnn*, « onguent » ; *qꜣrr*, « serrure », copte ⲕⲉⲗⲱⲗ (B) ; *kꜣrr*, petit vase, copte ⲕⲉⲗⲱⲗ (B) ; *kꜣrr.t*, petit vase, copte ⲕⲉⲗⲟⲗⲓ (B), etc. Mais il peut y avoir incertitude, parfois, sur leur appartenance réelle à la formation ABCC ; l'existence d'un groupe sémantique de noms d'animaux, en revanche, permet d'assurer que ces lexèmes obéissent à un même mode de dérivation et, par conséquent, partagent une même structure vocalique.

Si les indices de vocalisation fournis par l'inventaire dressé sont peu nombreux, on notera toutefois avec intérêt qu'ils sont remarquablement convergents.

Une voyelle était intercalée entre les deux consonnes rédupliquées (ABCaC) [16], ce qui justifierait la graphie , et explique le grec ἄπωφ- et les formes coptes ⲁⲫⲱⲫ, ⲙⲟⲩϧⲣⲏⲣ, ϩⲁϥⲗⲉⲉⲗⲉ et ⲕⲁⲣⲁⲡⲏⲡ. En vertu de la loi des quantités : « une voyelle accentuée est longue en syllabe ouverte et brève en syllabe fermée [17] (*sn*, « frère » [sàn > sòn = ⲥⲟⲛ], à côté de *sn.t*, « sœur » [sánat > sána > sáne > sóne = ⲥⲱⲛⲉ]), on peut déduire que cette voyelle était accentuée

16 Ce qui confirme que l'on n'a pas affaire ici à une consonne double, qui ne serait pas notée graphiquement ; voir *supra*, n. 5.

17 A.H. GARDINER, *Egyptian Grammar* 3, 1957, p. 429 ; G. STEINDORFF, *Koptische Grammatik*, Leipzig, 1930, § 39 ; A. ERMAN, *Ägyptische Grammatik*, 1929, § 177 ; P. LACAU, *Études d'égyptologie* II. *Morphologie*, *BiEtud* 60, Le Caire, 1972, p. 1.

et longue (ABCáC), ce qui justifierait, encore une fois, les formes ἄπωφ-, ⲁⲫⲱⲫ, ⲙⲟⲩϧⲣⲏⲣ, ϩⲁϥⲗⲉⲉⲗⲉ et ⲕⲁⲣⲁⲡⲏⲡ. Enfin,une voyelle non accentuée était intercalée entre les deux premières consonnes (AaBCáC), repérable, toujours, dans les formes ἄπωφ-, ⲁⲫⲱⲫ, ⲙⲟⲩϧⲣⲏⲣ, ϩⲁⲉⲉⲗⲉ et ⲕⲁⲣⲁⲡⲏⲡ.

Face à ces résultats convergents, l'accentuation de la voyelle initiale dans le grec ἄπωφ et les formes χφουρ, ϧⲫⲟⲩⲣ- dérivées de *ḫprr* peuvent être raisonnablement considérées comme résultant de traitements spécifiques accidentels, à moins de devoir exclure l'une ou l'autre, ou les deux, de la série.

On proposera donc, pour ce schème de réduplication ABCC, la structure vocalisée suivante : masc. AaBCáC-aw, fém. AaBCáC.at.

Reste à déterminer la ou les valeurs sémantiques précises attachées à ce type de dérivation. P. Lacau, on l'a vu, avait déjà signalé une possible valeur de diminutif. C'est incontestable au regard désormais de *wnšš*, « petit chacal », *p(ꜣ)gg.t* et *pngg*, « grenouille », *msʿʿ*, un insecte (?), *ḥfnn.t*, « têtard », *ḫwrr*, « taurillon », ou encore *ḥdqq.w*, « rats ». Mais il est également assuré à présent que cette valeur de diminutif, avec effet de sens péjoratif (et apotropaïque), a été exploitée pour former un certain nombre de désignations de l'« adversaire » ou du reptile potentiellement dangereux : *hpnn*, un serpent, *ḥfꜣꜣ*, un serpent, *sḥrr.t*, un serpent, *tšmm* / *dšmm*, un crocodile et, vraisemblablement, *ʿꜣpp*, « Apophis » !

On ajoutera enfin que la comparaison des formes égyptiennes, tant pour la valeur sémantique que pour la reconstruction vocalique, avec les lexèmes accadiens *'dmm*, « guêpe [18] », ou *kulbābu*, « fourmi [19] », est particulièrement éclairante et probante pour la question de l'appartenance de l'égyptien à la famille des langues sémitiques.

18 D. COHEN, *Dictionnaire des racines sémitiques ou attestées dans les langues sémitiques*, Paris, La Haye, 1970, p. 9. Rien ne prouve l'existence en égyptien d'un schème spécifique de nom d'animal AuBCáC-aw, seulement déduite de la dérivation akkadienne par J. VERGOTE, *GC* Ib, p. 116, 134.

19 P. LACAU, *RecTrav* 35, 1913, p. 228 ; J. VERGOTE, *GC* Ib, p. 134 ; S. MOSCATI, *An Introduction to Comparative Grammar of the Semitic Languages. Phonology and Morphology*, 3e éd., Wiesbaden, 1980 [*Porta linguarum orientalium*, N.S. VI], p. 79 (12.12. d) : « patterns with repeated third radical » (diminutif ou péjoratif).

Graphie hiéroglyphique	Translittération Traduction	Première attestation	Reconstruction vocalique	Forme vocalisée ou partiellement vocalisée
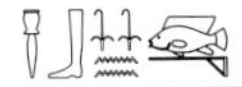	*ꜣbnn*, un poisson	Ép. tardive	’abnán	
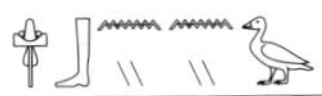	*ꜣbnn*, un oiseau	NE	’abnán	
	*ꜥꜣpp*, « Apophis »	ME	‘ap^{h}óp^h	ἄπωφ, ⲁⲫⲱⲫ
	*ꜥwbb.w*, poissons	ME	‘awbáb	
	*ꜥbꜣꜣ*, génie poisson	ME	‘ab’á’	
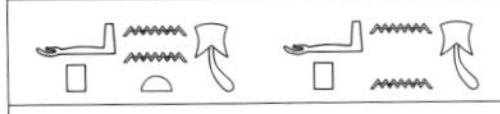	*ꜥpnn.t*, « salamandre »	NE	‘apnán(e)	
	*wnšš*, « petit chacal »	ME	wanʃáʃ	
	*wšꜣꜣ.w*, bétail	ME	waʃá’	
	*p(ꜣ)gg.t*, « grenouille »	AE	pa’gáge	
	*pꜣṯṯ*, un babouin	AE	pa’t^{j}át	
	*pngg*, « grenouille »	XXXe dyn.	pangág	
démotique	*mḫrr*, « scarabée »	Ép. tardive	maḫrár	ⲙⲟⲩϧⲣⲏⲣ [O]
	*msꜥꜥ*, un insecte ?	XXXe dyn.	mas‘á‘	
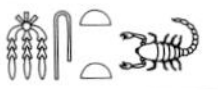	*Mstt*, un scorpion	Ép. tardive	mastát	
	*hpnn*, un serpent	AE	hapnán	
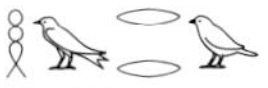	*ḥwrr*, un insecte ?	ME	ḥawrár	
	*ḥfꜣꜣ*, un serpent	ME	ḥafá’	
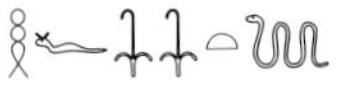	*ḥfnn.t*, « têtard »	AE	ḥafnáne	ϩⲁϥⲗⲉⲉⲗⲉ [S]
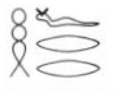	*ḥfrr*, « têtard »	Ép. tardive	ḥafráre	
	*ḥḏrr*, « gerboise »	AE	ḥad^{j}rár	
	*ḥdqq.w*, « rats »	XXVe dyn.	ḥadqáq	
	*ḫwrr*, « taurillon »	AE	ḫawrár	
	*ḫprr*, « scarabée »	AE	ḫp^{h}ór	χφουρ-ις, ϧⲫⲟⲩⲣ-ⲓⲥ [O]
	*ḫstt*, « chien »	Ép. tardive	ḫastát	
	*swtt*, un oiseau	ME	sawtát	
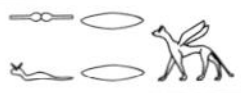	*sfrr*, « griffon »	Ép. tardive	safrár	
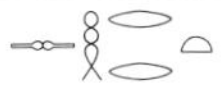	*sḥrr.t*, un serpent	NE	saḥráre	
	*šbdd*, un oiseau	ME	ʃabdád	
	**qrpp*, un animal	Copte	qarpáp	ⲕⲣⲁⲡⲉⲡ [S], ⲕⲁⲣⲁⲡⲏⲡ [B]
	*tšmm*, un crocodile	Ép. tardive	taʃmám	
	*dšmm*, un crocodile	Ép. tardive	daʃmám	

Tableau récapitulatif.

Ministère de l'Éducation nationale, de l'Enseignement supérieur et de la Recherche, Paris.
Publication de l'Institut français d'archéologie orientale.
Dépôt légal : 4e trimestre 2004 ; numéros d'éditeur et d'imprimeur 927A/0417

DIFFUSION

Ventes directes et par correspondance

Au Caire

à l'IFAO,
37 rue al-Cheikh Aly Youssef (Mounira)
[B.P. Qasr al-'Ayni n° 11562]
11441 Le Caire (R.A.E.)

Fax : (20.2) 794 46 35
Tél. : (20.2) 797 16 00
http://www.ifao.egnet.net

Section Diffusion Vente →

Tél. : (20.2) 797 16 22
e-mail : ventes@ifao.egnet.net

Leïla Books
39 Qasr al-Nil St. 2nd floor - office : 12
[P.O. Box 31 – Daher 11271]
Cairo (Egypt)

Fax : (20.2) 392 44 75
Tél. : (20.2) 393 44 02
395 97 47

e-mail : leilabks@link.net
http://www.leila-books.com

En France

Vente en librairies
Diffusion : AFPU
Distribution : SODIS